# De haute lutte

Sous la direction de
Stéphanie Hennette-Vauchez
et Laurie Marguet

# De haute lutte

## La révolution de l'avortement

CNRS ÉDITIONS
15 rue Malebranche - 75005 Paris

ISBN : 978-2-271-15219-0
ISSN : 2729-2185

# Sommaire

# Introduction générale

*Stéphanie Hennette-Vauchez et Laurie Marguet*

1970. Autour du Mouvement de libération des femmes (MLF), la revendication de l'avortement « libre et gratuit » s'organise.

1974. L'exposé des motifs du projet de loi présenté par Simone Veil, qui sera promulgué le 17 janvier 1975, ne propose pas la suppression de l'article 317 du Code pénal qui réprime l'avortement, mais simplement sa suspension – temporaire, qui plus est. Il prévoit de substituer à l'application de la loi pénale « une procédure à laquelle devra obligatoirement se soumettre la femme qui envisage d'interrompre sa grossesse en raison de la situation de détresse dans laquelle son état la placerait[1] ». Historique, et capitale, la loi Veil de 1975 n'en était pas moins un texte prudent qui, bien loin de consacrer un « droit » des femmes à avorter, définissait un cadre législatif dans lequel un double contrôle médical et psychosocial leur permettait, si vraiment elles maintenaient leur décision au terme de plusieurs entretiens et d'un délai légalement imposé de réflexion[2], d'obtenir une interruption de grossesse sans encourir les foudres de la loi pénale.

2024. Lors de la fastueuse cérémonie de scellement de la 25^e^ révision de la constitution de la V^e^ République organisée place Vendôme (où siège le ministère de la Justice) au cours de laquelle y fut inscrite la « liberté garantie » des femmes

1. Projet de loi n° 1297 relatif à l'interruption de la grossesse, 15 novembre 1974, p. 3.

2. *Ibid.*, p. 3-4 : « Le refus de l'enfant à naître est souvent passager. Le colloque direct avec le médecin suffit parfois à faire prendre conscience à la femme de son désir profond de donner le jour à son enfant. En outre, bien souvent, la femme enceinte ignore les possibilités que lui assure la législation, qu'il s'agisse de sauvegarder le secret de son accouchement ou qu'il s'agisse des aides que la mère peut recevoir après la naissance de son enfant ou encore de la solution que peut, dans certains cas, apporter l'adoption. Le projet prévoit donc l'intervention obligatoire d'un conseil social [...]. Ce n'est qu'après l'intervention de ces conseils et sous réserve du respect d'un délai minimum de réflexion de sept jours, que le médecin pourra accéder à la demande de la femme, qui devra être formulée par écrit. On ne peut espérer que toutes les femmes décidées à interrompre leur grossesse renonceront à leur projet parce qu'elles auront été ainsi éclairées. Mais certaines le feront. *Et lorsque la dissuasion aura échoué*, du moins la femme aura-t-elle pris conscience de la nécessité d'éviter un nouveau drame et de recourir désormais à la contraception » (souligné par nous).

de recourir à l'IVG, le chef de l'État annonçait avec emphase que le « message universel » ainsi adressé par la France au reste du monde ne marquait pas la fin, mais le début d'un combat : celui de la défense active, en Europe et partout dans le monde, du « droit à l'interruption volontaire de grossesse en toutes circonstances[3] ». Pourtant, au fil des deux années qui auront séparé les premières propositions d'inscription de l'avortement dans la constitution suite à l'arrêt *Dobbs* par lequel la Cour suprême américaine avait, en 2022, jugé avec fracas que c'était par erreur que la constitution américaine avait pu être lue, pendant 50 ans, comme protégeant le droit des femmes à interrompre leur grossesse, bien des réticences à cette révision constitutionnelle se seront fait entendre. Elle serait inutile, contre-productive, dégradante, même, pour le texte constitutionnel[4]. L'épisode aura révélé une chose importante : en dépit de l'attachement proclamé à la loi Veil, la question de l'avortement demeure éminemment sensible. En dépit des évolutions, nombreuses et importantes, de la législation ; en dépit de la pratique de l'avortement, marquée par une stabilité qui atteste, *a minima*, l'importance d'un statut juridique qui y consent un accès sûr et aisé ; en dépit de son ancrage dans les pratiques sociales, culturelles et politiques ; en dépit des menaces qui, toujours renouvelées dans leurs formes, ne faiblissent pas, l'avortement demeure, comme l'écrivait Simone Bateman il y a près de vingt ans, une « pratique moralement controversée[5] ».

Raison de plus pour saisir l'occasion du cinquantième anniversaire de la loi Veil pour faire le point sur les connaissances, les évolutions du cadre juridique, les questions et difficultés qui demeurent, les représentations sociales et culturelles de ce geste qui, depuis des temps immémoriaux, constitue une donnée structurante de la vie des femmes[6]. L'idée n'est pas ici de faire un panorama de l'ensemble des savoirs et recherches relatifs à l'avortement qui se sont accumulés depuis cinquante ans : titanesque, la tâche se serait exposée à nombre d'écueils, d'oublis et d'erreurs[7]. Car si longtemps l'avortement a

3. Voir la vidéo du discours : https://www.elysee.fr/emmanuel-macron/2024/03/08/le-droit-de-recourir-a-livg-dans-la-constitution-ceremonie-de-scellement, notamment à partir de la 20$^{e}$ minute.

4. Voir Laurie Marguet, « La constitutionnalisation du droit à l'IVG », Blog *Juspoliticum*, 5 décembre 2022 [en ligne].

5. Simone Bateman, « De la neutralité axiologique face à une pratique moralement controversée », *Travail, Genre et Sociétés*, 2006, vol. 15, n° 1, p. 169-175.

6. Voir dans des registres différents : Laura Tatoueix, *Défaire son fruit. Une histoire sociale de l'avortement en France à l'époque moderne*, Éd. de l'EHESS, 2024 ; Luc Boltanski, *La condition fœtale. Une sociologie de l'engendrement et de l'avortement*, Gallimard, 2004 ; Philippe Faucher, *Une sur trois*, Robert Laffont, 2021.

7. Une bibliographie interdisciplinaire est cependant proposée en annexe au présent ouvrage. Bien que l'objectif d'exhaustivité soit probablement en la matière une illusoire, elle vise à proposer aux lecteurs et lectrices un panorama le plus ouvert possible.

surtout intéressé les juristes (du fait des nombreuses évolutions de son régime juridique de l'Ancien régime à nos jours) et les démographes (du fait de la prégnance des anxiétés et arguments natalistes dans le débat public et politique à son sujet), les choses ont aujourd'hui bien changé : historien·nes, sociologues, politistes, philosophes, anthropologues, psychologues, spécialistes de littérature, de cinéma, et de théâtre et d'autres encore s'intéressent à la question, produisant des savoirs et analyses académiques en nombre – auxquels il importe d'ajouter les très nombreux et riches savoirs et pratiques militants qui continuent de jouer un rôle de premier plan[8].

Sans prétendre, dès lors, proposer un panorama exhaustif des recherches en sciences sociales sur l'avortement, l'ambition du présent ouvrage est autre. Cinquante ans après la loi Veil, et au lendemain de la loi constitutionnelle de mars 2024 venue « constitutionnaliser » l'avortement, on a souhaité ici mettre en lumière la manière dont les savoirs académiques permettaient de mettre à distance et à l'épreuve nombre d'idées reçues qui permettent de nourrir la perception commune de l'avortement. Plus précisément, et eu égard à l'importance capitale que revêt, dans cette perception commune de l'avortement, son statut juridique, nous avons identifié, parmi les très nombreuses règles qui le constituent, une série d'énoncés au sujet desquels il paraissait intéressant de faire réagir les auteurs et autrices que nous avons invités à contribuer.

***« La loi détermine les conditions dans lesquelles s'exerce la liberté garantie à la femme d'avoir recours à une interruption volontaire de grossesse » (article 34 de la Constitution française de 1958).***

Quel sens prêter à cette disposition désormais insérée dans le texte de la Constitution ? Quel sens prêter au fait même de faire de l'avortement une question constitutionnelle ? Quelles conclusions peut-on en tirer sur le rapport entre avortement, pleine citoyenneté des femmes et des hommes, et démocratie ? À cette première question, l'ouvrage propose quatre registres de réponse. Le premier, proposé par la juriste Laurie Marguet, s'attache à éclairer une question sémantique première (en particulier lors des débats relatifs à la constitutionnalisation) : l'avortement est-il un « droit » ou une « liberté » – et quel sens revêt la distinction ? Alors même que l'aboutissement de la constitutionnalisation de l'avortement en France en 2024 semble avoir été conditionné par le fait que le texte n'évoque qu'une « liberté » et non un « droit », son étude éclaire le sens et la portée de la révision. Le second type de réponse est apporté par la philosophe Camille Froidevaux-Metterie. Revenant sur l'articulation entre avortement et démocratie, elle propose de voir dans le libre accès au premier le socle de la

8. Voir l'ouvrage : *Liberté, sexualités, féminisme. 50 ans de combat du Planning pour les droits des femmes*, sous la direction de Mouvement français pour le Planning familial, La Découverte, 2006.

seconde. En troisième lieu, la juriste Stéphanie Hennette-Vauchez propose une analyse comparative et théorique du statut constitutionnel de l'avortement ; elle propose de lire le silence si longtemps gardé par les textes constitutionnels de par le monde sur la question comme une illustration de l'ordre genré qui sous-tend le constitutionnalisme moderne, et saisit l'épisode de la constitutionnalisation opérée en France en 2024 comme l'occasion d'une nouvelle épistémologie constitutionnelle.

***« La loi assure la primauté de la personne, interdit toute atteinte à la dignité de celle-ci et garantit le respect de l'être humain dès le commencement de sa vie » (article 16 du Code civil).***

S'il n'a jamais eu, en France, le monopole des arguments avancés à l'encontre de l'hypothèse de la légalisation de l'avortement – ceux de la protection de la nation et de « la race » lui ayant régulièrement fait concurrence[9] – l'argument lié à la nécessaire protection de la vie a malgré tout joué un rôle central dans l'histoire de l'encadrement juridique de l'avortement. Deux perspectives bien différentes viennent ici l'éclairer. Celle apportée par l'anthropologue Anne-Sophie Giraud qui, s'intéressant au statut de l'être anténatal (embryons *in vitro*, fœtus, enfants mort-nés…), souligne qu'il est en réalité pluriel : non seulement il n'existe pas *un* statut de l'être anténatal, mais encore, souligne-t-elle, il importe qu'il demeure indéterminé pour faire écho au pluralisme politique, philosophique et social. Celle apportée, ensuite, par Séverine Mathieu et Céline Béraud, sociologue et politiste des religions, qui reviennent sur l'importance de l'argument de la protection de la vie dans les mobilisations catholiques contre l'avortement.

***« La femme enceinte qui ne veut pas poursuivre une grossesse peut demander à un médecin ou à une sage-femme l'interruption de sa grossesse. Cette interruption ne peut être pratiquée qu'avant la fin de la quatorzième semaine de grossesse » (article L. 2212-1 Code de la santé publique).***

Dès le Moyen-Âge, la question des délais a joué un rôle central dans la réflexion théologique sur l'avortement ; les théories de l'animation du fœtus permettaient alors de déterminer un seuil temporel au-delà duquel l'avortement

9. En France, le régime de Vichy, systématisant et durcissant une idée qui s'exprimait déjà sous la IIIe République, évoque l'avortement comme un « crime contre la race » : v. Cyril Olivier, « Du "crime contre la race". L'avortement dans la France de la Révolution Nationale », dans Christine Bard, Frédéric Chauvaud, Michelle Perrot, Jacques-Guy Petit (dir.), *Femmes et justice pénale, XIXe-XX[e] siècles*, Presses universitaires de Rennes, 2002, p. 253-264 et aussi Jean-Yves Le Naour, Catherine Valenti, *Histoire de l'avortement, XIXe-XX[e] siècle*, Seuil, 2003 : « c'est véritablement dans les années 1880 que les cris d'alarme quant aux risques de disparition de la 'race' française deviennent systématiques » (p. 114), même si c'est bien sous Vichy qu'elle trouve à s'exprimer pour la première fois au plus haut niveau de l'État (p. 196).

ne pouvait être toléré[10]. En France depuis 1975, ainsi que dans de très nombreux pays, l'encadrement juridique de l'avortement est largement articulé à la question des délais ; notamment, depuis la dernière loi en date du 2 mars 2022, l'interruption volontaire de grossesse ne peut être réalisée que pendant les 14 premières semaines de grossesse. La sociologue et démographe Justine Chaput interroge l'artificialité de la frontière que dessine ce délai légal, au moyen notamment d'une étude comparée du traitement de l'interruption volontaire de grossesse (IVG) et de l'interruption médicale de grossesse (IMG). Les sociologues Sophie Avarguez et Aude Harlé prolongent l'interrogation en restituant les analyses qu'elles ont menées auprès de femmes ayant avorté en dépassement de délai après s'être rendues pour ce faire à l'étranger – une configuration susceptible d'être vécue comme une transgression, ou résistance, émancipatrice.

***« La femme enceinte que son état place* dans une situation de détresse *peut demander à un médecin l'interruption de sa grossesse » (Article L. 2212-1 Code de la Santé publique – version en vigueur jusqu'à la loi du 4 août 2014 pour l'égalité réelle entre les femmes et les hommes).***

La loi Veil « dépénalise[11] » l'avortement, mais elle ne le fait que sous certaines conditions (avortement réalisé (i) par un médecin (ii) dans un établissement de santé agrée (iii) avant la 10e semaine de grossesse) ; surtout, elle ne le fait que pour « la femme enceinte *que son état place dans une situation de détresse* ». Cette formulation législative fait écho au discours historique prononcé par Simone Veil à l'Assemblée nationale en novembre 1974, dans lequel elle soulignait qu'« aucune femme ne recourt de gaieté de cœur à l'avortement. Il suffit d'écouter les femmes. C'est toujours un drame et cela restera toujours un drame[12] ». Ce cadrage de l'avortement aura la vie longue ; en 2022 encore, pendant la campagne présidentielle, Emmanuelle Macron martelait que « l'IVG, c'est toujours un drame pour une femme[13] ». Sur le plan juridique, ce cadrage de l'avortement comme drame s'est d'abord exprimé dans la « condition de détresse » dans laquelle devait se trouver la femme candidate à l'IVG – condition

10. Voir not. Laura Tatoueix, *Défaire son fruit. Une histoire sociale de l'avortement en France à l'époque moderne*, *op. cit.*, not. p. 60-80 ; et Dena Davis (dir.), *The Oxford Handbook of Religious Perspectives on Reproductive Ethics*, Oxford University Press, 2024. Voir aussi : Michael Thomson, « The Fetal Subject. Law, Gender and Embodiment », dans Stéphanie Hennette-Vauchez, Ruth Rubio Marín (dir.), *The Cambridge Companion to Gender and the Law*, Cambridge University Press, 2023, p. 61-97.

11. *Stricto sensu*, la loi Veil n'a pas dépénalisé l'avortement, mais a simplement suspendu l'application de l'article 317 du Code Pénal, pour une durée initiale de cinq ans qui est prolongée *sine die* par la loi Pelletier du 31 décembre 1979. Ce n'est qu'avec l'adoption du Nouveau Code Pénal de 1992 que l'ancien article 317 disparaît – et que l'avortement est authentiquement dépénalisé.

12. Simone Veil, *Elles sont 300 000 chaque année. Discours pour le droit à l'avortement à l'Assemblée nationale*, Seuil, 2023, coll. « Points ».

13. https://www.youtube.com/watch?v=iqDAbObtZgE

qui ne disparut du discours législatif qu'avec la loi Vallaud-Belkacem pour l'égalité réelle entre les femmes et les hommes du 4 août 2014. Mais c'est surtout au plan sociopolitique et culturel que l'avortement continue à être perçu, construit et représenté comme drame. La sociologue Laurine Thizy s'attaque à cette représentation pour en souligner les déterminants et facteurs sociaux – fournissant par là même nombre d'éléments de sa mise à distance. Spécialiste d'études cinématographiques, Geneviève Sellier s'attache quant à elle à traquer cette construction de l'IVG comme drame dans les représentations de l'avortement dans le cinéma français depuis les années 1930, et sa lente, progressive et récente remise en cause. Quant à la psychanalyste Laurie Laufer, elle choisit de revenir sur la figure de Madeleine Pelletier, première femme à devenir psychiatre en France, militante féministe prônant la légalité de l'avortement, au sein d'un océan de discours savants sur la sexualité qui, pathologisant le refus de la maternité, produisent un mécanisme d'exclusion de toute tierce position entre la « mère » et la « putain ».

**« *L'avortement n'[est] pas un acte médical comme un autre* » (Opinion du CCNE sur l'allongement du délai légal d'accès à l'IVG de 12 à 14 semaines de grossesse, 8 décembre 2020).**

Cette idée exprimée ici par le Comité consultatif national d'éthique est emblématique de l'ambivalence du traitement juridique de l'avortement : il est assurément un acte médical (il en va même là d'une des conditions de sa légalité), mais ce n'est pas un acte médical comme les autres. Plusieurs aspects de son régime juridique l'illustrent. Par exemple, tandis que le droit de choisir sa méthode d'avortement paraît désormais normaliser l'avortement et l'aligner sur le régime général, commun, des actes médicaux, le refus constant des tribunaux de considérer que l'échec d'IVG est susceptible de causer un préjudice signe l'exceptionnalisme du traitement juridique de l'avortement – qui apparaît, dès lors, comme un acte médical distinct des autres. Juriste, Lisa Carayon revient sur ce contentieux de la responsabilité : que se passe-t-il en cas d'échec d'IVG – et, au-delà, de stérilisation ou de contraception ? Pourquoi – et comment – les femmes ne peuvent-elles obtenir réparation des préjudices encourus, liés notamment à la naissance d'enfants que, précisément, elles avaient cherché à éviter ?

Gynécologue-obstétricien, Philippe Faucher met en perspective les enjeux multiples liés aux différentes techniques d'IVG – selon le terme de la grossesse et les types de professionnels et d'établissements concernés. Il met surtout en exergue l'importance de la formation des professionnels qui, au-delà de la question stricte des techniques médicales et de l'encadrement juridique, conditionne la réalité de l'accès des femmes à l'IVG.

***« Le Parlement européen invite les États membres à garantir l'accès à des services d'avortement sûrs, légaux et gratuits » (Résolution du Parlement européen du 7 juillet 2022).***

« Garantir » le droit à l'avortement, qu'est-ce à dire ? C'est d'abord le rendre légal voire, comme y exhorte le Parlement européen, le rendre gratuit – condition première de son accessibilité effective. Mais garantir le droit à l'avortement, c'est aussi le cas échéant sanctionner les atteintes ou entraves qui y sont portées. L'étude de la juriste Marie Mesnil aborde en premier lieu la question de la prise en charge financière de l'IVG comme modalité essentielle de sa garantie : retraçant les étapes qui ont permis, depuis la loi Roudy de 1982, la prise en charge désormais intégrale des dépenses liées à l'IVG par la Sécurité sociale, elle met en lumière deux points aveugles de cette dimension du problème qui continuent d'induire des coûts cachés de l'avortement et le singularisent parmi l'ensemble des (autres) actes médicaux : le régime des absences au travail éventuellement liées à une IVG et l'absence d'un régime de congé en cas d'interruption de grossesse. Quant à l'autre facette de la « garantie » du droit à l'avortement, elle est étudiée par l'historienne Florence Rochefort qui revient sur la loi Neiertz de 1993 créant le délit d'entrave à l'avortement, qu'elle lit comme une réponse législative féministe à la pratique, alors en plein essor, des commandos anti-IVG, à laquelle la loi Veil ne permettait pas d'apporter de réponse. Elle montre toutefois certaines limites dans les effets de la loi (et de son extension en 2017 en délit d'entrave en ligne) du fait notamment de la construction juridique de la liberté d'expression.

***« Les dispositions contestées ouvrent l'accès à l'assistance médicale à la procréation aux couples formés d'un homme et d'une femme ou de deux femmes ainsi qu'aux femmes non mariées. Elles privent ainsi de cet accès les hommes seuls ou en couple avec un homme. Il s'ensuit que les personnes, nées femmes à l'état civil, qui ont obtenu la modification de la mention relative à leur sexe tout en conservant leurs capacités gestationnelles, en sont exclues » (Conseil constitutionnel, Décision n° 2022-1003 QPC du 8 juillet 2022).***

Cinquante ans après la loi Veil, il faut compter avec deux évolutions notables. D'abord, l'élargissement de ce qui est désigné par l'expression de « droits reproductifs » : pour centrale qu'elle demeure, la question des possibilités de ne pas procréer coexiste désormais avec celle de l'accès à la procréation – y compris via les techniques d'assistance médicale à la procréation (AMP) qui bénéficient, depuis 1994, d'un cadre législatif[14]. Ensuite, et corrélativement, celle de l'égalité d'accès à l'AMP – que ce soit pour les personnes homosexuelles ou les personnes trans – notamment depuis que la loi de 2016 a permis que le changement de sexe

14. Bien qu'elle ait commencé à être pratiquée en France dans les années 1980, l'AMP n'acquiert un cadre légal qu'avec l'une des deux lois de bioéthique du 29 juillet 1994.

ne soit plus conditionné à des interventions chirurgicales stérilisantes et a, dès lors, rendu possible pour des hommes à l'état civil d'accoucher d'un enfant, ou pour des femmes à l'état civil de concevoir au moyen de leurs propres spermatozoïdes[15]. L'anthropologue Laurence Hérault s'attache sur ce sujet à analyser les obstacles et revers essuyés par les revendications de parentalités trans. Qu'ils soient médicaux, légaux ou judiciaires, elle explique combien ces obstacles ont mené à ce que la parentalité trans soit davantage pensée en termes de « désordre » qu'en termes de droits. La juriste Laurence Brunet prend le relais, en montrant que si le cadre juridique actuel de l'AMP a permis une appréhension plus égalitaire des différents projets parentaux – en mettant, à première vue, sur un pied d'égalité les projets parentaux portés par des couples de personnes de sexes différents et par des couples de femmes ou des femmes seules – il ne demeure pas moins qu'il continue à stigmatiser, à plusieurs égards, les projets parentaux non hétéronormés.

Dans un chapitre conclusif, Véronique Sehier, ancienne coprésidente du Planning familial, propose un retour réflexif sur les mots d'ordre et principaux enjeux de la saga qui a mené l'avortement d'un acte de désobéissance civile à une liberté consacrée dans la constitution – non sans rappeler l'actualité et la diversité des menaces qui continuent de peser, y compris sous des formes renouvelées, sur cette dimension structurelle de la vie sexuelle et reproductive des femmes.

15. Voir not. les articles 61-5 et 61-6 du Code civil.

# De l'existence d'un droit à l'IVG en France

*Laurie Marguet*

La France fait partie des pays où l'accès à l'interruption volontaire de grossesse (IVG) paraît acquis. L'admission de cette possibilité pour les femmes apparaît même relativement consensuelle depuis 1975 ; date qui marque le début d'un mouvement de libéralisation croissant et ininterrompue de l'IVG.

Tout d'abord, la *loi du 17 janvier 1975* dépénalise, de manière temporaire pour une durée de cinq ans[1], les avortements réalisés par un médecin, dans un établissement de santé, pendant les 10 premières semaines de la grossesse. La *loi du 31 décembre 1979* pérennise cette dépénalisation[2]. La *loi du 31 décembre 1982* admet la prise en charge par la sécurité sociale des avortements[3]. La *loi du 27 janvier 1993* pénalise, quant à elle, le délit d'entrave à l'IVG (permettant de sanctionner les « commandos » anti-IVG dont l'objectif était d'empêcher les femmes d'accéder à une interruption de grossesse)[4]. La *loi du 4 juillet 2001* libéralise ensuite de manière importante l'accès à l'avortement : elle étend le délai d'IVG de 10 à 12 semaines, rend facultative la consultation psychosociale pour les femmes majeures et permet la pratique d'IVG médicamenteuses hors des établissements de santé[5]. La *loi du 19 décembre 2007* autorise ultérieurement la réalisation d'IVG instrumentales dans les centres de santé[6] tandis que la *loi du 17 décembre 2012* assure la prise en charge à 100 % des avortements[7]. La *loi du 4 août 2014* supprime la condition (symbolique) de détresse[8] puis la *loi du*

1. Loi n° 75-17 du 17 janvier 1975 relative à l'interruption volontaire de la grossesse.
2. Loi n° 79-1204 du 31 décembre 1979 relative à l'interruption volontaire de la grossesse.
3. Loi n° 82-1172 du 31 décembre 1982 relative à la couverture des frais afférents à l'interruption volontaire de grossesse non thérapeutique et aux modalités de financement de cette mesure.
4. Loi n° 93-121 du 27 janvier 1993 portant diverses mesures d'ordre social : pénalisation du délit d'entrave.
5. Loi n° 2001-588 du 4 juillet 2001 relative à l'interruption volontaire de grossesse et à la contraception.
6. Loi n° 2007-1986 du 19 décembre 2007 relative au financement pour la Sécurité sociale.
7. Loi n° 2012-1404 du 17 décembre 2012 de financement de la Sécurité sociale.
8. Loi n° 2014-873 du 4 août 2014 pour l'égalité réelle entre les femmes et les hommes.

*26 janvier 2016* réduit le délai de réflexion d'une semaine à deux jours[9] et autorise les sages-femmes à pratiquer des IVG médicamenteuses. La *loi du 20 mars 2017* étend le délit d'entrave à la désinformation sur internet[10]. La *loi du 24 juillet 2019*[11] supprime l'obligation, pour les établissements hospitaliers, de réaliser, pour chaque IVG, une déclaration spécifique et garantit le secret de celle-ci pour les femmes qui le souhaitent. Enfin, la *loi du 2 mars 2022* étend le délai d'IVG de 12 à 14 semaines, autorise les sages-femmes à pratiquer des IVG instrumentales et supprime le délai de réflexion de deux jours.

Paroxysme de ce mouvement de libéralisation, le 8 mars 2024 le Congrès votait la constitutionnalisation de l'IVG[12]. La Constitution énonce désormais que « la loi détermine les conditions dans lesquelles s'exerce la liberté garantie à la femme d'avoir recours à une interruption volontaire de grossesse[13] ».

Est-ce alors à dire qu'il existe un droit, et même un droit constitutionnel, à l'IVG en France ? Ou s'agit-il, eu égard aux termes désormais présents dans la Constitution, d'une liberté ? Quelles conséquences emportent cette distinction ?

La question de la qualification de l'IVG – en tant que « droit » ou en tant que « liberté » – a indéniablement cristallisé les débats relatifs à la constitutionnalisation de l'avortement. Les parlementaires, en s'appuyant sur une ancienne dichotomie juridique, ont en effet considéré qu'il existait une différence, et même une hiérarchisation, entre ces deux notions[14] : la liberté est considérée comme jouissant d'une protection plus faible que le droit[15], dès lors qu'elle se caractériserait avant tout par une « capacité de faire »[16] alors que le droit serait

9. Loi n° 2016-41 du 26 janvier 2016 de modernisation de notre système de santé.

10. Loi du 20 mars 2017 relative à l'extension du délit d'entrave à l'interruption volontaire de grossesse.

11. Loi n° 2019-774 du 24 juillet 2019 relative à l'organisation et à la transformation du système de santé.

12. Loi constitutionnelle n° 2024-200 du 8 mars 2024 relative à la liberté de recourir à l'interruption volontaire de grossesse.

13. Article 34 alinéa 18 de la Constitution.

14. L'idée de « hiérarchie » se retrouve dans la presse : « IVG dans la Constitution : "liberté" ou "droit", qu'est-ce que cela peut changer ? », *Le Monde*, 2 février 2023 ; « Le "droit" devenu "liberté" : que change la formule choisie par le Sénat pour constitutionnaliser l'IVG ? », *Radio France*, 2 février 2023 ; « IVG dans la Constitution : quelle est la portée juridique du terme "liberté de la femme" voté par le Sénat, au détriment de la notion de "droit" à l'avortement ? », *France Info*, 2 février 2023 ; « IVG dans la Constitution : "liberté" vs "droit", ce que ça change », *Le point*, 2 février 2023. Elle a également été « officialisée » par le site service-public qui énonce que « *le texte voté par les députés en novembre 2022 allait plus loin puisqu'il inscrivait un droit et non une liberté dans la Constitution* ».

15. Voir les propos de Mathilde Philip-Gay retranscrits dans : « Le "droit" devenu "liberté" : que change la formule choisie par le Sénat pour constitutionnaliser l'IVG ? » *Radio France*, 2 février 2023.

16. Voir les propos d'Anne-Charlène Bezzina retranscrits dans « IVG dans la Constitution : quelles différences entre les notions de "droit" et de "liberté" ? », *Europe 1*, 2 février 2023.

davantage « une obligation qui incombe à l'interlocuteur »[17]. En somme, les libertés (ne) seraient (qu')un « pouvoir de faire »[18] alors que les droits seraient un « pouvoir d'exiger »[19].

Affirmant l'importance de consacrer un « droit » à l'IVG, la proposition de loi constitutionnelle votée par l'Assemblée nationale en novembre 2022 prévoyait l'insertion dans la Constitution de la phrase « la loi garantit l'effectivité et l'égal accès au *droit à* l'IVG[20] ». Mais en février 2023, le Sénat n'acceptait la constitutionnalisation qu'à la condition que le terme « droit » n'y apparaisse pas. Il votait ainsi les termes suivants : « La loi détermine les conditions dans lesquelles s'exerce *la liberté* de la femme de mettre fin à sa grossesse[21] ». Cette absence de consensus mettait alors un coup d'arrêt au processus de constitutionnalisation. Plusieurs mois plus tard, c'est le gouvernement qui déposait un projet de loi – finalement voté en congrès le 8 mars 2024 – prévoyant la constitutionnalisation de la phrase « la loi détermine les conditions dans lesquelles s'exerce la liberté garantie à la femme d'avoir recours à une interruption volontaire de grossesse »[22]. Cette formulation, on le voit, est compromissoire : elle supprime le terme « droit » (présent dans la version votée à l'Assemblée nationale) et y substitue celui de « liberté » (absent de la version votée par le Sénat).

Les débats relatifs à la constitutionnalisation de l'IVG, et plus précisément les confrontations relatives à sa formulation, suggèrent ainsi que le choix des mots (« droit » ou « liberté ») importe. Sur le plan politique, ce choix a incontestablement joué un rôle important dans l'aboutissement de la constitutionnalisation de l'avortement.

Pourtant, sur le plan juridique, cette dichotomie n'est d'aucune utilité[23] s'il s'agit de *décrire* le droit[24]. Le droit positif n'attache en effet aucune importance aux mots utilisés pour qualifier un droit : qu'il soit appelé « liberté » ou « droit » n'a en effet aucun impact sur la protection qui est susceptible de lui être accordée.

---

17. *Ibid.*
18. Jean Rivero, *Les libertés publiques*, t. 1, *Les droits de l'homme*, PUF, Thémis, 1995.
19. *Ibid.*
20. Texte n° 34 adopté par l'Assemblée nationale le 24 novembre 2022.
21. Texte n° 48 (2022-2023) modifié par le Sénat le 1er février 2023.
22. Projet de loi constitutionnelle relatif à la liberté de recourir à l'interruption volontaire de grossesse, n° 1983, 12 décembre 2023.
23. Olivier Beaud, « Pour une interprétation raisonnable de la disposition votée par le sénat sur la constitutionnalisation du droit à l'IVG », *blog Juspoliticum*, 18 février 2023 ; Stéphanie Hennette-Vauchez, « Raisons et déraison dans l'interprétation de la constitution », *blog Juspoliticum* 14 mars 2023.
24. La consécration, par le droit positif, d'un *droit* ou d'une *liberté* ne présage en rien l'ampleur des protections susceptibles de l'accompagner : « *Il y a des droits très mal protégés et des libertés bien mieux protégées* » (Stéphanie Hennette-Vauchez, « Raisons et déraison dans l'interprétation de la constitution », *blog Juspoliticum* 14 mars 2023). Voir également la note n° 26.

Bien sûr, les *mots* peuvent être porteurs d'effets symboliques importants[25], et il faut prendre au sérieux le poids politique attaché au terme de « droit ». L'échec de son inscription de la constitutionnalisation montre d'ailleurs bien que nombre de parlementaires ne souhaitaient pas que la constitutionnalisation s'accompagne d'une trop grande « force symbolique ». Mais les mots ne disent, en réalité, rien de l'étendue de la protection juridique accordée à l'IVG.

Ainsi, contrairement à l'illusion véhiculée par les débats relatifs à la constitutionnalisation de l'IVG, pour savoir si on a un « droit » à l'IVG ou une « liberté » d'interrompre sa grossesse, il faut s'attacher non pas aux *mots* mais à l'étendue de la protection accordée. C'est l'objet de ce chapitre que de déterminer l'étendue de celle-ci. Il s'agit ainsi de déterminer si, comme l'affirment les discours officiels sur l'IVG – et notamment le site ivg.gouv qui intitule sa page de présentation : « Le droit à l'avortement » et indique que depuis 1975, « *ce droit* constitue aussi une avancée majeure en faveur du droit des femmes à disposer de leur corps et à maîtriser leur fécondité. *Le droit à avorter*, et à pratiquer l'avortement, est garanti par la loi » – il existe un « droit à l'avortement » en France.

Or, comme cela a déjà été mis en lumière[26], « avoir un droit » peut revêtir plusieurs « degrés d'implications »[27] ou « niveaux d'obligations »[28]. Le grand théoricien autrichien Hans Kelsen considère plus exactement qu'« avoir un droit » implique qu'une certaine conduite soit imposée à certains individus et / ou à la puissance publique à l'égard de l'individu « dont on dira qu'il a le droit »[29]. Plus encore, ce droit n'existe réellement « que si l'on peut faire valoir l'inexécution de [ces] obligation[s] par voie d'action en justice »[30]. Selon le théoricien italien Ricardo Guastini, pour « avoir un droit », il faut, a maxima, « des mécanismes [le plus souvent juridictionnels] aptes à prévenir la violation » des obligations de conduite ou permettant, a minima, des réparations dans le cas où ces obligations seraient violées, faute de quoi les droits attribués ne seraient que des « droits de papier »[31]. Pour déterminer s'il existe réellement un « droit à l'avortement » en France, on doit donc s'intéresser à deux types de normes : d'une part, celles qui *consacrent* ce droit (c'est-à-dire celles qui prescrivent aux tiers des obligations de conduite à l'égard de la personne dont

25. Danièle Lochak, « Présentation », in Centre Universitaire de Recherches Administratives et Politiques de Picardie (CURAPP), *Les usages sociaux du droit*, Paris, PUF, 1989, p. 6.

26. Voir notamment pour un récapitulatif des différentes théorisations de la définition du droit : Véronique Champeil Desplats, *Théorie générale des droits et libertés*, LGDJ, 2019.

27. Ricardo Guibourg, cité par Véronique Champeil Desplats, *Théorie générale des droits et libertés*, LGDJ, 2019, p. 235.

28. *Ibid.*

29. Hans Kelsen, *Théorie pure du droit, Les droits subjectifs*, LGDJ, 1999.

30. *Ibid.*

31. Ricardo Guastini, cité par Véronique Champeil Desplats, *Théorie générale des droits et libertés*, LGDJ, 2019, p. 243.

on dira qu'elle a un droit) ; d'autre part, celles qui *garantissent* ce droit (c'est-à-dire celles qui permettent de sanctionner le non-respect de ces obligations de conduite).

Niveau 1 – La consécration du droit

La consécration d'un droit implique l'existence d'obligations de deux ordres : d'abstention, d'une part, et action, ou de prestation, d'autre part.

Strate 1 – Une obligation d'*abstention*

De la part de l'État : il ne peut pas empêcher, entraver (ni même interdire) la réalisation du comportement autorisé.

De la part des personnes privées : un tiers ne peut pas, en principe, empêcher ou entraver la jouissance du droit.

Strate 2 – Une obligation de *prestation*

De la part de l'État : il doit mettre en place le cadre nécessaire à la mise en œuvre du comportement autorisé (du « droit » reconnu).

De la part des personnes privées : ils doivent contribuer à la réalisation du comportement autorisé (du « droit » reconnu).

Niveau 2 – La garantie du droit

Strate 3 – Une obligation de *sanction* (du non-respect des obligations susmentionnées)

Pour résumer, la consécration d'un droit peut être entendue de plusieurs manières, comme emportant des degrés de protection variables, récapitulés dans le tableau ci-dessous :

| | |
|---|---|
| Strate 1<br>Obligation d'abstention | a) De l'État |
| | b) Des tiers |
| Strate 2<br>Obligation de prestation | a) De l'État |
| | b) Des professionnels de santé |
| Strate 3<br>Sanction du non-respect des obligations | a) D'abstention |
| | b) De prestation |

Pour déterminer s'il existe un droit à l'avortement en France, il convient donc d'examiner si ces différentes « strates » sont garanties par l'ordre juridique français. L'objectif de cet examen est d'éclairer l'étendue des protections que l'ordre juridique accorde à l'avortement afin, notamment, de nuancer l'évidence avec laquelle le discours officiel présente l'IVG comme un droit. Il importe, à cette fin, de montrer les tensions et contradictions qui sous-tendent cet encadrement. C'est qu'*in fine*, il n'est pas toujours aisé d'identifier avec précision les obligations (d'abstention ou de prestation) qui pèsent sur les différents acteurs de l'avortement. Il demeure, de ce fait, difficile de déterminer avec exactitude le périmètre des protections relatives à l'IVG, et partant, l'existence d'un droit à l'avortement.

## La *consécration* en demi-teinte d'un « droit à » l'avortement

Le droit autorise aujourd'hui le recours à l'avortement. Comme l'indiquent explicitement les articles L. 2212-1 et L. 2212-2 du Code de la santé publique (CSP) :

> « La femme enceinte qui ne veut pas poursuivre une grossesse peut demander à un médecin ou à une sage-femme l'interruption de sa grossesse. Cette interruption ne peut être pratiquée qu'avant la fin de la quatorzième semaine de grossesse [...]. L'interruption volontaire d'une grossesse ne peut être pratiquée que par un médecin ou par une sage-femme, profession médicale à part entière, quel que soit le lieu où elle exerce. Lorsqu'une sage-femme la réalise par voie chirurgicale, cette interruption ne peut avoir lieu que dans un établissement de santé. Elle ne peut avoir lieu que dans un établissement de santé, public ou privé, dans le cadre de consultations, le cas échéant réalisées à distance, ou dans le cadre d'une convention conclue entre le praticien ou la sage-femme ou un centre de planification ou d'éducation familiale ou un centre de santé et un tel établissement, dans des conditions fixées par décret en Conseil d'État. Lorsque l'interruption volontaire de grossesse est pratiquée par voie médicamenteuse dans le cadre d'une telle convention, elle peut être réalisée jusqu'à la fin de la septième semaine de grossesse. »

Cependant, constater que le Code de la santé publique autorise l'IVG n'est pas suffisant pour connaître les différents « degrés d'implications[32] » ou « niveaux d'obligations[33] » qu'est susceptible de revêtir cette autorisation. Signifie-t-elle seulement l'existence d'obligations pour la puissance publique et les personnes privées de *s'abstenir* de gêner l'accès à l'IVG, ou va-t-elle jusqu'à les contraindre de réaliser des interruptions de grossesse ? En somme, signifie-t-elle une obligation d'abstention, c'est-à-dire une « obligation [...] de ne pas empêcher, entraver ou troubler en quelque façon[34] » le recours à l'IVG, ou signifie-t-elle une obligation de prestation, c'est-à-dire une obligation de fournir tous les moyens matériels et humains nécessaires à la réalisation de l'avortement ? Abstention ou prestation, force est d'observer une reconnaissance ambiguë de ces obligations. D'une part, il pèse, à bien des égards, aujourd'hui tant sur l'État que sur les personnes privées, une obligation d'abstention en matière d'IVG – ce qui permet alors de considérer (mais non sans nuance) qu'il existe un droit à l'IVG au sens de la strate 1. Mais d'autre part, l'existence d'obligations de prestation

32. Ricardo Guibourg cité par Véronique Champeil Desplats, *Théorie générale des droits et libertés*, LGDJ, 2019.
33. *Ibid.*
34. Hans Kelsen, *Théorie pure du droit, Les droits subjectifs*, LGDJ, 1999.

– qu'il s'agisse de l'État ou des personnes privées – demeure, elle, ambivalente ; de sorte qu'il apparaît encore bien difficile d'affirmer qu'est consacré un droit à l'avortement au sens de la strate 2.

### *La clarté des obligations d'abstentions*

Dans un premier temps, il faut répondre à la question de savoir s'il existe une obligation d'abstention pesant sur l'État. Cela nécessite de distinguer entre plusieurs degrés possibles d'abstention. L'abstention peut d'abord être entendue dans son sens faible, comme renvoyant au seul fait de ne pas « empêcher ou entraver » le recours à l'IVG. Dans ce cas, l'obligation d'abstention a pour corollaire l'obligation de ne pas *pénaliser* l'IVG. Mais l'abstention peut être entendue en son sens fort ; elle renvoie alors à l'exigence de ne pas « troubler en quelque façon » le recours à l'IVG. Dans ce cas, l'obligation d'abstention a non seulement pour corollaire l'obligation de ne pas *pénaliser* l'IVG mais aussi de ne pas chercher à *dissuader* les femmes de recourir à une interruption de grossesse, et de ne pas chercher à endiguer la pratique des IVG, c'est-à-dire de ne pas chercher à faire *diminuer* le nombre d'IVG pratiquées chaque année.

La loi de 1975 dépénalise l'avortement : elle procède à la « suppression de l'application des peines applicable*s* » à son égard (à la condition qu'il soit réalisé dans le cadre fixé par la loi). Mais, en 1975, il s'agit *seulement* d'une « suspension » de peine, à titre temporaire qui plus est (« pendant une période de cinq ans »)[35]. L'infraction pénale persiste donc dans l'article 317 du Code pénal. La loi de 1979[36] pérennise cette suspension de peine ; mais ce n'est qu'en 1992 que l'article 317 du Code pénal est supprimé[37] ; et c'est ensuite en 2001[38] que la loi fait migrer l'ensemble du régime juridique de l'IVG depuis le Code pénal vers le Code de la santé publique[39].

35. Loi n° 75-17 du 17 janvier 1975 relative à l'interruption volontaire de la grossesse, art. 317.
36. Loi n° 79-1204 du 31 décembre 1979 relative à l'interruption volontaire de grossesse.
37. Loi n° 92-1336 du 16 décembre 1992 relative à l'entrée en vigueur du nouveau code pénal et à la modification de certaines dispositions de droit pénal et de procédure pénale rendue nécessaire par cette entrée en vigueur. Le chapitre 3 du titre II du livre II du Code pénal de l'époque comprend toujours une section (5) relative à l'interruption illégale de grossesse : article 223-10 à 223-12.
38. Loi n° 2001-588 du 4 juillet 2001 relative à l'interruption volontaire de grossesse et à la contraception.
39. La seule disposition relative à l'IVG qui persiste dans le Code pénal est l'article 223-10 du CP : il sanctionne l'IVG pratiquée sans le consentement de l'intéressée : il ne s'agit donc pas d'une disposition réglementant l'accès à l'IVG mais protégeant l'intégrité des personnes contre un avortement forcé. Il existe par ailleurs des dispositions pénales dans le CSP (article 2222-2, article 2222-3, article 2222-4 CP) qui sanctionnent principalement le fait de pratiquer une IVG sans respecter les conditions légales prévues par le CSP.

On ne peut donc conclure à la pleine dépénalisation de l'avortement – et, partant, à la consécration corollaire d'une obligation d'abstention au sens faible – qu'à partir de 1992, voire 2001.

Depuis, cette obligation d'abstention au sens faible (c'est-à-dire cette obligation de ne pas pénaliser l'avortement) a été renforcée par la constitutionnalisation de l'IVG en 2024. Avant cette date, *rien* n'empêchait qu'une nouvelle loi pénalise l'IVG (puisqu'*aucun* texte ni aucune jurisprudence, constitutionnels, européens ou internationaux, ne protégeait l'IVG)[40]. La constitutionnalisation de l'IVG[41] a précisément pour objectif de renforcer l'obligation d'abstention au sens faible incombant à l'État : elle lui interdit de pénaliser de nouveau l'IVG. Cette nouvelle disposition constitutionnelle a précisément été pensée (et présentée) comme une « clause de non-régression[42] » empêchant un « retour en arrière[43] » à l'époque où l'avortement était criminalisé.

En revanche, on ne saurait déduire de cette constitutionnalisation qu'il pèse désormais sur l'État une authentique obligation d'abstention au sens fort.

En effet, longtemps, la loi a eu pour objectif de dissuader les femmes de recourir à l'avortement.

Si la loi de 1975 dépénalise l'avortement, l'État n'abandonne pas pour autant le contrôle des comportements procréatifs ; simplement, celui-ci prend de nouvelles formes : à la pénalisation se substitue la médicalisation. En effet, si le législateur dépénalise l'interruption de grossesse, c'est avant tout face au constat de l'inefficacité de la sanction pénale pour enrayer les avortements clandestins. Ainsi, c'est avant tout la nécessité de protéger la santé publique qui justifie la dépénalisation. De ce fait, le régime juridique de l'avortement se structure alors autour du paradigme de la *médicalisation* : il n'est légal que s'il est pratiqué par un médecin, dans un établissement de santé, et dans le délai légal. L'objectif est de s'assurer que l'avortement est réalisé dans certaines conditions sanitaires, et ce, précisément, afin de lutter efficacement contre les risques sanitaires liés aux avortements clandestins. Sur le plan de la philosophie politique, cette logique est bien distincte de celle du *libéralisme*, structuré autour de l'idée selon laquelle « chaque individu est souverain et libre de décider pour lui-même face à toutes les autorités [...] politiques ou

40. Voir notamment, CE, Avis, *La constitutionnalisation de l'interruption volontaire de grossesse : protéger un droit humain de portée universelle*, (A-2023-1), 4 octobre 2023.

41. Article 34 alinéa 8 de la Constitution.

42. Rapport de la commission des lois sur le projet de loi constitutionnelle relatif à la liberté de recourir à l'interruption volontaire de grossesse (n° 1983). (M. Guillaume Gouffier Valente.)

43. Éric Dupond-Moretti ; Guillaume Gouffier Valente ; discussions en commission des lois, 16 janvier 2024.

autres, [...] qui voudraient le soumettre[44] ». Simone Veil le disait en 1974 en termes clairs :

> « Si elle n'interdit plus, [la loi] ne crée aucun droit à l'avortement [...]. L'avortement doit rester l'exception, l'ultime recours pour des situations sans issue [...]. Aucune femme ne recourt de gaieté de cœur à l'avortement [...]. C'est toujours un drame et cela restera toujours un drame [...]. Si le projet [...] tient compte de la situation de fait existante, s'il admet la possibilité d'une interruption de grossesse, c'est pour la contrôler[45]. »

Politiquement, la loi de 1975 est d'ailleurs perçue comme une « catastrophe » par les militantes du MLAC, dont l'un des combats était précisément de « démédicaliser » l'IVG afin de permettre aux femmes de se réapproprier cet acte et d'exercer un authentique contrôle sur leur propre corps[46].

À la réaction pénale se substitue donc désormais une réaction d'un autre ordre : la mise en place d'un contrôle *médical* diffus des comportements[47], dont l'un des objectifs affichés est de *dissuader* les femmes d'y recourir ; l'instrument de contrôle des comportements procréatifs n'est plus la contrainte pénale verticale mais la désincitation (médicale). De l'aveu même de Simone Veil, l'un des enjeux centraux de la loi, on l'a vu, est de désinciter les femmes de recourir à l'IVG :

> « [L'entretien psychosocial] sera, en outre, une nouvelle occasion d'évoquer avec la femme, le problème de la contraception et la nécessité dans l'avenir, d'utiliser des moyens contraceptifs pour ne plus jamais avoir à prendre la décision d'interrompre une grossesse pour les cas où la femme ne désirerait pas avoir d'enfant. Cette information en matière de régulation des naissances – qui est la *meilleure des dissuasions à l'avortement* – nous paraît si essentielle que nous avons prévu d'en faire une obligation, sous peine de fermeture administrative[48]. »

Le droit positif met en effet en place un dispositif *dissuasif* dont la consultation psychosociale, qui demeure obligatoire jusqu'en 2001, constitue la pierre angulaire[49]. Autres signes de cette logique dissuasive, plusieurs éléments

44. Catherine Audiard, *Qu'est-ce que le libéralisme ? Éthique, politique, société*, Gallimard, 2009, p. 29.

45. AN, 26 novembre 1974, Simone Veil.

46. Voir les propos de Jeanne Weiss retranscrits dans « La loi Veil, un texte qui ne faisait pas de l'IVG un droit », *France culture*, 2 décembre 2022.

47. On se permet de renvoyer à Laurie Marguet, *Le droit de la procréation – étude sur la normalisation de la vie*, L'Harmattan, 2021.

48. AN, séance 1 du 26 novembre 1974, Simone Veil, p. 7001. Voir aussi Patrice Rolland, *La liberté morale et l'Ordre public*, Collection Thèses françaises, Université de Paris, 1976 cité par Bibia Pavard, Florence Rochefort, Michelle Zancarini-Fournel, *Les événements fondateurs – Les lois Veil, contraception 1974, IVG 1975*, *op. cit.*, p. 9.

49. Cette visée se manifeste également dans la remise à la femme d'un dossier guide qui comporte le rappel des dispositions de l'article 1er de la loi de 1975 (« La loi garantit le respect de tout être humain dès le commencement de la vie. Il ne saurait être porté atteinte à ce principe qu'en cas de

(principalement symboliques) tendent, par ailleurs, à *stigmatiser* l'IVG : il en va ainsi de la condition de détresse[50], du délai de réflexion[51], ou de l'obligation de déclaration de l'acte d'IVG par les établissements hospitaliers[52].

La loi de 1975 ne consacre donc qu'une obligation d'abstention au sens faible pesant sur l'État.

Depuis, les réformes législatives relatives à l'IVG ont toutefois assurément affaibli ce dispositif dissuasif. La suppression, par la loi de 2001, du caractère obligatoire de la consultation psychosociale et celle des dispositions du dossier guide qui avaient pour objectif d'encourager la femme à garder l'enfant constituent deux éléments centraux de l'affaiblissement du dispositif dissuasif jusqu'alors mis en place. Il en va de même de la disparition progressive de la plupart des éléments qui tendaient à *stigmatiser* l'IVG (notion de détresse, délai de réflexion…).

Plus encore, peu à peu, le droit participe même à la reconnaissance juridique et sociale de l'IVG en intégrant au droit positif le vocabulaire du *libéralisme.* En effet, si l'on considère que la traduction juridique de la philosophie politique du libéralisme est la consécration de *droits individuels*, leur introduction progressive au sein du Code la santé publique n'est pas dépourvue de signification. Pour ne citer qu'un exemple[53], la loi du 2 mars 2022 s'intitule « loi visant à renforcer le *droit à l'avortement* ». C'est la première fois que, *littéralement*, l'expression « droit à l'avortement » intègre le droit positif[54]. Si l'apparition du mot *droit* ne permet pas, *per se*, d'en conclure au renforcement des protections juridiques qui

---

nécessité et selon les conditions définies par la présente loi ») ainsi que celles qui limite l'IVG « au cas où la femme enceinte se trouve placée par son état dans une situation de détresse ». Ce dossier guide comprend également l'énumération des droits, aides et avantages garantis par la loi aux familles, aux mères célibataires ou non, et à leurs enfants, ainsi que des possibilités offertes par l'adoption d'un enfant à naître ; ainsi que la liste des organismes susceptibles d'apporter une aide morale ou matérielle à l'intéressée.

50. Ancien article 2212-1 CSP.

51. Ancien article 2212-5 CSP.

52. Ancien article 2212-10 CSP.

53. On peut aussi souligner que préalablement, la loi n° 2014-873 du 4 août 2014 pour l'égalité réelle entre les femmes et les hommes ancre tout d'abord la question dans la problématique de l'égalité (des sexes). Elle modifie également le titre de la deuxième partie du Code de la santé publique (dans lequel est réglementée la question de l'IVG) substituant aux termes de « santé de la famille, de la mère et de l'enfant » ceux de « santé reproductive, droits de la femme et protection de la santé de l'enfant ». Si l'IVG n'y est certes pas directement présentée comme un « droit de la femme », son encadrement s'inscrit désormais dans la problématique de la « santé reproductive et des droits de la femme » – ce qui marque indéniablement un changement de paradigme par rapport aux logiques à l'œuvre en 1975.

54. Alors même que ladite loi en mentionnant un *renforcement* « fait comme si » ce droit existait déjà et qu'il était seulement question de le renforcer.

entourent l'IVG, elle signale néanmoins un changement de paradigme dans la manière dont est pensée l'IVG.

Couplé au fait que l'encadrement juridique de l'avortement n'est plus structuré autour d'une logique dissuasive, ce tournant sémantique interroge : l'État se voit-il imposer une obligation d'abstention au sens fort ? Deux éléments commandent de n'apporter qu'une réponse nuancée à cette question.

Premièrement, l'État ne semble pas avoir renoncé à faire diminuer le nombre d'IVG pratiquées en France. Force est d'observer que, depuis 1975 et jusqu'à aujourd'hui, l'État attache une attention toute particulière aux données quantitatives relatives à l'IVG. D'emblée, l'encadrement juridique de l'avortement incorpore une obligation de collecte et d'analyse de données ; aujourd'hui, c'est l'article L. 2214-3 CSP qui dispose que

> « chaque année, le ministre chargé de la santé doit publier un rapport rendant compte de l'évolution démographique du pays, ainsi que de l'application [des dispositions relatives à l'IVG]. Ce rapport comporte des développements sur les aspects socio-démographiques de l'interruption de grossesse. L'INED analyse et publie, en liaison avec l'institution nationale de la santé et de la recherche médicale les données relatives à la pratique de l'IVG en France. »

Ce dispositif de surveillance statistique de la pratique des IVG peut être lu comme reflétant une inquiétude particulière de l'État quant à la possible croissance du nombre d'IVG ; d'autant plus lorsqu'il est analysé à l'aune des dispositions de l'article L. 2214-2 CSP qui énonce qu'

> « en aucun cas l'interruption volontaire de grossesse ne doit constituer un moyen de régulation des naissances. À cet effet, le Gouvernement prend toutes les mesures nécessaires pour développer l'information la plus large possible sur la régulation des naissances, notamment par la création généralisée, dans les centres de planification maternelle et infantile, de centres de planification ou d'éducation familiale et par l'utilisation de tous les moyens d'information. »

Deuxièmement, si la constitutionnalisation de l'IVG en 2024 renforce l'obligation d'abstention au sens faible pesant sur l'État, il n'en va pas de même pour l'obligation d'abstention au sens fort.

La constitutionnalisation n'impose en effet *formellement* au législateur que de « déterminer » les conditions dans lesquelles se réalise l'IVG, avec pour *seule* limite explicite le maintien d'une possibilité pour les femmes d'interrompre leur grossesse (puisque la Constitution mentionne une « liberté garantie »). Dès lors, rien ne permet d'affirmer qu'elle lui impose autre chose que de ne pas pénaliser l'IVG. La formulation du nouvel alinéa 18 de l'article 34 ne maximise pas la contrainte possiblement exercée sur le législateur. D'autres formulations auraient en effet pu *explicitement* faire peser sur l'État une obligation d'abstention au sens fort – à l'instar, par exemple, d'une formulation précisant que les femmes sont pleinement libres de recourir à l'IVG (et que de ce fait, l'État ne saurait les en dissuader). Mais tel n'est pas le cas de celle finalement retenue.

Si obligation d'abstention il y a, il faut donc concéder qu'elle demeure limitée dès lors qu'on l'envisage dans son sens le plus fort[55].

Cependant, l'État a tout de même progressivement renoncé aux instruments qui lui permettaient d'entraver l'accès des femmes à l'avortement. En premier lieu, en renonçant au droit pénal ; en second lieu, en renonçant aux dispositifs dissuasifs prévus par la loi ; en troisième lieu, en favorisant la reconnaissance juridique et sociale de l'avortement (notamment par la consécration formelle d'un « droit à l'avortement »). Dès lors, la strate 1 du « droit à » l'IVG est consacrée.

Dans un second temps, il faut répondre à la question de savoir si une obligation d'abstention est consacrée pour les personnes privées. Les personnes privées, plus exactement les « tiers », étaient initialement ignorées de la législation. Fallait-il pour autant en conclure qu'ils étaient *implicitement* soumis à une obligation de s'abstenir d'entraver l'accès des femmes à l'IVG ? Tout dépend, une fois de plus, de la manière dont on définit et comprend la notion d'« abstention » : soit, au sens faible, comme impliquant ici seulement le fait de ne pas empêcher ou entraver le recours à l'IVG ; soit, au sens fort, comme impliquant de ne troubler d'aucune manière l'accès à l'IVG, c'est-à-dire de ne pas dissuader les femmes d'y recourir.

Au sens faible, cette obligation d'abstention existait, *a priori*, dès 1975 : le Code pénal interdisant, de manière générale, de recourir à la violence[56] ou de troubler l'ordre public[57], il interdisait également, de ce fait, le fait d'empêcher physiquement – en recourant à la violence ou en troublant l'ordre public – la pratique des IVG.

Il n'en reste pas moins que, face notamment au développement de nouvelles techniques militantes chez un certain nombre de groupes sociaux engagés contre l'avortement et pour la défense de la vie[58], le besoin d'une législation et d'une incrimination spécifiques s'est fait sentir[59] : c'est ainsi

55. Cf. *infra*.

56. Le Code pénal interdit, par exemple, les violences (article 222-7) ou le fait d'exposer directement autrui à un risque immédiat de blessures (article 223-2).

57. Le Code pénal interdit, par exemple : la participation délictueuse à un attroupement, c'est-à-dire à un rassemblement de personnes sur la voie publique ou dans un lieu public susceptible de troubler l'ordre public (article 431-1).

58. Voir dans ce volume le chapitre de Florence Rochefort, « Généalogie d'une loi féministe », p. 367.

59. En effet, lorsque des groupes de personnes privées se limitent à des pratiques d'entrave non violentes, il était, dans un premier temps, difficile de sanctionner leurs actions, et ce, alors même que leur finalité affichée était bien de « faire renoncer » les femmes à l'avortement. Voir le rapport

qu'en 1993, la loi du 27 janvier crée un délit « d'entrave à l'IVG[60] », qui consacre une obligation explicite d'abstention pesant sur toute personne privée. L'article L. 223-3 du Code pénal, modifié depuis, dispose aujourd'hui qu'il est interdit :

> « d'empêcher ou de tenter d'empêcher de pratiquer ou de s'informer sur une interruption volontaire de grossesse, par tout moyen, y compris par voie électronique ou en ligne, notamment par la diffusion ou la transmission d'allégations ou d'indications de nature à induire intentionnellement en erreur, dans un but dissuasif, sur les caractéristiques ou les conséquences médicales d'une interruption volontaire de grossesse : Soit en perturbant l'accès aux établissements [pratiquant des IVG], la libre circulation des personnes à l'intérieur de ces établissements ou les conditions de travail des personnels médicaux et non médicaux ; Soit en exerçant des pressions morales et psychologiques, des menaces ou tout acte d'intimidation à l'encontre des personnes cherchant à s'informer sur une interruption volontaire de grossesse, des personnels médicaux et non médicaux travaillant dans les établissements [pratiquant des IVG], des femmes venues recourir à une interruption volontaire de grossesse ou de l'entourage de ces dernières. »

Cependant, cette interdiction ne peut être lue comme consacrant une obligation d'abstention au sens fort pesant sur les tiers. En effet, comme l'a précisé le Conseil constitutionnel dans sa décision du 16 mars 2017[61], cette obligation d'abstention ne va pas jusqu'à interdire aux individus d'exprimer un avis négatif sur l'avortement, ni même de diffuser de fausses informations relatives aux conséquences de l'IVG (comme le font, par exemple, certains

---

n° 102 fait au nom de la commission des affaires sociales sur le projet de loi, adopté par l'assemblée nationale après déclaration d'urgence, portant diverses mesures d'ordre social, 10 décembre 1992 qui recense une quarantaine de « commandos anti-IVG » entre 1990 et 1992, et que souligne « *la nature [des commandos anti-avortement] fait qu'ils sont difficilement punissables au regard du droit actuel. Les poursuites sont [certes] possibles [lorsqu'ils recourent à la violence], notamment sur le fondement des coups et blessures, de la violation de domicile ou de port d'armes. Mais le caractère de plus en plus passif et non violent de ces actions conduit à un nombre de condamnations extrêmement limité (une seule à ce jour)* » qui entourent, avant cette date, la légalité des actions réalisées par les « commandos anti-avortement ».

60. Ancien article L. 162-15 : « Sera puni d'un emprisonnement de deux mois à deux ans et d'une amende de 2 000 F à 30 000 F ou de l'une de ces deux peines seulement le fait d'empêcher ou de tenter d'empêcher une interruption volontaire de grossesse ou les actes préalables prévus par les articles L. 162-3 à L. 162-8 : – soit en perturbant l'accès aux établissements visés à l'article L. 162-2 ou la libre circulation des personnes à l'intérieur de ces établissements ; – soit en exerçant des menaces ou tout acte d'intimidation à l'encontre des personnels médicaux et non médicaux travaillant dans ces établissements ou des femmes venues y subir une interruption volontaire de grossesse » (aujourd'hui 2223-2 CSP).

61. Cf. *infra* : II. A 2.

sites internet anti-IVG[62]). En effet, la diffusion de fausses allégations dans un but dissuasif n'est sanctionnée que si elle conduit à perturber l'accès ou le fonctionnement des structures habilités à réaliser des avortements ou si elle constitue des pressions, menaces ou actes d'intimidation. En dehors de ces deux cas de figure, au nom de la protection de la liberté d'expression, le législateur ne saurait interdire toutes les formes de désinformation ou de dissuasion.

Si l'obligation d'abstention au sens fort demeure donc limitée, l'obligation d'abstention au sens faible est bien *explicitement* consacrée à l'égard des tiers.

Au total, il existe donc bien une obligation d'abstention au sens faible pesant sur l'État comme sur les tiers ; tandis que des ambivalences demeurent en ce qui concerne leurs obligations d'abstention au sens fort. Ces ambivalences sont encore plus marquées en ce qui concerne les obligations de prestation qui, elles, sont traversées par de véritables contradictions.

### *L'ambivalence des obligations de prestation*

Rappelons ici qu'on définit l'obligation de prestation comme une obligation de fournir toutes les moyens matériels et humains nécessaires à la réalisation de l'avortement. Une telle obligation de prestation suppose, d'une part, que l'État impose aux établissements de santé de mettre en place le cadre nécessaire à la *réelle* mise en œuvre de l'avortement ; et, d'autre part, que les professionnels de santé soient contraints de fournir la « prestation » d'IVG, c'est-à-dire de la réaliser.

Dès 1975, la loi dispose que « les catégories d'établissements publics qui sont tenus de disposer des moyens permettant la pratique des interruptions volontaires de la grossesse sont fixées par décret[63] ». Cette catégorie d'établissements *tenus* de pratique l'IVG a progressivement été élargie : en 1980, ce sont les centres hospitaliers régionaux et les centres hospitaliers généraux qui se voient obligés de disposer des moyens permettant la pratique des interruptions volontaires de grossesse[64]. En 1982, ce sont également « les établissements publics d'hospitalisation qui, ne faisant pas partie des catégories mentionnées ci-dessus (c'est-à-dire les centres hospitaliers régionaux et les centres hospitaliers généraux), comprennent un service de chirurgie ou une maternité » qui se voient

62. Le site ivg.net indique par exemple que l'IVG a pour conséquences des « souffrances psychologiques à long terme » ; un risque accru de « cancer du col utérin », de « stérilité » et d'« endométrite ».
63. Ancien article L162-8 CSP.
64. Décret n° 80-285 du 17 avril 1980 portant application des articles L162-8 et L162-9 du Code de la santé publique.

imposer une telle obligation[65]. En 1988, ce sont « les autres établissements d'hospitalisation publics qui comportent une unité pour pratique chirurgicale ou obstétricale, à l'exception des centres hospitaliers spécialisés » qui sont aussi tenus de disposer des moyens permettant la pratique des interruptions volontaires de grossesse[66]. La loi Veil permettait certes aux chefs de service de refuser d'organiser, au sein de leur service, des avortements[67] ; mais cette permission a été abrogée par la loi de 2001 : ils ne peuvent désormais plus refuser que des avortements soient réalisés dans leur service. Le renforcement de l'obligation de prestation pesant sur les établissements publics fut ensuite explicité d'abord par une circulaire de 2001, qui précise que « la pratique des IVG étant une mission de service public, tout chef de service ou de département est tenu d'en assurer l'organisation[68] », puis par un décret de 2003, qui dispose que « les établissements publics […] qui disposent de lits ou de places autorisés en gynécologie-obstétrique ou en chirurgie ne peuvent refuser de pratiquer des interruptions volontaires de grossesse[69] ».

Cette obligation de prestation est, par ailleurs, renforcée par la prise en charge de l'IVG par la sécurité sociale[70], ainsi que par l'élargissement des lieux et des personnes habilités à réaliser des interruptions de grossesse[71]. Elle l'est également par l'information dispensée par l'État en matière d'IVG, notamment *via* le site *ivg.gouv* qui met à disposition du public un numéro vert (et un tchat) permettant d'obtenir des informations fiables sur l'avortement, ainsi qu'un annuaire des lieux pratiquant des IVG et des associations dispensant des conseils aux femmes[72].

Les choses se présentent différemment pour les établissements privés, au sujet desquels l'article L. 2212-8 CSP énonce explicitement qu'« un établissement de

65. Décret n° 82-826 du 27 septembre 1982 portant application de l'article L162-8 du Code de la santé publique.
66. Décret n° 88-59 du 18 janvier 1988 portant application des articles L162-8 et L162-9 du Code de la santé publique.
67. Ancien article L. 162-8 CSP : « Le conseil d'administration désigne le service dans lequel les interruptions volontaires de la grossesse sont pratiquées. Lorsque le chef de service concerné *refuse d'en assumer la responsabilité*, le conseil d'administration doit créer une unité dotée des moyens permettant la pratique des interruptions volontaires de la grossesse. »
68. Circulaire DGS/DHOS n° 2001-467 du 28 septembre 2001 relative à la mise en œuvre des dispositions de la loi du 4 juillet 2001 relative à l'interruption volontaire de grossesse et à la contraception.
69. Décret n° 2003-462 du 21 mai 2003 relatif aux dispositions réglementaires des parties I, II et III du code de la santé publique qui intègre au CSP l'article R2212-4. Voir, dans le même sens, le décret 2009-516 du 6 mai 2009 relatif aux interruptions volontaires de grossesse par voie médicamenteuse intègre à l'article R2212-4 les IVG médicamenteuses.
70. Cf. *supra*, et voir dans ce volume le chapitre de Marie Mesnil, « L'avortement à quel prix ? », p. 347.
71. Cf. *supra*.
72. Ils sont disponibles à l'adresse suivante : https://ivg.gouv.fr/les-associations-pour-vous-aider

santé privé peut refuser que des interruptions volontaires de grossesse soient pratiquées dans ses locaux ». La même disposition ajoute toutefois qu'un tel « refus ne peut être opposé par un établissement de santé privé habilité à assurer le service public hospitalier que si d'autres établissements sont en mesure de répondre aux besoins locaux ». Ainsi, si une obligation de prestation pèse indéniablement sur les établissements de santé publics, elle est plus relative en ce qui concerne les établissements privés qui ne sont obligés que dans la mesure où ils sont associés au service public hospitalier.

Par ailleurs, si la constitutionnalisation de l'IVG a renforcé l'obligation d'abstention (au sens faible) pesant sur l'État, elle n'a pas impacté l'obligation de prestation. En effet, ce que la Constitution impose désormais au législateur, ce n'est pas de « garantir » la liberté des femmes d'interrompre leur grossesse, mais de « déterminer les conditions dans lesquelles s'exerce la liberté garantie des femmes d'interrompre leur grossesse ». Or, les deux propositions ne sont pas équivalentes[73]. L'obligation qui pèse en première intention sur le législateur est celle de déterminer les conditions d'exercice de l'IVG (ce qu'il faisait, au demeurant, déjà) ; et ce n'est que dans le cadre de l'exercice de cette compétence qu'il doit s'assurer que la liberté d'avorter demeure garantie. Si la formulation finalement retenue demeure en deçà de celle votée par l'Assemblée nationale – qui prévoyait une obligation pour la « loi [de] garantir l'effectivité et l'égal accès au droit à l'IVG » –, c'est bien parce que les sénateurs refusaient catégoriquement cet énoncé, qui leur semblait précisément conduire à la consécration d'un « droit inconditionnel et absolu[74] ». Pour les rassurer, le gouvernement précisait, justement, qu'il « s'agi[ssai]t non pas de créer un droit absolu et sans limite, mais de garantir l'exercice d'une liberté qui appartient [aux femmes] *dans les conditions prévues par la loi* ». Il ajoutait que la protection n'opère que « dans les conditions que le législateur estime approprié » et qu'il ne s'agit nullement de créer un « droit opposable »[75]. Ainsi, sans pouvoir

73. On se permet de renvoyer ici à la controverse entre Olivier Beaud et Stéphanie Hennette-Vauchez sur le blog *Juspoliticum* quant aux possibles divergences entre la version initialement proposée par l'Assemblée nationale (votée le 24 novembre 2022) et celle votée par le Sénat (votée le 1er février 2023) : Olivier Beaud, « Réplique à une réponse. Contenu et portée d'une controverse sur la constitutionnalisation du droit de recourir à l'avortement », *Blog Juspoliticum*, 1er avril 2023. Contra : Stéphanie Hennette-Vauchez, « Raisons et déraison dans l'interprétation de la constitution », *Blog Juspoliticum*, 14 mars 2023 ; Contra : Olivier Beaud, « Réplique à une réponse. Contenu et portée d'une controverse sur la constitutionnalisation du droit de recourir à l'avortement », *Blog Juspoliticum*, 1er avril 2023.
74. Voir notamment Rapport de la commission des lois sur le projet de loi constitutionnelle relatif à la liberté de recourir à l'interruption volontaire de grossesse (n° 1983). Pour davantage de détails, on se permet de renvoyer à Laurie Marguet, « La constitutionnalisation de l'IVG », *Blog Juspoliticum*, 5 décembre 2022 ; Laurie Marguet, « La constitutionnalisation de l'IVG : deuxième Round », *Blog Juspoliticum*, 1er février 2024.
75. Notamment, Éric Dupond-Moretti, discussions en commission, 16 décembre 2023 ; AN, 24 janvier 2024 ; Guillaume Gouffier Valente, discussions en commission des lois, 16 janvier 2024.

ici conférer au nouvel alinéa 18 de l'article 34 de la Constitution un sens qui n'existe pas *per se*, un certain nombre d'éléments tendent à infirmer l'idée selon laquelle la révision constitutionnelle aurait imposé au législateur une obligation d'édicter des lois consacrant une obligation de prestation.

À l'heure actuelle, la loi impose donc aux établissements publics de santé d'organiser des IVG. Cette obligation de prestation ne pèse toutefois que sur des personnes *morales* que sont les établissements de santé ; or, une personne morale ne peut, bien évidemment, jamais réaliser « elle-même » une IVG : pour qu'une telle intervention soit pratiquée, il faut *nécessairement* qu'une personne physique (un professionnel de santé, un médecin ou une sage-femme) accepte de la réaliser. Et c'est précisément là que le bât blesse : ces derniers ne sont, eux, jamais obligés par la loi de réaliser une IVG.

De ce fait, l'obligation de prestation demeure limitée. En parallèle de la clause de conscience générale[76] qui octroie à tout médecin « le droit de refuser ses soins pour des raisons professionnelles ou personnelles », le droit français consacre une clause de conscience spécifique à l'IVG. Les tentatives pour l'abolir ayant échoué en 2022[77], l'article L. 2212-8 CSP dispose encore aujourd'hui qu'« un médecin ou une sage-femme n'est jamais tenu de pratiquer une interruption volontaire de grossesse. Aucune sage-femme, aucun infirmier ou infirmière, aucun auxiliaire médical, quel qu'il soit, n'est tenu de concourir à une interruption de grossesse ». Cette clause de conscience jouit même d'une forme d'assise constitutionnelle, puisque le Conseil constitutionnel la rattache à l'article 10 de la Déclaration des droits de 1789 qui fonde la protection constitutionnelle de la liberté de conscience[78] et estime que, de ce fait, aucun professionnel de santé, pas même le chef de service, ne peut être tenu de réaliser une IVG.

Le législateur a, certes, pris un certain nombre de mesures pour éviter que la mise en œuvre de la clause de conscience fasse obstacle à la réalisation d'IVG ; en particulier, il impose aux professionnels de santé qui font jouer leur clause de conscience de réorienter « sans délai » la patiente vers un autre praticien[79].

---

76. Article R 4127-47 CSP.
77. Voir la proposition de loi n° 3292 visant à renforcer le droit à l'avortement, déposé à l'AN le 25 août 2020. Voir également Laurie Marguet, « La loi n° 2022-295 du 2 mars 2022 visant à renforcer le droit à l'avortement : un renforcement en demi-teinte », *Revue des droits de l'homme*, ADL, avril 2022.
78. Conseil constitutionnel, Décision n° 2001-446 DC du 27 juin 2001.
79. Article L2212-8 CSP. Par ailleurs, la femme doit se voir remettre, lors de sa première consultation un dossier guide qui comprend notamment la liste et les adresses des organismes et des établissements où sont effectuées des IVG (L2212-3 CSP). Plus encore, « les agences régionales de santé publient un répertoire recensant, sous réserve de leur accord, les professionnels de santé ainsi que l'ensemble des structures pratiquant l'interruption volontaire de grossesse. L'accès à ce répertoire doit être libre et effectif. Cette effectivité est assurée par tous moyens » (Article L2212-3 CSP).

Il n'en demeure pas moins, d'un strict point de vue théorique, un paradoxe évident : la loi impose une obligation de prestation aux établissements publics de santé, mais cette obligation n'a en réalité pas de débiteur physique. Dans ces conditions, la persistance de la clause de conscience témoigne en réalité de ce que l'ordre juridique n'appréhende pas pleinement l'IVG comme un *droit* (au sens de la strate 2), puisqu'il aménage une situation dans laquelle les débiteurs réels de sa concrétisation – à savoir les médecins et les sages-femmes – ne sont jamais *obligés* de la pratiquer.

Certes, à bien des égards, l'IVG est construite comme un droit : l'ordre juridique cherche à faire peser sur la puissance publique non seulement une obligation d'abstention mais aussi de prestation. Cependant, la loi met également en place les conditions de sa propre ineffectivité[80] en protégeant, dans le même temps, la faculté qu'ont les professionnels de santé de refuser de réaliser cette prestation. Le droit français de l'IVG est donc caractérisé par un conflit normatif indéniable entre, d'une part, les obligations positives consacrées à l'égard des autorités publiques et, d'autre part, la protection de la liberté de conscience des professionnels de santé. En raison de ce conflit, on ne peut conclure à l'existence d'une obligation claire de prestation d'IVG, et partant, à l'existence d'un droit à l'IVG au sens de la strate 2.

Plus encore, si l'on estime, avec Ricardo Guastini, qu'un « droit » n'existe réellement que s'il existe « *des mécanismes aptes à [permettre] des réparations dans le cas où [l'obligation] serait violée* », alors la qualification de « droit à l'IVG » paraît encore plus contestable puisque peu de mécanismes *garantissen*t réellement la mise en œuvre des obligations d'abstention et de prestation consacrées.

## Les garanties insuffisantes du « droit à » l'avortement

Au-delà des divergences qui les opposent, les travaux relatifs à la définition d'un « droit » conditionnent tous son existence à l'attribution, à son titulaire, d'un pouvoir d'« exiger » sa mise en œuvre. Ainsi, toute personne qui se voit reconnaître un droit doit pouvoir exiger que son absence de mise en œuvre soit sanctionnée (et notamment, indemnisée[81]). L'importance accordée à la sanction

80. Thomas Dumortier, « La loi IVG : l'effectivité de quel droit », *in* Véronique Champeil Despalts, Danièle Lochak, *A la recherche de l'effectivité des droits de l'homme*, Presse universitaire de Paris 10, 2008, p. 122.

81. Voir dans ce volume le chapitre de Lisa Carayon, « Des droits sans débiteurs ? », p. 303.

juridique est d'ailleurs une antienne des théories du droit subjectif[82] : « *l'une des caractéristiques du droit tient au fait que l'on reconnaît l'existence d'une action qui permet [de] sanctionner son non-respect* »[83]. Il faut donc déterminer ici si le non-respect par l'État et les « tiers » de leurs obligations d'abstention et de prestation est sanctionné.

Il apparaît assez évident que le non-respect des obligations d'abstention par la puissance publique serait sanctionné par le juge administratif : dès lors que la loi autorise explicitement l'IVG, aucun texte de nature réglementaire ne saurait l'interdire ; pas plus qu'un établissement public ne pourrait *explicitement* empêcher la pratique d'IVG dans son établissement.

De la même manière, on peut *a priori* considérer que si le Conseil constitutionnel admettait effectivement de contrôler une loi future à l'aune du nouvel article 34 alinéa 18 de la Constitution[84], il serait amené à sanctionner une loi qui reviendrait à la pénalisation de l'IVG. Il sanctionnerait probablement aussi une loi qui, restreignant si drastiquement ses conditions d'accès qu'il deviendrait extrêmement difficile d'y accéder (comme c'est par exemple le cas en Pologne où les conditions sont si restrictives que l'IVG y est *de facto* quasiment impossible pour la plupart des femmes[85]), serait lue comme un manquement à l'obligation pesant sur le législateur de s'abstenir d'entraver la « liberté garantie » des femmes. Lors des débats, il y a d'ailleurs eu un consensus sur le fait que l'objet de la constitutionnalisation était de former un « bouclier » : « l'apport essentiel [du projet constitutionnel] est l'ajout du mot "garantie" qui clarifie l'intention du constituant : il s'agit d'encadrer l'office du législateur afin qu'il ne puisse interdire le recours à l'IVG[86] ».

Peut-on pour autant en conclure que le non-respect par l'État d'une obligation d'abstention au sens fort serait sanctionné ?

Dès lors que la loi n'affiche plus d'objectif dissuasif à l'égard des femmes sollicitant une IVG, aucun texte réglementaire ne saurait édicter de mesures

---

82. Voir notamment, Thierry Léonard, *Conflits entre droits subjectifs, libertés civiles et intérêts légitimes*, Larcier, 2005. L'auteur cite notamment Savigny : « le droit ne se manifeste jamais plus clairement que si, dénié ou attaqué, l'autorité judiciaire vient en reconnaître l'existence et l'étendue » (Traité de droit romain) ; Ihering : « Les droits sont des intérêts juridiquement protégés [par une action en justice] » (L'esprit du droit romain dans les diverses phases de son développement).

83. Thierry Léonard, *Conflits entre droits subjectifs, libertés civiles et intérêts légitimes*, Larcier, 2005.

84. S'il ne fait pas de doute que le Conseil constitutionnel accepterait de contrôler une loi à l'aune de l'article 34 alinéa 18 de la Constitution dans le cadre de son contrôle *a priori*, l'invocabilité de cette nouvelle disposition constitutionnelle en QPC n'est pas aussi certaine.

85. Voir notamment Audrey Boisgontier, « "Il suffira d'une crise"… : la restriction du droit à l'avortement en Pologne, symptôme du déclin de l'État de droit », *La Revue des droits de l'homme*, Actualités Droits-Libertés, 21 décembre 2020.

86. On se permet de renvoyer à Laurie Marguet, « La constitutionnalisation de l'IVG : deuxième Round », *op. cit.*

poursuivant un tel objectif : un juge sanctionnerait probablement l'Administration hospitalière qui imposerait, par exemple, à ses agents de désinciter les femmes de recourir à l'avortement. De manière plus générale, les hôpitaux qui opteraient pour des pratiques *contra legem* seraient très certainement sanctionnés si ces dernières venaient à être examinées par un juge. C'est ainsi par exemple que l'hôpital de Valenciennes, qui conditionnait autrefois l'obtention d'un premier rendez-vous IVG à l'acquisition préalable d'un certificat médical du centre de santé sexuelle et qui n'admettait que les femmes domiciliées dans son secteur[87], aurait *a priori* vu ses pratiques condamnées.

Mais *quid* d'une loi qui réintroduirait dans le Code de la santé publique des dispositifs visant à désinciter les femmes de recourir à l'avortement ? Serait-elle sanctionnée par le Conseil constitutionnel ?

Lors des débats relatifs à la constitutionnalisation de l'IVG, les défenseurs du projet affirment que la constitutionnalisation aura pour effet d'empêcher le législateur d'interdire tout recours à l'IVG, et de « restreindre les conditions d'exercice de façon telle qu'il priverait cette liberté de toute portée[88] ». Cette formulation fait écho à la jurisprudence du Conseil constitutionnel, qui interdit en principe au législateur de « dénaturer » une exigence constitutionnelle, c'est-à-dire de la vider de sa substance. Cependant, le Conseil constitutionnel fait preuve de souplesse dans l'interprétation de cette interdiction[89] ; il estime en général que le droit doit être *totalement* vidé de sa substance pour que la loi soit sanctionnée[90]. Rien ne permet, dès lors, d'affirmer qu'il considérerait la « liberté garantie » de recourir à l'IVG comme étant totalement vidée de sa substance si le législateur réintroduisait des dispositions à but dissuasif telles que la réalisation d'une consultation psychosociale (supprimée en 2001), la remise d'un dossier guide à des fins de dissuasion (supprimé lui aussi en 2001), l'existence d'une « situation de détresse » (supprimée en 2014) ou le délai de réflexion (supprimée en 2016). Le doute est d'autant plus important que les termes utilisés à l'article 34 de la Constitution sont indéterminés : on ne sait pas exactement ce qu'il faut comprendre de l'expression « la liberté

---

87. Voir dans ce volume le chapitre de Véronique Sehier, « De la désobéissance civile à la Constitution », p. 431.
88. Guillaume Gouffier Valente, discussions en commission des lois, 16 janvier 2024.
89. Il en va notamment ainsi de la manière dont le Conseil constitutionnel apprécie les mesures visant à restreindre l'autonomie financière des collectivités territoriales (Xavier Magnon, « La question prioritaire de constitutionnalité, un instrument de défense des libertés locales ? », *Le droit constitutionnel des collectivités territoriales. Études comparées*, 2015), considérant que « si, en vertu des articles 72 et 72-2 de la Constitution, les collectivités territoriales "s'administrent librement par des conseils élus" et "bénéficient de ressources dont elles peuvent disposer librement », chacune d'elles le fait « dans les conditions prévues par la loi » (Xavier Magnon, « La question prioritaire de constitutionnalité, un instrument de défense des libertés locales ? », *Le droit constitutionnel des collectivités territoriales. Études comparées*, 2015).
90. Voir, par exemple, CC, 18 juin 2012, n° 2012-254 QPC.

garantie aux femmes de pouvoirs interrompre sa grossesse ». De plus, considérant que le Conseil a toujours considéré en matière d'IVG « qu'il n'appartient pas au Conseil constitutionnel, qui ne dispose pas d'un pouvoir général d'appréciation et de décision de même nature que celui du Parlement, de remettre en cause, au regard de l'état des connaissances et des techniques, les dispositions ainsi prises par le législateur[91] », rien ne permet d'affirmer que le retour d'un dispositif dissuasif serait nécessairement considéré comme portant atteinte à cette liberté dès lors que l'accès à l'IVG serait toujours possible[92].

L'obligation d'abstention au sens faible étant pleinement consacrée, c'est donc sans surprise que son non-respect apparaît sanctionné. *A contrario*, l'obligation d'abstention au sens fort n'étant pas pleinement consacrée, c'est également sans surprise que la possible sanction de son non-respect apparaît incertaine. Il en va de même en ce qui concerne les personnes privées.

En ce qui concerne les personnes privées, le non-respect des obligations d'abstention au sens faible relève de la compétence du juge pénal. Les illustrations contentieuses du délit d'entrave à l'IVG sont nombreuses[93].

Cependant, aucune obligation d'abstention au sens fort ne pèse sur les tiers. Rappelons que le délit d'entrave à l'IVG n'interdit pas toutes les formes de dissuasion ou la désinformation ; en particulier, le juge ne sanctionnera la diffusion de fausses informations sur l'IVG ou sur ses conséquences que si cette diffusion conduit à perturber l'accès ou le fonctionnement des structures habilités à réaliser des avortements ou si elle constitue des pressions, menaces ou actes d'intimidation. En deçà, il n'y aura pas de sanctions. L'existence de sites anti-IVG ne tombe, de ce fait, *a priori* pas sous le coup de la loi[94] – pas plus que des propos dissuasifs sur l'avortement dès lors qu'ils s'apparentent à

91. Conseil constitutionnel, Décision n° 2001-446 DC du 27 juin 2001.

92. Certains députés s'inquiètent des effets limités de la constitutionnalisation. Voir, notamment, Paul Molac, débat à l'Assemblée nationale, 24 janvier 2024 : « Il n'est pas exclu en effet qu'à l'avenir, la loi ordinaire encadre ce droit jusqu'à le rendre inapplicable. »

93. Voir notamment : Cour de Cassation, Chambre criminelle, du 7 avril 1999, n° 97-85.978, Cour de Cassation, Chambre criminelle, du 5 mai 1997, n° 96-81.889, Cour de Cassation, Chambre criminelle, du 31 janvier 1996, n° 95-81.319 ; Cour de Cassation, Chambre criminelle, du 27 novembre 1996, n° 95-85.118 ; Cour de Cassation, Chambre criminelle, du 5 mai 1997, n° 96-81.462 ; Cour de Cassation, Chambre criminelle, du 27 novembre 1996, n° 96-80.223 ; Cour d'appel de Reims, du 11 avril 2001, n° 00/00222 ; Cour de cassation, 12 février 2002, n° 01-83.554 ; Cour de cassation, 1er septembre 2015, n° 14-87.441.

94. En ce sens, le commentaire officiel de la décision du 16 mars 2017 du Conseil constitutionnel précise bien que « la simple diffusion d'informations, par exemple sur un site internet, quand bien même seraient-elles orientées ou tronquées, ne saurait suffire à caractériser l'infraction » (Commentaire de la décision n° 2017-747 DC du 16 mars 2017 – Loi relative à l'extension du délit d'entrave à l'interruption volontaire de grossesse [conseil-constitutionnel.fr]).

une *opinion* et qu'ils sont prononcés par une personne qui ne prétend pas avoir de compétence particulière sur la question ; c'est alors la liberté d'expression qui prime.

Le Conseil constitutionnel précise bien que « le délit d'entrave, lorsqu'il réprime des pressions morales et psychologiques, des menaces ou tout acte d'intimidation à l'encontre des personnes cherchant à s'informer sur une interruption volontaire de grossesse, ne saurait être constitué qu'à deux conditions : que soit sollicitée une information, et non une opinion ; que cette information porte sur les conditions dans lesquelles une interruption volontaire de grossesse est pratiquée ou sur ses conséquences et qu'elle soit donnée par une personne détenant ou prétendant détenir une compétence en la matière[95] ». Dans le commentaire officiel de cette décision il est précisé qu'« ainsi circonscrites, les dispositions contestées ne permettront pas de sanctionner, par exemple, les propos tenus dans un cercle familial, amical ou privé, alors que des opinions trop fermement exprimées dans un tel cadre auraient éventuellement pu [...] être qualifiées de "pressions". Dès lors que l'information devra avoir été donnée par une personne disposant d'une compétence en matière d'IVG ou se présentant comme tel, ces dispositions permettront, en revanche, par exemple, de réprimer des pressions exercées sur une femme ayant consulté un site internet ou appelé un "numéro vert" d'information sur l'IVG et ayant ensuite été l'objet de pressions, menaces ou actes d'intimidation exercées par des personnes en lien avec ce site ou ce numéro vert[96] ».

Tout cela vaut également si la personne privée est un professionnel de santé. Si elle émet, même en cette qualité, une *opinion*, elle n'encourt *a priori* aucune sanction sur le fondement du délit d'entrave, quand bien même l'expression de cette opinion la conduirait à communiquer des informations inexactes sur l'avortement. Cependant, d'autres contraintes s'imposent à elle. En particulier, la transmission d'allégations erronées peut être sanctionnée[97]. Le Code de déontologie médicale impose en effet aux médecins de délivrer à leurs patients une information claire, loyale et appropriée[98]. Si la désinformation d'une patiente par

95. Décision n° 2017-747 DC du 16 mars 2017.

96. Commentaire de la décision n° 2017-747 DC du 16 mars 2017 – Loi relative à l'extension du délit d'entrave à l'interruption volontaire de grossesse (conseil-constitutionnel.fr).

97. R. 4127-35 CSP.

98. R. 4127-35 CSP. Par ailleurs, l'article L1111-2 CSP énonce que « toute personne a le droit d'être informée sur son état de santé. Cette information porte sur les différentes investigations, traitements ou actions de prévention qui sont proposés, leur utilité, leur urgence éventuelle, leurs conséquences, les risques fréquents ou graves normalement prévisibles qu'ils comportent ainsi que sur les autres solutions possibles et sur les conséquences prévisibles en cas de refus ». Ce même article précise qu'« en cas de litige, il appartient au professionnel ou à l'établissement de santé d'apporter la preuve que

son médecin en matière d'IVG ne serait donc pas nécessairement sanctionnée sur le plan pénal, elle le serait très certainement sur le plan disciplinaire[99].

La clarté de la consécration des obligations impacte ainsi directement la question de la sanction de leur violation : dans la mesure où la consécration d'obligation d'abstention au sens faible est claire, son non-respect, par l'État ou les tiers, est sanctionné ; mais dans la mesure où la consécration d'obligation d'abstention au sens fort est plus limitée, les sanctions en cas de violation, par l'État ou les tiers, sont plus incertaines. Quant aux obligations de prestation, dans la mesure où elles sont, on l'a vu, ambivalentes (car traversées par des contradictions), on ne s'étonnera pas d'observer que leur non-respect n'est pas totalement sanctionné par le juge.

Quelles sont les sanctions du non-respect des obligations de prestation ? On cantonnera ici l'analyse aux sanctions susceptibles d'être prononcées à l'encontre de l'État s'il ne respecte pas ses obligations de prestation. En effet, dans la mesure où ne pèse sur les professionnels de santé *aucune* obligation de prestation – bien au contraire, la loi leur permet explicitement de ne pas réaliser d'IVG –, il est évident qu'ils ne peuvent pas être sanctionnés s'ils refusent de la pratiquer. En ce qui concerne l'État, affirmer que son obligation de prestation serait *garantie* (c'est-à-dire que son non-respect serait sanctionné) se heurte à deux limites. D'une part, le juge refuse d'indemniser la personne enceinte qui n'a pas pu obtenir une interruption de sa grossesse. D'autre part, cette obligation de prestation demeure précaire : de nature « uniquement » *législative*, elle n'est pas à l'abri d'un détricotage par une loi future, sans qu'on puisse affirmer avec certitude que le Conseil constitutionnel y verrait un motif d'inconstitutionnalité.

Pour que le droit à l'IVG ne soit pas qu'un « *droit de papier* »[100], il faut qu'il existe des mécanismes aptes à réparer son éventuelle violation. Pourtant en matière d'IVG, ces réparations ne sont pas admises par le juge. Pour le comprendre, il faut envisager trois cas de figure.

Premier cas : une patiente n'a pas pu accéder à une IVG. Peut-elle engager la responsabilité du service hospitalier qui a refusé son admission et se voir, sur ce fondement, indemnisée ? L'engagement de la responsabilité de l'établissement suppose la réunion de trois conditions : une faute, un lien de causalité et un préjudice[101]. Or, concernant la faute, il n'est pas certain que le juge la

---

l'information a été délivrée à l'intéressé dans les conditions prévues au présent article. Cette preuve peut être apportée par tout moyen ».

99. En vertu de l'article 35 du Code de déontologie médicale (repris par l'article 4127-35 CSP).

100. Ricardo Guastini cité par Véronique Champeil Desplats, *Théorie des droits et libertés*, LGDJ, 2019, p. 243.

101. Voir dans ce volume le chapitre de Lisa Carayon, « Des droits sans débiteurs ? », p. 303.

caractérise. Si l'IVG a été refusée en raison d'un manque de moyens, matériels ou humains, de l'établissement, il n'est pas exclu que le juge estime qu'il y a eu faute : il a en effet déjà considéré que l'insuffisance de personnel pouvait révéler une faute dans l'organisation et le fonctionnement du service[102]. Mais si l'IVG a été refusée en raison d'un manque de personnels volontaires pour la pratiquer – c'est-à-dire, en raison de l'activation par les professionnels de santé de leur clause de conscience –, il paraîtrait improbable (puisque l'invocation de ladite clause est parfaitement légale) que le juge la considère comme fautive. Prenons ici l'exemple des établissements de santé qui refusent les IVG dites « tardives » (c'est-à-dire après 10 semaines de grossesse). La pratique est certes *contra legem* (puisqu'elle revient à fixer un délai d'IVG inférieur à celui prévu par la loi), mais la non-réalisation de ces IVG s'explique avant tout par le refus des professionnels de santé de pratiquer ces interruptions de grossesse. Quels que soient les motifs réels de ce refus (que cela soit parce que lesdits professionnels ne maîtrisent pas pleinement la méthode des IVG dites tardives[103], ou parce qu'ils y sont personnellement opposés), leur refus est couvert par la loi. En effet, celle-ci énonce qu'un « médecin ou une sage-femme n'est jamais tenu de pratiquer une interruption volontaire de grossesse »[104]. On voit dès lors difficilement comment le juge pourrait ici considérer que le refus d'admission est fautif.

En tout état de cause, même en admettant que le juge caractérise la faute, l'aboutissement de l'action en responsabilité serait encore conditionné par la reconnaissance d'un préjudice. Or sur ce point aussi, de nombreux obstacles existent.

Pour admettre le préjudice, il faudrait en effet que le juge accepte que la naissance d'un enfant en bonne santé soit considérée comme un préjudice indemnisable (moral et/ou matériel) ; qu'il applique à l'IVG (ce qui n'a jamais été le cas à ce jour) sa jurisprudence relative à l'IMG, et reconnaisse le préjudice résultant de la « perte de chance » de pouvoir pratiquer une IVG ; ou qu'il considère que le préjudice résulte du non-accès au soin (ce qui, dans le cadre de l'IVG n'a pas encore été envisagé). En d'autres termes : il faudrait nécessairement sur ce point un revirement de jurisprudence.

Deuxième cas : un professionnel de santé « objecteur de conscience » n'a pas réorienté pas sa patiente vers un autre praticien. Peut-elle obtenir réparation ? Il faut noter l'absence de contentieux sur cette question : à notre connaissance, aucun juge n'a jamais eu à se prononcer sur une telle hypothèse. Cela peut notamment

---

102. Voir notamment CE, 27 juin 2005, M. et Mme X., n° 250483.

103. Voir dans ce volume le chapitre de Philippe Faucher, « Les techniques d'interruption de grossesse », p. 277.

104. Art. L. 2212-8 CSP.

s'expliquer par le caractère fallacieux des motifs réellement invoqués en cas de refus de prise en charge : « Il faut bien voir que [la plupart du temps] la "clause de conscience" qui autorise les médecins à refuser de pratiquer l'IVG n'est pas invoquée : son utilisation est, en pratique, stigmatisée par la majorité des professionnel·les de santé[105] ; mais surtout, la clause impose de réorienter les femmes. Pour des médecins plus ou moins fermement réticents à pratiquer des IVG, se défausser sans le dire ouvertement reste la meilleure façon de faire concrètement obstruction à l'accès au soin[106] ». Plus encore, seuls les médecins travaillant dans un établissement public soumis à une obligation de prestation auront, le cas échéant, à justifier leur refus d'IVG auprès de leur hiérarchie. Pour tous les autres, il suffit de refuser le rendez-vous : aucune action ne pourra être intentée à leur encontre pour cette raison, puisque la loi ne leur impose ni d'accepter de nouveaux patients ni *a fortiori* de réaliser des IVG. Et tant qu'un médecin ne fait pas explicitement référence à sa clause de conscience, il n'a pas à prouver qu'il a correctement réorienté la patiente. Quant aux médecins du secteur public hospitalier, il leur faut choisir : soit ils refusent d'assumer l'activation de leur clause de conscience, auquel cas l'établissement public au sein duquel ils travaillent devra justifier le refus d'admission de la patiente sur un autre fondement ; soit ils assument cette activation et devront établir que la patiente a été correctement réorientée.

Troisième cas : une patiente a eu accès à une IVG mais sa grossesse n'a pas été correctement interrompue en raison d'une faute commise par le praticien. Peut-elle engager la responsabilité du professionnel de santé ? Sur ce point, la réponse est claire : le juge n'admet pas la réparation. Même si certaines évolutions peuvent être observées[107], l'état du droit est le suivant : même lorsqu'une faute médicale a été commise, le juge fait le *choix* de ne pas reconnaître la naissance d'un enfant comme un préjudice indemnisable. Il refuse, par principe, de considérer que la naissance d'un enfant non désiré suscite un préjudice.

Cette absence d'indemnisation de l'échec d'une IVG complexifie indéniablement la qualification de « droit à l'IVG » au sens de la strate 3, et illustre toute l'ambivalence des protections qui entourent l'interruption de grossesse. C'est qu'en effet, lorsque la femme enceinte a cherché à interrompre sa grossesse mais que l'IVG a échoué (et que, partant, un enfant en bonne santé est né[108]),

105. Raphaël Perrin, *La clause qui cache la forêt. Enquête sur les réticences des gynécologues face à l'IVG*, Mémoire de recherche de Master 2 en sociologie, ENS – EHESS, 2021.
106. Voir dans ce volume le chapitre de Laurine Thizy, « L'avortement, "toujours un drame" ? », p. 215.
107. Voir dans ce volume le chapitre de Lisa Carayon, « Des droits sans débiteurs ? », p. 303.
108. Ce cas de figure est à distinguer de celui – dont il n'est pas question ici – dans lequel la femme aurait été enceinte d'un fœtus présentant une affection d'une particulière gravité qui aurait pu conduire à une IMG.

le juge ne sanctionne pas le médecin responsable de cet échec. Si obligation de prestation il y a, sa non-concrétisation, même *fautive*, n'est pas pour autant sanctionnée.

L'examen de ces trois cas permet donc de nuancer l'idée selon laquelle il existerait un droit à l'IVG.

Comme nous l'avons vu, la constitutionnalisation de l'IVG en 2024 se limite à renforcer l'obligation d'abstention au sens faible pesant sur l'État. Rien ne semble permettre d'affirmer que les nouvelles dispositions constitutionnelles imposent autre chose au législateur que l'obligation de ne pas interdire (et donc, de ne pas pénaliser) l'IVG. Une telle interprétation restrictive des nouvelles dispositions constitutionnelles pourrait, certes, être contredite par la présence du verbe « garantir », dont on a vu qu'il avait précisément été ajouté pour renforcer la version initialement votée par le Sénat le 1er février 2023. Le texte de la révision adoptée le 4 mars 2024 est donc le suivant : « la loi détermine les conditions dans lesquelles s'exerce la liberté *garantie* à la femme d'avoir recours à une interruption volontaire de grossesse[109]. » Faut-il voir dans l'ajout de ce terme le point de bascule d'une obligation négative d'abstention vers une obligation positive de prestation ?

Indubitablement, l'utilisation de ce verbe vise à « donner plus de force à l'énoncé[110] » : faire état d'une « liberté garantie », c'est non seulement imposer une action au législateur mais aussi la direction qu'elle doit suivre[111]. Pour ne citer qu'une illustration, c'est bien par crainte que l'idée d'une « garantie » ne fasse peser sur le législateur des contraintes excessives, qu'en 1999, lors de la révision constitutionnelle relative à la parité femmes-hommes, le constituant avait refusé ce verbe pour lui préférer celui de « favoriser »[112]. En effet, selon certains parlementaires de l'époque, l'avantage du verbe « favoriser » sur celui de « garantir » était, précisément, qu'il ne conduisait à consacrer qu'une obligation de moyens et non de résultat[113]. Dans le cadre des débats constituants de 2024 relatifs à l'IVG, les promoteurs du projet de constitutionnalisation

---

109. Projet de loi constitutionnelle relatif à la liberté de recourir à l'interruption volontaire de grossesse, n° 1983, déposé le 12 décembre 2023.

110. Stéphanie Hennette-Vauchez, « Raisons et déraison dans l'interprétation de la Constitution », *blog Juspoliticum*, 14 mars 2023.

111. *Ibid.*

112. Ainsi, la formulation finalement retenue est « la loi favorise l'égal accès des femmes et des hommes aux mandats électoraux et aux fonctions électives », et non « la loi garantit accès des femmes et des hommes aux mandats électoraux et aux fonctions électives ».

113. Voir notamment, AN, 15 décembre 1998. Pour d'autres illustrations, voir Stéphanie Hennette-Vauchez, « Raisons et déraison dans l'interprétation de la Constitution », *blog Juspoliticum*, 14 mars 2023.

insistaient d'ailleurs sur le fait que le verbe « garantir » aurait pour effet de créer une « obligation positive » à l'égard du législateur de protéger l'IVG[114] : l'objectif poursuivi était bien présenté comme visant à empêcher le législateur de « porter atteinte à son effectivité[115] »... Ce que ferait certainement une loi qui reviendrait sur l'obligation de prestation pesant aujourd'hui sur les établissements publics de santé, comme, par exemple, une loi qui réintroduirait la possibilité (qui existait jusqu'en 2001) pour les chefs de service de refuser que des IVG soient pratiquées dans leur service. Il y a donc indéniablement des arguments en faveur d'une compréhension extensive de la révision constitutionnelle de 2024 qui pourrait ainsi être lue comme imposant au législateur de garantir la réalisation des IVG.

En ce sens, il faut également souligner qu'il n'est bien sûr pas exclu que le Conseil constitutionnel considère qu'une loi qui supprime l'obligation pour les établissements publics de santé de pratiquer des IVG dénaturerait les nouvelles exigences constitutionnelles. Cela est d'autant plus possible qu'il avait, en 2001, considéré que l'obligation incombant dorénavant aux chefs de service d'organiser des IVG au sein de leur service concourt « au respect du principe constitutionnel d'égalité des usagers devant la loi et devant le service public[116] ». Il est bien sûr tout aussi possible que le Conseil considère par exemple que la suppression du remboursement de l'IVG *dénaturerait* les exigences constitutionnelles désormais fixées par l'article 34 (et ce, d'autant plus que la prise en charge par la sécurité sociale participe elle aussi « au respect du principe constitutionnel d'égalité des usagers devant la loi et devant le service public[117] »).

Cependant, pour reprendre la formule des défenseurs de la constitutionnalisation, « possible n'est pas certain[118] ». Certes, la constitutionnalisation de l'IVG a des effets symboliques incontestables : elle participe à la reconnaissance juridique et sociale de l'IVG ; en somme, elle participe à sa légitimation. Cet impact symbolique peut produire des effets concrets : en participant à la déstigmatisation de l'acte, il crée un climat susceptible, par exemple, de déculpabiliser les femmes qui envisagent d'interrompre leur grossesse (et, partant, de les conforter dans leur choix) ou de les encourager à s'informer sur cet acte. En leur permettant de se sentir légitime à interrompre une grossesse, il participe à leur épanouissement psychique et physique. Ses effets politiques, en matière d'égalité des sexes

114. Éric Dupond-Moretti, discussions en commission, 16 décembre 2023 ; AN, 24 janvier 2024.
115. Guillaume Gouffier Valente, discussions en commission des lois, 16 janvier 2024.
116. Conseil constitutionnel – décision n° 2001-446 DC du 27 juin 2001.
117. Conseil constitutionnel – décision n° 2001-446 DC du 27 juin 2001.
118. Voir notamment, Jean-Félix Acquaviva, discussions en commission, 16 décembre 2023 ; Laurent Panifous, AN 30 janvier 2024 : « *improbable n'est pas impossible* ».

notamment, et de reconnaissance du statut de citoyennes à part entière pour les femmes ont également été documentés[119]. Il n'en demeure pas moins que ses effets juridiques sont plus limités que ce que ne suggèrent les discours politiques visant à affirmer l'existence d'un droit à l'avortement.

119. Voir dans ce volume le chapitre de Camille Froidevaux-Metterie, « Le droit à l'avortement, un socle démocratique », p. 47, et celui de Stéphanie Hennette-Vauchez, « L'avortement comme question constitutionnelle », p. 63.

Première partie

# L'avortement, une question démocratique

# Le droit à l'avortement, un socle démocratique

*Camille Froidevaux-Metterie*

En appelant à un « réarmement démographique » de la France dans son discours du 16 janvier 2024, Emmanuel Macron n'a pas seulement mobilisé une rhétorique périmée, il a réactivé un argument patriarcal immémorial, celui qui assigne les femmes à leur fonction procréatrice. Concevoir l'enfantement comme un sacrifice à faire au nom de l'intérêt commun, c'est considérer les femmes, prises individuellement, comme autant de corps disponibles et, prises collectivement, comme devant se soumettre aux injonctions à la maternité émanant du pouvoir. La relance élyséenne de cette conception d'un autre âge est d'autant plus choquante qu'elle se dissimule – à peine – derrière l'annonce d'un plan de lutte contre l'infertilité qui, s'il est nécessaire, n'a rien à voir avec le projet d'une relance démographique.

Ce que cet épisode révèle, par-delà les circonstances politiques du moment, c'est la profondeur de l'enracinement d'une appréhension de l'existence des femmes au prisme de leur « destin » procréateur. De la même façon que le mouvement #MeToo a mis au jour la perpétuation de l'objectivation sexuelle des femmes, l'allocution présidentielle témoigne de la permanence de leur objectivation maternelle. C'est d'une véritable mystification qu'il s'agit ici : en dépit de l'immense libération qu'a constituée la maîtrise de la capacité procréatrice, malgré l'intense féminisation du monde du travail, par-delà les avancées de l'égalité dans la sphère politique, les femmes ont conservé toutes les responsabilités et toutes les charges dans leur vie familiale, elles ont continué d'être discriminées dans leur vie professionnelle et elles n'ont jamais cessé d'endurer des atteintes sexistes et sexuelles dans leur vie intime. L'émancipation sociale s'est en fait payée du prix fort de l'assignation corporelle maintenue : les femmes sont restées des corps *à disposition* des hommes et, plus largement, de la société tout entière.

C'est très précisément ce contre quoi luttaient pourtant les militantes et les théoriciennes féministes des années 1970 : sortir les femmes du carcan de l'hétéroconjugalité et de la maternité obligatoires. La conquête des droits reproductifs a constitué de ce point de vue un immense tournant dont il faut prendre la mesure pour comprendre la centralité de ces droits dans nos démocraties. La légalisation de la contraception et de l'interruption volontaire de grossesse a en effet permis d'en terminer avec l'assignation fonctionnaliste des femmes à la maternité, les autorisant à prendre le contrôle de leurs corps procréateur et portant par là même un coup décisif au rouage central de la domination patriarcale.

Une fois en mesure de choisir le moment de leur grossesse, voire de ne pas avoir d'enfants du tout, les femmes ont pu s'extirper de leur cantonnement dans la sphère domestique et investir massivement la sphère sociale. Elles ont pu enfin se penser comme des sujets de droit à part entière et revendiquer la liberté et l'égalité dont les hommes s'étaient jusque-là réservé l'exclusivité. L'avancée est phénoménale, elle relève d'une véritable rupture anthropologique : pour la première fois dans l'histoire de l'humanité, les femmes peuvent imaginer se débarrasser des mécanismes qui, depuis à peu près l'aube des temps, les maintiennent dans une condition de subordination et d'oppression.

Afin de saisir la portée émancipatrice des droits reproductifs et leur rôle dans le parachèvement du projet démocratique, il faut faire un retour sur l'histoire longue de l'assignation des femmes à leur fonction procréatrice, socle de tout le système patriarcal et argument récurrent ayant permis sa perpétuation jusqu'à aujourd'hui. Il sera ensuite possible de montrer que le droit à l'avortement constitue bien plus qu'un outil de libération des femmes, qu'il est la condition *sine qua non* du projet démocratique, ce qui fait de toute atteinte à ce droit un coup direct porté au principe fondateur d'égalité.

## L'assignation à la maternité, justification séculaire de l'infériorisation des femmes

On doit à Aristote d'avoir posé les fondements conceptuels de l'enfermement des femmes dans leurs corps maternels[1]. Considérées comme les simples réceptacles des homoncules déposés en elles par les hommes, utiles seulement en tant que gestatrices et nourricières, les femmes mènent selon le philosophe une existence inférieure par essence. Elles doivent de ce fait être cantonnées aux activités

1. Pour le développement qui suit, je me permets de renvoyer à Camille Froidevaux-Metterie, *La révolution du féminin* [2015], Paris, Folio, 2021.

domestiques et demeurer soumises à l'autorité des hommes, pères puis époux, qui peuvent alors atteindre, au sein de la cité, l'état d'épanouissement que désigne l'expression de « bien vivre ». La philosophie aristotélicienne dessine un ordonnancement du monde hiérarchisé qui confère aux femmes la charge subalterne d'assurer le renouvellement des générations et de pourvoir aux besoins quotidiens de la famille, et qui réserve aux hommes le privilège des occupations de l'esprit et la charge éminente de la gestion des affaires communes. Le cadre patriarcal se trouve ainsi posé : d'un côté l'ordre domestique-privé-féminin-inférieur, de l'autre, l'ordre social-public-masculin-supérieur. Ce schéma traversera l'histoire sans jamais être questionné, pas même dans le moment moderne de la pensée démocratique.

C'est d'abord à l'aune des préceptes religieux que la définition fonctionnaliste de l'existence féminine se trouve reformulée. La prescription au sein du christianisme primitif d'un idéal de vie ascétique et d'une vie conjugale vertueuse accentue la minoration des femmes. Considérées comme d'éternelles pécheresses, incapables de s'élever au-dessus des contingences de la chair, elles sont soumises à l'impératif de moralité et de piété, avec le foyer comme seul horizon. Au IV^e^ siècle, l'accentuation de la mainmise chrétienne sur le mariage et la sexualité s'accompagne d'une réévaluation de la vie privée au prisme de l'idéal d'amour christique. Aux qualités féminines d'obéissance et de révérence répondent les mérites masculins de responsabilité et d'autorité, le modèle familial s'érigeant en archétype de toute l'organisation sociale. Si la dimension morale de l'activité maternelle relativise un peu la misogynie antique en conférant aux femmes une fonction d'éducatrices, elle révèle en vis-à-vis la puissance d'un pouvoir patriarcal s'exerçant tant au sein de la famille que dans la société. Ce cadre est progressivement consolidé jusqu'à ce que, au XIII^e^ siècle, saint Thomas reprenne les arguments aristotéliciens pour les augmenter d'une démonstration chrétienne de la nature foncièrement dérivée et subordonnée des femmes. C'est ainsi que leur infériorité se trouve divinement fondée et leur assignation domestique religieusement justifiée.

De façon contre-intuitive et rarement soulignée, la révolution de l'égalité démocratique constitue le second grand moment d'enracinement du système patriarcal. Aux XVI^e^ et XVII^e^ siècles, la redéfinition de l'ordre politique dans les termes de la grandeur et de la souveraineté prépare la voie à une pensée de l'autonomie du domaine des affaires terrestres. Celle-ci sera l'œuvre des philosophes contractualistes, Hobbes puis Locke, qui rapatrient sur terre l'origine de l'autorité séculière en la logeant dans un sujet politique collectif né d'un pacte social. Cette refondation « humaine » du pouvoir fait disparaître sa justification patriarcaliste : on passe de l'obéissance passive des sujets au consentement actif des individus de droit. Le pas décisif est franchi au XVIIIe siècle avec l'affirmation de leur égalité de naissance et la proclamation de leurs libertés fondamentales. Si les conditions d'une remise en question de la subordination féminine sont alors réunies, l'avènement de la démocratie moderne se fera cependant sans les femmes.

Cette exclusion est parfaitement assumée par Rousseau qui leur dénie toute participation à la volonté générale et les cantonne à une vie privée placée sous le signe de la vertu. Son argumentaire est très classiquement patriarcal : frivoles et inconstantes, incapables de rationalité, les femmes doivent devenir et rester des épouses obéissantes autant que des mères dévouées. Mais le philosophe y ajoute une justification politique en faisant de la famille le lieu de la socialisation citoyenne : c'est dans le cadre du foyer que les enfants font l'apprentissage de la vie en commun. La sphère domestique se trouve ainsi englobée dans le grand projet moderne, l'assurance d'une éducation morale des enfants assurée par les femmes vertueuses devenant la condition même de la vie démocratique.

Ni les révolutionnaires de 1789 ni les penseurs politiques du XIXe siècle ne modifieront cette refondation du système patriarcal. Les quelques tentatives pour inclure les femmes dans la nouvelle République resteront vaines. Considérées d'abord comme des épouses et des mères, elles doivent rester des citoyennes *passives* dont les opinions s'expriment par le bulletin glissé dans l'urne par des maris qui représentent toute la maisonnée, épouses, enfants et domestiques compris. Seuls véritables individus, parce que seuls capables d'autonomie intellectuelle, économique et sociale, les hommes se réservent les bénéfices de l'égalité et les privilèges de l'activité politique.

## Sortir les femmes du carcan de leurs corps procréateurs

Les premiers combats féministes qui s'engagent dans la seconde moitié du XIXe siècle sont portés par l'ambition de contester cette exclusion scandaleuse des femmes de la vie démocratique pour les faire accéder enfin au statut universel de sujet de droit. Par-delà la revendication suffragiste, il s'agit de parachever le projet moderne en incluant les femmes dans l'horizon de liberté et d'égalité qui le définit. Cela commence par les droits de vote et d'éligibilité, car ce n'est qu'une fois reconnue leur condition abstraite de citoyennes qu'elles pourront espérer obtenir la jouissance et la garantie de l'entièreté des droits conquis par et pour les hommes.

Dans un mouvement qui n'aura de paradoxal que les apparences, c'est en brandissant leur capacité maternelle que la plupart des militantes de la Première vague[2] réclament de participer pleinement à la chose publique. En France, l'instauration en 1848 du suffrage universel qui permet à tous les hommes de se rendre aux urnes sans plus aucune condition de revenu rend intenable le fait que les femmes en demeurent exclues. C'est alors en raison des services rendus à la société par celles qui portent et élèvent les futurs citoyens que les suffragistes se battent pour le droit de vote. La Fédération des sociétés féministes fondée en 1891 présente la maternité comme la plus essentielle et la plus noble de toutes les fonctions sociales et réclame qu'elle soit honorée et rétribuée[3]. L'analogie est fréquente qui fait de l'enfantement un véritable service à la nation au même titre que le service militaire. On serait ainsi tenté de qualifier le féminisme de la première vague de « maternaliste », ce qu'il ne fut pas univoquement. Il reste néanmoins que la référence à la maternité est une constante de ces combats originels[4]. Comment pouvait-il en aller autrement pour des femmes dont la condition tenait tout entière dans le rôle maternel ? Celui-ci a donc été en quelque sorte le « point de départ obligé » de leurs actions en faveur du droit de suffrage[5].

Toutefois, lorsque les femmes obtiennent de pouvoir voter dans les premières décennies du XX^e^ siècle, ce n'est pas tant au regard de leurs mérites maternels que parce que l'on reconnaît peu à peu leur contribution décisive à la vie économique et au développement de la société. Au Royaume-Uni, les suffragettes ont porté leurs revendications au nom de la discrimination frappant celles qui payaient autant d'impôts que les hommes ; en 1918, on leur accorde le droit de vote, lequel « n'a rien à voir avec leur sexe, [mais] est lié à leur occupation et leur position sociale[6] ». Ayant accédé à cette condition longtemps refusée, les nouvelles

2. L'appellation « *vague* » est discutée par les historiennes du féminisme, mais elle comporte l'avantage de permettre de repérer des périodes de mobilisations et de conquêtes, contrastant avec des périodes de reflux. La Première vague se déploie dans la seconde moitié du XIX^e^ siècle pour refluer à partir de l'obtention du droit de vote un peu partout dans les démocraties modernes, au cours des années 1920-1930. Voir Bibia Pavard, « Faire naître et mourir les vagues : comment s'écrit l'histoire des féminismes », dans *Itinéraires*, 2017, n° 2 [En ligne].

3. Anne Cova, « La maternité, un enjeu dans le premier XX^e^ siècle », dans Éliane Gubin *et al.* (dir.), *Le Siècle des féminismes*, Paris, Éd. de l'Atelier, 2004, p. 197.

4. Aux États-Unis, l'organisatrice de la Convention de Seneca Falls qui marque en 1848 la naissance du féminisme américain, Elizabeth Cady Stanton, enracine son combat dans la théorie du « droit de la mère » qui érige la sagesse et la tendresse maternelles en fondement de la civilisation. Jean B. Elshtain, *Public Man, Private Woman. Woman in Social and Political Thought* [1981], Princeton, Princeton University Press, 1992, p. 232.

5. C'est ce que montre Nancy Cott dans *The Grounding of Modern Feminism*, New Haven, Yale Université Press, 1987.

6. Lord Cecil, débat parlementaire du 19 juin 1917, cité par Martine Monacelli, « Femmes et citoyenneté dans la Grande-Bretagne du XIX^e^ siècle : reconnaissance de l'égalité ou différence des sexes ? », *Revue d'histoire du* XIX^e^ *siècle*, 2009, n° 39, p. 327.

citoyennes peuvent alors réclamer l'égalité et la liberté réservées jusque-là aux seuls hommes. En miroir de cette double perspective d'émancipation sociale et de participation politique, la condition subordonnée et dépendante qui continue de caractériser leur existence privée commence alors d'être contestée.

C'est dans ce contexte que paraît, en 1949, *Le Deuxième Sexe* de Simone de Beauvoir. Pour celles qui le lisent, le livre fait l'effet d'une déflagration. Il faut le citer un peu longuement pour en saisir la portée de révélation :

> « La femme elle-même reconnaît que l'univers dans son ensemble est masculin ; ce sont les hommes qui l'ont façonné, régi, et qui encore aujourd'hui le dominent ; quant à elle, elle ne s'en considère pas comme responsable ; il est entendu qu'elle est inférieure, dépendante ; elle n'a pas appris les leçons de la violence, elle n'a jamais émergé comme un sujet en face des autres membres de la collectivité ; *enfermée dans sa chair*, dans sa demeure, elle se saisit comme passive en face de ces dieux à face humaine qui définissent fins et valeurs[7]. »

Si le tableau glaçant de la condition féminine des années 1950 est ainsi implacablement brossé, les conditions d'une prise de conscience ne sont pas encore réunies. Beauvoir elle-même ne se définit pas comme « féministe », elle le fera plus tard, durant la période d'effervescence politique de la fin des années 1960, quand le féminisme se redéploie en investissant le lieu par excellence de la domination masculine, le corps féminin.

Au fondement de l'intense dynamique de la Deuxième Vague, on trouve en effet une aspiration commune : libérer les femmes de l'assignation maternelle et leur restituer la libre disposition de leur corps. Par-delà leurs profondes divergences théoriques et pratiques, les théoriciennes et les militantes féministes partagent un même constat, celui d'un paradoxe scandaleux : définies dans les principes comme les égales des hommes et légitimées de ce fait à investir la sphère sociale dans tous les domaines, les femmes demeurent des êtres subordonnés et dépendants dans la sphère privée. Il s'agit dès lors de refuser la conjugalité et la maternité impératives qui forment le socle de la société patriarcale en conquérant le pouvoir de maîtriser son corps procréateur. Le féminisme s'affirme dans sa dimension révolutionnaire et amorce le second grand tournant de la modernité démocratique ; après celui de la fin du XVIII^e siècle qui ne concernait que les hommes, il permettra aux femmes de devenir enfin des individus de droit comme les autres.

Les choses se mettent en place progressivement, la Deuxième Vague ne surgissant pas de nulle part. Dès le début des années 1960, des groupes féministes

7. Simone de Beauvoir, *Le Deuxième Sexe*, t. 1 *L'expérience vécue*, Paris, Gallimard, Folio Essais, 1976, p. 478. C'est moi qui souligne.

se créent, hors des partis et des syndicats, qui portent deux grandes ambitions : remettre en cause le modèle de la mère au foyer et obtenir des droits pour les femmes au travail. Ces revendications restent assez classiquement humanistes, c'est au nom du progrès qu'elles sont portées. Peu à peu cependant, la dynamique s'intensifie en même temps qu'elle se radicalise, alors que les politiques commencent à intégrer les attentes féministes : réforme du régime matrimonial en 1965 qui accorde aux femmes de pouvoir gérer leurs biens, travailler et ouvrir un compte en banque sans devoir obtenir l'aval de leurs maris ; loi Neuwirth en 1967 qui autorise la production et la vente de la pilule contraceptive ; loi de 1970 supprimant le statut de « chef de famille » du Code civil et remplaçant la notion de puissance paternelle par celle d'autorité parentale commune au père et à la mère.

La déception produite par la minoration de la question féministe dans les mouvements gauchistes qui font mai 1968 et l'absence d'une politique des droits des femmes au sein d'un gouvernement clairement conservateur débouchent sur la constitution du Mouvement de libération des femmes (MLF). Formé au gré d'une série d'actions d'éclat dont la plus emblématique demeure, en août 1970, le dépôt d'une gerbe de fleurs au pied de l'Arc de triomphe en l'honneur de la femme du soldat inconnu, le MLF s'organise autour d'un objectif quasi absent de la Première Vague : permettre aux femmes de se réapproprier leur corps par la maîtrise de la capacité procréatrice et la revendication d'une sexualité libre. La parution en 1971 du *Manifeste des 343* fait de l'avortement le symbole de cette lutte. Intellectuelles, célébrités ou simples militantes, les 343 n'ont pas toutes avorté, mais toutes le déclarent et prennent publiquement position pour la libéralisation de l'interruption volontaire de grossesse (IVG)[8], faisant naître un mouvement d'ampleur nationale.

C'est dans le cadre de l'association Choisir, fondée pour défendre juridiquement celles qui seraient poursuivies pour avoir signé le manifeste, que l'avocate Gisèle Halimi est amenée à représenter Marie-Claire Chevalier, une jeune fille comparaissant pour avoir avorté à la suite d'un viol, aux côtés de sa mère et de la femme qui a interrompu la grossesse non désirée. Elle obtient la relaxe pour la première et de légères peines pour les secondes lors du retentissant Procès de Bobigny à l'automne 1972. La question de l'avortement « libre et gratuit » devient alors centrale dans les luttes féministes. En avril 1973, des médecins, des syndicalistes et des membres du Planning familial créent le Mouvement

8. Caractérisé comme un crime par une loi de 1920, l'avortement est devenu un délit en 1923. Il s'agissait de rendre la répression plus efficace qu'elle ne l'était lorsque les cas étaient jugés aux assises par un jury populaire, souvent clément. Voir Bibia Pavard, Florence Rochefort, Michelle Zancarini-Fournel, *Les lois Veil. Contraception 1974, IVG 1975*, Paris, Armand Colin, 2012, coll. « U ».

pour la liberté de l'avortement et de la contraception (MLAC) dont le mode d'action consiste à pratiquer et à enseigner l'avortement selon la méthode Karman (par aspiration). Mixte et politisé à l'extrême gauche, il est loin de faire l'unanimité chez les féministes du MLF qui luttent en non-mixité et sont traversées par des clivages sur le fond des arguments mobilisés[9]. De fait, si elles sont unanimes quant à l'objectif de libération corporelle, les militantes de la Deuxième Vague se divisent profondément sur la façon dont elles pensent la capacité maternelle.

## Le corps maternel entre aliénation et puissance

Deux grandes propositions peuvent être schématiquement repérées qui correspondent à deux approches antagonistes du sens que revêt la maternité pour les femmes. Les féministes *matérialistes* interprètent l'existence des deux sexes au prisme marxiste de la classe : les femmes et les hommes forment deux catégories sociales tenues ensemble par la relation d'oppression des seconds sur les premières. Cette oppression repose sur des fondements matériels et, au premier chef, sur le travail domestique conçu comme un rapport d'exploitation spécifique. Dans cette perspective, le corps féminin constitue le terrain d'élection de la domination masculine, bien approprié qui réduit les femmes au rang d'« objets naturels ».

L'anthropologue Nicole-Claude Mathieu pose le concept de rapports sociaux de sexe, soit des rapports antagoniques entre la classe des hommes et la classe des femmes enracinés dans la division sexuelle du travail : aux premiers le travail productif, aux secondes, le travail reproductif[10]. Articulant l'interprétation marxiste en termes d'aliénation et une critique radicale de l'hétérosexualité, la sociologue Colette Guillaumin mobilise la notion de *sexage* pour désigner l'appropriation des femmes dans leur individualité physique par la classe des hommes qui s'accapare le contrôle de leur temps (tâches domestiques), des produits de leurs corps (enfants, lait maternel) et de leur sexualité (mariage, prostitution)[11]. Voilà comment, pour Christine Delphy, autre figure emblématique du féminisme matérialiste, le patriarcat constitue une « oppression spécifique » : non seulement

9. Bibia Pavard, « Genre et militantisme dans le Mouvement pour la liberté de l'avortement et de la contraception. Pratique des avortements (1973-1979) », *Clio*, 2009, n° 29, p. 79-96.

10. Nicole-Claude Mathieu, « Homme-culture et femme-nature ? », *L'Homme*, vol. 13, n° 3, 1973, p. 101-113.

11. Colette Guillaumin, « Pratique du pouvoir et idée de Nature : l'appropriation des femmes » [1978], repris dans *Sexe, race et pratique du pouvoir. L'idée de Nature*, Paris, Côté-femmes, 1992.

les maris tirent-ils profit du labeur non rémunéré de leurs épouses, mais ils les dominent physiquement *via* la sexualité conjugale[12].

Dénonçant la « société hétérosexuelle » comme fondée sur la nécessité de « l'autre-différent », Monique Wittig peut alors affirmer que la lesbienne « *n*'est *pas* une femme, ni économiquement, ni politiquement, ni idéologiquement », car elle échappe à l'appropriation privée par un homme[13]. Cette critique de l'hétérosexualité comme institution sociale débouche sur la proposition d'un lesbianisme politique conçu comme « résistance à l'hétéroppression »[14]. Refuser de devenir ou de rester hétérosexuelle, c'est s'affranchir des obligations physiques (devoir conjugal, maternité) et économiques (travail domestique) qui caractérisent les rapports sociaux de sexe et se libérer par-là même de la domination masculine.

En partant de ce même rejet, les féministes *différentialistes* défendent une conception de l'égalité quasiment antagonique parce que fondée sur la valorisation de la capacité procréatrice et des qualités associées à la maternité qui renoue avec les arguments maternalistes de la Première Vague. Pour elles, la féminité inauthentique que circonscrit la culture patriarcale doit disparaître au profit d'une conception du féminin revalorisée. Antoinette Fouque, personnalité centrale de ce courant, rejette ainsi la définition freudienne de la femme comme un être privé de phallus pour lui substituer une « théorie de la génitalité » qui fait de l'enfantement la production spécifique des femmes. Il s'agit de « considérer que notre chair pense le vivant-parlant, qu'elle crée quand elle procrée ; de considérer que ce n'est pas une tare d'être *génitale*. Ce sera peut-être *génial*[15] ! » Mais si les femmes possèdent en tant que mères quelque chose comme une « puissance », elles n'ont pas pour autant à être cantonnées au foyer et doivent se voir reconnaître une place dans le monde qui prenne en compte la richesse que représente la maternité.

Alors qu'en 1979 le mouvement Psychanalyse et politique (PsychéPo) d'Antoinette Fouque enregistre comme marque déposée le sigle du Mouvement de libération des femmes (MLF), un geste interprété par les matérialistes comme une véritable imposture, les thèses différentialistes rencontrent une résistance croissante. Pour la majorité des féministes françaises en effet, la revendication

12. Christine Delphy, *L'Ennemi principal* [1977], Paris, Syllepses, I, *L'Économie politique du patriarcat*, 1998.

13. Monique Wittig, « La catégorie de sexe » [1976], dans *La Pensée straight*, Paris, Balland, 2001, p. 63.

14. Ilana Eloit, « Trouble dans le féminisme. Du "Nous, les femmes" au "Nous, les lesbiennes" : genèse du sujet politique lesbien en France (1970-1980) », *20 & 21. Revue d'histoire*, 2020, vol. 4, n° 148, p. 142.

15. Antoinette Fouque, *Il y a deux sexes. Essais de féminologie 1989-1995*, Paris, Gallimard, 2004, p. 21. C'est moi qui souligne.

de l'égalité paraît difficilement conciliable avec l'affirmation d'une spécificité féminine, fût-elle puissante. Le fossé devient abyssal entre un féminisme pour lequel la subordination des femmes résulte de l'emprise exercée sur elles par les hommes au sein d'une société patriarcale, et un féminisme qui entend combattre la phallocratie au nom d'« une autre différence des sexes ». Reste que, sur le terrain, les luttes convergent : elles réclament la dépénalisation de l'avortement et la libéralisation de la contraception (les décrets d'application de la loi Neuwirth ne seront pris qu'en 1972), au nom de la liberté des femmes.

## Le droit à l'IVG, un tournant anthropologique

La chose a été un peu oubliée, mais les revendications corporelles des féministes de la Deuxième Vague portent aussi l'aspiration à une sexualité libre, affranchie des contraintes et des normes qui l'encadrent et la restreignent. Une série d'initiatives lancées par des hommes partent du constat d'une misère sexuelle généralisée et d'une répression institutionnalisée pour en appeler à désinsérer la sexualité du cadre conjugal hétérosexuel au nom de sa contribution à l'épanouissement tant psychologique que social des individus. Mais la véritable révolution, ce sont les féministes qui l'enclenchent. Elles le font en réclamant une « libération sexuelle » à l'issue de laquelle « l'échange sexuel [aurait] lieu entre deux "sujets" et non pas entre un "sujet" et un "objet" »[16]. De cette libération du corps, la conquête des droits à la contraception et à l'avortement constitue la première étape, celle qui permettra aux femmes de se débarrasser de l'angoisse immémoriale d'une grossesse non voulue et de commencer à vivre leur sexualité plus librement et plus joyeusement.

Nous savons que la révolution sexuelle n'a en réalité pas eu lieu dans les années 1970, la question du plaisir des femmes ayant été rapidement enfouie, il n'en reste pas moins qu'elle a produit un bouleversement de taille en opérant une double disjonction, entre conjugalité et sexualité d'une part, et entre sexualité et maternité d'autre part. Après avoir été définies pendant des siècles, des millénaires même, à l'aune de leur capacité procréatrice et de l'injonction à n'être que des épouses et des mères, les femmes accèdent à une condition qui fait d'elles des êtres *potentiellement* maternels et non plus *irréductiblement* maternels. Grâce aux droits à la contraception et à l'avortement, elles peuvent décider du moment de

16. Anne Zelensky, Jacqueline Feldman, « D'un groupe à l'autre », *Partisans*, « Libération des femmes année zéro ! », juillet-septembre 1970, citées par Bibia Pavard, Florence Rochefort, Michelle Zancarini-Fournel, *Ne nous libérez pas, on s'en charge. Une histoire des féminismes de 1789 à nos jours*, *op. cit.*, p. 275.

leurs grossesses, choisir le nombre d'enfants qu'elles souhaitent avoir, se projeter dans une existence éventuellement sans enfants. Par ailleurs, elles peuvent enfin éprouver la joie de relations sexuelles choisies, nombreuses et gratifiantes, autant de possibilités qui étaient restées l'apanage des seuls hommes.

Cette prise de pouvoir sur leur corps est absolument inédite à l'échelle de l'histoire de l'humanité : elle extirpe les femmes du carcan de l'assignation maternelle, elle les élève aussi au rang de sujets démocratiques susceptibles de revendiquer la liberté et l'égalité qui leur avaient été jusque-là déniées. Car comment y aspirer lorsque l'on devait se résigner à des grossesses non désirées ? À quoi bon prétendre à l'autonomie sociale quand on subissait des enfantements à répétition ? Quelle égalité quand on risquait de mourir des conséquences d'un avortement clandestin ? L'enfermement des femmes dans un corps maternel vécu comme une fatalité constituait le verrou le plus solide du système patriarcal, l'argument immémorial ayant permis de les cantonner, tout au long des siècles et jusque dans la modernité démocratique, dans l'ordre inférieur des activités domestiques. Sur le fond théorique, la rupture est de taille, car ce n'est rien moins que le socle « corporel » du système patriarcal qui se trouve ébranlé.

La conquête des droits reproductifs ne confère pas seulement aux femmes la maîtrise de leur capacité procréatrice, elle redéfinit les fondements même de leur existence en la plaçant – enfin – sous le signe de l'autonomie. Désinsérées du cadre étroit de la vie familiale, elles vont pouvoir investir la vie sociale, dans tous ses aspects et à tous ses niveaux. Certes, elles y participaient déjà, car les femmes ont toujours travaillé[17], dans les champs, les usines et les bureaux, mais elles n'étaient pas reconnues dans leur fonction économique, considérées comme une « armée de réserve » mobilisée en cas de guerre ou de pénurie de main-d'œuvre, leurs salaires étant perçus comme de simples compléments et leurs aspirations à investir les professions supérieures comme illégitimes[18].

Dans les années 1980, le taux d'activité féminine passe le cap des 50 % et ne cessera plus de croître[19]. Dans ce contexte, la revendication à l'égalité professionnelle se déploie. Travailleuses de plein droit et susceptibles d'accéder à tous les métiers comme à tous les statuts, les femmes subissent en réalité de fortes discriminations. Le nœud du problème n'est pas immédiatement circonscrit,

---

17. C'était le cas d'un bon tiers d'entre elles au début du XX^e^ siècle. Voir Margaret Maruani, Monique Meron, *Un siècle de travail des femmes en France, 1901-2011*, Paris, La Découverte, 2012.
18. Juliette Rennes, *Le Mérite et la Nature. Une controverse républicaine : l'accès des femmes aux professions de prestige (1880-1940)*, Paris, Fayard, 2007, coll. « L'espace du politique ».
19. Les femmes représentent 34,5 % de la population active française en 1968, 40,3 % en 1982, 48,1 % en 2015. Par ailleurs, si seulement 30 % des femmes avec deux enfants travaillaient en 1968, elles seront 60 % en 1982 et près de 82 % en 2008 : Margaret Maruani, *Travail et emploi des femmes*, Paris, La Découverte, 2017, coll. « Repères », p. 9.

il faudra attendre l'entrée dans le XXI^e^ siècle pour observer comment la féminisation massive de la sphère sociale a été synonyme pour les femmes occidentales d'un accroissement inouï de leur servitude. L'émancipation n'aura été possible qu'au prix d'une accumulation des obligations domestiques et des responsabilités professionnelles, produisant au quotidien un dédoublement existentiel que personne, pas même les féministes, ne repère ou ne s'autorise à dévoiler.

L'obligation d'assumer conjointement leur ancien rôle privé et leur nouveau rôle social constitue pourtant pour les femmes un ressort majeur d'inégalités et de vulnérabilité, chaque maternité étant synonyme d'une démultiplication des charges qui pèsent sur elles. Dans un contexte où il s'agit de faire en sorte qu'elles deviennent des hommes comme les autres, la question n'est cependant que très peu appréhendée par un féminisme qui par ailleurs se divise et s'émiette. À partir des années 1980, la volonté de libérer les femmes de leur corps-carcan, qui était le socle de toutes les mobilisations féministes quelques années auparavant, cesse d'être un combat. Pendant quatre longues décennies, tout va se passer pour les femmes comme si la conquête des droits reproductifs les avait d'un coup de baguette magique transformées en des individus abstraits définis par leur seul statut juridique. Ce n'est pas le lieu de montrer comment, à partir des années 2010, cette logique de désincarnation a enfin été repérée et déniée[20], il s'agit surtout d'insister sur l'importance politique de la maîtrise de la capacité procréatrice pour les femmes dans un contexte de fragilisation des droits reproductifs au sein des démocraties occidentales.

## L'atteinte aux droits reproductifs, une atteinte à la démocratie

Il faut le redire et le marteler, ce n'est qu'à partir du moment où elles ont été en mesure de décider du moment et du nombre de leurs grossesses, quand elles ont eu aussi le choix de ne pas avoir d'enfants du tout, que les Françaises sont devenues des sujets démocratiques comme les autres, au tournant des années 1970. Convaincus de la force des principes gravés dans le marbre de nos constitutions et déclarations, nous avions vécu jusque-là, c'est-à-dire pendant près de deux siècles, dans l'illusion d'une démocratie achevée, prétendant même servir de modèle à l'échelle de la planète. La France, « patrie des droits de l'homme », n'était en effet le pays de la liberté et de l'égalité que pour les hommes. Les femmes, elles, définies comme des citoyennes simplement passives, n'avaient non

20. Je me permets sur ce point de renvoyer à mon ouvrage *Le corps des femmes. La bataille de l'intime* [2018], Paris, Points, 2021.

seulement pas la possibilité de faire valoir leurs opinions, elles étaient par ailleurs privées de toute participation à la vie démocratique. Plus encore, l'obtention des droits de vote et d'éligibilité en 1944 ne leur avait pas permis de sortir de cette infériorisation politique.

Pour dire les choses comme elles ont été vécues par les femmes, tant que celles-ci sont restées assignées à la maternité, tant qu'elles n'ont pu faire autre chose que des enfants, tant qu'elles ont dû remplir leur devoir maternel vis-à-vis de la nation tout entière, elles sont demeurées des êtres infériorisés, tenus à l'écart du vivre-ensemble. Alors, certes, il aura fallu des progrès scientifiques et médicaux pour qu'advienne la possibilité d'une maîtrise de la fonction procréatrice, mais il n'en est pas moins frappant, pour ne pas dire scandaleux, que chacune des grandes avancées philosophiques et juridiques vers l'édification de nos systèmes démocratiques se soit faite avec la volonté explicite de ne pas inclure les femmes dans ce projet. Ce que cela révèle de notre histoire, c'est que jamais le cadre patriarcal structurant nos sociétés occidentales n'a été remis en question avant que les femmes décident *elles-mêmes* de le faire exploser.

Elles l'ont fait en obtenant d'abord le statut plein et entier de citoyennes, électrices et élues. Elles se sont ensuite attaquées au fondement de tout le système en conquérant le pouvoir de ne plus être seulement des corps reproducteurs. Avoir le choix de recourir à l'interruption volontaire de grossesse ne constitue pas seulement une immense liberté pour les femmes au niveau individuel, c'est aussi un acte politique d'une immense portée symbolique. Les droits reproductifs ont enclenché une véritable mutation anthropologique en établissant que les femmes n'étaient plus définies par leur fonction procréatrice. Ils leur ont permis de s'extirper du cadre domestique et d'investir le monde, aussi loin qu'elles le voulaient. Ils les ont aussi érigées au rang de sujets de droit pouvant légitimement réclamer pour elles la liberté et l'égalité dont les hommes s'étaient réservé le privilège. Voilà pourquoi toute restriction de cette possibilité constitue une atteinte grave, non seulement aux droits des femmes, mais aussi aux droits démocratiques fondamentaux.

La situation des Américaines l'illustre aujourd'hui de façon dramatique. Depuis que, en juin 2022, la Cour suprême est revenue sur l'arrêt *Roe v. Wade* de 1973 qui garantissait le droit à l'avortement au niveau fédéral, depuis qu'elle a remis le pouvoir de légiférer sur cette question aux États fédérés, plus de la moitié d'entre eux ont voté des lois et des décrets restreignant, quand ce n'est pas criminalisant (pour quatorze d'entre eux), le recours à l'interruption volontaire de grossesse. Le Guttmacher Institute estime qu'en 2023, 18 millions de femmes vivent dans un État où elles n'ont plus accès à l'avortement, et 22 millions dans un État restreignant fortement ce droit. Au total, 58 % de la population féminine des États-Unis se trouve privée de la possibilité de choisir librement d'avoir un enfant ou pas. Parmi ces femmes, celles dont le niveau de revenus ne permet pas de voyager sur le territoire pour contourner les législations restrictives sont les plus durement touchées. Les femmes noires et les femmes latinas qui représentent respectivement 28 % et 25 % des avortements, mais seulement 14 % et 18 % de la population féminine totale, pâtissent plus que les autres de la fin de la garantie fédérale du droit à l'avortement[21].

Les mobilisations de celles et ceux qui refusent de subir cette catastrophe sans réagir se concentrent aujourd'hui sur la notion d'autonomie reproductive et sur sa protection constitutionnelle via le 14e amendement du *Bill of Rights*[22]. Dans l'arrêt de 1973, le droit à l'avortement était pensé comme le corollaire du droit à la vie privée (*right to privacy*) dérivant lui-même de la liberté protégée par le 14e amendement. Les juges avaient considéré que chaque femme devait se voir reconnaître la liberté de faire ses choix personnels de vie, une liberté présentée comme l'essence même de la dignité et de l'autonomie de la personne. Dans la décision *Dobbs v. Jackson Women's Health Organization* du 24 juin 2022, les juges se sont repliés derrière une interprétation originaliste des textes fondateurs, refusant de reconnaître des droits qui n'étaient pas mentionnés dans la Constitution (de 1787 !). Ils ont ainsi contrecarré des décennies de jurisprudence sur le droit de prendre des décisions personnelles relatives à la famille, au mariage, à l'éducation des enfants et au contrôle de son propre corps.

Si la décision *Dobbs* aboutit à exclure le droit d'avorter des composantes de la liberté personnelle, elle déchoit aussi l'autonomie reproductive de son statut de droit humain fondamental, lui substituant le droit d'un enfant à naître. Ainsi que le précise l'opinion dissidente des quatre juges (sur neuf) qui s'opposaient à la décision majoritaire, cette dernière aboutit à reléguer les femmes à un statut de seconde classe et marque une régression sans précédent puisque, pour la première fois dans l'histoire des États-Unis, une liberté fondamentale est supprimée[23]. Dans une perspective française, on peut ajouter à l'argument de la liberté individuelle, celui de l'égalité démocratique. Car, si les femmes doivent avoir le

21. Voir le rapport du UN Committee on the Elimination of Racial Discrimination, « Systemic Racism and Reproductive Injustice », 15 juillet 2022, accessible sur le site du Center for Reproductive Rights : https://reproductiverights.org/maternal-health-and-rights-initiative/.

22. Voir le rapport du Center for Reproductive Rights, « The Constitutional Right to Reproductive Autonomy : Realizing the Promises of the 14th Amendment », juillet 2022 : https://reproductiverights.org/constitutional-right-reproductive-autonomy-14th-amendment/.

23. Center for Reproductive Rights, « U.S. Supreme Court Takes Away the Constitutional Right to Abortion », 24 juin 2022 : https://reproductiverights.org/supreme-court-takes-away-right-to-abortion/. Précisons que 64 % des Américain·es considèrent que la décision d'avorter doit être laissée à l'appréciation individuelle et non contrainte par la loi.

libre choix d'enfanter ou pas, c'est aussi et surtout parce qu'elles doivent pouvoir vivre comme les sujets de droit qu'elles sont, c'est-à-dire ne pas éprouver leur capacité procréatrice comme un « destin », mais comme une simple possibilité, parmi toutes les autres perspectives offertes aux individus dans une démocratie.

*

Durant les quelque deux siècles d'enracinement de la démocratie occidentale, les femmes sont restées des citoyennes de façade, dotées certes des droits humains gravés dans le marbre des constitutions, mais toujours définies comme des sujets essentiellement privés, assignées au domestique et dépendantes des hommes, au sein d'un système patriarcal que les transformations modernes n'avaient pas détruit, pas même ébranlé. Il n'est donc pas abusif de parler de *révolution* féministe, car ce sont bien les luttes des années 1970 qui, en débarrassant les femmes du joug de la maternité impérative et en les autorisant ainsi à devenir des sujets pleinement sociaux, ont permis qu'elles fassent enfin leur entrée dans la modernité démocratique.

Il faudra en réécrire l'histoire pour l'expurger du mythe universaliste et rappeler que la proclamation de principe des droits de naissance n'a pas valu attribution ni expérience des libertés et de l'égalité pour tous les nouveaux individus, tant s'en faut. La chose a bien évidemment été repérée par celles et ceux qui ont porté au XX^e^ siècle le combat pour les droits économiques et sociaux, relançant le projet démocratique dans une perspective socialiste soucieuse de faire advenir l'égalité réelle par-delà la simple égalité de naissance. Mais on a trop longtemps occulté le scandale de l'exclusion des femmes des bénéfices de l'émancipation humaine. Toujours enfermées dans l'immanence de leur soi-disant destin maternel, elles se sont vu dénier la légitimité de leur condition abstraite d'individu de droit, d'abord de façon explicite, par le long refus de leur octroyer le droit de vote, puis de façon plus tacite, en exigeant d'elles qu'elles demeurent les épouses fidèles et les mères dévouées prétendument nécessaires à l'épanouissement des sociétés occidentales.

Ce sont les militantes et les théoriciennes féministes de la Deuxième Vague qui les ont délivrées de ce carcan et ont ainsi parachevé le projet moderne de l'égalité. En luttant pour que les femmes obtiennent la maîtrise de leurs corps procréateurs, elles ont révélé l'inachèvement scandaleux d'une vie démocratique excluant les femmes. Il faut ainsi mesurer la portée cruciale de la conquête des droits reproductifs qui a initié une mutation de nature à la fois anthropologique (ce que c'est que d'être une femme a radicalement changé de sens) et politique (le socle millénaire du système patriarcal a été ébranlé). La revendication très incarnée du contrôle de la capacité reproductrice a abouti à une transformation finalement très abstraite puisqu'elle concerne la définition même de la subjectivité féminine désormais découplée de l'obligation maternelle. Mais elle a aussi profondément transformé notre monde commun en nous faisant entrer dans l'ère de la modernité démocratique pleinement advenue.

Défendre, garantir et consolider le droit à l'avortement, c'est donc bien davantage que lutter pour préserver une conquête féministe, c'est étayer l'un des piliers de la démocratie, ou s'efforcer de l'établir quand il n'existe pas, comme c'est le cas dans une majorité de pays encore aujourd'hui[24]. Il ne s'agit de rien de moins que de garantir à toutes les femmes le statut d'individus libres et égaux en droit.

24. Agnès Guillaume, Clémentine Rossier, « L'avortement dans le monde. État des lieux des législations, mesures, tendances et conséquences », *Population*, 2018, vol. 73, n° 2, p. 225-322.

# L'avortement comme question constitutionnelle[1]

*Stéphanie Hennette-Vauchez*

L'idée apparut d'abord comme improbablement consensuelle : elle était appuyée, à l'Assemblée nationale, depuis tous les bancs de la gauche jusqu'au cœur de la majorité présidentielle et perçait même, dit-on, les rangs de la droite. Aussitôt esquissée, elle recevait le plein et entier soutien de la Première ministre. Le temps était venu de faire entrer le droit à l'avortement dans la Constitution. C'est que la décision *Dobbs* par laquelle la Cour suprême des États-Unis était revenue, en juin 2022[2], sur l'arrêt *Roe v. Wade* de 1973 consacrant l'idée d'une protection constitutionnelle de l'avortement[3], avait créé une onde de choc. En réaction, nombre d'acteurs politiques et sociaux, parlementaires et organisations de la société civile reprenaient l'idée que l'inscription dans la Constitution d'un droit à l'avortement serait le meilleur moyen de conjurer, en France, des reculs comparables[4]. *It Can't Happen Here* : le titre du roman dystopique de Sinclair Lewis[5]

1. Je remercie vivement Laurie Marguet, Marc Pichard et Diane Roman pour leurs commentaires sur une version préliminaire de ce texte, qui m'ont grandement aidé à le clarifier. Je précise par ailleurs que, de manière générale, l'ensemble des traductions sont les miennes.
2. Cour suprême des États-Unis, *Dobbs v. Jackson Women's Health Organization*, 597 US 215 (2022).
3. Cour suprême des États-Unis, *Roe v. Wade*, 410 US 113 (1973).
4. En 2018, dans le cadre du projet de loi constitutionnelle pour une démocratie plus représentative, responsable et efficace (dont les travaux ont été interrompus), des parlementaires (LFI) avaient déjà présenté un amendement n° 1115 visant à compléter le préambule de la Constitution par les termes suivants : « la France reconnaît aux personnes qui en font la demande le droit d'avoir accès à une contraception adaptée et gratuite ainsi que de recourir librement et gratuitement à l'interruption volontaire de grossesse, sans justification, dans un délai de quatorze semaines d'aménorrhée minimum ». Cet amendement s'était heurté à l'opposition de la majorité présidentielle. En 2019, une proposition de loi constitutionnelle n° 2086 visant à protéger le droit fondamental à l'interruption volontaire de grossesse avait également été présentée par des députés socialistes et LFI, sans toutefois jamais avoir été inscrite à l'ordre du jour parlementaire.
5. Sinclair Lewis, *It Can't Happen Here*, Doubleday, 1935. Dans ce roman paru deux ans après l'accession au pouvoir de Adolf Hitler, le grand romancier américain, prix Nobel de littérature 1930, narre l'arrivée au pouvoir aux États-Unis d'un dictateur stupide et raciste et la dérive fasciste qui

saisit bien le mot d'ordre de cette large mobilisation. Ce fut donc, d'emblée, une logique de conjuration du risque de reculs futurs qui mouvait l'hypothèse d'une révision constitutionnelle.

Il n'est pas certain que le texte adopté lors du vote du Congrès du 4 mars 2024 soit tout à fait à la hauteur de cette ambition. Il procède bien à l'inscription dans le texte de la constitution d'une « liberté garantie à la femme d'avoir recours à une interruption volontaire de grossesse », mais c'est à la loi qu'il revient de déterminer les conditions dans lesquelles elle s'exerce. D'apparence technique, ce choix de réviser la constitution sous la forme de l'explicitation d'une compétence du législateur, plutôt que d'un droit individuel, est crucial. La constitution dispose désormais que « La loi détermine les conditions dans lesquelles s'exerce la liberté garantie à la femme d'avoir recours à une interruption volontaire de grossesse[6] ». Cela signifie que, dans ses interventions futures en la matière, le législateur sera désormais contraint par l'obligation de respecter cette « liberté garantie » de recourir à l'IVG. Or le terme de « garantie » est à la fois capital (puisqu'il porte tout l'intérêt de la révision), et… parfaitement indéterminé : nul ne peut en effet déterminer *a priori* ce qui pourrait, demain, être considéré comme portant atteinte à cette « liberté garantie ». Un recul du délai légal d'IVG de 14 à 10 semaines ? Un déremboursement de l'IVG par la Sécurité sociale ? La création d'examens et entretiens préalables obligatoires ? Le retour de l'autorisation parentale pour les mineures ? En réalité, c'est le Conseil constitutionnel qui sera amené, dans l'hypothèse où il serait saisi d'interventions législatives futures sur le sujet, à dessiner les contours de cette nouvelle exigence constitutionnelle qui, pour l'heure, demeure donc grevée d'incertitudes quant à sa portée exacte.

L'adoption de la loi constitutionnelle n° 2024-200 du 8 mars 2024 n'en demeure pas moins un vote historique, en tant précisément qu'il fait de l'avortement une question constitutionnelle. À en croire la force et la multiplicité des contre-arguments qui ont émaillé le parcours politique et parlementaire de ce texte au fil des presque deux années qui furent nécessaires à son aboutissement, ce n'était pas une mince affaire. On aura, en effet, tout entendu. La constitutionnalisation de l'avortement ne serait pas nécessaire en France, où il n'existerait pas de risque de voir son statut juridique remis en cause et où il jouirait déjà, en toute hypothèse, d'une garantie constitutionnelle[7]. Elle ne serait pas davantage

---

s'ensuit. Le roman connut une seconde jeunesse en 2016, suite à l'accession au pouvoir de Donald Trump, de nombreux·ses lecteur·ices prêtant une dimension visionnaire ou prédictive au roman.

6. Loi constitutionnelle n° 2024-200 du 8 mars 2024 relative à la liberté de recourir à l'interruption volontaire de grossesse, qui complète l'article 34 de la Constitution, qui définit les compétences du législateur.

7. Olivier Beaud, « Pour une interprétation raisonnable de la disposition votée par le Sénat sur la constitutionnalisation du droit à l'IVG », *Blog Jus Politicum*, 18 février 2023 ; Anne Levade, « Inscrire

souhaitable, soit parce qu'elle aurait pour effet de rompre avec l'équilibre de la loi Veil, faisant monter en puissance la volonté des femmes au détriment de la protection de l'embryon[8], soit parce qu'elle romprait avec la tradition constitutionnelle nationale, qui ne fait pas de ce texte un « catalogue de droits sociaux et sociétaux[9] ». Elle risquerait, en outre, de désacraliser le texte constitutionnel, car elle serait « purement symbolique[10] ». On ne souhaite pas ici discuter directement ces arguments[11] ; on souhaite simplement souligner combien ils révèlent que, même dans un contexte politique où, comme en France, la question du statut juridique de l'avortement polarise moins fortement qu'ailleurs et où la remise en cause de la loi Veil ne figure explicitement au programme d'aucune formation politique nationale, l'hypothèse de la constitutionnalisation de l'avortement suscite des réticences et des résistances.

Pour y réfléchir, le présent chapitre se détache du cas français pour interroger, de manière comparative et théorique, le sens de l'inclusion (ou non) de l'avortement dans la Constitution. Il propose d'abord un panorama de droit comparé pour mieux faire entendre le silence gardé par l'ensemble des constitutions, à l'échelle du monde, sur la question. Il cherche ensuite à interroger ce silence, notamment du point de vue de ce qu'il révèle de la conception même de la constitution. Ce faisant, il explore la mesure dans laquelle l'inscription du droit à l'avortement est susceptible de jouer comme levier d'un changement de paradigme constitutionnel. Pour ce faire, il relie cette question à des interrogations plus vastes sur les caractéristiques du constitutionnalisme moderne, pensé par et pour un sujet politique autonome et rationnel, et envisage la manière dont l'admission et la reconnaissance de la dépendance comme caractéristique première de la condition humaine, qui pourrait passer par celle, corrélative, du *care* comme valeur politique et constitutionnelle, pourrait permettre son dépassement.

---

le droit à l'avortement dans notre Constitution, une proposition ni justifiée ni pertinente », *Blog du Club des Juristes*, 27 juin 2022.

8. Bertrand Mathieu, « L'avortement n'est pas un droit fondamental, mais une liberté fondamentale », *La Croix*, 27 juin 2022 ; Anne-Marie Le Pourhiet, « Inscrire l'IVG dans la Constitution est inutile et insensé », *Marianne*, 27 juin 2022.

9. Gérard Larcher, 23 février 2024 : https://www.francetvinfo.fr/societe/ivg/gerard-larcher-ne-souhaite-pas-l-inscription-de-l-ivg-dans-la-constitution-car-ce-n-est-pas-un-catalogue-de-droits-sociaux-et-societaux_6321282.html.

10. Anne Levade, « La Constitution n'est pas là pour faire des coups d'éclat symboliques », *Le Figaro*, 29 juin 2022.

11. On s'y est essayée ailleurs : Stéphanie Hennette-Vauchez, « Raison et déraison dans l'interprétation de la Constitution », *Blog Jus Politicum*, 14 mars 2023.

## Droit et avortement : de Bobigny à Versailles, en passant par le monde

Revenant sur le procès de Bobigny de 1972, Simone de Beauvoir expliquait en des termes à la fois clairs et crus la résistance et l'opposition féroces que rencontraient alors toutes les tentatives de libéralisation et dépénalisation de l'avortement : il y avait selon elle « une raison, [et] une seule, mais qui pèse lourd : la loi sur l'avortement est une pièce essentielle du système que la société a mis en place pour opprimer les femmes[12]. » L'oppression à laquelle elle faisait référence prenait, à l'époque, une forme bien particulière : la pénalisation. Marie-Claire Chevalier, la jeune femme mineure poursuivie devant le tribunal de Bobigny pour avoir avorté après un viol, encourait, aux termes de l'article 317 du Code pénal, une peine d'emprisonnement de six mois à deux ans, et une amende de 360 à 7 200 francs[13]. Grâce à la manière dont elle a accepté que son procès soit, bien au-delà de son cas personnel, celui de toute une cause, et grâce aux mobilisations qui se poursuivirent au-delà de l'arène judiciaire, la loi du 17 janvier 1975 fut bientôt adoptée en France, sous l'impulsion de Simone Veil[14]. La loi de 1975 suspendait, initialement seulement temporairement, les dispositions du Code pénal qui criminalisaient l'avortement[15]. Appelé à contrôler le texte, le Conseil constitutionnel le jugea conforme à la Constitution ; plus précisément, il estima que la loi ne portait atteinte à aucune règle constitution-

12. Préface, dans *Avortement : une loi en procès. Sténotypie intégrale des débats du tribunal de Bobigny*, Gallimard, 1973, p. 12.
13. Étaient également poursuivies sa mère Michèle Chevalier, ainsi que deux de ses collègues Lucette Duboucheix et Renée Sausset qui l'avaient mise en contact avec Micheline Bambuck, une secrétaire au fait d'une technique d'avortement qu'elle avait déjà expérimentée. Elles encouraient, elles, une peine d'emprisonnement de un à cinq ans, et une amende de 1 800 à 36 000 francs.
14. Bibia Pavard, Florence Rochefort, Michelle Zancarini-Fournel, *Les lois Veil. Un siècle d'histoire*, 2e éd., La Découverte, 2024 ; l'ouvrage rappelle aussi (not. p. 177 et s.) l'importance de la première loi Veil n° 74-1026 du 4 décembre 1974 relative à la contraception, qui vient ancrer et étendre la loi Neuwirth de 1967 : remboursement par la sécurité sociale, fin du carnet à souche, accès des mineur·es, etc., soulignant que les deux lois auxquelles Simone Veil aura laissé son nom connaissent « des processus de mémorialisation opposés » : « la loi de 1974 est généralement oubliée par la postérité alors qu'elle marque la véritable libéralisation de la contraception en France. Au contraire, la loi de 1975 est retenue dans l'histoire comme celle ayant donné aux femmes la liberté d'avorter. Pourtant, elle comporte de nombreuses restrictions et son application donne lieu à un certain nombre de difficultés » (p. 201).
15. Art. 2 de la loi n° 75-17 du 17 janvier 1975 : « Est suspendue pendant une période de cinq ans à compter de la promulgation de la présente loi, l'application des dispositions des quatre premiers alinéas de l'article 317 du Code pénal lorsque l'interruption volontaire de la grossesse est pratiquée avant la fin de la dixième semaine par un médecin dans un établissement d'hospitalisation public ou un établissement d'hospitalisation privé satisfaisant aux dispositions de l'article L. 176 du Code de la santé publique. »

nelle : « la loi déférée n'admet qu'il soit porté atteinte au principe du respect de tout être humain dès le commencement de la vie […] qu'en cas de nécessité et selon les conditions et limitations qu'elle définit » ; dès lors, elle ne porte atteinte ni « au principe de liberté posé à l'article 2 de la Déclaration des droits de l'homme et du citoyen », ni à aucun des principes fondamentaux reconnus par les lois de la République, ni au principe selon lequel « la nation garantit à l'enfant la protection de la santé », ni enfin à aucune autre disposition de valeur constitutionnelle[16].

Après sa promulgation en 1975, la loi Veil fut prolongée *sine die* en 1979. L'article 317 du Code pénal réprimant l'avortement continuait donc d'exister, mais il était suspendu. Il ne disparut que plus tard, avec l'adoption du nouveau Code pénal en 1992 (ne subsiste aujourd'hui dans la loi pénale que la répression de l'IVG sans le consentement de l'intéressée[17]). Parallèlement, le délai légal d'IVG fut porté de 10 semaines en 1975 à 12 semaines en 2001[18], puis 14 semaines en 2022[19]. La loi Veil de 1975 avait rendu l'IVG accessible à « la femme enceinte que son état place dans une situation de détresse ». En réalité, cette formulation n'avait jamais vraiment entravé l'accès des femmes à l'IVG, notamment dans la mesure où le Conseil d'État avait jugé dès 1981 que la femme était la seule juge en la matière : « la loi de 1975, y compris dans les dispositions par lesquelles elle prescrit que "chaque fois que cela est possible, le couple participe à la consultation et à la décision à prendre" n'a ni pour objet ni pour effet de priver la femme majeure du *droit d'apprécier elle-même si sa situation justifie l'interruption de la grossesse* »[20]. Cette clause de détresse fut néanmoins supprimée en 2014[21]. Le remboursement par la Sécurité sociale,

16. Conseil Constitutionnel, 15 janvier 1975, n° 74-54DC.

17. Art. 223-10 Code pénal. Depuis la loi n° 2001-588 du 4 juillet 2001 relative à l'IVG et à la contraception, certaines dispositions qui autrefois figuraient dans la loi pénale ont été transférées dans le Code de la santé publique. Celui-ci sanctionne donc le fait de réaliser un avortement en violation des conditions légales (art. L. 2222-2 Code de la santé publique, ancien art. 223-11 Code pénal), ainsi que le fait de fournir à la femme les moyens de pratiquer une interruption de grossesse sur elle-même (art. L. 2222-2 Code de la santé publique, ancien art. 223-12 Code pénal).

18. Loi n° 2001-588 du 4 juillet 2001 relative à l'interruption volontaire de grossesse et à la contraception.

19. Loi n° 2022-295 du 2 mars 2022 visant à renforcer le droit à l'avortement. Le projet de loi initialement déposé prévoyait également la suppression de la double clause de conscience des médecins en matière d'IVG, mais cette disposition n'a pas été adoptée par les parlementaires (v. Laurie Marguet, « La loi n° 2022-295 du 2 mars 2022 visant à renforcer le droit à l'avortement : un renforcement en demi-teinte », *La Revue des Droits de l'Homme*, 2022 [en ligne]).

20. Conseil d'État, Ass., 31 octobre 1980, *Lahache*, n° 13028 [souligné par nous].

21. Loi n° 2014-873 du 4 août 2014 pour l'égalité réelle entre les femmes et les hommes ; désormais, l'IVG est accessible aux femmes qui en font la demande, sans référence à quelque situation de détresse que ce soit.

acquis à 80 % dès 1982[22], devint intégral dans les années 2010[23], l'entretien médico-social préalable fut supprimé pour les femmes majeures en 2001[24], et le délai de réflexion d'une semaine, ramené à deux jours en 2016[25] puis supprimé en 2022[26]. Certaines de ces lois furent soumises au contrôle du Conseil constitutionnel, qui jugea toujours qu'elles ne portaient atteinte à aucune règle ou principe constitutionnel. En France, c'est donc le législateur qui a pris la main sur la définition du régime juridique de l'IVG[27] – comme dans quelques autres pays, à l'instar de la Grande-Bretagne, où l'avortement a été légalisé par une loi de 1967 (*Abortion Act 1967*) qui rend l'avortement légal jusqu'à la 24e semaine de grossesse lorsqu'il est autorisé par deux médecins sur un certain nombre d'indications qui, en dépit de leur formulation médicale, sont interprétées de manière large et incluent notamment des indications socio-économiques. Dès lors que c'est essentiellement le législateur qui s'est intéressé à la question de l'avortement, le juge constitutionnel n'est jamais intervenu qu'en aval ; et son intervention n'a, en outre, jamais été qu'en « négatif » : il n'a jamais jugé que la Constitution consacrait un droit des femmes à avorter, ou que quelque règle constitutionnelle que ce soit exigeait positivement que l'IVG soit légale. Il s'est toujours borné à juger que l'IVG (législativement entendu comme droit des femmes à interrompre leur grossesse pendant les 10 à 14 premières semaines de grossesse) ne méconnaissait pas la Constitution.

Dans de nombreux autres pays, le statut constitutionnel de l'avortement est différent, tout simplement parce que ce sont souvent les cours constitutionnelles qui se sont placées en première ligne, intervenant le plus souvent, non comme en France pour valider des législations libérales dépénalisant l'avortement, mais pour sanctionner des législations pénales trop restrictives. Mais l'existence d'un mouvement de fond qui, depuis les années 1970, a mené de nombreux juges constitutionnels à faire émerger, sous des conditions plus ou moins strictes, un droit à l'avortement ne doit pas cacher le silence essentiellement maintenu par les textes constitutionnels eux-mêmes sur la question.

---

22. Loi n° 82-1172 du 31 décembre 1982 relative à la couverture des frais afférents à l'interruption volontaire de grossesse non thérapeutique.
23. Le décret n° 2013-248 du 25 mars 2013 supprime la participation des assurées pour les frais d'IVG (prise en charge à 100 %), et le décret n° 2015-1865 du 30 décembre 2015 organise la prise en charge de tous les frais de soins, de surveillance et d'hospitalisation liés à une IVG.
24. Loi n° 2001-588 du 4 juillet 2001 relative à l'interruption volontaire de grossesse et à la contraception.
25. Loi n° 2016-41 du 26 janvier 2016 de modernisation de notre système de santé.
26. Loi n° 2022-295 du 2 mars 2022 visant à renforcer le droit à l'avortement.
27. Voir Sally Sheldon, *Beyond Control. Medical Power and Abortion Law*, Pluto, 1997.

## *Le rôle des juges constitutionnels en matière d'avortement*

Au fond, il n'y a pas *un* modèle de raisonnement en matière d'avortement tenu par les juges constitutionnels à l'échelle du monde. Bien que la logique du raisonnement déployé fasse souvent écho à une logique de la (dis) proportionnalité (c'est souvent parce que la criminalisation de l'avortement paraît excessive qu'elle est censurée), c'est surtout la grande hétérogénéité des ingrédients substantiels sur lesquels il prend appui qui frappe. En effet, certaines décisions mettent l'accent sur les droits des femmes, mais pas toutes : le raisonnement se borne parfois à prendre appui sur des principes abstraits. Et lorsque les juges font référence aux droits des femmes, ce qu'ils entendent par-là varie : ils renvoient tantôt aux principes de liberté et d'autonomie, tantôt au principe d'égalité, tantôt, encore, à d'autres formulations.

Un mouvement de fond unit donc un grand nombre des interventions des juridictions constitutionnelles mondiales en matière d'avortement. D'une part, pour une très large part, elles demeurent marquées par l'approche pénale de l'avortement : un très grand nombre d'entre elles – et la France compte ici, comme on l'a dit, parmi les exceptions – ont en effet été rendues à propos de lois pénales interdisant ou encadrant, souvent de manière très restrictive, l'accès à l'avortement. D'autre part, elles prescrivent, dans l'ensemble, que les normes constitutionnelles de protection de la vie ne peuvent être le seul point de référence, et que celles-ci doivent être mises en balance avec les droits des femmes enceintes[28]. C'est ainsi que de nombreuses législations répressives ont pu être invalidées. De par son écho mondial et son caractère largement pionnier, l'arrêt *Roe v. Wade* rendu par la Cour suprême états-unienne en 1973 est emblématique de cette caractéristique du contentieux constitutionnel relatif à l'avortement : la loi texane qui criminalisait l'avortement a été jugée inconstitutionnelle car excessive[29]. En particulier, la Cour a jugé qu'elle méconnaissait le droit de *privacy* protégé par le 14e amendement de la Constitution fédérale, dans lequel elle lisait une garantie du droit des femmes (accompagnées de leurs médecins) à l'autonomie décisionnelle en matière abortive jusqu'au stade de viabilité fœtale. Évoluant par la suite, le raisonnement du juge constitutionnel états-unien en matière d'avortement s'est encore rapproché d'une logique de la (dis) proportion :

28. Sur les facteurs politiques et les stratégies féministes de revendication, qui ont conduit à ce que les juridictions constitutionnelles se saisissent de la question : Reva Siegel, « The Constitutionalization of Abortion », dans Rebecca Cook, Joanna Erdman, Bernard Dickens (dir.), *Abortion Law in Transnational Perspective*, University of Pennsylvania Press, 2014, p. 13-35 ; et l'ensemble des contributions dans : Mary Ziegler (dir.), *Research Handbook on International Abortion Law*, Edward Elgar, 2023.
29. Cour suprême des États Unis, *Roe v. Wade*, 410 US 113 (1973).

abandonnant en 1992 l'idée que *toute* restriction à la liberté des femmes d'interrompre leur grossesse pendant le premier trimestre serait inconstitutionnelle, il substitua à cet élément temporel un élément substantiel, définissant comme inconstitutionnelles les restrictions qui viendraient placer un « obstacle excessif » [*undue burden*] sur la liberté des femmes[30]. En Italie, par une sentence historique de 1975, la Cour constitutionnelle censurait semblablement la législation pénale héritée de l'époque fasciste qui instituait une interdiction générale de l'avortement, au motif qu'elle pêchait par excès dans son ignorance de la protection due aux droits des femmes[31]. À la suite de cette décision, le législateur intervenait en adoptant la loi n° 194 du 22 mai 1978[32], qui permet l'avortement pendant les 90 premiers jours de la grossesse lorsque la grossesse met en péril la vie de la mère, ou lorsqu'il y a une forte probabilité d'une grave affection de l'enfant à naître[33]. Au Canada, en 1988, la Cour suprême déclarait la loi pénale relative à l'avortement[34] contraire à l'article 7 de la Charte des droits et libertés adoptée en 1982, qui garantit à chacun le « droit à la vie à la liberté et à la sécurité à sa personne[35] ». Plus récemment, les cours constitutionnelles de Colombie[36], de Corée du Sud[37], du Mexique[38], de l'Argentine[39] sont intervenues pour déclarer

30. Cour suprême des États Unis, *Planned Parenthood v. Casey*, 505 U.S. 833 (1992).

31. Cour constitutionnelle italienne, 18 février 1975, sentence n° 27/1975.

32. Legge 22 maggio 1978, n. 194, *Norme per la tutela sociale della maternità e sull'interruzione volontaria della gravidanza*. La loi a été jugée conforme à la Constitution (Cour constitutionnelle italienne, 25 juin 1981, sentences n° 108 et 109).

33. L'accès à l'avortement est toutefois hautement problématique en Italie, notamment du fait de la clause de conscience qui est très massivement invoquée par les personnels de santé. L'Italie a d'ailleurs été condamnée pour ce motif par le Comité européen des droits sociaux (*Fédération internationale pour le Planning familial – Réseau européen (IPPF EN) c. Italie*, 10 mars 2014, Réclamation n° 87/2012). Les chiffres traduisent cette difficulté d'accès, avec 63 653 avortements recensés en 2021 pour 400 292 naissances (source ministère de la Santé italien : https://www.salute.gov.it/imgs/C_17_pubblicazioni_3367_0_alleg.pdf).

34. La disposition en cause était alors codifiée à l'article 251 du Code criminel du Canada.

35. Cour suprême du Canada, *R. v. Morgentaler*, [1988] 1 RCS 30, p. 32-33.

36. Cour constitutionnelle de Colombie, 10 mai 2006, Sentencia C-355 / 06 ; et Cour constitutionnelle de Colombie, 21 février 2022, Sentencia C-055 / 22.

37. Cour constitutionnelle de Corée du Sud (Hunbeobjaepanso), 11 avril 2019, 2017 Hun-Ba1 27, not. p. 4 (source : https://www.law.utoronto.ca/utfl_file/count/documents/reprohealth/south_korea_2019_constitutional_court_abortion.pdf).

38. Cour suprême du Mexique, 7 septembre 2021, n° 148 / 2017.

39. Cour suprême de justice d'Argentine, 13 mars 2012, *FAL c. Medida Autosatisfactiva*, n° 259. XLVI : l'application de la loi pénale criminalisant l'avortement doit être écartée à propos d'une jeune fille de 15 ans enceinte après avoir été violée par son beau-père. Ce faisant, la Cour promeut une interprétation large de la loi pénale, dont la lettre ne permettait l'avortement qu'en cas de viol sur une femme souffrant de handicap mental. Depuis, la loi n° 27610 du 30 décembre 2020 a consacré le droit des « femmes et des personnes d'autres identités de genre ayant la capacité gestationnelle » d'interrompre leur grossesse jusqu'à 14 semaines.

inconstitutionnelles des législations pénales trop restrictives en matière d'avortement, estimant qu'elles résultaient d'une valorisation disproportionnée de la protection de la vie au détriment des droits des femmes enceintes.

Il ne faudrait pas pour autant prêter au contrôle de proportionnalité des vertus qu'il n'a pas : il fonctionne essentiellement comme une boîte noire au cœur du raisonnement des juges, et l'outil qu'il constitue ne garantit pas le résultat. En d'autres termes, ce n'est pas parce qu'ils raisonnent en termes de (dis) proportionnalité que les juges invalident les lois répressives en matière d'avortement. En témoigne, par exemple, la décision rendue en 2010 par la Cour européenne des droits de l'Homme : dans un arrêt de la grande chambre (la formation de jugement la plus solennelle), la Cour a en effet jugé, précisément au terme d'un contrôle de proportionnalité de l'interdiction irlandaise de l'avortement[40], que le droit au respect de la vie privée protégé par la Convention européenne des droits de l'Homme « ne saurait [...] s'interpréter comme consacrant un droit à l'avortement[41] ». Tout aussi emblématiques sont les deux interventions de la Cour constitutionnelle fédérale allemande de 1975 et 1993 : elles aussi empruntent la forme d'une mise en balance d'intérêts entre, d'une part, les impératifs liés à la protection de la vie (l'article 2 § 2 de la loi fondamentale garantit le droit à la vie de « toute personne ») et, d'autre part, les droits des femmes enceintes (exprimés notamment au prisme du droit au libre développement de la personnalité consacré à l'article 2 § 1 de la loi fondamentale) – sans, loin de là, consacrer de droit à l'avortement. Dans le raisonnement de la cour, les obligations de l'État liées à la protection du droit à la vie sont au contraire énoncées en termes particulièrement forts du fait,

40. À l'époque où l'affaire prit forme, et depuis une révision constitutionnelle adoptée par voie référendaire en 1983, la Constitution irlandaise prohibait l'avortement en consacrant le droit à la vie de l'enfant à naître. En 2018, la Constitution irlandaise fut révisée ; l'article 40 § 3 3° dispose désormais que « La loi peut prévoir la réglementation de l'interruption de grossesse ». Peu après, le Parlement adoptait le *Regulation of Termination of Pregnancy Act* qui légalise l'interruption de grossesse sur demande des femmes pendant les 12 premières semaines, et sur recommandation médicale au-delà, dans les cas où la grossesse mettrait en cause leur vie, menacerait gravement leur santé ou dans les cas où la survie de l'enfant serait sérieusement menacée.

41. Cour européenne des droits de l'Homme, GC, 10 décembre 2010, *A, B et C c. Irlande*, n° 25579/05, § 214. Dans cette affaire, la Cour ne conclut à la violation de la Convention européenne des droits de l'Homme par l'Irlande que pour l'une des trois plaignantes, et sur un motif plus procédural que substantiel. Il est très intéressant de voir que, alors même que le continent européen est celui où le plus grand nombre de pays a libéralisé l'accès à l'avortement, le juge transnational adopte une posture éminemment déférente vis-à-vis des États, et éminemment prudente – pour ne pas dire conservatrice – au regard des droits des femmes ; sur ce point, on se permet de renvoyer à Stéphanie Hennette-Vauchez, « Vademecum à l'usage de la Cour européenne des droits de l'homme. La théorie féministe du droit au secours d'une juridiction menacée de "splendide isolement" », *Recueil Dalloz*, 2011, p. 1360-1367.

notamment, de leur association au principe, inviolable, de dignité humaine consacré par l'article 1er de la constitution qui joue un rôle majeur dans « l'ordre objectif de valeurs » qui sous-tend l'ordre constitutionnel allemand[42]. C'est ainsi qu'en 1975, la Cour invalida une loi qui permettait l'avortement sur demande pendant le premier trimestre de la grossesse, en soulignant même la nécessité d'une *pénalisation* de l'avortement (même si elle envisageait l'aménagement de certaines exceptions pour certaines indications d'ordre médical). La loi qui s'ensuivit, votée en 1976, posait donc un principe d'interdiction pénale de l'avortement, sauf certification médicale d'un danger causé par la grossesse à la vie ou la santé de la femme. Lorsqu'en 1992, à la suite de la réunification du pays, une nouvelle loi sur l'avortement fut votée pour permettre l'interruption de grossesse « lorsque la femme subit à cause de la grossesse une charge tellement lourde et inhabituelle qu'elle dépasse le seuil de tolérance acceptable[43] », la Cour constitutionnelle censura à nouveau le texte. Elle acceptait toutefois cette fois-ci l'hypothèse de la suspension de la loi pénale, mais exigeait néanmoins que toute femme souhaitant avorter prenne part à un entretien dissuasif. Ainsi, alors même qu'elles fournissent le cadre dans lequel les femmes en Allemagne peuvent, de fait, avorter[44], les deux décisions de la cour déduisent tout de même de l'obligation qui pèse sur l'État de protéger la vie la nécessité que la loi exprime le « devoir fondamental qui pèse sur la femme de mener sa grossesse à terme[45] ». Si au plan structurel, le raisonnement repose ici sur une logique de la proportionnalité et de la mise en balance, ses ingrédients substantiels sont déterminants ; et, en l'occurrence, ce sont des principes abstraits et objectifs (obligations positives de l'État, dignité humaine) qui prévalent sur les intérêts et droits subjectifs (des femmes).

Si le raisonnement des cours semble dès lors globalement ressortir d'un contrôle de proportionnalité, la nature et la qualification des intérêts mis en balance varient considérablement d'une cour à l'autre[46]. Divers impératifs – comme la

42. Bundesverfassungsgericht, 15 janvier 1958, *Lüth*, 7, 198.
43. L'article § 219 du Code pénal était réécrit par la loi de 1992 dans les termes suivants : « l'ordre juridique n'autorise des avortements que dans des cas exceptionnels, lorsque la femme subit à cause de la grossesse une charge tellement lourde et inhabituelle qu'elle dépasse le seuil de tolérance acceptable ».
44. Ce qui mène Mary Anne Case à analyser ces décisions comme illustrant l'approche perfectionniste (et non fondamentaliste) de la Cour fédérale allemande : « Perfectionism And Fundamentalism In The Application Of The German Abortion Laws », dans Susan Williams (dir.), *Constituting Equality. Gender Equality and Comparative Constitutional Law*, Cambridge University Press, 2009, p. 93-106.
45. Voir Laurie Marguet, *Le droit de la procréation en France et en Allemagne. Étude sur la normalisation de la vie*, L'Harmattan, 2021.
46. Veronica Undurraga, « Proportionality in the Constitutional Review of Abortion Law », dans Rebecca Cook, Joanna Erdman, Bernard Dickens (dir.), *Abortion Law in Transnational Perspective*, University of Pennsylvania Press, 2014, p. 77-98.

protection de la vie[47] ou la dignité humaine[48] – sont mis en balance avec les droits des femmes ; et la désignation de ces derniers varie considérablement. Les juges constitutionnels font parfois une référence minimaliste et plus ou moins directe aux droits des femmes (« la protection constitutionnelle de l'enfant conçu [*del concepito*] peut entrer en conflit avec *d'autres biens qui jouissent également de la protection constitutionnelle* ; par conséquent, la loi ne peut conférer à la première une prévalence totale et absolue, qui nie aux seconds la protection adéquate. Là se trouve le vice constitutionnel de la loi pénale relative à l'avortement[49] »), au travers de références au droit à la santé ou à l'intégrité physique. Par un raisonnement demeuré célèbre, le président de la Cour suprême du Canada avait ainsi estimé que « forcer une femme, sous la menace d'une sanction criminelle, à mener un fœtus à terme à moins qu'elle ne satisfasse à des critères sans rapport avec ses propres priorités et aspirations est *une ingérence grave à l'égard de son corps* et donc une violation de la sécurité de sa personne[50] » – et jugeait que la loi pénale réprimant l'avortement était constitutive d'une violation de l'article 7 de la Charte des droits et libertés aux termes duquel « chacun a droit à la vie, à la liberté et à la sécurité de sa personne ; il ne peut être porté atteinte à ce droit qu'en conformité avec les principes de justice fondamentale ».

Les droits des femmes sont parfois énoncés de manière plus robuste, en référence à un droit à l'autonomie décisionnelle en matière reproductive. Ainsi, en Colombie, la Cour constitutionnelle est intervenue à de très nombreuses reprises sur cette question[51]. En 2006, pour invalider la loi pénale qui criminalisait l'avortement en toutes circonstances, elle soulignait qu'elle méconnaissait la dignité des femmes, qu'elle rabaissait au rang « d'instrument[s] reproductif[s]

47. Généralement reconnue comme une valeur digne de protection constitutionnelle, que la Constitution y fasse ou non une référence explicite, la protection de la vie commence explicitement, dans certains pays (par exemple la Hongrie, la Slovaquie, le Paraguay, le Salvador) dès l'instant de la conception. En Irlande, un référendum constitutionnel avait inséré un article 40 § 3.3 à la constitution de 1937, aux termes duquel « l'État reconnaît le droit à la vie du non-né [*of the unborn*] et, en prêtant l'attention due au droit égal à la vie de la mère, garantit par ses lois le respect et, dans toute la mesure du possible, la défense et la protection de ce droit ». Cette disposition a été retirée, après le travail propositionnel d'une assemblée citoyenne, suite au référendum de 2018 ; v. *supra*, note 40.
48. Principe qui joue un rôle crucial, notamment, dans le raisonnement du juge constitutionnel allemand.
49. Cour constitutionnelle italienne, 18 février 1975, sentence n° 27 / 1975 ; la Cour soulignait également que le droit à la vie et la santé des femmes, « qui sont des personnes » ne pouvaient être mis sur le même plan que « la sauvegarde de l'embryon qui doit encore devenir une personne » [souligné par nous].
50. Cour suprême du Canada, *R. v. Morgentaler*, [1988] 1 RCS 30, p. 37 [souligné par nous].
51. Catalina Martínez Coral, Nicole Amaya Monroy, « La construction de la protection constitutionnelle de l'avortement par la Cour constitutionnelle colombienne », *Intersections. Revue semestrielle genre et droit*, 2024, n° 1 [en ligne].

pour l'espèce humaine[52] ». Dans une nouvelle décision de 2022, elle précise que l'avortement constitue une composante du droit à la santé[53] – lequel revêt un sens large englobant la santé sexuelle et l'autonomie décisionnelle en matière reproductive[54]. Comme en écho, la cour constitutionnelle de Corée du Sud juge que « la grossesse, l'accouchement et l'éducation des enfants font partie des questions les plus importantes susceptibles d'affecter de manière cruciale et fondamentale la vie d'une femme. Par conséquent, nous pensons que la décision d'une femme enceinte de poursuivre ou d'interrompre sa grossesse équivaut à une décision qui reflète une prise en compte raisonnée de l'ensemble des conditions physiques, psychologiques, sociales et économiques [dans lesquelles elle se trouve], sur la base de ses propres opinions sur la vie et la société – une décision holistique au cœur de sa dignité personnelle[55] ». Quant à la Cour suprême du Mexique, elle se réfère explicitement au statut constitutionnel du droit d'avorter : la loi pénale querellée, qui criminalisait l'avortement en toutes circonstances, est analysée comme ayant « un impact frontal et direct sur la liberté reproductive des femmes et des personnes susceptibles d'être en gestation [qui inclut] le droit de décider d'être ou ne pas être mère, *qui est un droit constitutionnel* » et comme « impliquant la suppression totale du *droit constitutionnel de choisir* des femmes et des personnes capables d'être en gestation »[56].

Parfois encore, des considérations relatives à l'égalité sous-tendent le raisonnement des juges constitutionnels. Au Portugal, en 2010, le tribunal constitutionnel s'est ainsi référé aux conditions socio-économiques de la grossesse, ainsi qu'aux conséquences à long terme de la maternité, pour valider la loi permettant aux femmes d'interrompre leur grossesse pendant les 10 premières semaines à la double condition d'un entretien médico-social non dissuasif et d'un délai de

52. Cour constitutionnelle de Colombie, 10 mai 2006, Sentencia C-355 / 06, § 8.1 *in fine*.

53. Cour constitutionnelle de Colombie, 21 février 2022, Sentencia C-055 / 22, § 287 : « le devoir de l'État de respecter le droit à la santé implique, entre autres, le devoir de lever les obstacles qui entravent l'accès aux services nécessaires aux femmes et aux jeunes filles pour jouir de la santé reproductive » parmi lesquels figure « l'avortement librement consenti ». Par cette décision, la Cour juge inconstitutionnelle la criminalisation de l'avortement en deçà de 24 semaines de grossesse ; pour un commentaire : Isabel Jaramillo, « The New Colombian Law of Abortion », *International Journal of Gynecology and Obstetrics*, 2023, vol. 160, p. 345-350.

54. Cour constitutionnelle de Colombie, 21 février 2022, Sentencia C-055 / 22, § 392 : la décision de procréer ou non affecte le projet de vie des personnes et il s'agit d'une « affaire très personnelle, individuelle et intransférable ».

55. Cour constitutionnelle de Corée du Sud (Hunbeobjaepanso), 11 avril 2019, 2017 Hun-Ba1 27, not. p. 3 (source : https://www.law.utoronto.ca/utfl_file/count/documents/reprohealth/south_korea_2019_constitutional_court_abortion.pdf).

56. Cour suprême du Mexique, 7 septembre 2021, n° 148 / 2017, pt. 221 et pt. 232 [souligné par nous] (source : https://www.scjn.gob.mx/sites/default/files/proyectos_resolucion_scjn/documento/2021-08/AI%20148.2017.pdf).

réflexion de trois jours[57]. Dans sa décision de 2022, la cour constitutionnelle de Colombie a souligné la nécessité d'une perspective intersectionnelle pour prendre la mesure des discriminations subies, en matière reproductive, par certaines catégories de femmes particulièrement vulnérables[58]. Sur la période plus récente, l'invocation du principe d'égalité vient également au soutien de raisonnements qui soulignent le rôle du droit à l'avortement pour libérer les femmes de l'imposition de normes de genre liées à la maternité. Ainsi, au Mexique, la Cour suprême souligne que « l'interdiction de l'avortement volontaire ou consenti viole le droit à l'égalité et à la non-discrimination, car elle constitue un mécanisme de violence sexiste qui renforce les stéréotypes selon lesquels la maternité est un destin obligatoire pour les femmes et les personnes ayant la capacité d'être en gestation »[59]. Au Népal, la Cour constitutionnelle souligne que « bien que la grossesse soit un acte noble, lorsqu'elle est forcée, elle peut devenir une cause de violence à l'égard des femmes (ainsi qu'une) cause d'inégalité[60] ».

S'il y a bien un mouvement général de constitutionnalisation de la question de l'avortement, celui-ci procède donc de manière très hétérogène, au fil de décisions fort diverses rendues par les juridictions constitutionnelles. Il y a bien, assurément, dans la manière dont les cours raisonnent en la matière, un enjeu de premier plan, car le statut constitutionnel de l'avortement en dépend. Il n'est en effet ni équivalent ni indifférent qu'une cour constitutionnelle se borne à sanctionner la criminalisation de l'avortement au motif qu'elle résulte en une intrusion indue de la puissance publique dans une sphère intime, ou que, différemment, elle estime qu'il résulte des obligations pesant sur l'État – que ce soit au regard du droit à la vie, des droits des femmes voire, de considérations relatives à la protection de la famille ou de la maternité – qu'il revient à celui-ci de garantir l'autonomie décisionnelle des femmes ou, plus encore, leur accès

57. Tribunal constitucional, Acórdão n° 75 / 1010, § 11.4, 16.8 ; Ruth Rubio Marín, « Abortion in Portugal : New Trends in European Constitutionalism », dans Rebecca Cook, Joanna Erdman, Bernard Dickens (dir.), *Abortion Law in Transnational Perspective*, University of Pennsylvania Press, 2014, p. 36-55.

58. Cour constitutionnelle de Colombie, 21 février 2022, Sentencia C-055 / 22, § 337 : « les femmes dénoncées pour le délit d'avortement consenti et celles qui subissent les conséquences sanitaires les plus graves sont exposées à des facteurs de discrimination intersectionnels qui les rendent encore plus vulnérables ».

59. Voir par exemple l'arrêt de la Cour supreme du Mexique, 7 septembre 2023, Amparo en revisión n° 267 / 2023, § 156 (source : https://www.scjn.gob.mx/sites/default/files/listas/documento_dos/2023-08/230830-AR-267-2023.pdf).

60. Cour suprême du Népal, 20 mai 2009, *Lakshmi v. Government of Nepal*, n° 8464, § 38 (source : https://reproductiverights.org/wp-content/uploads/2021/07/Laxmi-dhitta1-endnote.pdf) et Melissa Upreti, « Toward Transformative Equality in Nepal : the Lakshmi Dhikta Decision », dans Rebecca Cook, Joanna Erdman, Bernard Dickens (dir.), *Abortion Law in a Transnational Perspective*, *op. cit.*, p. 279-300.

effectif à des services abortifs. Mais si la plus grande variété règne en la matière – si, en réalité, il est impossible de dégager *un* modèle de constitutionnalisation de la question de l'avortement – c'est bien précisément parce que, au-delà de ces interventions plurielles de juges à l'échelle du monde, les textes constitutionnels sont demeurés essentiellement silencieux sur le sujet, laissant les juges monter, le cas échéant, en première ligne.

## *Le silence des textes constitutionnels*

Une des raisons de l'écho mondial qu'a immédiatement reçu la loi constitutionnelle adoptée en France le 8 mars 2024 tient au caractère pionnier du geste : la Constitution française est ainsi devenue le premier texte constitutionnel mondial à inclure une référence explicite et positive, non prohibitive, à l'avortement. En effet, le droit à l'avortement n'est proclamé ou garanti dans aucune constitution du monde. On ne dénombre aujourd'hui que trois constitutions contenant une référence explicite à l'« avortement » ; et toutes prennent la forme d'interdictions de principe. En Somalie, la constitution définit l'avortement comme contraire à la *shari'a* et prescrit qu'il ne peut être autorisé qu'en cas de nécessité, notamment pour sauver la vie de la mère[61]. La Constitution du Kenya dispose, dans un article consacré au droit à la vie (lequel est réputé applicable dès la conception[62]), que « l'avortement n'est pas permis, sauf si un professionnel qualifié de santé considère qu'un traitement urgent s'impose ou que la vie ou la santé de la mère est en danger, ou s'il est autorisé par une loi écrite[63] ». Si cette exception à l'interdiction de principe, insérée dans la Constitution à la faveur d'une révision constitutionnelle opérée en 2010, fait référence, de manière notable, à la santé de la femme enceinte, son application rencontre de nombreux obstacles[64]. Quant

61. Constitution de Somalie (2012), art. 15 § 5 ; l'avortement est puni par le Code Pénal (art. 418-422). On pourrait ajouter à la liste, bien que terme « avortement » n'y figure pas expressément, la Constitution de l'Ouganda (1994), dont l'article 24 dispose que « aucune personne n'a le droit de mettre fin à la vie d'un enfant non-né sauf dans les cas autorisés par la loi ».

62. Constitution du Kenya (2010), art. 26 § 2.

63. Constitution du Kenya (2010), art. 26 § 4.

64. Dans une décision de 2019, la Haute Cour du Kenya a pris appui sur l'article 43 § 1 de la Constitution (« toute personne a droit au plus haut standard atteignable de soins, ce qui inclut le droit aux services de santé, *y compris la santé reproductive* » [souligné par nous]) et sur l'exception contenue à l'article 26 § 4 pour déclarer que l'abrogation en 2013, par le ministère de la Santé, des lignes directrices sur l'avortement légal publiées un an auparavant, avait été arbitraire : High Court of Kenya, 12 juin 2019, *FIDA Kenya v. Attorney General* ; v. généralement : Center for reproductive rights, *A Decade of Existence : Tracking Implementation of Article 26 (4) of the Constitution, Revealing Progress, Reversals, and Betrayal of a National Compromise*, Nairobi, 2020, not. p. 14-15. Cette décision ne semble pas, toutefois, avoir été suivie d'effet.

à la Constitution de l'Eswatini, c'est également dans l'article consacré au « droit à la vie » que le principe selon lequel « l'avortement est illégal » est posé – sauf lorsque la grossesse résulte d'actes criminels ou mène à des risques médicaux et thérapeutiques[65], mais ces exceptions nécessitent une intervention du législateur qui n'est toujours pas advenue, de sorte que c'est bien un régime d'interdiction qui continue de prévaloir[66].

Pour le reste, plusieurs constitutions, notamment parmi les moins anciennes, évoquent soit le fait que la santé reproductive est une composante de la santé et du droit à la protection de la santé, soit un droit à l'autonomie décisionnelle en matière reproductive. La Constitution bolivienne de 2009 énonce ainsi que « les hommes et les femmes se voient garantis l'exercice de leurs droits sexuels et reproductifs[67] », et la Constitution cubaine de 2019 contient une formule semblable, qui ne vise toutefois que les femmes[68]. En Équateur, la Constitution adoptée en 2008 fait mission à l'État de promouvoir la « santé reproductive[69] » et reconnaît explicitement « le droit de prendre des décisions libres, responsables et informées au sujet de sa santé et de sa vie reproductive et de décider du nombre d'enfants à avoir[70] » ; et la constitution du Kosovo, qui date de la même année, évoque elle aussi un « droit de prendre des décisions en lien avec la reproduction conformément aux lois et procédures en vigueur[71] » comme composante du droit à l'intégrité personnelle. Antérieurement, on trouvait dans certaines constitutions des anciennes républiques socialistes des formulations approchantes. En Yougoslavie, la constitution titiste de 1974 énonçait ainsi, dans son article 191, le « droit de l'homme [...] de décider librement de la naissance de ses enfants[72] »

65. Constitution de l'Eswatini (2005), Art. 15 § 5.

66. Commission internationale des juristes, « Eswatini : authorities must ensure safe, legal and effective access to abortion services », 26 avril 2022 : https://www.icj.org/eswatini-authorities-must-ensure-safe-legal-and-effective-access-to-abortion-services/#:~:text=Despite%20Eswatini's%20obligations%20under%20international, by%20a%20doctor%20to%20exist.

67. Constitution de Bolivie (2009), art. 66.

68. Constitution de Cuba (2019), art. 43.

69. Constitution de l'Équateur (2008), art. 32. Voir aussi Constitution de Fidji (2013), art. 38 ; Constitution de Guyane (1980), art. 212 (qui liste la promotion de la santé reproductive comme une mission de la Commission sur les droits des femmes) ; Constitution du Népal (2015), art. 38.

70. Constitution de l'Équateur (2008), art. 66 § 10. Voir aussi la Constitution de l'Afrique du Sud (1996), article 12 § 2 : « toute personne a droit à l'intégrité physique et psychologique, qui inclut le droit (a) de prendre des décisions relatives à la reproduction » ; Constitution du Zimbabwe (2013), art. 52 : « droit à la sécurité personnelle – toute personne a droit à l'intégrité physique et psychologique, ce qui inclut le droit [...] de prendre des décisions concernant la reproduction ».

71. Constitution du Kosovo (2008), art. 26 § 1.

72. Jovicic Miodrag, « La nouvelle Constitution yougoslave de 1974. Ses particularités et caractéristiques en tant qu'acte juridique général suprême », *Revue internationale de droit comparé*, 1974, vol. 26, n° 4, p. 787-805, p. 794.

– faisant ainsi écho à la nature souvent progressiste des législations relatives à l'avortement dans le bloc communiste. La Russie fut, semble-t-il, le premier pays du monde à légaliser l'avortement par un décret de 1920. Mais la valorisation de la maternité n'était pas dépourvue d'ambivalences (elle reposait plus largement sur l'assignation à la fonction reproductive que sur une logique de droits individuels) ; et elle céda régulièrement le pas aux préoccupations natalistes. Ces dernières menèrent ainsi Staline à interdire l'avortement en 1936, au motif que les causes socio-économiques qui contraignaient autrefois les femmes à l'avortement ayant été résolues par le socialisme, l'avortement n'était plus nécessaire. Ce n'est qu'en 1955 que l'avortement redevint légal[73]. Aujourd'hui, l'article 55 de la Constitution slovène de 1991 dispose : « Les personnes sont libres de décider d'avoir ou non des enfants. L'État veille à ce que les personnes aient toutes les possibilités d'exercer cette liberté et crée les conditions permettant aux parents de choisir librement d'avoir ou non des enfants » (mais, en Slovaquie, le texte constitutionnel énonce que « la vie humaine est digne de protection dès avant la naissance »[74]). En toute hypothèse, aucun de ces textes constitutionnels ne spécifie que l'avortement est protégé par ce biais[75]. Au regard de ce panorama global, la révision constitutionnelle française de 2024 prend donc bien les allures d'un geste pionnier ; or, de manière frappante, cette innovation a rencontré bien des résistances.

Le silence constitutionnel sur l'avortement ne se rompt pas aisément : voilà en effet une des leçons que l'on peut tirer de l'observation attentive du processus constituant qui s'est déployé en France entre 2022 et 2024. Derrière le consensus de façade, les nombreux compromis auxquels les promotrices et initiatrices de la réforme ont dû consentir sont bien le signe de la force d'authentiques résistances suscitées par l'hypothèse de la constitutionnalisation. Dans les mois qui ont suivi l'arrêt *Dobbs* (qui a clairement joué un rôle déclencheur), pas moins de six propositions étaient déposées au Parlement français. Plusieurs d'entre elles

---

73. Voir Mark Savage, « The Law of Abortion in the Union of Soviet Socialist Republics and the People's Republic of China : Women's Rights in Two Socialist Countries », *Stanford Law Review*, 1988, vol. 40, p. 1027. Sous l'influence de l'URSS, de nombreux pays du bloc de l'Est ont adopté des législations et politiques libérales en matière d'avortement, avec, toutefois, des variations (ainsi par exemple, après que l'avortement a été libéralisé en 1955, la politique nataliste prit le dessus en Roumanie dès 1966 : Charlotte Hord et al, « Reproductive health in Romania : Reversing the Ceausescu legacy », *Studies in Family Planning*, 1991, vol. 22, n° 4, p. 231-240).

74. Constitution de Slovaquie [1992], art. 15 § 1.

75. Il existe en revanche des cas où l'interprétation constitutionnelle aboutit à reconnaître un droit à l'avortement ; v. par exemple en Afrique du Sud : *Christian Lawyer's Association of South Africa v. Minister of Health*, 1998 (4) SA 1113 (T), où la High Court of South Africa interprète l'article 12 § 2 de la Constitution (précit.) comme incluant le droit des femmes à interrompre leur grossesse (source : https://www.law.utoronto.ca/utfl_file/count/documents/reprohealth/south_africa_1998_christian_lawyers.pdf).

proposaient d'insérer, après l'article 66-1 de la Constitution relatif à l'interdiction de la peine de mort, un article 66-2 relatif à l'accès à l'IVG[76]. L'une d'entre elles proposait de modifier l'article 1er de la Constitution, où l'on trouve l'affirmation des principes fondamentaux de la République (indivisible, laïque, démocratique, sociale) ainsi que le principe d'égalité devant la loi et l'exigence constitutionnelle de parité[77]. Une autre, enfin, proposait d'insérer un nouvel alinéa dans le préambule de la Constitution de 1946[78]. La plupart étendaient la portée du texte au droit à la contraception[79], et l'une proposait de fonder explicitement la consécration du droit à l'avortement sur un principe d'autonomie personnelle[80]. Le premier de ces textes soumis au vote mena à l'adoption, par l'Assemblée nationale en novembre 2022, d'une proposition de loi constitutionnelle créant un nouvel article 66-2 de la Constitution rédigé comme suit : « la loi garantit l'effectivité et l'égal accès au droit à l'interruption volontaire de grossesse[81] ». Le Sénat, auquel le texte était ensuite transmis, acceptait certes le principe d'une révision constitutionnelle relative à l'IVG, mais le faisait en des termes qui vidaient cette perspective de toute signification. Il adoptait en effet une formulation qui n'aurait eu, si elle avait prospéré telle quelle, aucun effet normatif : « la loi détermine les modalités selon lesquelles s'exerce la liberté de la femme de mettre fin à sa grossesse[82] ». Affirmation inutile, en effet, puisque le législateur n'a pas attendu que la Constitution consacre expressément sa compétence pour s'arroger le pouvoir de « déterminer les modalités selon lesquelles s'exerce la liberté de la femme de mettre fin à sa grossesse » : il est en effet intervenu sur le sujet à plus de 8 reprises depuis la loi Veil de 1975[83]. L'affirmation eût même été dangereuse, créant

76. Assemblée nationale, Proposition de loi constitutionnelle n° 340 déposée par Mme Aurore Bergé, 13 octobre 2022 ; Assemblée nationale, Proposition de loi constitutionnelle n° 15 déposée par Mme Mathilde Panot, 6 juillet 2022.

77. Assemblée nationale, Proposition de loi constitutionnelle (non enregistrée) proposée par Mme Cécile Untermaier : https://www.cecileuntermaier.fr/actualites/ma-proposition-de-loi-constitutionnalisant-le-droit-a-l-ivg-et-a-la-contraception-4131/.

78. Sénat, Proposition de loi constitutionnelle n° 734 déposée par Mme Laurence Rossignol, 27 juin 2022 : « La loi garantit l'égal accès à la contraception et à l'interruption volontaire de grossesse ».

79. Voir en ce sens Sénat, Proposition de loi constitutionnelle n° 872 déposée par Mme Mélanie Vogel, 2 septembre 2022 ; Assemblée nationale, Proposition de loi constitutionnelle n° 293 déposée par Mme Mathilde Panot, 7 octobre 2022 ; Assemblée nationale, Proposition de loi constitutionnelle (non enregistrée) proposée par Mme Cécile Untermaier, préc. ; Sénat, Proposition de loi constitutionnelle n° 734 déposée par Mme Laurence Rossignol, préc.

80. Assemblée nationale, Proposition de loi constitutionnelle (non enregistrée) proposée par Mme Cécile Untermaier, préc.

81. Assemblée nationale, Texte adopté n° 34, 24 novembre 2022.

82. Sénat, Texte adopté n° 48, 1er février 2023.

83. Voir, pour une sélection non exhaustive de textes modifiant le régime juridique de l'avortement : Loi n° 79-1204 du 31 décembre 1979 relative à l'interruption volontaire de la grossesse ; Loi n° 82-1172 du 31 décembre 1982 relative à la couverture des frais afférents à l'interruption volontaire

l'illusion d'une protection constitutionnelle : elle aurait certes inscrit l'avortement dans le texte de la Constitution, mais mal – sans qu'aucune protection particulière ne s'ensuive. Raisonnons sur l'exemple d'une loi qui serait venue réduire le délai légal d'IVG à six semaines : elle aurait parfaitement pu être lue et interprétée par le juge comme une loi qui « détermine les modalités selon lesquelles s'exerce la liberté de la femme de mettre fin à sa grossesse » et respecte, ce faisant, les termes de la révision proposée par le Sénat. En d'autres termes, le Sénat anéantissait, par cette formulation, l'objectif affiché de la constitutionnalisation : conjurer, en réaction à l'arrêt *Dobbs*[84], toute régression par rapport à l'état actuel du régime juridique d'avortement en France. Cette formulation, qui était à la fois problématique et différente de celle votée à l'Assemblée nationale, obscurcissait l'hypothèse d'un accord entre les deux chambres – lequel est nécessaire à la révision constitutionnelle. Il a donc fallu que la mobilisation de la société civile et de certains groupes politiques se poursuive pour que, plusieurs mois plus tard, le chef de l'État consente à descendre dans l'arène[85]. Il annonçait d'abord que la question de l'avortement serait inscrite plus tard (sans que l'on sache très bien quand) dans un projet de révision constitutionnelle plus ample (sans que l'on sache très bien ce sur quoi il porterait). Lors de l'hommage rendu, le 8 mars 2024, à Gisèle Halimi, il s'exprimait en ces termes : « Et je veux aujourd'hui que la force de ce message nous aide à changer notre Constitution afin d'y graver la liberté des femmes à recourir à l'interruption volontaire de grossesse pour assurer solennellement que rien ne pourra entraver ou défaire ce qui sera ainsi irréversible. Pour adresser aussi un message universel de solidarité à toutes les femmes qui voient aujourd'hui cette liberté bafouée. Aussi, les avancées issues

---

de grossesse non thérapeutique et aux modalités de financement de cette mesure ; Loi n° 93-121 du 27 janvier 1993 portant diverses mesures d'ordre social ; Loi n° 2001-588 du 4 juillet 2001 relative à l'interruption volontaire de grossesse et à la contraception ; Loi n° 2012-1404 du 17 décembre 2012 de financement de la sécurité sociale pour 2013 ; Loi n° 2014-873 du 4 août 2014 pour l'égalité réelle entre les femmes et les hommes ; Loi n° 2016-41 du 26 janvier 2016 de modernisation de notre système de santé ; Loi n° 2022-295 du 2 mars 2022 visant à renforcer le droit à l'avortement.

84. Ce motif ne fait pas de doute : de manière singulière et remarquable, les exposés des motifs de toutes les propositions de loi constitutionnelle déposées sur le sujet entre 2022 et 2024, de même que celui du projet de loi constitutionnelle finalement voté, font référence à l'arrêt *Dobbs* de la Cour suprême américaine ; v. Eleonora Bottini, Margaux Bouaziz, Stéphanie Hennette-Vauchez, « Enshrining Abortion Rights in the French Constitution. A Global Statement with Little Domestic Substance ? », *Verfassungsblog*, 9 mars 2024 : https://verfassungsblog.de/enshrining-abortion-rights-in-the-french-constitution/.

85. La révision de la Constitution suppose toujours, aux termes de l'article 89 de la Constitution, un vote en termes identiques dans les deux chambres du Parlement. Ensuite, si l'initiative de la révision est parlementaire, le texte doit être adopté par référendum. Si, en revanche, elle est gouvernementale, le président de la République peut choisir de la faire adopter non par référendum, mais par le Congrès de la République ; celui-ci doit alors l'adopter à la majorité des 3 / 5[es].

des débats parlementaires, à l'initiative de l'Assemblée nationale, puis éclairées par le Sénat permettront, je le souhaite, d'inscrire dans notre texte fondamental cette liberté dans le cadre du projet de loi portant révision de notre Constitution qui sera préparé dans les prochains mois[86]. » Faisant un pas supplémentaire, il consentait finalement, quelques mois plus tard, à ce qu'un projet de révision spécifique fut présenté[87] – ce qui fut fait en décembre 2023, au moyen d'un texte qui, présenté comme un compromis entre les versions adoptées par chacune des chambres du Parlement, restait toutefois fondamentalement indexé à l'approche privilégiée par le Sénat. Le projet de loi constitutionnelle présenté par le gouvernement, rédigé en un article unique disposant que « la loi détermine les conditions dans lesquelles s'exerce la liberté garantie à la femme d'avoir recours à une interruption volontaire de grossesse », prenait lui aussi la forme d'une révision de l'article 34 de la Constitution (c'est-à-dire, de la disposition qui détermine les domaines de compétence du législateur). Il reprenait pour l'essentiel la même formulation que celle votée au Sénat, consentant simplement à y adjoindre l'idée que la liberté reconnue à la femme devrait être « garantie ». Dès lors, la procédure connut une accélération aussi soudaine que notable. Après de rapides travaux en commission, l'Assemblée nationale adoptait le projet de loi constitutionnelle le 30 janvier 2024 au terme d'un vote au résultat clair : 493 voix pour, 20 voix contre et 23 abstentions. Au Sénat, le travail parlementaire fut également rapide ; et si le vote du 30 janvier 2024 recelait un peu plus d'incertitudes, il n'y eut finalement que 50 votes contre, pour 267 votes favorables. La voie était libre pour l'ultime étape : le vote du Congrès de la République, la réunion des deux assemblées que la Constitution désigne comme compétente pour amender le texte constitutionnel. Les votes de janvier dans chacune des chambres laissaient augurer que la majorité qualifiée des 3/5^es^ qui est exigée pour le vote du Congrès serait aisément atteinte ; elle fut même largement dépassée : lors de la séance du 4 mars 2024 à Versailles, 780 parlementaires se prononçaient en faveur de l'adoption du texte, sur un total de 902 votants et pour une majorité requise de 512 voix. Au soir du vote du Congrès, la présidente de l'Assemblée nationale, Mme Yaël Braun-Pivet, se félicitait sur le réseau social X que la France ait fait de l'IVG « un droit [...] par un vote historique [qui] nous honore ». S'il répond assurément à une forme emphatique d'enthousiasme du moment, le choix de ces termes est bien ironique au regard de l'énergie qui a justement été déployée, au Parlement, au Gouvernement et dans tous les bureaux, services et canaux où la révision constitutionnelle a été préparée, pour que le texte finalement

86. Déclaration de M. Emmanuel Macron en hommage à Gisèle Halimi, Paris, le 8 mars 2023.

87. Le chef de l'État faisait cette annonce sur son compte Twitter / X le dimanche 29 octobre 2023 : Nathalie Segaunes, « Emmanuel Macron engage le processus visant à inscrire l'IVG dans la Constitution », *Le Monde*, 30 octobre 2023.

voté fasse précisément l'économie du mot « droit » au profit de celui, réputé moins robuste et davantage susceptible de faire consensus, de « liberté »[88]. Au-delà du caractère anecdotique qui s'attache à un message posté sur les réseaux sociaux, la formule, comme de nombreuses autres ayant émaillé les travaux parlementaires ou, *a fortiori*, l'imposante cérémonie de « scellement » de la loi constitutionnelle organisée le 8 mars place Vendôme[89], signale une forme de décalage entre le discours politique qui a porté la révision et le texte juridique finalement adopté. Seul l'avenir permettra de donner à cette 25e révision de la Constitution française de 1958 sa signification pleine et entière ; comme on l'a expliqué, elle pourra être lue soit comme une simple conjuration de reculs drastiques, soit comme une cristallisation du régime juridique actuel de l'IVG, résultat de cinquante ans d'interventions législatives successives, soit, encore, comme l'indiquait la présidente de l'Assemblée nationale, comme la consécration d'un authentique « droit ». C'est au législateur futur de faire vivre sa compétence désormais explicite et orientée en la matière – sous le contrôle du juge constitutionnel. Mais ce décalage, et les ambivalences qu'il révèle, confirme bien que, même en France, en dépit du consensus politique très large (et du soutien social et populaire) qui a porté la révision constitutionnelle, la question de l'avortement ne s'inscrit pas aisément dans la Constitution.

Eu égard au caractère pionnier du geste français d'inscription de l'avortement dans la Constitution, il est difficile de le comparer avec d'autres cas pour établir si et dans quelle mesure une telle conclusion peut, ou non, être généralisée. Le projet de constitution chilienne élaboré par l'Assemblée constituante élue en 2021, qui contenait des dispositions très progressistes en matière de droits reproductifs et consacrait le droit constitutionnel à l'avortement, a été rejeté par référendum en 2022 ; mais il n'est pas possible d'y évaluer le rôle qu'ont pu jouer ces dispositions-là dans l'échec du projet. On peut néanmoins sur ce point continuer à porter le regard sur les États-Unis, puisque, suite à l'arrêt *Dobbs*, nombre d'États fédérés ont entrepris, par réaction à la disparition de toute valence constitutionnelle de l'avortement au plan fédéral, de faire exister des protections constitutionnelles étatiques. Or, là aussi, ces initiatives ont suscité de puissants mouvements de *backlash*[90]. Dans un certain nombre d'États, la volonté de faire exister une protection constitutionnelle de l'avortement à l'échelle étatique n'a pas

---

88. Voir dans ce volume le chapitre de Laurie Marguet, « De l'existence d'un droit à l'IVG en France », p. 17.

89. Dans son discours à cette occasion, le chef de l'État annonce son souhait de vouloir faire inscrire la liberté garantie de recourir à l'IVG dans la Charte des droits fondamentaux de l'Union européenne et au-delà « nous nous battrons pour que ce *droit* devienne universel et effectif », reprenant cette qualification à plusieurs reprises.

90. Julie Suk, « L'avortement comme question constitutionnelle », *Intersections. Revue semestrielle genre et droit*, 2024, n° 1 [en ligne].

soulevé de difficulté particulière. Dans le Michigan, le Vermont, et la Californie, les constitutions ont été amendées pour contenir désormais un concept de liberté reproductive incluant explicitement l'avortement ; la constitution californienne dispose désormais que « L'État ne peut ni priver un individu de sa liberté reproductive dans ses décisions les plus intimes ni entraver cette dernière ; elle inclut le droit fondamental de choisir de recourir à l'avortement ainsi que le droit fondamental de choisir, ou de refuser, la contraception[91] ». Dans le Nevada ou à New York, l'arrêt *Dobbs* a accéléré l'adoption de clauses constitutionnelles d'égalité entre les sexes[92] désormais investies d'une signification particulière en matière abortive. Mais ailleurs, les initiatives visant à inclure la protection de l'avortement dans la constitution ont rencontré une forte opposition. En Ohio, alors qu'une initiative citoyenne constituante s'emparait du sujet, les représentants ont cherché à rendre plus contraignantes les conditions de recevabilité de telles initiatives dans le but de faire obstacle à celle visant à constitutionnaliser l'avortement[93]. En Floride, une loi adoptée en 2023 pénalise l'avortement dès l'instant où une activité cardiaque fœtale peut être détectée[94] – ce qui advient généralement aux alentours de la 6e semaine de grossesse – avec pour seule exception l'hypothèse où la grossesse menace la vie de la mère. Et en avril 2024, la Cour suprême de Floride a jugé que rien, dans la Constitution de l'État, ne s'oppose à ce que le législateur interdise l'avortement[95]. En parallèle, une autre initiative citoyenne visant à constitutionnaliser l'avortement a toutefois vu le jour dans ce même État ; soumise à référendum en novembre 2024, elle fut toutefois rejetée. Parmi d'autres, ces deux exemples illustrent la dynamique complexe qui s'est nouée, postérieurement à l'arrêt *Dobbs*, entre des mécanismes de démocratie représentative hostiles à toute idée de constitutionnalisation de l'avortement, et des mécanismes de démocratie directe qui tentent, par ce biais, d'atténuer localement les effets de la jurisprudence de la Cour suprême fédérale[96].

Dans le silence des textes constitutionnels, ce sont donc les juges qui ont progressivement fait de l'avortement une question constitutionnelle ; et le terrain est

91. Constitution de Californie, § 1.1.
92. Il faut avoir à l'esprit le fait qu'aux États-Unis, la Constitution fédérale ne contient pas de principe d'égalité entre les sexes ; proposé en 1972, l'*Equal Rights Amendment* n'a jamais été adopté. Depuis un peu plus d'une demi-décennie, de nombreux États ont intégré des Equal Rights Amendements à leurs constitutions étatiques, dans l'espoir de remettre en branle le processus d'amendement à l'échelon fédéral. Voir Julie Suk, « An Equal Rights Amendment for the Twenty-First Century : Bringing Global Constitutionalism Home », *Yale Journal of Law and Feminism*, 2017, vol. 28, p. 381.
93. Ils échouèrent ; et en novembre 2023, l'initiative citoyenne a été adoptée par référendum.
94. *S.B. 300, Heartbeat Protection Act* (Florida Legislature, 23 avril 2023).
95. *Planned Parenthood of Southwest and Central Florida v. Florida*, No. SC2022-1050 (Supreme Court of Florida, Apr. 1, 2024).
96. Julie Suk, « L'avortement comme question constitutionnelle », *op. cit.*

mouvant. Mais quel sens faut-il conférer au silence des constitutions mondiales sur l'avortement – et quel sens prêter, alors, au caractère pionnier du geste opéré, en France, par la loi constitutionnelle du 8 mars 2024 ?

## Constitution(s) et avortement : un si long silence

Il ne suffit pas, en effet, de souligner le silence largement maintenu par l'ensemble des constitutions du monde sur l'avortement ; il importe, plus avant, d'interroger cette béante absence. Car ce silence est éminemment paradoxal. Un texte constitutionnel est en effet, à bien des égards, la formalisation juridique du contrat social ; c'est l'acte fondateur, et le socle, de la communauté politique. C'est d'ailleurs la raison pour laquelle il a des fonctions symboliques propres[97], d'une part, et répond à des règles spéciales pour être modifié, d'autre part[98]. C'est aussi la raison pour laquelle, le plus souvent, la constitution énonce les valeurs ou principes fondamentaux que se donne la communauté politique. Énoncés comme tels dans les préambules ou à l'article 1<sup>er</sup> de nombreuses constitutions (comme, par exemple, en Inde, en Afrique du Sud au Kazakhstan ou au Portugal[99]), ces principes fondamentaux sont parfois d'ailleurs considérés comme insusceptibles de révision ; c'est le cas, par exemple, en Allemagne mais aussi en France, en Turquie ou en Tunisie[100]. Or, si la constitution est la traduction juridique du

97. Bernard Lacroix, « Les fonctions symboliques des constitutions : bilan et perspectives », dans Jean-Louis Seurin (dir.), *Le Constitutionnalisme aujourd'hui*, Economica, 1984, p. 194 ; Norberto Bobbio, *De la structure à la fonction*, Dalloz, 2012, coll. « Rivages du droit » (trad. et présentation David Soldini), not. chap. 1 : « la fonction promotionnelle du droit ».

98. Isabella Risini, « Amendment or Revision of Constitutions », *Max Planck Encyclopedia of Comparative Constitutional Law* [MPECCoL], mai 2023.

99. Le préambule de la constitution indienne de 1949 fait ainsi référence aux principes de justice, de liberté, d'égalité et de fraternité ; l'article 1<sup>er</sup> de la Constitution d'Afrique du Sud de 1996 énonce les « valeurs » sur lesquelles repose le texte (dignité humaine, égalité, antiracisme et antisexisme…) ; la Constitution du Kazakhstan de 1995 fait référence, en son article 1<sup>er</sup> aux droits de l'individu comme comptant parmi les « plus hautes valeurs » ; la constitution du Portugal de 1976 proclame en son art. 1<sup>er</sup> que la république est fondée sur la dignité de la personne humaine.

100. L'art. 79 § 3 de la loi fondamentale allemande de 1949 interdit que soient révisées les dispositions relatives à l'organisation fédérale de l'État, ou aux principes fondamentaux – parmi lesquels, le principe de dignité humaine – énoncés aux articles 1 à 20 du texte ; en France, l'art. 89 § 4 de la Constitution française dispose que « la forme républicaine ne peut faire l'objet d'une révision » ; et une disposition comparable figure dans la constitution roumaine de 1991 (art. 152 § 1), tandis qu'en Thaïlande, c'est la monarchie qui ne peut être remise en cause (art. 255 de la constitution de 2017). La constitution turque de 1982 prohibe toute révision relative à l'article 2 (« La République de Turquie est un État démocratique, laïque [*secular*] et social gouverné par l'État de droit [*rule of law*], dans le cadre des notions de paix publique, de solidarité nationale et de justice, qui respecte les

contrat social, et si elle énonce les principes fondamentaux sur lesquels se fonde la communauté politique, comment expliquer qu'à l'échelle du monde, les textes constitutionnels soient aussi peu diserts sur les questions de reproduction, et largement muets sur un droit à l'avortement ? Toute communauté politique dépend en effet, radicalement et existentiellement (c'est-à-dire pour sa survie même et donc, pour sa propre perpétuation) du travail reproductif. Dans ce contexte, le silence de la très grande majorité des constitutions du monde sur les questions reproductives[101], et singulièrement, sur l'avortement, peut être lu comme l'une des dimensions de l'ordre genré qui sous-tend le paradigme constitutionnel moderne. Une telle clef de lecture permet de mettre en lumière le potentiel subversif que revêt l'hypothèse de l'inscription de l'avortement dans la Constitution – et d'y voir rien de moins que la prémisse d'un nouveau paradigme constitutionnel.

### *Un silence révélateur de l'ordre du genre qui sous-tend le paradigme constitutionnel moderne*

L'imbrication de normes de genre au cœur du paradigme constitutionnel moderne a déjà été mise en lumière par un certain nombre de travaux : participation des femmes aux processus constituants, sensibilité à l'égalité entre les sexes dans l'interprétation du principe constitutionnel d'égalité, place des femmes dans la représentation politique, mais aussi portée des normes constitutionnelles sur toute une série de questions substantielles – des violences faites aux femmes à l'égalité salariale en passant par le traitement constitutionnel de la famille ou de la religion, les travaux sont riches[102]. En amont de ces analyses de droit constitu-

droits humains, est loyal au nationalisme d'Atatürk et est basé sur les principes fondamentaux énoncés dans ce préambule »). En Tunisie, la Constitution de 2014 proscrit toute révision de l'article 1er, aux termes duquel le pays est un État souverain dont la religion est l'Islam, la langue l'arabe, et le système de gouvernement, républicain. Sur ces clauses en général : Silvia Suteu, *Eternity Clauses in Democratic Constitutionalism*, Oxford University Press, 2021.

101. D'autant que le paradigme constitutionnel moderne ne fait pas qu'invisibiliser la valeur politique de la reproduction (sa valeur de bien commun) ; il lui a en outre longtemps substitué des dispositifs de contrôle des corps procréatifs qui ont historiquement maintenu les femmes dans un statut d'oppression et d'inégalités.

102. Beverly Baines et Ruth Rubio Marín (dir.), *The Gender of Constitutional Jurisprudence*, Cambridge University Press, 2005 ; Beverley Baines, Daphne Barak-Erez, Tsvi Kahana (dir.), *Feminist Constitutionalism : Global Perspectives*, 2012 ; Helen Irving, *Gender and the Constitution : Equity and Agency in Comparative Constitutional Design*, 2008 ; Helen Irving (dir.), *Research Handbook Series : Constitutions and Gender*, 2017 ; Helen Irving et Ruth Rubio Marín (dir.), *Women as Constitution Makers : Case Studies From the New Democratic Era*, 2019 ; Catharine McKinnon (dir.), *Gender in Constitutional Law*, 2018 ; Susan Williams (dir.), *Constituting Equality : Gender Equality and Comparative Constitutional Law*, 2009 ; Ruth Rubio Marín, *Global Gender Constitutionalism and Women's Citizenship*, Cambridge University Press, 2022.

tionnel, la théorie politique féministe apporte un éclairage capital sur le sens et le statut mêmes du texte constitutionnel et la mesure dans laquelle il prend appui sur, et enracine, un ordre du genre. La critique féministe des théories classiques du contrat social développée par Carole Pateman dès la fin des années 1980 est, de ce point de vue, particulièrement importante[103]. Pateman y propose une relecture fondamentale – et fondatrice de nombreux travaux dans son sillage – de l'œuvre de Thomas Hobbes, John Locke et Jean-Jacques Rousseau, pour mettre en lumière la manière dont leurs théorisations du contrat social sont profondément ancrées dans l'inégalité entre les sexes. Dans le récit classique qu'elles proposent, l'individu rationnel et autonome renonce à certains de ses droits naturels pour conclure un pacte social, donnant ainsi naissance à une puissance souveraine (le Léviathan chez Hobbes, le gouvernement civil chez Locke, la volonté générale chez Rousseau) en mesure de gouverner pour l'intérêt général. Or, explique Pateman, cet individu « rationnel et autonome » qui conclut le contrat social, *c'est un homme*. Plus précisément, Pateman soutient que bien que les femmes ne participent pas au contrat social, elles n'en demeurent néanmoins pas à l'état de nature ; le contrat social et sexuel les positionne dans une « sphère qui à la fois est et n'est pas dans la société civile[104] ». Alors que le fil narratif des théories contractualistes prétend que *tous* les sujets ont la liberté de se livrer au travail productif et politique, Pateman démontre que « la figure de l'individu délesté de toute détermination sociale, religieuse, etc. [...] achoppe sur la différence des sexes[105] ». Prise au sérieux, son analyse mène à prendre conscience que ceux qui peuvent s'activer dans la sphère publique ne peuvent le faire que parce que le contrat social présuppose et masque un autre contrat, le contrat sexuel[106], qui fonde la distinction entre une sphère privée (où se livre le travail reproductif) et une sphère publique (où peut se déployer le travail productif et politique). L'analyse de Pateman permet alors de lire les théories classiques du contrat social comme signifiant que les sujets qui s'activent dans la sphère publique et politique

---

103. Carole Pateman, *The Sexual Contract*, Polity Press, 1988 [trad. fr. *Le contrat sexuel*, La découverte, 2012 et coll. Poche, 2022].

104. Carole Pateman, *Le contrat sexuel*, *op. cit.*, p. 36. Le travail de Pateman propose, bien au-delà de ce qu'on en restitue ici, une critique profonde de la forme contractuelle comme forme d'exercice non seulement de la liberté – comme dans la théorie classique – mais aussi de la domination. Dans *Le contrat sexuel*, elle analyse ainsi le mariage, l'emploi, la prostitution et la gestation pour autrui pour montrer comment les contrats correspondants font entrer dans ou génèrent des *institutions* gouvernées par des régimes juridiques profondément inégalitaires. Elle poursuivra notamment cette critique du contrat dans d'autres œuvres, et notamment, avec Charles Mills (auteur de *The Racial Contract*, Cornell University Press, 1997), dans l'ouvrage *Contract and Domination* (Wiley, 2013).

105. Anne Morvan, « Carole Pateman : The Sexual Contract », dans Raphaël Chappé, Pierre Crétois (dir.), *L'homme présupposé*, Presses universitaires de Provence, 2014, p. 247-254.

106. « Le contrat social est une histoire de liberté ; le contrat sexuel est une histoire d'assujettissement », *op. cit.*, p. 24.

ne jouissent de la liberté de le faire que parce que, en amont, tout ce qui en fait des individus dépendants[107] (et notamment, la reproduction) est géré par autrui – les femmes. Articulée à l'idée selon laquelle la constitution est, d'une certaine manière, la traduction en actes du contrat social, son analyse éclaire d'un jour nouveau le silence des textes constitutionnels sur les questions reproductives : celui-ci pourrait alors bien s'expliquer comme le résultat du contrat sexuel et donc, de la dimension profondément inégalitaire du paradigme constitutionnel moderne qui s'en est suivi. Il en est le résultat à deux titres : de par le statut constitutionnel des femmes, d'une part, et de par les modalités de la distinction public/privé, d'autre part.

Interrogée au prisme de l'hypothèse selon laquelle le silence des textes constitutionnels sur l'avortement ne serait finalement qu'une des traductions en actes du contrat sexuel sur lequel le paradigme constitutionnel moderne est fondé[108], l'exclusion des femmes des droits de citoyenneté revêt un sens nouveau. Car si les régimes constitutionnels fondés aux États-Unis et en France, à l'aube de la modernité politique, en 1787 et 1791, dénient aux femmes les droits politiques que, simultanément, ils reconnaissent aux hommes[109], la signification qu'il convient d'y attacher va bien au-delà des questions politiques de citoyenneté. Si la femme n'est pas citoyenne, son statut ne résulte pas tant des textes relatifs, précisément, aux droits politiques (à l'instar de la loi du 22 décembre 1789[110]) que du fait qu'elle est pour l'essentiel happée par et maintenue dans la sphère familiale[111] – et qu'elle est assignée et cantonnée, de ce fait, à la sphère

107. Sur la dimension mythique de l'indépendance comme caractéristique de l'individu qui peuple la théorie politique classique, v. *infra*.

108. Voir aussi : Elsa Fondimare, *Le principe d'égalité dans ses rapports à la différence des sexes*, Thèse pour le doctorat en droit, Université Paris Nanterre, 2018.

109. Et pas à tous les hommes : aux États-Unis, le sujet politique qui jouit de ses droits civils et politiques, c'est, jusqu'au xx^e^ siècle, l'homme blanc ; si les femmes conquièrent le droit de vote en 1919, les Noirs ne le conquièrent pleinement qu'après que la ségrégation raciale a été déclarée inconstitutionnelle en 1964, et grâce au *Voting Rights Act* adopté l'année suivante. En France, de la même manière, sont initialement exclus du suffrage les femmes, mais aussi les domestiques, les vagabonds, et les personnes de couleur. Voir Olivier Le Cour Grandmaison, « Les non-citoyens dans la Révolution », *L'Homme et la société*, 1989, n° 94, p. 19-32, et plus généralement, du même auteur : *Les citoyennetés en révolution (1789-1794)*, PUF, 1992.

110. Qui d'ailleurs ne mentionne pas les femmes.

111. Anne Verjus, *Le cens de la famille : les femmes et le vote 1789-1848*, Belin, 2002 ; Eliane Viennot, *Et la modernité fut masculine : la France, les femmes et le pouvoir 1789-1804*, Perrin, 2016 ; Jennifer Heuer, *The Family and the Nation : Gender and Citizenship in Revolutionary France 1789-1830*, Cornell University Press, 2005 ; Susan Desan, *The Family on Trial in Revolutionary France*, University of California Press, 2004, Jennifer Heuer, Anne Verjus, « L'invention de la sphère domestique au sortir de la Révolution », *Annales historiques de la Révolution française*, 2002, vol. 1, p. 1-28, p. 16.

privée[112]. Comme l'ont montré d'importants travaux, le concept de citoyenneté inventé par la Révolution française, pour être l'embryon de ce qu'on appelle aujourd'hui les droits politiques, était en effet alors articulé principalement au statut familial de l'individu. C'est le positionnement et l'ancrage des femmes (mais aussi des domestiques et des enfants) dans la sphère domestique qui leur conférait un statut politique distinct de celui des citoyens actifs à part entière ; et ce positionnement scellait simultanément leur dépendance à l'égard des hommes, la famille venant diviser le monde en deux sphères, la sphère publique et la sphère privée. C'est là, dans cette distinction, que s'ancrent les contours de la citoyenneté différenciée, et inégalitaire, des hommes et des femmes. La question des droits reconnus aux femmes à l'aube de la modernité politique ne peut donc être comprise que de manière globale, ou holistique : sa capacité à jouir de droits politiques est indexée à son statut civil et social (familial et marital, notamment) comme à son ancrage dans une sphère privée sur l'existence de laquelle la constitution fait silence. Elle est donc quasi-nulle. De ce point de vue, le silence gardé par les textes constitutionnels sur la question de la reproduction, s'il vient enraciner cette assignation des femmes dans la sphère privée, n'est en réalité que l'expression d'une invisibilisation bien plus large : celle de toute la sphère privée – et de tout ce qui s'y joue et s'y déroule. La sphère privée est simultanément fondée et invisibilisée par le contrat social, et par sa traduction politique et juridique qu'est la constitution, qui n'évoque que la sphère publique.

De fait, les questions procréatives, et plus généralement les questions reproductives, sont volontiers présentées comme relevant, de manière quintessentielle, de la sphère privée, intime, des individus. Elles sont donc ignorées. Et lorsque, progressivement, le silence constitutionnel sur ces questions a commencé à être remis en cause, notamment au 20e siècle sous l'influence du paradigme des droits humains alors en plein essor, c'est *via* une interprétation juridique des droits de l'individu dans la sphère privée : ce sont avant tout des principes d'intimité, puis d'autonomie, qui ont mené à l'affirmation de droits subjectifs et individuels ; et c'est dans cette logique qu'ont été progressivement reconnus des droits reproductifs, à mesure que des règles restrictives ou prohibitives en matière de sexualité et d'avortement ont commencé à apparaître comme autant de formes illégitimes et/ou excessives d'intrusion de l'État dans une sphère où l'autodétermination personnelle devait pouvoir se déployer. Juridiquement, cette idée s'est déclinée dans le rôle conféré à des droits comme « le droit au respect de la vie privée », le droit de « privacy » ou encore le droit à l'intégrité

112. Stéphanie Hennette-Vauchez, Ruth Rubio Marín, « The Political Subject », dans Stéphanie Hennette-Vauchez, Ruth Rubio Marín (dir.), *The Cambridge Companion to Gender & Law*, Cambridge University Press, 2022, p. 336-365.

personnelle, au nom desquels les systèmes juridiques ont peu à peu consacré, reconnu et aménagé le droit des femmes à interrompre leur grossesse[113]. C'est largement par référence à la vie privée que les juges sont parvenus à faire parler des textes muets.

De nombreux travaux ont, assurément, mis en lumière le « piège » que constitue, du point de vue des droits reproductifs, ce paradigme de la vie ou de la sphère privée. Celui-ci débouche en effet, au mieux, sur la décriminalisation de certains actes (à commencer par l'avortement) ; mais il justifie, tout autant, l'interdiction de toute prise en charge publique des frais induits voire, tout soutien à la parentalité. Même au temps où il existait encore une protection constitutionnelle de l'avortement, c'est-à-dire entre 1973 et 2022, l'exemple états-unien était emblématique de cet état du droit : la constitution fédérale exigeait certes que l'avortement soit légal dans les premiers mois de la grossesse au motif que son interdiction était une intrusion excessive dans la vie privée des femmes, mais la même logique menait à l'interdiction de tout financement fédéral de l'avortement, à l'absence de tout congé maternité, et à des politiques de soutien à la parentalité minimalistes. Depuis près de cinquante ans, les juristes féministes nord-américaines ont d'ailleurs été en première ligne de la critique du paradigme de la vie privée pour penser les droits reproductifs, insistant au contraire sur leur importance au regard du principe constitutionnel d'égalité[114]. D'abord, parce que la réglementation juridique de l'avortement, et notamment sa criminalisation, a largement été mue par et fondée sur tout une série de normes et de jugements sur les femmes – et même, sur certaines (catégories de) femmes[115]. Ensuite, parce

113. Voir, de manière emblématique : Cour suprême des États-Unis, *Roe v. Wade*, 410 US 113 (1973) : la Cour y fonde la protection constitutionnelle de l'avortement sur le droit de privacy qu'elle déduit du 14ᵉ amendement de la Constitution fédérale. En Europe, bien qu'elle n'ait jamais reconnu un « droit à l'avortement », c'est aussi par référence au « droit au respect de la vie privée » énoncé par l'article 8 de la Convention européenne des droits de l'Homme que la Cour de Strasbourg raisonne lorsqu'elle est confrontée à cette question. Quant à la Cour constitutionnelle colombienne, elle avait notamment pris appui, pour déclarer inconstitutionnelle la loi pénale réprimant l'avortement en toutes circonstances, sur le droit à l'intégrité personnelle : Corte constitucional, 10 mai 2006, Sentencia C-335 / 06 (Veronica Undurraga, Rebecca Cook, « Constitutional Incoporation of International and Comparative Human Rights Law : The Colombian Constitutional Court Decision C-355 / 2006 », dans Susan Williams (dir.), *Constituting Equality : Gender Equality and Comparative Constitutional Law*, Cambridge University Press, 2009, p. 215-247).

114. Voir notamment : Catharine McKinnon, « Reflections on Sex Equality Under Law », *Yale Law Journal*, 1991, vol. 100, p. 1281-1328 ; Reva Siegel, « Reasoning From the Body : A Historical Perspective on Abortion Regulation and Questions of Equal Protection », *Stanford Law Review*, 1992, vol. 44, p. 261-381 ; Reva Siegel, « Sex Equality Arguments for Reproductive Rights : Their Critical Basis and Evolving Constitutional Expression », *Emory Law Journal*, 2007, vol. 56, p. 815-856.

115. V. Myriam Paris, *Nous qui versons la vie goutte à goutte. Féminismes, économie reproductive et pouvoir colonial à la Réunion*, Dalloz, 2022 ; Rickie Solinger, *Beggars and Choosers. How the Politics of Choice Shapes Adoption, Abortion and Welfare in the United States*, Hill & Wang, 2002.

que, non contente de prendre appui sur ces normes genrées relatives aux rôles, tâches et fonctions qui incombent aux femmes, la réglementation juridique de l'avortement les produit. Car lorsque les femmes sont privées de la possibilité de contrôler leurs capacités procréatives, les inégalités entre femmes et hommes sont exacerbées. Ne pas consacrer les droits reproductifs, parmi lesquels le droit d'interrompre une grossesse non désirée, c'est en effet faire peser bien d'avantage sur celles qui assument la charge spécifique de la grossesse et de l'accouchement, non seulement pendant le temps de la procréation *stricto sensu* mais aussi bien au-delà, puisque s'ensuivent des inégalités éducatives, professionnelles, économiques et sociales. Comme l'a montré le panorama mondial du traitement constitutionnel de l'avortement, ce n'est toutefois que marginalement, et plutôt récemment, que les juges constitutionnels ont entrepris de penser les questions reproductives, et notamment l'avortement, au prisme du principe d'égalité ; et ce sont bien des logiques d'autonomie et de *privacy* qui ont largement dominé le façonnage de l'avortement comme question constitutionnelle par les cours, sur la base de textes constitutionnels essentiellement muets sur le sujet.

## *Constitutionnaliser l'avortement, inventer un nouveau paradigme constitutionnel*[116]

Les développements qui précèdent permettent de mieux mesurer la dimension subversive de l'hypothèse de la consécration des droits reproductifs (et, en particulier, du droit à l'avortement) dans un texte constitutionnel. On peut en effet y voir un premier pas vers le renouvellement de « l'épistémologie constitutionnelle[117] » et donc de l'idée même de (ce qu'est une) constitution[118]. Considérer l'avortement comme une question constitutionnelle est une des manières de renouveler la compréhension même de ce qu'est (ou n'est pas) une constitution – de ce qu'est (ou n'est pas) une question constitutionnelle.

De fait, dans certaines traditions constitutionnelles, si la question de l'avortement en particulier était tue, le silence sur les questions reproductives en général n'en était pas pour autant total. En particulier, le XX^e^ siècle a vu un certain nombre de textes constitutionnels inclure des dispositions reconnaissant la valeur sociale et politique de la maternité – et donc, de la reproduction. Dans une étude comparative sur la question, Julie Suk met en évidence l'existence de

116. Pour une première formulation de cette lecture : Stéphanie Hennette-Vauchez, Diane Roman, Serge Slama, « Pourquoi et comment constitutionnaliser l'avortement ? », *La Revue des Droits de l'Homme*, 2022 [en ligne].
117. Helen Irving, « Drafting, Design and Gender », dans Tom Ginsburg, Rosalind Dixon (dir.), *Comparative Constitutional Law*, Edward Elgar, 2011, p. 21.
118. *Ibid.*

dispositions constitutionnelles de cette nature en Europe (Allemagne, France, Italie, Pologne…), en Amérique du Sud (Argentine, Brésil, Colombie, Paraguay, Venezuela…) et en Afrique (Éthiopie, Niger…). Elle identifie la Constitution allemande de Weimar, adoptée en 1919 sur la base du travail réalisé par une assemblée constituante où siégeaient 10 % de femmes, comme « la première fois dans l'histoire du constitutionnalisme que la question de la reproduction sociale est explicitement devenue le sujet de dispositions textuelles[119] ». La Constitution allemande de 1949 embrasse cet héritage via son article 6 § 4 qui garantit aux mères « la protection et les soins de la communauté[120] ». En France, c'est le préambule de 1946 qui énonce que « La Nation assure à l'individu et à la famille les conditions nécessaires à leur développement » et qu'elle « garantit à tous, notamment à l'enfant, *à la mère* et aux vieux travailleurs, la protection de la santé, la sécurité matérielle, le repos et les loisirs »[121]. En Italie, l'article 31 dispose que « la République facilite, par des mesures économiques et par d'autres dispositions, la formation des familles et l'accomplissement des tâches qui s'y rattachent, notamment en ce qui concerne les familles nombreuses. *Elle protège la maternité*, l'enfance et la jeunesse, en encourageant les institutions nécessaires à cet effet[122] ». De telles formulations sont importantes parce qu'elles sont le signe de la reconnaissance, par la communauté politique, de l'importance du travail reproductif et des coûts engendrés par la reproduction. Pour Julie Suk, à défaut d'une telle reconnaissance les communautés politiques bénéficient d'une forme d'enrichissement sans cause[123], *a fortiori* lorsque, en outre, l'avortement est criminalisé, de sorte que la maternité devient obligatoire, imposant une forme de conscription du corps des femmes – comme l'exprime d'ailleurs en des termes directs le juge Blackmun dans son opinion dissidente dans l'arrêt *Planned Parenthood v. Casey* de 1992 : « Les restrictions imposées par l'État à l'avortement obligent les femmes à poursuivre des grossesses qu'elles pourraient autrement interrompre. En restreignant le droit à l'interruption de grossesse, *l'État conscrit le corps des femmes,* les obligeant à poursuivre leur grossesse, à endurer les douleurs de l'accouchement

119. Julie Suk, « Gender Equality and the Protection of Motherhood in Global Constitutionalism », *Law and Ethics of Human Rights*, 2018, vol. 12, p. 151, p. 165.

120. Loi fondamentale allemande, 1949, art. 6 § 4.

121. Préambule de la constitution de 1946, alinéas 10 et 11 (souligné par nous).

122. Constitution italienne, 1948, art. 31 (souligné par nous).

123. Julie Suk, *After Misogyny. How the Law Fails Women and What to Do About it*, University of California Press, 2023, p. 73 : « Afin d'atteindre une justice de genre, le droit et les politiques publiques doivent développer une approche restitutive des bénéfices conférés aux hommes et à la société dans son ensemble par les sacrifices des femmes […]. La subordination des femmes […] résulte […] de l'organisation de la société autour d'un droit des hommes à la valeur créée par les femmes, et en particulier par les contributions uniques et disproportionnées à la reproduction humaine – tant biologique que sociale ».

et, dans la plupart des cas, à prodiguer des soins maternels pendant des années. L'État ne rémunère pas les femmes pour leurs services ; il considère au contraire qu'elles ont ce devoir comme une évidence[124]. »

Mais de telles dispositions sont, aussi, ambivalentes car si, ce faisant, ces textes constitutionnels atténuent l'invisibilisation des questions reproductives, ils ne le font pas pour autant de manière égalitaire : ils demeurent sous-tendus par une logique de genre. La valeur publique et politique de la reproduction y est certes reconnue ; mais comme tâche, c'est bien sur les mères – et donc, sur les femmes – qu'elle pèse à titre principal. Ainsi, dans sa deuxième décision relative à l'avortement, la cour constitutionnelle fédérale allemande a simultanément jugé que « les soins dus par la communauté à la mère incluent une obligation de la part de l'État de garantir qu'une grossesse n'est pas interrompue du fait de difficultés matérielles existantes ou causées par la naissance[125] », et fait référence au « devoir fondamental » de la femme « de porter sa grossesse à terme »[126]. C'est que la valorisation constitutionnelle de la *maternité* rend la reconnaissance de la valeur publique et politique de la *reproduction* ambivalente : elle ancre la conception même de cette fonction essentielle, dont les communautés politiques dépendent pour leur propre perpétuation, dans des normes de genre, sous la forme de l'idée d'un devoir ou d'une responsabilité pesant spécialement sur les femmes. Et ceux-ci peuvent très bien prendre la forme ou s'accompagner d'une interdiction de l'avortement – comme l'exprime ici la cour constitutionnelle allemande, et comme l'atteste, plus généralement, le fait que nombre des ordres constitutionnels où existent des dispositions comparables relatives à la maternité ont longtemps jugé parfaitement admissibles des législations répressives de l'avortement. Au-delà, si la plupart de ces textes constitutionnels du XX^e^ siècle reconnaissant enfin aux femmes des droits politiques ainsi que certains droits sociaux – en lien, précisément, avec l'idée que l'État protège et valorise la reproduction –, ils les maintenaient bien souvent dans un statut de mineures civiles. En France, la constitution de 1946 valorise certes la maternité ; mais les femmes ne conquirent le droit d'ouvrir un compte en banque et de travailler sans l'autorisation préalable de leur mari qu'en 1965, et ne devinrent égales à leurs époux du point de vue de l'autorité parentale qu'en 1970…

124. Cité par Julie Suk, « A World Without Roe. The Constitutional Future of Unwanted Pregnancy », *William & Mary Law Review*, 2022, vol. 64, p. 443-524, p. 460 [souligné par nous].

125. Cour constitutionnelle fédérale allemande, 2 mai 1993 [2BvF 2 / 90a], § 168 : « Le soin [the care] dû à la mère par la communauté inclut une obligation de la part de l'État de s'assurer que la grossesse n'est pas interrompue en raison de difficultés matérielles existantes ou prévisibles après la naissance ».

126. *Ibid.*, § 149.

Cette ambivalence pourrait toutefois être levée. Comme l'écrit Ruth Rubio Marín, ce pourrait être le cas si ces dispositions constitutionnelles relatives à la reproduction « s'accompagn[ai]ent d'une ferme reconnaissance à la fois de l'autonomie reproductive des femmes et d'une distribution juste des coûts de la reproduction humaine, qui inclue aussi les hommes[127] ». Or c'est bien une telle perspective que dessine la consécration du droit d'avorter : elle prend appui sur la tradition des références constitutionnelles à la maternité et à la reproduction, en réitérant la reconnaissance de la dette contractée par la communauté politique dans son ensemble envers les femmes sur lesquelles pèsent les charges de la reproduction ; mais elle l'enrichit d'une logique nouvelle – celle de la pleine citoyenneté des femmes. Car ce qui rend en effet les dispositions constitutionnelles du XXe siècle relatives à la maternité remarquables, en Europe et ailleurs, c'est l'idée qui les sous-tend (et affleure parfois explicitement) d'une reconnaissance, par la société dans son ensemble, du travail reproductif accompli par les femmes – et de sa dépendance à ce travail. En rompant avec le silence sur les questions de reproduction, cette génération de textes constitutionnels a entrepris de lever une partie du voile placé par le paradigme constitutionnel moderne sur les conditions de l'existence même des communautés politiques comme de leur perpétuation. Mais elle le fit en des termes inégalitaires. Or précisément, l'hypothèse de la constitutionnalisation des droits reproductifs – et, parmi eux, de l'avortement – paraît être de nature à conjurer ce biais.

Constitutionnaliser l'avortement peut en effet être le moyen de conserver la valorisation constitutionnelle du travail reproductif (et donc, l'affirmation de sa valence sociale et politique, de sa nature de bien commun – ou travail d'intérêt général, réalisé au bénéfice de tous) tout en garantissant qu'aucune femme – et par extension, aucune personne – ne soit jamais enrôlée de force dans cette activité et qu'il puisse, toujours et partout, en être conservé la pleine maîtrise. En d'autres termes, faire de la reproduction humaine et sociale une question pleinement constitutionnelle par le biais non plus de la maternité, mais de l'avortement, présente l'intérêt de l'articuler directement à la pleine (et égale) citoyenneté. C'est ainsi par l'affirmation simultanée d'une reconnaissance de l'autonomie reproductive et d'une garantie d'une distribution socialement équitable des coûts de la reproduction humaine justifiée par la nature collective du bénéfice qui en est tiré que tous et toutes pourront authentiquement prendre part, à parts égales, à la vie sociale, politique, économique et civile.

Ainsi (re)formulée, la question de l'avortement entre en résonance avec un certain nombre de travaux novateurs qui, dans le champ de la théorie politique

127. Ruth Rubio Marín, *Global Gender Constitutionalism and Women's Citizenship*, Cambridge University Press, 2022, p. 231.

et constitutionnelle, cherchent à tirer les leçons de l'expérience récente de la pandémie mondiale de Covid-19, en réfléchissant notamment à l'importance du *care* et de la dépendance comme caractéristique première de la condition humaine[128]. Cette crise inédite a en effet contribué à jeter une lumière crue sur le profond paradoxe de l'organisation sociale et politique de la société contemporaine : quand l'immense majorité des gouvernements de par le monde a fait le choix du confinement des populations pour contenir la propagation du virus, et qu'il leur a fallu distinguer toute une série de fonctions sociales essentielles qui devaient, elles, pouvoir se poursuivre (puisqu'il fallait bien continuer de ramasser les poubelles, de rendre la nourriture disponible, de garantir les soins – pour ceux qui étaient atteints du Covid mais aussi quelques autres[129] comme les personnes âgées –, de nettoyer et gérer les morts, etc.), il est apparu que les métiers et fonctions sociales identifiés comme « essentiels » ont précisément été ceux de la prise en charge de notre dépendance. Le monde tel que nous le connaissons apparaissait tout soudain radicalement dépendant du travail quotidien réalisé dans les morgues, les abattoirs, les égouts, les EHPAD, les crèches, les cantines, les hôpitaux, etc. Ce faisant, la crise pandémique soulignait certes la fragilité de la condition humaine et sociale ; mais, plus fondamentalement encore, elle faisait réémerger toutes ces tâches et tous ces secteurs de travail souvent dévalorisés de l'invisibilisation dans laquelle une certaine organisation sociale fondée sur la distinction entre sphère publique et sphère privée les maintient habituellement.

La déstabilisation de cette distinction qui s'en est suivie mérite d'être prise au sérieux ; notamment, du point de vue des effets qu'elle est susceptible de produire sur le paradigme du constitutionnalisme libéral qui est tout entier organisé autour de l'exaltation des valeurs d'autonomie et d'indépendance qu'elle remet précisément en question[130]. Revenons à Carole Pateman. Comme elle le souligne, le sujet de la théorie politique classique, c'est le sujet autonome, indépendant et rationnel. Or, précisément, son travail nous amène à réaliser que les sujets qui s'activent dans la sphère publique et politique (les signataires du contrat social)

128. Voir notamment : Jaclyn Neo, « Constitutionalizing care : How can we expand our constitutional imaginary after Covid-19 ? », *International Journal of Constitutional Law*, 2022, vol. 20, n° 3, p. 1307-1325 ; Sandra Laugier, Najat Vallaud-Belkacem, *La société des vulnérables. Leçons féministes d'une crise*, Gallimard, 2020, Coll. coll. « Tracts ». Voir aussi Sandra Fredman, « Care as a Constitutional Value », *International Journal of Constitutional Law*, 2024, p. 1-31 ; et v. auparavant : Ruth Rubio Marín, « The (Dis) Establishment of Gender : Care and Gender Roles in the Family as a Constitutional Matter », *International Journal of Constitutional Law*, 2015, vol. 13, p. 787-818.
129. Il importe d'ailleurs de garder à l'esprit la difficulté éprouvée dans de nombreux pays à saisir d'emblée l'importance (le caractère essentiel !) qui s'attachait au fait de maintenir accessibles les services abortifs ; sur ce point, au sujet de la France : Stéphanie Hennette-Vauchez, « L'urgence (pas) pour tou(te)s », *La Revue des droits de l'homme* [En ligne], 2 avril 2020.
130. Martha Fineman, *The Autonomy Myth. A Theory of Dependency*, The New Press, 2004.

ne jouissent de la liberté de le faire que parce que, en amont, toute une série de tâches et de fonctions sont gérées, dans la sphère privée, par autrui (les femmes, qui y sont maintenues par le contrat sexuel). Ce faisant, elle met en réalité le doigt sur une sphère publique exaltant l'indépendance et dissimulant (invisibilisant, marginalisant, inféodant...) une sphère privée marquée tout entière au sceau de la gestion de la dépendance. En ce sens, Pateman préfigure ou rend possible, d'une certaine manière, les travaux sur le *care* ; elle nous invite, en toute hypothèse, à prendre la mesure de l'importance *politique* de tout ce qui se joue dans cette sphère privée. C'est bien là ce à quoi se sont attelés les théoricien·nes du *care*, qui remettent la dépendance, réaffirmée comme caractéristique première de la condition humaine, au premier plan[131]. Joan Tronto, par exemple, désigne par le concept de *care* toutes les activités auxquelles nous nous livrons pour « maintenir, perpétuer et réparer notre monde[132] ». Il s'agit certes pour elle d'un concept permettant de renouveler la réflexion sur la justice sociale ; mais c'est aussi un instrument de la critique du libéralisme politique en tant qu'il repose sur la « fiction d'un sujet libre, autonome, socialement décontextualisé et supposé susceptible de choisir[133] ». En ce sens, le concept de *care* fait directement écho à la théorie politique féministe qui insiste sur le fait que, loin de la figure qui peuple et agit la philosophie politique libérale classique, l'individu est dépendant.

Certains développements récents autour de projets de réforme de constitution irlandaise sont particulièrement emblématiques de ce point de vue. La constitution de 1937 comprend un article 41 § 2 qui dispose en effet que « L'État reconnaît que, par sa vie à la maison, la femme donne à l'État un soutien sans lequel le bien commun ne peut être atteint. L'État doit dès lors s'attacher à garantir que les mères ne soient pas contraintes, par nécessité économique, à s'engager dans le travail au détriment de leurs devoirs à la maison » : on ne saurait mieux illustrer le risque de lourds biais de genre dans l'opération qui consiste, pour un texte constitutionnel, à faire référence à l'importance du travail de *care* – entendu ici

131. Parmi de plus amples références : Patricia Paperman, Sandra Laugier (dir.), *Le souci des autres : éthique et politique du care*, Éd. de l'EHESS, 2011 ; Jonathan Herring, *Caring and the Law*, Bloomsbury, 2013 ; Estelle Ferrarese, « Vivre à la merci : le *care* et les trois figures de la vulnérabilité dans les théories politiques contemporaines », *Multitudes*, 2009, n° 37-38, p. 132-141 ; Anne Hugon, Clyde Plumauzille et Mathilde Rossigneux-Méheust (dir.), Revue *Clio : Femmes, Genre, Histoire*, 2019, n° 49, « Le travail de care » ; Joan Tronto, *Un monde vulnérable. Pour une politique du care*, La Découverte, 2009 ; Jonathan Herring, « The Caring Subject », dans Stéphanie Hennette-Vauchez, Ruth Rubio Marin (dir.), *The Cambridge Companion to Gender and Law*, *op. cit.*, p. 237-268.

132. Joan Tronto, Berenice Fisher, « Toward a feminist theory of caring », dans Emily K. Abel, Margaret K. Nelson (dir.), *Circles of care : work and identity in women's lives*, SUNY Press, 1990, p. 36-54, p. 40.

133. Caroline Ibos, « Mierle Laderman Ukeles et l'art comme laboratoire du care. "Lundi matin, après la révolution, qui s'occupera des poubelles ?" », *Cahiers du genre*, 2019, vol. 1, n° 66, p. 157, p. 159.

comme l'ensemble du travail réalisé « à la maison », dans la sphère domestique, pour « maintenir et perpétuer » le monde. Or dans le sillage d'un mouvement de promotion des assemblées constituantes citoyennes initié dans les années 2010, une proposition de réécriture de cet article a récemment été soumise à référendum qui poursuivait précisément l'objectif d'en faire une disposition neutre du point de vue du genre. Le texte soumis au vote reprenait l'idée d'une valeur positive, publique et politique, du travail domestique, mais sans plus faire référence au rôle spécifique des femmes de ce point de vue : « L'État reconnaît que le fait pour les membres d'une famille de prendre soin les un·es des autres du fait des liens qui les lient, donne un soutien à la société sans lequel le bien commun ne peut être atteint, et il doit s'efforcer de soutenir ces soins[134]. » Le 8 mars 2024 (c'est-à-dire le jour même où la France constitutionnalisait l'avortement), le vote populaire a toutefois rejeté cette proposition de révision constitutionnelle à plus de 73 %. Mais l'initiative éclaire de manière particulièrement nette la manière dont on peut considérer, par extension ou commutation de l'idée au principe des théories du *care* selon laquelle l'individu est dépendant, que les communautés politiques elles-mêmes sont, elles aussi, dépendantes ; et ce, notamment vis-à-vis du travail reproductif que s'éprouve leur dépendance – travail sans lequel elles sont vouées à la disparition[135].

Le choix massivement opéré par le paradigme constitutionnel moderne d'invisibiliser la valeur publique, sociale, politique, des questions reproductives – que ce silence ait été total (et souvent accompagné d'une répression pénale de l'avortement) ou relatif, via des formes de valorisation inégalitaire et genrée de la maternité exprimant l'idée que cette charge de la reproduction sociale pesait « naturellement » sur les femmes –, prend alors un sens nouveau. C'est en ce sens que l'hypothèse de la constitutionnalisation de l'avortement peut être lue comme ouvrant la voie d'un renouvellement du paradigme constitutionnel moderne, en procédant simultanément à une double opération. Une opération, d'abord, de politisation de tout ce qui se joue dans la sphère privée (la prise en charge et la gestion de la dépendance, et notamment de la reproduction) qui, ensuite, à rebours de l'antique valorisation de la maternité, de la sphère domestique ou de la famille qui n'étaient qu'autant de caisses de résonance de l'assignation inégalitaire des femmes à la sphère privée et aux tâches afférentes,

134. Voir : https://www.electoralcommission.ie/referendum/referendums-on-family-and-care/.

135. Pour des travaux qui tentent aussi de lier le care et les questions reproductives – et notamment, l'avortement : Jonathan Herring, « Ethics of Care and the Public Good of Abortion », *University of Oxford Human Rights Hub Journal*, 2019, vol. 1, p. 1-24 ; dans le même sens, Jaclyn Neo évoque, bien que rapidement, la question de l'autonomie décisionnelle en matière reproductive dans son étude sur le care comme valeur constitutionnelle : Jaclyn Neo, « Constitutionalizing care: How can we expand our constitutional imaginary after Covid-19 ? », *op. cit.*, p. 1321.

procède en termes autonomistes et égalitaires. C'est bien à la condition qu'elle apparaisse comme un bien commun dont les charges doivent être équitablement partagées que la constitutionnalisation des questions reproductives acquiert un sens novateur, démocratique et égalitaire ; et, en ce sens, l'affirmation du droit à l'avortement joue un rôle clef dès lors que, sans lui, la longue histoire de la maternité non consentie ne peut que se perpétuer. En ce sens, l'affirmation de la valence constitutionnelle du droit à l'avortement apparaît comme la manière d'affirmer la dépendance des communautés politiques à la reproduction – et donc, sa nature de bien commun – et de le faire dans des termes compatibles avec l'idée d'égale citoyenneté de tous et toutes, dès lors que, pour autant, elle exclut que les charges afférentes soient subies ou imposées. La constitutionnalisation du droit à l'avortement est une des manières – enfin ! – de prendre au sérieux la critique féministe de la fausse dichotomie entre le personnel et le politique[136], entre la sphère privée et la sphère publique[137], en affirmant la pleine valence politique et constitutionnelle de ce sujet longtemps ignoré par la théorie constitutionnelle – un de ces sujets « mous » qui ont en réalité un impact considérable sur la vraie vie des gens[138].

---

136. Gila Stopler, « The personal is political: The feminist critique of liberalism and the challenge of right-wing populism », *International Journal of Constitutional Law*, 2021, vol. 19, p. 393-402.

137. Carole Pateman, « Feminist Critiques of the Public / Private Dichotomy », dans Stanley I. Benn, Gerald F. Gaus (dir.), *Public and Private in Social Life*, Palgrave Macmillan, 1983, p. 281 ; Joan W. Scott, Debra Keates (dir.), *Going Public. Feminism and the Shifting Boundaries of the Private Sphere*, University of Illinois Press, 2004.

138. Jaclyn Neo, « Constitutionalizing care: How can we expand our constitutional imaginary after Covid-19 ? », *op. cit.*, p. 1311 (qui évoque ces « soft constitutional subjects [which have] the widest impact on the ground »).

Deuxième partie

# La question de la protection de la vie humaine

# L'avortement dans le Code pénal de 1791 : l'incrimination de violences spécifiques faites aux femmes enceintes

*Prune Decoux et Hélène Duffuler-Vialle*

Généralement, la loi Veil est présentée comme mettant fin à la pénalisation des femmes qui avortent – une pénalisation que l'on fait intuitivement remonter à des temps immémoriaux. Certes, sous l'Ancien Régime, le droit canon comme le droit séculier condamnaient fermement, en théorie, les avorteur·euses et les avortées. Plus tard, en 1810, le Code pénal instaure l'article 317, qui les pénalisera jusqu'en 1975. Toutefois, au point de jonction entre l'ancien et le nouveau droit, dans le Code pénal de 1791, issu du droit révolutionnaire[1], les femmes qui avortent ne sont pas condamnées pour cela. En effet, s'il constitue le tout premier texte juridique de droit français à avoir formellement incriminé l'avortement, il ne prévoit la sanction que des avorteur·euses, et épargne les femmes qui avortent, pour lesquelles aucune peine n'est prévue. Nous proposons ici une analyse détaillée de ce texte, qui se justifie d'autant plus qu'une brève recension de la littérature existante révèle que l'avortement à l'époque révolutionnaire n'a été que très peu étudié[2].

1. La filiation entre le droit révolutionnaire et le droit napoléonien fait l'objet de controverses doctrinales. En effet, certain·es voient le Code pénal de 1810 comme l'avènement du droit contemporain et qualifient le droit révolutionnaire de droit intermédiaire ; d'autres, dans la lignée desquel·les nous nous situons, déplacent cet acte de naissance aux lois révolutionnaires. Le Code pénal de 1810 remet certes en question certaines dispositions libérales de 1791, mais il prend néanmoins appui sur ses structures et sa philosophie. Le droit positif est toujours fondé sur le Code Napoléon et le Code pénal de 1994 ne constitue en aucun cas une rupture. Pour la pénaliste Cécile Barberger, « le nouveau code n'est pas révolutionnaire, malgré quelques innovations » ; la pénaliste Pierette Poncela et le sociologue du droit Pierre Lascoumes en font une analyse sévère en le qualifiant de « non-évènement » et en démontrant son caractère purement professionnel et technique. Voir sur ce sujet Jean-Paul Jean, *La mise en œuvre de la politique criminelle. Le système pénal*, La Découverte, 2008, p. 31-46 ; Cécile Barberger, « Introduction », *Droit pénal*, La Découverte, 1997, coll. « Repères », p. 3-16 ; Pierrette Poncela et Pierre Lascoumes, *Réformer le Code pénal. Où est passé l'architecte ?*, PUF, 1998, coll. « Les voies du droit ».

2. Christiane Guillemard, *Avortement : naissance d'une loi ou histoire du droit de l'avortement.* Mémoire de DEA, Université de Grenoble, 1984 ; Stéphanie Bougard *et al.*, « L'avortement du XVI^e^ siècle à nos jours »,

Sous l'Ancien Régime, l'étude de la jurisprudence montre une répression très faible de l'interruption volontaire de grossesse[3] et il n'existe, par exemple, aucun dossier relatif à l'avortement au sein du Parlement de Flandre. Les arrêtistes – juristes chargés de commenter les arrêts rendus – mentionnaient qu'en théorie, la répression de l'interruption volontaire de grossesse était possible. En ce sens, la volonté de punir la suppression du fœtus existait bel et bien. L'historienne Laura Tatoueix souligne des moments d'accentuation de la répression comme dans les années 1660, au cours desquelles la ville de Paris est marquée par l'affaire des poisons et par la mort d'une aristocrate provoquée par une potion abortive. En parallèle, la réprobation sociale relative à l'interruption de grossesse semblait très forte. Mais c'est davantage le contrôle social, et non la justice, qui se chargeait de réguler et de sanctionner les femmes qui décidaient d'interrompre leur grossesse. Or, du point de vue de la justice, il semble que non seulement seul·es les avorteur·euses et non les avortées aient été réprimé·es de manière effective, mais plus encore, qu'ils et elles l'étaient de manière peu assidue.

Le Code pénal de 1791 est donc, formellement, le premier texte à incriminer l'avortement – par ailleurs, c'est également le premier de nos codes. Qualifié de « catéchisme républicain », il est réputé avoir pour objectif principal non pas tant « la défense des biens et des personnes que celles des institutions et des valeurs nouvelles prérépublicaines[4] ». La volonté de rupture d'avec l'Ancien Régime est fortement mise en avant. Selon Le Peletier de Saint-Fargeau, rapporteur du projet de Code pénal, inspiré par Beccaria, il faut « rendre aux crimes véritables toute l'horreur qu'ils doivent inspirer [...] et substituer à ces délits factices, créés par la superstition [...] les attentats réels qui offensent la Nation ». Ces vocables

*Les Délits de Nature Corporelle et Sexuelle En France et En Europe, Du XVI^e Siècle à nos jours*, Actes des séminaires d'histoire du droit pénal, 1997, n° 2 ; Isabelle Revue, *L'avortement et le droit en France et en Allemagne, du siècle des Lumières à nos jours*, thèse Paris 12, 1998 ; Pierrette Poncela et Pierre Lascoumes, *Réformer le Code pénal. Où est passé l'architecte ?*, *op. cit.* ; Robert Allen, « La justice pénale et les femmes, 1792-1811 », *Annales historiques de la Révolution française*, 2007, vol. 4, n° 350 ; Anne Lefebvre-Teillard, *Autour de l'enfant. Du droit canonique et romain médiéval au Code civil de 1804*, Brill, 2008 ; Marjorie Coulas, *Les refus de la maternité : l'avortement, la contraception et les filles-mères à l'épreuve du droit canonique et du droit séculier* (XII^e-XIX^e siècle), thèse Paris 10, 2021 ; Laura Tatoueix, *Défaire son fruit. Une histoire sociale de l'avortement en France à l'époque moderne*, Éditions EHESS, 2023. Dans une autre perspective, il est possible de citer l'article très orienté publié par Jean de Viguerie en 2013 dans la *Revue historique de droit français et étranger*, une des plus importantes revues d'histoire du droit. Le papier s'inscrit dans une approche contre-révolutionnaire et catholique traditionaliste et souligne les mérites du système juridique d'Ancien Régime « préventif », efficace contre l'avortement qu'il assimile à un meurtre : Jean de Viguerie, « Quelques précisions sur l'histoire de l'avortement en France sous l'Ancien Régime, la Révolution et l'Empire », *Revue Historique de Droit Français et Étranger*, 2013, n° 3, p. 523-531.

3. Laura Tatoueix, *Défaire son fruit. Une histoire sociale de l'avortement en France à l'époque moderne*, *op. cit.*, p. 197.

4. Pierre Lascoumes, « Le verso oublié du 'catéchisme révolutionnaire' : le code pénal du 6 octobre 1791 », *Cahiers de recherche sociologique*, 1989, vol. 13, p. 31-51.

soulignent la gravité des crimes qui doivent être contenus dans ce Code pénal, crimes qui, de plus, « offensent la Nation[5] ». Le fait que l'avortement figure dans ce code démontre donc l'importance qui lui est accordée. En toute hypothèse, en tant qu'il constitue la première loi réprimant l'avortement, le Code de 1791 pourrait être appréhendé, du point de vue de la perspective contemporaine, comme la première loi attentatoire à la liberté des femmes de disposer de leur corps.

Mais la loi de 1791 est-elle vraiment le premier jalon de la répression sexiste et patriarcale du droit à l'avortement ? Marque-t-elle vraiment le début du contrôle étroit par l'État du corps des femmes ? En réalité, l'étude du texte et des paratextes au prisme d'une analyse genrée révèle des résultats contre-intuitifs. Il s'agira ainsi de montrer que la finalité de l'article 17 du Code pénal de 1791 n'est pas tant la protection du fœtus en tant que tel que la protection de la femme enceinte ; raison pour laquelle des sanctions particulièrement lourdes existent dans le cas de violences exercées contre elle, ayant conduit à la perte de son embryon.

Dans cette perspective analytique, le présent chapitre présente d'abord la manière dont les législateurs de 1791 érigent l'avortement en incrimination autonome ; en second lieu, il explique comment cette loi refuse d'incriminer les femmes et sanctionne les violences faites aux femmes enceintes.

Dans le cadre du projet ANR HLJPGenre[6], qui se situe dans la continuité des travaux qui proposent de lire le droit à l'aune du genre, notre analyse repose sur une grille intersectionnelle qui révèle l'ordre juridique de genre sous l'apparente neutralité des textes législatifs. Ancrés dans une perspective diachronique, nos travaux explorent notamment la loi pénale. Ce cadre méthodologique comporte plusieurs étapes : d'abord, une exégèse du texte pour en saisir le sens littéral, suivie de l'analyse des paratextes qui permet de saisir l'« esprit de la loi » au travers des débats parlementaires et doctrinaux. Ensuite, nous étudions la trajectoire du texte pour identifier, de manière diachronique, les continuités et ruptures relatives à l'ordre juridique de genre, avant d'interroger les finalités de chaque texte.

Cette grille se révèle particulièrement pertinente pour des textes comme ceux encadrant l'avortement, donc sexo-spécifiques[7], depuis le Code pénal de 1791 jusqu'à nos jours. Outre les biais de genre, notre grille détecte également les biais liés à l'âge, la classe sociale et la nationalité. Ainsi, l'accès à l'avortement varie selon la

5. *Rapport par M. le Peletier de Saint-Fargeau sur le projet de Code pénal en annexe de la séance du 23 mai 1791*, Archives parlementaires, tome XXVI – Du 12 mai au 5 juin 1791, p. 321.

6. https://hljpgenre.hypotheses.org/le-projet-anr-hljpgenre

7. Nous avons choisi de qualifier ces termes de sexo-spécifiques non pas pour entériner une approche essentialiste et naturalisante du sexe, mais parce que c'est justement à cette approche idéologique du genre que renvoient les textes. Ils sont sexo-spécifiques car ils réifient socialement la place des femmes et des hommes dans la société sur le postulat de différences biologiques.

majorité, la minorité ou encore le statut de résidence, ce qui introduit des différences entre les individus selon des catégories sociales et nationales. Ce cadre analytique permet donc de questionner les dimensions d'inclusion et d'exclusion intégrées dans les lois *a priori* universelles, en dévoilant leurs implications sociales multiples.

## L'autonomie du crime d'avortement

En incriminant de manière autonome l'avortement, le Code pénal de 1791 clarifie la situation par rapport à l'état du droit antérieur. Sous l'ancien droit, le régime juridique de l'interruption de grossesse était complexe, car au-delà du système disparate où coexistaient législation royale, droit coutumier, droit romain et droit canonique, aucun texte ne définissait clairement l'avortement. L'article 17 du Code de 1791 prescrit que sera puni de vingt années de fers « quiconque sera convaincu d'avoir par breuvage, par violence ou par tous autres moyens, procuré l'avortement d'une femme enceinte » : pour la première fois, l'avortement est formellement incriminé par un texte et devient une infraction spécifique, distincte de celle du parricide, de l'infanticide et même de l'homicide.

### *Une catégorie distincte de celle du parricide*

Cela marque un tournant dans l'histoire de l'avortement : de manière inédite, l'avortement est érigé en infraction autonome et entraîne une sanction spécifique. L'article 17 est crucial, car il rompt avec les conceptions antérieures qui associaient l'avortement à d'autres crimes, comme le parricide.

Les travaux de Laura Tatoueix montrent que pour la doctrine d'Ancien Régime, la suppression du fœtus était définie initialement comme un « parricide », une qualification tranchée par les canonistes[8] et reprise par les juristes laïcs[9]. En effet, le parricide comprenait le meurtre de la parenté directe en ligne ascendante, descendante ou collatérale ; il pouvait donc s'agir du meurtre d'un père, d'une mère, d'un frère, d'une sœur, d'un fils, ou d'une fille. Néanmoins, aux XVII^e^ et XVIII^e^ siècles, Laura Tatoueix et Julie Doyon[10] notent un resser-

8. Durant l'Ancien Régime, plusieurs sources de droit coexistaient au sein du royaume de France : la coutume, le droit coutumier, le droit canon, le droit romain, la législation royale. Les canonistes sont les juristes spécialistes du droit canon, c'est-à-dire du droit de l'Église catholique.
9. Laura Tatoueix, *Défaire son fruit. Une histoire sociale de l'avortement en France à l'époque moderne*, *op. cit.*, p. 187-188.
10. Julie Doyon, « Des "coupables absolus" ? Les parricides dans le système judiciaire parisien (vers 1680-vers 1760) », dans Benoît Garnot (dir.), *Normes juridiques et pratiques judiciaires du Moyen Âge à la fin de l'époque contemporaine*, Dijon, EUD, 2007, p. 191-202.

rement de cette notion, dont la définition fut progressivement restreinte au seul meurtre d'ascendant·es ; dans le même temps, l'infraction d'infanticide se démarquait pour former une catégorie autonome qualifiant le meurtre des descendant·es. Cette distinction marquait la hiérarchie opérée par le corps social entre ces infractions : le meurtre des descendant·es était considéré comme moins grave que celui des ascendant·es, et les deux ne pouvaient plus être assimilés. La première étape de cette scission a été, justement, la perception d'un hiatus important entre la gravité d'un avortement et celle d'un parricide, ce qui a forcé la doctrine et les acteurs judiciaires d'Ancien Régime à les dissocier. Le Code pénal de 1791 entérine cette distinction en incriminant spécifiquement le parricide à l'article 10[11] :

> « Si le meurtre est commis dans la personne du père ou de la mère légitimes ou naturels, ou de tout autre ascendant légitime du coupable, le parricide sera puni de mort, et l'exception portée au précédent article ne sera point admissible ».

Le parricide ainsi défini dans cet article exclut formellement le meurtre des descendant·es, donc l'infanticide et *a fortiori* l'avortement.

### *Une catégorie distincte de celle de l'infanticide*

Si le Code pénal incrimine spécifiquement le parricide, il n'en fait pas autant de l'infanticide. Dès lors, le meurtre de descendant·es est appréhendé comme un meurtre simple, puni par l'article 8 de la même section, ou comme un assassinat en cas de préméditation, relevant alors de l'article 11 :

> Article 8 : « L'homicide commis sans préméditation sera qualifié meurtre, et puni de la peine de vingt années de fers ».
> Article 11 : « L'homicide commis avec préméditation sera qualifié d'assassinat et puni de mort ».

En établissant à l'article 17 une incrimination spécifique de l'avortement, le Code pénal de 1791 distingue donc l'avortement de l'infanticide.

Ce faisant, il met fin à l'amalgame réalisé entre les deux jusqu'alors. En effet, sous l'Ancien Régime, le texte le plus souvent cité comme étant le premier à réprimer l'avortement est l'édit du roi Henri II de février 1556, confirmé par un édit d'Henri III en 1586 et par une déclaration de Louis XIV en 1708. Ce texte royal, considéré comme une législation étatique centralisée, exigeait des femmes qu'elles déclarent leur grossesse. S'il était prouvé qu'une femme avait caché sa grossesse et que l'enfant était mort-né ou mort à la naissance, elle était présumée coupable de l'avoir tué :

---

11. Première partie, titre II, section I.

« Toute femme qui se trouvera deuement [dûment]… convaincue d'avoir celé, couvert et occulté, tant sa grossesse que son enfantement, sans avoir déclaré l'un ou l'autre, et avoir pris de l'un ou de l'autre témoignage suffisant, même de la vie ou mort de son enfant, lors de l'issue de son ventre, et qu'après se trouve l'enfant avoir esté privé tant du saint sacrement de baptême, que sépulture publique et soit telle femme tenue et réputée d'avoir homicide son enfant, et pour punie de mort et dernier supplice[12]. »

Or l'inclusion de l'interruption de grossesse dans le champ d'application de ce texte n'est pas évidente. Cet édit marquait avant tout les prémisses des déclarations de grossesse, instaurées afin de faire diminuer les infanticides ; en outre, il ne concernait que les grossesses dites « illégitimes », c'est-à-dire celles de femmes veuves ou célibataires. Il établissait surtout la volonté de l'autorité royale d'établir un contrôle spirituel concurrent de celui de l'Église, car les enfants morts hors baptême sont réputé·es privé·es de salut. Il permettait aussi au roi de contrôler les mœurs et les relations hors mariage. Sur le plan juridique, l'édit d'Henri II posait donc une présomption d'infanticide contre la mère en cas de dissimulation de grossesse ou d'accouchement suivi de la mort de l'enfant. L'avortement était-il concerné ?

Sous l'Ancien Régime, le terme « avortement » était utilisé de manière beaucoup plus large que de nos jours. Il englobait à la fois la suppression du fœtus et le meurtre des descendant·es, avec une sous-catégorie importante : l'infanticide, qui désignait spécifiquement le néonaticide et correspondait à un crime spécifique mentionné dans certaines coutumes comme « la suppression de part ». Aux XVII^e^ et XVIII^e^ siècles, lorsque la doctrine constata et entérina l'émergence de la catégorie juridique de l'infanticide, elle substitua au terme « avortement » celui d'« infanticide » pour distinguer cette catégorie du parricide. L'infanticide comprenait alors de manière très large le meurtre de descendant·es et incluait la suppression du fœtus[13].

Pour autant, les criminalistes du XVIII^e^ siècle s'opposaient sur le champ d'application de l'édit d'Henri II. Certains voulaient inclure l'interruption volontaire de grossesse, tandis que d'autres considéraient que seul le néonaticide, à la suite d'une dissimulation de grossesse était réprimé par ce texte[14]. Dans cette dernière hypothèse, l'avortement échappait au champ de l'édit pour devenir une catégorie juridique autonome. Ainsi le Code pénal de 1791 tranche cette querelle doctrinale ; il fait de l'avortement une catégorie et une infraction autonomes, désormais

12. Édit de février 1556, Isambert, *Recueil général des anciennes lois françaises*, t. 13, p. 210.
13. Laura Tatoueix, *Défaire son fruit. Une histoire sociale de l'avortement en France à l'époque moderne*, *op. cit.*, p. 187-192.
14. *Ibid.*, p. 208.

distingué de l'infanticide qui, lui, n'est plus considéré comme une catégorie juridique autonome et est assimilé à un homicide simple. Subsiste néanmoins une question : si l'avortement n'est plus ni un parricide ni un infanticide, est-il pour autant un homicide ?

## *Une catégorie distincte de l'homicide*

Le code de 1791 distingue l'avortement de l'homicide, mais également des blessures. Il en fait une catégorie *sui generis* qu'il interpose hiérarchiquement entre les deux catégories de crime. L'article 17 est en effet situé dans la première section du deuxième titre du Code consacré aux crimes contre les particuliers, à la suite de douze articles sur l'homicide, deux sur l'assassinat et deux autres sur l'empoisonnement. Il est immédiatement suivi par l'article 18, qui aborde les blessures. Il fait donc figure d'infraction de transition, moins grave qu'un homicide, mais plus grave que de simples blessures. Quel est donc le statut juridique du fœtus pour que sa suppression ne soit pas considérée comme un homicide ?

Les débats parlementaires relatifs à l'incrimination de l'avortement en 1791 reflètent les controverses doctrinales d'Ancien Régime et soulignent l'ambiguïté juridique du statut du fœtus. La place de l'incrimination de l'avortement dans le code et la peine qui lui est attribuée marquent sa proximité avec l'homicide ; mais il en est néanmoins dissocié. Les parlementaires ont en effet refusé d'assimiler le fœtus à une personne, sans trancher pour autant la question de son statut juridique.

Sous l'Ancien Régime, les canonistes reconnaissaient l'humanité du fœtus. Toutefois, ils faisaient de l'animation du fœtus un critère déterminant. Ainsi, bien que l'avortement fût théoriquement réprimé dans tous les cas, seule la suppression d'un fœtus « animé » était considérée comme un homicide punissable de la peine de mort. En revanche, l'avortement d'un fœtus « inanimé » était juridiquement perçu comme « un germe étouffé »[15]. Si la réponse était claire pour les juristes de droit canon, ce débat demeurait vif chez les juristes laïcs, qui oscillaient entre plusieurs terminologies pour qualifier le fœtus : certains parlaient d'« avorton » ou employaient l'expression étonnante d'« enfant abortif », tandis que d'autres le désignaient comme « un enfant à naître ». Certains civilistes ne reconnaissaient pas le fœtus comme une personne. Jean Domat, au XVII^e^ siècle, précisait ainsi : « les enfants qui sont encore dans le sein de leurs mères n'ont pas leur état réglé ; il ne doit pas l'être, que par la naissance »[16]. Néanmoins, le statut juridique de

15. Distinction explicitée par Claude Henrys, avocat au présidial de Lyon, cité par Laura Tatoueix, *Défaire son fruit. Une histoire sociale de l'avortement en France à l'époque moderne*, *op. cit.*, p. 218.
16. Jean Domat, *Les lois civiles dans leur ordre naturel*, p. 40, cité par Laura Tatoueix, *op. cit.*, p. 225.

l'« avorton » lui conférait certains droits, notamment en matière de succession et de protection théorique contre l'avortement, sous réserve qu'il ait « eu vie » – une notion qui pouvait s'interpréter soit rétroactivement après la naissance, soit comme la reconnaissance d'un fœtus animé *in utero*. D'autres auteurs, comme Jean Boscager, allaient plus loin en affirmant que le fœtus est une « portion de la mère », « ni homme, ni animal, non pas même être au nombre des choses », et qu'il est « moins précieux » que « les fruits qui sont aux arbres ». Cependant, il bénéficiait d'un statut juridique conditionnel : celui d'une personne future, une « espérance d'homme », dont la protection physique impliquait la répression théorique de l'avortement et le report de l'exécution à mort des femmes enceintes[17]. Par ailleurs, les usages de l'Ancien Régime désignaient fréquemment le fœtus sous ce terme de « fruit ». Pour la doctrine civiliste, les fruits naturels sont des choses et le juriste La Ferrière nous dit à leur propos que « tous les fruits qui naissent dans nos héritages sont à nous, quoiqu'un autre les ait ensemencés[18] ».

Quatre éléments permettent d'établir que, malgré les débats et les controverses, les législateurs de 1791 refusent d'assimiler le fœtus à une personne. Tout d'abord, la version initiale de l'article 17 dans le projet de Code pénal employait l'expression « fait périr le fruit[19] ». L'utilisation du terme « fruit » plutôt qu'« embryon » ou « fœtus » démontre que les rédacteurs de la loi ne considéraient pas le fœtus comme une personne, mais plutôt comme une « chose » appartenant à (ou indissociable de) la femme. Ensuite, si le fœtus avait été véritablement considéré comme une personne à part entière, la fourniture de breuvages empoisonnés dans le cadre d'un avortement aurait relevé de la préméditation de meurtre, et il s'agirait d'un assassinat, d'une tentative d'assassinat ou d'un empoisonnement – des crimes punis de la peine de mort. De plus, au cours des débats parlementaires, un membre de l'assemblée avait observé que « 20 années de chaînes ne suffiront pas pour punir une personne qui aura fait périr un enfant dans le sein de sa mère »[20] – et proposait, en conséquence, la peine capitale. La formulation, qui transforme le fœtus en « enfant » et la femme en « mère », tout comme le fait de proposer la peine capitale, visent à assimiler l'enfant à naître à une personne et à faire de l'avortement un meurtre. Mais l'amendement fut,

17. Laura Tatoueix, *Défaire son fruit*, *op. cit.*
18. C.-J. de Ferrière, *Dictionnaire de droit et de pratique*, t. 2, Paris, 1773, p. 677.
19. Pour saisir l'esprit du texte, il est nécessaire de parcourir les différentes strates ayant mené à son élaboration. Ainsi, tel que formulé dans le projet initial, l'article 17 disposait que « Quiconque sera convaincu d'avoir volontairement et à dessein, par breuvages violents ou par tous autres moyens, fait périr le fruit ou procuré l'avortement d'une femme enceinte, sera puni de 20 années de chaînes » : « Projet de loi par M. le Pelletier de Saint-Fargeau sur le projet de Code pénal, en annexe de la séance du 23 mai 1791 », *Archives parlementaires de la Révolution française*, tome XXVI – Du 12 mai au 5 juin 1791, 1887, p. 341.
20. *Archives parlementaires de 1787 à 1860 – Assemblée nationale*, Paris, 1867, p. 534.

précisément, rejeté par l'assemblée qui refusa donc d'entériner ce raisonnement. Enfin, l'esprit de la loi est éclairé par un autre élément des débats parlementaires. Le texte initial évoquait tout à la fois le fait de « faire périr le fruit » et de « procurer l'avortement ». Plusieurs hypothèses existent quant à cette distinction. Il est possible que l'expression « faire périr le fruit » ait renvoyé à la destruction précoce du fœtus dans le ventre, tandis que celle de « procurer l'avortement » désignait une interruption plus tardive de la grossesse. Cette redondance pourrait aussi refléter une méconnaissance des législateurs – tous des hommes – sur les réalités du corps féminin. Surtout, le terme « faire périr » connote la mort violente et volontaire. Or un amendement visant à supprimer la mention « faire périr le fruit » fut finalement adopté par l'assemblée. Dans le texte final, il n'est plus question de « faire périr » mais seulement de « procurer l'avortement ». Il est donc intéressant de voir que, contrairement aux arguments conservateurs actuels qui qualifient l'avortement de meurtre et réclament pour le fœtus la même protection juridique que pour une personne née, les législateurs de 1791 ont adopté une position différente.

Néanmoins, le statut juridique du fœtus n'est pas clairement établi, car le fœtus n'est, *in fine*, pas l'objet de la loi pénale. La *ratio legis* de l'article 17 du Code de 1791 est d'assurer une protection juridique des femmes enceintes plutôt que du fœtus ; l'article 17 n'incrimine pas l'avortement volontaire en tant que tel, mais plutôt les violences faites aux femmes enceintes.

## L'incrimination des violences faites aux femmes enceintes

Tout indique en effet, dans les débats parlementaires comme dans la rédaction du texte, que ce n'est pas la protection du fœtus qui est au cœur de l'incrimination de l'avortement, mais la protection de la femme enceinte contre les violences. La recension des chroniques judiciaires prouve que les juges ont bien entendu l'article de cette manière, puisque les avortements volontaires ne sont pas traduits en justice. La finalité de protection de la femme enceinte poursuivie par l'article 17 est visible par les débats et le texte et est corroborée par l'étude de la jurisprudence qui montre l'absence de condamnation de femmes ayant avorté entre 1791 et 1810.

## La protection de la femme enceinte dans l'article 17

L'analyse des discussions ayant mené à l'adoption de l'article 17 démontre que les rédacteurs considéraient que la femme enceinte ne pouvait qu'être victime d'un avortement, sans envisager qu'elle puisse y consentir ; ce faisant, ils témoignent d'une vision où seule la vulnérabilité de la femme enceinte est envisagée, sans laisser aucune place à son agentivité.

### *La femme enceinte, nécessairement victime de son avortement*

L'article 17 désigne l'auteur·ice de l'infraction par le terme « quiconque », terme non genré dont l'usage est régulier dans le Code de 1791. Il se prête d'autant mieux à l'article que, contrairement à d'autres activités ou pratiques visées, les femmes sont nombreuses à pratiquer des avortements. La victime, en revanche, est une « femme enceinte », terme genré – même si, concernant ce dernier point, il ne pouvait en être autrement à l'époque. Il résulte toutefois de la formulation employée que la femme enceinte n'est absolument pas pensée comme autrice potentielle de son avortement : elle n'avorte pas, puisqu'on « procure l'avortement d'une femme ». Cette tournure, qui sonne étrangement à nos oreilles, est à comprendre dans le sens de « fournir »[21]. La femme qui est avortée est essentialisée comme victime de son avortement et c'est bien ainsi que le reçoit la société de l'époque.

Le Code pénal tranche ici également une controverse vive sous l'ancien droit. Dans le célèbre dictionnaire juridique publié en 1771 par La Ferrière, l'entrée « Avortement » évoque l'avortement volontaire :

> « Celles qui sont convaincues d'avoir fait périr leur fruit pendant leur grossesse sont punissables de mort de quelque manière que ce soit fait l'avortement, lorsque le fruit est animé ; et même quoique le fruit ne soit pas encore animé, l'avortement est toujours un grand crime qui ne doit pas rester impuni »[22].

Le jurisconsulte songe donc principalement, en rédigeant sa notice, aux femmes qui avortent. En écrivant ensuite que « par l'esprit dudit Édit [de 1556], cette peine doit *même* s'étendre à tous médecins, chirurgiens, apothicaires et autres qui auraient contribué à la provocation de l'avortement[23] » [nous soulignons], il montre bien le caractère accessoire, à ses yeux, de la suppression de fœtus par une tierce personne – l'avortement devant alors d'abord punir les

21. https://www.cnrtl.fr/definition/procurer
22. Claude-Joseph de Ferrière, *Dictionnaire de droit et de pratique*, t. 1, Paris, 1771, p. 148.
23. *Ibid.*

femmes elles-mêmes. Néanmoins, cette condamnation ferme ne semble être que très théorique, l'étude des coutumes et des pratiques judiciaires révélant une réalité bien différente.

En effet, certaines coutumes d'Ancien Régime incriminaient l'« encis » ou « encise » pour le meurtre d'une femme enceinte. La suppression du fœtus, conséquence du meurtre, est, ici, nécessairement commise par un tiers[24]. Les criminalistes du XVIII^e^ siècle proposent une autre définition de l'encis, qui couvrirait aussi bien le meurtre de la femme enceinte que celui de « son enfant au ventre »[25], contrairement aux autres textes coutumiers qui évoquent l'avortement parmi des catégories beaucoup plus vastes. Une distinction est encore opérée dans certaines coutumes entre les violences commises contre une femme enceinte qui provoquent un avortement involontaire, et les manœuvres volontaires (comme l'administration de breuvages) dont l'objectif serait de faire avorter une femme à son insu. Dans le premier cas, il s'agit de coups et blessures entraînant un avortement, ce qui est appréhendé juridiquement comme une circonstance aggravante, « une injure aussi aggravée qu'elle peut l'être »[26]. Dans le second cas, il s'agit d'un encis. Une autre distinction est également faite par les criminalistes qui commentent les coutumes entre le crime d'encis qui implique des violences spécifiques sur une femme enceinte et l'interruption volontaire de grossesse, désignée sous le terme « avortement » et définie comme « le crime des filles qui prennent des breuvages ou qui se font saigner pour détruire leur fruit »[27]. De plus, dans certains cas plus rares, l'avortement était assimilé à un empoisonnement, notamment parce qu'il impliquait l'usage de substances orales destinées à empêcher la génération ou le développement du « fruit ». Ainsi, les coutumes sur l'encis et les traités des criminalistes laissent entendre que la répression s'exerçait principalement contre les avorteur·euses, surtout si la femme en mourait. S'agissant de violences commises contre une femme enceinte, la peine encourue était la mort en cas de décès de la femme, et dans le cas d'un avortement, une peine arbitraire.

L'article 17 du Code pénal de 1791 se situerait donc dans la continuité de cette approche. Concernant la réception de cette loi, le journaliste Carion écrit :

« [Nos lois] ont prononcé, relativement à la conservation de l'enfant, une peine générale contre ceux qui procureroient l'avortement d'une femme enceinte ;

---

24. Laura Tatoueix, *Défaire son fruit, op. cit.*, p. 186-187.

25. Cette définition serait proposée par Guyot, Muyart de Vouglans, Serpillon et apparaitrait déjà sous la plume de Laurent Bouchel. Laura Tatoueix, *op. cit.*, p. 186-187.

26. Charles-Eléonor Dufriche de Valazé, *Lois pénales, dédiées à Monsieur, frère du roi*, Laura Tatoueix, *op. cit.*

27. François Serpillon, *Code criminel ou commentaire sur l'ordonnance de 1670*, Lyon, les frères Périsse, 1767, vol. 2, p. 120, cité par *ibid.*

mais elles se font bien gardées de faire naître la pensée qu'une mère pût se rendre coupable d'un pareil crime. En repoussant toute idée d'infanticide, en renversant les échafauds dressés par l'édit de 1556, nos législateurs ont voulu rendre ses droits à la nature[28] ».

S'il est possible d'émettre quelques réserves quant à l'interprétation donnée par le journaliste[29], les législateurs de 1791 ont, dans tous les cas et au moins formellement, exclu l'avortement volontaire du champ de l'incrimination. Certains juristes trouvent d'ailleurs cette impunité tellement choquante qu'ils l'interprètent comme un moyen de mener une répression judiciaire plus efficace contre les avorteur·euses : les femmes ayant interrompu leur grossesse ne courant aucun risque d'être poursuivies, elles sont libres de dénoncer plus facilement[30]. Rien, dans les débats, ne permet toutefois d'infirmer ou d'affirmer une telle interprétation. L'examen des faits passibles de sanction place, en revanche, la protection de la femme enceinte au centre de l'article.

## *La femme enceinte, nécessairement vulnérable*

Dans le projet initial, il était question d'un auteur ou une autrice qui « volontairement et à dessein » aurait provoqué la suppression du fœtus. Il fallait donc qu'il y ait intention d'avortement, une intention si caractérisée que la formulation envisagée était redondante. Dès lors, les violences volontaires qui provoquaient involontairement la perte du fœtus ne pouvaient être incriminées ; seule la personne voulant délibérément interrompre la grossesse était passible de poursuites.

Il s'agit du premier point qui fait l'objet de débats. L'amendement qui propose de supprimer les termes « volontairement et à dessein » est adopté : cela permet, précisément, que puisse être incriminée la suppression même

28. Carion, *Journal de la Côte d'Or*, 1797, p. 100.

29. Voir toutefois les propos aussi candides de Jean de Viguerie, à propos de l'avortement dans l'ancienne France qui est selon lui « un crime [...] rarement commis. Bien sûr on ne peut rien affirmer. Là aussi une vérification s'impose avec examen des fonds judiciaires. Mais la rareté paraît vraisemblable. Pour deux raisons. La première est l'efficacité probable du système de prévention mis en place [...]. La seconde est la religion des Français de l'ancienne France. Cette religion revivifiée par la Réforme catholique, n'est nullement, comme on l'a trop souvent écrit, faite de superstition. Non seulement les Français la pratiquent [...] mais encore ils la vivent dans leur vie quotidienne, étant animés d'un grand respect pour les commandements de Dieu et de l'Église, et donc pour le cinquième commandement : "Tu ne tueras point" ». J. de Viguerie, *op. cit.*,p. 531.
Nous recommandons, encore une fois, l'analyse dépouillée de stéréotypes et au plus proche de l'histoire sociale faite par Laura Tatoueix dans son ouvrage.

30. Jean-Yves Naour et Catherine Valenti, *Histoire de l'avortement*, Éditions Seuil, 2003, p. 7.

involontaire du fœtus. Aux termes de cette formulation, le fait de pratiquer délibérément un avortement peut être poursuivi, tout comme les actes ou violences qui aboutissent au même résultat. La répression ne se cantonne donc plus aux avorteur·euses, mais englobe également les coupables de violences, volontaires ou non : l'article 17 établit que la femme enceinte doit être protégée contre les faits qui seraient susceptibles de provoquer son avortement.

En outre, la peine de « vingt ans de fer » est capitale à la compréhension de l'article 17, car il s'agit d'une peine genrée, qui ne peut s'appliquer qu'aux hommes – les femmes condamnées pour cette infraction sont envoyées en maison de réclusion. Pourtant, les avorteurs sont loin de n'être que des hommes ; les femmes se tournaient aussi vers celles communément désignées comme « faiseuses d'anges ». Le fait que la peine soit pensée pour des hommes et non pour des femmes révèle une vision stéréotypée (du point de vue du genre) – et erronée – de l'auteur de l'infraction : un homme qui commet des violences sur une femme enceinte, provoquant un avortement subi.

Également intéressante est la question, envisagée lors des débats, de l'homicide involontaire appliquée à l'avortement. Le code de 1791 est le premier à introduire la notion d'homicide involontaire[31] et les débats parlementaires révèlent la richesse des réflexions sur ce point. Le projet de code prévoit que dans le cas d'homicide involontaire causé par imprudence, l'auteur sera condamné à une amende du double de sa contribution mobilière[32] et à un emprisonnement de six mois à un an. La peine encourue provoque des discussions, et certains demandent que les faits ne soient passibles que de dommages et intérêts. Le Peletier s'y oppose en ces termes :

> « Je ne suis point de l'avis de ceux qui pensent qu'il faut retrancher l'emprisonnement : je suppose qu'un homme aille à cheval à bride abattue, qu'il renverse une femme grosse qu'il fasse avorter, certainement dans ce cas la peine n'est pas trop forte[33] ».

Le passage est intéressant à deux titres. Tout d'abord, il est notable que l'exemple qui vient spontanément à l'esprit du député soit celui d'une femme enceinte victime – bien qu'on ne sache si c'est en raison de sa particulière vulnérabilité, de l'injustice de la situation, ou de la perte subie. Toujours est-il, par ailleurs, que ce même passage illustre les ambiguïtés entourant la notion d'avortement, puisque le député s'y réfère pour illustrer

31. Article 1 de la section 1 du Titre 2 du Code pénal de 1791.

32. Forme d'impôt établi par la Constituante de 1791. La contribution mobilière est une contribution directe établie en fonction de la valeur du logement occupé par le contribuable.

33. *Journal des États généraux convoqués par Louis XVI*, 1 juillet 1791.

un cas d'homicide involontaire. Or, nous l'avons dit, la perte du fœtus n'est pas considérée comme un homicide par le code de 1791. *In fine*, l'homicide involontaire par imprudence ou négligence ne donnera pas lieu à une peine criminelle, mais à des dommages et intérêts et à des peines correctionnelles[34].

Après ces éléments permettant de mettre en lumière le champ d'application théorique de la loi de 1791, reste à s'intéresser à son application pratique. Trouve-t-on des traces de condamnations pour avortement volontaire, motivées par l'article 17 ou par toute autre disposition pénale, entre 1791 et 1810 ? Les chroniques judiciaires n'en font pas mention.

## L'absence de condamnation des femmes ayant avorté entre 1791 et 1810

En premier lieu, il faut souligner que la période n'est pas propice à la créativité jurisprudentielle : l'office des juges, dans l'esprit des constituants de l'époque, doit être strictement soumis au pouvoir législatif afin d'empêcher de voir renaître « l'arbitraire » des anciens Parlements honni (ou diabolisé) par les révolutionnaires. Il est donc interdit aux juges d'interpréter la loi ; ils sont censés se contenter de l'appliquer, mécaniquement – même si cette interdiction se révélera intenable.

En la matière, si l'on se réfère aux chroniques judiciaires parues entre 1791 et 1810, on ne trouve pas trace de condamnation de femmes qui auraient avorté. Les affaires d'avortement sont rares en elles-mêmes, et les condamné·es sont principalement des hommes, parmi lesquels figure parfois « l'auteur de la grossesse »[35].

En dépit de l'interdiction qui leur est faite d'interpréter la loi, les juges sont obligés de mobiliser certains critères pour prendre leurs décisions, critères qui apparaissent en creux et qui nous éclairent sur leur vision de ce qu'est un avortement. Ainsi, le défenseur de la dame Pingenet, prévenue d'avoir provoqué l'avortement d'une femme, invoque deux éléments : le fait que le médicament n'était pas abortif et le fait qu'il ait été pris dans un lieu non suspect. La dame fut remise en liberté[36]. Dans une autre affaire, la Cour de

34. Article 2, section 1, titre II du Code pénal de 1791.
35. *Gazette nationale ou le moniteur universel*, 17 juillet 1798. Voir également *La Clef du cabinet des souverains*, 16 novembre 1798, *Le Journal de Paris*, 22 juin 1802, *Le Journal de Paris*, 30 mars 1806, *Gazette de France*, 1 juillet 1808.
36. Le *Journal de Paris*, 7 octobre 1804.

cassation apporte des précisions sur ce qui est exigé pour que soit caractérisé le crime d'avortement. Pour elle, il ne suffit pas, pour disculper un prévenu, que le jury déclare que l'avortement n'est pas la conséquence des violences exercées ; il doit également être déclaré qu'il a été procuré involontairement et sans l'intention du crime. Ainsi, lorsqu'un médecin ou un chirurgien est accusé d'avoir procuré l'avortement d'une femme enceinte, le jury doit se prononcer, à peine de nullité, sur la question de savoir si l'avortement a été procuré avec une intention criminelle[37].

Si l'on suit la presse, l'avortement volontaire ne paraît pas être réprimé, ni par l'article 17 ni par aucune autre disposition. Quand l'avortement causé par un tiers est reconnu, il est puni de 20 années de fer. Toutefois, un glissement semble s'opérer avec l'affaire Gallet, en 1810. Jeanne Gallet, « se disant couturière et réputée en cette ville pour diseuse de bonne aventure »[38] est traduite devant la cour pour avoir tenté de provoquer un avortement à l'aide d'un breuvage, tentative des suites desquelles la femme est morte. Le ministère public retient la qualification d'homicide et requiert la peine capitale, ce que conteste le défenseur de Jeanne Gallet. Si cette dernière a eu l'intention de procurer un avortement, ce qui a été déclaré constant par les jurés, elle n'a pas eu l'intention de donner la mort et donc ne peut être condamnée qu'aux fers, en vertu de l'article 17. Or, les juges considèrent qu'il s'agit non seulement d'un homicide, mais qui plus est d'un assassinat[39] qui est précédé, accompagné ou suivi d'un autre crime – en l'espèce, la tentative d'avortement[40]. L'arrêt a été confirmé par la Cour de cassation et a été exécuté le 11 mars 1810[41]. Cette sévérité s'explique-t-elle par le décès de la victime ? Quelques années plus tôt, une situation identique s'était déjà présentée devant les juges, sans mener au même résultat : le sieur Laperelle, « soi-disant »[42] chirurgien de Bayeux, avait procuré, avec des instruments piquants et tranchants, un avortement à une femme qui en était morte ; il n'avait toutefois pas été reconnu coupable d'assassinat, mais d'avortement, et condamné à 20 ans de fers. L'affaire Gallet, concomitante à la promulgation du Code pénal de 1810, paraît annonciatrice du durcissement qu'opérera ce nouveau texte à l'encontre de l'avortement.

37. Arrêt du 18 brumaire an 12 et arrêt du 27 juin 1806, *Bulletin des jugements du Tribunal de cassation rendus en matière criminelle (arrêts entre 1791 et 1810)*, p. 109.
38. *Gazette de France*, 12 mars 1810.
39. Article 14, 1ere section 2e livre, titre II.
40. *Le Journal de Paris*, 27 novembre 1809.
41. *Gazette de France*, 12 mars 1810
42. *Le Journal de Paris*, 30 mars 1806.

L'analyse de l'article 17 du Code pénal de 1791 et des débats législatifs qui l'ont entouré montre l'élaboration d'une incrimination spécifique de l'avortement dans le contexte révolutionnaire. Le droit révolutionnaire délimite clairement les contours de l'avortement qui vise spécifiquement la perte du fœtus. Contrairement à l'ancien droit, l'avortement est distinct du parricide, de l'infanticide et même de l'homicide. Si le statut juridique du fœtus n'est pas clairement établi sauf par la négative – le fœtus n'est pas considéré comme une personne –, c'est surtout parce qu'il n'est pas l'objet de protection de la loi pénale. La sujette protégée par le droit est ici la femme enceinte elle-même.

Enfin, la dimension genrée du texte est également manifeste. L'incrimination est dirigée principalement contre les auteur·ices d'avortements, voire les auteurs, et les femmes ne sont pas envisagées comme responsables de leur propre avortement, mais plutôt comme victimes. L'article 17 ne traite pas de l'avortement volontaire en tant que « droit » ou « choix » de la femme, mais vise plutôt à les protéger contre des violences qui leur seraient faites. Est-ce par refus de penser l'agentivité des femmes, ou par mansuétude et refus de criminaliser les femmes qui décident d'avorter ? L'influence de Beccaria sur Le Peletier de Saint-Fargeau et, plus généralement, sur les juristes révolutionnaires fait pencher pour cette dernière hypothèse. En effet, Beccaria recommandait l'indulgence pour les femmes coupables de néonaticide et *a fortiori* pour celles qui décidaient d'interrompre leur grossesse[43]. Ce texte de répression de l'avortement n'est donc pas une loi de répression des femmes qui entendent disposer librement de leur corps, mais une loi de lutte contre les violences faites aux femmes.

Cet état du droit ne durera pas longtemps et les législateurs de 1810 reviendront sur ce principe, sans toutefois s'appesantir dessus, voire en s'arrangeant quelque peu avec les faits. Le rapporteur Faure, qui présente le projet d'article sur l'avortement, prétend ainsi corriger une erreur :

> « La loi de 1791 n'a pas oublié [la nécessité de punir ce crime]. Mais elle punit de la même peine indistinctement toute personne coupable de ce crime. Cette confusion n'existera point dans la nouvelle loi. La femme coupable du crime d'avortement sera punie de la réclusion. Mais une peine plus rigoureuse, celle des travaux forcés à temps, aura lieu contre les médecins, chirurgiens et autres officiers de santé [...] ».

43. Cesare Beccaria, « Prima redazione », dans *Edizione Nazionale delle opere di Cesare Beccaria*, vol. I, *Dei delitti e delle pene*, éd. Gianni Francioni, Milan, Mediobanca, 1984, p. 177-182. Voir Dario Ippolito, Camille Noûs. « Prohibitions pénales et laïcité du droit. Adultère, homosexualité et infanticide chez Beccaria ». *Dix-huitième siècle*, 2021/1, n° 53, p. 673-698.

L'article 317 du Code pénal de 1810 sera promulgué en ces termes :

« Quiconque, par aliments, breuvages, médicaments, violences, ou par tout autre moyen, aura procuré l'avortement d'une femme enceinte, soit qu'elle y ait consenti ou non, sera puni de la réclusion.
La même peine sera prononcée contre la femme qui se sera procuré l'avortement à elle-même, ou qui aura consenti à faire usage des moyens à elle indiqués ou administrés à cet effet, si l'avortement s'en est ensuivi.
Les médecins, chirurgiens et autres officiers de santé, ainsi que les pharmaciens qui auront indiqué ou administré ces moyens, seront condamnés à la peine des travaux forcés à temps, dans le cas où l'avortement aurait eu lieu. »

La parenthèse révolutionnaire, qui manifestait une tolérance à l'encontre des femmes qui interrompaient volontairement leur grossesse et qui entendait protéger les femmes enceintes, est refermée jusqu'en 1975.

# L'opposition entre respect de la vie avant la naissance et autonomie des individus : une réelle contradiction ?

*Anne-Sophie Giraud*

L'avortement est un droit qui ne cesse d'être menacé. Le 24 juin 2022, la Cour suprême des États-Unis annulait l'arrêt *Roe v. Wade* et ouvrait ainsi la possibilité aux différents États fédérés d'interdire l'avortement. Certains, comme le Texas ou l'Alabama, ont aussitôt saisi cette opportunité. Ces deux États prohibent tout avortement, y compris en cas d'inceste ou de viol, sauf exceptions en cas de danger de mort ou de risque de grave handicap pour la femme enceinte. Moins de deux ans plus tard, dans un arrêt rendu le 16 février 2024, la Cour suprême d'Alabama a jugé que les embryons cryoconservés devaient être considérés comme des « enfants » et bénéficier de la même protection que des enfants déjà nés. Les États-Unis rejoignent par cette série de décisions le lot des pays, comme la Pologne et le Salvador, qui restreignent considérablement l'accès à l'avortement.

En France aussi, la légitimité de l'avortement est toujours questionnée par les militants anti-avortement qui se targuent de lutter pour la défense de la dignité et de la valeur de chaque vie humaine. « La vie n'a jamais été autant attaquée » pouvait-on ainsi lire sur des pancartes lors d'une « marche pour la vie » organisée en 2021 à Paris. Ces manifestations annuelles sont organisées par le collectif « En marche pour la vie », composé de plusieurs associations anti-avortement comme la Confédération des familles chrétiennes, le comité pour Sauver l'Enfant à Naître ou encore Renaissance catholique[1]. En marche pour la vie s'est créé en 2005 à l'occasion du trentième anniversaire de la légalisation de l'avortement en France. En fédérant l'action de diverses associations, ce collectif poursuit l'objectif de l'abrogation de la loi Veil. Bien que plusieurs associations catholiques y soient présentes, il se revendique comme apolitique et aconfessionnel. En cela, il est emblématique

1. Voir dans ce volume le chapitre de Céline Béraud et Séverine Mathieu, « L'activisme catholique contre l'avortement », p. 143.

de la manière dont les débats relatifs à l'avortement clivent le paysage politique au-delà d'une simple appartenance religieuse. Des militants anti-avortement, mais aussi diverses personnalités politiques[2] dénoncent ainsi l'avortement comme portant atteinte à la dignité de la « personne humaine » : « Il est moralement mauvais de tuer délibérément une personne innocente. Or l'avortement consiste à tuer consciemment un être humain qui se trouve encore dans le ventre de sa mère », peut-on ainsi lire sur le site internet de la Marche pour la vie[3].

Ces militants considèrent que le « droit à la vie » est constitutionnel, contrairement au « droit à l'avortement » qui, entrant en conflit avec la protection de l'être anténatal, est inconstitutionnel. Cet argument trouve sa source dans l'article 16 du Code civil (et l'article L. 2211-1 du Code de la santé publique – CSP) qui dispose que « la loi assure la primauté de la personne, interdit toute atteinte à la dignité de celle-ci et garantit le respect de l'être humain dès le commencement de la vie[4] ».

Récemment, l'interruption de grossesse a été inscrite dans la Constitution par la loi constitutionnelle du 8 mars 2024, faisant de la France le premier pays au monde à constitutionnaliser l'IVG. C'est un acte d'autant plus fort que le climat mondial actuel met en lumière une recrudescence de la répression et de nombreuses restrictions en la matière. Les opposants à cette constitutionnalisation la considèrent comme une « aberration[5] » : elle créerait une hiérarchie entre deux êtres qu'ils considèrent égaux, la femme et l'être avant la naissance. À l'inverse, la loi Veil de 1975 est souvent présentée comme une loi de « compromis[6] » entre ces deux principes que sont la protection de la vie et l'autonomie des individus – compromis qui trouvait à s'exprimer, dans la version originale du texte, par la référence à la condition de « détresse » qui conditionnait l'accès des femmes à l'IVG[7].

2. Ainsi en est-il par exemple du sénateur d'extrême droite du parti Reconquête, Stéphane Ravier, lors de la discussion au Sénat le 28 février 2024 de la décision d'inscrire l'avortement dans la Constitution.

3. https://enmarchepourlavie.fr/se-former/pourquoi-sommes-nous-contre-lavortement/ [Lien valide en octobre 2023].

4. Cet argument est antérieur à l'inscription de l'IVG dans la Constitution. Pour une analyse et une réponse aux différents arguments des mouvements anti-IVG, je renvoie à l'article de L. Marguet et L. Carayon : Laurie Marguet et Lisa Carayon, « Répondre en juriste aux mouvements anti-IVG – AOC media », AOC media – Analyse Opinion Critique, 26 février 2024, https://aoc.media/analyse/2024/02/26/repondre-en-juriste-aux-mouvements-anti-ivg/.

5. Voir le site Internet de la fondation Jérôme Lejeune : https://www.fondationlejeune.org/ivgconstitution/ [Lien valide en avril 2024].

6. Ainsi que la présente par exemple le Comité Consultatif National d'Éthique (CCNE) dans « Opinion du CCNE sur l'allongement du délai légal d'accès à l'IVG de 12 à 14 semaines de grossesse. Réponse à la saisine du ministre des Solidarités et de la Santé », 8 décembre 2020 : https://www.ccne-ethique.fr/sites/default/files/2021-07/CCNE-%20saisine%20IVG.pdf [lien valide en décembre 2023].

7. Cette condition a été supprimée par la loi n° 2014-873 du 4 août 2014 pour l'égalité réelle ente les femmes et les hommes modifiant l'article L. 2212-1 du Code de la Santé Publique.

Ce chapitre vise à interroger les discours anti-avortement, et ce, par l'analyse du statut juridique et social de l'embryon et du fœtus d'un point de vue anthropologique ; car ce qui est en jeu est bien la difficulté à définir clairement le statut de l'être avant la naissance. Cette question sera toutefois abordée en portant l'analyse sur d'autres objets que l'avortement, à savoir les techniques de procréation assistée (TPA) – et ce qu'elles révèlent du statut de l'embryon *in vitro* –, ainsi que la mort périnatale – en particulier le cas du fœtus décédé *in utero*. Bien qu'elles semblent au premier abord éloignées les unes des autres, ces situations soulèvent des questions similaires. Lorsqu'il est question de la conservation des embryons congelés, de la recherche sur l'embryon, ou de la demande d'établissement d'une filiation pour un fœtus décédé *in utero*, c'est bien le statut de l'être anténatal et, très directement, le droit ou non d'interrompre sa vie, qui sont en débat. Plus encore, ces situations interrogent les modes de conciliation entre la protection de la vie anténatale et celle du pouvoir décisionnel des personnes qui lui sont liées (femme enceinte, futurs parents, parents, etc.). La contradiction apparente entre protection de la vie et autonomie des individus se retrouve tant dans le cas des TPA que de la mort périnatale, qu'elle soit accidentelle ou induite. Le droit permet tout à la fois la destruction des embryons *in vitro* dès lors qu'ils ne font plus l'objet d'un projet parental et la possibilité de les donner à la recherche, tout en garantissant leur protection lorsqu'ils s'inscrivent dans un tel projet ou qu'ils sont donnés à un autre couple dans le cadre d'une procédure d'accueil d'embryons. Il autorise l'interruption d'une grossesse jusqu'à terme pour raisons médicales tout en permettant, dans l'hypothèse où il meurt *in utero*, de « personnifier » le fœtus – en lui donnant un nom et un prénom, en l'habillant et en lui organisant des obsèques similaires à celle d'une personne déjà née. Comment la société française met-elle en place des procédures de régulation, d'organisation et d'institution qui tentent de tenir compte à la fois d'une nouvelle autonomie des femmes et de la vie anténatale ? Comment ces deux exigences apparemment contradictoires coexistent-elles et sont-elles mises en œuvre ?

Il apparaît que cette apparente contradiction est inscrite dans le statut même de l'être avant la naissance, tiraillé entre la chose et la personne sans jamais être totalement rattaché à l'un ou à l'autre. Ce chapitre montrera que les tensions et contradictions autour du statut de l'être anténatal sont, avant tout, le résultat des discours militants et politiques qui entretiennent volontairement un flou sur ce statut en assimilant l'être anténatal à une personne déjà née, en brouillant les frontières entre les catégories d'humain et de personne. Ces tensions et débats sont également le résultat de l'encadrement juridique du statut de l'être anténatal qui le maintient dans un entre-deux sans jamais l'assumer pleinement. Je montrerai que c'est précisément en cultivant cet entre-deux que le droit français parvient à concilier des statuts en apparence opposés et garantit tout à la fois l'autonomie des individus et la protection de la vie avant la naissance.

Ce chapitre est le fruit d'une recherche débutée lors de mon master d'anthropologie sociale en 2009, que j'ai poursuivi en thèse de 2011 à 2015. Ce travail porte à la fois sur les transformations entourant le statut juridique du fœtus mort et sa prise en charge à l'hôpital depuis les années 1990 en France, allant dans le sens de sa « personnification[8] ». Il étudie également l'embryon produit dans le cadre d'une fécondation *in vitro* (FIV) intraconjugale. La recherche a pris appui sur de nombreux entretiens (184 au total) auprès d'engendreurs (105) et de professionnels (79), menés entre 2003 et 2015. Parmi ces entretiens, certains ont été réalisés par d'autres chercheurs dans le cadre d'autres protocoles de recherches, mais dont j'ai effectué l'analyse secondaire. 14 ont été ainsi menés auprès de patients inscrits en parcours de FIV-ICSI (Injection intracytoplasmique de spermatozoïdes) dans deux centres parisiens, dans le cadre d'une enquête de l'Institut national de la santé et de la recherche médicale (INSERM) conduite par le docteur Maurice Adjiman en 2003 et 2004[9] ; et 61 entretiens ont été conduits auprès de professionnels de l'AMP dans le cadre d'une enquête collective dirigée par Irène Théry à l'École des hautes études en sciences sociales (EHESS) de Marseille en 2010 et 2011 dans deux centres de fertilité marseillais. Dans le cadre de la recherche sur la mort périnatale, j'ai effectué au total 64 entretiens avec des personnes qui avaient perdu un enfant avant ou peu de temps après la naissance (dont 14 récits approfondis de deuil), et 16 entretiens avec des spécialistes (membres d'associations, professionnels du funéraire et de la santé). J'ai doublé ces entretiens par des observations ethnographiques des engendreurs et des professionnels dans deux centres de fertilité marseillais, dans deux maternités et, au-delà, dans de nombreux cimetières et au domicile de familles endeuillées, pour saisir le parcours et les pratiques ordinaires et quotidiennes des personnes endeuillées, ainsi que le développement progressif des usages collectifs autour du deuil périnatal. La méthode ethnographique consiste en une étude approfondie, souvent inscrite dans la durée, d'une population déterminée. Elle ne vise pas la représentativité, dans une perspective quantitativiste, mais cherche à décrire et délier la réalité dans toute sa complexité, en prenant en compte des dimensions auxquelles ne peuvent pas forcément accéder les études quantitatives. Dans cette méthode, l'observation ethnographique est un outil privilégié car elle repose sur l'immersion de longue

8. Anne-Sophie Giraud, *Les statuts de l'être anténatal : un processus d'humanisation « relationnel ». Assistance médicale à la procréation et mort périnatale*, Thèse de doctorat d'anthropologie sociale et ethnologie, Paris, EHESS, 2015.

9. Maurice Adjiman, « Les problèmes éthiques des procréations médicalement assistées », Thèse de doctorat en philosophie, Paris, Paris X Nanterre, 2006.

durée dans le but d'observer directement les pratiques sociales étudiées. Elle est de fait particulièrement adaptée quand il s'agit de travailler sur des sujets aussi sensibles que sont la mort périnatale et l'infertilité.

## Humain ou personne ? L'être anténatal et le brouillage des catégories

### *Hésitations et controverses autour des terminologies employées*

Embryon, fœtus, bébé, petit d'homme, vie, personne, être humain, personne humaine potentielle, amas cellulaire, produit de la conception… autant de termes utilisés pour désigner l'être avant la naissance. Toutes ces terminologies employées pour se référer au produit de la conception humaine sont, en elles-mêmes, révélatrices des hésitations et controverses qu'il suscite. Ces catégories sont inévitablement politiquement, culturellement et émotionnellement chargées[10].

L'usage médical et scientifique actuel est d'employer des termes différents en fonction du stade de développement de l'être anténatal, en tenant compte de son poids, de sa taille et de son apparence. Ainsi parle-t-on d'« embryon » depuis la co-fécondation de l'ovocyte et du spermatozoïde jusqu'à 10 semaines d'aménorrhée (SA) ; l'embryon correspond en ce sens au stade de développement qui marque le passage d'une cellule unique, l'œuf, à un ensemble complexe de cellules, le fœtus. Il se subdivise lui-même en sous-catégories. L'entité d'une cellule formée après la fécondation est appelée « zygote » et passe ensuite au stade de « morula » puis de « blastocyste » au cinquième jour après la fécondation. Ce n'est qu'à partir de 10 SA – du terme du premier trimestre jusqu'à la naissance – que l'on parle de « fœtus ». Le fœtus correspond au stade de développement à partir duquel tous les principaux organes sont constitués. Si ces distinctions ne sont pas juridiquement consacrées par le droit français[11] – au contraire du droit anglais qui recourt par exemple au terme de « pré-embryon[12] » –, il attache néanmoins des effets juridiques au franchissement de certains seuils de la grossesse. Ainsi en est-il de la viabilité, fixée par l'Organisation mondiale de la santé (OMS) depuis 1977 à 22 SA, pour un poids supérieur ou égal à 500 grammes. La viabilité

10. Deborah Lupton, *The Social Worlds of the Unborn*, Palgrave Macmillan UK, 2013, p. 6.

11. Catherine Labrusse-Riou et Florence Bellivier, « Les droits de l'embryon et du fœtus en droit privé », *Revue internationale de droit comparé*, 2002, vol. 54, n° 2, p. 581-582.

12. Sarah Franklin, « Making representations : the parliamentary debate on the Human and Fertilisation and Embryology Act », dans Jeannette Edwards et al., (dir.), *Technologies of procreation : kinship in the age of assisted conception*, Manchester University Press, 1999, p. 96-131.

se définit comme l'aptitude à vivre, le moment à partir duquel l'être anténatal a atteint un développement suffisant pour lui permettre de vivre en dehors de l'utérus. Dans certains pays comme la France, elle est une condition nécessaire, associée à la naissance vivante, pour acquérir le statut de personne.

Le franchissement du seuil de viabilité façonne donc la différence de traitement dont font l'objet le fœtus et l'enfant né vivant et viable, une différence codifiée dans le langage et les pratiques dans de nombreux domaines (juridique, commun, médical) par le recours à deux termes distincts : « fœtus » d'une part, et « bébé » ou « enfant », d'autre part. Cette distinction linguistique peut varier d'une société à une autre, notamment lorsque la naissance physique ne revêt aucune signification sociale. C'est le cas par exemple en Papouasie Nouvelle-Guinée, chez les Ankave, où le néonaticide n'est pas considéré comme un acte moralement répréhensible, car la naissance seule ne suffit pas à faire du nouveau-né une personne. Seule une série d'étapes ritualisées qui interviendront à distance de la naissance physique en fera un être intégré dans la communauté humaine, inscrit dans un système de parenté[13]. Un même terme peut alors être utilisé, dans ces sociétés, pour désigner à la fois l'être avant la naissance et le nouveau-né qui n'a pas encore été intégré à la communauté sociale par des rites de naissance[14]. Par ailleurs, au sein d'une même société, dans le temps et au cours d'une même période, les terminologies employées sont loin d'être fermement établies. À la fin du XIX^e^ siècle aux États-Unis comme en Europe de l'ouest, le terme choisi pour se référer au développement humain durant les huit premières semaines de grossesse était celui d'« embryon ». Mais son emploi était inconstant et controversé ; il était utilisé indifféremment pour désigner tous les stades de développement dans les correspondances des embryologistes[15]. Sous la pression des scientifiques, une définition biomédicale est ensuite venue dominer notre compréhension de la vie avant la naissance[16]. Dans les débats bioéthiques, la science est ainsi régulièrement mobilisée pour déterminer critères et seuils fixant quand et comment la vie commence (nombre de cellules, viabilité, apparition de la ligne primitive, etc.).

La science influence donc fortement les représentations et termes utilisés. Le développement des techniques de surveillance et d'intervention durant la période

13. Pascale Bonnemère, « Une perspective anthropologique sur l'infanticide : la notion de personne en Nouvelle-Guinée », *Enfances & PSY* 3, 2009, n° 44, p. 29-41.

14. Beth A. Conklin, Lynn M. Morgan, « Babies, Bodies, and the Production of Personhood in North America and a Native Amazonian Society », *Ethos*, 1996, vol. 24, n° 4, p. 657-694.

15. Lynn M. Morgan, « Embryo Tales », dans Sarah Franklin, Margaret Lock (dir.), *Remaking Life & Death. Toward and Anthropology of the Biosciences*, School of American Research Press, 2003, p. 264.

16. Barbara Duden, *L'invention du fœtus*, Éd. Descartes&Cie, 1996.

anténatale comme l'échographie ou la chirurgie fœtale tendent par exemple à consacrer l'être anténatal comme un « patient » à part entière, distinct de la femme enceinte qui le porte[17]. Cette tendance a été exacerbée par le développement de travaux sur les diverses capacités sensorielles et relationnelles du fœtus depuis les années 1970, qui montrent que ce dernier réagit à l'environnement extérieur comme la musique ou la voix. Rejaillissent sur le fœtus les qualités attribuées au nouveau-né, et cela peut impacter les termes d'adresse. Le fœtus est souvent appelé par les professionnels « l'enfant » ou le « bébé » dans les consultations de suivi de grossesse et de diagnostic anténatal. Ces termes ont pour effet de le rendre réel, mais aussi de le construire pleinement comme un enfant avant même sa naissance. Pour la sociologue Nicole Isaacson, cette tendance entraîne l'émergence d'une catégorie nouvelle dans les classifications médicales : le *fœtus-enfant* – un type spécial d'enfant plutôt qu'une entité distincte d'un bébé. Dans ces discours et travaux, le fœtus *in utero* et le « bébé » *ex utero* se fondent en une seule et même catégorie : le même statut et les mêmes droits qu'à un être indépendant de la femme enceinte tendent à lui être accordés[18]. Or les corps présentés dans les textes d'obstétrique et de médecine ne sont pas anodins. Ils ont valeur d'autorité et d'universalité, et se transposent dans toutes les couches de la société. Ceci est particulièrement visible aux États-Unis, où les droits fœtaux ont pu être opposés aux droits des femmes, dans un certain nombre de poursuites judiciaires intentées à l'encontre de femmes enceintes pour mauvais traitements à l'égard de leur fœtus[19].

Le discours médical et le développement des connaissances du développement embryonnaire et fœtal ont si profondément pénétré notre compréhension de la vie que l'Église catholique a en partie construit ses arguments contre l'avortement et la recherche sur l'embryon sur des conclusions médicales. Si le postulat de l'animation immédiate, à savoir que l'âme vient aux cellules dès l'instant de la conception, était déjà soutenu par certains penseurs chrétiens au Moyen-Âge et avant eux par des penseurs tel Hippocrate au 5ᵉ siècle avant Jésus-Christ[20], les découvertes médicales sur le développement embryonnaire ont renforcé cette croyance pour l'Église catholique[21] : dès la fusion des gamètes, tout le matériel génétique qui constitue un nouvel individu unique est présent. La personne

17. Monica J. Casper, *The Making of the Unborn Patient: A Social Anatomy of Fetal Surgery*, Rutgers University Press, 1998.

18. Nicole Isaacson, « The "Fetus-Infant": changing classifications of "in utero" developpement in medical texts », *Sociological forum*, 1996, vol. 11, n° 3, p. 457-480.

19. Sarah Franklin, « Fetal Fascinations: New dimensions to the medical-scientific construction of fetal personhood », dans Sarah Franklin, Celia Lury, Jackie Stacey, *Off-Centre: Feminism and Cultural Studies*, London, Harper Collins Academic, 1991, p. 190-205.

20. Bruno Saintôt, « L'embryon, provocateur de notre humanité », *Laennec* 53, n° 2 (2005) : 14-27, https://doi.org/10.3917/lae.052.0014.

21. Enric Porqueres i Gené, « Personne et parenté », *L'Homme* 2, 2014, n° 210, p. 17-42.

humaine doit donc être respectée tout au long de sa vie, « dès le premier instant de son existence[22] ». Particulièrement emblématique de ce raisonnement est le slogan de la *Marche pour la vie* organisée à Paris le 25 janvier 2015 : « J'ai été embryon ». Le postulat est clair. Les distinctions entre un embryon, un fœtus, un nouveau-né ou encore une personne adulte n'ont pas de sens pour l'Église catholique. Plus encore, les militants anti-avortement jouent sur le brouillage de ces catégories de façon intentionnelle. En parlant « d'enfant » ou de « bébé » pour désigner l'être anténatal, ils visent à lui conférer le statut d'être autonome, détenteur des mêmes droits qu'un enfant déjà né et ce, dans le but d'interdire l'interruption de grossesse.

Pour cette raison, de nombreuses autrices féministes préfèrent utiliser le seul terme de « fœtus[23] » pour désigner l'être avant la naissance. Ce choix est également privilégié par certains médecins que j'ai pu observer lors de consultations de suivi de grossesse et de diagnostic anténatal ; il leur semble présenter un caractère médical et technique, plus neutre et moins chargé émotionnellement. La sociologue Deborah Lupton préfère quant à elle employer le terme « *unborn* » (qui peut être traduit littéralement par « non encore né ») pour désigner tout type d'organisme produit par l'union de gamètes humains, qu'ils aient été conçus *in vivo* (dans le corps de la femme), ou *ex vivo* (en laboratoire), qu'ils soient, ou non, destinés à devenir un enfant. Bien que son usage puisse suggérer que ces organismes sont destinés à naître, Lupton souligne qu'il n'en est pas toujours ainsi, du fait de la possibilité d'interruptions de grossesse, volontaires ou involontaires[24].

J'ai moi-même entrepris cet exercice de justification des terminologies utilisées dans plusieurs de mes travaux[25]. En l'absence d'un équivalent français du terme *unborn*, j'ai opté pour l'expression d'« être anténatal ». Il permet d'englober l'ensemble des stades de développement, de la fécondation jusqu'à la naissance. Il me semble toutefois important d'employer également les terminologies médicales et légales utilisées par mes interlocuteurs et de prendre en compte les différents stades de développement. Le problème que soulève l'emploi d'un seul et même terme pour désigner le produit de la conception tout au long de la grossesse est, en effet, que cela tend à effacer les différences

22. Citation issue de l'instruction *Donum Vitæ* de la Congrégation pour la doctrine de la foi du 22 février 1987, p. 7.
23. Lynn M. Morgan, Meredith W. Michaels, *Fetal subjects, feminist positions*, University of Pennsylvania Press, 1999.
24. Deborah Lupton, *The Social Worlds of the Unborn*, *op. cit.*, p. 6.
25. Voir : Anne-Sophie Giraud, *L'être anténatal. Dynamiques parentales, médicales et juridiques*, Éditions de la Maison des Sciences de l'Homme, collection Ethnologie de la France et des mondes contemporains, Paris, 2024.

physiologiques et les distinctions statutaires (au niveau légal, scientifique, médical ou encore dans les pratiques communes), qui existent entre un zygote, un embryon de 10 SA ou encore un fœtus viable de 37 SA[26]. Cet effacement peut être problématique car les tiers n'ont pas les mêmes droits et obligations envers un embryon de quelques cellules et un fœtus près de naître ; il peut être toutefois utilisé à dessein, comme le font les militants anti-avortement. Il apparaît que ces derniers entretiennent également un flou au sujet du statut de l'être anténatal par l'indifférenciation qu'ils font entre les termes d'humain et de personne.

### *Entretenir la confusion*

L'apparente contradiction entre le droit à la vie du fœtus et les droits des femmes repose en effet sur un amalgame entre d'autres catégories sur lequel jouent les militants anti-avortement, – en plus d'assimiler le fœtus à un enfant déjà né –, à savoir celles d'*humain* et de *personne*. Certains opposants à l'avortement invoquent l'article 16 du Code civil pour défendre la protection de la vie de l'être humain dès son commencement. Laurie Marguet explique, dans sa thèse sur le droit de la procréation, que nombre d'auteurs spécialisés en droit civil s'accordent sur le fait que l'être avant la naissance est bien un être humain, mais que tous ne s'accordent pas sur les conséquences à en tirer en ce qui concerne la protection de cet être, certains défendant une vision notamment linéaire et continue de la protection à lui accorder tout au long de la grossesse[27]. Si le droit garantit bien d'une certaine manière le respect de l'être humain, il ne semble pas garantir son droit à la vie lorsqu'il n'est pas encore né, l'être anténatal ne possédant pas la « personnalité juridique », qui peut être définie comme le « point d'imputation des obligations et des droits[28] » et n'est conférée qu'à la naissance d'un être vivant et viable.

Dans les débats politiques et éthiques autour du statut de l'être avant la naissance, les notions d'*humain* et de *personne* sont confondues, parfois délibérément[29]. Une vidéo publiée sur la plateforme YouTube par la fondation Jérôme Lejeune – une des principales associations du mouvement anti-avortement fran-

26. Lynn M. Morgan, « Embryo Tales », *op. cit.*, p. 264.
27. Laurie Marguet, *Le droit de la procréation en France et en Allemagne. Étude sur la normalisation de la vie*, L'Harmattan, 2021,
28. Olivier Cayla et Yan Thomas, *Du droit de ne pas naître. À propos de l'affaire Perruche*, Gallimard, 2002, p. 93-94.
29. Lynn M. Morgan, « When Does Life Begin ? A Cross-Cultural Perspective on the Personhood of Fetuses and Young Children », dans Edd Doerr, James W. Prescott, *Abortion and Fetal « Personhood »*, Centerlines Press, 1989, p. 97-114.

çais – illustre parfaitement ce travail de brouillage des catégories[30]. La vidéo s'inscrit dans une série intitulée « en seulement 3 minutes… » qui vise à « décrypter » les questions bioéthiques « avec un regard scientifique et éthique » (*sic*). La vidéo donne la parole à un médecin d'un certain âge, le Dr. Henri Bléhaut, directeur de la recherche à la fondation Lejeune. Il y apparaît habillé d'une blouse blanche et accoudé à une paillasse de laboratoire : tous les symboles de l'autorité médicale et de l'expertise scientifique sont présents. Interrogé sur la question de savoir si l'embryon est un être humain ou une personne, il répond : « On n'a jamais croisé de personnes qui ne soient pas des êtres humains, et des êtres humains qui n'étaient pas des personnes. C'est purement intellectuel cette dissociation, c'est complètement déconnecté de toute réalité[31]. » Ce médecin réfute explicitement la distinction catégorielle entre humain et personne, et il partage là la position défendue par l'Église catholique, pour qui la personne existe dès la conception. Or s'il est nécessaire d'opérer une distinction entre *humain* et *personne*, c'est non seulement parce que l'indifférenciation de ces catégories peut mettre en péril le droit à l'avortement, mais aussi parce qu'elle est impropre dans le contexte ouest européen et nord-américain. Je centre ici mon propos sur cette aire culturelle et géographique car, comme indiqué précédemment, le statut de personne dans d'autres sociétés peut ne s'acquérir qu'après la naissance physique, une fois réalisés un certain nombre de rites de naissance.

Pour montrer l'importance de cette distinction, je me base ici principalement sur le travail de l'anthropologue américaine Lynn M. Morgan[32] qui a consacré un article à la distinction humain / personne dans le contexte des débats sur l'avortement aux États-Unis. Elle montre que dans nos sociétés, la terminologie de l'« humain » s'applique à une catégorie basée sur des perceptions culturelles de la biologie. Il faut comprendre ici le terme de « biologie » à la fois comme un ensemble de connaissances faisant autorité (par exemple la science de la biologie de la reproduction) et comme un ensemble de phénomènes (la reproduction comme processus physique)[33]. Un humain est un membre d'une classe spécifique d'êtres faisant partie de ce que nous appelons l'espèce l'Homo Sapiens. Dès lors, la notion d'être *humain* n'implique pas un statut juridique, moral et social ; elle renvoie davantage à un « donné biologique », un « matériau cru ». Par contraste, une « personne » est un être qui occupe un statut social et moral

30. Voir la vidéo : « L'embryon, un être humain ? » : https://www.youtube.com/embed/z6FIKncUE-b4?rel=0. 2012.

31. *Ibid.*

32. Lynn M. Morgan, « When Does Life Begin? A Cross-Cultural Perspective on the Personhood of Fetuses and Young Children », *op. cit.*

33. Donna Jeanne Haraway, *Modest_Witness@Second_Millennium. FemaleMan (c)_Meets_OncoMouseTM. Feminism and Technoscience*, Routledge, 1997.

qui dépasse la biologie. Une personne est un être inscrit dans la communauté sociale et un système de parenté. Dans toutes les sociétés, tuer une personne est considéré comme un acte répréhensible, un meurtre – ce qui n'est pas le cas de l'acte consistant à tuer un être qui ne serait, précisément, pas encore reconnu comme une personne[34] – à l'instar de l'être avant la naissance. Dans les sociétés nord européennes et ouest américaines, tout produit de la conception est donc considéré comme étant *a priori* humain.

Ce n'est pas partout le cas, comme l'atteste le fait que certains critères soient parfois utilisés pour anthropomorphiser les nouveau-nés. Chez les Arunta d'Australie centrale étudiés dans les années 1930 par Ashley Montagu[35] par exemple, si un enfant naît à un stade prématuré, il n'est pas considéré comme humain, mais comme le petit d'un animal, tel que le kangourou, qui a été placé par erreur dans le ventre de la femme. Dans cette société, le nouveau-né n'est pas assuré de naître humain ; il n'est anthropomorphisé qu'après la naissance, sur la base de caractéristiques physiques qui peuvent – ou non – être dotées par la suite d'une signification morale. Cette reconnaissance de l'humanité est nécessaire à la détermination du statut de personne. Elle lui précède toujours et est attribuée lors des rites de naissance. Un individu peut même n'acquérir le plein statut de personne qu'à la fin de sa vie. De la même façon, jusqu'au XIX^e^ siècle dans les sociétés ouest européennes, tout produit de la conception n'était pas nécessairement reconnu comme humain. C'est ce que révèlent les débats en embryologie au XIX^e^ siècle. En raison de la ressemblance entre différentes espèces au stade embryonnaire (notamment la présence de la queue embryonnaire), tout l'enjeu était en effet de distinguer, parmi les embryons et fœtus observés, les membres de l'espèce humaine des autres[36]. Deux théories étaient en concurrence : celle d'une unité fondamentale des êtres vivants, et celle d'une différenciation dès l'origine ; c'est cette dernière qui prévalut ensuite. Il est frappant d'ailleurs de voir que les études menées sur des spécimens d'embryons et de fœtus n'étaient pas rattachées aux débats autour de l'avortement et de la contraception, comme ils peuvent l'être aujourd'hui. Pour reprendre le titre de l'ouvrage de Lynn Morgan, l'embryon et le fœtus ne sont devenus des « icônes de la vie[37] » que plus tard. Dans les débats contemporains, dès lors que leur statut est questionné, il est toujours fait débat de leur droit à la vie et de la possibilité d'intervenir sur eux ; mais au XIX^e^ siècle,

34. Pascale Bonnemère, « Une perspective anthropologique sur l'infanticide : la notion de personne en Nouvelle-Guinée », *op. cit.*
35. Ashley Montagu, *Coming into Being Among the Australian Aborigines: A Study of the Procreative Beliefs of the Native Tribes of Australia*, Routledge, 2004.
36. Lynn M. Morgan, « Embryo Tales », *op. cit.*
37. Lynn M. Morgan, *Icons of life: a cultural history of human embryos*, University of California Press, 2009.

ils étaient associés à un ensemble complètement différent de problèmes sociaux, à savoir l'évolution, le « problème de la race », et les relations entre les humains et les non-humains. Avec le développement des pratiques scientifiques et biomédicales autour de la génétique (hybridation, création de chimères), des chercheurs comme Francis Fukuyama[38] craignent toutefois que les frontières de l'humanité puissent aujourd'hui être redéfinies et les limites entre humains et non-humains brouillées[39]. Quelle est la nature d'un animal dans lequel des cellules humaines ont été introduites ?

Toutefois, en dehors de ces cas très particuliers et dans le contexte français contemporain, l'enjeu n'est donc plus tant celui de la reconnaissance du caractère humain de l'embryon et du fœtus que celui de la distinction entre l'être humain bénéficiant du droit à la vie et celui qui n'en bénéficie pas ; *in fine,* l'enjeu est celui de la reconnaissance de sa qualité de personne. Ce n'est qu'à la naissance vivante et viable qu'un individu se voit attribuer la qualité de personne (la personnalité juridique) et ce, désormais, de façon automatique. Le statut de l'être avant la naissance est toutefois plus complexe. En introduction de sa thèse en droit privé consacrée à l'humain avant la naissance et après la mort[40], Lisa Carayon rappelle que la notion de « corps humain » ne fait pas l'objet d'une définition juridique précise, et que cette notion semble renvoyer à des notions biologiques et médicales : « L'humain est ce qui est biologiquement humain ; le corps est un organisme organisé, considéré dans sa globalité[41]. » Sont ainsi exclus de la catégorie d'humain non seulement les animaux, mais aussi les éléments humains détachés du corps, comme les organes. Mais qu'en est-il de l'enfant à naître, qui a pu être considéré selon l'adage juridique comme *pars viscerum matris*, c'est-à-dire comme une partie du corps de la femme ? Il ne bénéficie pas de droits propres, étant tributaire de ceux de la femme. Et si le droit lui accorde une certaine protection en raison de sa qualité humaine, il faut noter des seuils dans cette protection. Il est ainsi possible d'interrompre la vie de cet être jusqu'à 16 SA et ce, sur simple décision de la personne qui le porte (IVG). Au-delà de ce seuil, des circonstances particulières permettent encore l'interruption de la grossesse ; on parle alors d'interruption médicale de grossesse (IMG), autorisée dans le cas où la poursuite de la grossesse constitue un danger pour la santé ou la vie de la femme enceinte ou si le fœtus est atteint d'une affection d'une « par-

38. Francis Fukuyama, *La fin de l'homme : les conséquences de la révolution biotechnique*, Éd. la Table ronde, 2002.
39. Catherine Rémy, Myriam Winance, « Pour une sociologie des "frontières d'humanité" », *Politix*, 2010, vol. 90, n° 2, p. 7-19.
40. Lisa Carayon, *La catégorisation des corps. Étude sur l'humain avant la naissance et après la mort, Thèse de doctorat en droit privé*, Université Paris 1 – Panthéon-Sorbonne, 2016, p. 1.
41. *Ibid.*

ticulière gravité », après accord d'une commission pluridisciplinaire de diagnostic prénatal chargée d'évaluer les demandes d'IMG (article L. 2213-1 du Code la santé publique). De la même façon, il n'y a pas d'unité en droit de la protection de l'être avant la naissance, je le montrerai ensuite[42].

Il apparaît en fait que le droit français maintient le statut de l'être avant la naissance dans un « entre-deux », sans toutefois jamais l'assumer pleinement. Si c'est précisément sur ce statut d'entre-deux que jouent les militants anti-avortement, c'est aussi ce qui permet de préserver un pluralisme institué, dans une perspective où une diversité de possibilités quant au devenir de l'être anténatal est préservée.

## Ni chose, ni personne : l'entre-deux juridique de l'embryon et du fœtus en droit français[43]

### *Le cas des mort-nés et des embryons* in vitro *: des statuts intermédiaires exemplaires*

Le statut juridique de l'être avant la naissance peut être considéré comme un statut « liminal ». La liminalité est définie dans la littérature anthropologique[44] comme un état intermédiaire entre deux positions stables, intégrées et normées : l'individu ou le groupe a quitté son ancien statut et est en attente pour en intégrer un nouveau. Pour cette raison, la liminalité ne se comprend que saisie dans le contexte d'une structure globale, en relation avec des statuts stables et clairement définis, par rapport auxquels elle se définit en négatif. C'est le cas du statut juridique de l'être anténatal. Ni chose ni personne, il fait figure d'hybride face à la *summa divisio* qui structure le droit français, cette traditionnelle distinction du droit qui ne connaît pas, dans ce domaine, de catégorie intermédiaire. La complexité de la question du statut de l'embryon et du fœtus est renforcée par une absence d'unité en droit de la condition humaine avant la naissance. L'embryon, le fœtus *in utero* et l'embryon *in vitro* ne sont en théorie pas égaux devant la loi,

---

42. Laurie Marguet, *Le droit de la procréation en France et en Allemagne. Étude sur la normalisation de la vie*, *op. cit.*
43. Pour une version détaillée de cette analyse voir Anne-Sophie Giraud, *L'être anténatal. Dynamiques parentales, médicales et juridiques*, Édition de la Maison des Sciences de l'Homme, collection Ethnologie de la France et des mondes contemporains, Paris, 2024, p. 37-87.
44. Arnold Van Gennep, *Les rites de passage : étude systématique des rites de la porte et du seuil, de l'hospitalité, de l'adoption, de la grossesse et de l'accouchement, de la naissance, de l'enfance, de la puberté, de l'initiation, de l'ordination, du couronnement, des fiançailles et du mariage, des funérailles, des saisons, etc.*, Paris, Picard, 1881, réimpr. de l'éd. de 1909, augm. en 1969 ; Victor Witter Turner, *Le Phénomène rituel : Structure et Contre-Structure*, Presses Universitaires de France, 1990.

sans pour autant être réellement rattachés à des catégories juridiques distinctes. Ainsi, le Conseil constitutionnel a estimé en 1994 que le législateur n'avait pas entendu appliquer l'article 16 à l'embryon *in vitro*[45]. Sa condition juridique est soumise au seul Code de la santé publique (CSP), et son statut est, en réalité, entièrement sous-tendu par la notion de « projet parental » (point sur lequel je reviens en détail ensuite).

Face à cette absence de catégorisation juridique spécifique, plusieurs institutions en ont proposé de nouvelles dans le but de clarifier le statut juridique de l'embryon et du fœtus. Le CCNE par exemple, un organisme dont la mission est d'émettre des avis sur les problèmes éthiques et les questions de société dans les domaines de la biologie, de la médecine et de la santé, avait utilisé l'expression de « personne humaine potentielle[46] » dans son premier rapport en 1984 : l'être anténatal devrait être protégé non pas parce qu'il est une personne, mais parce qu'il peut en devenir une. Le législateur, quant à lui, s'est délibérément abstenu de toute qualification[47] ; mais il est toutefois clair sur son refus d'attribuer à l'être anténatal la personnalité juridique. Dans le même temps, le droit français refuse l'assimilation de l'embryon à une chose – même particulière – comme peuvent l'être les gamètes ainsi que tous les éléments et produits du corps humain qui sont soumis à un régime spécial (gratuité, non-patrimonialité, consentement, etc. art. L. 1211-1 à L. 1273-3, CSP). Certains cas limites (embryons *in vitro* détruits, fœtus morts sans funérailles) peuvent toutefois suggérer que sans être qualifié de chose, l'être anténatal est parfois soumis à leur régime juridique. La procédure « d'accueil » d'embryons surnuméraires, notamment, témoigne du statut hybride accordé à l'embryon. C'est en effet une procédure tiraillée entre deux logiques qui paraissent contradictoires : l'assimilation à l'adoption d'un enfant, d'un côté et l'assimilation, en sens inverse, à un don de gamètes[48].

Les cas de l'embryon *in vitro* et du fœtus mort mettent eux aussi en lumière le statut d'entre-deux de l'être avant la naissance[49] car ils cristallisent les enjeux liés

45. Conseil constitutionnel, 27 juillet 1994, n° 94-343/344 DC ; et Elise Roumeau, « L'embryon comme objet d'expérimentation de retour devant le juge constitutionnel », *La Revue des droits de l'homme*, 2021 [en ligne].

46. CCNE, « Avis sur les prélèvements de tissus d'embryons et de fœtus humains morts, à des fins thérapeutiques, diagnostiques et scientifiques. Rapport », 22 mai 1984.

47. Grégoire Loiseau, « La qualification juridique de l'embryon : sujet ou objet ? », dans Pierre Jouannet, Catherine Paley-Vincent (dir.), *L'embryon, le fœtus, l'enfant. Assistance Médicale à la Procréation (AMP) et lois de bioéthique*, Éditions ESKA, 2009, p. 92.

48. Violaine Euriat, « Don de gamètes et don d'embryons : état des lieux avant l'établissement des lois », *Spirale*, 2004, vol. 32, n° 4, p. 55-75.

49. Sur la façon dont les marges éclairent la norme : Groupe EnCoRe (Laurence Hérault, Irène Théry), « Parenté, personne et genre : pour une approche relationnelle des marges », *Émulations – Revue de sciences sociales*, 2019, n° 32, p. 91-106.

au statut de l'être avant la naissance et à l'acquisition du statut de personne. Ce faisant, ils rendent les choix qui doivent s'opérer à ces moments plus explicites. Alors que le statut intermédiaire de l'être avant la naissance n'est normalement que transitoire, car amené à se résoudre soit par l'acquisition du statut de personne au moment de la naissance vivante et viable, soit par sa destruction, le statut liminal de l'embryon *in vitro* et du fœtus mort a un caractère permanent. Le fœtus mort reste bloqué dans un état d'entre-deux, n'ayant jamais acquis la personnalité juridique. L'embryon *in vitro* est une vie potentielle qui demeure, elle aussi, dans un état intermédiaire (du moins temporairement) lorsqu'elle est cryoconservée. Ces situations de marges révèlent également le « pluralisme institué » qui caractérise aujourd'hui la façon dont la société française contemporaine traite des questions de procréation et du statut de l'être avant la naissance.

Dès l'origine, la conception des embryons *in vitro* doit impérativement s'inscrire dans le cadre d'un projet parental (CSP, art. L. 2141-3), formulé par un couple formé d'un homme et d'une femme ou, aujourd'hui (depuis la loi bioéthique de 2021), de deux femmes ou d'une femme seule (CSP, Art. L. 2141-2). La dissolution du projet parental – lorsqu'il s'agit d'un couple, pour cause de décès de l'un des membres du couple, du dépôt d'une requête en divorce ou en séparation de corps, ou encore pour cause de cessation de la communauté de vie ou de révocation du consentement par l'un ou l'autre des membres du couple – fait obligatoirement obstacle au transfert des embryons ainsi qu'au maintien de leur conservation. Le traitement et la qualification des embryons *in vitro* dépendent donc essentiellement de ce projet parental. Il détermine le devenir de l'embryon, aussi bien comme futur enfant à naître, comme matériau de recherche ou encore comme « rebut » d'un processus biotechnique. Les acteurs responsables de la détermination du statut de l'embryon *in vitro* vont toutefois varier selon son « état ». S'il est « frais », c'est-à-dire non cryoconservé, sa responsabilité incombe aux professionnels (biologistes, techniciens de laboratoire, ingénieurs) en charge de sa culture et de sa sélection. Une fois les embryons cryoconservés, les règles changent – et l'accord formel du couple ou de la femme seule est nécessaire avant toute décision les concernant. Dans ce cas, cinq « situations de choix[50] » s'offrent à eux. Si les personnes ont toujours un projet parental, elles peuvent décider de prolonger la conservation en vue d'un transfert ultérieur ou choisir de les transférer ; elles peuvent, aussi, prétexter maintenir leur projet parental sans avoir l'intention de le réaliser afin que leurs embryons ne soient pas détruits. Une fois leur projet parental réalisé ou abandonné, la loi leur donne trois options : la

50. Pour une analyse complète de cette question, voir : Anne-Sophie Giraud, « Avoir le choix (?) Les statuts de l'embryon *in vitro* et du fœtus mort en France », *Ethnologie Française*, 2020, vol. 50, n° 2, p. 403-417.

destruction ; le don à un autre couple dans le cadre d'une procédure d'accueil ; le don à la recherche. Ainsi, le devenir des embryons *in vitro* congelés dépend d'un projet parental, ou de son absence, et de ce que les personnes veulent en faire.

Le statut juridique du fœtus mort présente des similitudes avec celui de l'embryon *in vitro*. Comme lui, il est fondamentalement tributaire de la volonté parentale – même si, ici, la volonté de la personne qui a porté le fœtus *in utero* prime sur celle du couple (et donc, sur celle du ou de la conjointe). Comme l'embryon *in vitro*, le fœtus mort de plus 14 SA occupe un statut intermédiaire, situé entre la « pièce anatomique » et « l'enfant », sans jamais être assimilé à l'un ou l'autre. Il se distingue toutefois des « déchets anatomiques ». En droit français, ces derniers sont définis comme « des fragments humains non aisément identifiables[51] » ; cette catégorie inclut par exemple les kystes ou les placentas, mais aussi les fœtus de moins de 14 SA[52] issus de fausses couches précoces ainsi que les fœtus issus d'interruption de grossesse jusqu'à 16 SA. Cette catégorie des déchets anatomiques se différencie des « pièces anatomiques », c'est-à-dire des « organes ou des membres aisément identifiables par un non-spécialiste[53] » auxquels les fœtus décédés au-delà de 14 SA sont assimilés par défaut. Ces fœtus suivent le même traitement que les pièces anatomiques, à savoir l'incinération collective et anonyme dans un crématorium, selon une procédure codifiée aux articles R. 1335-9 à R. 1335-11 du Code de la santé publique, qui se distingue de celle qui est appliquée pour une personne au sens plein du terme. Pour ces fœtus, et c'est en cela que leur statut se situe dans une zone intermédiaire entre les « pièces anatomiques » et « l'enfant », le droit français donne la possibilité aux personnes qui le demandent, de voir dressé un acte « d'enfant sans vie[54] ». L'acte d'enfant sans vie étant soumis à l'existence d'un accouchement et au recueil d'un corps formé et sexué, il n'est pas possible d'en faire la demande dès lors que l'interruption de grossesse se fait par aspiration. Cet acte ouvre certaines possibilités, telles que l'inscription sur le livret de famille et les registres d'état civil (partie décès uniquement), la dation d'un prénom et d'un nom (depuis loi n° 2021-1576 du 6 décembre 2021 visant à nommer les enfants sans vie) et l'organisation de funérailles. Bien que ces transformations puissent donner l'impression d'une institution de la personne du fœtus mort, il demeure une infrapersonne[55]. Il s'agit ici d'un exemple où le droit prend en charge un chan-

51. Article R. 1335-1, CSP.

52. Loi n° 2022-295 du 2 mars 2022 visant à renforcer le droit à l'avortement.

53. Art. R. 1335-9, CSP.

54. Décret n° 2008-800 du 20 août 2008 relatif à l'application du second alinéa de l'article 79-1 du Code civil.

55. Anne-Sophie Giraud, « Le statut liminal du fœtus mort en France : du "déchet anatomique" à "l'enfant" », *Techniques & Culture. Revue semestrielle d'anthropologie des techniques*, 2016, n° 65-66 [en ligne].

gement de sensibilité sociétale[56]. La circulaire du 19 juin 2009[57] se présente en effet comme une forme d'aménagement juridique dont le but est d'apporter « une réponse aux souffrances des familles confrontées à un deuil[58] ».

Le statut du fœtus mort, tout comme celui de l'embryon *in vitro*, se présente donc là aussi sous forme de situations de choix institués. Les personnes peuvent décider de refuser toute personnification, comme de pleinement personnifier le fœtus mort. Entre ces deux pôles, elles peuvent choisir de l'inscrire sur leur livret de famille mais de ne pas organiser d'obsèques, ou simplement de le voir et l'habiller, sans entreprendre de démarches administratives. Elles disposent donc d'une marge de manœuvre relativement large en ce qui concerne l'inscription ou non de cet être dans leur parenté. Cependant, les options offertes aux personnes ne se présentent pas sous la forme de choix bien délimités, comme c'est le cas pour l'embryon *in vitro* congelé, mais sous la forme de degrés de choix possibles, bornés par des seuils spatiotemporels (à partir de 14 SA) autour du rapport aux corps, de son devenir et de l'inscription à l'état civil.

Le droit français considère donc toujours l'être anténatal comme inscrit dans un réseau relationnel. Cette perspective s'oppose à celle des militants anti-avortement qui s'inscrivent dans ce que l'anthropologue Elizabeth Roberts[59] a qualifié d'« éthique de la vie ». Sa recherche ethnographique auprès de praticiens et de patients inscrits en parcours de FIV en Équateur lui a permis d'éclairer, dans une démarche comparative, les débats politiques et éthiques autour des embryons et de l'avortement aux États-Unis. Elle y montre que les deux pays développent une éthique différente concernant les embryons. Alors qu'en Équateur, les personnes qu'elle a interrogées s'inscrivent dans une « éthique de la famille », c'est une « éthique de la vie » qui prévaut aux États-Unis. Dans la première, les embryons n'ont de valeur qu'inscrits au sein d'un groupe de parenté. Dans cette perspective, la cryoconservation est source d'inquiétude car elle ouvre la perspective de laisser les embryons s'échapper en dehors de ce groupe de parenté. Il semble alors préférable pour les patients concernés de laisser mourir leurs embryons plutôt que de les congeler, afin de réguler les éventuels liens de

56. Pierre Murat, « La réforme de l'inscription à l'état civil de l'enfant prématurément perdu : entre progrès et occasion manquée », *Études sur la mort*, 2001, n° 119, p. 183-192 ; Anne-Sophie Giraud, « Le statut liminal du fœtus mort en France : du "déchet anatomique" à "l'enfant" », *op. cit.*

57. Circulaire interministérielle DGCL/DACS/DHOS/DGS du 19 juin 2009 relative à l'enregistrement à l'état civil des enfants décédés avant la déclaration de naissance et de ceux pouvant donner lieu à un acte d'enfant sans vie, à la délivrance du livret de famille, à la prise en charge des corps des enfants décédés, des enfants sans vie et des fœtus.

58. *Ibid.*, p. 2.

59. Elizabeth F. S. Roberts, « Extra Embryos: The Ethics of Cryopreservation in Ecuador and Elsewhere », *American Ethnologist*, 2007, vol. 34, n° 1, p. 181-199.

parenté illégitimes. À l'inverse, dans « l'éthique de la vie » fortement représentée aux États-Unis, l'être avant la naissance doit être protégé car il est l'incarnation de l'image sacrée de la « vie », indépendamment des relations dans lesquelles il s'inscrit. Le désir de sauver la « vie » des embryons ne provient pas du désir d'activer une biographie particulière. L'éthique de la vie est articulée avec une conception abstraite et interchangeable de la vie, comprise en dehors de tous liens humains relationnels[60]. En ce sens, on pourrait dire que le droit français s'inscrit, si ce n'est dans une éthique de la famille, dans une éthique relationnelle. Le statut de l'être avant la naissance et en particulier des embryons *in vitro* est entièrement soumis à un projet. Le droit accorde en outre aux individus la responsabilité ultime de décider du statut des êtres avant la naissance avec lesquels ils sont en relation, et ce dans un cadre commun prédéfini.

### *Préserver l'indétermination pour préserver un pluralisme institué ?*[61]

Les débats autour de l'article 16 du Code civil et du droit à l'avortement, ainsi que leur (apparente) contradiction, révèlent le défi auquel la société française est confrontée : concilier la préservation de la vie embryonnaire et fœtale avec l'autonomie des individus. Toute société, quelle qu'elle soit, administre la biopolitique en créant et en ordonnant la vie, et la thanatopolitique en gérant la mort[62]. Ces deux mouvements ont des trajectoires opposées mais ne sont pas contradictoires. La société française gère cette tension d'une manière compatible avec les valeurs des sociétés « individualistes », fondées sur l'égalité en droit des individus. Il faut entendre ici « individualisme » au sens de Louis Dumont[63], c'est-à-dire comme une certaine idéologie normative, morale et juridique où la valeur de l'individu, en tant que porteur d'une identité unique, est valorisée. Il est attribué à cet « individu » une sphère d'autonomie, « en ce sens que c'est à lui, s'il le veut et s'il le peut, de fixer les principes et les règles de sa conduite dans ce domaine qui lui est réservé[64] ». Dans une telle société, la garantie de la préservation de la vie embryonnaire et fœtale en même temps que l'autonomie des individus est permise par le maintien d'un

60. *Ibid.*, p. 188.

61. Pour une version extensive de cette analyse sur les statuts liminaux, voir Anne-Sophie Giraud, « Avoir le choix (?) Les statuts de l'embryon *in vitro* et du fœtus mort en France », *op. cit.*

62. Michel Foucault, *Histoire de la sexualité, 1 : la volonté de savoir* [1976], Gallimard, 1997.

63. Louis Dumont, *Essais sur l'individualisme. Une perspective anthropologique sur l'idéologie moderne*, Le Seuil, 1983.

64. Vincent Descombes, « Individuation et individualisation », *Revue européenne des sciences sociales*, 2003, n° XLI-127, p. 17-35, p. 27.

statut intermédiaire pour l'être anténatal qui permet de préserver l'ensemble des devenirs possibles de l'être anténatal : l'embryon *in vitro* comme un enfant potentiel inscrit dans un projet parental *et en même temps* comme un bioproduit utilisable à des fins de recherche ; le fœtus mort comme un presque bébé *et en même temps* comme une « pièce anatomique ». Ces statuts liminaux permettent la coexistence de choix opposés – strictement organisés et définis par le droit – offerts aux différents acteurs (engendreurs et professionnels). Ces possibilités de choix sont traduites par l'importance accordée dans le droit à la volonté et au projet parental. Les individus ont la possibilité – et parfois le devoir – de choisir le devenir de ces êtres avec lesquels ils sont en relation, selon le contexte dans lequel ils s'inscrivent et selon le sens qu'ils donnent à leur relation avec eux : les détruire, les avorter, ou au contraire poursuivre la grossesse, personnifier ces êtres.

Sans tomber dans les écueils des mouvements anti-avortement sur les prétendus troubles psychiques développés chez les personnes ayant avorté (tels que le « syndrome post-avortement », qui inclueraient dépression, déni ou encore culpabilité[65], une thèse réfutée par plusieurs publications scientifiques dont celles de l'American Psychology Association[66]), ces choix ne se font pas pour autant sans difficultés. La liminalité, si elle est une « arène des possibles », source de créativité et d'agentivité humaine par les possibilités qu'elle offre aux individus concernant le statut de l'être anténatal, est aussi une « arène de responsabilité[67] ». Ces possibles et choix qui incombent aux personnes peuvent être source de tensions et d'anxiété. Cette difficulté touche autant les professionnels chargés de décider du sort des embryons *in vitro*, que les individus auxquels il est demandé de décider du devenir de leurs embryons congelés[68], ou les parents d'un fœtus décédé qui doivent décider de son traitement. Des techniciennes de laboratoire répugnaient ainsi à détruire directement les embryons qui n'avaient été ni implantés ni congelés en raison de leur qualité moyenne. Elles ne voulaient pas faire le choix de les détruire, et les laissaient dans l'incubateur se détériorer

65. Voir par exemple le dossier « Les conséquences psychologiques de l'avortement » de l'Institut européen de bioéthique (un institut aux positions pro-vie) : https://ivg.net/wp-content/uploads/2017/08/etudes-consq-psych-avortement.pdf.

66. Brenda Major et al., « Mental Health and Abortion », Report of the Task Force on Mental Health and Abortion, American Psychology Association, 2008.

67. Susan Merrill Squier, *Liminal lives : imagining the human at the frontiers of biomedicine* Duke University Press, 2004.

68. Robert D. Nachtigall, Becker Gay, Friese Carrie, Butler Anneliese, MacDougall Kirstin, « How couples who have undergone in vitro fertilization decide what to do with surplus frozen embryo », *Fertility and Sterility*, 2009, vol. 92, p. 2094-2096 ; C. Bruno et al., « Survey of 243 ART Patients Having Made a Final Disposition Decision about Their Surplus Cryopreserved Embryos : The Crucial Role of Symbolic Embryo Representation », *Human Reproduction* 2016, vol. 31, n° 7, p. 1508-1514.

tout seuls « naturellement » au bout de quelques jours[69]. De la même façon, de nombreuses études ont montré la difficulté qui se pose aux personnes de décider du devenir de leurs embryons surnuméraires. Les difficultés qu'implique le choix ont également été soulevées par des travaux en sociologie sur l'avortement[70]. À rebours de la grammaire commune de l'idéologie individualiste classique du « projet », articulée à titre principal aux notions de liberté et d'autonomie mises en avant, notamment, par les féministes et les activistes engagées pour la défense de l'avortement, les personnes ayant avorté invoquent au contraire bien souvent la « nécessité » et la fatalité[71] : absence d'un conjoint, manque de moyens financiers nécessaires, études, etc.

Loin également des discours anti-avortement qui prônent une permanence de l'être dès la conception et tout au long de la vie, les statuts de l'être anténatal ne sont pas les mêmes tout au long de la grossesse et ne cristallisent pas les mêmes tensions[72]. Autour de la naissance, le processus de construction du statut de personne est quasiment à son terme. Il n'est plus possible d'interrompre la grossesse en dehors d'une raison médicale spécifique, car le fœtus est tendu vers la naissance. À l'inverse, au tout début, la grossesse peut s'interrompre et ce, de diverses manières : soit spontanément (12 % des grossesses débouchent sur une fausse couche durant le premier trimestre[73]), soit volontairement (jusqu'à 16 SA). De la même façon, les choix institués par le droit et offerts aux individus n'ont non seulement pas le même poids, mais pas non plus les mêmes implications sociales. Pour ce qui est des embryons *in vitro*, l'arrêt de la conservation ou le don à la recherche impliquent une destruction des embryons, tandis que l'accueil d'embryons préserve, en sens opposé, la possibilité de la naissance potentielle d'un enfant (quand bien même les parents n'en seront pas les personnes à l'origine de sa conception[74]). Pour ce qui est des cas de mort périnatale, et dans un contexte marqué par un volontarisme des professionnels de santé incitant les personnes

69. Anne-Sophie Giraud, « Avoir le choix (?) Les statuts de l'embryon *in vitro* et du fœtus mort en France », *op. cit.*

70. Luc Boltanski, *La condition fœtale. Une sociologie de l'engendrement et de l'avortement*, Gallimard, 2004 ; Pierpaolo Donati, Dominique Cèbe, et Nathalie Bajos, « Interrompre ou poursuivre la grossesse ? Construction de la décision », dans Nathalie Bajos, Michèle Ferrand et l'équipe Giné, *De la contraception à l'avortement. Sociologie des grossesses non prévues*, Éditions scientifiques multimédias, 2002, p. 115-162.

71. Luc Boltanski, *La condition fœtale. Une sociologie de l'engendrement et de l'avortement*, *op. cit.*, p. 301.

72. Anne-Sophie Giraud, *L'être anténatal. Dynamiques parentales, médicales et juridiques*, *op. cit.*

73. Amélie Delabaere *et al.*, « Épidémiologie des pertes de grossesse », *Journal de Gynécologie Obstétrique et Biologie de la Reproduction*, 2014, vol. 43, n° 10, p. 764-775.

74. Séverine Mathieu, « Donner et recevoir des embryons en France », *Ethnologie française*, 2017, vol. 167, n° 3, p. 499-508.

à voir et nommer le fœtus pour « faire leur deuil[75] », la responsabilité induite par le choix de ne pas personnaliser est accrue : il peut en résulter une grande culpabilité, le sentiment d'être de « mauvais parents », de ne pas avoir « fait les choses comme il faut[76] ». Cette responsabilité est d'autant plus forte que, dans les deux cas (embryons *in vitro* et fœtus morts), la carte des choix est tendue vers la destruction, le « rien ». Si les personnes décident de ne pas détruire leurs embryons conservés *in vitro*, il faut qu'elles aient pour eux un projet : soit un transfert futur, soit le don à la recherche (qui implique de fait aussi une destruction) ou à d'autres personnes. Si les personnes refusent de choisir, et en l'absence de tout projet parental, les embryons sont détruits. Les personnes possédant des embryons congelés reçoivent en effet un courrier annuel leur demandant si elles souhaitent poursuivre la cryoconservation et si elles n'ont plus de projet parental, ce qu'elles veulent en faire. Il arrive toutefois que des personnes ne répondent plus à ces courriers, pour diverses raisons. La loi autorise dans ce cas la destruction de ces embryons, s'ils ont été conservés depuis plus de cinq ans et si les personnes, consultées à deux reprises, ne répondent pas (art. L. 2141-4, CSP). Il en va de même, dans une moindre mesure, pour les fœtus morts ; en l'absence de choix des personnes (*i.e.* si elles n'expriment pas une volonté de personnification), le fœtus est assimilé par défaut à une pièce anatomique. La dissymétrie entre ces différents choix indique que, si la société met en scène et organise la possibilité de choisir, le statut qu'elle donne à ces êtres liminaux est en réalité déjà déterminé : celui d'un amas de cellules pour l'embryon non implanté dans un utérus et désinscrit d'un projet parental, et celui d'une pièce anatomique, être non singularisé, pour le fœtus mort. Cela ne signifie pas qu'ils ne bénéficient pas d'une certaine protection, au contraire ; mais cette protection n'est pas la même que celle accordée aux individus possédant la personnalité juridique. Il existe en effet un maillage juridique très strict, tant autour de l'embryon *in vitro* (interdiction de culture des embryons *in vitro* au-delà de sept jours après la fécondation, recherche soumise à de nombreuses restrictions...) que du corps du fœtus décédé. Le droit a donc donné un statut « par défaut » à l'être anténatal, qui se met à jour dès lors que les personnes refusent de faire un choix : « pièce anatomique » pour le fœtus mort, « déchet » pour les embryons *in vitro* surnuméraires, futur enfant destiné à naître dès lors qu'en l'absence d'un choix en faveur d'une interruption, il faut considérer qu'il y a consentement à poursuivre la grossesse et par conséquent la naissance[77].

75. Dominique Memmi, *La seconde vie des bébés morts*, *op. cit.*

76. Anne-Sophie Giraud, *L'être anténatal. Dynamiques parentales, médicales et juridiques*, *op. cit.*

77. Simone Bateman, « Le regard et le contrôle de la société sur la recherche et les soins de l'embryon », dans *L'embryon, le fœtus, l'enfant : Assistance médicale à la procréation (AMP) et lois de bioéthique*, Éditions ESKA (Paris : Catherine Paley-Vincent et Pierre Jouannet, 2009), 105-116.

D'ailleurs, la place majeure accordée à la volonté parentale et les aménagements juridiques permettant l'expression du choix ne doivent pas être analysés comme un « retrait » de l'institution au profit des individus. Au contraire, si l'État accorde une marge d'actions possibles aux différents agents sociaux, et en particulier aux engendreurs, dans la gestion de leur corps et de leurs choix procréatifs, celle-ci est strictement encadrée et instituée. Ces choix sont inscrits dans un cadre juridique qui organise notamment les seuils temporels, qui deviennent de ce fait des seuils normatifs délimitant cette marge de possibles. Il en va ainsi du transfert des embryons *in vitro* congelés, qui n'est possible pour la femme que jusqu'à ses 45 ans[78]. De même, les formes de personnification du fœtus mort ne sont permises qu'à partir de 14 SA et ne produisent, en toute hypothèse, que des effets limités (absence de personnalité juridique, inscription sur le registre d'état civil partie décès uniquement). La délivrance d'un acte d'enfant sans vie, qui permet l'organisation de funérailles[79] et l'inscription sur les registres d'état civil, est par ailleurs soumise au recueil d'un corps formé et sexué. Le fœtus mort demeure, au plan juridique et social, une infrapersonne. L'interruption de grossesse, qu'elle soit volontaire ou médicale, s'inscrit encore dans cette même logique qui régit le statut des embryons *in vitro* surnuméraires et des fœtus morts : les personnes peuvent décider d'avorter ou de poursuivre leur grossesse, et ce jusqu'à 16 SA ; mais au-delà de ce seuil, il est impossible d'interrompre la grossesse, sauf à ce que les conditions plus restrictives de l'interruption médicale de grossesse (IMG) soient remplies.

*

En France, les partisans d'une interdiction de l'avortement fondent une partie de leur argumentaire sur l'idée qu'il entrerait en conflit avec le « droit à la vie » dès son commencement, une protection qui serait garantie par l'article 16 du Code Civil.

Cette ligne argumentative ainsi que l'ensemble des débats et tensions autour du statut de l'être anténatal – qui se cristallisent dans les débats autour de l'avortement – découlent d'au moins deux phénomènes décrits dans ce chapitre. Ces tensions sont tout d'abord le résultat du maintien dans le droit d'un statut intermédiaire pour l'embryon et le fœtus. C'est un statut qui présente toutes les

78. Art. R. 2141-38, Décret n° 2021-1243 du 28 septembre 2021 fixant les conditions d'organisation et de prise en charge des parcours d'AMP.

79. Récemment, en 2023, le droit des parents d'un enfant sans vie a été renforcé par la décision n° 468220 du Conseil d'État du 29 septembre 2023, suite au recours d'une femme dont l'enfant sans vie avait été incinéré par le centre hospitalier avant le délai des 10 jours de réflexion obligatoire. Lisa Carayon, « Dans la mort, il faut attendre », Dalloz, 2023, https://www.dalloz-actualite.fr/flash/dans-mort-il-faut-attendre [lien valide le 02/09/2024].

caractéristiques de la liminalité, tendu entre la chose et la personne sans jamais être assimilé entièrement à l'un ou l'autre. Toutefois, si elle donne une base d'arguments aux militants anti-avortement qui jouent sur cette absence d'unité et cette ambivalence juridique du statut de l'être anténatal, cette liminalité permet aussi la conciliation de statuts en apparence opposés et confère une grande flexibilité au statut de l'embryon et du fœtus. Certains auteurs ont d'ailleurs utilisé le concept de liminalité pour rendre compte de la souplesse des règles, notamment en ce qui concerne l'embryon et son utilisation dans la recherche biomédicale[80]. La liminalité permet en effet, tout à la fois, d'organiser la préservation de la vie embryonnaire et fœtale – tout en prenant en compte l'autonomie des individus – et de détruire l'embryon *in vitro* ou d'interrompre la vie du fœtus. La responsabilité du statut et du devenir de ces êtres est remise entre les mains des engendreurs et des professionnels directement en contact avec eux.

Cet argument du « respect de la vie » qui devrait être accordé à l'être avant la naissance est aussi le résultat des discours militants et politiques qui brouillent les différences entre les catégories d'humain et de personne. En refusant cette distinction, qui n'est pas seulement une distinction sémantique mais aussi et surtout statutaire – en ce qu'elle se traduit par des actions, des obligations, des droits différents –, le but est d'accorder à l'être avant la naissance le statut de personne et donc, le droit à la vie. Cette approche de la législation française éclaire également le sens des controverses politiques sur l'avortement, révélant en particulier l'intention des mouvements contre l'avortement. En plus de brouiller ces catégories, de faire fi du processus graduel de construction du statut de personne au cours de la grossesse, en luttant contre l'avortement, l'objectif de ces mouvements n'est pas de défendre une option parmi d'autres, mais de remettre en question le pluralisme institué au profit d'une morale d'État s'imposant à tous[81].

80. Samuel Taylor-Alexander et al., « Beyond Regulatory Compression: Confronting the Liminal Spaces of Health Research Regulation », *Law, Innovation and Technology*, 2016, vol. 8, n° 2, p. 149-176.
81. Je remercie Irène Théry pour cette réflexion au sujet de mon travail de recherche. Voir Irène Théry, « Préface », dans Anne-Sophie Giraud, *L'être anténatal. Dynamiques parentales, médicales et juridiques*, Ethnologie de la France et des mondes contemporains (Paris : MSH Paris, 2024).

# L'activisme catholique contre l'avortement

## De la lutte contre la légalisation de l'IVG à la défense de l'embryon dans le débat bioéthique

*Céline Béraud et Séverine Mathieu*

Le 4 mars 2024, le Parlement réuni en Congrès accepte d'inscrire dans la Constitution la liberté des femmes de recourir à l'avortement. Ce même jour, la Conférence des évêques de France, par la voix de son président Éric de Moulins-Beaufort, appelle « au jeûne et à la prière » et souligne que « comme catholiques, nous aurons toujours à rester des serviteurs de la vie de tous et de chacun, de la conception à la mort[1] ». De son côté, le Vatican dénonce simultanément dans un communiqué « un droit à supprimer une vie humaine ».

Presque cinquante ans avant, en 1975, lors de la promulgation de la loi Veil, François Marty, archevêque de Paris, avait dénoncé, dans l'émission Le Jour du Seigneur du 19 janvier, « une œuvre de mort[2] ». On le voit, à cinquante ans d'écart, l'argumentaire des autorités catholique reste le même. Pourtant, il faut souligner que cette doctrine est contemporaine. Pendant longtemps, sa position fut un peu différente : l'Église considérait que le fœtus ne devenait humain que lorsqu'il était doté d'une âme : « Si les Pères grecs avaient pensé que "l'animation" (de l'embryon) était immédiate, la majorité des Pères latins distinguaient le moment de la conception biologique de celui de l'animation, comme pour le cas d'Adam : façonnage de son corps puis don du "souffle" de vie. De même, pour Thomas d'Aquin le fœtus n'a d'abord qu'une vie végétative et animale avant que Dieu ne lui donne une âme intelligente, c'est-à-dire humaine[3]. » Sur la base de cette distinction qui s'est maintenue « pratiquement

1. Cité dans *Le Figaro*, 4 mars 2024, https://www.lefigaro.fr/actualite-france/ivg-dans-la-constitution-l-eglise-catholique-appelle-au-jeune-et-a-la-priere-20240304.
2. Cité dans « IVG : l'Église peut-elle changer la politique ? », *France Culture*, 5 mars 2024.
3. Martine Sevegrand, « Avortement, retour sur le débat catholique (1970-1979) », *Revue d'éthique et de théologie morale*, vol. 285, n° 3, 2015, p. 35.

jusqu'au XIXe siècle[4] », l'Église condamnait alors moins vigoureusement les avortements réalisés avant ce moment-là. La disparition d'un tel seuil et l'affirmation par le magistère de la thèse de l'« animation immédiate » ont conduit l'Église à réprouver avec fermeté l'interruption de grossesse, quel que soit son avancement. En ce sens, dans le contexte de la dépénalisation de l'avortement, la déclaration romaine *Persona humana* (1975), un texte présenté comme s'inscrivant dans un contexte de « relâchement des mœurs », affirme que l'embryon est « une personne qui doit pouvoir disposer du droit à la vie » et la condamnation de l'avortement s'y trouve présentée comme « une loi immuable ». Si le pape François a opéré plusieurs ouvertures pastorales, notamment par rapport aux couples de même sexe, il demeure en revanche sur la question de l'avortement dans la parfaite continuité de ses prédécesseurs. Pourtant, pendant une courte période, entre 1969 et 1979, la question de l'avortement apparaît ouverte dans le débat catholique et donne même lieu à des « empoignades théologiques[5] », qui sont aujourd'hui très largement oubliées. Ainsi, « dans les années 1980 et 1990, la lutte contre l'avortement devient un marqueur identitaire pour des courants de la droite catholique traditionaliste et de l'extrême droite autour des commandos anti-IVG[6] ». Quel en est l'héritage aujourd'hui et quelles sont les formes prises par ces mobilisations depuis les années 2000 ? Comment se sont recomposées les forces militant pour le « droit à la vie » ?

Si l'on dispose de travaux dans plusieurs pays sur les mobilisations catholiques contre l'avortement, notamment en Italie[7], en Belgique[8] et en Angleterre[9], la littérature est assez lacunaire concernant la France, peut-être parce que ces

4. Paul Ladrière, « Religion, Morale et Politique : Le Débat Sur l'avortement », *Revue Française de Sociologie*, vol. 23, n° 3, 1982, p. 429.
5. *Ibid.*
6. Bibia Pavard, *Si je veux quand je veux. Contraception et avortement dans la société française (1956-1979)*, PUR, 2012, p. 321.
7. Martina Avanza, « Plea for an Emic Approach Towards 'Ugly Movements' : Lessons from the Divisions within the Italian Pro-Life Movement », *Politics and Governance*, 2018, vol. 6, n° 3, p. 112-125 ; Martina Avanza, « Using a feminist Paradigm (Intersectionality) to study Conservative Women : The Case of Pro-life Activists in Italy », *Politics & Gender*, 2020, vol. 16, n° 2, p. 552-580 ; Massimo Prearo, *L'hypothèse néocatholique. Politiques, mouvements et mobilisations anti-genre en Italie*, Bruxelles, Éditions de l'ULB, 2023.
8. Cécile Vanderpelen-Diagre, Émilie Brébant, « Pourquoi le ventre des femmes est-il sacré ? Quand les catholiques belges s'engagent contre l'IVG (de 1990 à aujourd'hui) » dans David Paternotte, Sophie Van der Dussen et Valérie Piette (dir.), *Sextant. Revue de la structure de recherche interdisciplinaire sur le genre, l'égalité et la sexualité (STRIGES)*, Dossier « Habemus Gender ! Déconstruction d'une riposte religieuse », 2015, n° 31, p. 223-238 ; Anne-Marie Crossetti, « 'Génération pro-vie'. Lutter contre l'avortement après les lois de dépénalisation », *La Revue Nouvelle*, 2022, vol. 7, n° 7, 2022, p. 15-20.
9. Pam Lowe, Sarah-Jane Page, *Anti-Abortion Activism in the UK : Ultra-sacrificial Motherhood, Religion and Reproductive Rights in the Public Sphere*, Bingley, Emerald, 2022.

mobilisations sont longtemps restées – et demeurent encore – relativement marginales. La sociohistoire des mobilisations catholiques contre l'avortement en France reste à faire. Cette contribution entend précisément poser des jalons pour analyser l'activisme catholique, de la loi Veil de 1975 à l'inscription de ce droit dans la Constitution, en s'attachant à saisir ses infléchissements quant au répertoire d'action et aux rhétoriques utilisées et ses recompositions. Dans cette perspective, se distinguent trois moments : le premier des années 1920 au vote de la loi Veil, au sein duquel les positions catholiques relatives à l'avortement convergent longtemps avec celles du conservatisme social puis font l'objet de débats intra-ecclésiaux ; le second avec l'émergence de la scène bioéthique au cours des années 1990, dans laquelle des catholiques se mobilisent depuis pour défendre l'embryon ; combat qui n'épuise pas la militance désormais dite « pro-vie » qui, depuis une bonne dizaine d'années, renouvelle sa rhétorique et son répertoire d'action.

## Catholicisme et front antilégalisation de l'avortement

La période qui court de 1920 à 1979 est largement documentée par les ouvrages de Fabrice Cahen[10] et Bibia Pavard[11] et également celui de Bibia Pavard, Florence Rochefort, et Michelle Zancarini-Fournel[12]. Fabrice Cahen montre fort bien comment, à partir de 1890, la politique anti-avortement est « un cas flagrant de co-construction civile et religieuse » et que « l'axiologie chrétienne [...] a fortement pesé dans la mise en place d'une législation destinée à "protéger la vie" »[13]. Dans la mesure où celle-ci était en phase avec la morale des décideurs politiques et leur perspective nataliste, il s'est ainsi établi un consensus répressif sur l'avortement. Il souligne que « rien ne serait cependant plus faux que de considérer la constitution d'une politique anti-avortement comme un processus consensuel et automatique[14] ». Le front anti-avortement mêle des chrétiens, catholiques et protestants, des laïques et des libres-penseurs, qui n'appartiennent pas nécessairement aux franges politiques les plus réactionnaires. Les catholiques y sont néanmoins

10. Fabrice Cahen, *Gouverner les mœurs : la lutte contre l'avortement en France, 1890-1950*, Paris, INED éditions, 2016.
11. Bibia Pavard, *Si je veux quand je veux*, *op. cit.*
12. Bibia Pavard, Florence Rochefort, et Michelle Zancarini-Fournel, *Les lois Veil. Contraception 1974, IVG 1975*, Armand Colin, 2012.
13. Fabrice Cahen, *Gouverner les mœurs : la lutte contre l'avortement en France, 1890-1950*, *op. cit.*, p. 370.
14. *Ibid.*

majoritaires. Parmi eux, on trouve de nombreux médecins, dont certains sont affiliés à la Société Saint-Luc, la première association de médecins catholiques constituée en 1884 « à des fins apologétiques et scientifiques, à l'époque de la construction de la République laïque[15] ». En 1909 est fondée « la Ligue contre le crime d'avortement », officialisant ainsi un discours répressif[16]. La loi du 31 juillet 1920 interdit toute propagande pour les méthodes anticonceptionnelles et l'avortement ; et les députés durcissent encore la législation en 1923 puis en 1939. Une telle dureté découle indéniablement moins d'une influence religieuse que de considérations portées par des « repopulateurs » souvent nationalistes[17]. Il n'en demeure pas moins qu'au même moment, l'encyclique *Casti Connubii* (1930) condamne toute forme de contraception et, partant, l'avortement[18]. L'alliance entre politique et religion en matière d'avortement se maintient donc.

La question de l'avortement est rouverte par les débats sur la légalisation de la contraception. Débute alors une nouvelle période durant laquelle émerge le débat public sur le contrôle des naissances[19], relancé en 1955 par Marie-Andrée Lagroua Weill-Hallé, catholique, ancienne militante de la JEC (Jeunesse étudiante chrétienne)[20], qui veut promouvoir la contraception mais est hostile à l'avortement, en raison notamment de ses convictions religieuses. Fondatrice de « La Maternité heureuse », elle explique d'ailleurs que l'association repose sur deux formes de respect, celui du droit individuel à recourir à la contraception et celui des convictions religieuses, notamment catholiques : « Il ne nous appartient pas de chercher à influencer [les catholiques] en cette matière. C'est en leur for intérieur, c'est au sein de leur Église qu'ils peuvent débattre les cas de conscience et les points de doctrine qu'ils soulèvent[21]. » Contraception et

15. Voir Hervé Guillemain, « Les débuts de la médecine catholique en France. La Société médicale Saint-Luc, Saint-Côme et Saint-Damien (1884-1914) », *Revue d'histoire du XIX^e^ siècle*, 2003, n° 26 / 27, p. 227-258.

16. Jean-Yves Le Naour, Catherine Valenti, *Histoire de l'avortement. XIX^e^-XX^e^ siècle*, Le Seuil, 2003, p. 79.

17. Annette Sousa Costa, « État et Église en France et en Allemagne face au problème de l'avortement », dans Sylvie Le Grand (dir.), *La laïcité en question*, Paris, Presses universitaires du Septentrion, p. 195-206.

18. Sur l'histoire contemporaine de l'Église catholique et la sexualité, voir Martine Sevegrand, *Les enfants du Bon Dieu, les catholiques français et la procréation au XX^e^ siècle*, Albin Michel, 1995.

19. Bibia Pavard, Florence Rochefort et Michelle Zancarini-Fournel, *Les lois Veil. Contraception 1974, IVG 1975*, *op. cit.*, p. 31-47.

20. *Ibid.*, p. 32.

21. Marie-Andrée Lagroua Weill-Hallé, « Raison d'être de notre association », *La Maternité heureuse. Bulletin* d'information, 1, 1956, citée par Marie-Françoise Levy, « Le Mouvement français pour le Planning familial et les jeunes », *Vingtième Siècle. Revue d'histoire*, 2002, vol. n° 75, n° 3, p. 75-84, p. 77.

avortement sont dans une telle perspective liés, le premier dispositif étant censé permettre d'éviter le second.

Lorsque Lucien Neuwirth, catholique pratiquant, retrace dans *Que la vie soit !*[22] les étapes de la procédure législative aboutissant à l'adoption de la loi de 1967 sur la contraception, il explique que les obstacles rencontrés par la révision de la législation sur la contraception ne tiennent pas tous à l'opposition de l'Église catholique. De fait, aucun groupe parlementaire n'est unanime sur la question, y compris le groupe communiste, dont certains membres s'inquiètent de l'effet sur la natalité et considèrent alors qu'il s'agit là d'un « combat petit-bourgeois[23] ». Dans la commission spéciale qui est créée à l'Assemblée nationale, sont successivement abordés les apports de la médecine, de la démographie et de la sociologie. Puis, sont consultés des catholiques, des protestants, des juifs, c'est-à-dire les anciens « cultes reconnus » d'avant 1905. Leurs représentants sont entendus : il s'agit pour les catholiques, du chanoine Gaudillière, secrétaire de la Commission épiscopale de la famille et de l'abbé de Lestapis, professeur à l'Institut catholique de Paris ; pour les protestants, du pasteur André Dumas, professeur d'éthique à la Faculté de théologie protestante de Paris ; et pour le judaïsme, d'Ernest Gugenheim, rabbin, professeur au séminaire israélite de France. L'abbé de Lestapis insiste sur le fait que le concile de Vatican II (1962-1965) n'a pas modifié la doctrine catholique[24]. Quant aux protestants et aux juifs, leurs représentants ne se déclarent pas totalement opposés à la contraception. La loi est promulguée le 28 décembre 1967, mais quelques mois plus tard, l'encyclique *Humanæ Vitæ* (1968) réaffirme le caractère illicite de l'avortement, « même pour des raisons thérapeutiques », et surtout l'interdiction des formes de contraception décrites comme « artificielles » (préservatif, pilule, dispositif intra-utérin mais aussi retrait). Seule l'abstinence périodique basée sur la connaissance du cycle menstruel, qualifiée de mode de régulation « naturelle » des naissances, est considérée comme licite. Sur ce second point, l'encyclique suscite une grande déception chez beaucoup de catholiques qui espéraient alors un changement doctrinal[25]. Elle nourrit dès lors différents comportements, de la « rupture silencieuse[26] » au contournement de la norme, y compris par des catholiques parmi les plus pratiquantes, en

22. Lucien Neuwirth, *Que la vie soit !*, Paris, Grasset, 1979.

23. Voir Jean-Pierre Delannoy, *Les Religions au Parlement français du général de Gaulle (1958) à Valéry Giscard d'Estaing (1975)*, Paris, Cerf-Histoire, 2005 ; Fabrice Cahen, *Gouverner les mœurs : la lutte contre l'avortement en France, 1890-1950*, *op. cit.* ; et Annette Sousa Costa, art. cité.

24. *Ibid.*

25. Martine Sevegrand, *L'Affaire Humanæ vitæ : l'Église catholique et la contraception*, Paris, Karthala, 2008.

26. Denis Pelletier, *La crise catholique. Religion, société, politique en France (1965-1978)*, Paris, Payot, 2002, p. 46.

passant par la « contestation feutrée de la morale sexuelle par les fidèles, au sein même de l'Église[27] ». Au sein du catholicisme français, l'association « Cler Amour et famille » (Centre de liaison des équipes de recherche), fondée par un prêtre jésuite et un médecin catholique en 1961 en opposition à l'ouverture des premiers centres du Planning familial, a assuré et assure encore aujourd'hui, à l'échelle des diocèses, la promotion de ces méthodes – c'est-à-dire dans un premier temps celle dite des températures puis celle de la symptothermie. La loi Neuwirth et l'encyclique *Humanæ Vitæ* témoignent de la divergence entre norme juridique positive et norme catholique.

Quelques années plus tard, la législation sur l'avortement de 1975 confirme et renforce les processus de moralisation des opinions religieuses (les Églises peuvent certes s'exprimer dans le débat public en tant qu'« instances morales » mais elles ne constituent désormais plus « que des voix parmi d'autres »[28]) et d'expansion de l'individualisme moral. Bibia Pavard[29] explique que lors des débats, trois grandes familles de pensée s'opposent. La première s'exprime pour le refus de la réforme au nom du respect de la vie. Ce sont des députés de l'UDR, d'une droite conservatrice qui défend les valeurs de l'Église catholique. Il s'agit souvent de médecins qui se situent à la croisée de l'expertise scientifique et de la morale religieuse. C'est notamment le cas de Jacques Hébert, médecin, député UDR de la Manche et du député Claude Peyret, généraliste. La deuxième famille de pensée fait montre d'une position modérée et pragmatique, représentée notamment par Lucien Neuwirth. La troisième famille soutient la réforme au nom du progrès social. En son sein, on trouve certains membres pionniers du Mouvement français pour le planning familial (qui a pris la suite de la « Maternité heureuse » en 1960, et dont Marie-Andrée Lagroua Weill-Hallé a démissionné en 1967). Après le vote de la loi Neuwirth, ils fondent en 1969 « l'Association nationale pour l'étude de l'avortement » (ANEA) pour faire émerger le débat sur la question de l'avortement. C'est un protestant, le pasteur André Dumas qui en est vice-président. Avec sa femme, Francine Dumas, qui est à la tête du mouvement protestant Jeunes Femmes, il a soutenu le combat en faveur du contrôle des naissances dès le début des années 1960[30]. D'autres représentants des religions sont également membres de l'ANEA et s'investissent dans sa commission éthique, témoignant aussi de

27. Magali Della Sudda, « Par-delà le bien et le mal, la morale sexuelle en question chez les femmes catholiques », *Nouvelles Questions Féministes*, 2016, vol. 35, n° 1, 2016, p. 82.

28. Paul Ladrière, *art. cit.*, p. 417.

29. Bibia Pavard, *Si je veux quand je veux*, *op. cit.*, p. 96.

30. Bibia Pavard, Florence Rochefort, et Michelle Zancarini-Fournel, *op. cit.*, p. 107-108. Les autrices citent notamment André Dumas, *Le contrôle des naissances. Opinions protestantes*, Les bergers et les mages, 1965.

la pluralité des mondes religieux sur ces questions[31] : Michel Viot, luthérien ; René Simon, religieux salésien et professeur de théologie à l'Institut catholique de Paris ; Jacques Pohier et Bernard Quelquejeu, dominicains, professeurs au Saulchoir[32] ; le rabbin Josy Eisenberg. Daniel Mayer, président de la Ligue des droits de l'homme apparaît comme une caution de la morale laïque.

La voie vers la légalisation de l'avortement se poursuit, là encore sous les auspices d'un médecin catholique, Claude Peyret. D'abord opposé à l'avortement, il change d'avis lorsqu'une femme à laquelle il a refusé un avortement décède[33]. Il décide alors de réfléchir à l'élargissement des conditions de recours à l'avortement thérapeutique. C'est lui qui soumet en 1970 une proposition de loi, qui suscite « une levée de boucliers de la part des milieux catholiques traditionnels[34] ».

Du côté des opposants à la légalisation de l'avortement, il faut désormais compter avec la création de plusieurs associations en 1970-1971, dont l'Association des juristes pour le respect de la vie et « Laissez-les-vivre ». C'est cette association que rejoint Jérôme Lejeune, médecin catholique à qui on a longtemps attribué la découverte de la trisomie 21, en lieu et place de la pédiatre Marthe Gautier. Il s'y investit et se trouve clairement identifié comme très actif par les personnes favorables à la libéralisation de loi : lors d'une conférence qu'il donne en février 1971, un groupe de femmes l'interrompt pour clamer leurs revendications. Il lance l'année suivante l'« Association des médecins pour le respect de la vie ». En 1973 est fondée l'association Grossesse-Secours, spécialisée dans le conseil conjugal et familial, qui comme « Laissez-les-vivre », est proche du « Cler » et des « Associations familiales catholiques » (AFC). Il s'agit, pour cette militance, tout à la fois de « respecter la vie », de résister à la « dissolution des mœurs » et de favoriser la natalité[35].

Si ce réseau militant catholique est fermement opposé à toute évolution, certaines figures comme les théologiens Bruno Ribes, René Simon et l'abbé Oraison plaident pour un assouplissement de la législation[36]. La revue *Lumière et Vie* entend, dans son numéro d'août-octobre 1972 auquel contribuent notamment les dominicains Bernard Quelquejeu et Jacques-Marie Pohier, « oser poser la question » de l'avortement. Ils invitent à poursuivre la réflexion théologique,

31. Sur la pluralité interne au monde catholique, voir Martine Sevegrand, *op. cit.*, 2015, p. 35-47.

32. Le Saulchoir est un centre de formation théologique dominicain.

33. Claude Peyret, *Avortement, pour une loi humaine*, Paris, Calmann-Lévy, 1974.

34. Bibia Pavard, *Si je veux quand je veux*, *op. cit.*, p. 126.

35. Constance Cheynel, « Une contre-révolution sexuelle : la défense de l'embryon et de l'ordre familial », dans Florian Michel et Yann Raison du Cleuziou, (dir.), *À la droite du Père. Les catholiques et les droites de 1945 à nos jours*, Paris, Seuil, 2022, p. 439-440.

36. Bibia Pavard, *Si je veux quand je veux*, *op. cit.*, et Bibia Pavard, Florence Rochefort, et Michelle Zancarini-Fournel, *Les lois Veil. Contraception 1974, IVG 1975*, *op. cit.*

soulignant que, au regard de l'état des connaissances scientifiques acquises – on sait désormais que l'expulsion spontanée d'un embryon est extrêmement fréquente dans les premiers stades de la grossesse : « toute expulsion volontaire d'un fœtus n'est pas forcément l'élimination d'un être humain ni même d'un être qui pourrait le devenir, car il n'est biologiquement pas vrai que tout œuf fécondé dont le développement embryonnaire est déjà avancé soit de l'"être humain déjà là" ou puisse le devenir[37] » –, la position morale du catholicisme pourrait être révisée. Ils soulignent que de telles révisions ont été réalisées à propos de bien d'autres prescriptions et interdictions dans l'histoire de l'Église, à l'instar de la désapprobation du prêt à intérêt ou encore du fait de manger de la viande le vendredi. Il s'agit ainsi de faire « œuvre de théologie responsable, en apportant cette contribution au sujet d'un des drames les plus cachés de notre temps[38] », celui des femmes contraintes de subir des avortements dans la clandestinité, souvent au péril de leur vie, risque que l'épiscopat et les AFC ont alors tendance à minimiser dans leurs discours. Au cours de cette période, deux autres grandes revues catholiques, *Études* et *Le Supplément,* se prononcent « en faveur d'une réforme, non seulement de la loi, mais aussi de la doctrine catholique[39] ». Dans la première, se trouve en outre rappelée par le théologien Bernard Sesboüë l'indétermination de la tradition chrétienne quant au seuil à partir duquel l'embryon devient humain, indétermination effacée du discours officiel contemporain.

Il n'en demeure pas moins que l'opposition catholique monte alors en puissance[40]. Au moment du Manifeste des 343 (femmes qui déclarent avoir avorté) du 5 avril 1970, le journal *La Croix* dénonce une société permissive, tandis que le Congrès de « Laissez-les-vivre » du 6 novembre 1971 déclare « s'opposer par tous les moyens légaux à toute modification de la législation ». Le Centre *Humanæ Vitæ,* fondé en 1968 dans l'immédiat sillage de l'encyclique et qui regroupe des médecins et des biologistes opposés à l'avortement, dont Jérôme Lejeune, dénonce pour sa part « une manœuvre de diversion »[41]. La mobilisation se fait encore plus forte pour faire interdire, sous la pression de « Laissez-les-vivre », le film documentaire *Histoires d'A.* qui sort en 1973. Les évêques ne sont pas en reste. Le 13 février 1971, ils réagissent, dans le cadre de la commission épiscopale de la famille, par le biais d'une « note doctrinale sur l'avortement[42] » qui évoque une

37. *Lumière et Vie*, 1972, n° 109, n° spécial : « L'avortement », 1972, p. 78.

38. *Ibid.*, p. 5.

39. Martine Sevegrand, « Avortement, retour sur le débat catholique (1970-1979) », *op. cit.*, p. 41.

40. Lilian Mathieu, « Les croisades morales chrétiennes », dans Isabelle Sommier, Xavier Crettiez (dir.), *La France rebelle*, Paris, Michalon, 2006, p. 557-570.

41. Bibia Pavard, *Si je veux quand je veux*, *op. cit.*, p. 149.

42. Commission épiscopale de la famille, « Note doctrinale sur l'avortement », *La Documentation catholique*, n° 1582, 21 mars 1971, p. 285-290.

« crise de la civilisation » – une thématique reprise lors de leur assemblée plénière de l'automne 1974. Si, sur la question de la contraception, l'épiscopat avait fait preuve d'accommodement par rapport à *Humanæ Vitæ* « en invoquant le possible "conflit de devoir" pour atténuer la portée du texte romain[43] » (c'est-à-dire que les couples doivent, dans leurs pratiques sexuelles, arbitrer entre deux principes – celui de l'« ouverture à la vie » et celui de la paternité et de la maternité « responsables » – au regard de leurs conditions physiques, économiques et sociales – la réalisation du second pouvant conduire dans certains cas à une entorse au premier), leur opposition en matière d'avortement est ferme. Elle se maintient d'ailleurs intacte jusqu'à aujourd'hui.

C'est dans ce contexte qu'un projet de loi visant à autoriser l'avortement, sous de très strictes conditions (il s'agit d'élargir les conditions de recours à l'avortement thérapeutique), est présenté, en 1973, au Parlement par le gouvernement Messmer. La Commission des affaires culturelles, familiales et sociales de l'Assemblée nationale est saisie pour l'examiner, à laquelle s'ajoute un groupe de travail qui réalise 42 auditions auprès de 154 personnes, dont huit représentent les religions[44], du 11 juillet au 23 novembre 1973. L'épiscopat rappelle à cette occasion la position catholique officielle : le respect de la vie est un principe sacré et absolu qui ne souffre aucune exception ; la vie humaine commençant dès « la cellule fécondée », l'embryon constitue « un être humain déjà là » et se trouve identifié à l'enfant, auquel on ne peut porter atteinte sous peine de faire « œuvre de mort » – l'avortement étant ainsi associé à l'infanticide. Comme le souligne Paul Ladrière, c'est un « argument biologique[45] », tout à fait contestable, qui est ainsi mobilisé pour conforter « la philosophie naturelle du catholicisme » : « Il n'existe pas la moindre référence explicite à la morale naturelle et à la foi naturelle dans les dépositions des représentants ecclésiastiques de la délégation officielle. Cette référence devient par contre omniprésente dans les déclarations des représentants laïcs des organisations familiales catholiques. Strictement alignés sur la position de la hiérarchie, ils n'éprouvent pas le besoin de taire l'assise sur laquelle repose le discours que tiennent tant les autorités ecclésiastiques qu'eux-mêmes[46]. » Deux prêtres dominicains, Philippe Roqueplo et Jacques-Marie Pohier, qui interviennent en tant que membres d'associations indépendantes de l'épiscopat, font entendre des voix dissonantes : le premier

43. Denis Pelletier, « Les évêques de France et la République de l'intime (1968-2005) », dans Céline Béraud, Frédéric Gugelot, Isabelle Saint-Martin (dir.), *Catholicisme en tension*, Éditions de l'EHESS, 2012, p. 179-190.

44. Jean-Pierre Delannoy, *Les Religions au Parlement français du général de Gaulle (1958) à Valéry Giscard d'Estaing (1975)*, *op. cit.*

45. Paul Ladrière, art. cité, p. 420.

46. *Ibid.*, p. 425.

dénonce « l'hypermatérialisme » des évêques, le second « se demande sur quoi il est possible de s'appuyer pour imposer, au nom de Dieu, l'obligation de faire vivre un embryon alors que tout semble indiquer qu'il ne pourra pas avoir une vie humaine[47] ». La Fédération protestante de France (FPF), qui est représentée par deux pasteurs et le théologien Roger Mehl, est favorable à une dépénalisation de l'avortement (qui inclurait également les « situations sociales de détresse » et pas seulement les motifs thérapeutiques) : si elle se refuse à banaliser l'avortement considéré comme « un acte grave » et un « ultime recours » (que la contraception devrait selon elle limiter), elle prône une « éthique de la responsabilité », laissant aux femmes et aux couples la libre décision quant au point de savoir si leurs « conditions matérielles et morales d'existence[48] » leur permettent ou non d'avoir un enfant. Du côté protestant aussi, les positions sont plurielles : si le pasteur André Dumas, qui intervient au titre de l'ANEA, converge avec les représentants de la FPF, deux autres pasteurs participent à la délégation de « Laissez-les-vivre » et reprennent eux la rhétorique propre à cette association.

Le projet de 1973, pourtant « peu libéral[49] », n'aboutit pas, faute de consensus. Valéry Giscard d'Estaing, bien que personnellement opposé à l'avortement en raison de ses convictions religieuses, fait alors de sa dépénalisation l'un de ses engagements de campagne. Élu président de la République, il choisit Simone Veil comme ministre de la Santé pour porter cette réforme. « J'étais le chef d'un État laïque et je devais prendre des décisions acceptables par tout le corps social[50] », explique-t-il dans un entretien donné 25 ans plus tard. Lors des débats qui s'ouvrent à l'Assemblée nationale le 26 novembre 1974 et durent trois jours, des députés catholiques se font entendre avec d'autant plus de virulence qu'au même moment la Congrégation romaine pour la Doctrine de la foi entend par la *Déclaration* Questio De Abortu *sur l'avortement provoqué*, publiée le 24 novembre 1974, peser sur les débats français, considérant que le « respect de la vie humaine ne s'impose pas aux seuls chrétiens[51] ». Albert Liogier, député UDR de Haute-Loire conspue ainsi, avec un ton plus outrancier que la déclaration romaine, les « manifestations publiques au cours desquelles des femmes, ou plutôt des viragos car elles ne méritent pas le nom de femmes [...], étaient prêtes à donner le triste

47. *Ibid.*, p. 426.
48. Jean-Paul Willaime, « Entre éthique de responsabilité et éthique de conviction : l'éthique sexuelle en débat dans le protestantisme français des années 1970-2000 », dans Jacques Maître, Guy Michelat (dir.), *Religion et sexualité*, L'Harmattan, 2002, coll. « Religion et sciences humaines », p. 63.
49. Lucile Olier, « Présentation du dossier. La prise en charge de l'IVG en France : évolutions du droit et réalités d'aujourd'hui », *Revue française des affaires sociales*, n° 1, 2011, p. 6.
50. *La Croix*, 15 mai 1999.
51. Congrégation pour la Doctrine de la foi, *Déclaration* Questio De Abortu *sur l'avortement provoqué*, 1974. Voir https://www.vatican.va/roman_curia/congregations/cfaith/documents/rc_con_cfaith_doc_19741118_declaration-abortion_fr.html, accédé le 21 octobre 2024.

spectacle de leur propre avortement, pour mieux narguer la loi et démontrer l'impuissance de l'État » et l'émergence d'une « nouvelle religion » avec pour dieu « le sexe »[52]. En France, selon lui, « c'est Satan qui conduit le bal [...]. Et pour Satan, contraception et avortement ne sont que deux chapitres du grand et même livre de la sexualité ![53] ». Ces oppositions n'empêchent toutefois pas la promulgation de la loi relative à l'IVG le 17 janvier 1975 (pérennisée en 1979) ; elle dessine, depuis lors, le cadre légal de l'avortement en France.

Ainsi, la mobilisation catholique autour de l'avortement est forte depuis le début des débats. On ne saurait pour autant conclure, ni à une unanimité des catholiques, ni à un front commun des religions sur cette question. Les expériences personnelles et parfois professionnelles, les trajectoires individuelles et familiales influent les différentes positions adoptées.

## Des commandos anti-avortement à l'« activisme bioéthique »[54]

Depuis le milieu des années 1980, des actions « commandos » sont organisées par divers groupuscules hostiles à l'avortement : *sit-in*, occupations, blocages, parfois saccage de matériel et intimidation des personnels, visent à empêcher le bon fonctionnement du service et à exercer une pression morale sur les femmes enceintes. Parmi les organisateurs, on trouve notamment l'association « SOS Tout-petits » fondée par Xavier Dor (pédiatre, catholique traditionaliste et militant d'extrême droite) en 1986, ou « La Trêve de Dieu » fondée deux ans plus tard par Claire Fontana, qui se veut encore plus radicale dans son action. Les commandos, auxquels participent certains ecclésiastiques, se déploient dans les hôpitaux, où sont pratiqués des IVG, et prennent modèle sur des groupes américains d'obédience évangélique, bien qu'en France ils n'atteignent jamais une ampleur équivalente. La première de ces associations organise des prières devant les hôpitaux, tandis que la seconde voit ses membres s'enchaîner aux portes des établissements et sa fondatrice demander, à l'occasion du voyage de Jean-Paul II en France en 1988, une « trêve » des avortements. Le recours à la violence, tout comme la proximité de ces mouvements avec l'extrême droite, est cependant loin de faire l'unanimité dans les réseaux anti-avortement : les

52. Cité par Bibia Pavard, *Si je veux quand je veux*, *op. cit.*, p. 260.
53. *Ibid.*
54. L'expression est celle de Brigitte Feuillet-Liger et Philippe Portier, « Religion et bio-droit en France. Vers une post-sécularité juridique ? », dans Brigitte Feuillet-Liger et Philippe Portier (dir.), *Droit, éthique et religion : de l'âge théologique à l'âge bioéthique*, Bruxelles, Bruylant, 2012 p. 354.

« Associations familiales catholiques » (AFC), qui entendent prendre la main sur cette militance, préfèrent des « modes d'action plus conventionnels » et privilégient « le maintien de relations stables avec des partis de gouvernement »[55]. Quoi qu'il en soit, en 1993, la loi Neiertz crée le délit d'entrave à l'IVG (étendu en 2004 et 2017) et marque alors un tournant[56] en interdisant les pratiques des commandos anti-avortement C'est d'ailleurs la même année qu'est fondée par Christine Boutin, femme politique représentant une droite catholique conservatrice qui se fait connaître quelques années plus tard par son combat contre le Pacs, l'« Alliance pour les droits de la vie » (ADV), qui devient en 2011 « Alliance Vita ». En 1995, la veuve du généticien fonde la « Fondation Jérôme Lejeune », présidée par son gendre Jean-Marie Le Méné. Même si certaines de ses composantes ne renoncent pas immédiatement aux opérations « commandos » (des peines de prison ferme ou avec sursis sont prononcées dans les années qui suivent), la militance anti-avortement finit, à quelques exceptions près (Xavier Dor est condamné en 2014 pour entrave à l'IVG), par limiter son répertoire d'action au périmètre suivant : prières, veillées, manifestations, éducation des jeunes gens, prises de parole dans les registres de l'expertise ou du témoignage, lobbying parlementaire et arme du droit[57]. L'objectif affiché est moins la lutte contre l'avortement que la défense de l'embryon et plus largement la défense de « la vie ».

Celle-ci prend notamment la forme, en 2000, d'une protestation contre certaines utilisations des dons récoltés lors du Téléthon : le président de la « Fondation Jérôme Lejeune » fait paraître un article intitulé « le Téléthon finance la recherche sur les fœtus avortés[58] ». En écho à cette intervention, Pierre-Olivier Arduin, responsable des questions politiques du diocèse de Fréjus-Toulon publie sur le site de ce diocèse une lettre ouverte intitulée « Il n'est plus possible de participer au Téléthon[59] ». Sa démarche est légitimée par André Vingt-Trois, alors archevêque de Paris, lui-même suivi par d'autres évêques. Cette controverse crée le trouble dans l'Église catholique et parmi les fidèles. Cela n'empêche toutefois pas Tugdual Derville, alors délégué général de l'ADV, de déclarer que l'Église

55. Constance Cheynel, « Une contre-révolution sexuelle : la défense de l'embryon et de l'ordre familial », art. cit., p. 445.
56. Voir dans ce volume le chapitre de Florence Rochefort, « Généalogie d'une loi féministe », p. 367.
57. La Fondation Jérôme Lejeune multiplie les recours contre les autorisations de recherche sur l'embryon et les cellules souches embryonnaires, ce qui a été dénoncé par 146 médecins et chercheurs dans une tribune parue dans *Le Monde* du 30 mars 2017 qui réclament que la reconnaissance d'utilité publique dont elle bénéficie soit reconsidérée par les pouvoirs publics. Si ces recours aboutissent rarement, ils ralentissent considérablement la recherche.
58. Cité par Yann Raison du Cleuziou, *Une contre-révolution catholique. Aux origines de la Manif pour tous*, Paris, Seuil, 2019, p. 143.
59. *Ibid.*, p. 144.

doit devenir le lieu de résistance contre les « idéologies libérales et libertaires » et « à la science sans conscience »[60].

Surtout, cette militance catholique trouve dans le processus d'élaboration des lois bioéthiques[61] (en particulier de la législation relative à l'assistance médicale à la procréation), plus spécifiquement dans les différents espaces formalisés à cet effet ou *ad hoc*, une arène où se repositionner : il s'agit de constituer sur ces enjeux un foyer de réflexion collective, par une production d'un argumentaire et de sa diffusion au moyen de différents canaux dont ceux de la démocratie participative : organisation de colloques, de journées de formation, usages de blogs et de forums Internet, animation de débats citoyens[62]. Ce positionnement est d'ailleurs explicitement soutenu par Jean-Paul II dans *Evangelium Vitæ* (1995), encyclique dans laquelle le pape réaffirme le principe du « respect inconditionnel du droit à la vie de toute personne innocente – depuis sa conception jusqu'à sa mort naturelle ». Cette nouvelle militance catholique est encore encouragée dans cette mobilisation autour des enjeux bioéthiques par le fait que les autorités religieuses se trouvent associées, sur le registre de l'expertise, au processus de « fabrication des normes éthiques[63] ». Dès 1983, moment où la bioéthique se constitue en « problème public[64] », les religions sont représentées au Comité consultatif national d'éthique (CCNE), ce qui a certainement contribué à la « surmoralisation[65] » du modèle français. Les lois de bioéthique du 29 juillet 1994 sont ainsi parmi les plus rigides en Europe. Si l'« activisme bioéthique » catholique s'exprime dès 1994, il se maintient ensuite à l'occasion des révisions de ces lois en 2004 et 2011, pour s'opposer notamment à la recherche sur l'embryon, qui sera néanmoins progressivement libéralisée. Lors de la dernière révision, entre 2018 et 2020[66], cet activisme se manifeste pleinement[67]. Sont à cette occasion organisés par le Comité consultatif national d'éthique (CCNE) et les espaces éthiques régionaux des « États généraux de la bioéthique », qui se tiennent dans

60. Cité dans *ibid.*, p. 148.

61. Les premières lois dites de bioéthiques datent de 1994. Elles ont été révisées en plusieurs occasions (2004, 2011 et 2021).

62. Voir Brigitte Feuillet-Liger et Philippe Portier, *op. cit.*, p. 343-376.

63. Séverine Mathieu, *L'enfant des possibles. Assistance médicale à la procréation. Éthique, religion et filiation.* Paris, Éditions de l'Atelier, 2013, p. 11.

64. Emmanuelle Yvert, « Bioéthique et technique de reproduction », dans Juliette Rennes (dir.), *Dictionnaire critique du genre*, La Découverte, 2016, p. 96-105.

65. Bertrand Pullman, *Mille et une façons de faire des enfants. La révolution des méthodes de contraception*, Paris, Calmann-Lévy, 2010, p. 295.

66. En raison des mobilisations contre la réforme des retraites puis de la crise sanitaire, la loi ne sera finalement votée qu'en 2021.

67. Séverine Mathieu, *Faire famille aujourd'hui. PMA, bioéthique et religions*, Paris, Le Cavalier bleu, 2020.

toute la France, de janvier à avril 2018. Dès mars 2017, en amont des États généraux, un groupe de travail placé sous la responsabilité de Pierre d'Ornellas, archevêque de Rennes, a été créé au sein de la Conférence des Évêques pour proposer des outils aux catholiques, sous forme de fiches « bioéthiques » reprises dans un livret (dont certaines portent sur la recherche sur l'embryon, la PMA et la fin de vie)[68]. « Acceptons-nous que l'embryon humain devienne un cobaye ? » : tel est le titre du préambule signé par Michel Aupetit, alors archevêque de Paris et par ailleurs médecin, à la version de ce *Livret bioéthique* publiée sur le site de l'Église catholique de Paris[69]. Les représentants de l'institution catholique appellent de leurs vœux la mobilisation des fidèles[70]. De fait, lors des débats, les opposants et opposantes à l'ouverture de la PMA aux couples lesbiens et aux femmes célibataires, point sur lequel se focalisent les débats, sont actifs, répondant à l'appel de leurs autorités religieuses et d'associations telles que la « Manif pour tous » ou « Alliance Vita », qui relaient l'information (avec le calendrier des événements et liens pour s'inscrire le cas échéant)[71]. Cette mobilisation s'est traduite en particulier par un important investissement des réunions de débat public, en présentiel et en ligne, parfois jusqu'au noyautage des échanges. À de rares exceptions, ces catholiques ne font pas état de leur confession religieuse. Sur le terrain, il est difficile de savoir d'où parlent ces personnes, qui se présentent souvent sous un prénom (« Luc », « Alice »...), une profession (« comptable », « infirmière », « ingénieur à la retraite »...) ou un statut familial (« simple citoyen, père de famille et grand-père », « mère de trois enfants ») de sorte que les récits produits ne portent pas la marque, du moins explicite, d'une référence au religieux. Dans les salles, elles sont dispersées, mais se retrouvent parfois à la sortie, et semblent se connaître. Leur âge est variable : aux côtés de retraités, sans doute les plus nombreux, se trouvent des personnes plus jeunes, hommes et femmes. À propos des embryons surnuméraires congelés issus des fécondations *in vitro* (FIV), il est question « d'atteinte à la dignité humaine », de « vies détruites », conformément à la conception catholique de l'embryon, qui a « dès le commencement, la dignité propre à la personne »[72]. Les prises de parole dénoncent

---

68. https://eglise.catholique.fr/wp-content/uploads/sites/2/2018/02/2018-03-20-Livret_bioethique.pdf.

69. « Bioéthique. Comprendre les enjeux de la révision des lois de bioéthique », chapeauté d'une citation de Michel Aupetit : « Édifier un monde meilleur qui ne soit pas "le meilleur des mondes" ». https://www.paris.catholique.fr/-dossier-bioethique-.html.

70. Voir par exemple la lettre de Pierre d'Ornellas, aux catholiques d'Ille et Villaine du 17 janvier 2018, https://rennes.catholique.fr/wp-content/uploads/sites/11/2018/01/180118-Lettre-aux-catholiques-dIlle-et-Vilaine.pdf (lien accessible le 30 septembre 2024) et l'interview de Michel Aupetit dans *Le Parisien*, 29 septembre 2018 où l'Archevêque de Paris, appelle les catholiques « à se mobiliser par la parole ».

71. Observations menées à l'occasion de ces débats, voir Séverine Mathieu, *op. cit.*, 2020.

72. Encyclique *Dignitas Personae*, 2008, https://www.vatican.va/roman_curia/congregations/cfaith/documents/rc_con_cfaith_doc_20081208_dignitas-personae_fr.html, accédé le 21 octobre 2024.

également des dérives considérées comme inéluctables : la marchandisation des corps[73], l'eugénisme[74]. Ce sont ainsi des arguments séculiers qui sont mobilisés. Ces mêmes discours sont présents dans les propositions faites sur le site des États généraux de la bioéthique. Il existe plusieurs rubriques dans lesquelles les personnes peuvent faire des propositions qui sont soumises aux votes des participants. La rubrique « Procréation et société » est celle qui recueille le plus d'interventions ; celle intitulée « cellules souches et recherche sur l'embryon » est la troisième, derrière celle relative à la fin de vie.

Avant la mobilisation contre l'élargissement des bénéficiaires de la PMA, le combat contre le mariage pour tous (2012-2013) avait déjà donné à voir l'intrication de l'activisme catholique bioéthique et de l'activisme anti-genre, qui se sont alors renforcés l'un l'autre[75]. Ces questions font, en effet, l'objet de la même attention inquiète à Rome, attention qui a donné lieu à la production d'un corpus de textes du magistère. Face aux demandes d'institutionnalisation des couples de même sexe et de l'homoparentalité, comme face aux manipulations des débuts et de la fin de la vie rendues possibles par les progrès de la science, il s'agit de réaffirmer le même ordre « naturel » des corps, auquel on ne saurait porter atteinte car il reflète le projet de Dieu, et de marquer dans les deux cas les bornes considérées comme intangibles et universelles que le législateur ne saurait franchir. Le *Lexique sur les termes ambigus et controversés* du Conseil pontifical de la famille paru en 2005, épais volume de mille pages qui vise à « éclairer le sens de certains termes ou expressions ambigus ou controversés, utilisées « dans les Parlements et les rencontres internationales », « habiles à dissimuler leur contenu et leur sens véritables »[76], constitue un bon exemple de la façon dont les deux combats sont menés de pair : il y est question de famille, de sexualité et de genre mais aussi de bioéthique. L'index thématique signale 61 occurrences du terme « genre » qui fait d'ailleurs l'objet d'une entrée propre. De nombreux articles, très critiques, y sont consacrés (il y est cité comme « une idéologie »), dont trois contiennent le mot dans leur titre. Le cœur de l'opposition se situe autour de la conception de la « nature », que l'on ne saurait contrarier sous peine de céder à

73. À l'occasion de la séance d'ouverture des États généraux organisée à Paris par l'Espace éthique Île-de-France le 7 février 2018.

74. À Nantes, lors d'un débat sur l'ouverture de la PMA aux couples de femmes et aux femmes seules, le 21 février 2018 ; à Paris, lors la soirée organisée par l'Association des étudiants en médecine de France, le 9 mars 2018 ; à Rouen, le 29 mars, dans un débat sur la PMA avec don de gamètes, un homme évoque le film *Bienvenue à Gattaca*.

75. Céline Béraud, Philippe Portier, *Métamorphoses catholiques. Acteurs, enjeux et mobilisations depuis le mariage pour tous*, Éditions de la Maison des sciences de l'homme, 2015. Voir aussi Céline Béraud, *La bataille du genre. Du mariage pour tous à la PMA*, Paris, Fayard, 2021.

76. Conseil pontifical pour la famille, *Lexique des termes ambigus et controversés sur la famille, la vie et les questions éthiques*, Pierre Téqui éditeur, 2005 (édition originale en italien de 2003), p. 7.

un relativisme délétère. L'embryon fait, lui aussi, l'objet de plusieurs entrées[77] : il y est affirmé qu'il doit être considéré comme un « être humain » dès sa conception, ce qui conduit à s'opposer à l'avortement, aux fécondations *in vitro* (FIV) et aux techniques préimplantatoires qui peuvent les accompagner, ainsi qu'aux recherches sur les cellules souches embryonnaires. Au-delà des textes des autorités catholiques, on retrouve sur le terrain de la militance bioéthique des figures (comme Tugdual Derville), des réseaux (tels que la Fondation Jérôme Lejeune ou les AFC) et des méthodes d'action qui vont se déployer également contre le mariage pour tous.

En fin de compte, certains groupes, comme « Alliance Vita », sont parvenus à s'imposer, aux côtés des autorités religieuses, comme des interlocuteurs des pouvoirs publics[78] lors des récents débats relatifs à la quatrième révision des lois de bioéthique. Ces derniers se sont très largement focalisés sur l'ouverture de la PMA à toutes les femmes et ont pris la suite de la mobilisation antérieure contre le mariage pour tous dans laquelle ils s'étaient largement investis. En Italie, un phénomène similaire de désenclavement de cette militance, de plus grande ampleur qu'en France, a été observé en 2013[79]. L'inscription de la cause « pro-vie » dans l'ensemble plus large du combat anti-genre, qui se focalise alors contre un projet de loi contre l'homophobie, a contribué à accroître la visibilité et l'audience de cette militance. À l'occasion des nombreuses conférences qui ont été organisées pour alerter contre les dangers du « *gender* », des réseaux ont été tissés entre le « *Movimento per la Vita* », les associations familiales et les diocèses catholiques[80].

## Le militantisme « pro-vie » actuel

Le militantisme « pro-vie » s'est profondément renouvelé ces dernières années, notamment dans le sillage des mobilisations contre le mariage pour tous (2012-2013) auquel il a pleinement pris part, même si certains repositionne-

77. « Embryon humain : sa dignité », *ibid.*, p. 323-329, « L'embryon humain, son statut juridique », *ibid.*, p. 330-340, « Embryon : sélection et réduction embryonnaires », *ibid.*, p. 341-347.
78. Manon Reynaud a recensé les différentes instances publiques qui ont auditionné *Alliance Vita* : le Conseil Consultatif National d'Éthique ; le Conseil Économique, Social et Environnemental ; l'Agence de la Biomédecine ; le Conseil d'État, l'Académie de Médecine, la Commission des affaires sociales de l'Assemblée nationale. Tugdual Derville a également été invité le 23 mai 2018 au dîner sur la PMA à l'Élysée. Voir Manon Reynaud, *Engagement militant des jeunes catholiques opposé·e·s à la révision des lois bioéthiques en France. L'exemple de Alliance VITA et des VITA Jeunes*, mémoire de Master 2 Genre, politique et sexualité, EHESS, 2020.
79. Martina Avanza, « Mobilisations anti "idéologie" du genre" et milieux catholiques pro-life en Italie », *op. cit.*, p. 207-221.
80. Voir les travaux de Martina Avanza et de Massimo Prearo précédemment cités.

ments sont antérieurs et ont eux-mêmes contribué à l'émergence de la campagne anti-genre qui s'est alors déroulée en France.

Ces collectifs d'engagement, dont certains sont organisés au niveau européen dans la fédération « *One of Us* » (fondée en 2012 « pour demander à la Commission l'arrêt du financement par l'Union européenne des programmes conduisant à la destruction d'embryons humains[81] »), sont d'abord caractérisés par des circulations internationales et interconfessionnelles de leur répertoire d'action et de leurs rhétoriques. Ainsi, depuis 2005, se tient annuellement au mois de janvier[82] une « marche pour la vie », sur le modèle américain de la « *March for life* » initiée dans le sillage de l'arrêt *Roe v. Wade* (décision de la Cour suprême de 1973 qui affirmait la protection constitutionnelle de l'avortement pendant le premier trimestre de la grossesse) qui a essaimé en Europe. Plusieurs dizaines d'évêques français y ont apporté leur soutien, tels que Dominique Rey et Philippe Barbarin. Le recours à la manifestation contre l'avortement, s'il n'est pas inhabituel (il remonte en France à 1979), adopte alors des formes nouvelles. Reprenant les codes festifs des prides LGBT+, comme l'avait également fait la Manif pour tous, ces rassemblements tranchent avec « les manifestations historiques habituées des pancartes religieuses, des clichés sanguinolents et des slogans [...] culpabilisants »[83]. Ces collectifs miment ainsi, voire s'approprient, les pratiques de leurs adversaires. Dans le même ordre d'idées, les « Survivants »[84], qui émergent en 2015 en reprenant le nom d'un groupe anti-avortement ayant existé à la fin des années 1990 (qui lui-même s'inspirait des « *Survivors* » nord-américains), empruntent aux contre-cultures urbaines. Ses membres se sont notamment illustrés durant l'entre-deux-tours de la présidentielle 2017 par une campagne d'affichage anti-IVG illégale dans des rames du métro parisien, par laquelle leur volonté de rompre avec les codes catholiques traditionalistes était évidente[85]. Il en va de même avec l'appropriation de la pratique du « collage », qui est celle des féministes dénonçant sur les murs des grandes villes françaises les féminicides, pour y afficher des slogans « pro-vie », comme l'a étudié Anne-Sophie Crossetti[86]. La jeunesse

81. La Fondation Jérôme Lejeune en est membre. Voir https://oneofus.eu/about-us/members/ (consulté le 18 avril 2024).

82. Le mois de janvier a été choisi car il s'agit du moment anniversaire de la loi Veil.

83. Anne-Sophie Crossetti, « "Génération pro vie". Lutter contre l'avortement après les lois de dépénalisation », *La revue nouvelle*, 2022, n° 7, p. 18.

84. Le groupe est composé de personnes toutes nées après 1975, c'est-à-dire après la promulgation de la loi Veil.

85. Marie Balas et Josselin Tricou, « Nous, maintenant, on veut poursuivre cette occupation de la rue : les catholiques attestataires entre contre-culture, mission et défense patrimoniale », *Social Compass*, 2019, vol. 66, n° 1, 2019, p. 62-74.

86. Anne-Sophie Crossetti, « À la maison ou dans la rue. La place des femmes dans les générations "pro-vie" en Belgique (1968-2023) », *Clio. Femmes, genre et histoire*, 2023, 2, n° 58, p. 149.

apparaît comme une caractéristique de ces groupes, sans que l'on soit en mesure de saisir précisément ce qui relève de la réalité démographique et de la mise en scène, qui participe là aussi d'une stratégie de « dé-ringardisation ». « Alliance Vita » comprend même une section dédiée spécifiquement aux 18-25 ans, « Vita Jeunes », créée en 2013, c'est-à-dire en pleine mobilisation contre le mariage pour tous, et qui constitue tout à la fois « une vitrine et un réservoir de militant·es »[87]. Le « Campus Vita », présent sur TikTok, organise chaque année des sessions de formation à destination de jeunes scolarisés au lycée ou en études supérieures. *A minima*, les jeunes constituent un public privilégié auquel s'adresse la militance « pro-vie ». La Fondation Jérôme Lejeune a ainsi fait paraître un *Manuel bioéthique des jeunes*, dans lequel il est question de « l'embryon, l'avortement, la fécondation *in vitro*, le diagnostic prénatal et préimplantatoire, la recherche utilisant les cellules souches embryonnaires, l'euthanasie, le don d'organe[88] ». Outre les jeunes, ce sont également les femmes qui sont mises en avant dans les événements organisés par la mouvance « pro-vie », en particulier en les faisant apparaître comme « expertes » des questions bioéthiques, en tant que médecins notamment[89].

En France comme ailleurs, l'argumentation ne privilégie plus une morale religieuse ; elle s'est largement sécularisée, s'appuyant également sur une « bibliothèque séculière[90] ». Elle intègre ainsi des justifications de type scientifique : le fait que, dès la fécondation d'un ovule par un spermatozoïde se trouve achevée « la constitution génétique[91] » démontrerait qu'il s'agit d'emblée d'un être humain. Est également développée une rhétorique des droits : de l'enfant à naître, des personnes en situation de handicap à mener une vie digne ou encore des personnels soignants à l'objection de conscience. Des comparaisons sont ainsi faites avec des situations historiques de déni des droits, comme l'esclavage et la Shoah[92]. La désapprobation de l'avortement est encore justifiée par le fait qu'il porterait atteinte non seulement à la vocation maternelle des femmes[93], mais aussi à leur santé et à leur bien-être[94]. Il s'agit au contraire, pour cette militance, de

87. Manon Reynaud, *op. cit.*

88. https://www.fondationlejeune.org/le-manuel-bioethique-des-jeunes/ (consulté le 30 septembre 2024).

89. Samuel Dolbeau, *Construire et légitimer une modalité d'appartenance et de militance au sein de l'Église catholique : sociohistoire de l'institutionnalisation de la Communauté de l'Emmanuel en Europe francophone (1972-2022)*, Thèse de sociologie, sous la direction de Céline Béraud et Jean-Pascal Gay, EHESS / UCLouvain, 2023.

90. Voir Séverine Mathieu, *op. cit.*, 2020.

91. Sur ce type d'argumentaire, voir par exemple https://www.fondationlejeune.org/defense-vie-humaine/influence/revisionloibioethique/lembryon-est-il-un-etre-humain/, consulté le 30 septembre 2024.

92. Lowe et Page, *op. cit.*

93. Cécile Vanderpelen, art. cité.

94. Voir Magali Della Sudda, Magali, *Les nouvelles femmes de droite*, Marseille, Hors d'atteinte, 2022.

promouvoir une « écologie humaine » ou « intégrale », qui lie ensemble préoccupations environnementales, souci des pauvres et enjeux bioéthiques, comme le fait Tugdual Derville en citant l'encyclique *Laudato Si* publiée en 2015 par le pape François : « Quand on ne reconnaît pas, dans la réalité même, la valeur d'un pauvre, d'un embryon humain, d'une personne vivant une situation de handicap – pour prendre seulement quelques exemples – on écoutera difficilement les cris de la nature elle-même. Tout est lié. »[95] Parfois même, certaines militantes se revendiquent du féminisme, considérant que les femmes « subissent » l'avortement, pratique qui assurerait le contrôle de leur corps par les hommes (leur conjoint ou leur employeur) ; pour elles, c'est la cause des femmes qui est portée dans le combat « pro-vie ». L'actuelle porte-parole de « La Marche pour la vie » se déclare même « féministe pro-vie[96] ». La figure de Simone Veil, honnie par les précédentes générations militantes, est appropriée par des membres de ce collectif, qui font référence à son discours à l'Assemblée nationale selon lequel « l'avortement est toujours un drame et sera toujours un drame[97] ». L'euphémisation de l'identité catholique dans les interventions publiques de cette militance qui se présente volontiers comme aconfessionnelle est un constat largement partagé. Il y a là bien sûr une stratégie rhétorique visant à se rendre audible, alors que le catholicisme est devenu minoritaire en France. Leur identité religieuse n'en est pas moins présente, au quotidien, notamment par la place accordée à la prière entre membres. En entretien, il est n'est pas rare que les personnes militant dans ces collectifs reconnaissent que leur engagement est religieusement motivé. Mais comme invitent à le faire Pam Lowe et Sarah-Jane Page, il est nécessaire d'affiner l'analyse pour ne pas conclure simplement à une instrumentalisation des discours séculiers qui se trouvent incorporés à leurs croyances religieuses[98]. Cela témoigne également de la porosité des frontières entre religieux et séculier.

Enfin, l'engagement de ces groupes « pro-vie » ne se limite pas à la question de l'IVG. C'est en effet en mettant en avant la notion de vulnérabilité et la défense de la « dignité humaine » qu'ils actualisent leur combat de la défense de « la vie », liant étroitement lutte contre l'avortement et lutte contre toute aide active à mourir, mais également contre l'eugénisme ou encore le transhumanisme. Les cortèges de la « Marche pour la vie » de janvier 2024 conspuaient ainsi : « Avortement et euthanasie ne seront jamais des soins »[99]. Comme l'avait fait

95. https://fr.aleteia.org/2022/06/30/repenser-lavortement-dans-une-perspective-ecologique-globale/ (consulté le 30 septembre 2024).
96. Anne-Sophie Crossetti, art. cité, 2023, p. 155.
97. *Ibid.*, p. 158.
98. Pam Lowe et Sarah-Jane Page, « Rights-based Claims Made by UK Anti-abortion Activists », *Health and human rights* vol. 21, 2, 2019, p. 143.
99. Observation de la Marche pour la vie à Paris, le 21 janvier 2024.

Jean Paul II dans l'encyclique *Evangelium Vitæ* (1995), il s'agit de promouvoir une « culture de la vie humaine » contre la « culture de mort » qui, parce qu'elle fait prévaloir « la liberté des "plus forts" s'exerçant contre les faibles près de succomber », conduit, pêle-mêle dans le raisonnement du pape polonais, à l'« homicide, le génocide, l'avortement, l'euthanasie et même le suicide délibéré ». Ce combat ne se traduit pas seulement par une présence dans l'espace public, de la rue à l'arène parlementaire, mais aussi par des services d'écoute et d'accompagnement assurés par des bénévoles[100], tels que SOS-Bébés, SOS-Fin de vie, tous deux liés à « Alliance Vita », visant à prévenir l'avortement et l'euthanasie. « Alliance Vita » n'en a d'ailleurs pas le monopole ; plusieurs structures se situent sur ce créneau. Elles sont présentes sur Internet et leur identité catholique n'apparaît pas de prime abord ; si elle peut être identifiée par des personnes maîtrisant les codes catholiques, ce n'est pas évident pour les autres. Ainsi, depuis 1994, l'association « Agapa » créée par le diocèse de Paris propose une écoute à des femmes « ayant vécu une interruption de grossesse médicale, volontaire ou accidentelle[101] », sous la forme d'entretiens individuels, de « cafés-rencontres » et de groupes de parole. « Agapa » s'est en outre positionnée sur la question du deuil périnatal et organise régulièrement des cérémonies du souvenir. D'autres associations proposent des solutions d'hébergement aux femmes enceintes en difficulté, telle que « Magnificat accueillir la vie », qui a ouvert son premier habitat en 1993, ou encore « La Maison de Marthe et Marie » qui a mis sur pied des « colocations solidaires », dans sept villes de France avec des jeunes femmes volontaires. Enfin, les personnels soignants sont également l'une des cibles de ses associations ; « Alliance Vita » et « Agapa » proposant des structures spécifiques à leur intention.

Cette description ici brossée des principales caractéristiques du militantisme « pro-vie » tel qu'il se déploie aujourd'hui en France permet d'établir qu'il serait erroné d'en avoir une vision unifiée. Comme le souligne à juste titre Samuel Dolbeau, « le caractère concurrentiel du milieu catholique "pro-vie", structuré autour de plusieurs lignes de front (oppositions autour de l'expertise, de clivages politiques et intra-ecclésiaux, du caractère plus ou moins confessionnel des mouvements, etc.), constitue un point souvent aveugle des recherches sur le sujet »[102], recherches dont on a déjà souligné qu'elles n'étaient encore que parcellaires en France.

---

100. Mariela M. Tala, *Gérer l'incertitude face aux grossesses non prévues : Accompagnement des femmes enceintes au Planning familial et dans les associations « pro-vie »*, mémoire de Master 2 Genre, politique et sexualité, EHESS, 2019.

101. *La Croix*, 20 janvier 2014.

102. Samuel Dolbeau, *Construire et légitimer une modalité d'appartenance et de militance au sein de l'Église catholique*, *op. cit.*

*

Si la désapprobation de l'avortement par les autorités catholiques reste inchangée, les formes du militantisme qui portent la cause de « la vie » se sont, elles, profondément recomposées au gré tout à la fois des contraintes pesant sur son répertoire d'action, des structures d'opportunité qui se sont présentées, telles que la constitution d'une scène bioéthique, ou encore du renouvellement générationnel. On peut voir dans l'ensemble de ces transformations autant de tentatives d'échapper au « malheur militant ». En effet, « tandis que la félicité militante s'inscrit dans la perception d'une consonance entre les attentes et leurs chances de réalisation, ou du moins dans le sentiment de pouvoir agir sur le cours des choses conformément à une éthique, le malheur peut naître du constat que ces projections sont vouées à l'échec[103] ». Il n'en demeure pas moins que cette militance fait montre d'une agilité inquiétante, alors que, au regard d'autres configurations nationales (la Pologne et les États-Unis en ce qui concerne tout particulièrement le droit à l'avortement), le grand récit d'une marche continue et sans retour vers l'approfondissement des droits des femmes s'est trouvé ébranlé.

Quoi qu'il en soit, les scandales sexuels qui bousculent depuis six ans maintenant le catholicisme français[104] donnent à voir les terribles contradictions internes à ce monde religieux : que l'on pense au cardinal Barbarin, pourfendeur du mariage pour tous au nom des « intérêts de l'enfant » et qui ne dénonça pas à la justice l'abbé Preynat qui avait agressé des dizaines de scouts ; ou encore à Jean-Paul II qui, dans son ardent combat contre l'avortement, n'hésitait pas à présenter l'embryon comme un « enfant innocent », mais ne prit pas les mesures nécessaires pour protéger les jeunes victimes de prêtres pédocriminels[105].

---

103. Olivier Fillieule, Catherine Leclercq, Rémi Lefebvre, « Introduction. Les tribulations de l'engagement. Contribution à une sociologie des affects », dans Olivier Fillieule, Catherine Leclercq, Rémi Lefebvre, *Le malheur militant*, De Boeck Supérieur, 2022, p. 7-31.

104. Céline Béraud, *Le catholicisme français à l'épreuve des scandales sexuels*, Le Seuil, 2021, coll. « La République des Idées ».

105. Claude Langlois, *On savait mais quoi ? La pédophilie dans l'Église de la Révolution à nos jours*, Seuil, 2019, p. 209.

Troisième partie

# La question des délais

# Les variations de la durée de grossesse au moment de l'avortement

## La distinction entre IVG et IMG : protectrice, mais artificielle ?

*Justine Chaput*

En France, un avortement peut être pratiqué dans deux cadres juridiques différents : celui de l'interruption volontaire de grossesse (IVG) et celui l'interruption de grossesse pour motif médical, couramment appelée interruption médicale de grossesse (IMG). La première a théoriquement lieu à la seule initiative de la femme enceinte et doit être réalisée avant la fin de la 14e semaine de grossesse[1]. En revanche, la seconde peut être pratiquée à n'importe quel moment de la grossesse « si deux médecins membres d'une équipe pluridisciplinaire attestent, après que cette équipe a rendu son avis consultatif, soit que la poursuite de la grossesse met en péril grave la santé de la femme, soit qu'il existe une forte probabilité que l'enfant à naître soit atteint d'une affection d'une particulière gravité reconnue comme incurable au moment du diagnostic[2] ». Pour les demandes d'IMG en lien avec la santé du fœtus, l'équipe doit être celle d'un Centre pluridisciplinaire de diagnostic prénatal (CPDPN), c'est-à-dire qu'elle doit être composée, *a minima*, d'un·e gynécologue-obstétricien·ne, un·e médecin spécialiste en pédiatrie néonatale, un·e spécialiste en échographie fœtale, et un·e spécialiste en génétique médicale. Pour les demandes en lien avec la santé de la femme enceinte, l'équipe pluridisciplinaire doit être composée d'un·e gynécologue-obstétricien·ne membre d'un CPDPN, un·e praticien·ne spécialiste du problème de santé de la femme, un·e médecin ou une sage-femme choisi·e par la femme, et un·e assistant·e social·e ou un·e psychologue. Autrement dit, l'IVG comme l'IMG peuvent avoir lieu jusqu'à 14 semaines de grossesse, mais seule l'IMG est possible au-delà de ce

1. Article L. 2212-1 du Code de la santé publique.
2. Article L. 2213-1 du Code de la santé publique.

délai, et ce jusqu'au terme de la grossesse. Contrairement à l'IVG, l'IMG ne relève pas du seul pouvoir décisionnaire de la femme enceinte ; sa réalisation est conditionnée par l'autorisation de médecins, dont au moins un·e spécialiste de la santé périnatale.

Le régime juridique de l'avortement en France enserre donc la possibilité d'avorter d'une part dans des règles de délai (IVG) et, d'autre part, dans des motifs médicaux (IMG). Cette distinction entre IVG et IMG rend la situation française particulière car elle diffère d'autres pays comme, par exemple, les Pays-Bas – où l'IVG est possible jusqu'à 24 semaines d'aménorrhée – ou le Royaume-Uni – où tout avortement doit être autorisé par un médecin sur motif médical. Le présent chapitre s'intéresse à la manière dont le délai légal de l'IVG et les conditions médicales de l'IMG influencent le moment du recours à l'avortement en France. Le moment où émerge, le cas échéant, la question de l'avortement dépend et fluctue selon de nombreux facteurs : le moment de la découverte de la grossesse et de la décision d'avorter, l'offre de soins abortifs, la santé de l'avortante, les représentations associées à la grossesse etc. Étudier la durée de grossesse au moment de la réalisation de l'avortement permet de comprendre la manière dont le cadre légal de ce soin est interprété et mis en application. Précisons à titre liminaire que le présent chapitre se réfèrera, pour calculer le délai d'IVG, à des durées de grossesse énoncées en semaines d'aménorrhée (soit la période écoulée depuis le premier jour des dernières règles) plutôt qu'en semaines de grossesse (soit la période estimée depuis le jour de la conception). Cette mesure en semaines d'aménorrhée peut être plus facile à déterminer par les avortantes ; elle ajoute environ deux semaines à la durée de la grossesse, de sorte que le délai légal d'IVG par exemple, énoncé dans la loi comme courant jusqu'à la 14ᵉ semaine de grossesse, vaut jusqu'à la 16ᵉ semaine d'aménorrhée.

En explorant les variations du recours à l'avortement en France selon la durée de grossesse, ce chapitre s'attache à identifier les entraves imposées par chacun des deux régimes d'avortement. Nous montrerons que la construction d'un cadre de l'IVG distinct de celui de l'IMG a eu pour conséquence la mise en place d'une prise en charge différente des avortantes, à la fois en termes d'accompagnement et de parcours médical. Nous verrons ensuite comment le recours à l'avortement varie selon la durée de grossesse, tant du fait de la décision d'interrompre la grossesse, que de la méthode d'avortement, du délai légal de l'IVG, du suivi de grossesse et des représentations associées au développement fœtal. En étudiant la manière dont IVG et IMG sont pratiquées, nous verrons que la distinction entre ces deux types d'avortement est bien moins nette qu'il n'y paraît à la seule lecture de la loi.

Pour ce faire, nous commencerons par une brève histoire de l'avortement avant la légalisation, afin de comprendre comment et pourquoi la loi Veil a distingué l'IVG de l'IMG. Nous verrons ensuite qu'une multitude d'éléments peuvent pousser à décider d'avorter, et ce tout au long de la grossesse. Puis nous étudierons les variations du recours à l'IVG et à l'IMG selon la durée de grossesse : nous verrons, d'une part, que la plupart des avortements sont réalisés « au plus tôt », et, d'autre part, que le délai légal de l'IVG marque en fait une frontière artificielle entre IVG et IMG.

## Avant la légalisation : tolérance du motif thérapeutique et clandestinité

Historiquement, quand une grossesse survenait sans être planifiée ou désirée, peu d'options s'offraient aux femmes ne voulant pas d'un nouvel enfant : l'abandon, l'infanticide ou l'avortement. Les deux premières impliquant non seulement de mener la grossesse à terme mais aussi de s'exposer à d'importantes condamnations judiciaires et morales, de nombreuses femmes se tournaient, malgré les risques encourus, vers la troisième. En effet, l'Article 317 du Code pénal de 1810 considérait l'avortement comme un crime, et cette pénalisation a eu pour conséquence, non pas d'empêcher les femmes d'interrompre leur grossesse, mais de les conduire à le faire dans des conditions particulièrement dangereuses, les exposant à de forts risques d'hémorragie, d'infection, de perforation de l'utérus et de mort. L'interdiction de l'avortement s'appliquait alors à toutes les grossesses : ignorant délibérément la notion d'avortement thérapeutique ou médical qui avait émergé dans la jurisprudence en 1806[3], l'Article 317 interdisait aux femmes d'avorter même dans l'hypothèse où leur grossesse ne pourrait arriver à terme pour des raisons médicales, ou si la poursuite de la grossesse et l'accouchement menaçaient leur santé ou leur vie. Face à cette réalité, en 1852, l'Académie de médecine reconnut, dans un avis très controversé car contraire à la loi et malgré l'opposition de nombreux de ses membres, « la supériorité de la vie temporelle de la mère sur la vie spirituelle du fœtus[4] » : elle admettait ainsi l'idée que, dans certaines circonstances où la vie de leurs patientes était menacée par la poursuite de la grossesse, les médecins devraient être autorisés à pratiquer des avortements.

3. Voir *Bulletin des arrêts de la Cour de cassation rendus en matière criminelle*, 1806, vol. XI, p. 182.
4. Jean-Yves Le Naour et Catherine Valenti, *Histoire de l'avortement : XIX^e^-XX^e^ siècle*, Paris, Seuil, coll. « L'univers historique », 2003.

Comme l'illustre cette position de l'Académie de médecine, le concept d'avortement thérapeutique, c'est-à-dire d'avortement légitimé par la sauvegarde de la vie de la femme, commence à émerger. Le principe demeurait toutefois celui du caractère criminel de l'avortement, et l'exception thérapeutique n'était envisagée que de manière restrictive : la préservation de la vie de la femme enceinte était le seul motif valide, à l'exclusion des considérations liées à sa santé ou celle de l'enfant à naître, ou de la cause criminelle de la grossesse (viol, inceste etc.). L'avortement thérapeutique ainsi défini pouvait alors être toléré, mais uniquement comme ultime recours. Dans les faits, il restait un acte exceptionnel, pratiqué seulement par quelques médecins et peu publicisé : dans un contexte nataliste dominé par la crainte de la dépopulation de la France, certains hôpitaux, notamment parisiens, recensaient les femmes se présentant avec des symptômes *post-abortum*. Des tentatives d'estimation de ces « avortements criminels » – c'est-à-dire pratiqués hors du cadre médical – ont été réalisées à la fin du XIX^e^ et au début du XX^e^ siècle, sans qu'il ne soit toutefois possible de produire une statistique fiable à l'échelle nationale[5]. La première moitié du XX^e^ siècle voit d'ailleurs le cadre juridique de l'avortement se durcir, d'abord avec les lois de 1920 et 1923 interdisant la propagande anticonceptionnelle et renforçant l'interdiction de l'avortement, puis en 1939 avec l'adoption du Code de la Famille qui alourdit les peines et élargit la répression aux tentatives d'avortement. Ce même Code de la Famille reconnaîtra tout de même la « primauté de la vie de la femme sur celle de l'être conçu sous de strictes conditions », légalisant de ce fait l'avortement thérapeutique[6].

À défaut de pouvoir proposer une statistique solide sur le nombre d'avortements, diverses estimations ont été avancées dans les débats des années 1960 et 1970 : défenseur·euses et opposant·es à l'avortement pouvaient avoir intérêt à gonfler ce nombre pour souligner soit le nombre de fœtus avortés, soit celui des femmes mises en danger par la clandestinité[7]. Loin de ces estimations hautes, l'Institut national d'études démographiques (INED) estime qu'au début des années 1960, environ 250 000 avortements sont pratiqués annuellement[8]. Cependant, même en considérant que les savoirs abortifs profanes n'ont pas

5. Il ne semble pas y avoir de traces administratives permettant d'en proposer un dénombrement exhaustif mais quelques cas locaux sont présentés dans les ouvrages suivants : Fabrice Cahen, *Gouverner les mœurs : la lutte contre l'avortement en France, 1890-1950*, France, 2016 ; Jean-Yves Le Naour et Catherine Valenti, *Histoire de l'avortement*, *op. cit.*

6. Laurie Marguet, *Le droit de la procréation en France et en Allemagne. Étude sur la normalisation de la vie*, Université Paris Nanterre, 2018, 850 p., p. 166.

7. Xavière Gauthier, *Avortées clandestines*, Paris, Mauconduit, 2015 ; Marie Mathieu et Laurine Thizy, *Sociologie de l'avortement*, Paris, La Découverte, coll. « Repères », 2023.

8. INED, « Rapport de l'Ined à Monsieur le ministre des Affaires sociales sur la régulation des naissances en France », *Population*, 21, n° 4, 1966, p. 645-690.

causé autant de complications et de morts que le suggèrent les discours et représentations alors dominants, la médicalisation de l'avortement a tout de même constitué une condition incontournable de sa légalisation par la loi Veil de 1975, y compris pour les avortements pratiqués sans motif médical. C'est une constante du droit français depuis lors : tout avortement doit être réalisé en contexte médical et accompagné par un·e professionnel·le de santé[9].

## La loi Veil : affirmation de la distinction entre IVG et IMG

À la suite des mobilisations féministes continues depuis les années 1950, tant sur le plan juridique que pratique et politique[10], l'avortement a été légalisé en 1975 par l'adoption du projet de loi porté par Simone Veil. Cette loi est principalement connue pour avoir autorisé l'IVG qui a permis aux femmes d'enfin recourir à l'avortement sans justification médicale. Autorisé alors pendant les 10 premières semaines de grossesse, le cadre de l'IVG s'est progressivement assoupli au fil de diverses réformes[11] jusqu'à autoriser, en 2022, le recours à l'IVG pendant les 14 premières semaines de grossesse.

Cependant, la loi Veil a également défini un cadre pour l'IMG. En plus des motifs liés à la santé de l'avortante déjà tolérés par l'Académie de médecine, la loi Veil élargit l'autorisation aux motifs fœtaux. Par la suite, le cadre de l'IMG a été progressivement complexifié. Initialement, l'autorisation de l'IMG devait être accordée par deux médecins. En 1994, la loi crée les Centres pluridisciplinaires de diagnostic prénatal (CPDPN) et pose l'exigence qu'en cas d'IMG pour motif fœtal, l'un·e des deux médecins compétent·es pour l'autoriser soit membre d'un CPDPN. Depuis 2001, l'autorisation d'une IMG ne peut être accordée que par une équipe pluridisciplinaire[12] : en cas de motif fœtal, cette équipe est celle d'un CPDPN, éventuellement complétée d'un·e médecin choisi·e par l'avortante ; tandis qu'en cas de motif lié à la santé de l'avortante, elle est composée d'« un médecin qualifié en gynécologie obstétrique, un médecin choisi par la femme et une personne qualifiée tenue au

9. Lucile Ruault, *Le spéculum, la canule et le miroir : avorter au MLAC, une histoire entre féminisme et médecine*, Lyon, ENS éditions, coll. « Perspectives genre », 2023.

10. Bibia Pavard, *Si je veux, quand je veux : contraception et avortement dans la société française (1956-1979)*, Rennes, Presses Univ. de Rennes, coll. « Archives du féminisme », 2012.

11. Ces réformes sont décrites dans le chapitre de Laurie Marguet, « De l'existence d'un droit à l'IVG en France », p. 17.

12. Loi n° 2001-588 du 4 juillet 2001 relative à l'interruption volontaire de grossesse et à la contraception.

secret professionnel qui peut être un assistant social ou un psychologue », les deux médecins étant alors décisionnaires. En outre, pour ce second motif, l'équipe est passée en 2011[13] de 3 à 4 membres avec l'ajout d'un·e « praticien spécialiste de l'affection dont la femme est atteinte »[14] et le·la gynécologue-obstétricien·ne doit alors être membre d'un CPDPN. En 2011, la loi impose que le·la gynécologue-obstétricien·ne soit membre d'un CPDPN. Enfin, depuis 2021[15], en cas de grossesse multiple, l'avortement d'un ou plusieurs embryons ou fœtus (appelé couramment « réduction embryonnaire ») doit être pratiqué avant la fin de la 12e semaine de grossesse uniquement par IMG, alors qu'il était jusqu'ici possible dans le cadre de l'IVG[16]. Ainsi, tandis que l'avortement pour motif médical a été autorisé par l'Académie de médecine seulement pour des raisons liées à l'avortante, la loi Veil a ouvert l'IMG aux motifs fœtaux. En effet, les conditions rendant possibles le recours à cet acte se sont multipliées avec le développement des connaissances en matière de santé fœtale et des diagnostics prénataux à partir des années 1980[17].

D'abord considérée comme le dernier recours pour sauver des femmes condamnées par la poursuite de la grossesse, l'IMG a progressivement été transformée en une alternative proposée à des femmes et des couples pour lesquels la poursuite de la grossesse devient compliquée en raison de la découverte d'une « pathologie incurable » chez le fœtus ou d'un risque pour la santé de l'avortante. L'IMG est dès lors conçue comme l'échec ou l'abandon d'un projet d'enfant, et non comme un moyen pour les femmes de contrôler leur fécondité ; elle s'accompagne d'ailleurs généralement d'un processus de deuil[18]. Les cadres juridiques et sociaux de l'IVG et de l'IMG n'ont donc ni suivi le même rythme d'évolution, ni été façonnés par les mêmes acteur·rices : la conquête de l'IVG, au terme d'une mobilisation de grande ampleur, a fait de ce type d'avortement un droit des femmes à décider de leur fécondité – bien qu'il demeure limité par de nombreuses entraves[19]. En revanche, l'autorisation de l'avortement pour motif médical a été initiée par la mobilisation de

13. Loi n° 2011-814 du 7 juillet 2011 relative à la bioéthique.

14. Article L. 2213-1 du Code de la santé publique.

15. Loi n° 2021-1017 du 2 août 2021 relative à la bioéthique.

16. Lisa Carayon, « Réduction embryonnaire, réduction des droits des femmes », *Dalloz Actualité*, septembre 2021, https://hal.science/hal-04241852, consulté le 25 avril 2024.

17. Dominique Memmi, « 7. La fabrication d'un sujet qui "opine" : l'interruption médicale de grossesse », *TAP/Politique et société*, La Découverte, 2003, p. 163-187.

18. Dominique Memmi, *La seconde vie des bébés morts*, Paris, Éditions de l'EHESS, coll. « Cas de figure », 16, 2011.

19. Marie Mathieu et Laurine Thizy, *Sociologie de l'avortement*, *op. cit.* ; Justine Chaput, Valentine Becquet, Pierre-Louis Bithorel, Elodie Baril, Elise De La Rochebrochard et Magali Mazuy, « Medication abortion during the COVID-19 pandemic in France: A research based on the French national

médecins, d'abord dans l'optique de sauver leurs patientes, puis dans celle de mettre un terme au développement d'un fœtus considéré non viable ou trop lourdement handicapé.

Les réformes du cadre applicable à ces deux types d'avortement n'ont donc pas suivi la même tendance : tandis que les conditions d'accès à l'IVG ont été progressivement assouplies, celles de l'IMG ont été complexifiées et progressivement centrées sur la santé fœtale. De plus, l'existence de deux cadres juridiques distincts implique des parcours de soins différents : le nombre et le lieu des rendez-vous, les méthodes d'avortement, les professionnel·les de santé rencontré·es, les personnes décidant de l'avortement, la contrainte d'un délai légal, les représentations associées à chacun des deux types d'avortement... Autant de facteurs faisant de ces deux types d'avortements deux soins réalisés de manière très différente. L'utilisation courante des termes « IVG » et « avortement » comme synonymes est d'ailleurs révélatrice de cette construction sociopolitique de l'avortement en France, qui efface tant la médicalisation de l'IVG que la considération de l'IMG comme avortement. De même, le Code de la santé publique regroupe les deux sous le vocable « interruption volontaire de grossesse » avant de les distinguer : la première étant définie notamment par un délai légal, et la seconde par l'existence d'un motif médical.

## Décider d'avorter : diversité des motifs et temporalité

Si la diffusion des moyens de contraception a permis aux femmes et aux couples de mieux prévoir le moment et le nombre de leurs grossesses, la contraception n'a pas pour autant fait disparaître la demande d'avortements. En effet, une grossesse peut tout à fait survenir en présence d'un contraceptif : si les moyens de contraception les plus utilisés sont théoriquement efficaces[20], aucun ne peut garantir la totale impossibilité d'une grossesse. Ainsi, environ deux tiers des IVG sont pratiqués à la suite d'un échec de contraception[21]. À cela s'ajoute un possible retard dans la détection de la grossesse du fait de

health insurance database », *PLOS ONE*, Éd. Raphael Mendonça Guimaraes, 19, n° 2, février 2024, p. e0295336,

20. Mireille Le Guen, Alexandra Roux, Mylène Rouzaud-Cornabas, Leslie Fonquerne et Cécile Ventola, « Cinquante ans de contraception légale en France : diffusion, médicalisation, féminisation », *Population & Sociétés*, n° 549, novembre 2017, p. 1-4.

21. Caroline Moreau, Julie Desfrères et Nathalie Bajos, « Circonstances des échecs et prescription contraceptive post-IVG : analyse des trajectoires contraceptives autour de l'IVG », *Revue française des affaires sociales*, n° 1, DREES Ministère de la santé, 2011, p. 148-161.

cycles menstruels irréguliers ou de saignements faisant croire à des règles[22]. Il est donc tout à fait possible de ne pas souhaiter de grossesse, de prendre des dispositions pour que cela n'arrive pas, et de tout de même tomber enceinte. La faible probabilité de la grossesse et la difficulté à identifier les symptômes peuvent alors allonger la durée écoulée entre la conception et le début de la démarche abortive.

De plus, si toutes les grossesses non prévues ne mènent pas nécessairement à un avortement[23], prévoir une grossesse n'implique pas nécessairement de la mener à terme. L'enquête COCON (Cohorte Contraception)[24] établit que, dans les années 2000, seuls 32,4 % des grossesses non prévues sont finalement interrompues par une IVG, et c'est le cas pour 1,8 % des grossesses prévues[25]. Un changement dans la situation du couple, l'apparition de violences, une baisse du niveau de vie, la désapprobation de la grossesse par les proches, le diagnostic d'une pathologie du fœtus ou de la femme enceinte sont autant d'éléments pouvant inciter à interrompre une grossesse initialement prévue et désirée. Ces imprévus socio-économiques et médicaux peuvent survenir à différents moments de la grossesse, y compris après les premiers mois et donc au-delà du délai légal de l'IVG. L'enquête COCON montrait également que les raisons motivant la décision de recourir à une IVG variaient selon l'âge : tandis que les femmes de moins de 25 ans y mentionnaient le célibat et la poursuite de leurs études, celles qui étaient âgées de 25 à 34 ans invoquaient le fait d'avoir déjà atteint le nombre d'enfants désirés, et celles de plus de 35 ans mettaient en avant l'incompatibilité de la maternité avec leur carrière professionnelle, ou une situation conjugale instable[26].

En résumé, une multitude de situations peut mener à vouloir interrompre une grossesse. La décision d'avorter peut être prise pour des raisons économiques, sociales, médicales ou personnelles, celles-ci pouvant se cumuler entre elles et survenir à différents moments de la grossesse, aussi bien pour des grossesses initialement désirées et planifiées que pour d'autres qui ne l'étaient pas. Les raisons

22. Roger Ingham, Ellie Lee, Steve Joanne Clements et Nicole Stone, « Reasons for Second Trimester Abortions in England and Wales », *Reproductive Health Matters*, 16, n° sup31, janvier 2008, p. 18-29.
23. Nathalie Bajos, Mireille Le Guen, Aline Bohet, Henri Panjo et Caroline Moreau, « Effectiveness of Family Planning Policies: The Abortion Paradox », *PLoS ONE*, 9, n° 3, mars 2014, p. e91539.
24. Portée par une équipe de l'Institut national de la santé et de la recherche médicale (INSERM) et l'Institut national d'études démographiques (INED), l'enquête COCON a interrogé 2 863 femmes âgées de 18 à 44 ans en 2000, donc 1 569 ont été suivies entre jusqu'en 2004.
25. Nathalie Bajos, Henri Leridon, Hélène Goulard, Pascale Oustry, Nadine Job-Spira, et The COCON Group, « Contraception: from accessibility to efficiency », *Human Reproduction*, 18, n° 5, mai 2003, p. 994-999.
26. S. Sihvo, N. Bajos, B. Ducot et M. Kaminski, « Women's life cycle and abortion decision in unintended pregnancies », *Journal of Epidemiology and Community Health*, 57, n° 8, août 2003, p. 601-605.

pour lesquelles les femmes recourent à une IVG ou à une IMG ne sont donc pas aussi distinctes qu'il n'y paraît au premier abord. Il semble que les grossesses soient interrompues dans un cadre ou dans l'autre avant tout selon les possibilités offertes par la loi en termes de délai et de motif autorisé, et non car les raisons motivant la décision d'avorter seraient, en elles-mêmes, radicalement différentes entre IVG et IMG.

## Durée de grossesse au moment de l'avortement : l'effet de la prise en charge « au plus tôt » et du suivi de grossesse

En 2022, 241 000 avortements ont été pratiqués en France, parmi lesquels 232 500 IVG et 8 500 IMG. La quasi-totalité des avortements (98 %) ont été pratiqués avant la fin de la 16e semaine d'aménorrhée, c'est-à-dire avant la fin du délai légal de l'IVG. Les IVG étaient principalement pratiquées avant la fin de la 9e semaine (83 %), tandis que les IMG étaient surtout réalisées au cours du deuxième trimestre, c'est-à-dire entre la 13e et la 28e semaine (54 % étaient pratiquées pendant ce deuxième trimestre, contre 33 % pendant le premier trimestre et 12 % pendant le troisième trimestre).

La diminution du recours à l'avortement à mesure que la grossesse avance n'est pas une particularité française. Au Canada, où aucun délai ne limite légalement le recours à l'avortement, 90 % des avortements sont pratiqués avant la fin de la 16e semaine, et seulement 0,6 % d'entre eux le sont au-delà de la 20e semaine[27]. En Angleterre et au Pays de Galles, où l'avortement est possible uniquement jusqu'à 24 semaines et uniquement sur motif médical (la santé y étant comprise de manière très large), 89 % des avortements sont réalisés avant la fin de la 9e semaine, 11 % entre la 10e et la 19e semaine, et 1 % seulement au-delà de la 20e semaine[28]. Ces deux exemples montrent que, même dans des cadres légaux différents du cadre français, le recours effectif à l'avortement suit la même tendance : une écrasante majorité des avortements est réalisée au cours du premier trimestre, puis le recours diminue à mesure que la durée de grossesse augmente.

27. Dorothy Shaw et Wendy V. Norman, « When there are no abortion laws: A case study of Canada », *Best Practice & Research. Clinical Obstetrics & Gynaecology*, 62, janvier 2020, p. 49-62.
28. Department of Health and Social Care, « Abortion Statistics, England and Wales: 2021 », 2023, https://www.gov.uk/government/statistics/abortion-statistics-for-england-and-wales-2021/abortion-statistics-england-and-wales-2021, consulté le 3 octobre 2023.

Dans la plupart des cas, la décision d'avorter est « rapide et évidente[29] ». La plupart des grossesses étant connues dans les premières semaines, le nombre d'avortements pratiqués est logiquement élevé pendant le premier trimestre, et baisse ensuite. De plus, depuis son autorisation de mise sur le marché en 1988, la méthode médicamenteuse s'est largement diffusée en France. Or la généralisation de cette méthode a certainement contribué à une prise en charge plus rapide des demandes d'avortement, autrement dit à un recours plus précoce[30] et donc, à une concentration de la plupart des avortements dans les premières semaines de grossesse.

Lorsque la décision d'avorter est prise plus tardivement, les possibilités d'avortement sont plus restreintes, notamment du fait d'une moins grande diversité de lieux. D'une part, les IVG peuvent être réalisées jusqu'à la fin de la 9^e^ semaine dans un cabinet de médecin ou de sage-femme, un centre de planification et d'éducation familiale (CPEF), un centre de santé ou un établissement de santé (hôpital ou clinique), mais passé ce délai, elles ne peuvent l'être que dans ces deux derniers. En effet, la méthode médicamenteuse n'est possible qu'en établissement au-delà de la 9^e^ semaine, et la méthode instrumentale[31] – particulièrement utilisée pour les durées de grossesse plus avancées – n'est possible qu'en établissement et en centre de santé[32]. D'autre part, les IMG peuvent être uniquement pratiquées dans un établissement de santé[33].

L'augmentation commune aux IVG en établissements et aux IMG jusqu'à la 7^e^ semaine découle sans doute de la même raison : il s'agit d'avortements

29. Marie Mathieu, *Derrière l'avortement, les cadres sociaux de l'autonomie des femmes. Refus de maternité, sexualités et vies des femmes sous contrôle. Une comparaison France – Québec*, Université Paris 8 Vincennes Saint-Denis ; Université du Québec à Montréal, 2016, p. 202.

30. Magali Mazuy, Laurent Toulemon et Élodie Baril, « Le nombre d'IVG est stable, mais moins de femmes y ont recours », *Population*, 69, n° 3, 2014, p. 365.

31. On parle également de méthode « chirurgicale » ou « par aspiration » pour qualifier ce type d'avortement.

32. Bien que la méthode médicamenteuse soit autorisée jusqu'au délai légal de l'IVG dans les établissements de santé (soit la 16^e^ semaine d'aménorrhée) et qu'aucun seuil limite de soit imposé pour la méthode instrumentale, la Haute autorité de santé (HAS) recommande uniquement la première jusqu'à la 9^e^ semaine et la seconde au-delà. Ces recommandations ne sont toutefois pas toujours suivies : 7 % des IVG médicamenteuses pratiquées en établissement de santé sont réalisées au-delà de la 9^e^ semaine, et 37 % des IVG instrumentales sont réalisées avant la 10^e^ semaine. Le chapitre de Philippe Faucher décrit la pratique d'IVG médicamenteuses en établissement de santé au-delà du délai recommandé par la HAS (voir ce volume, p. 277).

33. Ces dernières années ont été marquées par la fermeture de nombreuses maternités : entre 2000 et 2017, la part des femmes en âge de procréer résidant à plus de 30 minutes d'une maternité a augmenté d'un tiers. En limitant le nombre de lieux où les avortements plus tardifs peuvent être techniquement réalisés (méthode instrumentale, et déclenchement de l'accouchement pour les IMG dont la durée de grossesse est avancée), ces fermetures compliquent la logistique de la procédure, augmentant ainsi la durée de prise en charge.

intervenant après la découverte de la grossesse dans les premières semaines post-conception. Pour les IVG au moins, ce pic s'est décalé vers la gauche au fil des années à mesure que la méthode médicamenteuse s'est diffusée[34]. Si la tendance à la généralisation de cette méthode se poursuit, la durée de grossesse moyenne au moment de l'IVG va probablement continuer de diminuer.

Par ailleurs, malgré une plus grande complexité de la procédure par rapport à celle de l'IVG, l'IMG est sans doute choisie par certaines avortantes et recommandée par certain·es professionnel·les alors même que le délai légal de l'IVG n'est pas dépassé. La pratique d'IMG alors qu'une IVG aurait été possible témoigne d'un parcours de soin bien particulier : les demandes d'IMG sont certainement davantage orientées par les professionnel·les en charge du suivi de la grossesse. Ce type d'avortement serait alors proposé dans l'optique d'offrir un accompagnement aux femmes et aux couples ayant initialement un projet d'enfant. Les IMG du premier trimestre correspondent aussi possiblement aux situations dans lesquelles la découverte d'une grossesse intervient alors que l'avortante a déjà un suivi médical pour sa propre santé ou dans des situations d'urgence.

Dans le cadre du suivi de grossesse, des « examens prénataux [sont] obligatoires[35] » afin « d'évaluer le risque que l'embryon ou le fœtus présente une affection susceptible de modifier le déroulement ou le suivi de la grossesse[36] ». L'Assurance Maladie recommande qu'une échographie soit réalisée à chaque trimestre : la première entre 11 et 14 semaines, la deuxième entre 20 et 25 semaines, et la troisième entre 31 et 34 semaines. Ces échographies sont souvent le premier moyen de diagnostiquer d'éventuels problèmes, notamment des pathologies fœtales. Il n'est donc pas surprenant d'observer une augmentation du recours à l'IMG autour de la 14ᵉ, la 25ᵉ et la 35ᵉ semaine, chacune témoignant de l'augmentation du nombre d'IMG à la suite d'une échographie de suivi. En d'autres termes, le recours à l'IMG est rythmé par le calendrier de suivi de grossesse.

Comme on l'a vu, les IMG sont souvent réalisées par des femmes et des couples ayant un projet d'enfant. Ces avortements mettent un terme à ce projet d'autant plus concret que la grossesse est avancée. La reconnaissance administrative de ce dernier en tant qu'enfant peut ainsi constituer un enjeu central pour les familles.

En effet, dans le cas d'une IMG, il s'agit nécessairement d'un mort-né (car un produit létal est injecté *in utero* lorsque la durée de grossesse avancée)

34. Magali Mazuy, Laurent Toulemon et Élodie Baril, « Le nombre d'IVG est stable, mais moins de femmes y ont recours », art. cit.
35. Article L. 2122-1 du Code de la santé publique.
36. Article R. 2131-1 du Code de la santé publique.

## La statistique sur l'avortement en France : obligatoire et aujourd'hui établie à partir de données administratives

Depuis la légalisation de l'avortement en 1975, l'Institut national d'études démographiques (INED) a pour mission de produire un bilan statistique sur le recours à l'avortement. Initialement, pour chaque interruption de grossesse (qu'elle comporte, ou non, un motif médical), un bulletin devait être rempli par le médecin, puis remonté au Ministère de la Santé. Ces bulletins permettaient de collecter de nombreuses informations sociodémographiques et de caractérisation de l'avortement. Leur remplissage était fastidieux et n'aboutissait qu'à un recensement partiel de l'ensemble des avortements ; leur production a donc été arrêtée en 2015.

Depuis, le suivi des avortements est réalisé à partir du système national des données de santé (SNDS). Cette base de données comprend l'ensemble des soins, examens et médicaments remboursés par l'Assurance Maladie, qu'ils soient réalisés en médecine de ville ou dans un établissement de santé. Elle présente l'avantage de pouvoir être considérée comme exhaustive puisqu'elle comprend des informations sur la quasi-totalité de la population (97 %)[37]. Tous les avortements réalisés en France sont regroupés dans le SNDS. N'ayant pas été conçue à des fins scientifiques mais administratives, cette base comporte cependant très peu de données sociodémographiques et offre donc des possibilités d'analyse restreintes. Concernant ce qui nous intéresse dans ce chapitre – à savoir la durée de grossesse exprimée en semaines d'aménorrhée – cette information n'est disponible que pour les avortements réalisés en établissements de santé (IVG et IMG), et non pour ceux réalisés en médecine de ville (IVG). En effet, les informations des établissements ne dépendent pas de la même collecte de données que celles de la médecine de ville : les premières figurent dans le Programme de médicalisation des systèmes d'information (PMSI), et les secondes dans le Datamart de consommation interrégimes (DCIR).

La Figure suivante montre les variations du recours à l'IMG et à l'IVG en établissements de santé selon la durée de grossesse en 2022, l'information n'étant pas disponible pour les IVG pratiquées en médecine de ville. Si, dans l'ensemble, le nombre d'avortements diminue à mesure que la durée de grossesse augmente, des variations apparaissent. En effet, le recours à l'IVG en établissements de santé augmente jusqu'à la 7e semaine (au cours de laquelle 22 % de ces IVG sont réalisées), puis il diminue ensuite progressivement jusqu'à la fin du délai légal, et de manière plus intense à partir de la 14e semaine. Le recours à l'IMG varie davantage : une augmentation a lieu jusqu'à la 7e semaine (au cours de laquelle 2 % des IMG sont réalisées), une autre à la 14e (9 %), puis à la 18e (7 %), à la 25e (4 %), et enfin à la 34e (1,3 %).

37. P. Tuppin, J. Rudant, P. Constantinou, C. Gastaldi-Ménager, A. Rachas, L. De Roquefeuil, G. Maura, H. Caillol, A. Tajahmady, J. Coste, C. Gissot, A. Weill et A. Fagot-Campagna, « Value of a national administrative database to guide public decisions : From the système national d'information interrégimes de l'Assurance Maladie (SNIIRAM) to the système national des données de santé (SNDS) in France », *Revue d'Épidémiologie et de Santé Publique*, 65, octobre 2017, p. S149-67.

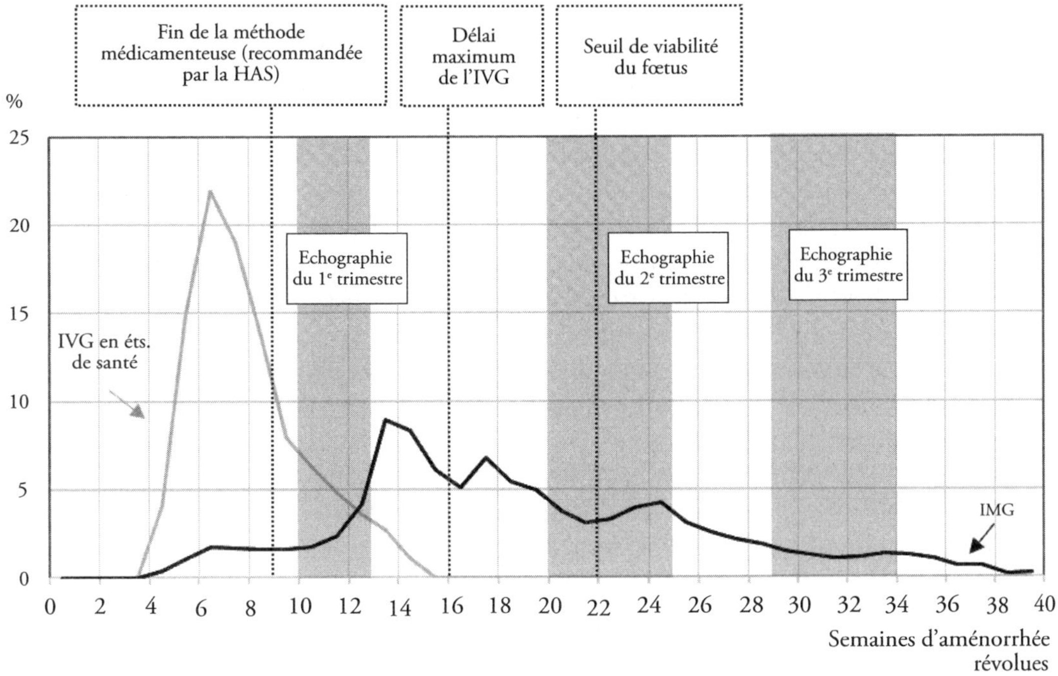


Répartition des IVG en établissements de santé et des IMG selon la durée de grossesse en 2022. **Source :** SNDS, calculs de l'autrice. Champ : France entière.

Lecture : En 2022, 22 % des IVG réalisées en établissements de santé sont pratiquées au cours de la 7e semaine d'aménorrhée.
Note : Les IVG pratiquées en médecine de ville ne sont pas représentées par manque de données disponibles sur la durée de grossesse. Les avortements déclarés avant la 5e semaine, les IVG déclarées au-delà de la 16e et les IMG déclarées au-delà de la 40e ont été exclues car considérés comme peu probables. Les périodes pendant lesquelles sont réalisées les échographies sont celles recommandées par le Collège national d'échographie obstétricale et fœtale (CNEOF). Bien que la loi ne l'impose pas pour les IVG en établissement mais seulement à celles en médecine de ville (Article L. 2212-2 alinéa 2 du Code de la santé publique), la Haute autorité de santé (HAS) recommande la méthode médicamenteuse jusqu'à 9 semaines d'aménorrhée sans distinction de lieu. Le délai légal de l'IVG a été allongé de 2 semaines en mars 2022 ; il était auparavant de 12 semaines de grossesse, soit 14 semaines d'aménorrhée. Le seuil de viabilité du fœtus est celui fixé par l'OMS : 22 semaines d'aménorrhée ou un poids d'au moins 500 grammes.

mais qui peut être viable (le seuil de viabilité admis étant fixé à partir de 22 semaines d'aménorrhée ou d'un poids d'au moins 500 grammes). Pour des raisons épidémiologiques, un acte d'enfant sans vie est donc obligatoirement produit si le seuil de viabilité est atteint au moment de l'IMG. Depuis 2008, un tel acte peut être produit dès la 15ᵉ semaine d'aménorrhée. Cette reconnaissance administrative peut donner lieu à l'attribution d'un ou plusieurs prénoms et d'un nom à l'enfant[38], ainsi qu'à l'inscription dans le livret de famille[39]. L'ouverture de ces droits pour les enfants sans vie aide certainement les parents dans le processus de deuil. De plus, au-delà du seuil de viabilité, ces derniers ont accès aux mêmes droits sociaux que les parents ayant eu un enfant né vivant ou mort-né dans le cadre d'une fausse couche : congés de maternité (contre un arrêt de travail avant le seuil de viabilité) et de paternité[40], allocation forfaitaire versée en cas de décès d'un enfant et allocation de base[41], la majoration de la durée d'assurance vieillesse pour enfant[42], la prise en compte de celui-ci au titre du quotient familial[43], l'inscription au registre des décès[44] et l'inhumation ou la crémation du corps et l'organisation des funérailles[45]. Ces droits rapprochent ainsi les parents ayant vécu une IMG de ceux qui n'en ont pas connu.

L'identification du ou des motifs ayant motivé la demande et permis l'autorisation d'une IMG fournirait des compléments d'explication quant aux expériences vécues par les avortantes, notamment en croisant ces informations avec celles relatives à l'accès aux droits sociaux de parentalité. Les motifs sont cependant difficiles à identifier dans les données de santé (SNDS) du fait d'irrégularités dans le codage de ces actes[46] ; aujourd'hui, l'Agence de la biomédecine (ABM) est la

38. Article 79-1 alinéa 2 du Code civil. Voir aussi IGEC du 11 mai 1999 n° 467-2.

39. IGEC n° 469-1 et 626. Voir aussi, Arrêté du 20 août 2008 modifiant l'arrêté du 1ᵉʳ juin 2006 fixant le modèle de livret de famille ; Circulaire n° DGCL/DACS/DHOS/ du 19 juin 2009 relative à l'enregistrement à l'état civil et à la prise en charge des corps des enfants décédés avant la déclaration de naissance.

40. Voir notamment l'arrêté du 9 janvier 2008.

41. Voir notamment la Circulaire de la direction des prestations familiales n° 2005-010 du 8 juin 2005.

42. Voir notamment la circulaire CNAV 2004/22 du 30 avril 2004.

43. Voir en ce sens François Sauvage, « L'acte d'enfant sans vie discrètement réglementé », *Actualité juridique. Famille*, octobre 2008, p. 392. L'auteur s'appuie sur un courrier de la direction de la législation fiscale du 19 septembre 2006 à l'association « Petite Emilie ».

44. Article 79-1 alinéa 2 du Code civil. Voir aussi, le décret n° 2008-800 20 août 2008 relatif à l'application du second alinéa de l'article 79-1 du Code civil et l'arrêté ministériel du 20 août 2008 relatif au modèle de certificat médical d'accouchement en vue d'une demande d'établissement d'un acte d'enfant sans vie.

45. Circulaire n° DGCL/DACS/DHOS/ du 19 juin 2009 relative à l'enregistrement à l'état civil et à la prise en charge des corps des enfants décédés avant la déclaration de naissance.

46. Plusieurs codes permettent d'identifier les IMG, chacun différencié selon que le motif soit lié à la santé de fœtus, celle de l'avortante ou des deux, et pour chacun de ces trois motifs, selon que l'avortement soit complet ou non, et avec des complications ou non. Les recommandations de codage

seule institution à publier des résultats sur les motifs, grâce à son recensement de l'activité des CPDPN. Pour l'année 2021 – et de manière assez stable au cours des dernières années –, elle indique qu'environ 7 200 IMG ont été pratiquées pour motif fœtal, contre seulement environ 380 en raison de problèmes liés à la santé de l'avortante. L'ABM reconnaît que le nombre d'IMG annoncé est certainement sous-estimé pour ce second motif. D'une part, ces demandes ne sont pas toujours étudiées par l'équipe d'un CPDPN mais seulement par un·e médecin membre, de sorte qu'il est possible que ces demandes ne soient pas toutes remontées à un de ces centres. D'autre part, ces IMG peuvent être pratiquées dans des « situations d'urgence obstétricale pour lesquelles le pronostic vital de la femme est en jeu », auquel cas l'autorisation n'est pas transmise à un CPDPN[47]. Ceci explique certainement au moins une partie du décalage entre le nombre d'IMG publié par l'ABM et le chiffre de 8 500 qui ressort du Système national des données de santé (SNDS).

Compte tenu de l'obligation légale qu'au moins un·e professionnel·le de l'équipe pluridisciplinaire chargée d'étudier la demande d'IMG soit membre d'un CPDPN, ces centres sont un lieu essentiel dans le parcours d'IMG. En 2022, seulement 48 centres répartis dans 38 départements français étaient actifs ; en d'autres termes, deux tiers des départements français en étaient dépourvus (dont la Guyane, la Guadeloupe, Mayotte et la Corse). Bien que toutes les régions de France métropolitaine soient dotées d'au moins un CPDPN, les femmes résidant loin d'un de ces centres sont donc contraintes de se déplacer sur de plus longues distances, ce qui implique davantage de logistique à une démarche souvent déjà lourde émotionnellement, et allonge mécaniquement la durée de grossesse avant l'avortement. Les disparités de localisation des CPDPN influencent donc le moment de la prise en charge.

Comme nous l'avons expliqué plus haut, IVG et IMG ont progressivement été distinguées l'une de l'autre, notamment par la focalisation de l'IMG sur la prise en charge des pathologies fœtales. Les effets de cette focalisation se retrouvent à deux niveaux : à la fois dans la sous-estimation des IMG pour motifs liés à la santé de l'avortante, et dans le fait que le recours à l'IMG varie

---

sont donc difficilement applicables, d'autant plus que peu d'IMG sont pratiquées chaque année, ce qui accentue le décalage entre la faible fréquence de ce soin et sa complexité de codage. Aussi, certaines situations sont sans doute plus complexes que ce que les catégories administratives proposent, d'autant que les contours sont déjà mal définis par la loi. Un travail doit encore être réalisé sur le SNDS afin d'identifier clairement le motif ayant mené à l'IMG.

47. Agence de la biomédecine, « Rapport d'activité régionale Centres pluridisciplinaires de diagnostic prénatal 2021 », Agence de la biomédecine, coll. « Le rapport médical et scientifique de l'assistance médicale à la procréation et de la génétique humaines en France », 2022, https://rams.agence-biomedecine.fr/centres-pluridisciplinaires-de-diagnostic-prenatal.

essentiellement au fil du développement du fœtus. Ceci étant, la durée de grossesse des avortements du premier trimestre – IMG et IVG confondues – s'explique principalement par une prise en charge « au plus tôt », c'est-à-dire le plus rapidement possible après la décision d'interrompre une grossesse découverte dès les premières semaines.

## Le délai légal de l'IVG : une frontière artificielle entre IVG et IMG

Nous avons vu plus haut que le recours à l'avortement a tendance à diminuer à mesure que la durée de grossesse augmente. Pourtant, la part d'IMG réalisées pendant le premier trimestre est inférieure à celle du deuxième trimestre. Cela peut sembler paradoxal mais s'explique certainement en partie par le temps nécessaire au diagnostic d'une pathologie. On ne peut cependant exclure que certaines femmes choisissent, si elles le peuvent, de réaliser une IVG plutôt qu'une IMG, pour ne pas dépendre de l'autorisation de plusieurs professionnel·les, et ainsi passer par une procédure moins complexe. Le nombre d'IVG serait donc légèrement gonflé par ces avortements qui auraient pu être des IMG (car réalisés pour des motifs médicaux) mais qui sont finalement pratiqués dans le cadre de l'IVG. À l'inverse, le nombre d'IMG réalisées avant le délai légal de l'IVG serait lui sous-estimé.

Parallèlement, certaines demandes d'IVG sont refusées pour cause de dépassement du délai légal. Cependant, si un motif médical – qu'il soit fœtal et/ou lié à la santé, y compris psychosociale, de l'avortante – est attesté par une équipe pluridisciplinaire, les femmes dans cette situation peuvent tout de même obtenir une IMG. Ces avortements témoignent de l'artificialité de la frontière entre IVG et IMG : d'une part, des raisons médicales peuvent motiver une demande d'IVG, et d'autre part, le délai légal de l'IVG contraint certaines femmes à formuler une demande d'IMG, conditionnée à une décision collégiale. Il est toutefois particulièrement difficile de quantifier ces avortements car l'information n'est pas disponible dans les données de santé (SNDS).

Par ailleurs, une demande d'IMG peut effectivement être formulée en cas de détresse psychosociale[48]. Cette catégorie n'est pas explicitement présente dans la loi, mais elle est parfois comprise comme relevant de la santé de l'avortante. L'absence de définition juridique des motifs liés à la santé de la femme laisse aux professionnel·les de santé la responsabilité de statuer sur les éléments psychosociaux intervenant comme une menace pour la santé de la femme :

48. Voir dans ce volume le chapitre de Philippe Faucher, « Les techniques d'interruption de grossesse », p. 277.

troubles psychiatriques, violences conjugales, précarité économique, jeunesse, addictions etc.[49] Cette situation implique que chaque situation est analysée au regard des représentations des membres de l'équipe pluridisciplinaire en ce qui concerne le développement du fœtus, la psychologie de la femme enceinte et les conditions nécessaires à l'élevage d'un enfant[50]. Notons que même en l'absence de motif fœtal, l'autorisation doit être donnée notamment par un·e gynécologue-obstétricien·ne membre d'un CPDPN dont l'expertise est pourtant éloignée du domaine psychosocial.

En 2021, selon l'Agence de la biomédecine, 42 % des autorisations d'IMG en lien avec la santé de l'avortante ont été délivrées pour un motif psychosocial – ce qui correspond à 160 demandes. Comme expliqué préalablement, ce très petit nombre est possiblement sous-estimé. Il illustre cependant le fait que ce motif est certainement peu avancé dans les demandes, non seulement du fait de la méconnaissance de la possibilité de le mobiliser en cas de dépassement du délai de l'IVG, mais aussi du fait des conditions dans lesquelles la demande est traitée et donc des faibles chances de la voir satisfaite. Pour autant, en 2020, le ministre de la Santé a explicitement incité à utiliser ce motif en cas de dépassement du délai de l'IVG, considérant notamment que les confinements mis en place dans le cadre de la pandémie de COVID-19 constituaient un risque psychosocial[51]. Ce motif a également fait l'objet de débats au moment de l'adoption de la loi bioéthique de 2021, sans toutefois que cela ait débouché sur une modification du cadre légal de l'IMG.

En d'autres termes, le délai légal de l'IVG n'empêche pas toujours les femmes d'interrompre les grossesses qu'elles ne souhaitent pas poursuivre puisque d'autres possibilités subsistent pour reprendre le contrôle sur leur fécondité. Certaines femmes choisissent de se rendre dans un autre pays où la législation et l'offre de soin permettent des avortements plus tardifs qu'en France[52] – à condition bien sûr de pouvoir récolter l'argent nécessaire

---

49. Claire Mahiou, *Interruption médicale de grossesse pour motif psychosocial : analyse rétrospective des demandes dans un centre de diagnostic prénatal à Marseille entre 2007 et 2021*, Faculté des sciences médicales et paramédicales de Marseille, 2022, 117 p.

50. Raphaël Perrin, « Au tribunal des femmes enceintes. Enquête sur les pratiques d'interruption médicale de grossesse pour détresse psychosociale », *Revue française des affaires sociales*, n° 2, DREES Ministère de la santé, 2023, p. 107-129.

51. « Déclaration de M. Olivier Véran, ministre des Solidarités et de la Santé et de Mme Christelle Dubos, secrétaire d'État auprès du ministre des Solidarités et de la Santé, sur l'accès à l'IVG, l'IMG et l'évaluation des mesures dérogatoires prises au sujet de l'IVG durant la crise sanitaire, à l'Assemblée nationale le 8 juin 2020. », URL : https://www.vie-publique.fr/discours/274890-olivier-veran-08062020 [consulté le 03.05.2024].

52. Voir dans ce volume le chapitre de Sophie Avarguez et Aude Harlé, « Subir et transgresser la loi », p. 189.

et de mettre en place la logistique d'un tel « voyage » à l'étranger. Dans des situations désespérées, d'autres sont certainement poussées à s'auto-avorter hors de tout cadre médical, prenant ainsi d'importants risques pour leur santé, voire pour leur vie. D'autres encore ne voient plus d'autres solutions que l'infanticide du nouveau-né[53]. Ces alternatives sont cependant plus coûteuses sur le plan économique, émotionnel, social et/ou organisationnel, voire dangereuses. Le délai légal ajoute donc des difficultés à des situations souvent déjà compliquées, renforçant ainsi les inégalités entre les femmes ayant les moyens d'avorter dans de bonnes conditions et celles qui ne le peuvent pas, malgré tout ce que cela implique pour leur santé, leur famille ou leur travail. Ainsi, alors que la France propose un cadre légal permettant d'avorter à n'importe quel moment de la grossesse, le conditionnement de ce soin à l'autorisation d'une équipe médicale au-delà de 16 semaines d'aménorrhée en restreint fortement l'accès.

Les données autour du délai légal de l'IVG sont délicates à analyser étant donné que peu d'avortements sont pratiqués autour de cette durée de grossesse. Elles sont donc davantage sensibles à des variations liées à des erreurs de saisies. Si le nombre exact d'IVG pratiquées entre la 14^e^ et la 16^e^ semaine d'aménorrhée est difficile à déterminer, il est tout de même possible d'établir un ordre de grandeur. La Figure 1 montre qu'environ 4 % des IVG en établissements sont pratiquées à cette période, illustrant ainsi l'utilité de l'allongement du délai légal en mars 2022. Il faut toutefois rappeler que l'effectivité de la loi ne suit pas directement son adoption : la mise à disposition du matériel nécessaire à ces soins dans l'ensemble des structures, la formation des soignant·es à un acte médical un peu différent de ce qu'ils et elles faisaient jusqu'ici et, bien sûr, leur acceptation de la pratique d'avortements à un stade plus avancé de la grossesse sont autant de freins à l'accès aux IVG au-delà de 14 semaines[54].

Malgré cela, l'allongement du délai légal en 2022 a permis à certaines femmes – mais pas toutes – une prise en charge de leur avortement sur le territoire français, évitant ainsi de devoir trouver une alternative pour mettre fin à leur grossesse[55]. En effet, outre les facteurs expliquant une découverte de la grossesse ou une décision d'avorter relativement tardives, les disparités de recours à l'IVG peuvent aussi s'expliquer par des difficultés d'accès entraînant

53. Julie Ancian, *Les violences inaudibles : récits d'infanticides*, Paris, Éditions du Seuil, coll. « La couleur des Idées », 2022.

54. À propos de ces avortements plus tardifs, voir dans ce volume le chapitre de Philippe Faucher, « Les techniques d'interruption de grossesse », p. 277.

55. Sur les mobilités géographiques causées par le délai légal d'IVG, voir dans ce volume le chapitre de Sophie Avarguez et Aude Harlé, « Subir et transgresser la loi », p. 189.

un allongement du délai de prise en charge. En effet, l'offre abortive est très variable selon les départements, ce qui induit d'importantes différences de répartition des types d'IVG pratiquées selon le lieu, le professionnel·le et la méthode[56]. Ce soin demeure un acte médicalement peu valorisé, et ne figure donc pas nécessairement dans les priorités de nombre de médecins[57]. Certain·es professionnel·les de santé font traîner la prise de rendez-vous au risque de dépasser le délai, ou mobilisent leur clause de conscience pour refuser de pratiquer ce soin. Enfin, la désertification médicale tend à saturer les lieux où sont pratiquées les IVG. L'indisponibilité des professionnel·les et des structures où il est possible d'avorter augmente le temps de prise en charge et donc, les risques de dépassement du délai légal de l'IVG. Ceci étant, il est important de rappeler que, comme vu préalablement, une multitude de raisons peuvent mener à nécessiter un avortement plus tardif, y compris sans motif médical. Ces situations ne pourront obtenir une réponse qu'avec un allongement de délai de l'IVG d'une part, et/ou l'élargissement des conditions d'accès à l'IMG d'autre part.

*

Si l'IVG et l'IMG ont été construites de manière distincte et offrent aujourd'hui des conditions de recours à l'avortement bien différentes, ce chapitre montre que, dans la pratique, la frontière séparant les situations menant les femmes à interrompre leur grossesse par l'une ou l'autre n'est en réalité pas aussi nette qu'il y paraît. Entre le moment de la conception et celui de la décision d'avorter, nombreuses sont les raisons sortant du cadre pensé pour l'IVG et l'IMG, tant en termes de durée d'aménorrhée écoulée jusqu'au moment de la connaissance de la grossesse et son interruption, que par les représentations autour de la maternité et du développement fœtal induisant les médecins à reconnaître ou non l'existence d'un motif médical justifiant un avortement. Ainsi, des IMG sont pratiquées avant le délai légal de l'IVG, et des demandes d'IVG trouvent finalement réponse dans le cadre de l'IMG du fait de raisons médicales.

Face au dépassement du délai légal de l'IVG et aux limitations posées par le cadre de l'IMG pour répondre à ces demandes, certaines femmes ne

---

56. Didier Breton, Nicolas Belliot, Magali Barbieri, Hippolyte d'Albis et Magali Mazuy, « L'évolution démographique récente de la France. En région comme au niveau national, des comportements démographiques encore marqués par la Covid-19 », *Population*, 77, n° 4, Paris, Ined Éditions, 2022, p. 535-614.
57. Raphaël Perrin, *La clause qui cache la forêt. Enquête sur les réticences des gynécologues face à l'IVG*, Mémoire de Master 2, ENS et EHESS, 2021, 165 p.

peuvent obtenir un avortement en France. Le cadre légal français impose alors de poursuivre la grossesse non voulue et propose éventuellement d'accoucher sous le secret, c'est-à-dire de ne pas reconnaître la filiation à la naissance. Lorsqu'elle est ainsi contrainte, la poursuite de grossesse peut être particulièrement coûteuse émotionnellement, physiquement et socialement, ce qui pousse certaines femmes à chercher d'autres solutions (IMG notamment pour motif psychosocial, avortement à l'étranger, auto-avortement, accouchement sous le secret, infanticide), elles-mêmes plus ou moins coûteuses voire dangereuses.

L'allongement du délai de l'IVG en 2001 puis en 2022 a permis à certaines femmes d'avorter plus tardivement en France sans les contraintes de la procédure d'IMG ; mais le maintien du recours à l'avortement à l'étranger témoigne du fait que toutes les demandes ne sont pas absorbées par l'offre abortive française. L'existence d'un délai légal ainsi que la distinction entre les avortements pour motif médical et non médical ne vont pourtant pas de soi. Au Canada, par exemple, depuis 1988, il n'existe plus de délai légal à l'avortement et cette suppression ne s'est pas accompagnée de l'exigence d'un motif médical. Un allongement du délai légal, voire sa suppression, à condition qu'il soit suivi par la mise en place d'un large réseau de lieux et de professionnel·les pouvant pratiquer des avortements même à un stade plus avancé de la grossesse, constitue des pistes d'évolution de nature à permettre d'éviter à des femmes de recourir à ce soin par leurs propres moyens ou en partant à l'étranger, ou d'être contraintes de mener à terme une grossesse dont elles ne veulent pas. La construction de l'IMG comme un moyen de répondre à l'échec ou l'abandon d'un projet de naissance a éloigné ce type d'avortement de l'IVG, tout en complexifiant davantage ce parcours de soin par une médicalisation de plus en plus importante. L'assouplissement des conditions d'accès à l'IMG offrirait une prise en charge peut-être plus rapide et moins lourde, laissant ainsi plus de place à l'accompagnement de l'éventuel deuil d'un projet d'enfant. Cela permettrait également d'améliorer la compréhension des motifs psychosociaux pour une meilleure prise en charge des situations complexes que vivent les femmes en demande d'un avortement plus tardif.

Nous avons vu que dans les faits, la distinction entre IVG et IMG est, à plusieurs égards, artificielle et est le résultat de constructions historiquement différentes. Cependant, le maintien d'un régime spécifique à chacun de ces deux types d'avortement permet d'envisager un assouplissement des conditions d'accès à l'interruption de grossesse via plusieurs angles. Dans un contexte de recul du droit à l'avortement dans plusieurs pays (par exemple aux États-Unis et en Pologne) et d'une offensive anti-avortement toujours active en France, l'inscription dans la Constitution de la liberté d'avorter a certainement apporté une plus grande protection[58]. Mais afin de garantir l'accès à l'avortement pour tou·tes, il est nécessaire d'assouplir aussi bien le cadre de l'IVG que celui de l'IMG, tout en assurant la mise en place des moyens nécessaires à leur réalisation.

58. Voir l'introduction de cet ouvrage.

# Subir et transgresser la loi

## L'avortement en dépassement de délai comme expérience de la désobéissance[1]

*Sophie Avarguez et Aude Harlé*

Dans le courant du xx^e^ siècle, apparaissent les premières formes de légalisation et de prise en charge de l'avortement par les États et, dans le même mouvement, des mobilités transfrontalières et/ou interétatiques. Des femmes, seules ou en groupes, organisent leurs déplacements et dessinent des « routes » d'accès à l'avortement dans un cadre médical, sécurisé et légal[2]. Ces « routes », terrestres, maritimes[3], aériennes, à l'échelle internationale, se recomposent au gré des évolutions des conditions légales d'accès à l'avortement (interdiction, limitation ou extension du droit) et des conditions de circulation des personnes[4] faisant face à un droit territorialisé et limitatif.

De manière générale, les mobilités transnationales ont longtemps été pensées par/pour les hommes et ont constitué un domaine de recherche où l'androcentrisme est manifeste. Pourtant, les franchissements de frontières pour un

---

1. Nous tenons à remercier Laurie Marguet et Stéphanie Hennette-Vauchez pour le travail de relecture et leurs conseils précieux. Merci aussi à toutes celles qui ont accepté de participer à notre étude et au Planning familial pour leurs partages d'expérience.

2. Agnès Guillaume, Clémentine Rossier, « L'avortement dans le monde. État des lieux des législations, mesures, tendances et conséquences », *Population*, 2018, n° 73, p. 225-322 ; Christabelle Sethna, Davis Gayle (dir.), *Abortion across Borders : Transnational Travel and Access to Abortion Services*, Johns Hopkins University Press, 2019 ; Giulia Zanini, Joanna Mishtal, Silvia de Zordo, Ann-Kathrin Ziegler, « Abortion information governance and women's travels across European borders », *Women's Studies International Forum*, 2021, vol. 87, n° 8, art. n° 102496.

3. L'organisation non gouvernementale *Women on Waves* propose aux femmes des avortements dans les eaux internationales où la loi de leur pays ne s'applique pas : v. par ex. Sydney Calkin, « Transnational abortion pill flows and the political geography of abortion in Ireland », *Territory, Politics, Governance*, 2020, vol. 2, n° 9, p. 163-179.

4. Nous faisons ici référence aux ressources économiques, sociales, culturelles couplées à la liberté ou non de circulation à l'échelle internationale.

avortement sont nombreux et les femmes en sont les actrices principales et les bénéficiaires exclusives. Ces mobilités transgressives, atypiques et à contre-courant des assignations de genre (puisqu'il s'agit de se soustraire au confinement dans l'espace domestique et à la fonction de reproduction) sont néanmoins largement passées inaperçues[5].

Le propos s'intéresse aux parcours des femmes résidant en France, où l'avortement est légal mais limité, notamment par un strict délai légal qui agit ici comme un moteur de ces déplacements. Ainsi, penser l'avortement *en dépassement de délai*, dans sa forme contemporaine, ne peut se faire sans prendre en considération la mobilité, les effets frontières et les processus de déterritorialisation qui en découlent[6].

Cependant, ces franchissements de frontière mettent en lumière, d'une part, l'importance de l'inégale répartition des ressources économiques et sociales des femmes[7] et, d'autre part, les incidences des conditions sociales et légales de circulation dans l'accès à l'avortement médicalisé, sécurisé et légal[8]. En effet, du fait de ces inégalités inhérentes au fait mobilitaire et à l'avortement, toutes celles qui le souhaitent ne peuvent pas toujours accéder à un avortement hors frontière, et celles qui y parviennent donnent à voir des situations et des expériences contrastées.

Pour accéder à l'expérience de l'avortement en dépassement de délai, le présent chapitre s'appuie sur une enquête ethnographique par observations et entretiens menée de 2017 à 2020 de part et d'autre de la frontière franco-espagnole dans les structures du champ sanitaire et social impliquées dans la prise en charge de demandeuses d'avortement en délai dépassé, et plus précisément dans les cliniques de Gérone et Barcelone. Cette enquête a mené à environ 140 heures d'observation sur 2 ans. Par ailleurs, 40 entretiens ont été réalisés auprès de femmes ayant avorté en Espagne (n = 23), de mères accompagnantes (n = 2) et de professionnelles de soins et militantes (n = 15) œuvrant majoritairement dans

5. Sydney Calkin, Cordelia Freeman, Francesca Moore, « The geography of abortion : discourse, spatiality and mobility », *Progress in Human Geography*, 2022, vol. 46, n° 6, p. 1413-1430 ; Marie Mathieu, Sophie Avarguez, « Les avortements en délai dépassé. Derrière le stigmate, le travail abortif des femmes », *Sociétés Contemporaines*, 2023, n° 130, p. 69-100.

6. Sophie Avarguez, Aude Harlé, « Entre "elles" et "nous" : phénomène prostitutionnel et logiques de distinction/déterritorialisation à la Jonquera », *Les Cahiers du CEDREF*, 2014, n° 21, p. 207-235.

7. Marie Mathieu, Sophie Avarguez, « Les avortements en délai dépassé. Derrière le stigmate, le travail abortif des femmes », art. cité.

8. Agnès Guillaume, Clémentine Rossier, « L'avortement dans le monde. État des lieux des législations, mesures, tendances et conséquences », art. cite ; Frances Doran, Susan Nancarrow, « Barriers and facilitators of access to first-trimester abortion services for women in the developed world : a systematic review », *Journal of Family Planning and Reproductive Health Care*, 2015, vol. 41, n° 3, p. 170-180.

les milieux institutionnels ou associatifs, et notamment dans les structures investiguées. Sans minimiser les inégalités d'accès à l'avortement en dépassement de délai[9], cette contribution vise plutôt à placer au centre de l'analyse les parcours des femmes qui ont pu, non sans obstacles, à un moment de leur vie, accéder à un avortement hors frontière.

Pour la France, le seuil limite de prise en charge a d'abord été allongé de 12 à 14 semaines d'aménorrhée (SA) en 2001, puis porté à 16 SA avec la loi du 2 mars 2022 visant à renforcer le droit à l'avortement. Pour une interruption de grossesse après ce délai, les femmes vivant en France se rendent dans d'autres pays d'Europe comme les Pays-Bas qui assurent des prises en charge légales jusqu'à 22 SA, l'Angleterre (23 SA et 5 jours) et l'Espagne où la prise en charge légale est portée à 24 SA dans une clinique de Madrid, ou à 22 SA dans les cliniques de Gérone et de Barcelone où ont été menées nos enquêtes.

Ces mobilités nourrissent un brouillage des frontières entre ce qui est illégal ici et légal ailleurs. Elles réactivent ainsi les représentations de l'avortement perçu tour à tour comme un acte de délinquance (dans le registre de l'ordre juridique) ou de déviance (dans le registre de l'ordre social et moral).

Loin du « drame » ou du « traumatisme » véhiculé dans les discours sociaux à travers la tendance à la psychologisation du social[10] et de l'avortement en particulier[11], il s'agit ici de sociologiser l'avortement et d'analyser la portée de cet événement dans sa double dimension, individuelle et politique. En effet, la psychologisation du social, en se focalisant sur les émotions intrapsychiques et sur la responsabilité individuelle, contribue à individualiser, à décollectiviser et à désocialiser le vécu de l'avortement. Ici, nous cherchons, à l'inverse, à révéler les effets du social sur le vécu.

La démarche empirico-inductive permet de mettre en évidence une dialectique entre ce que la loi fait aux femmes (l'expérience contrainte du délai légal) et ce que les femmes font de la loi (l'expérience de résistance et de transgression). Si avorter est un acte transgressif (puisque être mère reste une assignation puissante dans la vie des femmes), passer la frontière pour avorter hypertrophie la transgression et les effets qui en découlent. Les avortantes mettent en mots

9. Marie Mathieu, Sophie Avarguez, « Les avortements en délai dépassé. Derrière le stigmate, le travail abortif des femmes », art. cité.

10. Didier Fassin, Rechtman Richard, *L'empire du traumatisme. Enquête sur la condition de victime*, Paris, Flammarion, 2007 ; Vincent De Gaulejac, Coquelle Claude, *La part de social en nous. Sociologie clinique et psychothérapies*, Toulouse, Érès, 2017 ; Robert Castel, Eugène Enriquez, Hélène Stevens, « D'où vient la psychologisation des rapports sociaux ? », *Sociologies pratiques*, 2008, vol. 17, n° 2, p. 15-27.

11. Marie Mathieu, Laurine Thizy, *Sociologie de l'avortement*, Paris, La Découverte, 2023, coll. « Repères ».

et vivent cette expérience comme un événement ni ordinaire, ni dramatique – mais marquant. Les processus d'appropriation de cet événement marquant sont ici étudiés et permettent de faire émerger une facette souvent invisibilisée de l'avortement : il contient une portée émancipatrice et structurante sur le long terme dans différents domaines de la vie sociale, bien au-delà de l'expérience d'une liberté à disposer de son corps et de son destin (du fait d'être ou ne pas être mère).

## Décider de transgresser la loi : « Parce qu'être hors délai, c'est être hors la loi ? »

Pour les avortantes qui s'inscrivent dans une mobilité frontalière, transgresser la loi est devenu, à un moment de leur vie, un impératif qui émerge dans le *hiatus* où elles se trouvent placées entre l'impossibilité d'accéder à l'avortement *hic et nunc*, et la possibilité d'y accéder dès maintenant ou même plus tard, mais ailleurs.

### *Sentiment d'illégalité et de clandestinité : lorsque l'avortement est illégal ici et légal ailleurs*

Passer une frontière pour accéder à un avortement renforce d'autant le sentiment d'illégalité que les zones frontalières sont historiquement assimilées à des lieux de passage, de trafics, de contrôle[12], des zones de non-droit ou de droits aux contours flous[13]

> « *J'avais l'impression de faire un truc qui n'est pas autorisé ici, en fait.* [...] *Je me disais : bon, c'est pas autorisé ici, mais finalement je vais aller à côté.* [...] *Dire qu'on a fait une IVG et en plus qu'on a traversé la frontière, j'ai l'impression que c'est un truc encore plus grave... je ne l'ai pas fait ici, je l'ai fait ailleurs.* [...] *Je sais pas, peut-être qu'on a l'impression de transgresser, parce qu'on passe la frontière, c'est comme si on allait faire... je sais pas, du trafic de quelque chose. Puis après il y a ce truc de l'Espagne, quand on pense à l'Espagne c'est pour ramener des clopes moins chères, pour prendre de l'essence... je sais pas, dans la frontière, il y a peut-être*

12. Karine Bennafla, Michel Peraldi, « Introduction. Frontières et logiques de passage : l'ordinaire des transgressions », *Cultures & Conflits*, 2008, n° 72, p. 7-12 ; Alain Tarrius, « Des transmigrants en France. Un cosmopolitisme migratoire original », *Multitudes*, 2012, vol. 49, n° 2, p. 42-52.

13. Sophie Avarguez, Aude Harlé, « Entre "elles" et "nous" : phénomène prostitutionnel et logiques de distinction /déterritorialisation à la Jonquera », art. cité ; Sophie Avarguez, Aude Harlé, « "Consommer" à la frontière : usages et perceptions en territoire catalan », *Territoire en mouvement Revue de géographie et aménagement*, n° 29, 2016, p. 133-145.

*ça aussi* [...] *ça fait encore plus clandestin.* » Héléna, 33 ans, médecin, mère cadre dans la fonction publique et père moniteur-formateur.

Ce sentiment d'illégalité est juridiquement infondé. Les femmes françaises ne risquent aucune poursuite judiciaire si elles avortent dans un autre pays et au sein de l'Union européenne particulièrement, puisque le droit européen, qui est articulé autour des libertés de circulation, les protège en garantissant l'accès à des soins transfrontaliers[14]. Mais, bien qu'infondé juridiquement, ce sentiment d'illégalité est très présent dans le discours des avortantes et se nourrit d'un faisceau d'éléments.

Historiquement, l'avortement est associé à un ensemble de représentations qui en font, symboliquement, le marqueur d'une délinquance des femmes. Aujourd'hui encore, sa médiatisation prend souvent appui sur sa pénalisation, voire sa criminalisation à travers le monde. Par exemple, les gynécologues qui pratiquent une IVG encourent jusqu'à 99 ans de prison dans l'État de l'Alabama[15], des femmes sont emprisonnées au Salvador pour avoir eu recours à l'avortement (voire pour une fausse couche[16]), et l'avortement demeure interdit en Andorre et à Malte.

Les expériences individuelles des femmes sont inévitablement travaillées par les discours qui se déploient au niveau macrosocial. Dans leurs parcours d'avortantes, à un niveau méso / micro social, elles doivent aussi faire face aux propos émanant de professionnel·les de la santé et du social ou de leur entourage, qui participent, consciemment ou inconsciemment, à nourrir ce sentiment d'illégalité, voire de clandestinité[17]. Ces discours, le plus souvent énoncés au moment de la découverte du dépassement de délai et de l'impossibilité d'accéder à un avortement en France, sont décisifs dans la manière de se représenter le caractère légal ou illégal de l'avortement : le sentiment de transgression de la loi nationale est ressenti plus fortement lorsque la femme est peu ou pas informée de la possibilité qu'elle a de se rendre à l'étranger

14. Stéphanie Hennette-Vauchez, « Le droit européen et les libertés de circulation comme nouveaux horizons du droit de la bioéthique ? », *Cahiers Droit, Sciences et Technologies*, Chronique Bioéthique (avec Florence Bellivier), 2015, n° 5 ; et, même auteure, « Bioéthique en Europe : Paradigme circulatoire et backlash », *Revue de l'Union européenne*, 2022, p. 133-140 ; pour une réflexion congruente, relative à la GPA : Maria Kalogirou, *La réglementation de la GPA en France et en Grèce : étude d'une pratique sous le prisme des libertés européennes de circulation*, Thèse pour le doctorat en droit, Université Paris Nanterre, 2024.

15. https://www.radiofrance.fr/franceculture/podcasts/journal-de-8-h/avortement-jusqu-a-99-ans-de-prison-pour-les-medecins-dans-l-État-de-l-alabama-8470365

16. https://www.lemonde.fr/international/article/2022/07/05/au-salvador-une-femme-condamnee-a-cinquante-ans-de-prison-pour-une-fausse couche_6133343_3210.html

17. Marie Mathieu, Lucile Ruault, « Prise en charge et stigmatisation des avortantes dans l'institution médicale : la classe des femmes sous surveillance », *Politix*, 2014, n° 107, p. 33-59.

pour un avortement, et plus encore lorsqu'elle est désinformée : lorsque le déplacement à l'étranger (pour y recourir à un avortement) est présenté comme interdit, voire impossible.

> « *Quand on m'a dit que j'avais dépassé le délai, je leur ai demandé ce qui pouvait se faire, parce que pour moi c'était impossible et impensable de le garder... Donc ils m'ont dit qu'eux n'étaient pas habilités à me donner le numéro de Gérone, pour faire un avortement. En fait, ils m'ont donné le numéro du Planning Familial de nouveau.* » Agathe, 23 ans, titulaire d'un CAP Pâtissier et à la recherche d'un emploi, mère artisane, père inconnu.
>
> « *Quand j'ai récupéré l'échographie, alors que j'avais dit que je voulais avorter, ils ne m'ont rien dit, rien dit du tout. Je suis repartie comme ça.* » Lou, 23 ans, étudiante en 1re année en Sciences humaines et sociales, mère secrétaire, père technicien.
>
> « *Il* [le médecin traitant] *ne m'a pas orientée non plus. Il m'a dit : "Tu es obligée de le garder". Et moi, je n'en voulais pas.* » Ilona, 19 ans, titulaire d'un CAP d'agent de sécurité et à la recherche d'un emploi, profession des parents non renseignée.

Dans certains entretiens (n = 13), le sentiment d'illégalité est clairement mis en mots et associé à de potentielles sanctions. Ce ressenti est particulièrement fort chez celles qui n'ont eu que des informations parcellaires ou erronées. Ainsi, Amandine, 38 ans, qui a exprimé avec insistance son souhait de rester anonyme, demandant même que les données sociodémographiques la concernant ne soient pas divulguées, dit craindre d'être poursuivie pour avoir avorté à l'étranger alors qu'elle avait officiellement déclaré sa grossesse à l'administration française.

> « *J'avais déclaré ma grossesse à la CAF. C'est* illégal *j'ai lu, je sais pas si c'est vrai, mais il y a quelques femmes qui ont été* poursuivies *pour des IVG à l'étranger, en particulier quand elles avaient fait des déclarations à la CAF, de leur grossesse. Ça m'avait un peu perturbée...* » Amandine, 38 ans, profession et niveau de diplôme inconnu.

Lou, à peine majeure et en décrochage scolaire au moment de son avortement, précise qu'elle a préféré se taire pour se protéger d'éventuelles poursuites.

> « *Je me demandais, après, si j'avais le droit d'en parler à des gens. Si j'avais le droit de dire : j'ai avorté en Espagne. Et je me le demande encore, d'ailleurs. Et je crois que non, je ne l'ai pas, fondamentalement le droit* [...]. *Et du coup, être dans le secret, ça me faisait peur, à l'époque. J'avais peur de rentrer en France, de me faire arrêter – j'avais 18 ans, en plus – et qu'on me dise : voilà, vous n'avez pas le droit.* » Lou, 23 ans, étudiante en 1re année en Sciences humaines et sociales, mère secrétaire, père technicien.

Des années après, les femmes enquêtées restent marquées par cette expérience ; et pour certaines d'entre elles, le doute plane encore sur le caractère (il) légal de leur acte. Le fait que les cliniques espagnoles auxquelles elles ont fini par accéder privilégient le paiement en espèces[18] entretient la représentation d'une pratique illégale.

> « *On sait pas trop ce qu'on fait, si c'est déclaré... est-ce que je suis dans la légalité, est-ce qu'on peut m'arrêter pour ça ?* [rire] *Et puis, on s'est quand même baladé avec 2 500 euros en espèces...* » Mireille, 48 ans, mère d'une avortante, secrétaire administrative dans une collectivité territoriale.

L'avortement en délai dépassé, dans ses formes contemporaines, présente ainsi de fortes similitudes avec la pratique de l'avortement avant la loi Veil : lorsque l'avortement était encore illégal, médecins et « faiseuses d'ange » se faisaient, elles aussi, payer en espèces[19]. Plusieurs femmes ont insisté sur le caractère anachronique du « paiement en liquide » dans une société qui privilégie la dématérialisation de l'argent ainsi que la transparence dans les paiements. Aussi, devoir se déplacer avec une somme d'argent conséquente nourrit le sentiment d'illégalité, de clandestinité, de prise de risque liée à cet acte, alors même que les avortements réalisés le sont dans un cadre légal, médical et sécurisé et que les femmes ne risquent aucune poursuite judiciaire.

Avec le recul, les femmes interviewées s'interrogent sur les propos tenus par des professionnel·les de la santé. Procèdent-ils d'une réelle méconnaissance des lois et du champ de ce qui est licite, ou d'une volonté d'entrave dans l'accès à l'avortement ? Dans certaines circonstances, assimiler le « hors-délai » au « hors-la-loi » permet de faire peser une pression sur les femmes en présentant la poursuite de la grossesse comme une obligation légale (et morale), qui agit comme un obstacle à l'accès à l'avortement. Les femmes sont alors, de manière insidieuse, encouragées à se taire ; la crainte d'être arrêtée ou sanctionnée pour un acte illégal en est le signe fort.

---

18. Les cliniques demandent de privilégier le paiement en espèces en avançant le fait que les paiements par carte sont parfois refusés (dépassement des plafonds autorisés). Comme elles veulent se garantir le paiement avant la réalisation de l'acte et éviter les situations où la femme, faute de pouvoir payer, doit reporter le rendez-vous, le paiement comptant est préconisé.

19. Jean-Yves Le Naour, Catherine Valenti, *Histoire de l'avortement XIX^e^-XX^e^ siècle*, Paris, Seuil, 2003 ; Xavière Gauthier, *Avortées Clandestines*, Paris, Éditions du Mauconduit, 2015.

## *Éprouver et faire siennes les incohérences législatives : le prix à payer de l'avortement*

L'absence de régulation juridique européenne en matière de droit à l'avortement laisse en effet place à des législations contrastées d'un pays à l'autre, soulignant ainsi le caractère arbitraire de la détermination d'un délai légal. En effet, si l'Union européenne a quelques compétences encadrées en matière de santé[20], elle n'en a guère en matière d'avortement. C'est d'ailleurs la raison pour laquelle des États comme Malte ou l'Irlande avaient pu obtenir, à l'occasion du traité de Maastricht et du traité de Lisbonne, des protocoles *ad hoc*, garantissant que l'application des règles et principes du droit de l'Union européenne n'affecterait pas leurs régimes nationaux d'avortement – qui étaient alors éminemment restrictifs[21]. Le Parlement européen a néanmoins adopté un certain nombre de résolutions invitant les États membres à garantir l'avortement sûr et légal ; mais il ne s'agit pas de textes contraignants[22].

Les femmes enquêtées, tout comme les professionnel·les de santé, peinent en effet à donner de la cohérence ou à légitimer ces différences législatives. Ainsi, pour dépasser les incohérences législatives, elles procèdent à une reconstruction subjective de manière à minimiser l'incompréhension. Lorsque les femmes racontent leurs expériences, elles cherchent à donner du sens à une application du droit qui leur échappe : une partie d'entre elles ne sait pas si le droit national dont elles dépendent s'applique à un territoire circonscrit – ici la France – ou, alternativement, à leur personne en tant que telle – où qu'elles se trouvent. Plus précisément, elles se questionnent sur le fait de commettre ailleurs un acte qui serait considéré comme illégal en France, et sur les risques encourus (sanctions pénales, amendes) à leur retour sur leur territoire d'appartenance.

> « *Je le savais, en France c'est interdit. En fait, on a fait quand même quelque chose d'illégal. On est dans l'Europe, mais on reste quand même avec nos propres lois.* » Sandra, 52 ans, mère d'une avortante, secrétaire dans un établissement public.

---

20. Tamara Hervey, « Mapping the Contours of European Union Health Law and Policy », *European Public Law*, 2002, vol. 8, p. 69.

21. Voir protocole n° 35 au traité de Lisbonne, garantissant qu'« aucune disposition des traités, du traité instituant la Communauté européenne de l'énergie atomique ni des traités et actes modifiant ou complétant lesdits traités n'affecte l'application en Irlande de l'article 40.3.3 de la Constitution de l'Irlande », Journal Officiel des Communautés européennes, 30 mars 2010, C-83 / 321 du 30 mars 2010 ; pour Malte, v. le protocole n° 7 au traité d'accession de 2003.

22. À suivre, toutefois, l'initiative citoyenne européenne lancée en 2024, qui vise à créer un fonds permettant de soutenir toutes les femmes qui, en Europe, ont besoin de se déplacer pour accéder à des services abortifs : https://www.myvoice-mychoice.org/fr.

Les tentatives de rationalisation d'une logique qui leur échappe varient en fonction des ressources dont elles disposent. Ici, le capital économique, social, culturel, symbolique, politique, mais également l'âge vont agir fortement sur la manière dont elles parviennent à transformer une réalité sociale qui leur est défavorable.

> « *La loi, elle peut dire ce qu'elle veut en France, mais heureusement qu'il y a l'Espagne qui laisse un peu plus de temps. Je ne me sens pas comme une hors-la-loi… Ah non, vraiment pas. C'est mon ventre, c'est ma vie que ça engage, pas ceux qui ont écrit leur loi et qui sont… très fermés, en fait.* » Marine, 23 ans, étudiante en master 2 en Sciences de l'éducation, mère secrétaire, père petit commerçant.

Il est intéressant de noter l'asymétrie France / Espagne en matière de droit à l'avortement pour les mineures. D'un côté, la loi française reconnaît la capacité décisionnelle des mineures en leur permettant d'avorter sans autorisation parentale, en étant toutefois accompagné d'une personne majeure. D'un autre côté, au moment de l'enquête, les cliniques espagnoles exigeaient une autorisation parentale pour les jeunes femmes de moins de 18 ans : elles devaient être accompagnées d'au moins un parent (ou d'un·e tuteur·rice légal·e) et se munir du livret de famille et de la copie d'identité du parent[23]. Ces conditions ne sont pas sans poser de problèmes à celles qui ne peuvent ou ne souhaitent pas informer leurs parents et/ou tuteurs légaux. Dès lors, si la loi est un peu plus permissive en Espagne en termes de délais légaux, les restrictions sur l'âge légal d'autonomie décisionnelle de l'avortante restent problématiques. Un échange avec une avortante transcrit *in situ* lors d'observations ethnographiques dans la salle d'attente d'une clinique espagnole en témoigne :

> « *C'est dingue, en France j'ai pas le droit d'avorter, car j'ai dépassé les délais : plus de 12 semaines, c'est plus possible ils m'ont dit. En Espagne, je peux toujours, mais je ne pouvais pas venir toute seule, car j'ai moins de 18 ans, la galère quoi. C'est bizarre, je comprends pas bien pourquoi en France quand tu as moins de 18 ans tu peux sans problème et ici non alors qu'ils ont l'air plus cool avec les délais.* » Emma, 15 ans et 8 mois, lycéenne au moment de la rencontre.

Cette asymétrie contribue à renforcer le sentiment d'être confrontée à des incohérences législatives qui privilégie des chiffres « froids ». Ainsi, au sein d'un paysage législatif qui varie d'un pays à l'autre en matière d'avortement, d'autres types de contrôle et d'entraves se superposent, avec plus ou moins d'arbitraire, dès l'instant où des frontières sont franchies – en particulier ceux qui portent sur la minorité et ceux qui sont relatifs aux documents de voyage et pèsent de

23. Depuis le 16 février 2023, ce n'est plus le cas puisque le Congrès des députés (chambre basse du Parlement bicaméral espagnol) a adopté une loi permettant d'avorter dès 16 ans sans l'autorisation des représentants légaux.

manière forte sur les personnes sans papiers. À titre d'exemple, depuis 2012, un·e mineur·e se déplaçant seul·e pouvait voyager dans l'Union européenne dès lors qu'il·elle était muni·e d'un titre d'identité en cours de validité ; aucune autorisation parentale n'était requise. Or, à compter du 15 janvier 2017, il n'est plus possible à un·e mineur·e non accompagné·e de quitter le territoire national de résidence sans l'autorisation d'un·e détenteur/ice de l'autorité parentale[24]. Au-delà de cet exemple, la liberté de circuler se réduit largement, dans les faits, à une liberté formelle, tant elle est concrètement tributaire de nombreux contrôles, qui reposent parfois sur des critères arbitraires. En outre, si toutes les femmes sont historiquement concernées par l'assignation à la fixité[25], l'approche intersectionnelle[26] permet d'éclairer comment les rapports de domination s'imbriquent et se nourrissent à l'épreuve de la mobilité. Dans le cas des mobilités abortives, ils sont majoritairement liés à l'âge, ainsi que, plus largement, aux rapports migratoires (nord / sud, est / ouest) et aux situations qu'ils induisent (disposer ou non d'un titre de séjour, isolement social, etc.). Ils pèsent aujourd'hui d'autant plus lourdement que la multiplication des crises (migratoire, sanitaire, politique) a mené les États européens à refermer de manière plus ou moins durable les frontières, ce qui a beaucoup affecté les mobilités intra-européennes liées à l'avortement[27].

Seules quatre enquêtées ont conscience qu'avorter à l'étranger est non seulement une possibilité, mais un droit – ce qui leur permet de ne pas se sentir en situation de désobéissance légale. Mais si elles ne sont pas frappées par le sceau du sentiment d'illégalité, elles n'échappent pas pour autant au stigmate de la déviance légale[28]. C'est, d'une part, parce qu'elles se soustraient à un ordre patriarcal dont découlent le contrôle de la sexualité ainsi que l'injonction à la reproduction et à la fixité et, d'autre part, parce que, désobéissant à la loi de leur pays de résidence, elles sont étiquetées comme déviantes[29]. Elles subissent en conséquence les réprobations morales qui en découlent[30]. Celles-ci proviennent de

24. Voir Article 49 de la Loi n° 2016-731 du 3 juin 2016 renforçant la lutte contre le crime organisé, le terrorisme et leur financement, et améliorant l'efficacité et les garanties de la procédure pénale, et Décret n° 2016-1483 du 2 novembre 2016 relatif à l'autorisation de sortie du territoire d'un mineur non accompagné par un titulaire de l'autorité parentale.

25. Colette Guillaumin, *Sexe, Race et Pratique du pouvoir. L'idée de Nature*, Paris, Côté-femmes, 1992.

26. Kimberlé W. Crenshaw, « Cartographies des marges : intersectionnalité, politique de l'identité et violences contre les femmes de couleur », *Cahiers du Genre*, 2005, vol. 39, n° 2, p. 51-82.

27. Michel Foucher, *L'obsession des frontières*, Paris, Éditions Perrin, 2012.

28. Sophie Divay, « L'avortement : une déviance légale », *Déviance et société*, 2004, vol. 28, n° 2, 2004, p. 195-209.

29. Erving Goffman, *Stigmate. Les usages sociaux des handicaps*, Paris, Éditions de Minuit, 1975.

30. Laurine Thizy, « Esquiver le stigmate lié à l'avortement : le "travail d'invisibilisation" comme renforcement du travail procréatif », *Enfances, Familles, Générations*, 2021, n° 38, 2021 ; Marie Mathieu, Laurine Thizy, *Sociologie de l'avortement*, *op. cit.*

toutes parts (discours de l'entourage familial, amical mais aussi discours publics, institutionnels, etc.) et ce, à différentes étapes du parcours de l'avortante.

Ces réprobations morales qui émanent du registre de l'obéissance se voient renforcées par d'autres, qui puisent dans le registre de l'insuffisance[31]. La norme de l'insuffisance, développée dans le monde de l'entreprise, étendue à l'ensemble social, valorise l'efficacité individuelle, la gestion de soi, l'évaluation permanente sur le modèle productif et performatif[32]. Ne pas avoir pu éviter une grossesse (échec contraceptif commun à toute avortante, qu'elle soit ou non en dépassement de délai) et ne pas avoir su s'en rendre compte suffisamment tôt (spécifique aux avortements en dépassement de délai) rendent les avortantes doublement « (ir)responsables ». Cette norme de l'insuffisance se traduit par l'injonction à être, en toutes circonstances, à la hauteur des possibles (« si on veut, on peut ») en s'appuyant sur ses seuls ressorts internes, faisant fi de l'ancrage social de ces situations. Ainsi, les femmes en dépassement de délai sont celles qui n'ont pas été à la hauteur des possibles contraceptifs et juridiques. La norme de l'obéissance (ce qui est permis / défendu) toujours très présente se double alors de la norme de l'insuffisance (possible / impossible)[33].

À cette responsabilité liée à la grossesse non évitée et perçue comme mal gérée s'ajoute une déficience supplémentaire : l'inaptitude à être à l'écoute de soi et de son corps[34]. Les femmes étant volontiers considérées comme « biologiquement naturelles » c'est-à-dire comme totalement immergées dans leur nature[35], se retrouver enceinte et en dépassement de délai est perçu comme une incapacité problématique à ne pas « ressentir *naturellement* ces choses-là ». Ici, discours néolibéral psychologisant[36] et biologisant[37] se nourrissent l'un et l'autre.

Ce prisme réducteur de la double responsabilisation, en évacuant les déterminants sociaux et en privilégiant le schème explicatif de la faute individuelle, contribue à désociologiser et à dépolitiser les conditions du recours à un avortement en dépassement de délai : découverte tardive d'une grossesse, changement

31. Alain Ehrenberg, *Le culte de la performance*, Paris, Calmann-Lévy, 1991.

32. Vincent de Gaulejac, *La société malade de la gestion*, Paris, Seuil, 2005.

33. Nicole Aubert, *Le Culte de l'urgence. La société malade du temps*, Paris, Flammarion, 2003 ; Nicole Aubert (dir.), *L'individu hypermoderne*, Toulouse, Érès, 2004.

34. Claudine Haroche, « Se gouverner, gouverner les autres », *Communications*, 1993, n° 56, p. 51-68.

35. Nicole-Claude Mathieu, « Homme-culture et femme-nature ? », *L'Homme*, vol. 13, n° 3, p. 101-113 ; Colette Guillaumin, *Sexe, Race et Pratique du pouvoir*, *op. cit.*

36. Nicole Aubert (dir.), *L'individu hypermoderne*, *op. cit.* ; Robert Castel, *L'insécurité sociale. Qu'est-ce qu'être protégé ?*, Paris, Seuil, 2003 ; Vincent De Gaulejac, *Qui est je ? Sociologie clinique du sujet*, Paris, Seuil, 2009 ; Alain Ehrenberg, *L'individu incertain*, Paris, Fayard, 1999.

37. Colette Guillaumin, *Sexe, Race et Pratique du pouvoir*, *op. cit.* ; Nicole-Claude Mathieu, *L'anatomie politique* [1991], Donnemarie-Dontilly, Éditions IXE, 2013 ; Michel Foucault, *Surveiller et punir*, Paris, Gallimard, 1975.

de situation matérielle et/ou conjugale, inégale effectivité de l'accès à l'IVG sur le territoire, erreur de diagnostic médical, grossesse sous contraception ou encore, absence de signes de grossesse (règles toujours présentes, absence de prise de poids, etc.). Pour ce second segment de femmes, ce n'est donc pas l'illégalité supposée de l'acte qui pose problème, mais la double responsabilisation à laquelle elles ne peuvent se soustraire, et qui illustre le fait que « les avortements dits "hors délai" incarnent l'un des degrés les plus élevés de déviance parmi les conduites honnies dans le modèle dominant de contrôle des naissances[38] ».

Par ailleurs, les inégalités dans l'accès à l'avortement semblent s'être déplacées. Ne pouvant compter sur un droit protecteur lorsqu'elles dépassent le délai légal en France, les femmes se sentent « lâchées » par l'État – pour reprendre l'expression d'une des avortantes. Elles ne peuvent alors compter que sur leurs propres ressources : économiques (disposer de la somme d'argent sur son compte en banque *versus* devoir emprunter l'argent), sociales (bénéficier de l'appui ou non de son entourage, organiser et effectuer seule la mobilité / le déplacement *versus* être accompagnée sur place par un·e proche, etc.). L'enquête de terrain met en évidence l'importance de la prise en charge et de l'accompagnement dans le vécu du parcours d'accès à l'avortement. Deux situations très clivées apparaissent.

Certaines femmes témoignent ou font état d'une prise en charge caractérisée par la bienveillance, l'absence de jugement et la délivrance d'informations sur les possibilités d'avorter à l'étranger (allant, le cas échéant, jusqu'à l'accompagnement dans les démarches en vue du déplacement). Celles-ci s'estiment alors chanceuses « d'être tombée[s] sur la bonne personne » :

> « *Heureusement que je suis tombée sur elle… Elle m'a dit pour l'Espagne. Elle m'a donné l'adresse, le site, le numéro de téléphone, voilà, elle m'a dit que c'était à Gérone, que c'était pas loin…* » Héléna, 33 ans, médecin, mère cadre dans la fonction publique et père moniteur-formateur.
>
> « *Nous sommes retournées chez notre médecin de famille, qui lui, a bien vu la détresse de ma fille, qui lui a bien dit : je me suicide, je veux pas. Donc de suite il a dit : ne t'inquiète pas, je vais contacter… je m'en occupe. Donc c'est lui qui a appelé la clinique en Espagne, c'est lui qui a tout géré.* […] *C'est pour ça que je disais que c'était très important, il a été vraiment… plus que… au-delà de son métier, quoi. Parce qu'il me l'a bien dit : normalement j'ai pas le droit. Voyez… au-delà de l'éthique française.* » Mireille, 48 ans, mère d'une avortante, secrétaire administrative dans une collectivité territoriale.

38. Marie Mathieu, Lucile Ruault, « Prise en charge et stigmatisation des avortantes dans l'institution médicale : la classe des femmes sous surveillance », art. cité, p. 57.

Pour une partie des femmes (n = 10), le Planning familial est apparu comme l'interlocuteur privilégié dans l'aide et l'accompagnement dans les démarches pour accéder à un avortement hors frontières[39] :

> « *Et donc après on est allé se renseigner avec un Planning familial, donc le Planning familial de Niort, parce que nous, se débrouiller tout seul, on voyait pas comment, entre guillemets, on pouvait trop faire. Et puis ils nous ont vachement aidé, enfin ils avaient bien tous les documents, bien expliqués, que ce soit pour le prix, quel jour c'était, enfin... C'était super bien expliqué. Et dès le jour où on est allé les voir, dans l'après-midi on a pu appeler la clinique, à Gérone, et puis on a eu tout de suite un rendez-vous pour le mardi.* » Salomé, 18 ans, lycéenne en terminale générale, mère salariée dans un centre de vacances, père employé de banque.

À l'opposé, d'autres avortantes font état d'une prise en charge caractérisée par des formes de maltraitance médicale et de réprobation morale – que l'on peut retrouver également à l'œuvre dans l'avortement en général[40]. Dans ces situations, les femmes ne sont pas, peu ou mal informées sur les possibilités d'avorter à l'étranger :

> « *Ils m'ont dit que c'est pas possible, ils m'ont dit que j'étais à 15 semaines + 2. Que ça se jouait à une semaine, en fait. J'étais dégoûtée. Enfin, du moins, pas en France. Et elle a dit que... que soit je le gardais – donc elle a dit : il faut re-réfléchir... j'ai dit : ah bon, ah non, je suis sûre que je veux pas parce que mon compagnon a dit que c'est sûr, faut pas le garder, quoi. Et après, elle a dit : mais si vous voulez pas le garder, vous pouvez faire quand même la grossesse et le faire adopter. J'ai dit : ah non... pas ça... j'aurais trop de mal, quoi, si je l'accouche, je vais le garder pour moi, enfin... Du coup, elle a dit : par contre, si vous allez en Espagne, c'est à vos frais. J'ai dit : ah bon, et combien ça va me coûter, tout ça ? Parce que... c'est compliqué, hein.* » Florence, 36 ans, professeure de danse à son compte, mère sans profession, père ouvrier à la retraite.
>
> « *L'échographe a fait comme si on le gardait, quoi. Et puis elle, elle n'était pas trop pour l'avortement. Enfin, elle nous a déconseillé d'aller en Espagne, que l'impact psychologique était très très dur... Elle avait peut-être raison, je sais pas. Enfin, elle nous a pas vraiment déconseillé, elle nous a dit : faites bien attention, prenez bien... prenez votre temps pour faire votre choix, parce que... y a des parents qui s'en remettent jamais, quoi. C'est peut-être pas faux, je sais pas.* » Sonia, 38 ans, ingénieure, mère et père fonctionnaires.

39. Estelle Lépine, *Accueillir les exclues de l'IVG. Écoute et orientation des femmes en délai dépassé*, Mémoire de Conseillère Conjugale et Familiale, Mouvement Français pour le Planning familial, Association Départementale 75, 2019.

40. Marie Mathieu, Lucile Ruault, « Prise en charge et stigmatisation des avortantes dans l'institution médicale : la classe des femmes sous surveillance », art. cité.

Le statut de « hors-la-loi » renvoyé aux femmes ayant dépassé le délai légal renforce l'asymétrie des rapports entre professionnel·les de santé et patientes. Le tandem hors délai / hors frontière sert ici de prétexte pour donner davantage de poids à la rhétorique de la culpabilisation et de la psychologisation : dans ce cas, l'accent est mis sur les risques encourus pour la santé des femmes, qu'il s'agisse de leur santé physique ou psychologique. Les extraits des entretiens de Florence et de Sonia sont significatifs : en pointant les registres de pression subie, elles montrent le « prix à payer » de celles qui transgressent la loi pour avorter ailleurs.

## Passer la frontière pour avorter : une instance de socialisation à la subversion ?

Sans minimiser les inégalités à l'œuvre dans l'accès à l'avortement[41], les propos qui suivent mettent en lumière la portée émancipatrice que peut revêtir l'avortement hors frontières nationales. Il importe de garder à l'esprit que, par hypothèse, ne sont pas ici prises en compte les expériences de celles qui se sont tues (ne souhaitant pas partager leurs vécus dans le cadre de cette étude), ni celles de toutes les femmes enquêtées qui ont dû renoncer à avorter faute d'argent ou faute de ne pouvoir se déplacer – et qui ont donc été contraintes de mener leur grossesse à terme[42]. Celles qui ont eu recours à un auto-avortement ne sont pas davantage incluses dans l'analyse proposée ici. Cependant, pour celles qui s'inscrivent dans cette mobilité subversive et parviennent à franchir la frontière, l'avortement contient une portée émancipatrice qu'il convient de mettre en lumière.

### *Avorter coûte que coûte, un acte de bravoure ?*

Les femmes qui vont avorter à l'étranger s'affranchissent de la législation nationale de leur pays pour s'en approprier une autre plus favorable. Ces mobilités particulières donnent à voir la manière dont les représentations du droit, et l'horizon des possibles qu'il dessine, ne sont plus restreintes au cadre national. L'affranchissement est d'autant plus notable que la liberté de circuler au sein de l'Union européenne pour ses ressortissant·es se double d'une liberté à faire valoir d'autres droits en circulant d'un pays vers un autre.

41. Marie Mathieu, Sophie Avarguez, « Les avortements en délai dépassé. Derrière le stigmate, le travail abortif des femmes », art. cité.
42. Estelle Lépine, *Accueillir les exclues de l'IVG. Écoute et orientation des femmes en délai dépassé*, *op. cit.*

Les femmes, à travers l'histoire, ont toujours pris des risques pour avorter[43]. La focalisation de la littérature de sciences sociales relative à l'avortement sur les risques (certes bien réels) a contribué à sous-estimer deux autres dimensions inhérentes à l'expérience de l'avortement : d'une part, la détermination des femmes à accéder à un avortement et d'autre part les effets de cette puissance d'agir[44] sur la perception de soi et sur sa propre trajectoire sociale. Comment qualifier l'avortement ? Quelle place lui donner dans une trajectoire de vie ? Dans les discours recueillis, les femmes ne banalisent pas cet acte ; pour toutes, il s'agit d'un d'événement marquant[45] dans leur parcours de vie (précis et détaillés, les récits des femmes qui ont effectué leurs avortements quelques années auparavant l'attestent). Le discours dominant et la rhétorique psychologisante autour de l'avortement assimilent quasi systématiquement cet événement marquant à un « drame », une « épreuve », un « traumatisme », comme si les femmes ne pouvaient en être marquées que négativement[46]. Or, à distance de ce discours, une autrice comme Annie Ernaux[47] montre comment, pour elle, l'expérience de l'avortement et de la transgression de l'interdiction d'avorter a pu, également, être une source de « fierté »[48].

> « *Je marchais dans la rue avec le secret de la nuit du 20 au 21 janvier 1964 dans mon corps, comme une chose sacrée. Je ne savais pas si j'avais été au bout de l'horreur ou de la beauté. J'éprouvais de la fierté. Sans doute la même que les navigateurs solitaires, les drogués et les voleurs. Celle d'être allée jusqu'où les autres n'envisageront jamais d'aller. C'est sans doute quelque chose de cette fierté qui m'a fait écrire ce récit*[49]. »

L'enquête confirme le puissant témoignage littéraire. Dans les entretiens menés, les femmes enquêtées, elles aussi, disent comment leur avortement a été un moment positivement décisif dans leur vie et ce, à divers degrés.

En désobéissant et en trouvant le moyen de faire passer leur décision avant la loi, les femmes s'affirment et attestent leur capacité à se soustraire à un ordre social et légal censé les enserrer et les assujettir. Dans les entretiens, elles mentionnent

---

43. Luc Boltanski, *La condition fœtale. Une sociologie de l'engendrement et de l'avortement*, Paris, Gallimard, 2004.

44. Judith Butler, « Censure implicite et puissance d'agir discursive », dans *Le Pouvoir des mots. Discours de haine et politique du performatif*, Paris, Éditions Amsterdam, 2004, p. 201-252.

45. Annie Ernaux, *L'événement*, Paris, Gallimard, 2000.

46. Marie Mathieu, Laurine Thizy, *Sociologie de l'avortement*, Paris, La Découverte, 2023, p. 54-58.

47. *Ibid.*

48. Dans un contexte de légalité et de non-dépassement de délai, Colombe Schneck relate aussi à quel point avorter reste un acte de révolte en soi, pour soi, au regard d'autres épreuves de la domination au quotidien vécues et intériorisées depuis le plus jeune âge. Avec l'avortement, se joue une affirmation de soi face à l'autorité patriarcale (voir p. 54).

49. Annie Ernaux, *L'Événement*, Paris, Gallimard, 2000, p. 118-119.

que transgresser la loi dans d'autres domaines n'est pas envisageable pour elles ; elles se décrivent même, pour la plupart, comme généralement respectueuses des règles. En effet, les femmes, tout particulièrement, sont socialisées à l'obéissance, au respect des réglementations, à la discrétion, à l'abnégation ; elles savent réfréner leurs désirs et satisfaire ceux des autres[50]. D'une certaine manière, en passant la frontière pour avorter, ces femmes montrent que leur volonté est « supérieure » à la loi française. En agissant comme sujets, à un moment donné de leur vie, elles affirment leur souveraineté à décider de leur vie à l'encontre de la souveraineté nationale, quitte à défier la morale, l'autorité ou la loi[51].

De cette manière, les femmes s'affirment comme sujet agissant. Lorsqu'elles disent « je veux avorter », c'est un « je » subversif et prêt à s'affranchir des lois qui s'exprime. Cette ténacité se traduit dans des manières d'agir que ces femmes présentent comme « inhabituelles » pour elles, marquant une rupture dans leur comportement général et tout ce qu'elles ont été jusqu'alors : mentir pour rendre acceptable le motif de leur absence, emprunter de l'argent alors même que l'idée d'être redevable leur est insupportable, voyager seules, passer la frontière (y compris lorsque c'était interdit du fait de la pandémie mondiale de Covid-19), etc.

> « *J'avais essayé de rassembler les fonds. J'ai harcelé une amie à moi pour qu'elle accepte que je la remplace à son travail pour faire plus d'extras. […] J'ai inventé quelque chose, j'ai dit que j'avais besoin d'aide pour un truc, des factures, voilà. Et aussi à ma sœur j'ai dit que j'avais besoin d'argent pour rembourser une amie qui m'avait prêté de l'argent, donc… j'ai inventé des trucs,* [sourire] *ce qui n'est pas bien – c'est pas bien de mentir. J'avais pris rendez-vous à Gérone en pensant que ça coûterait 850 €, mais en fait c'était 1 250 €, du coup j'ai dû annuler le rendez-vous parce que j'avais toujours pas assez. Je l'ai reporté au mardi suivant. […] J'ai pris un BlaBlaCar à 6 h du matin, j'ai pas de voiture… j'y suis allée seule, je n'avais pas le choix.* » Nadia, 21 ans, étudiante en L2 de Lettres, mère infirmière, père décédé (elle n'a pas souhaité préciser son statut professionnel).
>
> « *Tout était très compliqué. Je suis partie en voiture le dimanche soir pour la clinique de Madrid, parce qu'avec le confinement il n'y a pas d'avions. M. me disait "tu ne peux pas partir toute seule, faut absolument que quelqu'un vienne avec toi". Du coup, elle m'a fait des attestations disant que je devais suivre des soins d'urgence en Espagne, dans telle clinique, que je serais accompagnée par telle personne… Heureusement que j'avais cette attestation, car il y a eu des contrôles à la frontière,*

50. Michèle Ferrand, *Féminin-Masculin*, Paris, La Découverte, 2004, coll. « Repères » ; Muriel Darmon, *La socialisation*, Paris, Nathan, 2016.

51. René Begon, Anne Delépine, « Désobéissance civile et féminisme. Lutter contre les dominations et les lois injustes », Étude pour le Collectif contre les violences familiales et l'exclusion, 2022, en ligne : https://www.cvfe.be/publications/etudes/418-desobeissance-civile-et-feminisme-lutter-contre-les-dominations-et-les-lois-injustes.

*ils ne voulaient pas nous laisser passer... on a dû parler pendant une dizaine de minutes pour expliquer la situation, c'était le stress complet. Ils voulaient bien que je passe, mais seule. Je leur ai dit que c'était écrit, que je devais subir une anesthésie, que je devais être accompagnée. Finalement ils ont dit OK mais une personne qui conduit et une à l'arrière...* » Charlie, 28 ans, artisane, mère agent territorial, père pâtissier.

« *J'ai prévenu l'établissement où je travaillais que je n'allais pas pouvoir être là ce jour-là ni le lendemain, parce que le temps qu'on rentre ça allait être compliqué. J'ai dit que j'avais un kyste ovarien, parce que pour moi c'était pas possible de faire savoir que j'allais me faire avorter. Par chance, personne n'a regardé le temps d'arrêt qu'il faut réellement pour un kyste ovarien* [rire]. » Agathe, 23 ans, titulaire d'un CAP Pâtissier et à la recherche d'un emploi, mère artisane, père inconnu.

Le « je veux quand même avorter » en réaction au non-accès à l'avortement dans leur pays de résidence conduit les femmes à repousser les limites qui s'imposent à elles, à briser les entraves quitte à se mettre en danger.

L'histoire de Nadia, 21 ans, rencontrée lors d'une séance d'observation dans une des cliniques espagnoles en février 2020, étudiante en Licence 2 de lettres, en témoigne. Après s'être « démenée » pour réunir l'argent nécessaire, elle prit rendez-vous à la clinique et s'y rendit sans disposer de la totalité du paiement. À la suite du refus de prise en charge, de retour chez elle, elle tenta un auto-avortement en prenant des tisanes achetées sur internet ; mais celles-ci n'eurent pas l'effet escompté et la laissèrent avec des douleurs au niveau des reins. Elle emprunta à nouveau de l'argent à d'autres personnes et compléta la somme réunie par quelques « extras » dans la restauration. Elle se rendit la semaine suivante pour la seconde fois à la clinique, cette fois avec la somme initialement demandée ; mais, comme l'avancement dans la durée de grossesse se traduit mécaniquement par une augmentation du prix de l'intervention, il lui manquait encore 350 euros. Sur place, une militante du Planning familial avança la somme manquante sur ses deniers personnels. Quelques semaines après cet épisode, nous avons revu Nadia pour un entretien au cours duquel sa détermination apparut sans faille tout au long de cette épreuve. Elle indiqua même que, si l'avortement dans un cadre médical et sécurisé n'avait pas pu se faire, elle avait envisagé en tout dernier recours de provoquer elle-même une fausse couche en se faisant « percuter par une voiture sur l'avenue au pied de son domicile ».

Jessica, 20 ans, sans diplôme, serveuse, dont la mère est serveuse et le père chauffeur, mentionne, elle aussi, ces possibilités lors de l'entretien :

« *Si j'avais pas pu, j'y ai pensé... alors comment je sais pas... me faire prendre un gros stress, ou faire un accident. J'aurais tout fait pour me faire avorter moi-même... ou j'en sais rien, quelque chose qui pourrait me faire provoquer une fausse couche... quand vous voulez pas quelque chose, vraiment pas cette chose-là, on est prêt à tout pour ne pas l'avoir* [...] *après je sais que dès qu'il y a un impact sur le ventre, qu'on tombe sur le ventre, donc ça pourrait... si j'avais pas pu y aller, je l'aurais fait parce que je voulais vraiment pas garder cet enfant.* »

Les discours de Nadia et Jessica sont significatifs des contradictions qui animent l'expérience de l'avortement : à la fois une détresse extrême lorsque l'accès est empêché, et une détermination toute aussi extrême, marquée par une volonté du sujet agissant qui ne faiblit pas, quitte à prendre des risques pour sa vie – comme l'illustre l'hypothèse envisagée de l'auto-avortement. C'est donc grâce à l'existence de délais légaux, tout autant qu'à cause d'eux, que ces femmes disent se découvrir dans leur « je » subversif : l'acte d'avorter apparaît ici comme le moyen de dépasser la place assignée et d'ébranler l'ordre moral et légal.

## *Avorter : une désobéissance structurante*

La prise de décision et le parcours d'accès à l'avortement sont présentés dans les entretiens recueillis comme une transition qui se caractérise par l'autonomisation décisionnelle des jeunes femmes. Ce moment est décrit pour certaines – notamment, les plus jeunes – comme un passage vers l'âge adulte[52] où se joue un affranchissement, notamment vis-à-vis de l'autorité parentale. Cette dimension de l'expérience se retrouve d'ailleurs dans un certain nombre de récits autobiographiques, à l'instar de ceux publiés, à des époques, différentes par Colombe Schneck, qui a avorté en 1984, Pauline Harmange en 2018 ou Line Papin en 2021, qui toutes trois font le lien entre avortement et passage vers l'âge adulte :

« *Honte, gêne, tristesse... Je n'ai jamais raconté comment, par accident, je suis entrée dans le monde des adultes*[53]. »
« *Je commence à me demander si, peut-être, c'est avorter qui m'a rendue adulte*[54]. »
« *Que deviennent-elles, ces femmes que l'on laisse après l'événement ? Que deviennent-elles sur les trottoirs de la vie ?* [...] *Elles reconstruisent, elles construisent autre chose.* [...] *Elles deviennent plus solides, plus présentes, plus sûres d'elles*[55]. »

Dans l'entretien qu'elle nous a accordé, Agathe, 23 ans, titulaire d'un CAP pâtisserie, à la recherche d'un emploi, assimile, elle aussi, l'expérience de son avortement à un rite de passage vers l'âge adulte dont elle dit être sortie grandie :

52. Claire Bidart, « Les temps de la vie et les cheminements vers l'âge adulte », *Lien social et Politiques*, 2005, n° 54, p. 51-63.
53. Colombe Schneck, *Dix-sept ans*, Paris, Grasset, 2015, p. 11.
54. Pauline Harmange, *Avortée, une histoire intime de l'IVG*, Villejuif, Éditions Daronnes, 2022, p. 71.
55. Line Papin, *Une vie possible*, Paris, Stock, 2022, p. 252.

« *Quand j'ai annoncé à ma mère que j'étais enceinte, que je voulais pas le garder, qu'en France c'était pas possible, j'avais déjà tout organisé pour Gérone.* [...] *C'est ma mère, surtout, qui m'a dit que pour elle, ça lui faisait vraiment bizarre parce que son bébé avait grandi. Là, elle avait affaire à celle que je suis maintenant, c'est-à-dire la femme que je suis et à l'adulte. Donc ça fait quand même vachement grandir, ça fait grandir d'un coup que de se retrouver à vivre ça.* » Agathe, 23 ans, titulaire d'un CAP Pâtissier et à la recherche d'un emploi, mère artisane, père inconnu.

Se grandir par l'expérience de l'avortement se joue aussi sur l'affirmation du « je » comme sujet femme autonome, qui ne laisse pas l'Autre décider à sa place. En effet, l'autorité patriarcale n'a nul besoin d'être écrite pour être effective. Ce « je » s'affirme donc sur différentes formes d'autorité – légale, parentale, conjugale, médicale – qui mettent en scène une pluralité d'acteur·rices ; dans le cas de l'avortement, l'autorité médicale est particulièrement importante.

Cet affranchissement se joue dans un même mouvement qui peut pourtant paraître contraire. Il rend compte d'un moment expressif et extériorisé qui prend la forme d'une revendication au regard de l'autorité. En ce sens, la parole des femmes enquêtées (« vous n'avez rien à me dire », « je fais ce que je veux ») fait écho au discours des mobilisations féministes des années 1970 qui, à l'image du Mouvement de Libération des Femmes (MLF), portaient cette volonté d'affranchissement en mettant en avant le droit de disposer de son corps. Le Manifeste des 343 publié en avril 1971 dans le *Nouvel Observateur* sous la plume de Simone de Beauvoir revendiquait expressément cette forme d'affranchissement par la transgression de la loi. En même temps, cet affranchissement correspond aussi à une forme intériorisée, volontairement plus discrète : « se taire » ou « en dire le moins possible » sont également une des formes prises par cette autonomisation, qui se traduit par le fait, pour aller au bout d'une décision et de faire fi de la pression de l'entourage.

Les femmes interviewées disent comment, à un moment donné de leur vie – ici, celui d'un avortement –, elles ont ouvert une porte sur l'autonomie. Certaines l'ont laissée ouverte, tandis que pour d'autres elle s'est refermée. Mais toutes mentionnent comment ce moment décisif a aussi été l'apprentissage du goût de la liberté et du plaisir de l'affranchissement, indépendamment de son coût – le parcours des avortantes étant marqué par une succession d'épreuves matérielles, économiques, physiologiques ou parfois psychologiques. Annie Ernaux exprime cette multidimensionnalité de l'expérience à travers la figure des « navigateurs solitaires »[56] : ceux qui bravent, qui prennent des risques seuls contre vents et marées et qui, par dépassement de soi, ressentent aussi le sentiment de liberté

56. Annie Ernaux, *L'événement*, *op. cit.*, p. 119.

(on peut noter dans ce propos l'usage du masculin qui traduit bien la dimension genrée de la perception de l'aventure et de la témérité[57]).

Les avortantes présentent également leurs expériences comme un moment de réflexion majeur sur leur parcours de vie : en se posant la question du choix d'être mère (ou pas), c'est une carte des possibles, et des impossibles, qui se dessine : se poser la question de l'avortement enclenche un questionnement plus général sur ce que l'on veut et ce que l'on peut faire de sa vie et ce, à différents niveaux (conjugal, professionnel, politique, etc.). Lou rend ainsi compte de la manière dont cette prise de décision a été indissociable d'un retour réflexif, d'une étape de bilan, sur sa vie. L'avortement apparaît dans son propos comme un déclic, un levier de changement ; c'est grâce à cette expérience qu'elle a pu « reprendre sa vie en main » :

> « *C'est juste après mon avortement que j'ai commencé l'École de la 2e chance. Voilà, et toutes les prises de décision étaient compliquées dans ma vie, mais pas celle-là.* [...] *C'est vrai je ne prenais pas de décision, ça a été ma première prise de décision et ça a dû être un déclic pour moi. Parce que par la suite, bizarrement, je suis allée à l'ER2C, j'ai passé mon DEAU à la fac... j'ai repris, petit à petit, ma vie en main. Aujourd'hui, oui, j'ai 23 ans et je ne suis qu'en L1, mais ça avance,* [sourire] *ça avance petit à petit.* [...] *Oui, je pense que déjà, ça m'a apporté une responsabilité que je n'avais pas. Une autoresponsabilité, je dirais, même.* [...] *Ça m'a apaisée, ce qui est bizarre à dire... d'avoir vécu ça.* [...] *c'est vrai que ça a été une sacrée expérience, vraiment. Mais ça m'a... changé ma vie. Ça a changé ma vie du jour au lendemain.* » Lou, 23 ans, étudiante en 1re année en Sciences humaines et sociales, mère secrétaire, père technicien.

Être transformée par l'avortement sous-tend un processus de construction / déconstruction individuel et social à différents niveaux : conjugal, familial, amical, professionnel, etc. Par exemple, l'avortement peut-être un révélateur du fonctionnement ou des dysfonctionnements du couple. Lou s'est senti soutenue par son partenaire et l'avortement leur a permis de renforcer davantage les liens qui les unissaient :

> « *L'accompagnement de Jules – il avait 17 ans, encore une fois, on a fêté son anniversaire juste après mon avortement, ses 18 ans. Mais il a été là tout le long, il a été tellement présent, il ne m'a jamais laissée tomber et ça nous a liés. Ça fait 5 ans... ça nous a apporté énormément de choses. Vraiment. Ce parcours, tous les deux, on était jeunes, on a dû le faire ensemble, on a dû prendre une décision tous les deux, une décision qui était importante pour notre vie.* » Lou, 23 ans, étudiante en 1re année en Sciences humaines et sociales, mère secrétaire, père technicien.

57. Bien entendu, le dépassement de soi ne peut être réduit ici à sa perspective libérale et individuelle, tant les ressources sociales, économiques, culturelles et symboliques pèsent dans l'accès à l'avortement, dans la manière de l'éprouver et de le mettre en mots.

À l'inverse, Alaïs et Élisa rapportent la manière dont leur couple a vacillé à la suite de l'expérience de l'avortement en dépassement de délai :

> « *Psychologiquement, ça a été très dur. Déjà je me suis séparée de mon grand amour de jeunesse.* [...] *J'ai eu un jour mon ex-copain qui s'est mis à pleurer, qui a tout cassé et qui me dit : mais tu te rends pas compte, parce que pour moi j'ai tué mon bébé et c'est ta faute.* [...] *Ça m'a fait beaucoup me remettre en question. Et même encore maintenant... Si j'avais pas pris cette décision toute seule, finalement, mon couple serait peut-être pas parti en éclats, euh... Parce que lui ne voulait pas que j'avorte, et moi il était hors de question que je gâche ma jeunesse...* » Alaïs 23 ans, coiffeuse, mère infirmière et père infirmier.

Enfin, être transformée par l'expérience de l'avortement peut se jouer aussi dans le rapport à l'autre. Lana et Agathe montrent comment l'expérience de l'avortement les a conduites à structurer un système de valeurs où solidarité, empathie et défense des droits sont centrales. Pour Lana, médecin généraliste, cette évolution prend forme dans ses consultations. Son propre vécu de l'avortement l'a conduite à transformer sa pratique professionnelle et à appréhender cette question différemment en consultation. Agathe, quant à elle, a cherché à faire en sorte que son expérience de l'avortement bénéficie aux autres : se caractérisant comme une lycéenne « plutôt discrète », elle endosse une nouvelle casquette et œuvre à son niveau pour informer et mettre fin au tabou qui entoure l'avortement :

> « *J'ai une amie qui elle, avait déjà eu recours à un avortement. Qui en parlait très très peu, le fait de savoir qu'elle n'était plus toute seule, ça l'avait libérée et elle aussi, elle avait un peu plus de facilité à en parler, finalement. Et toutes les deux, on a parlé de ça et on a fait un peu de la prévention vis-à-vis des autres filles de notre classe qui étaient plus jeunes – parce qu'elles avaient entre 15 et 18 ans. Et du coup, ça a été sympa de pouvoir faire ça et de prévenir des personnes pour éviter que d'autres personnes puissent se retrouver dans la même situation que moi. Ça m'a fait du bien.* » Agathe, 23 ans, titulaire d'un CAP Pâtissier et à la recherche d'un emploi, mère artisane, père inconnu.

Loin de la résignation ou de la résilience, les parcours des avortantes en dépassement de délai donnent donc à voir des mobilités transgressives et subversives où prime l'autonomie décisionnelle, exprimée dans l'affirmation d'un droit à décider pour soi qui ouvre, pour certaines, un nouvel horizon des possibles quant à leurs trajectoires de vie.

*

Ancrée dans les parcours de vie et l'expérience vécue des avortantes, cette étude a permis de rendre visible ce que la loi fait aux femmes et ce que les femmes font de la loi. D'autres mobilités contemporaines autour des enjeux bioéthiques se construisent aussi sur l'hétérogénéité des législations nationales européennes, à l'instar du droit à mourir dans la dignité (euthanasie et suicide assisté) ou des droits sexuels et reproductifs (gestation pour autrui, assistance médicale à la procréation) où les écarts « entre la législation française et les pratiques [en AMP] de ses voisins ont entrainé un phénomène de recours transnationaux[58] ». Pour ce qui est des droits sexuels et reproductifs, les mobilités liées à l'avortement et à l'AMP ont un point commun : il s'agit de mobilités transgressives effectuées par des personnes exclu·es par des législations restrictives qui cherchent et trouvent ainsi des voies détournées pour accéder à un droit, dans un cadre médical et légal[59].

Pourtant, « faire famille » ou « défaire famille »[60] ne relève pas des mêmes enjeux sociaux. « Faire famille » *via* l'AMP consiste à transgresser les conditions d'accès à la norme reproductive et non pas la finalité puisque le but recherché, fonder une famille, reste socialement valorisé. Contrairement à l'avortement transnational, le phénomène social du « faire famille » mais *différemment*, est bien documenté : des études statistiques et des travaux de recherches pluridisciplinaires ont vu le jour[61] et l'INED a lancé une enquête de grande ampleur en octobre 2021 sur les AMP sans frontières. D'un point de vue pratique, les personnes qui souhaitent bénéficier d'informations sur les possibilités d'AMP à l'étranger et d'une aide dans la constitution de leur dossier trouvent même des informations sur des sites officiels comme celui de l'assurance maladie où figurent les démarches à réaliser, mais aussi un ensemble d'explications pour que les dépenses afférentes puissent être remboursées par l'Assurance maladie[62]. *A contrario*, il n'existe pas de statistiques fiables permettant de quantifier les mobi-

58. Virginie Rozée, Élise de La Rochebrochard, « L'aide à la procréation en dehors du cadre légal et médical français : quels enjeux aujourd'hui ? », *Population & Sociétés*, 2021, vol. 9, n° 593, 2021, p. 2.
59. *Ibid.*
60. L'usage de l'expression « défaire famille » fait écho aux travaux de Judith Butler qui invite à « défaire le genre » en mettant l'accent sur le « faire » et le « pouvoir d'agir » comme outils de déconstruction des normes dominantes de l'existence sociale. Judith Butler, *Défaire le genre*, Paris, Éditions Amsterdam, 2006.
61. Virginie Rozée, Élise de La Rochebrochard, « L'aide à la procréation en dehors du cadre légal et médical français : quels enjeux aujourd'hui ? », *op. cit.* ; Stéphanie Ollivier, *L'assistance médicale à la procréation (AMP) en France, soins de reproduction transfrontaliers : état des lieux en Europe*, Thèse en vue du diplôme d'État de docteur en pharmacie, Université de Rennes 1, 2021 ; Michèle Giroux, Jérôme Courduriès (dir.), *Le recours transnational à la reproduction assistée avec don. Perspective franco-québécoise et comparaison internationale*, Note de Synthèse. Mission de Recherche Droit et Justice, juillet 2017. http://www.gip-recherche-justice.fr/publication/view/le-droit-a-lenfant-et-la-filiation-en-france-et-dans-le-monde-2/.
62. https://www.ameli.fr/assure/droits-demarches/europe-international/protection-sociale-etranger/amp-etranger-demarches ; Marie Mathieu, Sophie Avarguez, « Les avortements en délai dépassé. Derrière le stigmate, le travail abortif des femmes », art. cité.

lités des femmes pour un avortement en dépassement de délai ; et les travaux de recherche mettant en lumière le vécu de ces mobilités restent peu nombreux[63]. Qui plus est, l'IVG en dépassement de délai n'est même pas évoquée sur le site www.ivg.gouv.fr, – *a fortiori,* on n'y trouve pas de liste résumant les conditions légales d'avortement dans les différents pays de l'Union européenne et moins encore, d'éléments destinés à guider les femmes concernées dans la constitution de leur dossier de demande d'avortement. Au-delà, alors même qu'il s'agit d'un des freins principaux dans l'accès à l'avortement, une prise en charge par la sécurité sociale relève de l'impensé. L'opacité qui entoure l'avortement en dépassement de délai n'est pas sans effet sur le vécu des avortantes, qui oscille entre sentiment de clandestinité et devoir de discrétion (« Je préfère pas en parler » disent-elles[64]). L'enquête de terrain nous permet d'avancer deux pistes d'analyse.

La première réside dans la portée transgressive de l'avortement en délai dépassé. Puisque passer la frontière pour avorter consiste à transgresser la norme reproductive : les femmes ne revendiquent tendanciellement pas le fait d'avoir avorté en dépassement de délai. Elles préfèrent généralement taire le « défaire famille », alors même que, pour certaines, leur émancipation tient en partie à cet événement. Ainsi, aller au bout de sa décision, faire preuve de détermination, s'arracher à sa classe de sexe, affirmer ne pas vouloir être mère à un moment donné de sa vie, puis revenir de l'étranger et brandir ce choix, sont autant de décisions qui ne trouvent que malaisément un écho médiatique et social. La détermination individuelle ne fait pas le poids face à la censure implicite[65] et n'empêche pas non plus le sentiment de honte qui, à défaut de pouvoir être traité dans le social, se joue dans la psyché[66].

La seconde piste d'analyse se niche dans la vision institutionnelle, sociale et médicale de l'avortement en général : il s'agit encore et toujours d'un « problème » public qui est la conséquence de « l'échec contraceptif ». Ainsi, les femmes sont perçues comme doublement « fautives » : non seulement elles n'ont ni pu ni su éviter leur grossesse, mais encore elles ne s'en sont pas rendu compte à temps[67]. Cette vision restrictive et erronée de l'avortement contribue pourtant à masquer tout un pan de la réalité sociale mis en mots par les femmes enquêtées : le recours à l'avortement apparaît pour elles comme un élément structurant de

63. *Ibid.*
64. Sophie Avarguez, Aude Harlé, « Je préfère pas en parler. Le tabou des avortements en dépassement de délai », *The conversation*, 19 janvier 2024 (en ligne).
65. Judith Butler, *Troubles dans le genre. Le féminisme et la subversion de l'identité* [1990], Paris, La Découverte, 2006.
66. Vincent de Gaulejac, *Les sources de la honte*, Paris, Desclée de Brouwer, 1996.
67. Sophie Avarguez, Aude Harlé, « Je préfère pas en parler. Le tabou des avortements en dépassement de délai », art. cité.

leur parcours de vie, où elles ont pu s'affirmer et décider par soi et pour soi à contre-courant des assignations de genre et des injonctions légales. Elles affirment leur souveraineté à décider de leur vie à l'encontre de la souveraineté nationale, quitte à défier, l'autorité, la loi et la morale.

Dans cette perspective, une autre lecture de l'avortement mériterait l'attention : en croisant récits littéraires et discours recueillis, en privilégiant l'approche compréhensive et qualitative, en ancrant l'analyse dans le vécu et les parcours de vie, l'avortement apparaît sous un autre jour : un événement marquant, positivement décisif. Cette facette qui l'érige en indicateur voir en moyen d'autonomie et d'émancipation des femmes a largement été invisibilisée jusque-là dans les travaux de recherche. En effet, la tendance à penser l'avortement comme un problème de santé publique, un échec ou un drame individuel a laissé dans l'ombre sa portée constructive.

Quatrième partie

# L'avortement : drame, déviance, stigmate

# L'avortement, « toujours un drame » ?

## Les conditions sociales de la (dé)dramatisation de l'IVG

*Laurine Thizy*

> « *C'est drôle, parce que je m'étais toujours dit "Ah ouais non, mais si un jour je dois faire une IVG… Physiquement, ça ira, mais psychologiquement, je suis pas sûre de m'en remettre". Et bizarrement, ça a été exactement l'inverse quoi. Psychologiquement* […] *je me suis jamais dit "bordel, mais qu'est-ce que je fais !". Alors qu'avant, j'étais en mode "Mais jamais tu t'en remettras, ma grosse"* […]. *Mais physiquement bon, je m'en rappelle encore maintenant !* » Elane, 38 ans, chargée de mission dans une association humanitaire, IVG en 2015 à 33 ans.

Dans son célèbre discours du 26 novembre 1974, Simone Veil, pour rendre audible son projet de légalisation de l'avortement, affirmait : « C'est toujours un drame et cela restera toujours un drame[1] ». Quatre à cinq décennies plus tard, à l'occasion de la suppression de la notion de « détresse » dans le texte de la loi en 2014 ou des débats sur la constitutionnalisation de l'Interruption Volontaire de Grossesse (IVG) entre 2022 et 2024, cette citation a été abondamment reprise pour légitimer des positions conservatrices – voire rétrogrades – en matière d'avortement. Des discours du président d'Emmanuel Macron en 2022[2] au blog catholique traditionaliste le Salon Beige en 2023[3], en passant par le groupe anti-avortement les Survivants[4], la référence à Simone Veil est mobilisée pour

1. Jean-Yves Le Naour et Catherine Valenti, *Histoire de l'avortement. XIXe-XXe siècle*, Paris, Le Seuil, coll. « L'Univers Historique », 2003, p. 266.
2. Conférence de presse du 17 mars 2022.
3. Michel Janva, « L'avortement n'a jamais été un droit fondamental mais sera toujours un drame », 27 septembre 2023, https://lesalonbeige.fr/lavortement-na-jamais-ete-un-droit-fondamental-mais-sera-toujours-un-drame/.
4. Agathe Ranc, « Les "Survivants", groupe anti-IVG, récupèrent Simone Veil pour faire leur propagande », *Le Nouvel Obs*, 05/07/2017, accessible à l'adresse https://www.nouvelobs.com/

faire valoir qu'une plus grande libéralisation de l'avortement non seulement trahirait l'esprit de la loi du 17 janvier 1975 mais porterait aussi atteinte à la santé psychique des femmes interrompant leur grossesse. Une telle rhétorique fait cependant peu de cas de l'expérience réelle des centaines de milliers de femmes qui avortent chaque année. Ce chapitre propose ainsi de leur rendre la parole, pour discuter l'idée selon laquelle l'avortement serait intrinsèquement « dramatique ».

Le discours d'Elane présenté en exergue appelle dès lors une triple remarque : 1. l'idée qu'avorter serait dommageable pour le psychisme est largement diffusée et intériorisée ; 2. dans les faits, l'expérience émotionnelle de celles qui avortent peut s'avérer plus simple qu'elles ne l'auraient cru et 3. les difficultés liées à l'avortement, quand elles existent, peuvent se situer ailleurs que dans le psychisme.

S'agissant du premier point, les travaux en sciences sociales sur l'avortement ont déjà critiqué la fabrication et la diffusion du discours présentant l'avortement comme « un drame », ayant « par nature » un impact négatif sur la santé mentale[5] : les prises en charge médicales, les discours publics mais aussi le militantisme anti-avortement à l'échelle nationale et internationale sont différents éléments qui ont contribué à une forte *psychologisation* de cet acte de santé, c'est-à-dire à une interprétation dominée par des approches réduisant l'expérience abortive à sa seule dimension psychique[6].

L'ambition de ce chapitre n'est donc pas de retracer la genèse du discours dramatisant l'avortement, mais bien de le reproblématiser du point de vue des sciences sociales, à partir de situations concrètes. Le témoignage d'Elane impose en effet de sortir d'une lecture psychologique univoque de l'expérience abortive,

---

societe/20170705.OBS1682/les-survivants-groupe-anti-ivg-recuperent-simone-veil-pour-faire-leur-propagande.html.

5. Kimberly Kelly, « The spread of "Post Abortion Syndrome" as social diagnosis », *Social Science & Medicine*, vol. 102, 2014, p. 18-25 ; Ellie Lee, « Psychologizing Abortion : Women's 'Mental Health' and the Regulation of Abortion in Britain », dans *Well Women. The Gendered Nature of Health Care Provision*, 2018, p. 61-78 ; Antonia M. Biggs, Brenly Rowland, Charles E. McCulloch et Diana Green Foster, « Does abortion increase women's risk for post-traumatic stress ? Findings from a prospective longitudinal cohort study », *BMJ Open*, vol. 6, n° 2, 2016, p. e009698.

6. Anne-Marie Devreux, « De la dissuasion à la normalisation. Le rôle des conseillères dans l'entretien pré-IVG », *Revue française de sociologie*, vol. 23, n° 3, 1982, p. 455-471 ; Laurine Thizy, *Irresponsable, salope, égoïste, meurtrière ? La stigmatisation de l'avortement en France : formes contemporaines et résistances*, Thèse de doctorat en sociologie, Université Paris 8, 2023, p. 201-240 ; Laurine Thizy, « Des mères de famille au chevet des avortantes : une stigmatisation renouvelée dans les centres d'interruption volontaire de grossesse », *Travail, genre et sociétés*, n° 49, 2023, p. 141-160 ; Marie Mathieu, Raphaël Perrin et Laurine Thizy, « La psychologisation de l'avortement en France », *Recherches féministes*, vol. 36, n° 1, 2023, p. 89-108.

pour questionner plutôt les *conditions sociales* qui produisent – ou non – l'IVG comme « dramatique ». Ce faisant, il s'agit de prendre au sérieux les discours de certaines femmes qui, au contraire d'Elane, relatent des expériences abortives émotionnellement douloureuses, pour en proposer une analyse non pas psychologique mais sociologique, c'est-à-dire attentive à ce qui, dans les conditions d'existence, la trajectoire sociale et le quotidien de ces personnes, contribue aux difficultés ressenties. Une telle entreprise impose de réinscrire les expériences individuelles dans des enjeux sociaux structurels et en particulier dans la matrice des rapports de genre contemporains.

Pour ce faire, l'analyse proposée, issue d'une thèse de doctorat en sociologie portant sur la stigmatisation de l'avortement en France[7], s'appuie sur un corpus de 50 entretiens semi-directifs menés entre 2016 et 2019 auprès de femmes ayant avorté d'une première grossesse[8]. Outre l'expression d'un désir ou non-désir de devenir mère, transversal à l'analyse et déjà largement étudié[9], trois dimensions de l'expérience abortive seront discutées, pour analyser à chaque fois les éléments qui favorisent ou limitent les difficultés des femmes : la relation amoureuse et/ou sexuelle avec le partenaire ; la place de l'avortement dans la trajectoire de vie ; la prise en charge médicale.

## Les (dés) accords conjugaux face au devenir de la grossesse

Un premier élément à prendre en compte pour comprendre les conditions sociales qui font – ou non – de l'avortement un « drame », est la façon dont les femmes envisagent – ou non – un projet parental avec leur partenaire sexuel, ainsi que le degré d'implication de ce dernier dans le parcours d'IVG.

7. Laurine Thizy, *Irresponsable, salope, égoïste, meurtrière ? La stigmatisation de l'avortement en France : formes contemporaines et résistances*, *op. cit.*

8. Le choix de ne s'intéresser qu'aux femmes n'ayant pas – ou pas encore – d'enfant permettait de mieux saisir les enjeux qui entourent l'entrée en maternité : outre qu'il s'agit d'une catégorie historiquement en expansion (les avortements d'avant la loi Veil concernaient principalement des mères de famille, alors qu'aujourd'hui presque une IVG sur deux concerne une première grossesse), les femmes sans enfant ne peuvent pas faire valoir un rôle maternel déjà existant pour tenir la stigmatisation abortive à distance. Une telle enquête ne permet cependant pas de mettre en évidence les éventuelles difficultés émotionnelles spécifiques à l'IVG des femmes déjà mères.

9. Nathalie Bajos et Michèle Ferrand, *De la contraception à l'avortement. Sociologie des grossesses non prévues*, Inserm., Paris, 2002.

## *Avorter contre sa propre volonté*

Parmi le corpus étudié, plusieurs femmes souhaitaient poursuivre leur grossesse mais ont dû se résoudre à avorter en raison du refus de leur partenaire de s'engager avec elles dans la parentalité. Imane (29 ans, hôtesse de l'air, IVG à 29 ans en 2018) par exemple, rencontrée deux semaines après son IVG, pleure au récit de son avortement et me demande avec un rire triste de dire qu'elle fait « partie de celles qui regrettent à 200 % ». Enceinte à la suite d'un rapport non-protégé, Imane, d'abord, s'en réjouit et projette de mener sa grossesse à terme. Mais son partenaire, qui a déjà un enfant issu d'une précédente relation, refuse de s'engager en couple avec elle, encouragé en ce sens par toute sa famille qui considère qu'Imane essaie de le manipuler.

> « *J'avais l'impression que je leur donnais l'impression d'être une fille qui voulait faire partie de cette famille coûte que coûte, qui voulait lui faire un enfant contre son gré, alors que ce n'était pas du tout le cas. Et puis, en plus, je l'ai pas violé hein ! Il aurait pu se protéger.* [...] *Moi je voulais pas avorter, et si je le faisais, c'était vraiment par rapport à lui.* »

Le choix de l'IVG est ici un choix sous contrainte, déterminé notamment par les réticences à imposer une paternité à un homme qui n'en veut pas.

Ce sont ces mêmes réticences qui amènent aussi Céline (34 ans, commerciale, IVG à 32 ans en 2015) à renoncer à sa grossesse. En relation depuis deux mois avec un homme tout juste divorcé dont elle se dit « vraiment amoureuse », elle est enceinte à la suite d'un rapport non protégé et en conçoit d'abord une grande joie : « c'était un cadeau de la vie [...] je voyais tout en rose ». Malgré la courte durée de leur relation, elle et son compagnon décident d'abord « d'essayer » ensemble et de poursuivre la grossesse. Les présentations aux familles respectives sont envisagées et, les trois premières semaines, son copain « se préoccupe tout son possible pour [elle] et pour le bébé ». Puis il change d'avis : « Je suis pas sûr de t'aimer assez pour avoir un enfant avec toi [...] et donc [...] je suis pas sûr qu'on va rester ensemble et donc je suis pas sûr que ça fasse sens de faire un enfant. » Céline, malgré sa tristesse face à ce revirement brutal, se résout finalement à avorter. Outre qu'elle ne souhaite pas assurer seule le travail parental nécessaire à l'éducation d'un·e enfant, elle a intériorisé la norme de « l'impératif consensuel »[10] qui veut que le projet parental[11] soit partagé par les deux membres du couple[12] : « Je savais qu'autour de moi y avait des gens, des femmes qui avaient

10. Magali Mazuy, *Être prêt-e, être prêts ensemble ? : entrée en parentalité des hommes et des femmes en France*, Thèse de doctorat, Paris 1, 2006.

11. Luc Boltanski, *La Condition fœtale. Une sociologie de l'engendrement et de l'avortement*, Paris, Gallimard, 2004, 432 p.

12. Magali Mazuy, « Avoir un enfant : être prêts ensemble », *Revue des sciences sociales*, n° 41, 2009.

eu des enfants un peu dans le dos de leur mari et on m'a toujours présenté ça comme "c'est horrible de faire ça". » C'est donc bien la norme sociale associant conjugalité et parentalité, à laquelle s'ajoute l'exigence de transparence dans la décision, qui contribue au renoncement à la grossesse. La décision d'avorter est ainsi prise dans ce que Judith Butler appelle le *système hétéronormatif* : « un système, asymétrique et binaire, de genre, [...] où l'hétérosexualité (reproductive) est obligatoire, en tout cas désirable et convenable[13]. » C'est ce système qui rend difficilement envisageable, pour Imane ou Céline, une maternité en dehors du couple.

À cela s'ajoute une forte asymétrie émotionnelle au sein de la relation affective et sexuelle. Quand Céline raconte l'histoire à son frère, quelques jours après son IVG, elle pleure et il tente de la consoler : « Il faut pas dramatiser. » Rétrospectivement, Céline assure qu'elle « n'en faisait pas un drame », mais sur le coup elle « n'arrivai[t] pas à en parler sereinement » parce que cet avortement signifiait surtout « la fin de [leur] histoire d'amour ». La tristesse exprimée dépasse donc l'avortement en lui-même : elle est aussi, et peut-être d'abord, la conséquence du chagrin lié à la rupture sentimentale. Coralie (22 ans, étudiante en art, IVG à 21 ans en 2016), qui vit également une séparation au moment de son IVG après deux ans de relation, le formule de façon limpide : « J'ai eu un p'tit coup de blues parce que je venais d'avorter et qu'aussi ça tournait la page de ma relation avec Théo. Et je pense que plus qu'avorter c'était ça surtout... être séparés. » La perte du lien conjugal, qui impose une redéfinition identitaire plus ou moins poussée en fonction de la durée et de la nature de la relation[14], ajoute ainsi une difficulté émotionnelle à l'avortement.

Or la rupture amoureuse s'inscrit, elle aussi, dans des rapports de genre asymétriques. Les travaux des sociologues de la famille sur l'amour et le couple ont largement montré comment, pour les femmes encore plus que pour les hommes, la conjugalité, investie dans sa dimension relationnelle plus que sexuelle[15], assure un statut et une reconnaissance sociale et ce, dès l'adolescence[16]. Être – ou redevenir – célibataire constitue donc un écart à la « norme conjugale » qui, malgré ses recompositions, tend à se renforcer[17]. La désillusion liée à la rupture amoureuse

13. Judith Butler, *Trouble dans le genre*, Éric Fassin et Cynthia Kraus (trad.), Paris, La Découverte, 2006, p. 24.

14. François de Singly, *Séparée : vivre l'expérience de la rupture*, Paris, Armand Colin, coll. « Individu et société », 2011.

15. Emmanuelle Santelli, « De la jeunesse sexuelle à la sexualité conjugale, des femmes en retrait. L'expérience de jeunes couples », *Genre, sexualité & société*, n° 20, 2018.

16. Isabelle Clair, *Les choses sérieuses : enquête sur les amours adolescentes*, Paris, Le Seuil, 2023.

17. Marie Bergström, Françoise Courtel et Géraldine Vivier, « La vie hors couple, une vie hors norme ? Expériences du célibat dans la France contemporaine », *Population*, vol. 74, n° 1-2, 2019, p. 103-130.

est ainsi à la hauteur de la forte implication émotionnelle des femmes dans leur relation de couple[18].

Si l'intensité des émotions exprimées s'atténue avec le temps (Céline raconte son IVG et sa rupture avec deux ans de distance, contrairement à Imane qui en fait un récit « à chaud »), les difficultés liées à l'IVG doivent d'abord être remises en perspective avec les injonctions sociales à la conjugalité et à la maternité auxquelles les femmes sont fortement socialisées.

### *Avorter contre la volonté de son partenaire*

Ces difficultés se rencontrent également quand le désaccord avec le partenaire sur le devenir de la grossesse joue en sens inverse. Certaines enquêtées ont avorté contre l'avis de leur conjoint, ce qui a suscité une importante crise relationnelle. Dans mon corpus, Diane (30 ans, étudiante en médecine, IVG à 30 ans en 2018) et Juliette (31 ans, productrice de documentaire à mi-temps, IVG à 30 ans en 2017) ont par exemple des expériences très semblables. Elles sont toutes deux des femmes blanches, en couple avec des compagnons racisés, migrants et musulmans pratiquants. Elles sont dotées d'un capital culturel important mais dans une situation économique précaire, engagées dans des relations récentes, non-cohabitantes et instables. Diane vient de reprendre des études de médecine en France et son compagnon, docteur en sciences expérimentales au chômage, projette de partir à l'étranger pour un post-doctorat ; ils se sont plusieurs fois séparés et remis ensemble en moins d'un an. Juliette vient de déménager dans un pays frontalier à la France mais son compagnon, sans-papiers et sans emploi, est resté dans la ville où ils se sont rencontrés. Diane et Juliette expriment une forte envie d'être mères mais y renoncent étant donné leurs doutes sur le devenir de leur relation amoureuse, dans une situation de forte hétérogamie et d'instabilité géographique. Leurs compagnons, d'abord opposés à l'avortement, finissent par se plier à leur choix. Les difficultés émotionnelles sont ici liées aux fortes tensions conjugales suscitées par la décision, qui menacent la pérennité du lien amoureux : « on s'est vachement engueulés, j'étais au bout du rouleau » (Diane) ; « je dis que je veux pas le garder et en même temps que je dis ça, je m'effondre [...] je pleure, je fais une crise d'angoisse [...] je passe la journée au lit, sans forces, sans rien » (Juliette). La forte conflictualité conjugale dans la décision d'interrompre la grossesse contribue ainsi à « dramatiser » l'avortement. Cependant, quand les femmes sont en mesure *in fine* d'imposer leur choix, elles expriment de la douleur, mais pas de regrets : « [c'était] un moment vraiment très dur et

18. Eva Illouz, *Pourquoi l'amour fait mal l'expérience amoureuse dans la modernité*, Paris, Le Seuil, 2012.

déchirant [...] mais comme [...] je l'ai bien vécu une fois fait, c'est pas non plus la mer à boire. Il faut être bien nette avec ta décision » (Diane) ; « Je ne regrette pas du tout ce choix [...] et si c'était à refaire, je le referais. Mais ça n'empêche pas que c'est super douloureux parce que c'est pas un choix qui est évident » (Juliette).

### *Avorter avec l'accord (et le soutien) de son partenaire*

Au contraire, celles pour qui l'accord avec le partenaire a été harmonieux témoignent d'un vécu serein. Adélaïde (27 ans, chargée de mission dans l'environnement, IVG à 26 ans en 2017), par exemple, aurait eu de nombreuses raisons de mal vivre son avortement : elle découvre sa grossesse au-delà du seuil d'IVG alors autorisé en France, est prise en charge par les médecins comme si elle allait poursuivre une grossesse dont elle ne veut absolument pas, avant d'avorter en Espagne. Mais elle peut compter sur la compréhension et l'accompagnement de son partenaire pendant tout le parcours de soin :

> « *Dès que je l'ai su pour moi c'était évident que j'avorterais, c'était évident, c'était même pas une question, j'ai pas eu une seconde d'hésitation. Et après* [...] *il était d'accord avec moi, c'était trop tôt, on se connaissait pas depuis très très longtemps... Et moi j'avais trouvé ça bien aussi d'en parler* [...]. *On a réfléchi ensemble.* »

Au sortir du centre d'IVG espagnol, Adélaïde se sent « libérée ». Le soutien du conjoint peut ainsi être déterminant. Inès (27 ans, ingénieure, IVG à 20 ans en 2010 et 26 ans en 2016), par exemple, considère qu'elle a avorté deux fois. La première fois, elle souhaitait interrompre sa grossesse et a fait une fausse couche spontanée avant même de prendre les médicaments abortifs. Son compagnon d'alors s'est désintéressé de son sort :

> « *Je l'ai géré toute seule.* [...] *Quand j'étais en train de me vider de mon sang sur les chiottes lui était en train de jouer à Marvel Alliance sur la Play, ça, je m'en rappelle comme si c'était hier ! J'entends encore Captain America, en train de se battre là.* »

À l'inverse, sa deuxième IVG, bien mieux accompagnée par son nouveau conjoint, est moins difficile :

> « *Je suis* [...] *avec quelqu'un qui est vachement plus compréhensif, aidant, et qui a accompagné tout mon parcours, et qui du coup m'a permis de vachement mieux la vivre, et de digérer la fois précédente aussi.* [...] *Parce que ouais bon c'est une connerie, on l'a fait à deux, on l'a gérée à deux, et puis... OK, c'est cool, c'est la vie, ça arrive, c'est pas grave.* »

L'accord avec le partenaire doit donc être compris dans un sens extensif : outre *l'accord de principe* sur la décision à prendre, *l'implication* dans le parcours de soin, le soutien matériel et affectif, la possibilité d'une écoute et d'un dialogue contribuent dans une vaste mesure à adoucir l'expérience abortive. Pour contre-exemple, le copain d'Alison (24 ans, doctorante en sciences expérimentales, IVG à 21 ans en 2014) depuis un an, tout à fait d'accord avec le choix de l'IVG, ne s'implique cependant pas dans les démarches :

> « *Je connaissais le personnage, j'ai directement capté qu'il allait pas être là correctement pour moi.* [...] *Je savais que c'était un con et du coup, je voulais m'éviter d'avoir une image de con comme ça de lui* [...]. *J'ai essayé comme ça une fois, il est venu à une consultation... Euh, pfff... Enfin c'était l'enfer, laisse tomber, il était en retard, enfin ça me faisait péter un câble donc laisse tomber !* »

Quand Alison évoque cet épisode plusieurs années après, en expliquant comment elle a préféré « retourner chez sa mère », elle est encore visiblement en colère. Ce manque de soutien conjugal – qui se conclut par une rupture – est un des éléments qui concourent à faire de son IVG une expérience « traumatisante » selon son expression, au point de perdre dix kilos en un mois.

Ainsi, derrière l'IVG, se jouent des enjeux liés à la nature du lien conjugal. Quand l'avortement ne met pas le couple en crise, et qu'il est en plus l'occasion de montrer l'engagement affectif du partenaire masculin envers sa compagne, l'IVG n'est pas vécue comme un drame mais bien comme une solution à un problème affronté à deux. Au contraire, quand l'IVG révèle le manque d'implication plus général dans la relation, la conjugalité entre en crise – et c'est cela d'abord qui est douloureux.

## Un moment (in)opportun de la trajectoire de vie : âge et conditions matérielles d'existence

Le couple et son éventuelle mise en tension ne sont pas les seuls déterminants de l'expérience abortive : il faut également la replacer dans le moment de la trajectoire de vie, entendue à la fois du point de vue de l'âge et des conditions matérielles d'existence.

### *Avorter la grossesse de la « dernière chance »*

Parmi les femmes qui avortent contre leur volonté, les situations les plus dramatiques concernent les femmes sans enfant les plus âgées, qui voient la probabilité de devenir mère se réduire en raison de la baisse de leur fertilité avec le temps.

Carole (38 ans, avocate, IVG à 27 ans en 2007 et 36 ans en 2016) est par exemple une femme très diplômée, issue d'un milieu plutôt favorisé. Si sa première IVG résulte d'un choix véritable, sa deuxième est contrainte. Elle survient dans un contexte relationnel précaire : une relation secrète depuis quelques mois avec un homme marié, déjà père de quatre grands enfants adolescent·es ou adultes, qui est par ailleurs son supérieur hiérarchique dans le cabinet d'avocat où elle travaille. Comme Céline ou Imane plus haut, Carole commence par se réjouir de sa grossesse surprise. Mais son compagnon refuse de s'engager dans une nouvelle paternité, tout en lui laissant un choix qui, selon elle, « n'en est pas vraiment un » :

> « *Il m'a pas dit "bah le garde pas", il m'a juste prévenue quoi… "Si tu choisis de le garder tu l'assumeras. Et mon choix n'est pas celui-là, mais je te force pas à le faire", en gros. Mais pour moi, faire un enfant, ce n'était pas concevable de le faire toute seule. Sinon, j'en fais pas.* […] *J'avais l'impression de subir quelque part. Pour moi, c'est pas une IVG, c'est ce que je lui disais. C'est une IIG ! Une Interruption Involontaire de Grossesse* [sourire triste]. »

Dans les mois qui suivent, Carole souffre beaucoup de cette deuxième IVG. Même si son compagnon a définitivement quitté sa femme pour s'installer avec elle, Carole « va mal », s'isole, s'enferme sur elle-même, a une brève période d'anorexie : « Je me suis un peu auto-punie, on va dire, de ce que j'avais fait aussi et que je voulais pas faire. » La possibilité de faire un enfant est présentée comme le seul conflit dans son couple (« notre histoire en dehors de ce sujet se passe très, très bien »), mais la tension reste grande. Deux ans plus tard, en entretien, elle se questionne encore :

> « *Et en fait, là, dans mon couple actuel* […] *s'il me dit vraiment "Bah non, non, non, on en aura pas", est-ce qu'aujourd'hui je peux me condamner, par amour entre guillemets, à rester avec lui, et que ça, ça reste une souffrance, finalement, toute ma vie ? Je suis pas sûre d'y arriver en fait, et je suis pas sûre d'en avoir envie.* »

Carole ne cesse de renégocier son désir de devenir mère auprès de son compagnon qui rechigne. Elle s'inquiète de la baisse de fertilité liée à l'âge : « Je suis pas encore périmée [rire], mais là, j'avance un peu quand même. J'ai 38 ans. » Si « l'horloge biologique » est en partie une construction sociale[19], elle n'en demeure pas moins une importante source d'angoisse.

À ce titre, la situation de Maïssa (37 ans, designeuse, IVG à 37 ans en 2018) est un exemple particulièrement dramatique des IVG vécues à un âge relativement avancé. À 35 ans, inquiète de sa fertilité, Maïssa a fait une analyse de sa réserve ovarienne qui s'est conclue par un conseil du médecin à « se dépêcher » si elle souhaite avoir un enfant : il lui reste très peu d'ovocytes. Sans compagnon

19. Ilana Löwy, « L'âge limite de la maternité : corps, biomédecine, et politique », *Mouvements*, n° 59, 2009, p. 102-112 ; Manon Vialle, « L'"horloge biologique" des femmes : un modèle naturaliste en question », *Enfances Familles Générations*, n° 21, 2014, p. 1-23.

et dans l'impossibilité financière de faire congeler ses gamètes à l'étranger (la loi française n'autorise pas encore cette pratique[20]), elle commence à faire le deuil d'une éventuelle maternité. Ses chances de grossesse lui apparaissent si faibles qu'elle se considère infertile. C'est la raison pour laquelle, quand elle rencontre, deux ans plus tard, un jeune homme de 25 ans, ils n'utilisent pas de préservatifs : Maïssa affirme qu'elle est stérile. Elle se découvre enceinte, veut poursuivre sa grossesse, est prête à s'occuper seule d'un·e enfant s'il le faut, sans rien demander au géniteur. Mais lui ne l'entend pas de cette oreille : il a l'impression d'avoir été trahi et dupé. Le jeune homme campe sur ses positions, cherche à l'intimider verbalement, menace de « gâcher [sa] vie comme [elle] gâche la sienne » en affirmant qu'il demandera la garde exclusive de l'enfant seulement pour qu'elle n'en bénéficie pas. Les tentatives de dialogue médiées par l'assistante sociale, elle-même dépêchée par la psychologue de l'hôpital, n'aboutissent pas. Par ailleurs, Maïssa ne peut pas compter sur son entourage. Sa mère comme sa sœur (qui a mené une grossesse à terme à 17 ans et le regrette) l'incitent à avorter. Son père l'encourage un peu, mais ne constitue pas un vrai soutien émotionnel ni matériel. Au dernier jour du délai légal d'IVG, Maïssa se présente au centre d'orthogénie avec l'idée confuse de poursuivre la grossesse même si personne ne la soutient en ce sens. Elle a le sentiment que les médecins l'ont avortée de force.

Quand elle me contacte trois semaines plus tard, elle est désespérée, malgré un suivi étroit de sa psychologue. Dans de longs paragraphes douloureux, elle écrit sa souffrance : « J'ai perdu mon bébé, mon amour, ma joie de vivre, mon identité, mes convictions, ma nature, mon sourire. » Au cours de l'entretien, qui dure plus de trois heures, Maïssa ne cesse de revenir à cet « enfant perdu », aux raisons de son IVG qu'elle dit « regretter tous les jours », à ses idéations suicidaires, au deuil qu'elle tente de faire sans y parvenir. Indépendamment du fait qu'il s'agit d'un récit « à chaud », avec ce qu'il charrie d'intensité émotionnelle, les regrets exprimés sont d'autant plus forts que l'avortement correspond non pas au deuil d'*une* maternité mais bien, potentiellement, de *la* maternité en elle-même. Carole comme Maïssa pleurent le fait de n'avoir peut-être jamais d'enfant, dans une société hétéronormée où l'accomplissement féminin est encore, dans une très large mesure, déterminé par l'engagement dans la maternité.

20. C'est la loi relative à la bioéthique du 2 août 2021 qui autorise « l'autoconservation » en France.

## *Avorter par manque de ressources et/ou pour poursuivre ses études*

À la différence de leurs aînées, les enquêtées plus jeunes qui auraient voulu poursuivre leur grossesse peuvent trouver dans la perspective d'une maternité future – corroborée par la preuve effective de leur fertilité – une forme de consolation.

Cynthia (17 ans, lycéenne, IVG à 17 ans en 2017) est par exemple en couple depuis trois ans avec un garçon de son âge. Elle vit en internat, souhaite devenir sage-femme. L'IVG est pour elle et son compagnon un choix triste mais raisonnable :

> « *Je me posais pas la question "est-ce que je veux", mais "est-ce que je peux". C'était difficile parce que j'aurais vraiment vraiment voulu le garder, mais d'un autre côté j'ai 17 ans, j'ai pas encore mon bac, le papa aurait eu aussi 17 ans, pas plus, lui non plus a pas encore son bac, on n'a pas de logement, pas de salaire, c'est pas possible. J'essayais de me rassurer justement en me disant que j'aurais voulu être une bonne mère, et être une bonne mère c'est déjà comprendre que ben, il aurait pas été heureux dans un environnement où y aurait peut-être eu des parents aimants, mais c'est tout.* »

La tristesse liée à son IVG est toutefois contrebalancée par la perspective de pouvoir avoir un enfant dès qu'elle sera installée avec son compagnon. C'est la raison pour laquelle ils refusent la pose d'un implant contraceptif : « Si dans moins de trois ans je veux un enfant, je veux pas prendre le risque ben… qu'on puisse pas. »

Noéline (20 ans, serveuse, IVG à 20 ans en 2018) emploie la même expression que Cynthia pour exprimer l'impossibilité de poursuivre sa grossesse :

> « *C'est pas qu'on n'en voulait pas, c'est qu'on ne pouvait pas. En vivant dans une coloc de six personnes avec trois chats, plus un bébé, ça allait être compliqué déjà !* [rire]. *Et puis, même financièrement, on a du mal à sortir la tête de l'eau, donc avec un enfant en plus, c'était juste pas possible.* […] *Je savais que je n'avais pas vraiment le choix puisque du coup, ça n'aurait pas été une vie pour l'enfant comme pour nous.* »

Noéline est serveuse en CDI à temps plein dans un fast-food. Après avoir abandonné un BTS qui ne lui plaisait pas, elle envisage de reprendre des études dès qu'elle aura mis suffisamment d'argent de côté. Elle a rencontré son compagnon un an plus tôt sur leur lieu de travail. Il a un mi-temps étudiant, ne veut pas renoncer à ses études. L'avortement se présente comme la seule situation tenable : « pour lui c'était une évidence, pour moi c'était une résignation. » Pour Cynthia comme Noéline, la situation matérielle – plus que leur âge ou leur relation de couple – est la raison principale de leur décision d'avorter, et cette décision doit être replacée dans des enjeux sociaux structurels.

Tout d'abord, Cynthia comme Noéline envisagent de poursuivre ou de reprendre des études. Or, en France, le modèle scolaire est ainsi fait que les études réalisées en formation initiale et sans interruption sont largement privilégiées[21], contrairement à d'autres pays – nordiques notamment – où les années de césure, les parcours non-linéaires et les engagements autres que scolaires sont davantage valorisés[22], et les maternités étudiantes mieux accompagnées. D'un point de vue statistique, l'allongement de la durée des études explique ainsi largement le report de l'entrée en maternité[23]. Il en résulte qu'être à la fois mère et étudiante en France est bien souvent stigmatisé : « La grande majorité [des] mères étudiantes témoignent [...] de regards, de remarques et de réactions négatives à leur égard, liées à leur âge et à leur statut[24]. » Les enquêtées le savent. Elles ont intériorisé l'incompatibilité – socialement construite – entre maternité et poursuite d'études, ce qui les pousse, malgré leur envie d'être mère, à arbitrer en faveur de la poursuite d'étude.

Par ailleurs, le contexte socio-économique est celui d'une précarisation croissante des jeunes, y compris des travailleur·ses, ce qui retarde l'entrée en parentalité[25]. Devenir parent suppose en effet, selon la norme dominante, de disposer d'un revenu suffisant, de conditions de logement adéquates, alors même que les dépenses liées au logement augmentent dans le budget des ménages[26]. L'avortement signale ainsi un refus de ce qui est perçu comme une trop grande précarité – les représentations de la précarité étant à la fois subjectives et relatives au niveau de vie moyen dans un temps et un espace donné. Cet argument est présenté comme altruiste, dans le souci du bien-être de l'enfant hypothétique. De telles situations plaident pour une réflexion sur l'amélioration des politiques de soutien à la parentalité au sens large (aides au logement, allocations familiales, modes de garde, etc.). L'enjeu toutefois est de dégenrer ces politiques,

21. Aden Gaide, *Les étudiant-e-s parents : enquête sur la norme de jeunesse dans l'enseignement supérieur français*, Thèse de doctorat en sociologie, 2020.
22. Cécile Van del Velde, *Devenir adulte : sociologie comparée de la jeunesse en Europe*, 1re éd., Paris, Presses universitaires de France, 2008.
23. Máire Ní Bhrolcháin et Éva Beaujouan, « En France comme en Grande-Bretagne, l'allongement des études retarde les maternités », *Population & Sociétés*, vol. 495, n° 11, 2012, p. 1-4.
24. Aden Gaide, « Être mère et étudiante en France », *Agora debats / jeunesses*, vol. n° 79, n° 2, 2018, p. 28.
25. Monique Meron et Isabelle Widmer, « Les femmes au chômage retardent l'arrivée du premier enfant », *Population*, vol. 57, n° 2, 2002, p. 327-357 ; Arnaud Régnier-Loilier et Ariane Pailhé, « Le chômage retarde l'arrivée du premier enfant en France », *Population & Sociétés*, n° 528, 2015.
26. Régis Bigot, « Le logement pèse de plus en plus dans le budget des ménages européens », *Informations sociales*, vol. 155, n° 5, 2009, p. 14-23.

puisque centrer les aides sociales sur les mères présente le risque de renaturaliser l'assignation à la maternité et/ou de dissuader le retour à l'emploi des femmes, souvent moins bien payées que leurs conjoints[27]. Par ailleurs, élever un·e enfant grâce à la solidarité nationale reste une situation stigmatisante[28], comme le souligne Astrid (24 ans, chargée de projet dans une collectivité territoriale, IVG à 23 ans en 2018), en couple avec son compagnon depuis plus de six ans : « Nous, on voulait [...] avoir une situation pour élever notre gamin sans dire "j'ai eu mon gamin grâce à la CAF". C'est pas ça qu'on veut, on veut pouvoir élever dignement, on va dire, notre enfant. » Ainsi, les politiques de soutien à la parentalité ne peuvent être envisagées indépendamment de politiques plus générales de lutte contre la précarité et les inégalités de revenus, en particulier à destination de la jeunesse.

Le report de l'entrée en maternité n'est donc pas toujours un choix : pour les plus jeunes et les plus précaires, il est aussi la conséquence de la crise économique, des incertitudes de l'entrée dans la vie adulte et des inégalités sociales. Quand les jeunes femmes souhaiteraient poursuivre leur grossesse non prévue, cette précarité contribue à une expérience de l'IVG douloureuse.

## *Avorter par choix*

Au contraire, les personnes pour qui la décision est évidente, indépendamment de la situation matérielle, témoignent d'une expérience plus douce. Hélène (28 ans, étudiante sage-femme, IVG à 23 ans en 2011) explique comment elle a avorté alors que « cet enfant, si [ils avaient] voulu l'avoir, ç'aurait peut-être pas été idéal, mais c'était pas impossible du tout ». Malgré la reprise d'étude de son compagnon et leur trop petit appartement parisien, Hélène estime la situation de l'époque plutôt favorable : « moi je gagnais vraiment bien ma vie, on était installé·es ensemble, c'était une relation longue... » Pourtant, son choix est très clair :

> « *Moi, j'avais pas envie d'enfants à ce moment-là, donc en fait j'ai pas eu l'impression de devoir réfléchir* [...]. *Pour moi c'était évident, c'était dans les 5 minutes qui ont suivi* [...] *clairement non, j'en voulais pas quoi* [...]. *J'étais pas toute seule* [...], *j'ai pas eu à décider seule, y'a pas eu de conflit* [...]. *Je pense que sincèrement, je m'attendais pas à ce que ce soit si clair et si évident.* »

Hélène fait partie de celles pour qui l'argument principal du choix d'avorter est le non-désir de maternité au moment de la grossesse non prévue. Les

27. Helène Périvier, « Réduire les inégalités professionnelles en réformant le congé paternité », *Policy brief*, n° 11, 2017.
28. Aden Gaide, *Devenir parent pendant ses études*, *op. cit.*, p. 114.

conditions matérielles ne sont donc pas surdéterminantes et viennent après l'envie exprimée de ne pas devenir parent. La décision d'avorter est alors « une évidence » et celles – nombreuses – qui désireront des enfants « plus tard, mais là pas du tout ! Pas du tout, c'est sûr ! » (Ophélie, 19 ans, étudiante en DUT, IVG à 18 ans en 2018) peuvent repousser sereinement un tel projet. Ainsi Nora (19 ans, étudiante en communication, IVG à 19 ans en 2017) qui avait « juste une envie [...] : faire une IVG médicamenteuse sur le champ », est-elle rassurée – comme beaucoup d'autres – de se savoir fertile, pour un futur lointain : « C'est vrai que ça a un côté rassurant de me dire que oui, je pourrais avoir un enfant, plus tard. »

## *Articuler l'âge et les conditions matérielles d'existence dans l'étude des (non) maternités*

Le moment où survient l'IVG dans la trajectoire de vie est donc un fort déterminant de l'expérience abortive. Il faut toutefois penser ensemble les effets d'âge et de situation matérielle, la corrélation n'étant pas mécanique. « L'évidence » de l'IVG pour les plus jeunes est surtout liée à la norme scolaire et elle est plutôt valable pour les jeunes femmes de classe moyenne et supérieure. Pour les jeunes femmes issues de milieux plus populaires, qui ont en moyenne des enfants plus tôt[29], « la maternité socialement précoce représente un moyen d'acquérir un statut et une identité sociale »[30] et peut constituer « à la fois la principale ressource et le premier objectif de l'émancipation personnelle[31] ». Marine (aide de vie, 19 ans, IVG à 19 ans en 2018), par exemple, aurait été prête à élever un enfant. Aide de vie diplômée, elle travaille à temps plein au domicile de personnes âgées, dispose de sa propre voiture, de son propre appartement, de son propre salaire, et pas une fois pendant l'entretien elle ne mentionne son jeune âge comme une raison d'avorter. Dans son cas, c'est l'absence d'engagement dans la paternité de son partenaire qui la décourage : « Il m'a dit qu'il le voulait absolument pas, qu'il serait toujours là pour moi, mais jamais pour le gosse. Donc [...] je me suis dit après, en réfléchissant [...] un enfant sans père, c'est pas le top du top. »

À l'inverse, des femmes plus âgées, issues des classes moyenne et supérieure, mais en reprise d'études, peuvent être (ou se considérer) dans des situations

29. Emma Davie et Magali Mazuy, « Fécondité et niveau d'études des femmes en France à partir des enquêtes annuelles de recensement », *Population*, vol. 65, n° 3, 2010, p. 475-511.

30. Nathalie Bajos et Michèle Ferrand, « 14. Contraception et avortement », dans *Femmes, genre et sociétés*, La Découverte, 2005, p. 116-117.

31. Bertrand Geay et Pierig Humeau, « Devenir parents. Les appropriations différenciées de l'impératif de procréation », *Actes de la recherche en sciences sociales*, vol. 214, n° 4, 2016, p. 18.

matérielles plus précaires que les jeunes femmes des classes populaires. C'est le cas de Diane (qui reprend des études de médecine) ou de Maïssa (qui reprend des études de design) déjà mentionnées ci-dessus : leur avortement survient dans les deux cas à un moment de fragilisation de leur trajectoire professionnelle. Par ailleurs, les plus âgées – outre les inquiétudes grandissantes autour de leur fertilité – sont davantage exposées à la pression sociale. À mesure que leurs proches deviennent mères, le sentiment de décalage se creuse. Dans ces situations, la comparaison avec les pairs devient source de mal-être, comme pour Pauline (25 ans, rédactrice free-lance, IVG à 19, 24 et 25 ans) :

> « *Je pense que je l'ai mal vécu parce que je me compare avec des femmes qui sont enceintes et qui ont eu des enfants récemment et qui sont tellement bien, tellement affranchies, épanouies, tranquilles dans leur tête, dans leur façon de voir les choses, et donc moi je trouve ça superbe, et je me mets en parallèle avec ces personnes-là et je me dis mais moi j'en suis pas capable, je suis pas assez tranquille dans ma tête, pas assez détendue, pas assez mûre pour accéder à ça.* »

Outre l'idéalisation des maternités des autres et la dépréciation de soi, la fréquentation de proches déjà parents opère comme un rappel à l'ordre – même silencieux et implicite – de la norme de maternité : « Moi, toutes mes amies ont déjà des enfants ou les dernières sont en train d'accoucher, donc c'est aussi super présent, dans ma tranche d'âge. [...] La question de la famille, des enfants est tout le temps-là » (Juliette, 31 ans, productrice de documentaire à mi-temps, IVG à 30 ans en 2017). Si avorter est une déviance ponctuelle, ne pas être mère passé un certain âge est une déviance de (presque) tous les instants. Car dévier de la norme, ce n'est pas seulement faire ce qu'il est interdit de faire (sortir de la norme) ; c'est aussi ne pas faire ce qui est attendu que l'on fasse (ne pas rentrer dans la norme). Et c'est bien ce décalage croissant avec la norme dominante qui produit, chez plusieurs enquêtées, un sentiment renouvelé de mal-être.

## Des parcours de soin plus ou moins complexes

Enfin, l'expérience abortive est dans une grande mesure configurée par la prise en charge médicale. Les difficultés de Carole ou Noéline, évoquées plus haut, ont par exemple été renforcées par l'échec d'une première tentative d'IVG par méthode médicamenteuse, qui leur a imposé une seconde intervention abortive, par aspiration cette fois. Il faut donc à présent se pencher sur la réalité des trajectoires de soin.

## *Des violences médicales aux lourdes conséquences*

Les violences envers les femmes (comme les curetages à vif, mais aussi parfois les viols) ont constitué un mode de contrôle historique de l'avortement avant sa légalisation[32]. Si elles se sont atténuées, elles n'ont cependant pas disparu, et malgré la mise en problème public des violences gynécologiques et obstétricales[33], les violences abortives tardent à être problématisées comme telles[34].

La violence peut d'abord consister en des comportements volontairement malveillants ou punitifs. Nolwenn (27 ans, préparatrice en pharmacie, IVG à 19 ans en 2010), par exemple, a été victime de violences abortives, quoiqu'à aucun moment de l'entretien elle n'emploie cette expression. Lors de son avortement, l'équipe médicale l'oblige à passer trois fois devant des psychologues et conseillères conjugales qui tentent de la dissuader d'avorter (« Tu te rends compte, qu'il y a des femmes qui n'arrivent pas à avoir d'enfants ? Tu te rends pas compte que là tu vas tuer quelqu'un ? »). L'avortement médicamenteux échoue, Nolwenn doit avorter par aspiration mais les médecins reportent arbitrairement le rendez-vous. L'avortement est finalement réalisé par un interne non-spécialiste, dans des conditions dramatiques et à un stade de grossesse avancé. Durant toute l'opération, qui dure plus d'une heure sous anesthésie locale, les professionnel·les de santé font des commentaires à son attention : « ah bah c'est un beau fœtus. » On lui montre les tissus de grossesse, on lui donne le sexe de l'embryon (« c'est un garçon, vous vous rendez compte, vous auriez eu un garçon ? »). Nolwenn vit évidemment « très mal » cette prise en charge. Dans les semaines qui suivent, elle arrête ses études d'infirmière pour lesquelles elle s'était pourtant endettée, rend son appartement, quitte sa colocataire, se dispute avec son copain et rentre chez ses parents. Elle s'enfonce dans une période qu'elle décrit comme dépressive, dormant beaucoup, s'isolant de ses ami·e s et de sa famille. Plus tard, sa nouvelle gynécologue découvre qu'elle a « des cicatrices sur l'endomètre » : le curetage subi lui a « brûlé la membrane utérine », la laissant stérile. Sa gynécologue, « écœurée par ce [qu'elle] a vécu », la réoriente vers des médecins spécialistes à Paris. La mère de Nolwenn, huissier de justice, la pousse à déposer plainte, ce qu'elle refuse car, entre-temps, le centre en question a fermé. Nolwenn en tire un « grand soulagement » puisque « personne n'aura à vivre ça », replonge en

32. Fabrice Cahen, « De l'"efficacité" des politiques publiques : la lutte contre l'avortement "criminel" en France, 1890-1950 », *Revue d'histoire moderne contemporaine*, vol. n° 58-3, n° 3, 2011, p. 90-117.
33. Nastassia Audibert, *« Violence obstétricale », Émergence d'un problème public en France*, mémoire pour l'obtention du grade de master, Science Po Paris, 2016 ; Sylvie Lévesque, Manon Bergeron, Lorraine Fontaine et Catherine Rousseau, « La violence obstétricale dans les soins de santé : une analyse conceptuelle », *Recherches féministes*, vol. 31, n° 1, 2018, p. 219-223.
34. Marie Mathieu et Laurine Thizy, *Sociologie de l'avortement*, La Découverte, Paris, 2023.

dépression et ne « veut plus en entendre parler ». Au moment de notre entretien, des années plus tard, elle espère une greffe d'utérus pour pouvoir un jour porter un enfant et ne s'est pas vraiment départie de la culpabilisation qui lui a été imposée : « Finalement, je me dis, bah tu vois, dans un sens, elles avaient raison, parce que finalement, j'aurais dû le garder quoi. »

Si le cas de Nolwenn est d'une violence paroxystique, d'autres avortées témoignent également de mauvais traitements. Ophélie (19 ans, étudiante en DUT, IVG à 18 ans et demi en 2018) a subi une pénétration vaginale avec les doigts puis une sonde échographique sans être prévenue – ce qui pourrait relever de la définition pénale du viol. Inès (27 ans, ingénieure, IVG à 20 ans en 2010 et 26 ans en 2016) a vécu un curetage brutal (« J'avais encore mal, elle y allait n'importe comment [...] Elle m'a un peu malmenée en fait »). Férouze (42 ans, aide-soignante, IVG à 26 en 2003 et 30 ans en 2007) s'entend dire par une soignante relativement âgée : « Vous avez de la chance de le faire par anesthésie générale, vous allez pas voir le mal que vous allez faire, vous mériteriez de souffrir et de garder les yeux grands ouverts. » Cette culpabilisation la dissuade de revenir pour le suivi post-IVG, alors même qu'elle souffre de complications (un fragment de membrane placentaire, resté accroché à la paroi utérine, s'est infecté) : « J'aurais pu avoir un suivi que je n'ai pas eu parce que d'entrée, on m'a traumatisée en fait ! » Le caractère dramatique de l'avortement peut ainsi tout entier tenir dans une prise en charge abusive, ou volontairement culpabilisante. Une des modalités de cette culpabilisation est la personnification de l'embryon : plusieurs enquêtées rapportent des médecins invitant à regarder l'échographie et/ou faisant écoutant le rythme cardiaque, y compris quand les femmes y sont explicitement opposées.

La violence peut aussi être présente sans être directement malveillante. Elle se caractérise alors par une négligence ou une absence de considération, notamment envers la douleur. Camille (22 ans, enseignante, IVG à 18 ans en 2012) par exemple, fille de médecin, avorte grâce à un ami de son père, qui lui prescrit des comprimés abortifs en omettant de lui retirer son stérilet. Dans les jours qui suivent, elle développe une infection :

> « *C'était vraiment assez traumatisant* [...]. *J'avais mal, j'avais mal... Et tout le monde me disait "c'est normal que t'aies mal, c'est normal, c'est normal, on peut rien faire, souffre en silence".* [...] *Deux semaines plus tard, bah ça s'était complètement infecté et j'ai été aux urgences. C'était dégueulasse* [...] *ça commençait à sentir mauvais, et à y avoir du pus et tout... Et je pensais que c'était normal ! Et j'osais pas trop trop me la ramener. Et... voilà, et aux urgences, on m'a retiré mon stérilet en me l'arrachant sans m'anesthésier. Et... j'ai eu hyper mal, hyper mal. J'ai eu très très mal.* »

Le manque de considération pour sa souffrance s'explique par son motif (l'IVG) : Camille est sujette par ailleurs à des migraines chroniques et personne ne minore son ressenti en la matière. La douleur de Mélanie (26 ans, étudiante en sciences sociales, IVG à 21 ans en 2013) est elle aussi déconsidérée. Mélanie saigne énormément lors de son IVG médicamenteuse mais les professionnel·les de santé la renvoient chez elle « en bus et puis aussi à quatre pattes […] avec [son] sang qui coulait entre les jambes ». La prise en charge lors de sa visite de contrôle n'est pas meilleure :

> « *J'y suis retournée, du coup j'avais dit que j'avais perdu beaucoup de sang,* […] *j'étais pas très bien* […]. *Et de refaire une écho* […] *en interne, et avec le sang et tout machin, je me suis mise à pleurer.* […] *Et ils ont pas franchement réagi quoi. J'ai dit "Ben je continue à saigner à mort", alors que ça faisait des semaines, je continuais à avoir mal aux reins, et* [le médecin] *il m'a dit "Non mais c'est normal", et donc je me suis dit bon bah OK c'est normal.* »

La normalisation de la douleur n'est pas forcément associée à de la culpabilisation : ici, elle relève plutôt de la banalisation fréquente des douleurs génésiques, lisible également dans la mise en problème tardive de l'endométriose[35]. Ces violences doivent se comprendre comme l'effet d'un double rapport de force : un rapport de genre qui décrédibilise les expériences corporelles des femmes, considérées comme « trop sensibles », mais aussi un rapport de pouvoir entre médecins et patientes, qui autorise les premiers à traiter les secondes avec désinvolture – puisqu'elles dépendent de l'institution médicale pour avorter[36].

### *Des parcours de soin entravés*

Les mauvaises expériences abortives découlent aussi de prises en charge entravées. En sus de toutes les étapes d'un parcours d'IVG ordinaire (recherche d'un lieu de prise en charge, prise de sang, échographie de datation, carte de groupe sanguin, rendez-vous pré-IVG, intervention avec ou sans hospitalisation, RDV post-IVG, qui imposent autant de déplacements et d'arrêts de travail), il faut compter parfois avec des délais d'attente imposés, des professionnel·les réticent·es ou incompétent·es, voire des entraves volontaires. L'ajournement ou le refus de prise en charge ne sont pas exceptionnels. Noémie (24 ans, étudiante en école d'architecture, IVG à 22 ans en 2015) se voit par exemple signifier par la secrétaire de son gynécologue que celui-ci « ne fait pas ce genre de pratique », ce qui

35. Alice Romerio, « L'endométriose au travail : les conséquences d'une maladie chronique féminine mal-reconnue sur la vie professionnelle », *Connaissance de l'emploi*, n° 165, 2020.
36. Voir Raphaël Perrin, *Les médecins et l'avortement. Sociologie de la domination médicale*, Thèse de doctorat en Sociologie, Université Paris 1 Panthéon-Sorbonne, 2024.

est faux : quand elle en informe directement son praticien, il s'excuse longuement. Laurie (25 ans, informaticienne, IVG à 21 ans en 2015) est transbahutée d'un établissement à un autre. Le premier centre refuse de pratiquer la méthode médicamenteuse mais ne fait pas d'aspiration, comme les autres centres de son département. Dans le département voisin, le médecin consulté refuse de lui fixer un rendez-vous : « Pour lui, il fallait que je réfléchisse parce que j'allais le garder quoi. » Anissa (22 ans, étudiante en école de commerce, IVG à 19 ans en 2014), elle aussi, est éconduite par un premier médecin, au prétexte que son échographie de datation ne serait pas lisible, ce qu'infirme le deuxième médecin consulté : « en en reparlant avec les dames du planning, on s'est rendu compte que j'étais tombée sur quelqu'un qui était anti-IVG. »

Les entraves à l'IVG, bien souvent, ne sont pas explicites : les refus de prise en charge se dissimulent derrière des raisons fallacieuses, que l'asymétrie d'information entre médecins et patientes rend difficilement vérifiables. Il faut bien voir que dans ces situations-là, la « clause de conscience » qui autorise les médecins à refuser de pratiquer l'IVG n'est pas invoquée : son utilisation est, en pratique, stigmatisée par la majorité des professionnel·les de santé[37] ; mais surtout, la clause impose de réorienter les femmes. Pour des médecins plus ou moins fermement réticent·es à pratiquer des IVG, se défausser sans le dire ouvertement reste la meilleure façon de faire concrètement obstruction à l'accès au soin[38].

## *La bientraitance comme privilège*

Les récits de mauvais traitements émaillent ainsi les entretiens réalisés. Ils le disputent toutefois à des discours remarquablement élogieux envers les prises en charge adaptées. Gaëlle (46 ans, dessinatrice, IVG à 46 ans en 2018) est « vraiment surprise » par l'écoute, la délicatesse et l'attention à la douleur des équipes de santé : « Je leur ai dit, vraiment, bravo [...] J'en revenais pas ! [...] J'en dirai que du bien [rire] ! » Elisabeth (25 ans, service civique dans une association culturelle, deux IVG à 21 ans en 2014 et une à 25 ans en 2018) s'émerveille de la qualité des soins reçus pour sa troisième IVG – à la différence des précédentes :

> « *C'était trop bien, et ils étaient trop gentils* [...] *je me sentais en parfaite confiance* [...] *je me disais, tout va bien se passer. Et après, je me suis réveillée...* [...] *je me sentais tellement bien, et je me suis mise un peu à pleurer, et je lui ai dit, à la personne qui était en face : "Je suis émue parce que vous êtes trop gentils !" Je me disais : "ah ils sont trop gentils, je les aime trop, c'était trop beau !"* »

37. Raphaël Perrin, *La clause qui cache la forêt. Enquête sur les réticences des gynécologues face à l'IVG*, Mémoire de recherche de Master 2 en sociologie, ENS – EHESS, 2021.
38. Raphaël Perrin, *op. cit.*

En entretien avec la sociologue, rien n'oblige pourtant à des louanges si prononcées envers les professionnel·les de santé. L'enthousiasme des avortées exprime ainsi leur gratitude sincère envers les bons soins reçus – le plus souvent dans des centres d'IVG spécialisés dans ce type de prise en charge, plutôt que dans un service de gynécologie généraliste. Il ne faut pas seulement y voir une reconnaissance envers les *bonnes pratiques* des professionnelles : plus fondamentalement, ces discours laudatifs traduisent le soulagement d'avoir été épargnées par de *mauvaises pratiques*, comme l'exprime Hélène (28 ans, étudiante sage-femme, IVG à 23 ans en 2011), qui se félicite d'avoir avorté dans une maternité militante : « Le staff est tellement super, tellement adorable [...] plein d'amour pour eux, ils sont vraiment super ! [...] Parce qu'évidemment on entend des histoires atroces sur du personnel qui est jugeant, t'as mal ben tant pis... Là, c'est pas ça ! »

Les femmes, par défaut, s'attendent ainsi à être jugées et culpabilisées par les équipes de soin et s'y préparent. Toute prise en charge non explicitement maltraitante est considérée comme acceptable et en comparaison, les prises en charge attentives au bien-être, qui pourraient n'être que des prises en charge *normales*, sont perçues comme une chance inattendue, voire un privilège. La qualité du parcours de soin est ainsi fortement déterminante de l'expérience abortive.

*

Absence de soutien conjugal, contrainte à l'IVG, rupture amoureuse, inquiétude pour la fertilité, précarité économique, arbitrage avec les études, parcours de soin opaque, maltraitances médicales, etc. : nombre de femmes qui avortent ont des raisons très objectives de vivre leur IVG comme une expérience « dramatique ». Mais ces raisons n'ont pas grand-chose à voir avec une vulnérabilité psychique préalable particulière ou une difficulté émotionnelle intrinsèque à l'avortement, qui ferait offense à une prétendue nature maternelle. Le « drame » n'est pas consubstantiel à l'IVG : il est tributaire des conditions concrètes de survenue de la grossesse et de son interruption, à un moment précis de la trajectoire de vie, dans une société hétéronormée valorisant la maternité. Une même femme peut ainsi avoir plusieurs expériences très différentes de l'avortement. Le malaise ressenti n'est donc pas autogénéré : il est socialement imposé[39].

Ce chapitre aura montré qu'il est possible, et même nécessaire, de sociologiser le mal-être relatif à l'IVG, pour en montrer le caractère construit, et par là même *évitable*. La meilleure preuve en est que, lorsque les femmes sont accompagnées par leur partenaire et/ou leur entourage, qu'elles ne craignent pas pour leur

39. Madeleine Belfrage, Olivia Ortíz Ramírez et Annik Sorhaindo, « Story Circles and abortion stigma in Mexico : a mixed-methods evaluation of a new intervention for reducing individual level abortion stigma », *Culture, Health & Sexuality*, vol. 22, n° 1, 2020, p. 12.

relation amoureuse, qu'elles ne sont pas dans une situation matérielle précaire, qu'elles ont accès à des soins de qualité, et qu'elles sont pleinement maîtresses de leur choix, l'IVG est une expérience vécue sans drame – et toujours avec soulagement. En l'état actuel des rapports sociaux, la conjonction de ces éléments favorables n'est toutefois pas si fréquente.

Il serait ainsi contre-productif d'attendre des femmes, au nom d'un féminisme libéral, un rapport décomplexé et serein à leur IVG, en remplaçant une injonction à « mal le vivre » par une injonction à « bien le vivre » glamourisant l'expérience abortive. Celles qui avortent ont, aujourd'hui encore, toutes les raisons de ressentir des émotions désagréables plus ou moins intenses. Leur laisser croire que le travail psychique sur soi serait la meilleure sinon la seule façon de dépasser une expérience vécue comme « dramatique » (voire en faire, comme certaines conseillères conjugales et familiales le proposent parfois, une opportunité de développement personnel), c'est risquer d'occulter la puissance des normes de genre, et plus généralement l'ensemble des inégalités sociales qui concourent à produire l'IVG comme une expérience stigmatisée et difficile. S'il faut retenir une phrase de Simone Veil, c'est donc plutôt celle-ci : « Aucune femme ne recourt de gaieté de cœur à l'avortement. »

# Les représentations de l'avortement dans le cinéma français depuis les années 1930

*Geneviève Sellier*

Dans un cinéma français soumis à des censures à la fois politiques (depuis la guerre de 1914-1918) et économiques (l'impératif de rentabilité), et quasi exclusivement conçu, produit et réalisé par des hommes jusqu'aux années 1970, la question des grossesses non désirées et de l'avortement a rarement été traitée dans les fictions filmiques des années 1930 aux années 1950 incluses, et presque toujours en relation avec des relations amoureuses et/ou sexuelles clandestines (adultère, liaison hors mariage, etc.). Pourtant, un courant minoritaire de cinéma social aborde l'avortement dès les années 1960 pour en dénoncer l'interdiction et ses effets délétères sur la santé et la vie des femmes. Le mouvement féministe des années 1970 n'est pas suffisamment puissant pour faire une brèche dans le cinéma de fiction, mais la dimension dénonciatrice se retrouve dans les rares films qui abordent le sujet. C'est sans doute la domination masculine qui perdure dans le cinéma de genre comme dans le cinéma d'auteur – malgré l'émergence et le développement d'un cinéma réalisé par des femmes –, qui explique le tabou persistant sur ce sujet jusqu'à une date très récente qu'on peut associer aux effets tardifs du mouvement #MeToo en France.

## Les années 1930 : une faute qui doit être punie

Avec l'arrivée du cinéma parlant, le cinéma français va massivement recycler les succès de la scène, en particulier un théâtre de boulevard écrit par des hommes, d'une misogynie décomplexée, sur un mode tantôt dramatique, tantôt comique, dont Sacha Guitry est le meilleur exemple. Les femmes y sont coquettes et infidèles, et la maternité est rarement au centre des intrigues, sauf pour fustiger les mères abusives ou défaillantes[1]. Mais l'arrivée en France de cinéastes venus de Russie et d'Europe centrale, chassés par la révolution ou les pogromes, fait entendre une petite musique un peu différente.

*Amok* (1934) est l'œuvre de Fedor Ozep, un cinéaste russe émigré en France au début des années 1930 où il tourne cinq films avant d'émigrer à nouveau aux États-Unis quand la guerre éclate. Le film est adapté d'une nouvelle éponyme de Stefan Zweig, censée se passer en Malaisie sous mandat britannique. Le terme « amok » fait référence à un accès de folie qui s'empare d'un individu et que la psychiatrie qualifie de décompensation brusque. Dans la nouvelle, il s'agit de la passion amoureuse d'un médecin (Jean Yonnel) reclus dans un village malais pour payer ses dettes ; il voit un jour arriver une « belle femme blanche » (Marcelle Chantal) qui lui propose une grosse somme d'argent pour l'avorter. Humilié par cette présomption de vénalité, il refuse, mais fasciné par sa beauté hautaine, il va la poursuivre de ses assiduités. Elle repart dans sa villa, où sa petite fille l'attend et annonce sa grossesse à son amant (Jean Servais), un jeune officier qui s'enfuit lâchement. Entretemps le médecin cherche à la revoir pour l'aider, mais elle refuse et va trouver une avorteuse indigène, alors que son mari revient après une absence d'un an. Elle en mourra, malgré le médecin qui arrive trop tard pour la sauver (on comprend qu'elle est victime d'une infection) ; mais il s'engage à cacher à son mari les raisons de sa mort. Il finit par se noyer avec le cercueil pour empêcher que le corps soit rapatrié en Europe pour autopsie. Le sujet de ce film, qui est imprégné d'un exotisme de pacotille (la jungle malaise est reconstituée au studio de la Victorine près de Nice), n'est pas la folie amoureuse qui conduit à la mort, mais bien l'avortement, dernier recours de la femme adultère. Marcelle Chantal est l'incarnation de la distinction bourgeoise, habillée avec une élégance qui contraste avec la semi-nudité des indigènes, mais surtout avec la déchéance du médecin, alcoolique et joueur, « victime » d'une femme fatale qui l'a ruiné. La « belle femme blanche » (le médecin prononce ces mots à plusieurs reprises avec éblouissement) qui lui apparaît comme un mirage dans sa sordide retraite, est en fait une bourgeoise qui a pris un amant et cherche à faire disparaître la conséquence de sa « faute ». La misogynie du film est celle de l'époque, qui voit dans l'infidélité des femmes « respectables » le principal danger pour l'ordre social.

Quatre ans plus tard, le ton s'est nettement infléchi dans un sens nataliste ; de fait, le déficit démographique est entretemps devenu une question brûlante. *Conflit*, sorti en 1938, adapté du roman de l'écrivaine juive autri-

1. Voir Noël Burch et Geneviève Sellier, *La Drôle de guerre des sexes du cinéma français 1930-1956*, Paris, Nathan, 1996, rééd. L'Harmattan 2019.

chienne Gina Kaus (créatrice du magazine *Die Mutter*, contrainte de s'exiler en 1938), raconte les mésaventures de deux sœurs de milieu bourgeois : l'aînée, Catherine (Annie Ducaux) voit son couple vaciller parce qu'elle est stérile, Claire la cadette (Corinne Luchaire) se retrouve enceinte d'un séducteur cynique (Claude Dauphin) qui lui donne une adresse pour se faire avorter. Désespérée, Claire demande à Catherine de l'accompagner, mais renonce devant le sordide de l'entreprise. Catherine propose alors à Claire d'aller accoucher en secret et de lui donner son enfant ; son mari (Raymond Rouleau), parti en expédition archéologique, n'en saura rien. Grâce à quoi son couple est sauvé. Deux ans plus tard, Claire est fiancée, mais le séducteur réapparaît et la fait chanter ; elle appelle Catherine à son secours mais elle est bouleversée en retrouvant l'enfant. Elle veut le reprendre et menace de tout dire au mari de Catherine : celle-ci, aux abois, lui tire dessus. Scandale, arrestation de Catherine ; Claire, blessée, finit par raconter toute l'histoire devant le juge d'instruction, le mari de Catherine et son fiancé, mais renonce à arracher l'enfant à sa mère. Le film est réalisé par Léonide Moguy, un cinéaste d'origine russe qui vient de diriger les deux actrices dans *Prison sans barreaux* (1938), un film sur la délinquance juvénile. On est en empathie avec les deux sœurs qui sont montrées comme soudées par une profonde affection. L'avortement proposé par le vil séducteur se révèle impossible à assumer par les deux femmes. La suite met en avant l'amour maternel de Catherine pour le fils que lui a donné sa sœur, mais aussi « l'instinct maternel » de Claire qui se « réveille » en revoyant l'enfant. Elle y renoncera parce qu'elle s'apprête elle aussi à fonder une famille avec son fiancé (Roger Duchesne) qui a pardonné son erreur de jeunesse. La maternité est clairement montrée non seulement comme le destin auquel aspirent les femmes, mais aussi comme ce qui pérennise l'amour conjugal…

Le fait que ces deux films aient été réalisés par des Russes, d'après des romans de langue allemande, tend à confirmer combien cette question représente alors un tabou dans le milieu du cinéma français.

## L'Occupation : un discours contradictoire

L'idéologie nataliste va devenir politique d'État sous Vichy, avec un appareil répressif qui se renforce contre les « avorteuses » (nous y reviendrons en évoquant le film de Chabrol, *Une affaire de femmes*). Le cinéma français sous l'Occupation, comme nous l'avons documenté naguère[2], est paradoxalement un moment

2. Noël Burch et Geneviève Sellier, *La Drôle de guerre des sexes du cinéma français 1930-1956*, *op. cit.*, not. la deuxième partie de l'ouvrage : « L'Occupation 1940-1944 ».

de valorisation des personnages féminins, à travers des courants politiquement antagonistes : celui, majoritaire, d'un cinéma « progressiste » qui, de Marcel Carné à Jean Grémillon en passant par Claude Autant-Lara, Jacques Becker, Robert Bresson et Marcel L'Herbier, met en avant des femmes qui prennent leur destin en mains, et tourne en dérision les figures patriarcales valorisées avant-guerre ; et celui, minoritaire, d'un cinéma promu par le régime de Vichy qui fait la promotion de la maternité dans une perspective réactionnaire qui assigne les femmes à ce seul destin. Gaby Morlay incarne par exemple le destin maternel des femmes sous une forme sacrificielle dans *Le Voile bleu* (Jean Stelli 1942), où elle élève les enfants des autres, ayant perdu mari et enfant pendant la guerre de 1914-18.

Autre exemple : dans *Le Bal des passants* (Guillaume Radot, 1943), Annie Ducaux est, au début du film, une femme égoïste et superficielle qui, croyant que son mari la trompe, se fait avorter et veut divorcer. Quand elle se rend compte de son erreur, il est trop tard : son mari, qui a appris son méfait, la quitte et part en Amérique. Après une série d'épreuves, elle deviendra une mère parfaite pour la fillette conçue la veille du départ de son mari, lequel ne découvrira l'enfant que huit ans plus tard, à son retour. Le film concentre dans le même personnage les deux figures féminines opposées du cinéma de Vichy : la coquette qui doit être punie, et la mère sacrificielle qui incarne l'idéal du régime. La maternité est montrée ici comme le moyen d'une rédemption.

La maternité comme « rachat » d'une conduite où la femme a succombé à son désir, se retrouve dans beaucoup de films de la période, comme *La Fille du puisatier* (Pagnol 1940). La multiplication des filles-mères n'a d'égale que la raréfaction des scènes d'amour, le plus souvent parce que le film commence alors que la « faute » a déjà été commise, comme dans *Vénus aveugle* (Abel Gance 1940) ou *Péchés de jeunesse* (Maurice Tourneur 1941). Quand il y a une relation sexuelle dans le temps du récit, l'allusion ne passe pas par l'image, comme dans *Fièvres* (Jean Delannoy 1941) ou dans *Le Bal des passants.*

À côté de ces deux courants idéologiquement antagonistes, se développe un troisième courant sous l'influence de l'occupant, à travers une société de production allemande, la Continental, installée à Paris et richement dotée, qui permet à quelques cinéastes peu regardants de faire des films dans de bonnes conditions économiques, du moment qu'on y trouve aucune allusion politique. Il s'agit de promouvoir un cinéma de divertissement et de qualité, capable de rivaliser avec Hollywood dans « l'Europe nouvelle ». Henri-Georges Clouzot dirige le département des scénarios de la Continental, et va réaliser un des films les plus brillants de la période qui, justement, traite de l'avortement, comme par provocation vis-à-vis de la morale vichyste. *Le Corbeau* (1943) traite au premier degré des lettres de dénonciation qui étaient monnaie courante pendant l'occupation allemande. Le film s'ouvre sur le cimetière de la petite ville de province où se situe l'histoire, comme un écho à l'un des motifs récurrents du film, la survie problématique des mères en couche (et/ou de leur bébé). Dès la première séquence, le docteur Germain (Pierre Fresnay) se lave très symboliquement les mains après avoir sauvé la vie d'une accouchée au prix de celle du bébé et conseille froidement à la grand-mère de demander à son fils de lui en faire un autre dans quelques mois. Cette scène met en place ce qui deviendra au cours du film le thème de l'avortement. Ici, Germain est, du point de vue de l'époque, un avorteur, puisqu'il sacrifie le bébé pour sauver la vie de la mère ; et comme le lui fera observer le docteur Delorme (Antoine Balpêtré), le médecin-chef de l'hôpital auquel il est rattaché : « C'est la troisième fois en un mois ». Plus tard, nous apprendrons que son attitude est motivée par la mort de sa propre femme en couches, par la faute d'un obstétricien qui avait privilégié, lui, la vie du bébé (en vain, d'ailleurs). À la suite de ce double deuil, ce brillant chirurgien du cerveau s'est donc enterré en province comme généraliste sous un faux nom, résolu désormais à sauver les mères. Certes, ce n'est pas un avorteur au sens propre d'interrompre une grossesse : il aura l'occasion de le prouver en opposant un refus à la femme (Lucienne Bogaert) envoyée par les notables locaux pour le compromettre (une lettre anonyme l'ayant d'ailleurs déjà désigné comme avorteur). Enfin, lorsque le « corbeau » aura été identifié et châtié, le docteur Germain acceptera d'assumer sa relation amoureuse avec Denise (Ginette Leclerc), après la tentative (ratée) d'auto-avortement de celle-ci, enceinte de ses œuvres ; puis, ouvrant la fenêtre pour laisser entrer ces voix d'enfants que naguère il refusait d'entendre, il abandonnera sa position de misanthrope pour envisager positivement l'avenir, avec femme et enfant (s)[3].

## Les années 1950 : l'avortement, symptôme de la vulnérabilité des femmes

La Libération est paradoxalement un temps de règlements de comptes à l'égard des femmes[4], qui deviennent les boucs émissaires des hommes humiliés pendant l'Occupation. Les femmes tondues[5] en place publique ont un prolongement

3. Voir l'analyse détaillée de ce film dans Noël Burch et Geneviève Sellier, *La Drôle de guerre des sexes du cinéma français 1930-1956*, *op. cit.* p. 204-210.

4. *Ibid.*, p. 235-254.

5. Alain Brossat, *Les Femmes tondues, un carnaval moche*, Paris, Manya, 1992 ; Fabrice Virgili, *La France « virile ». Des femmes tondues à la Libération*, Paris, Payot, 2000.

dans les fictions filmiques sous forme de punition des femmes autonomes, en particulier celles qui ont exprimé leur désir, comme Marthe (Micheline Presle) dans *Le Diable au corps* (Claude Autant-Lara 1946), qui meurt en couches des suites de son adultère avec un lycéen (Gérard Philippe) pendant que son mari était dans les tranchées de 1914-18.

Françoise Arnoul est la partenaire de Jean Gabin dans *Des gens sans importance* (Henri Verneuil 1955), un film qui raconte, à travers le souvenir qu'en garde Jean, un routier fatigué qui fait halte dans un resto routier près de Bordeaux, sa rencontre deux ans auparavant avec Clo, la jeune serveuse dont il a fait sa maîtresse. Cet homme marié et père de trois enfants qu'il voit à peine quand il rentre dormir à Paris dans un appartement exigu, se retrouve « coincé » quand Clo monte le rejoindre à Paris, si bien qu'elle n'ose lui avouer qu'elle est enceinte et se « débrouille » pour se faire avorter. L'avortement lui-même est proposé par la patronne (Lila Kedrova) de l'hôtel de passe où elle travaille, comme un service qu'elle rend à sa « bonne » qu'elle « trouve sympathique ». Elle lui parle de « l'adresse d'une amie prudente, discrète et habile ». L'avorteuse (Hélène Manson) se veut rassurante, après avoir recommandé la discrétion : « Tout va bien se passer » dit-elle en allumant une lampe chirurgicale. Puis on la voit prendre un tabouret et ouvrir une trappe dans le plafond où elle cache ses instruments médicaux. Un plan au noir fait l'ellipse sur la suite. Autrement dit, le film évite les connotations sordides qui accompagnent souvent ce genre de scène, comme c'est le cas dans *Conflit*. L'avortement est montré comme un recours contraint pour les femmes pauvres qui n'ont pas les moyens d'élever un enfant hors mariage. Le film évite aussi d'impliquer le personnage masculin dans le processus. Jean n'est pas au courant que Clo est enceinte ; et quand elle lui en parle, elle s'est déjà fait avorter. Entretemps, Jean a quitté sa famille et l'emmène à Bordeaux dans son camion. Elle se sent de plus en plus mal et le fait s'arrêter. « Tu n'as pas fait d'bêtise au moins ? » Il comprend alors qu'elle s'est fait avorter : « On a encore 300 bornes à faire, est-ce que tu vas tenir le coup ? » Désormais c'est l'inquiétude du routier qui prévaut, au fur et à mesure que l'état de Clo se dégrade. Elle mourra d'infection dans la cabine du camion arrêté dans le brouillard, pendant que Jean cherche des secours. Film très noir, où un Gabin vieillissant (il a 50 ans alors que Françoise Arnoul n'en a que 24) ne desserre quasiment jamais les lèvres, *Des gens sans importance* vaut pour sa description réaliste des conditions de vie et de travail de petites gens écrasés par la pauvreté. Toute connotation morale négative à propos de l'avortement a disparu. La tragédie vient de la clandestinité qui force les femmes à prendre des risques sanitaires.

Sorti la même année, *Les Mauvaises Rencontres* (1955) se déroule dans un milieu nettement plus favorisé. Adapté du roman de Cécil Saint-Laurent, *Une sacrée salade* (1954), le film est réalisé par Alexandre Astruc, précurseur et théoricien de la Nouvelle Vague[6] ; il témoigne d'un regard résolument moderne sur l'avortement pour raconter, comme l'indique le carton du prégénérique : les mésaventures d'une « jeune fille d'aujourd'hui, impliquée dans une affaire d'avortement et interrogée au Quai des Orfèvres ; elle va revoir comme dans un souvenir les images de sa vie. Elle évoque les uns après les autres les différents hommes qu'elle a connus et qui ont été pour elle autant de "mauvaises rencontres" ».

L'avortement, pourtant le sujet du film, n'est mentionné que par allusion. C'est l'enquête policière qui structure le récit, à travers le harcèlement d'un policier (Yves Robert) qui cherche à faire avouer à Catherine Racan (Anouk Aimée), journaliste dans un magazine féminin, qu'elle a eu recours aux services du docteur Danielli (Claude Dauphin), pour inculper celui-ci de manœuvres abortives. Elle résiste toute la nuit au policier qui fouille sa vie privée et l'interroge sur ses amants successifs dans le but de la faire craquer. Elle signe sa déposition au petit matin, avant d'apprendre que le médecin s'est suicidé. Les journalistes l'attendent à la sortie du commissariat, puisqu'elle est désormais au cœur du scandale. La vie amoureuse de la jeune femme défile comme autant de « mauvaises rencontres » avec des hommes cyniques (le patron de presse Blaise Walter / Jean-Claude Pascal) ou faibles (le naïf provincial Pierre / Gianni Esposito ou le photographe raté Alain / Philippe Lemaire). C'est donc la lâcheté des hommes qui est mise en avant, face à cette jeune femme intelligente et belle qui provoque peur et jalousie. L'avortement est montré comme le symbole de la vulnérabilité des femmes quand elles veulent « vivre comme un homme ».

La Nouvelle Vague *stricto sensu* n'aborde pas l'avortement de façon frontale, sans doute parce que le groupe dominant est masculin et se préoccupe peu d'émancipation féminine. On ne trouve qu'une allusion d'un cynisme décomplexé à l'avortement dans *Les Cousins* (Claude Chabrol, 1958). Un des premiers épisodes du film met en scène une jeune femme qui vient annoncer à Paul (Jean-Claude Brialy) qu'elle est enceinte de lui. Tout en discutant avec son mentor Clovis, il donne à la jeune femme (un coup d'un soir) l'argent pour se faire avorter et la met à la porte[7].

---

6. Il est l'auteur du fameux manifeste sur la caméra stylo, « Naissance d'une nouvelle avant-garde », paru dans *L'Écran français*, le 30 mars 1948.
7. Geneviève Sellier, *La Nouvelle Vague. Un cinéma au masculin singulier*, Paris, CNRS éditions, 2005 ; rééd. Amsterdam, 2025.

## Les années 1960 : le cinéma dans la bataille pour la légalisation

Dans les années 1960, Claude Autant-Lara, pourtant étiqueté « ancienne vague », est le premier à aborder l'avortement sous un angle social pour dénoncer la situation faite aux femmes victimes d'avortement clandestin. *Le Journal d'une femme en blanc* (1965) raconte quelques mois dans la vie d'une interne en gynécologie, Claude, interprétée par Marie-José Nat. Par le biais de son journal où elle raconte à la fois sa vie privée et sa vie professionnelle, on assiste à l'accouchement pénible d'une mère de famille de 40 ans épuisée par les grossesses à répétition, qui se plaint d'un mari incapable de réfréner ses pulsions. On entend aussi le discours patriarcal d'un interne qui refuse de conseiller des moyens contraceptifs à une jeune mariée contrainte de vivre à l'hôtel, faute de ressources. Claude revoit celle-ci quelques mois plus tard, hospitalisée suite à un avortement, et malgré les soins que lui prodigue la jeune interne scandalisée par l'indifférence de ses collègues masculins, elle mourra du tétanos à l'issue d'un long séjour à l'hôpital. Cet épisode tragique occupe l'essentiel du récit et vise à faire prendre conscience au public du scandale de l'interdiction de la contraception (en France, la légalisation de la contraception ne sera votée qu'en 1967 avec la loi Neuwirth). Claude elle-même se retrouve enceinte suite à sa liaison avec un interne. Mais elle ne le dit pas à son partenaire qui doit partir au Maroc pour diriger une clinique, malgré la proposition qu'il lui fait de l'épouser. Elle décide de privilégier la poursuite de sa formation. Le film se termine sur la phrase qu'elle écrit sur son journal : « Si j'en ai le courage, je le garderai ». Le film, qui adapte le roman éponyme du médecin André Soubiran, réalise plus de 2,3 millions d'entrées en France ; c'est la première tentative véritablement engagée pour défendre auprès d'un large public le droit des femmes à la contraception. Mais le film reste très prudent, puisque la protagoniste, tout en refusant de se marier pour privilégier son métier, ne décide pas d'avorter.

En 1966, Autant-Lara adapte la suite du roman d'André Soubiran, sous le titre *Une femme en blanc se révolte*. Il reprend le même personnage, Claude Sauvage, incarnée par une actrice nettement moins connue, Danielle Volle. Pour se faire un peu d'argent (on apprendra à la fin qu'elle élève seule son enfant), elle a accepté de s'occuper d'un patient, Jacques (Michel Ruhl), qui sort d'une cure de désintoxication, en s'installant chez le frère de celui-ci, Vincent (Claude Titre) – un médecin aux principes rigides qui pense, comme le curé du village, que l'avortement est un assassinat, même quand il s'agit d'une grossesse à risques. Or l'institutrice du village a eu la rubéole au début de sa grossesse et demande à

Claude de l'aider à avorter. Celle-ci refuse d'abord par peur des risques encourus, puis se décide à le faire quand elle comprend que la jeune femme est prête à recourir à une avorteuse. Pour ce faire, elle accepte de remplacer Vincent, le médecin qui doit s'absenter 10 jours. Pendant son absence, elle commence une liaison avec Jacques, décidé à se prendre en main et qui la soutient. Elle procède à l'avortement chez l'institutrice, sous le regard hostile de la mère de celle-ci. Mais deux jours plus tard, la jeune femme fait un malaise dans sa classe. La mère, affolée, appelle Vincent, revenu entretemps, qui découvre furieux l'initiative de Claude. Elle lui tient tête pour faire un curetage à l'institutrice dans une clinique privée, plus discrète que l'hôpital. Mais elle est dénoncée et convoquée à la gendarmerie. Le film se termine sur son échange avec le brigadier qui lui conseille de prendre une valise…

Ce deuxième film n'est plus centré sur les conséquences médicales d'un avortement clandestin, mais sur les risques que prennent les médecins qui acceptent par conviction d'aider les femmes. Le film sort six ans avant le procès de Bobigny (1972), ce qui donne une idée du courage qu'il a fallu à Autant-Lara et son équipe pour traiter frontalement ce sujet. Ce second film fait plus de 800 000 entrées malgré l'absence d'acteur·ices connu·es. Mais la dimension sociale et engagée de ces deux films est stigmatisée par la presse de l'époque qui y voit des films à thèse, mauvais objet de la critique cinéphilique qui exerce une influence dominante depuis la fin des années 1950, sous l'influence des *Cahiers du cinéma* et de la Nouvelle Vague, en valorisant exclusivement un « cinéma d'auteur » intimiste et dépolitisé.

Du côté des réalisatrices, qui sont en encore très rares en ces années 1960, Nadine Trintignant se distingue avec son premier film *Mon amour, mon amour* (1967) qui traite de façon résolument « moderne », mais en fait très peu réaliste, l'hésitation d'une femme, Agathe (Valérie Lagrange), qui se découvre enceinte, à garder l'enfant, parce qu'elle craint d'aliéner la liberté de l'homme qu'elle aime, Vincent, un architecte (Jean-Louis Trintignant). Elle va le retrouver à Nice où il travaille, mais elle n'ose pas lui annoncer sa grossesse et rentre à Paris. On la retrouve dans une clinique privée où une infirmière l'emmène dans une chambre pour qu'elle se prépare à l'intervention, mais elle s'enfuit. Assez bizarrement, alors que la loi Veil n'a pas encore été votée, le film fait comme si tout cela se passait dans la plus banale légalité. Finalement, Nadine Trintignant s'en tire avec une pirouette, quand Agathe annonce à son amie qu'elle n'est plus enceinte sans qu'on sache ce qui s'est passé. Et elle va retrouver Vincent qui lui propose d'avoir un enfant. Finalement, ni la question des contraintes qui s'imposent au couple quand arrive un enfant, ni la question de ce que les réactionnaires appellent un « avortement de confort » ne sont traitées.

## Après la loi Veil : des fictions qui banalisent le recours à l'avortement

Il faut attendre les effets de la seconde vague féministe pour que l'avortement et les grossesses non désirées soient traités par une femme cinéaste. Avec *L'une chante, l'autre pas* (1977) d'Agnès Varda, on passe d'un cinéma didactique (celui d'Autant-Lara) à un cinéma qui célèbre l'émancipation des femmes, sur un ton tour à tour dénonciateur et lyrique. La première partie de l'histoire des deux amies, Pauline (Valérie Mairesse) et Suzanne (Thérèse Liotard), se passe dans les années 1960 ; elle est centrée sur les grossesses non désirées chez les femmes pauvres. C'est en l'occurrence Suzanne qui se découvre enceinte d'un troisième enfant, alors que le couple qu'elle forme avec un artiste photographe fauché qui ne peut même pas l'épouser, car il est déjà marié avec une femme qui refuse de divorcer, n'arrive pas à nourrir les deux premiers. Pauline, encore lycéenne, se prend de sympathie pour Suzanne et décide de l'aider à avorter en mentant à ses parents pour obtenir l'argent du voyage à Amsterdam. Quand ceux-ci découvrent le pot aux roses, elle quitte le domicile familial pour devenir chanteuse. Entre-temps le compagnon de Suzanne s'est suicidé ; sans ressources, elle est contrainte de retourner dans la ferme familiale où elle doit subir l'hostilité de ses parents vis-à-vis de ses « bâtards ». La deuxième partie du film traite également du droit à l'avortement, puisque les deux amies se retrouvent par hasard dix ans plus tard devant le palais de justice de Bobigny, ce fameux jour de 1972 où l'avocate Gisèle Halimi (qui joue son propre rôle dans le film) défend Marie-Claire Chevalier et sa mère, dénoncées pour avortement par le violeur de l'adolescente. Pauline, devenue Pomme, fait le spectacle avec son groupe musical qui entonne des chansons féministes devant la foule, dans laquelle on retrouve Suzanne, devenue quant à elle une militante du Planning familial. La suite concerne diverses expériences d'émancipation, à travers le vécu de chacune des deux amies. Ce que le film de Varda met en musique, symboliquement et littéralement (à travers les chansons de Pomme), c'est le droit des femmes à disposer de leur corps et les joies de la sororité.

À la même période, la star Romy Schneider – qui a signé dans le journal allemand *Stern* la tribune « Nous avons avorté » en 1973, ce qui lui a valu des poursuites judiciaires qui seront abandonnées à la suite d'une campagne de soutien de centaines de femmes allemandes – commande au réalisateur Claude Sautet et à son scénariste Jean-Loup Dabadie un « film de femme » pour son 40e anniversaire (elle est née en 1938). Elle a déjà tourné pour eux *Les Choses de la vie*, portrait intimiste d'un homme de la classe moyenne supérieure incarné par Michel Piccoli, qui a connu un énorme succès en 1969, puis *Max et les ferrailleurs* deux ans plus tard, où elle incarne une prostituée manipulée par un policier (encore Piccoli). Enfin, *César et Rosalie*, en 1972, traite d'un triangle amoureux où le personnage de Schneider, divorcée et mère d'une fillette, hésite entre un riche entrepreneur (Yves Montand) et un jeune artiste (Samy Frey), sans qu'on ait accès à sa subjectivité. Le cinéma de Sautet privilégie en effet les personnages masculins, professionnels à succès incapables d'exprimer leurs sentiments ; les femmes sont souvent plus sûres d'elles, mais ne sont jamais au centre de l'histoire.

*Une histoire simple* (1978) rompt avec ce schéma. Schneider y incarne Marie, une femme divorcée et mère d'un adolescent, qui décide d'avorter parce qu'elle veut quitter son amant (Claude Brasseur), un entrepreneur constamment surmené. Le film s'ouvre sur son entretien avec une gynécologue (Nadine Alari) à qui elle explique pourquoi elle veut avorter. Puis on la voit allongée sur une table d'opération où la gynécologue l'endort pour procéder à l'avortement (qui n'est toutefois pas mis en images). Le ton de ce début vise clairement à dédramatiser l'acte. Mais le portrait de Marie oscille par la suite entre valorisation du célibat et tristesse de la solitude. Son ex-mari (Bruno Cremer), avec lequel elle renoue, lui préfère une femme plus jeune. Elle se retrouve cependant de nouveau enceinte de son ex-mari et décide de garder l'enfant sans lui dire, pour l'élever seule, mais en cohabitant avec une amie dont le mari, cadre victime des compressions de poste, s'est suicidé. Schneider est beaucoup moins sophistiquée que dans ses films précédents. Elle incarne une femme contemporaine et ordinaire, une mère de famille qui travaille (elle est dessinatrice industrielle). Mais la fin du film privilégie une vision traditionnelle des femmes associées aux tâches domestiques : on les voit discuter de leur maternité en faisant la cuisine. L'avortement est rendu acceptable par le fait que Marie est déjà mère et le redeviendra. Toutes les femmes du film sont des mères. La solitude de certaines est montrée comme le prix à payer pour leur émancipation, mais le film réaffirme que l'accomplissement des femmes est dans la maternité. La performance de Schneider lui vaut un César, mais la réception du film souligne non pas le trajet d'émancipation de son personnage, mais sa vulnérabilité, son désarroi, ses tourments.

## Les années 1980 : retour sur les pages les plus sombres

Même après la loi Veil, l'avortement demeure un sujet très rare dans le cinéma français. Claude Chabrol innove, en traitant à partir d'un fait historique du destin d'une avorteuse guillotinée sous l'Occupation (*Une affaire de femmes*, 1988). Isabelle Huppert y est Marie Latour, une mère de deux enfants qui vit dans une extrême pauvreté, réduite à glaner dans les champs pendant que son mari est prisonnier en Allemagne. Un jour, elle aide Ginette, sa voisine (Marie Bunel), à avorter ; le mari de cette dernière est envoyé au STO et ne veut pas qu'elle le garde. On assiste cette fois à l'avortement, qui se déroule sur le sol de la cuisine, avec une pompe à lavement et du savon noir. D'abord inquiète que rien ne se passe, Ginette se tord de douleur quelques jours plus tard et se retrouve à éponger tant bien que mal le sang sur ses cuisses. Elle offrira son phono à Marie pour la remercier. Entretemps, le mari (François Cluzet) de Marie est revenu d'Allemagne dans le cadre de la « Relève[8] », et elle le supporte mal. Elle fait alors la connaissance de Lucie, dite Lulu (Marie Trintignant), une prostituée avec qui elle sympathise. Elle lui confie qu'elle peut lui rendre service... Commence alors le défilé des femmes qui veulent avorter parce que « le mari est prisonnier depuis deux ans » ou parce qu'elles sont enceintes d'un « Boche ». Un jour, elle reçoit la visite d'une mère de famille (Dominique Blanc) accablée par « six grossesses en sept ans », prête à mourir plutôt que d'accoucher d'un septième. Elle confie à Marie qu'elle n'aime pas ses gosses, et que le seul moment heureux de sa vie a été l'été de ses seize ans, quand elle était jolie et légère... Quelques jours plus tard, une femme en deuil accompagnée de deux enfants vient lui apprendre que leur mère (Dominique Blanc) est morte et que leur père s'est jeté sous un train. Ébranlée par cette tragédie dont elle se sent responsable, Marie demande à Lucie si les bébés dans le ventre de leur mère ont une âme, à quoi son amie répond qu'il faudrait déjà que leur mère en ait une ! Elle reprend son activité d'avorteuse avec l'aide de sa bonne... Son mari y mettra fin en la dénonçant, furieux qu'elle continue à se refuser à lui. La dernière partie du film est très noire : entre la prison à Paris où Marie fait l'expérience d'une promiscuité féminine hostile, et les débats entre notables pétainistes sur le crime d'État qui doit être réprimé, jusqu'à l'exécution finale où son avocat se fait remplacer par un stagiaire. Seul film construit du point de vue de l'avorteuse, *Une affaire de femmes* fait de la protagoniste une femme sans ressources ni matérielles, ni intellectuelles, opportuniste pragmatique dans une période particulièrement sombre pour les femmes, seulement éclairée par leur solidarité. Le film traite indéniablement de l'avortement d'une façon inédite dans le cinéma français : Isabelle Huppert apporte à la figure de l'avorteuse toute l'aura dont elle est déjà porteuse. Son image d'une grande complexité associe la domination sociale (*La Dentellière*, Claude Goretta 1977), la criminalité (*Violette Nozière*, Chabrol 1978), la rébellion (*Loulou*, Maurice Pialat 1980) et la sororité (*Coup de foudre*, Diane Kurys 1983). On retrouve tous ces aspects dans le personnage de Marie, ce qui lui donne une épaisseur humaine

8. À partir de mai 1942, le premier ministre Pierre Laval accepte d'envoyer dans les usines allemandes 150 000 ouvriers qualifiés, en échange du retour de 50 000 prisonniers de guerre.

propre à remettre en cause la stigmatisation dont cette figure est l'objet dans notre histoire socioculturelle. Cette tentative d'humaniser la figure de l'avorteuse reste unique dans le cinéma français.

Chez les cinéastes de la génération suivante qui se réclament de la Nouvelle Vague, je n'ai trouvé qu'une allusion à l'avortement, dans *La Petite Voleuse* de Claude Miller (1988). L'action du film se déroule dans l'immédiat après-guerre. Renée Faure, méconnaissable, y incarne une « faiseuse d'ange » à propos de laquelle l'oncle de Janine (Charlotte Gainsbourg) révèle d'un ton vindicatif : « comment vous croyez qu'elle se l'a payé son bistrot ? Comme ça, en fabriquant des petits anges ! » Il mentionne le mot de passe qu'il faudrait lui donner, que Janine va utiliser en allant la solliciter par provocation ; la vieille femme lui répond : « et ma main sur la gueule, tu la veux ? » – sans doute parce que l'adolescente a l'air à peine pubère et que l'avorteuse qui la connaît ne la prend pas au sérieux.

À la fin du film, Janine, qui a été envoyée en maison de correction après avoir volé sa patronne, constate qu'elle est enceinte après s'être évadée et apprend que le père de l'enfant est parti pour l'Indochine ; elle va alors trouver la faiseuse d'ange. Celle-ci lui prend son appareil photo, son seul bien, cadeau d'une codétenue. Mais au lieu de revenir le lendemain pour l'avortement, Janine s'introduit par effraction dans l'arrière-boutique et reprend son appareil, avant de s'enfuir. Sur le dernier plan qui cadre un car sur une route côtière, défilent les mots suivants : « Quelques mois plus tard, Janine passe son premier examen de grossesse… Grâce à un miroir, elle put voir la forme de son bébé dans son ventre… Comme il bougeait déjà beaucoup, le médecin lui dit : "Ce sera un petit agité." » Cette fin très incohérente au regard de la situation sociale et judiciaire de la protagoniste, révèle surtout la désinvolture que le « cinéma d'auteur » manifeste vis-à-vis des personnages féminins qu'il fétichise : la caméra s'attarde complaisamment sur des corps féminins à peine formés, mais ce cinéma se désintéresse totalement de la dimension sociale des histoires qu'il raconte.

On ne peut qu'être frappé·e par le fait que l'avortement n'est plus abordé entre 1988 et 2019 : pendant trente ans, le cinéma de fiction français reste muet sur le sujet.

Faut-il attribuer ce silence à la banalisation de l'acte lui-même qui, depuis 1982, est remboursé par la Sécurité sociale ? Ou ce silence exprime-t-il la difficulté à traiter d'un acte qui est perçu comme un échec de la contraception ? Dans un pays où la maternité continue à être considérée comme le destin « normal » des femmes, mais où la pratique de l'avortement reste fréquente, son absence dans les représentations filmiques est sans doute à replacer dans le contexte français d'une culture soi-disant universaliste qui fait passer à la trappe tout ce qui concerne spécifiquement les femmes. De la même façon que l'éducation à l'égalité et à une sexualité non sexiste a été abandonnée dans les écoles, sous la pression des lobbys de droite, le cinéma de fiction, y compris la plupart des films réalisés par des femmes, répugne à aborder les sujets qui « n'intéressent pas les hommes », comme les règles, la grossesse, la dépression post-partum, la ménopause… et l'avortement.

En revanche, cet évitement des questions sociales concernant les femmes s'accompagne d'une hypersexualisation des adolescentes, effet pervers de la « libération sexuelle » sur les écrans français et devient le prétexte pour des hommes prédateurs d'exercer leur emprise sur des actrices mineures – un phénomène mis en lumière par les plaintes déposées, en 2024, par Judith Godrèche contre Benoît Jacquot et Jacques Doillon pour des agressions sexuelles quand elle était mineure. Curieusement, les films très nombreux (réalisés par des hommes) dans les années 1980-1990 qui mettent en scène des adolescentes se livrant à des activités sexuelles ne mentionnent jamais ni contraception, ni avortement, ni grossesse (la seule exception est *La Petite Voleuse*, voir ci-dessus)… Ce qu'on peut interpréter comme l'indifférence totale de ces cinéastes quant aux conséquences concrètes de ces activités sexuelles sur le corps des femmes. Citons dans le registre du cinéma grand public, *L'Été meurtrier* (Jean Becker 1983) avec Isabelle Adjani, *37°2 le matin* (Jean-Jacques Beineix 1986) avec Béatrice Dalle, *L'Année des méduses* (Christopher Frank 1984) avec Valérie Kaprisky ; dans le registre du cinéma d'auteur, *Beau-père* (Bertrand Blier 1981) avec Ariel Besse, *À nos amours* (Maurice Pialat 1983) avec Sandrine Bonnaire, *La Passion Béatrice* (Bertrand Tavernier 1987) avec Julie Delpy, *Noce blanche* (Jean-Claude Brisseau, 1988) avec Vanessa Paradis, *La Fille de quinze ans* (Doillon, 1989) et *La Désenchantée* (Benoit Jacquot, 1990) avec Judith Godrèche…

Malgré le nombre plus important de films réalisés par des femmes (entre 20 et 25 % pendant ces trois décennies), l'avortement reste un sujet absent, sinon tabou. Les réalisatrices, soucieuses de s'intégrer dans un milieu encore fortement dominé par les hommes, préfèrent-elles éviter de parler de ce qui reste « une affaire de femmes » ? Les dénégations réitérées des femmes cinéastes[9] quand on les interrogeait sur la domination masculine dans leur milieu professionnel jusqu'à une période très récente, donnent à cette hypothèse une certaine vraisemblance. Pour la plupart d'entre elles, il s'agit de se faire accepter dans un milieu encore fortement machiste, en euphémisant la réalité des discriminations qu'elles subissent pour ne pas s'aliéner ceux qui ont le pouvoir économique, et espérer ainsi faire carrière. Les statistiques montrent que les réalisatrices font deux à trois fois moins de films que les réalisateurs, toutes choses égales par ailleurs.

9. Voir le documentaire de Julie Gayet et Mathieu Busson, *Cinéast(e)s*, 2013.

Même si les histoires qu'elles racontent et les sujets qu'elles traitent prennent en compte beaucoup plus que leurs confrères la réalité sociale de la vie des femmes, certains sujets restent tabous, en particulier les discriminations et les souffrances des femmes liées à la domination patriarcale[10].

## Les années 2000 : des regards féministes sur l'avortement

Ce n'est que très récemment que l'avortement devient un sujet explicitement féministe dans le cinéma de fiction. La solidarité entre femmes est au cœur de *Portrait d'une jeune fille en feu* (2019), comme d'*Annie Colère* (2022) qui raconte l'aventure du MLAC. C'est en revanche le traumatisme d'un avortement clandestin qui est traité dans *L'Événement* (2021) d'après le roman d'Annie Ernaux. Réalisés par des femmes, ces films ont pour ambition commune de relire l'Histoire du point de vue des femmes.

Dans *Portrait de la jeune fille en feu* (2019) sur la rencontre d'une peintre et de son modèle dans le milieu aristocratique du XVIII<sup>e</sup> siècle, Céline Sciamma filme un avortement en privilégiant le thème de la sororité au-delà des différences de classe. C'est en effet Sophie (Luàna Bajrami), la servante d'Héloïse, qui se fait avorter. La sororité passe par l'insistance sur les regards d'Héloïse (Adèle Haenel) et de Marianne, la peintre (Noémie Merlant), spectatrices mais pas voyeuses, plutôt placées dans une posture d'empathie et de protection. Elles sont là pour, en quelque sorte, cautionner l'acte, et pour protéger la servante. Le choix d'un cadrage large qui embrasse l'ensemble de la scène, laisse voir le geste de l'avorteuse mais nous cache le bas du corps de Sophie. Il se dégage de cette scène une dimension lyrique qui vise aussi à changer notre vision de l'avortement : Sophie est allongée sur un grand lit, avec un bébé à côté d'elle. L'intention de Céline Sciamma est claire : il s'agit d'associer la sage-femme qui pratique l'avortement à la vie : l'acte s'inscrit dans la façon dont les femmes gèrent les naissances – certaines sont possibles, d'autres non. C'est une manière très forte de dire qu'il ne s'oppose pas à la maternité, mais qu'il en fait partie. La présence du bébé permet aussi de dédramatiser la scène pour Sophie qui, au lieu de se focaliser sur la douleur qu'elle éprouve, est distraite par les gazouillis du bébé.

Cette scène d'avortement est volontairement esthétisée, ce qui est confirmé par la suite, lorsque Héloïse, s'identifiant à son amie peintre, rejoue la scène (en se mettant dans la position de la sage-femme) comme une scène à peindre,

10. Geneviève Sellier, *Le Culte de l'auteur. Les dérives du cinéma français*, La Fabrique, 2024.

ce qu'on appelait à l'époque une « scène de genre ». Elle propose à Marianne de peindre, de la même manière qu'on pouvait peindre des scènes familiales, cette reconstitution de l'avortement comme un moment ordinaire de la vie des femmes. La transformation de cette scène en un tableau vise aussi à ennoblir le sujet, à rendre légitime et beau ce qui est perçu comme sordide dans nos sociétés. La scène d'avortement elle-même, par sa composition en plan large où les personnages sont vus de profil, et l'atmosphère paisible et familière, place la scène du côté des femmes, de leur univers et de leur intimité. C'est déjà un tableau.

*Annie Colère* (2022) est aussi un film historique à sa manière puisqu'il revient sur l'histoire de la légalisation de l'avortement pour rappeler qu'elle a été obtenue de haute lutte par des groupes de militantes et de médecins, officiellement constitué·es en association en avril 1973, qui ont bravé l'interdiction pour permettre aux femmes de tous les milieux d'avorter dans des conditions humaines. La multiplication de ces groupes dans toute la France, après les manifestes des 343 femmes ayant avorté (avril 1971) et des 330 médecins ayant pratiqué l'avortement (février 1973), a conduit le gouvernement de Giscard d'Estaing à changer la loi en 1975. Cela n'enlève rien au courage personnel de Simone Veil, mais rappelle que les changements législatifs progressistes sont aussi le résultat de mouvements sociaux capables de modifier le rapport des forces. Mais ce que montre aussi ce film, c'est l'enjeu d'émancipation concrète qu'a représenté le MLAC pour des femmes qui n'avaient jamais eu jusque-là d'activités militantes autonomes.

Le film lui-même est le résultat d'une belle synergie entre une chercheuse, Lucile Ruault, autrice d'une thèse en sociologie sur le MLAC (Mouvement pour la liberté de l'avortement et de la contraception[11]), deux créatrices, la réalisatrice Blandine Lenoir (*Aurore* sorti en 2017, traitait de la ménopause) et sa coscénariste Axelle Ropert, et les nombreuses femmes, actrices et non-professionnelles, qui ont participé à l'aventure, avec quelques hommes… Blandine Lenoir témoigne dans le dossier de presse : « ce qui nous a captivées, c'était tous ces récits de femmes qui racontaient combien leur militantisme au MLAC les avait transformées, comment elles se sentaient capables de tout puisqu'elles avaient pu pratiquer des avortements. Et puis, ce mouvement mélangeait toutes les classes et les catégories sociales, donc cela créait une "classe de femmes", toutes à égalité dans la lutte – bourgeoises, ouvrières, parisiennes, provinciales[12]. »

Laure Calamy, très en phase avec le renouvellement féministe des fictions audiovisuelles – la série *Dix pour cent* (2015-2020), *Antoinette dans les Cévennes*

11. Lucile Ruault, *Le spéculum, la canule et le miroir. Avorter au MLAC, une histoire entre féminisme et médecine*, Paris, ENS éditions, 2023.
12. Dossier de presse du film *Annie Colère* : https://medias.unifrance.org/medias/74/221/253258/presse/annie-colere-dossier-de-presse-francais.pdf.

(2020) –, incarne cette fois-ci Annie, une ouvrière, mère de deux enfants déjà grands, qui décide d'avorter. Après un prologue sur son lieu de travail (un atelier de matelas), le film commence dans la librairie qui héberge le comité local du MLAC (on est fin 1974), où Annie va chercher de l'aide : on écoute quatre femmes qui racontent les raisons de leur décision, entourées de la bienveillance de deux militantes qui leur expliqueront ensuite la méthode Karman d'aspiration. Puis on assistera à l'avortement d'Annie, comme un grand moment de solidarité chaleureuse, où la caméra s'attarde sur les visages des femmes traversés par de fortes émotions. Blandine Lenoir constate qu'« au cinéma, les scènes d'avortement sont presque toujours glauques et tragiques. Mon envie était de représenter l'avortement autrement, arrêter de stigmatiser les femmes qui avortent. Ici, l'avortement est un soulagement, pas un drame. Je voulais absolument montrer la tendresse qui existait pendant ces avortements – comment on se parle, comment on se regarde, comment on se touche dans un moment pareil[13]. »

Si le récit est focalisé sur la trajectoire d'Annie, c'est tout un groupe de femmes que le film met en valeur, en s'arrêtant sur la diversité de leurs situations sociales et psychologiques. *Annie Colère* montre le fonctionnement démocratique du MLAC et la dynamique de cette solidarité féminine qui se heurtera bientôt à la question du partage du savoir et du pouvoir médical, incarné principalement par des hommes qui, bien que prêts à s'engager, résistent à partager leur savoir-pouvoir, c'est-à-dire en l'occurrence le droit de pratiquer des avortements, avec d'autres que des médecins. Cette contradiction ne sera pas surmontée : comme on le sait, une fois la loi Veil votée, et malgré sa très forte médicalisation (acte médical limité à 12 semaines d'aménorrhée, non-remboursement, autorisation parentale pour les mineures), le MLAC s'autodissoudra.

Le film montre aussi les contradictions qui éclatent au sein des couples : si le mari d'Annie la soutient d'abord dans sa volonté d'avorter, il accepte de plus en plus mal que les activités militantes de sa femme mettent à mal sa disponibilité au sein de la famille, d'autant plus que c'est mal vu par ses copains, y compris syndicalistes. La cellule familiale va même éclater quand Annie décide d'entamer une formation paramédicale, après l'expérience du MLAC.

*L'Événement* (2021) symbolise un véritable accomplissement du point de vue de l'histoire des représentations de l'avortement, puisque le film, centré sur cet événement traumatique vécu par Annie Ernaux au début des années 1960, a été couronné d'un Lion d'or au Festival de Venise 2021. La réalisatrice Audrey Diwan donne à voir le point de vue de la protagoniste, Anne (Anamaria Vartolomei), une étudiante brillante qui se retrouve enceinte alors qu'elle a fait de la littérature son

13. *Ibid.*

instrument d'émancipation, et doit donc impérativement avorter pour pouvoir poursuivre ses études. Anne n'est ni regardée de manière surplombante, ni réduite à une victime. Elle est cadrée en plan rapproché en privilégiant son visage et son buste pour insister sur ses expressions et l'expression de sa souffrance et c'est à travers son regard que le récit met en scène sa capacité d'agir. Par exemple, c'est du point de vue d'Anne en amorce qu'on voit l'avorteuse, quand la jeune femme se rend chez elle. Et lorsqu'on voit le bas de son corps, c'est aussi à partir de son regard à elle. D'autre part, si le film montre le danger d'avoir à faire à une avorteuse clandestine, la réalisatrice ne rend pas cette rencontre sordide, notamment en faisant jouer l'avorteuse par une actrice prestigieuse, Anna Mouglalis. C'est une « vraie » personne qui fait un travail difficile et dangereux pour elle aussi ; on comprend donc pourquoi elle interdit froidement à Anne de crier. La scène est angoissante mais la mise en scène n'en rajoute pas. Ensuite, lorsque Anne revient dans sa chambre en cité universitaire, la caméra continue de privilégier son point de vue : on la voit en plan buste, au lit, se débattre dans des souffrances extrêmes ; mais là non plus, la mise en scène n'en rajoute pas – on est dans l'obscurité de la chambre, la nuit. En revanche, lorsqu'elle va aux toilettes, on a un plan, un seul, extrêmement fort, filmé depuis le regard d'Anne, quand elle voit dans la cuvette des WC l'embryon qu'on a entendu sortir quelques secondes auparavant. On aperçoit une masse sanguinolente avec un cordon ; mais on ne le verra qu'une fois. Le plan n'est pas répété quand sa camarade coupe le cordon, comme Anne la supplie de le faire. Audrey Diwan parvient à nous montrer l'horreur de la situation avec beaucoup de rigueur et de sobriété.

Avec ce film, qui associe le prestige d'Annie Ernaux, prix Nobel de Littérature et celui du Festival de Venise où il a reçu le Lion d'or, le cinéma donne ses lettres de noblesse à la représentation de l'avortement : une période se clôt, qui s'est prolongée bien au-delà du vote de la loi Veil.

*

Le premier constat qui s'impose après ce retour sur les représentations de l'avortement dans le cinéma de fiction français est simple : il s'agit d'un sujet rarement traité, même après sa légalisation par la loi Veil. La question de la libre disposition de leur corps par les femmes reste un sujet délicat, sinon tabou, dans un cinéma encore largement dominé par un imaginaire masculin, comme les récents débats sur les violences sexistes et sexuelles dans le milieu du cinéma l'ont confirmé.

Depuis les années 1930, la vision de l'avortement a cependant subi un certain nombre d'infléchissements : on est passé d'un acte associé à l'adultère féminin ou à une liaison hors mariage (qui, dans les deux cas doivent être punis) à, dans les années 1950, une mise en avant de la vulnérabilité des femmes, toujours les seules à « payer » et à prendre d'autant plus de risques qu'elles sont pauvres. Dans les années 1960, des films ouvertement militants rencontrent un large public, indiquant que la légalisation de la contraception fait l'objet d'un consensus, ce qui aboutit au vote de la loi Neuwirth en 1967.

Mais il faut attendre le vote de la loi Veil en 1975 et l'émergence d'un cinéma au féminin, pour que l'avortement soit banalisé et dédramatisé dans quelques films réalisés ou commandés par des femmes. À la fin des années 1980, la fiction historique de Claude Chabrol, *Une affaire de femmes*, revient sur un des épisodes les plus sombres de l'histoire de l'avortement, l'exécution d'une « avorteuse » par le régime de Vichy. Malgré la performance remarquable d'Isabelle Huppert, le film n'atteint toutefois pas le million d'entrées. Et les trois décennies suivantes sont silencieuses sur le sujet, alors même que le cinéma français instrumentalise nombre d'adolescentes pour détourner au profit de la domination masculine la libération sexuelle. Il faut attendre le tournant des années 2020 pour voir resurgir frontalement cette thématique dans trois films de réalisatrices explicitement féministes. On peut y voir sans grand risque de se tromper un effet du mouvement #MeToo, avec un décalage spécifique au cinéma français qui a su préserver mieux et plus longtemps que dans les autres pays occidentaux, la domination masculine. En effet, l'invention du « cinéma d'auteur » par la Nouvelle Vague au tournant des années 1960 et son institutionnalisation par le ministère de la Culture, via le Centre National du Cinéma, a eu pour effet de sacraliser la figure masculine de l'artiste dans la tradition *romantique*[14]. Dès lors, les enjeux sociaux du cinéma de fiction se sont trouvés dévalorisés au profit de l'innovation esthétique et de l'expression de la subjectivité de l'auteur. Et le développement d'un cinéma des femmes à partir des années 1980 n'a pas suffi à donner une légitimité à des problématiques mettant en jeu le corps des femmes, autrement que par le regard masculin.

14. Voir Geneviève Sellier, *Le Culte de l'auteur. Les dérives du cinéma français*, La Fabrique, 2024.

# Les premières guérillères[1]

## Madeleine Pelletier ou le tiers exclu

*Laurie Laufer*

> « On sait aujourd'hui que la maternité peut être facilement évitée ; les moyens en doivent être enseignés aux jeunes filles ; ou plutôt, les jeunes filles prudentes doivent en apprendre les moyens »
>
> Madeleine Pelletier[2]

Dans son ouvrage *L'usage des plaisirs*, Michel Foucault écrit : « comment, pourquoi et sous quelle forme l'activité sexuelle a-t-elle été constituée comme domaine moral[3] ? » Il ajoute : « pourquoi le comportement sexuel, pourquoi les activités et les plaisirs qui en relèvent, font-ils l'objet d'une préoccupation morale[4] ? » À qui, à quoi appartiennent les usages des corps ? *A fortiori*, du corps des femmes ? Au cœur des discours moraux, la « sexualité féminine » reste une énigme, « un continent noir » selon l'expression de Freud. Le corps des femmes ne semble avoir qu'un seul destin, qu'une visée morale : la reproduction de l'espèce. Comment nommer les comportements de femmes qui ne correspondent pas à cette destinée, ces femmes qui vivent leur sexualité en dehors de la visée prescrite de mater-

1. *Les Guérillères* est un livre écrit par Monique Wittig, en 1969. Wittig invente ce néologisme afin de marquer la nécessité de renverser et bouleverser les formes du langage et de faire du langage un combat. Madeleine Pelletier est une de ces « guérillères » qui a tenté par son écriture et ses combats de lutter contre les carcans moraux de son époque, concernant les femmes, leur éducation, leur formation, leur sexualité.
« LES CRIS LES RIRES LES MOUVEMENTS.
ELLES AFFIRMENT TRIOMPHANT QUE
TOUT GESTE EST RENVERSEMENT », p. 7.
2. Madeleine Pelletier, « L'Amour et la maternité », *La Brochure mensuelle*, Paris, décembre 1923.
3. Michel Foucault, *L'usage des plaisirs*, Gallimard, Paris, 1984, p. 16.
4. *Ibid.*

nité ? Victime, criminelle, putain, femme libre, etc. ? « Mère ou putain » : quel serait le tiers exclu de cette binarité proposée par les discours moraux ? Quelle serait la figure en dehors des assignations et des rôles prescrits, la figure d'une femme qui ne serait volontairement ni une mère, ni une « putain » ? Pourquoi l'interruption volontaire de grossesse a-t-elle été un enjeu moral, politique et psychopathologique dès lors qu'il en a été question ? Comment, lors de l'émergence des discours savants sur la sexualité, cette question a-t-elle été abordée alors même que cette pratique était interdite, voire condamnée ? Comment le souhait d'avorter était-il envisagé par les psychiatres, par les psychanalystes et ce, tout au long du XX^e^ siècle ?

Concernant ces questions et celle de l'émancipation des femmes et de leur sexualité, une voix de femme, celle de Madeleine Pelletier, a résonné dès le début du XX^e^ siècle. Madeleine Pelletier est la première femme à devenir psychiatre en France. Militante féministe, engagée dès le début du XX^e^ siècle dans le combat pour le droit de vote des femmes[5], elle écrit de nombreux essais sur la famille, la liberté des femmes et leur « génie » – des travaux si avant-gardistes qu'ils ne rencontrèrent que peu d'échos favorables, y compris dans le milieu féministe de son époque. Pour Madeleine Pelletier, le corps des femmes est un « champ de bataille » social, politique, économique, féministe, religieux, psychologique et psychanalytique. Face à la triade « sexualité, maternité, féminité », elle ouvre un champ théorique et pratique pour l'émancipation des femmes. Il s'agit donc ici de retracer quelques jalons de ce qu'elle a nommé « ce champ de bataille ». Depuis Madeleine Pelletier jusqu'aux lois Veil, en passant par Simone de Beauvoir et les féministes, le corps et les désirs des femmes ont été l'objet de bien des discours. Discours psychiatriques, psychopathologiques et psychanalytiques, discours moraux et juridiques. À l'époque de la *scientia sexualis*, celle de l'invention de la sexologie, Madeleine Pelletier tente de faire entendre une voix dissonante, elle se bat pour ouvrir une voie à l'émancipation des femmes, et à la liberté de leurs corps et de leurs désirs.

La conception de la « bonne » sexualité n'est pas alors découplée de la reproduction : le corps des femmes est, avant toute autre considération, appréhendé comme le terrain de la reproduction nécessaire de l'espèce et c'est dans cette perspective que s'élaborent les normes sexuelles d'une vie conjugale dédiée à cette fin. En 1886, le psychiatre allemand Krafft-Ebing, auteur d'un des premiers ouvrages de « sexologie », répertorie dans son *Psychopathia sexualis* tout un ensemble de conduites sexuelles non reproductives et de modes de satisfactions érotiques : il s'agit pour lui d'établir des classifications claires et de tracer la

5. Sur la vie et l'œuvre de Madeleine Pelletier, voir la postface de Christine Bard, dans Madeleine Pelletier, *Mémoires d'une féministe intégrale*, Paris, Gallimard, 2024, coll. « Folio ».

frontière entre le domaine des perversions et celui du « véritable amour sexuel », qui seul doit conduire à la procréation. Tout refus d'une grossesse est, pour lui, lié à des comportements sexuels pathologiques. Dans son étude, il évoque le cas de Mme R « femme du monde [qui] est emmenée par son mari » chez le psychiatre : « À la consultation, la malade fait l'impression d'une personne *très tarée névropathiquement*[6]. » Il relate alors son histoire :

> « M^me^ R [...] devint enceinte. Pendant sa grossesse, les restes de sa dépression psychique et ses obsessions disparurent. Vers le 15 septembre, avortement environ à la neuvième semaine de la grossesse. À la suite, nouveaux symptômes d'hystéro-neurasthénie [...]. Ce n'est que difficilement que la malade s'est décidée à faire des confidences sur son *anomalie sexuelle*. Elle se plaint d'avoir fait un mariage sans savoir ce que c'est que la vie conjugale entre homme et femme. Elle aime son mari cordialement à cause de ses qualités d'esprit, mais les rapports conjugaux lui sont un supplice ; elle n'y consent qu'à contrecœur et sans en éprouver jamais la moindre satisfaction [...]. Elle estime son mari, elle l'aime psychiquement, elle ferait tout pour lui, si seulement il voulait dorénavant l'épargner sexuellement [...]. Son suprême bonheur c'est sa correspondance avec son ancienne amante. Elle sent que c'est un tort, mais elle ne peut y renoncer ; sans cela elle se sentirait trop malheureuse[7]. »

Le tableau clinique est clair pour le psychiatre : une jeune femme qui dit aimer les femmes ne peut se soumettre à la vie conjugale, il y a bien là « anomalie sexuelle ». L'avortement, qui fait partie du tableau clinique singulièrement négatif, relève de la corrélation entre maladie nerveuse frigidité, et homosexualité. Dans ces discours produits par une science dominante s'inscrivant dans le courant des théories de la dégénérescence[8], tout acte sexuel n'ayant pas une fonction reproductive est qualifié de « pervers » : anomalies sexuelles et névrose sont ici à l'origine de refus de grossesse.

Ce type de tableau clinique – que l'on pourrait qualifier, dans ses modalités énonciatives, de « fin de siècle » – a constitué un paradigme pour penser la sexualité des femmes hors relations conjugales. Comment les femmes ont-elles pu s'émanciper de cette cartographie nosologique et psychopathologique ?

---

6. Le terme de « tare névropathique » renvoie au vocabulaire de la névrose, maladie nerveuse caractérisée par des troubles psychiques sans lésions organiques.
7. Richard von Krafft-Ebing, *Psychopathia sexualis. Avec recherches spéciales sur l'inversion sexuelle*, traduit pour la 8^e^ édition allemande par Émile Laurent et Sigismond Csapo, Paris, Georges Carré Éditeurs, 1895, p. 371, souligné par moi. Le terme traduit employé ici est « avortement », Même s'il s'agit d'une fausse couche, le tableau clinique nous indique la mise en série : névrose, frigidité et homosexualité.
8. Les théories de la dégénérescence présidaient alors à la conception des phénomènes pathologiques, notamment de l'hystérie et de l'homosexualité, avec l'idée d'une maladie mentale héréditaire qui se transmettrait d'une génération à l'autre.

« Le dispositif de sexualité », selon l'expression de Michel Foucault, moralise les rôles de genre sexuels, pathologise les conduites de celles et ceux qui font des corps un lieu de plaisirs, une hétérotopie expérimentale. Dans *L'Usage des plaisirs*, Foucault formule cette perspective : « Il m'a donc semblé que la question qui devait servir de fil directeur était celle-ci : comment, pourquoi et sous quelle forme l'activité sexuelle a-t-elle été constituée comme domaine moral[9] ? » « Nous autres victoriens[10] », serions-nous, depuis le XIX^e^ siècle, dès lors qu'il s'agit des corps et de leurs usages multiples en dehors du dispositif de la famille et de la reproduction de l'espèce, soumis à la honte, à la « science-aveu »[11], à la faute ?

Dans *La Volonté de savoir* paru en 1976, un an après l'adoption de la loi Veil, Foucault fait cette analyse : « Cet épinglage du dispositif d'alliance et du dispositif de sexualité dans la forme de la famille permet de comprendre un certain nombre de faits : que la famille soit devenue depuis le XVII^e^ siècle un lieu obligatoire d'affects, de sentiments, d'amour ; que la sexualité ait pour point privilégié d'éclosion la famille[12] ». D'abord dispositif d'alliance qui permettait la gestion du patrimoine, la filiation, la transmission de la citoyenneté, Foucault montre comment, à partir de la naissance de la biopolitique, le dispositif d'alliance devient un dispositif de sexualité. Il poursuit son analyse :

> « Ce qui s'est passé depuis le XVII^e^ siècle peut se déchiffrer ainsi : le dispositif de sexualité, qui s'était développé d'abord dans les marges des institutions familiales (dans la direction de conscience, dans la pédagogie), va se recentrer peu à peu sur la famille : ce qu'il pouvait comporter d'étranger, d'irréductible, de périlleux peut-être pour le dispositif d'alliance – [...] est repris en compte par la famille – une famille réorganisée, resserrée sans doute, intensifiée à coup sûr par rapport aux anciennes fonctions qu'elle exerçait dans le dispositif d'alliance. Les parents, les conjoints deviennent dans la famille les principaux agents d'un dispositif de sexualité qui à l'extérieur s'appuie sur les médecins, les pédagogues, plus tard les psychiatres, et qui à l'intérieur vient doubler et bientôt "psychologiser" ou "psychiatriser" les rapports d'alliance. Apparaissent alors ces personnages nouveaux : la femme nerveuse, l'épouse frigide, la mère indifférente ou assiégée d'obsessions meurtrières, le mari impuissant, sadique, pervers, la fille hystérique ou neurasthénique, l'enfant précoce et déjà épuisé, le jeune homosexuel qui refuse le mariage ou néglige sa femme[13]. »

9. Michel Foucault, *L'Usage des plaisirs*, *op. cit.*, p. 16.
10. Michel Foucault, *La Volonté de savoir*, Paris, Gallimard, 1976, p. 7.
11. Michel Foucault nomme « science-aveu » la mise en discours du sexe. Selon lui, les formes de pouvoir des dispositifs psychiatriques et psychanalytiques sont corrélatives de « l'aveu », dispositif discursif, notamment sur la sexualité.
12. Michel Foucault, *La Volonté de savoir*, *op. cit.*, p. 143.
13. *Ibid.*, p. 145-146.

C'est dans ce contexte psychopathologique de la sexologie naissante et d'apparition de « personnages nouveaux » que Freud invente la psychanalyse. Cette invention, dont un des leviers est de dépathologiser les sexualités, marque une vraie rupture épistémologique et morale. Avec le concept de pulsion qui se différencie de celui d'instinct, Freud découple la sexualité de la reproduction de l'espèce. Dans *L'Interprétation des rêves*, Freud relate plusieurs rêves, racontés par des femmes, évoquant le refus de l'enfant :

> « Il est tout aussi facile de découvrir l'accomplissement du désir dans un certain nombre d'autres rêves chez des gens bien portants. Un ami qui connaît ma théorie et qui l'a communiquée à sa femme me dit un jour : "Il faut que je te dise que ma femme a rêvé hier qu'elle a eu ses règles. Tu sauras sans doute ce que cela signifie." Bien sûr je le sais. Si cette jeune femme a rêvé qu'elle avait ses règles, c'est parce qu'elle ne les avait pas eues ce mois-là. »

Et Freud de commenter : « J'imagine bien qu'elle aurait volontiers joui, quelque temps encore, de sa liberté avant que ne surviennent *les misères de la maternité*[14] ».

À propos d'un autre rêve raconté par une jeune femme enceinte, il écrit :

> « Comme nombre de jeunes femmes, elle n'avait été nullement heureuse quand elle s'était trouvée enceinte et elle avait souhaité plus d'une fois la mort du bébé ; et dans une crise de colère, après une scène violente avec son mari, elle avait même frappé son ventre à coups de poing afin d'atteindre l'enfant. L'enfant mort accomplissait donc bien un de ses désirs[15]. »

« Misères de la maternité », vœu de mort et désir de se débarrasser de l'enfant à venir, telles sont les interprétations que Freud n'hésite pas à écrire en 1900, sécularisant ainsi le corps des femmes (même si ses interprétations restent dans le domaine des fantasmes et des rêves). Cependant, et malgré cette rupture, Freud continue de penser que l'enfant peut être une réparation narcissique pour la femme[16], un « véritable » accomplissement de la féminité dans l'accès à la maternité. Selon Freud et selon ses disciples, l'enfant permet avant toute chose un effacement des blessures narcissiques antérieures. Ainsi, Hélène Deutsch écrit en 1945, dans *Psychologie de la femme*[17], qu'« un enfant a été promis au moi féminin en récompense et compensation de ce qu'il

---

14. Sigmund Freud, *L'Interprétation des rêves [1900]*, Paris, PUF, 1967, p. 116, souligné par moi.
15. *Ibid.*, p. 140.
16. Pour Freud et ses disciples, comme Hélène Deutsch (1884-1982), psychanalyste qui a été l'une des premières à théoriser la « psychologie féminine », la femme tient sa blessure narcissique de ne pas avoir de pénis. Elle est « castrée » d'emblée. L'enfant à naître, selon eux, vient réparer cette supposée blessure.
17. Hélène Deutsch, *Psychologie des femmes* [1945], traduction française Hubert Benoît, Paris, PUF, 1964.

avait souffert ». Elle ajoute : « L'enfant représente toujours une perturbation de la vie individuelle, mais en même temps, *une promesse*, une vue optimiste de l'avenir[18]. » « Le désir d'avoir un enfant est chez une femme, la chose la plus féminine[19] » écrit-elle encore. Là, l'enfant vient compenser ce que Freud a nommé « l'envie du pénis chez la femme ». L'enfant apparaît comme une « réparation narcissique ». Que dire alors d'une femme qui ne souhaite pas être mère ? Dans ce contexte de psychopathologisation, l'acte d'interruption volontaire de grossesse est mis en perspective dans sa négativité. Dans la chaîne signifiante nosographique, on peut lire les termes suivants, parfois mis en série : tare névropathique, homosexualité, carence maternelle, complexe maternelle défaillant, hystérie bisexuelle, pulsion destructrice, etc. On peut encore lire, en 2007, la préface de François Richard qui présente le livre de Brigitte Mytnik[20] en ces termes : « Il faut saluer l'intérêt, ainsi que le courage, de cet ouvrage qui avance des hypothèses audacieuses sur les relations entre le féminin et le maternel, en se démarquant du politiquement correct dans le domaine de la procréation, où l'auteur repère des manifestations de la pulsion de mort […] *Inconscient et IVG* : comment mieux dire, en effet, que le recours à l'interruption volontaire de grossesse et, surtout, le discours social qui le rationalise refoulent un ensemble complexe de désirs et de peurs inconscients[21]. » À l'endroit de ce qui a été salué par les luttes féministes comme une avancée démocratique, une « démocratie sexuelle » selon l'expression d'Éric Fassin, certains psychanalystes se réclamant de Freud y voient « une fascination pour la destruction[22] ». Une femme qui ne souhaite pas d'enfant s'inscrirait donc, selon certains, dans une « néobarbarie ». François Richard écrit encore : « Le

18. *Ibid.*, vol. 2, *Maternité*, p. 107.
19. *Ibid.*, vol. 1, *Enfance et adolescence*, p. 274.
20. François Richard est psychanalyste, membre titulaire de la Société psychanalytique de Paris (SPP). Il a écrit de nombreux ouvrages autour du malaise dans la culture, de la sexualité, de la bisexualité et le genre. Brigitte Mytnik est psychologue et psychanalyste et a exercé en maternité.
21. François Richard, préface de Brigitte Mytnik, *IVG, fécondité et inconscient. L'absence de la chair*, Paris, Érès, 2007.
22. *Ibid.*, p. 11-15 : « Comment ne pas voir que l'actuel malaise dans la civilisation promeut la nouveauté, le changement (par exemple, la parentalité à la place de la parenté, la séparation entre le domaine des désirs et celui des références générationnelles) pour perpétuer et maintenir l'interdit de penser ? La banalisation de l'IVG participe de la tendance globale à une libération des désirs dont, étrangement, il n'y aurait plus rien à dire, dès lors qu'ils constituent une nouvelle naturalité expurgée de tout conflit ! Philosophes et sociologues pensent cette évolution en termes d'anomie sociale et d'"individualisme démocratique", avec Freud on peut y discerner ce malaise où l'on ne sait plus si l'on a affaire à un excès d'exigence surmoïque collective, à une rébellion des pulsions dans une néobarbarie, ou à un mélange des deux dans la pathologie collective contemporaine masquant mal, sous le discours du respect dû à chaque singularité et du droit à la différence, une *fascination pour la destruction* ».

pouvoir de la technique abolit le mystère, interdit l'accès au "féminin-génital-maternel", formule heureuse. »

Il me semble nécessaire de rappeler que ce « pouvoir de la technique » sauve des vies désormais ; sous l'empire napoléonien, quand l'avortement était considéré comme un infanticide, des femmes, pour mettre fin à leur grossesse, mourraient sous le coup de pratiques clandestines dangereuses, et de nombreuses femmes mourraient en couches[23]

## Le corps des femmes, « un champ de bataille »

Dans son roman réaliste *La Femme vierge*, un ouvrage écrit en 1933[24], Madeleine Pelletier, relate la mort en couches du personnage de Madame Lecornu.

Après avoir examiné la malade, [le médecin] fait signe au mari et l'amène dans la salle à manger dont il ferme soigneusement la porte.

– Malheureux ! Qu'as-tu fait ? Ta femme à quarante-six ans enceinte pour la première fois. Tu l'as tuée ; elle mourra en couches !

– Quoi... Quoi... mourir... tu plaisantes... Et puis, c'est moi qui l'ai tuée... par exemple... Fallait-il la mettre sous globe... Quand on prend une femme, c'est pour s'en servir... je pense.

– Il ne fallait pas lui faire d'enfants !

– Ne pas faire d'enfants ! Comme si on était maître de soi dans ces moments-là.

Puis, une amie de la défunte prend la parole :

– Madame Lecornu n'a été tuée par personne ; elle est morte d'accident. Est-ce que la maternité n'est pas le champ de bataille de la femme, l'équivalent de ce qu'est la guerre pour l'homme. C'est pourquoi, lorsque nos adversaires nous reprochent de ne pas faire notre service militaire, il faut leur répondre que nous avons la maternité. »

Et Marie, le personnage *alter ego* de Madeleine Pelletier, de répondre :

23. Citons le roman *Ravages* de Violette Leduc pour le chapitre intitulé « L'avortement », censuré lors de sa première édition (sur l'histoire de ce manuscrit, voir *Ravages*. Édition augmentée par Alexandre Antolin, Brioude Mireille, Anaïs Frantz, Gallimard Margot, Paris, Gallimard, 2023, not. p. 372-416, les scènes d'avortement. Violette Leduc en écrit plusieurs jusqu'à la scène finale : « c'est chaud, mademoiselle... Entre mes jambes... C'est chaud... Je ne souffre plus. C'est chaud... Elle souleva ma chemise de nuit. Elle prit le paquet de chaleur, elle s'éloigna avec lui et emportait mes douleurs. Je ne souffrais plus et me demandais si j'avais souffert. J'entendis un floc dans la cuvette du lavabo. Je claquais des dents » : *Ibid.*, p. 413.

24. Madeleine Pelletier, *La femme vierge* [1933], Paris, Indigo & côté-femmes, 1996.

– Il ne doit y avoir de champ de bataille, ni pour l'homme, ni pour la femme. Le champ de bataille est une survivance de la barbarie ancestrale[25].

Ces pages de roman prennent une tout autre résonance lorsque l'on sait le combat qu'a mené Madeleine Pelletier pour le droit à l'avortement.

Dans l'ouvrage *L'Émancipation sexuelle de la femme*, en 1911[26], elle intitule ainsi, de façon pionnière, un chapitre « Le droit à l'avortement ». Ce droit est pour elle un enjeu paradigmatique de l'émancipation des femmes. « Ces drames de la grossesse, écrit-elle, sont, par leur fréquence, la banalité même. Telle pour ne pas être déshonorée, se suicide, telle autre, tue son enfant, telle autre, jeune ouvrière, jeune bonne, fille de ferme, chassée par le patron, tombe dans la prostitution. Grâce à l'avortement, ces dénouements terribles diminuent de fréquence ; il n'y en aura plus lorsque la loi, cessant de faire de l'avortement un crime, reconnaîtra à la femme, le droit de n'être mère qu'à son gré.[27] » Soixante-quatre ans avant la loi Veil, Madeleine Pelletier dénonce le conformisme social de la maternité, les conventions de la famille, « lieu obligatoire d'affects, de sentiments, d'amour » (Foucault).

« J'exulte de n'être d'aucune utilité »
Natalie Clifford Barney[28]

Au début du XX^e^ siècle, en analysant la psychologie de la vie amoureuse, Freud met en perspective la représentation masculine des femmes. Il écrit : « C'est précisément ce rapport de très vive opposition entre la "mère" et la "putain" qui nous incitera à étudier l'histoire du développement et la relation inconsciente de ces deux complexes, sachant depuis très longtemps que ce qui se présente dans la conscience sous forme de deux opposés coïncide fréquemment dans l'inconscient jusqu'à n'être plus qu'un[29]. » Dans le contexte moral de l'Europe du début du XX^e^ siècle, les discours sur l'émancipation des femmes par la libération de leur sexualité et par leur choix face à la maternité étaient, selon les pays, passibles

25. *Ibid.*, p. 88-89.
26. Madeleine Pelletier, *L'Émancipation sexuelle de la femme* [1911], Éditions Hachette BNF/Gallica, p. 37.
27. *Ibid.*, p. 54.
28. Natalie Clifford Barney, citée par Jean Chalon, *Chère Natalie Barney*, Paris, Flammarion, 1976, p. 173. Natalie Clifford Barney (1876-1972), est une écrivaine américaine installée en France. Elle a tenu un salon littéraire très prisé de tout le monde littéraire du début du siècle. Elle était surnommée « l'amazone » et revendiquait ses amours « saphiques », tel qu'on le disait au début du siècle.
29. Sigmund Freud, « À propos d'un type particulier de choix d'objet chez l'homme », dans *Psychologie de la vie amoureuse* [1910], trad. fr., Paris, Payot, 2010.

de prison ou d'enfermement. La norme, le sacrilège et le délit donnent le cadre dans lequel se pense l'avortement.

Que dire de cette polarité « mère » ou « putain » ? Qu'est-ce alors que le tiers exclu *entre* la mère (masochisme primaire de la femme qui trouve satisfaction narcissique dans l'enfant selon la doxa psychanalytique) et la putain (hystérisation de l'insatisfaction de la femme, selon cette même doxa) ? Qu'est-ce qu'une femme qui se refuse volontairement à la maternité ? Serait-ce une femme émancipée ? Une femme délestée de la psychopathologisation de ses actes et de l'oppression du patriarcat ? Le « tiers » exclu ici est celle qui échappe à la binarité mère/putain : la femme libre d'un choix. L'émancipation des femmes relève de cette liberté de choix qui défait les binarités, et qui ouvre à d'autres possibles. Sortir des rôles assignés par les discours normatifs d'une époque, tel est le mouvement émancipateur du « tiers exclu ».

Au même moment, alors que la pathologisation produit un discours normatif structuré sur les questions du désir d'enfant en écho aux discours juridiques et religieux de l'époque, Madeleine Pelletier fait rupture : elle prône l'avortement comme un choix, comme un droit, scandalisant y compris son propre camp féministe[30]. « La maternité, pour ne pas être une servitude, écrit-elle, ne doit pas être imposée. C'est à la femme seulement de décider si, et quand, elle veut être mère[31]. » En 1923, dans *L'Amour et la maternité*, elle précise : « Les religions comme les morales ne tiennent donc aucun compte de la sexualité de la femme. Elle satisfait l'homme et elle enfante, tel est son rôle. Qu'elle puisse elle-même désirer ou refuser l'amour, y prendre du plaisir ou en avoir du dégoût, cela ne vient même pas à l'idée. L'amour est pour elle un devoir et il serait immoral qu'elle songeât à y chercher du plaisir[32]. » Dans une perspective politique qui annonce le matérialisme historique, Madeleine Pelletier fait de la maternité une des causes majeures de l'oppression des femmes.

Lectrice de textes de Freud, féministe, suffragette, Madeleine Pelletier sécularise le corps des femmes : ni dieu, ni maître, ni enfant. Cette position avant-gardiste et révolutionnaire lui vaudra d'être condamnée pour « crime

30. Voir Anne Cova, « De la libre maternité à la désagrégation de la famille », dans Christine Bard (dir.), *Madeleine Pelletier 1874-1939. Logique et infortune d'un combat pour l'égalité*, Paris, Éditions Côté-femmes, 1992, p. 78 : « Madeleine Vernet, féministe et fondatrice en 1917 du journal *La mère éducatrice* écrit éprouver un sentiment de pitié à l'égard de Madeleine Pelletier, qui présente la maternité comme "asservissement, animalité et abêtissement". Si la position de Madeleine Pelletier est à l'opposé de celle de Madeleine Vernet, la plupart des féministes exaltent la maternité ».

31. Madeleine Pelletier, *L'Émancipation sexuelle de la femme*, *op. cit.*, p. 42.

32. Madeleine Pelletier, *L'Amour et la maternité*, *op. cit.*

d'avortement » après une dénonciation[33] : pour des raisons de santé, elle ne sera pas emprisonnée. Madeleine Pelletier est internée en 1939, année de sa mort… et de celle de Freud. Trois en plus tard, en 1942, sous le gouvernement de Vichy, Marie-Louise Giraud[34] est condamnée à mort pour avoir pratiqué plusieurs avortements illégaux, portant atteinte à « la protection de la famille et de la patrie » selon la rhétorique vichyste. Elle est guillotinée dans la cour de la prison de la Roquette à Paris. Par ses nombreux travaux, textes, essais, romans, prises de position publiques, par son engagement auprès des femmes, Madeleine Pelletier précède ses sœurs de lutte des années 1970 dans ce que Simone de Beauvoir nommera « la décolonisation du corps des femmes[35] ».

## « Notre corps, nous-mêmes[36] »

À qui appartient un corps ? En 1911, Madeleine Pelletier écrivait : « La femme enceinte n'est pas deux personnes, elle n'en est qu'une, et elle a le droit de se faire avorter, comme elle a le droit de se couper les cheveux, les ongles, de se faire maigrir ou engraisser. Sur notre corps, notre droit est absolu puisqu'il va jusqu'au suicide[37]. » La radicalité des propos se retrouve chez Simone de Beauvoir en 1949 : pour elle, c'est le poids destinal de l'espèce qui réclame à la femme l'abdication de son corps et de son autonomie. Il est de son « destin », comme l'analyse Simone de Beauvoir, d'accomplir cette tâche. Elle poursuit : « L'homme n'est pas une espèce naturelle : c'est une idée historique. La femme

33. Voir Christine Bard, « Chronologie », dans Madeleine Pelletier, *Mémoires d'une féministe intégrale*, *op. cit.*

34. Marie-Louise Giraud (1903-1943) vit dans la région de Cherbourg. Elle est mère de famille surnommée faiseuse d'ange. Elle pratique, moyennant argent, des avortements à son domicile. Elle a été dénoncée par lettre anonyme. Elle a été condamnée pour avoir pratiqué 47 avortements illégaux. Voir le film de Claude Chabrol *Une affaire de femmes*, avec Isabelle Huppert dans le rôle de Marie-Louise Giraud.

35. Lors du Tribunal international des crimes contre les femmes qui s'est tenu à Bruxelles du 4 au 8 mars 1976, Simone de Beauvoir s'exprime ainsi lors de la conférence d'ouverture : « Pour la première fois […] des femmes du monde entier prendront conscience ensemble du scandale de leur condition. Vous avez raison de la considérer comme la source de véritables crimes : le statut imposé à la femme aboutit, sous des formes institutionnalisées ou non, à d'inacceptables attentats contre la personne humaine. Contre ces attentats, il n'y a dans l'immense majorité des cas aucun recours juridique […]. En lui-même, ce tribunal est un acte. Il en annonce d'autres. Je salue en lui le début d'une radicale décolonisation de la femme. »

36. The Boston Women's Health Book Collective, *Our Bodies, Ourselves*, 1971 ; et *Notre corps, nous-mêmes*, adapté de l'américain par un collectif de femmes, Paris, Albin Michel, 1977.

37. Madeleine Pelletier, *L'émancipation sexuelle de la femme*, *op. cit.*, p. 57.

n'est pas une réalité figée, mais un devenir. Si le corps n'est pas une chose, il est une situation[38]. »

On retrouve encore, en 1977, l'écho des textes de Madeleine Pelletier datant des années 1910 sur la détermination, la décision et le choix de la maternité ou non. Dans l'adaptation du désormais classique *Our Bodies, Ourselves*, le collectif français écrit :

> « Choisir d'avoir des enfants ou de ne pas en avoir, c'est un de nos droits les plus élémentaires. En cas de maternité involontaire, il nous semble que notre responsabilité est d'avorter, car nous refusons de donner naissance à un enfant non désiré dont nous ne pourrions pas réellement nous occuper. En effet, si le premier milieu indispensable est l'utérus maternel, les milieux familiaux et sociaux jouent un rôle déterminant, même pendant la grossesse, sur le développement de l'enfant. C'est pourquoi nous pensons que seules les femmes peuvent décider de garder un enfant, et qu'elles doivent être libres d'avorter si elles en prennent la décision[39]. »

Choix, liberté, décision, tels sont les termes qui sont remis en question par une perspective psychanalytique. L'hypothèse de l'inconscient complexifie la question du choix, dans la mesure où le sujet fait face à des déterminismes psychiques en lien avec son histoire, qui le portent vers un choix, un choix plus inconscient que libre. Pour Freud en effet, la question du choix relève du choix inconscient d'objet[40] (choix d'objet sexuel, homosexuel ou hétérosexuel par exemple). « La psychanalyse, dans certaines de ses orientations, apporte des arguments de poids pour dévaloriser le recours à l'avortement. Tel sera l'argument souvent mis en avant : *un enfant non voulu n'est pas nécessairement un enfant non désiré* », écrit Monique Schneider dans son article « Maternité et aliénation » dans le dossier consacré à Simone de Beauvoir[41]. Le désir pour la psychanalyse est ce qui peut rester inconscient pour le sujet, alors que la volonté relève du champ de l'intention consciente. Le hiatus entre volonté et désir est ici l'argument majeur qui psychologise un choix. « Il y a chez tous les psychanalystes, écrit Simone de Beauvoir, un refus systématique, de l'idée de choix et de la notion de valeur qui en est corrélative ; c'est là ce qui constitue la faiblesse intrinsèque du système. Ayant coupé pulsion et interdit du choix existentiel, Freud échoue à nous en expliquer l'origine : il les prend pour données[42]. » N'est-ce pas alors le moment

38. Simone de Beauvoir, *Le Deuxième sexe* [1949], tome 1, Gallimard, Paris 1976, coll. « Folio », p. 75.
39. *Notre corps, nous-mêmes*, *op. cit.*, p. 137.
40. Un « objet » pour la psychanalyse est ce qui est investi par la libido ; ce n'est donc pas seulement une personne, mais aussi un travail, un idéal, etc.
41. Monique Schneider, *Maternité et aliénation*, *L'Homme & la Société*, 2011, vol. 1, n° 179-180, p. 157-170.
42. Simone de Beauvoir, *Le deuxième sexe*, tome 1, *op. cit.*, p. 88.

pour la psychanalyse de penser une place pour le sujet-femme hors « mère » et « putain » ?

En 1975, la loi Veil du 17 janvier autorise l'interruption de grossesse avant la fin de la dixième semaine, réalisée par un médecin, dans un établissement d'hospitalisation public ou privé. Un an auparavant, peu après le *Manifeste des 343*, alors que l'avortement est illégal, Anne Sylvestre enregistre une chanson qui s'intitule : « Non, non, tu n'as pas de nom ».

Non, non, tu n'as pas de nom
Non, tu n'as pas d'existence
Tu n'es que ce qu'on en pense
Non, non, tu n'as pas de nom.
Oh non, tu n'es pas un être
Tu le deviendrais peut-être
Si je te donnais asile [...]
Tu ne seras pas mon centre
Que savent-ils de mon ventre
Pensent-ils qu'on en dispose
Quand je suis tant d'autres choses
Depuis si longtemps j'existe
Depuis si longtemps je t'aime
Mais je te veux sans problème
Aujourd'hui je te refuse
Qui sont-ils ceux qui m'accusent
Quiconque se mettra entre
Mon existence et mon ventre
N'aura que mépris ou haine
Me mettra au rang des chiennes
C'est une bataille lasse
Qui me laissera des traces
Mais de traces je suis faite
Et de coups et de défaites.

Ce que Madeleine Pelletier met en perspective, avec une acuité clinique que certains psychanalystes pourraient lui envier, est le fait que, loin de manifester un fantasme d'infanticide, l'avortement *prévient* l'infanticide. Or ce fantasme d'infanticide est encore aujourd'hui la perspective de certains cliniciens. Dans un article intitulé « J'ai tué mon enfant[43] », Danielle Bastien écrit en 2011 : « Le fantasme d'infanticide ne semble pas avoir droit de cité dans la cour des grands.

43. Danielle Bastien, « J'ai tué mon enfant... Pour penser la clinique de l'IVG », *Cahiers de psychologie clinique*, 2011, vol. 37, n° 2, p. 149-163.

C'en est pourtant un, et la clinique de l'IVG se révèle très précieuse pour l'approcher puisqu'on peut y repérer les effets "névrotiques" de sa mise en acte. » On l'entend, pour certains psychanalystes, c'est un passage à l'acte, un crime psychique et non social, bien sûr, mais un crime. Danielle Bastien écrit : « Parole impossible à soutenir, secret inavouable et douleur infinie pour les mères qui restent aux prises avec cette phrase qui les hante. C'est un enfant essentiellement imaginaire, tout réel de cellules et de chairs fût-il, potentiellement symbolisable mais qui, pour toutes ces raisons de non-nomination, reste candidat pour devenir un fantôme[44]. » Elle poursuit : « Qu'est-ce qu'un fantôme si ce n'est un mort vivant, un mort qui, de ne pas avoir été enterré au sens symbolique de l'adieu des humains, reste présent parmi les vivants et qu'il s'agit de transformer en un vivant mort : un être qui était vivant et qui à présent est mort et dont on peut faire le deuil ? [...] *C'est ce fantôme qui est au cœur de la pensée obsédante du crime*[45]. »

Loin de cette criminalisation psychique normalisante qui soutient les « technologies de correction » psychiques, Madeleine Pelletier, un siècle avant, politise la question des corps des femmes au lieu de le pathologiser. Psychiatre pionnière dans ces textes, elle affirme que « la maternité doit être libre » et qu'elle doit être un choix. L'enfant peut être une entrave à la liberté sexuelle d'une femme, estime-t-elle, et non son accomplissement. Au sujet de l'enfant, elle écrit encore : « Un obstacle d'autant plus puissant qu'il n'est pas d'ordre social, mais d'ordre naturel, se dresse devant la femme qui veut satisfaire sans entrave à sa sexualité : c'est l'enfant. La perspective de l'enfant replonge la femme qui s'était libérée par la culture intellectuelle ou le travail dans toutes les servitudes du passé. Comment partager l'égalité en amour, comment parler d'égalité en amour, alors que, l'homme s'en allant libre, le besoin satisfait, la femme doit assumer la maternité. La maternité fait de l'amour une véritable duperie pour la femme[46] ».

## Que devient une femme si elle n'est pas mère ?

Madeleine Pelletier transgresse les rôles de genre de son époque. Adoptant le costume dit masculin, manifestant ce que l'on nomme dans la doxa psychanalytique le « complexe de virilité »[47], femme « active » (entre guillemets dans la prose

44. *Ibid.*

45. Danielle Bastien, « J'ai tué mon enfant... », art. cit., je souligne.

46. Madeleine Pelletier, *L'émancipation sexuelle de la femme*, *op. cit.*, p. 41.

47. Helene Deutsch écrit à propos du « désir de virilité » : « Il est aussi des femmes, chez qui le désir du pénis, ou le désir d'être un homme, prend une forme directe et primitive. Elle s'habille comme des hommes, agissent comme eux, lutte, avec ou contre, au lieu de se laisser, aimer par eux ; elles manifestent avec évidence leurs désirs de castration envers l'autre sexe, et l'on n'a pas à chercher bien

disqualifiante de la psychanalyste Hélène Deutsch, une femme active étant masculine) épousant des activités intellectuelles, première femme admise à l'internat des asiles d'aliénés, elle s'aventure sur des terrains jusqu'alors dévolus aux hommes. Elle tente de défaire la binarité inégale et la bicatégorisation sociale auxquelles sont exposées les femmes. Elle rêve d'une femme émancipée qui ne serait plus emprisonnée dans la passivité et dans la maternité, dans un siècle naissant qui exalte et glorifie la matrice comme vertu. *Tota mulier in utero* : l'antique formule trouve des résonances au XIX^e^ siècle. « Toute la femme est dans la matrice », dans sa capacité à la maternité ; la femme est gouvernée par la matrice.

Des échos de la formule se font entendre dans la pensée psychanalytique, depuis Antoinette Fouque jusqu'à Julia Kristeva en passant par Françoise Dolto. Dolto écrit : « Le mot "mère" veut dire non pas une femme en tant que créature passive, gestante, ou consciente de geste, d'avoir mis au monde des enfants charnels ; mère veut dire, par de l'histoire, anecdotique, faste ou néfaste, de fœtus et de nourrisson, la représentation humaine de la créativité, le symbole, même de la fertilité humaine[48]. » Selon Julia Kristeva, le « je » de l'identité féminine apparaît comme un fait symbolique au travers des particularités biologiques et physiologiques. « Le problème féminin peut être analysé d'une part comme ce que j'appellerais un "effet femme" et d'autre part comme une "fonction maternelle"[49] », écrit-elle. Selon elle, « l'effet-femme » est un rapport particulier au pouvoir, au langage et au pouvoir du langage, et la « fonction maternelle » est l'expérience singulière qui participe du devenir femme : « Je suis trop mère, je me reconnais même une seule réussite (paradoxale, limitée, impartageable, mais quand même !) : c'est mon expérience de la maternité, précisément… Je crains qu'en perdant le sens du "miracle de la nativité", nous soyons la première civilisation qui sous-estime l'immense vocation sublimatoire des mères[50]. » Dans les

loin, en elle, les signes de l'envie du pénis. Dans les générations qui nous ont précédés, elle portait des cheveux courts en signe de protestation masculine, elles aplatissaient leur poitrine, et ne s'intéressait qu'aux activités habituellement refusées au sexe féminin. De telles femmes se sont réellement détournées de la féminité et constituent un type chez lequel, on peut l'admettre, le désir de virilité se trouve conditionné par la constitution même. Leurs aïeules sont les Amazones, et l'on voit que cette sorte de femme s'est conservée à travers les siècles, et s'affirme, indépendamment des régimes sociaux. Cette forme de complexe de virilité est extrêmement rare de nos jours, car nos jeunes filles modernes peuvent agir et lutter d'une façon beaucoup plus rationnelle et socialement acceptable. Il est une autre forme de l'envie du pénis qui semble paradoxal, parce qu'elle reste dans les limites du domaine féminin. Le désir d'avoir un enfant est chez une femme, la chose la plus féminine », dans *Psychologie des femmes*, vol. 1 *Enfance et adolescence*, *op. cit.*, p. 274.

48. Françoise Dolto, *Sexualité féminine, Libido, Érotisme, frigidité*, Paris, Éditions Scarabée et compagnie, 1982, p. 122.

49. Julia Kristeva, *Seule une femme*, La Tour-d'Aigues, Éditions de l'Aube, 2007, p. 223 ; c'est Kristeva qui souligne.

50. *Ibid.*, p. 26-27.

années 1980, dans divers dits et écrits, Antoinette Fouque propose ces formules : « Libido 2 femelle, utérine, originelle » ou « *libido creandi* », valorisant le « génie » féminin par la « géni(t)alité de la femme », selon son expression, par la maternité, la puissance procréatrice de « la » femme.

Sans être mère, les femmes peuvent-elles avoir du génie ? Dans son ouvrage intitulé *Les femmes peuvent-elles avoir du génie ?*, Madeleine Pelletier identifie le génie des femmes dans les œuvres intellectuelles et dans leur liberté : elle prend les exemples de Sophie Kovalevsky et Sophie Germain mathématiciennes, de Clémence Royer anthropologue, ou de Georges Sand écrivaine pour démontrer que seules les entraves sociales déconsidèrent leurs œuvres et les cantonnent dans le rôle de la femme-mère. Elle écrit : « D'un pas lent, comme le progrès, nous marchons vers l'égalité sociale des sexes. Peu à peu les barrières tombent, un temps viendra où on verra des femmes dans toutes les branches de l'activité humaine. Alors les barrières morales tomberont comme les barrières matérielles, la femme aura la liberté. De temps à autre, une femme de génie apparaîtra ; il n'y en aura jamais beaucoup. *Le génie n'a pas de sexe*, mais c'est un joyau extrêmement rare[51]. » Pour Madeleine Pelletier, une femme peut être géniale, sans le « miracle de la nativité » et sans passer par la case « géni(t)ale ».

*

Le droit à l'avortement qu'appelait de ses vœux Madeleine Pelletier a-t-il émancipé les femmes ? Et que dire du choix d'une vie sans enfant ?

Simone Veil, dans son célèbre discours sur la dépénalisation de l'avortement, affirme clairement que n'est pas de « gaîté de cœur » qu'une femme a recours à l'avortement : en revanche, ce n'est plus un crime au regard de la loi[52]. Que l'avortement devienne un droit, licite, dépénalisé, n'empêche pas certains psychopathologues de le considérer comme une anormalité, un crime psychique. On glisse de l'*homo criminalis* à l'*homo psychologicus*, ainsi que l'analyse Michel Foucault.

Dans ses analyses sur les sociétés de la santé, Foucault développe la façon dont les sociétés occidentales ont fait prévaloir le discours de la norme sur le discours

51. Madeleine Pelletier, *Les femmes peuvent-elles avoir du génie ?*, Paris, Sinope Éditions, 2022 p. 56, souligné par moi.

52. Simone Veil, « Je voudrais tout d'abord vous faire partager une conviction de femmes. – Je m'excuse de le faire devant cette assemblée presque exclusivement composée d'hommes : aucune femme ne recourt de gaîté de cœur à l'avortement. Il suffit d'écouter les femmes. (Applaudissements sur divers bancs de l'union des démocrates pour la République, des républicains indépendants, des réformateurs, des centristes, des démocrates sociaux et sur quelques bancs des socialistes et radicaux de gauche) », Discours prononcé à l'Assemblée nationale, 1re séance du 26 novembre 1974.

du droit. On glisse de la loi à la morale, du droit à la norme. Il ne s'agit plus de sanctionner selon un code juridique ce qui serait « illicite » ou « illégal », mais il s'agit de rectifier par la médicalisation une conduite et un comportement que le champ social et politique considère comme anormaux.

> « Je dirais très schématiquement que le grand problème des sociétés occidentales depuis le Moyen Âge jusqu'au XVIII^e siècle a bien été le droit, la loi, la légitimité, la légalité, et qu'on a péniblement conquis une société de droit, le droit des individus, au cours de toutes les luttes politiques qui ont parcouru, qui ont secoué l'Europe jusqu'au XIX^e siècle ; et au moment même où on croyait, où les révolutionnaires français, par exemple, croyaient atteindre une société de droit, voilà que quelque chose s'est passé que j'essaie justement d'analyser, quelque chose qui a fait qu'on est entré *dans la société de la norme, de la santé, de la médecine, de la normalisation qui est notre mode essentiel de fonctionnement maintenant* [...]. On psychologise aussitôt les choses ; les psychologiser, c'est-à-dire les médicaliser [...]. Par pensée médicale, j'entends une façon de percevoir les choses qui s'organise autour de la norme, c'est-à-dire qui essaie de partager ce qui est normal de ce qui est anormal, qui n'est pas tout à fait justement le licite et l'illicite ; la pensée médicale distingue le normal de l'anormal ; elle se donne, elle cherche à se donner des moyens de correction qui ne sont pas exactement des moyens de punition, mais des moyens de transformation de l'individu, toute une technologie du comportement de l'être humain qui est liée à cela[53] ».

Alors, lorsque l'avortement devient un droit, lorsqu'il est dépénalisé, lorsqu'il sort de la sphère du crime, sa condamnation réapparaît sous les formes de l'anormalité et de la pathologisation. *Mutatis mutandis*, ce qui s'est passé lors de la dépénalisation de l'homosexualité en 1982 sous l'égide du Garde des sceaux Robert Badinter n'a pas immédiatement « libéré » le moralisme normatif entourant la question de l'homosexualité. Les discours médicaux et psychopathologiques l'attestent. Une loi est passée, certes, mais peu d'homosexuel·les s'autorisaient à évoquer leur homosexualité dans les années qui suivirent sa promulgation. L'égalité de droit ne garantit pas l'égalité de fait, elle ne garantit pas non plus l'égalité morale. La loi de dépénalisation votée en 1975 n'a sans doute pas démoralisé, ni dépathologisé l'avortement.

Avant-gardiste féministe, Madeleine Pelletier n'écrit pas seulement sur le droit des femmes à disposer de leur propre corps, elle ouvre le champ utopique à la pensée de nouvelles configurations familiales. Car l'avortement permet la pensée hétérotopique des corps et des systèmes de familles. Avoir un enfant, selon elle, est d'abord un acte social et politique, comme d'ailleurs ne pas désirer en avoir.

---

53. Michel Foucault, « Le pouvoir, une bête magnifique » [1977], dans *Dits et écrits II*, Gallimard, 2001, coll. « Quarto », texte 212, p. 373-374, souligné par moi.

Madeleine Pelletier s'est mise à penser la possibilité d'éduquer des enfants dans des familles élargies ou nouvellement configurées. Pas de moralisme ni de naturalisme dans ces nouvelles configurations. Bien avant les critiques des mouvements féministes des années 1970, elle analyse les dispositifs sociaux qui embastillent les femmes. Elle critique l'inégalité du couple, l'absurdité du mariage, l'enfermement de la famille, la sexualité hétéronormative.

Elle aurait été une sorcière pendant l'inquisition, elle est une aliénée durant la première moitié du XX^e^ siècle. Le tiers exclu prend ici les formes de la folie, de l'aliénation, de la « protestation virile » selon l'expression du psychanalyste Alfred Adler considérant que la prise de conscience de l'infériorité chez la femme l'expose à cette protestation, du « complexe de virilité ». La lutte de Madeleine Pelletier pour l'émancipation des femmes l'enferme dans un asile mais ouvre la voie à ses sœurs de combat.

En 2011, les propriétaires du 80 rue de Gergovie à Paris acceptent la pose d'une plaque sur la façade de leur immeuble à la mémoire de Madeleine Pelletier. Il y est inscrit « Ici exerça et vécut la doctoresse Madeleine Pelletier (1874-1939) combattante féministe d'avant-garde ». La plaque est dévoilée le 8 mars 2012 près de soixante ans après les premières lois Veil et un siècle après son premier texte sur le droit à l'avortement.

Cinquième partie

# L'avortement, un acte médical (pas) comme les autres

# Les techniques d'interruption de grossesse

## Entre encadrement juridique, pratique médicale et formation professionnelle

*Philippe Faucher*

« La loi détermine les conditions dans lesquelles s'exerce la liberté garantie à la femme d'avoir recours à une interruption volontaire de grossesse » : telle est la formulation retenue pour inscrire l'IVG à l'article 34 de la Constitution. Lors de son audition par la commission des lois de l'Assemblée nationale le 16 janvier 2024, le Garde des Sceaux Éric Dupond Moretti a déclaré : « cette protection constitutionnelle doit être suffisamment souple pour permettre au législateur de continuer son œuvre et donc ménager un équilibre satisfaisant, notamment au regard des évolutions techniques, médicales, scientifiques qui pourraient advenir[1]. » La question des techniques est donc, à première vue, au cœur de l'encadrement juridique de l'avortement. Mais en, réalité, les techniques médicales ou chirurgicales nécessaires à l'interruption d'une grossesse évolutive ne sont mentionnées que de façon évasive par le Code de la santé publique (CSP). Au chapitre II du CSP qui réglemente l'IVG (soit l'interruption pratiquée avant la fin de la quatorzième semaine de grossesse), seuls trois articles de loi font référence précisément aux méthodes médicamenteuses et chirurgicales : les articles L. 2212-1 et L. 2212-3 indiquent que toute personne doit être informée par un médecin ou une sage-femme sur les méthodes abortives et sur leurs risques potentiels, tout en ayant le droit d'en choisir une librement ; et l'article L. 2212-2 précise l'usage de certaines méthodes lorsque l'IVG est pratiquée en dehors d'un établissement de santé ; dans ce cas, la pratique de l'IVG chirurgicale par les sages-femmes est exclue[2]

1. Assemblée nationale, 16 janvier 2024, Commission des lois constitutionnelles, de la législation et de l'administration générale de la République, intervention d'Eric Dupond Moretti.

2. Les sages-femmes ont été autorisées à pratiquer l'avortement médicamenteux en 2016, puis à pratiquer l'avortement chirurgical en 2022 mais seulement en établissement de santé (contrairement

et la pratique de l'IVG médicamenteuse cantonnée aux 9 premières semaines d'aménorrhée (SA)[3]. Au Chapitre III du CSP, qui détermine les conditions de l'interruption de grossesse pratiquée pour motif médical, les techniques abortives ne sont en revanche jamais envisagées[4].

Ce chapitre se propose de décrire les difficultés d'application de la loi sur le territoire en raison de discordances ou de controverses liées aux modalités techniques d'interruption d'une grossesse selon le terme et selon les conditions de leur réalisation. À travers l'analyse de trois exemples, il apparaîtra que la maîtrise ou l'absence de maîtrise de certains gestes techniques est un facteur qui rend l'accès à l'interruption de grossesse plus complexe – voire, qui est susceptible de l'entraver. En effet, les difficultés d'accès des femmes à l'avortement n'existent pas seulement, comme on pourrait le croire, parce que les professionnels ne savent pas – ou ne veulent pas – faire tel ou tel acte médical, mais aussi parce que la question de la maîtrise des actes influence fortement l'encadrement (y compris juridique) de l'interruption de grossesse. Les trois gestes techniques envisagés ici sont : la technique de dilatation et évacuation (D&E) dans le cadre de l'interruption volontaire de grossesse (IVG), le geste d'arrêt de vie fœtale (GAF) dans le cadre de l'Interruption médicale de grossesse (IMG), et la réduction embryonnaire (dont la pratique est aujourd'hui encadrée comme une IMG plutôt que comme une IVG). Pour faciliter la lecture du chapitre, le tableau suivant résume les caractéristiques des techniques permettant d'interrompre une grossesse, et précise à la fois les conditions de leur mise en œuvre ainsi que les avantages et inconvénients qu'elles présentent.

| Méthode | Délai légal | Mise en œuvre | Avantages | Inconvénients |
|---|---|---|---|---|
| Médicamenteuse | Avant 9 SA pour l'IVG pratiquée hors établissement de santé<br>Sans délai pour l'IMG | – En ville et à l'hôpital jusqu'à 9 SA<br>– Jusqu'à 16 SA dans certains établissements | Autonomie, facilité, plus de professionnels compétents | Douleurs, hémorragie, durée<br>Hospitalisation à partir de 9 SA (durée > 12 h et parfois aspiration secondaire) |

aux médecins qui peuvent pratiquer des avortements chirurgicaux en dehors des établissements de santé).

3. Dans le présent chapitre, le terme de la grossesse est exprimé en semaines d'aménorrhée, c'est-à-dire depuis la date des dernières règles (donc deux semaines de plus que les semaines de grossesse indiquées dans la loi française).

4. D'autres articles du Code de la santé publique (CSP) font référence aux méthodes d'avortement, mais d'une façon plus générale : voir Art. D. 2212-8 ; Art. D. 2212-8-1 ; Art. R. 2212-12 ;

| Méthode | Délai légal | Mise en œuvre | Avantages | Inconvénients |
|---|---|---|---|---|
| Aspiration | 16 SA pour l'IVG<br>Sans délai pour l'IMG | – En établissement de santé avec anesthésie locale ou générale<br>– En centre de santé sous anesthésie locale<br>– Refus de pratique dans certains centres à partir de 12 SA | Efficacité, indolore | Moins de lieux/ professionnels disponibles ; durée d'attente ; médicalisation plus forte |
| Dilatation & Évacuation | 16 SA pour l'IVG<br>Sans délai pour l'IMG | – Formation spécifique à acquérir<br>– Nécessaire à partir de 15 SA<br>– Refus de pratiquer le geste par certains médecins professionnels | – Efficacité, indolore | – Moins de lieux/ professionnels disponibles ; durée d'attente ; médicalisation plus forte<br>– Geste difficile à pratiquer pour certains |
| Geste d'arrêt de vie fœtale | Pas de limite légale | Pratiqué généralement à partir de 22 SA par les praticiens de médecine fœtale dans le cadre de l'IMG | Permet d'interrompre une grossesse jusqu'au terme | – Haute technicité nécessaire<br>– « Poids moral » de l'acte |
| Réduction embryonnaire | 14 SA | Parcours de soins s'apparentant à celui d'une IMG | | Haute technicité nécessaire |

Pour montrer la manière dont la maîtrise de ces différentes méthodes impacte à la fois l'accès à l'IVG et son encadrement (y compris juridique), il conviendra tout d'abord d'analyser l'influence de la maîtrise du D&E sur l'encadrement du délai d'IVG (I), puis celle de la maîtrise du GAF sur l'accès à l'IMG pour motifs maternels (II) avant de s'intéresser au cas très spécifique des réductions embryonnaires (III).

Art. R. 2212-12-1 à R. 2212-12-2 pour la voie instrumentale, et Art. R. 2212-13 à R. 2212-14-1 pour la voie médicamenteuse.

## L'influence de la maîtrise du D&E sur l'encadrement du délai d'IVG

Modifiée en dernier lieu en mars 2022[5] la loi fixe aujourd'hui à 16 SA le terme maximum de l'IVG et limite, en dehors des établissements de santé, l'utilisation de la méthode médicamenteuse à 9 SA. En revanche dans certains centres d'IVG de certains établissements de santé, la méthode médicamenteuse est proposée aux femmes au-delà du délai de 9 SA. Notamment, l'objectif de ne pas pratiquer la méthode chirurgicale sur des termes dits « tardifs » mène à proposer la méthode médicamenteuse sur les grossesses à partir de 12 SA. En 2016 le Collège national des gynécologues et obstétriciens français (CNGOF) s'est saisi pour la première fois du sujet de l'IVG pour émettre des recommandations nationales[6]. La pratique de l'IVG médicamenteuse y est décrite jusqu'à 14 SA, sans référence au verrou pourtant prescrit à la fois par la loi pour les IVG hors établissements de santé et par les recommandations sur la pratique de l'IVG émises par l'ANAES (l'Agence nationale d'accréditation et d'évaluation de la santé, ancêtre de la Haute Autorité de Santé, HAS) publiées en 2001 et actualisées en 2021, qui limitent la pratique de l'IVG médicamenteuse à 9 SA et ne la recommandent pas au-delà de ce délai, sauf cas particulier. Cette volte-face du CNGOF qui se positionne ainsi à l'encontre des textes officiels est le fruit du combat constant d'un gynécologue obstétricien, Israël Nisand, professeur des universités, ancien chef de service à Strasbourg et ancien président du CNGOF de 2017 à 2021.

### *Contestations et résistances au sein de la profession à l'allongement du délai de 12 à 14 SA (loi de 2001)*

Dès 2001 lors de la modification de la loi sur l'IVG[7], ce médecin s'est en effet opposé à l'extension du délai légal de 12 à 14 SA, à la fois dans les médias et lors de ses auditions auprès de la représentation nationale. Il contestait la pratique de la méthode chirurgicale à partir de 12 SA mettant en avant des difficultés techniques impliquant même des risques de « ruptures utérines et d'accidents relati-

5. Loi n° 2022-295 du 2 mars 2022 visant à renforcer le droit à l'avortement.

6. Vayssière C., Gaudineau A., Attali L., Bettahar K., Eyraud S., Faucher P., Fournet P., Hassoun D., Hatchuel M., Jamin C., Letombe B., Linet T., Msika Razon M., Ohanessian A., Segain H., Vigoureux S., Winer N., Wylomanski S., Agostini A., « Elective abortion : Clinical practice guidelines from the French College of Gynecologists and Obstetricians (CNGOF) », *Eur. J. Obstet. Gynecol. Reprod. Biol.*, 2018 Mar, 222, p. 95-101.

7. Loi n° 2001-588 du 4 juillet 2001 relative à l'interruption volontaire de grossesse et à la contraception.

vement sévères[8] ». En réalité, les difficultés techniques ne sont pas particulières entre 12 et 14 SA, notamment parce que c'est la même technique qui est utilisée et qu'aucun risque accru par rapport aux termes inférieurs n'est documenté. Il s'agit en effet de pratiquer une simple aspiration du contenu de l'utérus, avec le même matériel et les mêmes gestes que ceux utilisés pour les IVG pratiquées à des termes inférieurs. Par ailleurs, il n'existe aucune publication sur le risque de rupture utérine ou d'accidents sévères à ces termes de la grossesse[9]. C'est d'ailleurs en s'appuyant sur l'avis d'autres experts que le législateur a voté en 2001 l'extension du délai légal à 14 SA. Après le vote de la loi, il a cependant fallu engager un travail pour convaincre les professionnels qu'une aspiration demeure facilement réalisable même après 12 SA. L'Association nationale des centres d'IVG et de contraception (ANCIC) a ainsi diffusé une vidéo d'une aspiration à 14 SA réalisée par la docteure Marie Laure Brival à la Maternité des Lilas ; et une étude comparative réalisée à l'hôpital Saint-Antoine a démontré l'absence de difficultés techniques ou d'augmentation des risques opératoires[10]. Malgré cela, certains centres d'IVG ont continué de rechigner à pratiquer la méthode chirurgicale à partir de 12 SA, ne proposant quasi exclusivement que la méthode médicamenteuse, en contrariété avec les recommandations de l'ANAES. Sans surprise, on trouve parmi ces centres réticents le service dirigé par le professeur Nisand à Strasbourg, comme l'a prouvé une enquête journalistique publiée par le magazine *Elle* le 25 mars 2011[11]. D'après cette enquête, 95 % des femmes se présentant à Strasbourg dans son service entre 12 et 14 SA avorteraient par méthode médicamenteuse, ce qui tend à prouver que la méthode chirurgicale y est très peu proposée. Pour l'ANCIC, imposer aux femmes cette méthode à ces termes de la grossesse relève de la maltraitance. Selon la docteure Brival, toujours dans l'enquête d'*Elle*, « on inflige à la femme un mini-accouchement : les douleurs sont importantes, l'attente est longue – jusqu'à 8 heures d'hospitalisation – et les hémorragies sont conséquentes[12] ». Le professeur Nisand, quant à lui, défend la méthode médicamenteuse en indiquant que « les femmes sont mieux entourées, mieux prises en charge psychologiquement alors que l'intervention chirurgicale,

---

8. Sénat, Rapport n° 210 au nom de la commission des affaires sociales sur le projet de loi relatif à l'interruption volontaire de grossesse et à la contraception, 31 janvier 2001, Audition d'Israël Nisand, p. 154.

9. Philippe Faucher, « Complications de l'avortement provoqué chirurgical légal », *Encyclopédie Médico Chirurgicale* – Gynécologie, 2023, Article 738-B-60.

10. Martin Koskas *et al.*, « Operative termination of pregnancy between 12 and 14 weeks' gestation : influence of the operator's experience », *Journal de Gynécologie Obstétrique et Biologie de la Reproduction,* 2005, vol. 34, n° 4, p. 334-338.

11. Isabelle Duriez, « IVG : la nouvelle bataille », *Elle.*

12. *Ibid.*

elle, crée un blanc, plus traumatisant[13] ». Le centre IVG de Strasbourg ne fait d'ailleurs pas mystère de la pratique de la méthode médicamenteuse quel que soit le terme de la grossesse, en indiquant sur son site internet que celle-ci « est pratiquée dans ce service jusqu'à 14 SA, car il est démontré depuis plusieurs années que ce traitement a la même efficacité quel que soit le terme[14] ».

## *Les difficultés d'application de la loi : l'accès à l'IVG après 12 SA*

Plus encore, en France, d'autres centres d'IVG se sont alignés sur cette position, refusant de proposer la technique chirurgicale à partir de 12 SA et ce, sans que la technique médicamenteuse ne soit proposée en alternative. Les médecins de ces services refusent simplement de prendre en charge les femmes à partir de 12 SA en invoquant divers arguments : le manque de place en consultation, des délais de rendez-vous trop éloignés, les difficultés d'accès au bloc opératoire, le manque de praticiens acceptant de faire des IVG à ces termes, le refus de considérer une demande d'avortement proche du délai légal comme une urgence médicale (en particulier de la part des anesthésistes). Ces refus de prise en charge à partir d'un certain terme de la grossesse ont rarement été évalués de façon précise par les pouvoirs publics. Il est donc difficile au niveau national d'en préciser la prévalence, les raisons invoquées ou encore les conséquences sur le parcours des femmes en demande d'IVG à un terme avancé. Parmi les données dont on dispose, il apparaît qu'en 2014, les IVG entre 12 et 14 SA représentaient 10 % des IVG réalisées dans les établissements de santé franciliens. Or, seuls 22 établissements sur 103 réalisaient des IVG à ce terme, avec un seuil d'au moins 50 par an et une part d'au moins 15 % de leur activité IVG totale ; cela signifie que cette vingtaine de centres d'IVG franciliens se sont *de facto* « spécialisés » dans la pratique des IVG entre 12 et 14 SA, étant clairement identifiés comme un ultime recours pour des femmes à ces termes de grossesse. L'analyse des données d'activité des établissements de santé *via* le Programme de médicalisation des systèmes d'information (PMSI)[15] a, par ailleurs, mis en évidence un accroissement des inégalités régionales d'accès à l'IVG pour les femmes présentant un terme supérieur à 12 SA. En effet, l'offre étant principalement située à Paris et en Seine-Saint-Denis, les femmes sont amenées à se déplacer dans un contexte d'urgence depuis les territoires de la grande couronne. Pour leur permettre de trouver un établissement en mesure

13. *Ibid.*

14. https://www.chru-strasbourg.fr/prise-en-charge-des-interruptions-volontaires-de-grossesse-ivg/

15. Le PMSI recueille des données pour l'ensemble des hospitalisations ayant lieu sur le territoire français avec pour finalité le financement des établissements de santé (tarification à l'activité), et l'organisation de l'offre de soins (planification).

de leur proposer une réponse dans les délais légaux, les acteurs se coordonnent pour orienter ces situations d'urgence, notamment en mobilisant les réseaux de périnatalité et leur connaissance des ressources de proximité[16].

### *De nouvelles polémiques médicales avant l'adoption de la loi de 2022 visant à allonger le délai*

La crainte de certains professionnels de pratiquer un avortement chirurgical à partir de 12 SA par peur de difficultés techniques ou de complications s'est maintenue jusqu'en 2020, et s'est même exprimée de manière amplifiée lors de l'examen du projet de loi de 2022 visant à renforcer le droit à l'avortement, dont une des dispositions phare visait à étendre le délai légal à 16 SA. Une fois encore à la manœuvre, le professeur Nisand a réitéré dans les médias son opposition à l'extension du délai, reprenant son argumentation de 2001 sur les risques augmentés de complications (perforation de l'utérus, infection) et y ajoutant la crainte de voir les professionnels « subir un calvaire », contraints, cette fois, d'utiliser la technique chirurgicale[17]. Il déclarait par exemple au journal *Le Figaro* : « à 16 semaines d'aménorrhée, soit à 14 semaines de grossesse, le fœtus mesure environ 120 millimètres, sa tête est ossifiée. Pour le sortir, il faut démembrer le fœtus et écraser sa tête. C'est insoutenable pour beaucoup de professionnels. » À partir de 15 SA, la technique change effectivement, puisqu'il s'agit non plus de pratiquer une simple aspiration mais d'utiliser la technique dite de « dilatation et évacuation » (D&E)[18]. Le geste consiste à introduire, sous contrôle échographique, une pince dans l'utérus qui permet de morceler le fœtus et d'en extraire les fragments hors de l'utérus. Cette technique a été mise au point aux États-Unis à la fin des années 1970 et s'est progressivement imposée comme la technique de choix pour les avortements du 2e trimestre (avortements soumis, en France, à partir de 16 SA, au régime juridique de l'IMG) – jusqu'à l'avènement de la méthode médicamenteuse dans les années 1990 (devenue désormais la méthode majoritaire des avortements du 2e trimestre). Plusieurs publications américaines ont démontré la sécurité de cette technique et le très faible risque de complications[19]. Dans une interview au journal *Le Monde* en 2020, le professeur Nisand revient sur l'allongement du délai en 2001 et sur le risque que représen-

16. Agence régionale de santé, *Plan Régional d'Accès à l'IVG en Île-de-France*, mars 2017.
17. Israël Nisand, « L'extension du délai de l'IVG est une mauvaise nouvelle pour la santé des femmes », *Le Figaro*, 1er décembre 2021.
18. Philippe Faucher, Thelma Linet, « Interruption volontaire de grossesse instrumentale du premier et du deuxième trimestre (hors complications) », *Encyclopédie Médico Chirurgicale – Gynécologie*, 2024, Article 738-A-40.
19. *Ibid.*

terait une nouvelle extension de deux semaines : « À l'époque, énormément de collègues ont décidé d'arrêter de faire des avortements, on a donc été confrontés à un sérieux problème de ressources humaines qu'on n'avait pas anticipé. Je pense que ce sera la même chose si le délai est encore allongé. Cette mesure aura donc pour effet de réduire l'accès à l'IVG, soit l'inverse de celui escompté[20]. » Le professeur Nisand sera suivi dans ses arguments par le bureau du CNGOF et par le professeur Jean-François Mattei, président de l'Académie de médecine. Dans un communiqué de presse du 10 octobre 2020, celui-ci fait en effet part de son inquiétude quant à l'augmentation des complications, à court comme à long terme (risque d'accouchements prématurés), dans l'hypothèse d'une extension du délai légal à 16 SA. Le Comité consultatif national d'éthique (CCNE) fut alors saisi par le ministre de la Santé pour donner son avis sur le projet de loi. Après avoir examiné en détail la littérature scientifique, le CCNE contredit ces oppositions à l'extension du délai légal. Son avis d'octobre 2020 indique ainsi « qu'il n'existe que peu, voire pas de différence de risque pour la femme avortant entre 14 et 16 SA[21] ». Malgré cet avis, le professeur Nisand continua de fédérer autour de lui plusieurs médecins de centres d'IVG et des chefs de service de gynécologie-obstétrique – principalement dans la région des Hauts-de-France – pour s'opposer à l'extension du délai, par le biais cette fois d'une lettre adressée aux députés et reproduite dans la presse en novembre 2021. Les signataires y expriment leur inquiétude face, d'une part, aux dangers de la méthode chirurgicale à partir de 14 SA et, d'autre part, au risque de désengagement des professionnels[22]. Ce courrier fit réagir de nombreux praticiens orthogénistes[23] qui, à leur tour, publièrent un manifeste dans le magazine *Marie Claire* intitulé « 400 soignants s'engagent pour des IVG à 16 SA[24] ». Ils y indiquent que « la littérature scientifique est abondante et rassurante : les méthodes instrumentales et médicales modernes pour les avortements jusqu'à 16 SA, terme limite que le projet de loi propose, sont toutes deux sûres et efficaces, lorsqu'elles sont pratiquées par des soignants formés, expérimentés et empathiques. Les médecins

20. « Délai pour avorter : "Effectuer une IVG à quatorze semaines de grossesse n'a rien d'anodin" », *Le Monde*, 7 octobre 2020.

21. Comité Consultatif National d'Éthique, 8 décembre 2020, *Opinion sur l'allongement du délai légal d'accès à l'IVG de 12 à 14 semaines de grossesse.*

22. « Un collectif de médecins des Hauts-de-France s'oppose à l'allongement du délai d'IVG », *La Voix du Nord*, 28 novembre 2021.

23. Composé notamment de médecins et de sages-femmes spécialisés dans la pratique des IVG et de la contraception.

24. « 400 soignants s'engagent pour des IVG à 14 semaines, voici leur manifeste », *Marie Claire*, 20 novembre 2020.

hollandais, espagnols et britanniques ont acquis la pratique des IVG à des termes supérieurs à 14 SA. Nous saurons faire comme eux[25] ».

La loi fut finalement adoptée : depuis l'entrée en vigueur de la loi du 2 mars 2022, le délai légal d'IVG est étendu à 16 SA. La polémique entre professionnels aura néanmoins mis en lumière la manière dont les opposants à l'extension du délai légal ont fait de la technique de D&E leur bête noire dans leur argumentation, sans jamais envisager l'alternative de la technique médicamenteuse. Il leur était en effet tout à fait possible de refuser l'introduction de la technique de D&E en France, tout en acceptant l'allongement du délai légal et le recours, pour ces IVG tardives, à l'utilisation de la technique médicamenteuse en dépit de tous ses inconvénients au deuxième trimestre (douleurs, durée de séjour hospitalier, visualisation possible du fœtus).

### *Les difficultés d'application de la loi : l'accès à l'IVG après 14 SA*

L'anathème ainsi jeté sur la technique chirurgicale de D&E a des répercussions concrètes : il se traduit aujourd'hui, dans les faits, par des difficultés d'accès à un avortement après 14 SA. Celles-ci sont liées aux difficultés d'accès à un praticien, qui se caractérisent par de fortes disparités territoriales.

Une analyse de la situation menée par le réseau de soins franciliens REVHO (Réseau Entre la Ville et l'Hôpital pour l'Orthogénie), et dont les résultats ont été repris par le journal *Le Monde*[26], indique par exemple qu'en Auvergne-Rhône-Alpes, seuls 21 centres sur 63 pratiquent des IVG entre 14 et 16 SA ; en Occitanie, ce chiffre tombe à 19 (sur un total de 40 centres). En Île-de-France, six mois après le vote de la loi, 12 % des IVG pratiquées entre 14 et 16 SA concernaient des femmes provenant d'une autre région, alors que ce phénomène était rarissime avant la loi de 2022. Une enquête conduite par le réseau périnatal lorrain dans le Grand Est[27] montre que 15 établissements hospitaliers sur 37 proposent l'IVG jusqu'à 16 SA, mais que seuls 6 d'entre eux utilisent la méthode chirurgicale jusqu'à 16 SA. Globalement, entre 2019 et 2023, on constate dans cette région que les établissements qui, déjà, n'allaient pas jusqu'au délai légal maximal de 14 SA posé par la loi de 2001 se fixent (en toute illégalité) un délai d'IVG inférieur à celui prévu par la loi. En revanche, tous les établissements

25. *Ibid.*

26. Solène Cordier, « IVG : pourquoi la loi qui a allongé le délai légal pour avorter est difficilement appliquée », *Le Monde*, 17 novembre 2022.

27. Jeanne Launois et Margaux Creutz-Leroy, « L'accès à l'interruption volontaire de grossesse dans la région Grand Est en 2023 », *Santé Publique*, vol. 35, n° 6, 2023, p. 53-63.

qui se sont alignés sur le nouveau délai légal de 16 SA étaient déjà tous engagés, avant la loi, dans l'orthogénie jusqu'à 14 SA.

Quant aux disparités territoriales, elles sont notamment illustrées par le fait que l'offre d'IVG entre 14 et 16 SA se trouve concentrée dans les grands centres hospitaliers, occasionnant des inégalités d'accès résultant de la distance à parcourir entre le domicile et l'acte médical demandé (ici l'avortement). La fronde de médecins au moment de l'adoption de la loi de 2022 laisse en outre présager une mauvaise application du texte dans certaines régions, notamment les Hauts-de-France. Une enquête menée par le Mouvement français pour le Planning familial fin janvier 2021 montre que seulement 11 des 30 établissements qui réalisent des IVG dans cette région les pratiquent jusqu'à 16 SA. Les femmes concernées sont donc contraintes de trouver d'autres solutions ; et certaines d'entre elles se déplacent à Paris[28]. La cheffe du service de gynécologie médicale et d'orthogénie à l'hôpital Jeanne-de-Flandre à Lille indique, dans une interview publiée par le journal *Le Monde*, que « ce sont des médecins généralistes et non les gynécologues-obstétriciens qui acceptent de pratiquer les IVG. Or, en raison du nouveau geste qu'impliquait l'allongement des délais, ils ont dit qu'ils ne pouvaient pas le faire, de peur de complications éventuelles ». Elle détaille : « On a envisagé un temps de faire des IVG médicamenteuses dans ces cas-là, mais ça nécessite souvent une péridurale, et chez nous ce sont les sages-femmes qui se chargent de cela ; or notre service d'IVG fonctionne avec des infirmières, nous sommes en gros déficit de sages-femmes. » Finalement, quelques gynécologues-obstétriciens « ont accepté de s'y mettre »[29].

### *Les problèmes liés à la maîtrise de l'acte D&E*

La particularité du geste technique de la D&E n'a pas été pris en compte dans le texte de la loi de 2022 ; en ignorant cet aspect de l'extension du délai légal à 16 SA, le législateur a fait comme s'il n'allait pas poser de problèmes aux professionnels, et comme s'il n'impliquait pas de dispositions particulières. Mais cela revenait à ignorer deux éléments capitaux de la réalité empirique : d'une part, que l'essentiel des avortements en France est pratiqué par des médecins généralistes ayant une formation limitée en chirurgie gynéco-obstétricale et, d'autre part, que les gynécologues obstétriciens ne sont en général pas formés à la technique de D&E. En effet, avant la loi de 2022 elle était très peu pratiquée en France

28. Catherine Durand, « L'avortement : un droit pour toutes sauf dans les Hauts-de-France », *Marie Claire*, 08/03/2023.
29. Solène Cordier, « IVG : pourquoi la loi qui a allongé le délai légal pour avorter est difficilement appliquée », *op. cit.*

– sauf par quelques gynécologues obstétriciens expérimentés qui pratiquaient la technique chirurgicale dans le cadre des interruptions médicales de grossesses du 2e trimestre après la loi de 1975 (et avant l'avènement de la méthode médicamenteuse dans les années 1990 ; qui l'a quasi complètement remplacée). Ces maîtres ont ensuite pu former des praticiens orthogénistes volontaires, dont certains se sont également rendus à l'étranger pour apprendre la technique de D&E ; par la suite, elle a pu être diffusée par la formation des médecins dans les services où ils exercent, ainsi que par l'intermédiaire d'une publication scientifique dans une revue française de gynécologie obstétrique en juillet 2022[30]. En 2023, la première étude française publiée sur la pratique de l'IVG entre 14 et 16 SA par méthode chirurgicale a permis de montrer un bon apprentissage de la technique de D&E par les praticiens d'une équipe de gynécologie obstétrique, avec un taux très faible de complications, identique à celui retrouvé dans la littérature médicale internationale[31]. Les auteurs concluent que cette pratique étant nouvelle en France, il est nécessaire dans un premier temps de confier sa pratique à des praticiens aguerris ayant déjà une bonne expérience de l'aspiration instrumentale jusqu'à 14 SA, puis de former rapidement d'autres acteurs de santé (internes, sages-femmes). Il s'agit ensuite d'engager un travail auprès des professionnels qui refusent de faire des IVG chirurgicales (par aspiration ou par D&E) à partir de 12 ou 14 SA en invoquant un manque de compétence ou de formation.

Dans ce contexte, il importe également de ne pas minimiser le potentiel de nuisance de quelques personnalités, même isolées, pourvu qu'elles soient puissantes et bénéficient de relais médiatiques complaisants. L'épisode de la prescription d'hydroxychloroquine lors de l'épidémie de Covid 19 en France et dans le monde doit agir de ce point de vue comme une alerte – et une leçon. Or, le discrédit jeté pendant plus de 20 ans par le professeur Nisand sur la méthode chirurgicale pour interrompre une grossesse à partir de 12 SA a, de ce point de vue, porté ses fruits : les praticiens qui refusent de la pratiquer semblent en effet avoir été davantage convaincus par ce discours alarmiste sur sa dangerosité que par l'évidence scientifique ou les recommandations officielles. Le silence gardé par de nombreux autres professeurs de gynécologie obstétrique (à l'exception du professeur Yves Ville[32]) en 2020 est d'ailleurs notable : ils ne se sont généralement pas manifestés pour défendre l'augmentation du délai légal de l'IVG et rétablir la vérité scientifique sur les complications (ou plutôt leur absence) de la technique de D&E.

30. Philippe Faucher, Sophie Gaudu, « How I do to perform an abortion by instrumental method between 14 and 16 weeks of amenorrhea ? », *Gynécologie, obstétrique, fertilité & sénologie*, 2022, vol. 50, n° 7-8, p. 559-562.

31. Gladys Gouret, Philippe Faucher *et al.*, « Induced abortion between 14 and 16th : Clinical context and complications », *Gynécologie, obstétrique, fertilité & sénologie*, 2023, vol. 51, n° 9, p. 415-419.

32. Christine Mateus, « Il faut inscrire ce droit dans la Constitution », *Le Parisien*, 17 janvier 2021.

Cette atonie du milieu universitaire gynéco-obstétrical français sur le sujet contraste avec la levée de boucliers de nombreuses personnalités universitaires spécialistes des maladies infectieuses contre la prescription d'hydroxychloroquine lors de l'épidémie de Covid 19. On peut probablement y lire une forme de désintérêt, ou un manque de culture scientifique des universitaires de la gynécologie obstétrique pour l'avortement. L'IVG n'est en effet que rarement le sujet de publications médicales scientifiques de haut niveau en France, ce qui contraste avec le reste de l'Europe où des carrières prestigieuses ont été construites sur ce thème[33]. Les gynécologues-obstétriciens français se détournent en règle générale de l'orthogénie au profit d'autres pratiques considérées comme plus intéressantes techniquement et plus valorisantes, comme la procréation médicalement assistée (PMA)[34].

Une telle fronde visant à discréditer la méthode chirurgicale à partir de 12 SA n'a été observée dans aucun autre pays. En Europe, on n'observe aucun discrédit comparable à celui qui a été jeté en France contre la technique instrumentale à des termes « tardifs » (aspiration à partir de 12 SA et D&E à partir de 14 SA) – dont on a vu le retentissement négatif qu'il avait eu sur l'accès des femmes à une IVG à des termes avancés dans les meilleurs délais. Dans les pays dont la législation autorise l'IVG au deuxième trimestre, l'organisation de la pratique est fixée depuis des décennies, sans être remise en cause. Aux Pays Bas, en Espagne, en Angleterre et au pays de Galles, les avortements se pratiquent par méthode chirurgicale dans des cliniques spécialisées en IVG en dehors des hôpitaux ; ces cliniques sont soit à but lucratif (Espagne, Pays Bas), soit intégrées au système public de santé (Angleterre, Pays de Galles). En Suède, les femmes avortent jusqu'à 18 SA par méthode médicamenteuse dans les hôpitaux publics. En Écosse, elles ne peuvent le faire que par méthode médicamenteuse jusqu'à 20 SA (à quelques exceptions près) ; au-delà, elles sont dirigées en Angleterre où elles peuvent bénéficier de la technique instrumentale jusqu'à 24 SA. Le système public de santé écossais couvre non seulement les coûts de l'intervention, mais aussi ceux du transport et de l'hébergement (y compris d'une personne accompagnante). Le revers de la médaille, dans ces pays, est que les femmes n'ont pas le choix de la méthode d'avortement au deuxième trimestre de la grossesse.

33. Voir par exemple Sharon Cameron en Ecosse, ou Kristina Gemzell-Danielsson en Suède.
34. Assemblée nationale, *Rapport n° 3343 d'information sur l'accès à l'interruption volontaire de grossesse*, Délégation aux droits des femmes et à l'égalité des chances entre les hommes et les femmes, 16 septembre 2020.

## *Le refus de réalisation de l'acte par certains professionnels de santé*

En France, la prise en charge des IVG à partir de 12 SA est conflictuelle, car certains médecins soit refusent de prendre en charge les femmes au-delà d'un certain terme de grossesse, soit leur imposent la méthode médicamenteuse en refusant de pratiquer la méthode instrumentale. Or, comme on l'a vu, ces médecins qui imposent la méthode médicamenteuse à des termes avancés se placent en conflit non seulement avec les recommandations de la HAS, mais aussi avec la plupart des médecins orthogénistes qui pratiquent la méthode instrumentale et voient d'un mauvais œil le fait d'obliger les femmes à subir l'expulsion longue et douloureuse par voie basse du fœtus et l'éventuelle visualisation de son corps. Et pourtant, malgré ces difficultés, les recommandations de la HAS qui, jusqu'en 2023, limitaient la pratique de l'IVG médicamenteuse à 9 SA vont très probablement évoluer, comme l'indique le programme de travail de la HAS pour 2024, qui comporte un projet d'actualisation de la recommandation de bonne pratique de l'IVG médicamenteuse[35]. Il est probable – mais non encore avéré – que la méthode médicamenteuse soit recommandée comme alternative à la méthode chirurgicale jusqu'à 16 SA. Il est donc indispensable de continuer à former les médecins et les sages-femmes à la pratique de l'aspiration à des termes avancés et à la technique de D&E, sauf à mettre en péril la pérennité de la méthode chirurgicale en France. Un certain nombre de professionnels continueront certainement de refuser de pratiquer la technique de D&E, à la fois par crainte de problèmes opératoires et pour des motifs de convenance personnelle. Une telle « clause de conscience technique » n'est pourtant pas prévue par la loi. Seule existe, telle que reconnue à l'article L. 2212-18 du CSP, une clause de conscience, exprimée dans les termes suivants : « Un médecin ou une sage-femme n'est jamais tenu de pratiquer une interruption volontaire de grossesse mais il doit informer, sans délai, l'intéressée de son refus et lui communiquer immédiatement le nom de praticiens ou de sages-femmes susceptibles de réaliser cette intervention. » L'esprit de cette disposition n'est pas de reconnaître une clause de conscience à géométrie variable, qui permettrait aux professionnels de santé de choisir les IVG qu'ils acceptent, ou non, de réaliser. Quoi qu'il en soit, ces praticiens peuvent toujours se réfugier derrière la clause de conscience générale qui reconnaît à tout médecin le droit de refuser la réalisation d'un acte médical autorisé par la loi mais qu'il estimerait contraire à ses convictions personnelles, professionnelles ou éthiques[36].

---

35. Haute Autorité de Santé, *Plan de travail 2024*, avril 2024 [en ligne : https://www.has-sante.fr/upload/docs/application/pdf/2024-01/programme_de_travail_has_2024.pdf]

36. Tous les médecins disposent d'une clause de conscience (de nature réglementaire) prévue par l'article R. 4127-47 CSP. La spécificité de l'IVG est que son régime juridique prévoit une clause de

La souffrance exprimée par certains praticiens face au geste de la D&E dans le cadre de l'IVG mérite cependant d'être prise en compte et étudiée. Dans certains services, comme à La Rochelle, des groupes de paroles se sont constitués afin de permettre aux médecins, mais aussi à l'ensemble du personnel du bloc opératoire, d'exprimer leurs difficultés face à ce geste[37]. Ce malaise moral des médecins français à pratiquer la technique de D&E n'est pas une nouveauté. Dans le cadre de l'interruption médicale de grossesse (IMG), l'avènement dans les années 1990 de la technique médicamenteuse a permis aux obstétriciens français de se « débarrasser » du geste pénible de la D&E. Aujourd'hui, quasiment toutes les IMG à partir de 14-15 SA sont ainsi pratiquées dans les services médecine fœtale par la technique médicamenteuse, ce qui a d'ailleurs eu pour effet de transférer aux sages-femmes le suivi de l'expulsion du fœtus. Une enquête sociologique menée au Danemark auprès d'obstétriciens de médecine fœtale ayant suivi le même chemin que leurs collègues français depuis 1997 montre qu'ils présentent aux couples l'avortement par méthode médicamenteuse comme plus doux, plus naturel, plus respectueux de la physiologie – pour masquer en fait leur malaise moral[38]. La publication débute par un extrait du témoignage d'une gynécologue danoise : « Si nous ne proposons pas ici d'avortement chirurgical, c'est avant tout parce que c'est une procédure désagréable à réaliser car le fœtus est si gros que vous devez utiliser des forceps pour pousser à travers le col et écraser le crâne. Et une procédure comme celle-là, où il faut mutiler le fœtus, la plupart des médecins ne veulent pas faire ça. Donc, nous avons décidé que cela devait avoir lieu médicalement, parce que c'est plus doux pour tout le monde[39]. »

Pourquoi, dans ces conditions, de nombreux médecins orthogénistes français se battent-ils pour réhabiliter le geste de la D&E dans le cadre des IVG entre 14 et 16 SA ? Parce que si la méthode médicamenteuse présente certains avantages pour les praticiens qui la réalisent, ce n'est pas nécessairement le cas pour les femmes qui interrompent leur grossesse. S'ils veulent réhabiliter la D&E, c'est parce qu'ils portent une attention particulière au vécu le moins difficile possible d'une IVG par les femmes, souvent fragilisées par un sentiment de culpabilité et un parcours d'accès aux soins parfois chaotique. L'idée d'imposer à une femme

---

conscience qui lui est propre. C'est ainsi que l'article L. 2212-18 CSP (de nature législative) octroie aux professionnels de santé une deuxième clause de conscience. Même si elle était supprimée (ce que d'aucuns réclament), la clause de conscience générale de nature réglementaire persisterait.

37. Myriam Guibert, Claire Simonneau-Barbin, Valérie Pigeau, « Retour sur la création d'un groupe de parole autour de l'IVG auprès des soignants », Communication orale lors de la Journée régionale d'accès à l'IVG.

38. Laura Louise Heisen *et al.*, « Orchestrating moral bearability in the clinical management of second-trimester selective abortion », *Social Science & Medicine*, 2023, vol. 338, Article n° 116306.

39. *Ibid.*

des contractions utérines douloureuses pendant une journée et l'expulsion d'un fœtus de 10 centimètres ne leur semble pas acceptable. Tous les professionnels français de l'orthogénie sont très attachés à l'idée que les femmes doivent pouvoir choisir leur méthode d'avortement pour optimiser la façon dont elles vont vivre leur l'IVG. La plupart sont donc prêts à se former au geste de la D&E et à le pratiquer, même si *a priori* ce geste est humainement désagréable. Sans parler nécessairement d'engagement militant, il existe chez de nombreux médecins orthogénistes un engagement personnel qui les conduit à consacrer toute ou une grande partie de leur vie professionnelle à faire des IVG. *A contrario*, en l'absence d'un tel engagement guidant la pratique médicale, on peut plus aisément comprendre que des médecins ou des sages-femmes éprouvent des difficultés « morales » à pratiquer la technique de D&E. Il est donc important de veiller à ce que la pratique des IVG dans le service public soit confiée à un personnel dédié et volontaire, et non pas imposée à des obstétriciens ou à des sages-femmes dont la préoccupation principale est la gestion des accouchements. La désertification médicale, la faible attractivité salariale et le manque de considération des médecins orthogénistes sont malheureusement des obstacles à une telle organisation à l'échelle nationale et expliquent, au moins en partie, les disparités territoriales dans l'accès à l'IVG jusqu'à 16 SA. On pourrait également repenser l'organisation de la pratique des IVG en France en créant, comme en Angleterre, des cliniques extra-hospitalières qui font partie du service public et dont le personnel est très bien formé et volontaire pour prendre soin des femmes qui avortent.

## L'influence de la maîtrise du geste d'arrêt de vie fœtale (GAF) sur l'acceptation des IMG pour motif maternel

Outre l'IVG, la loi de 1975 encadre également l'interruption volontaire de la grossesse pour motif thérapeutique ; le sigle ITG, longtemps utilisé, est aujourd'hui remplacé par celui d'IMG (interruption médicale de grossesse). Cette possibilité d'interrompre une grossesse au-delà du délai légal n'a pas de limite de terme, dès lors que deux médecins attestent, après examen et discussion, soit que la poursuite de la grossesse met en péril grave la santé de la femme, soit qu'il existe une forte probabilité que l'enfant à naître soit atteint d'une affection d'une particulière gravité reconnue comme incurable au moment du diagnostic. La loi de 1975 exigeait que l'un des deux médecins exerce son activité dans un établissement d'hospitalisation public ou privé, et que l'autre soit inscrit sur une liste d'experts près la Cour de cassation ou près d'une Cour d'appel[40]. La loi n° 94-654 du 29 juillet 1994 relative à la bioéthique a simplement ajouté à ces dispositions l'exigence que l'un de ces deux médecins exerce son activité dans un Centre de diagnostic prénatal pluridisciplinaire[41] (CPDPN)[42].

### *Le rôle limité des CPDPN sur la décision des IMG pour motif maternel entre 2001 et 2011*

La loi du 4 juillet 2001 relative à l'interruption volontaire de grossesse et à la contraception a modifié le régime juridique applicable à l'IMG. Elle a, d'abord, supprimé l'exigence que l'un des médecins compétents pour l'autoriser ait la qualité d'expert près la Cour de cassation ou près d'une Cour d'appel. Elle a, ensuite, scindé en deux les modalités d'IMG selon qu'elle est justifiée par un motif fœtal ou un motif maternel. Lorsque l'indication est fœtale, la loi prévoit que l'autorisation d'IMG soit signée par un deuxième médecin du CPDPN, en remplacement de l'expert auprès des tribunaux. Lorsque l'indication est maternelle, la loi de 2001 évince les CPDPN du processus décisionnel : il appartient alors à trois médecins (un gynécologue obstétricien, un médecin choisi par la femme, et un spécialiste de la pathologie maternelle concernée) et un·e assistante social·e ou un·e psychologue d'autoriser (ou non) l'interruption de grossesse, s'ils estiment que la condition légale (à savoir que la poursuite de la grossesse met en péril grave la santé de la femme) est remplie.

Une étude sur des interruptions de grossesse pour motif maternel ayant eu lieu de 2001 à 2010, réalisée dans quatre maternités différentes du nord de Paris[43] sur un total de 103 patientes, montre, par ce seul chiffre, la rareté de l'indication maternelle dans la pratique de l'IMG. Dans les cas recensés, les indications de recours à l'interruption de grossesse étaient des pathologies maternelles somatiques (pathologies malignes, immunodépressions par le VIH, maladies de système, pathologies cardiovasculaires ou neurologiques, insuffisances rénales et

40. Ces conditions étaient posées à l'article L. 162-2 du Code de la santé publique, aujourd'hui abrogé.
41. Art. L. 162-12 Code de la santé publique (aujourd'hui abrogé).
42. Les CPDPN ont été créés en 1994 et leur mode de fonctionnement précisé par le décret n° 97-578 du 28 mai 1997. Ils ont pour missions de favoriser l'accès à l'ensemble des activités de diagnostic prénatal et d'assurer leur mise en œuvre en constituant un pôle de compétences cliniques et biologiques au service des patients et des praticiens (voir aujourd'hui les articles R. 2131-10 à R. 2131-22 du Code de la santé publique). On désigne aussi les CPDPN sous le nom de services de médecine fœtale.
43. Bruno Piel, Elie Azria, Jean-François Oury, Lionel Carbillon, Laurent Mandelbrot, « Interruptions médicales de grossesse pour motifs maternels : étude rétrospective multicentrique des indications dans la période entre la loi sur l'interruption de grossesse de 2001 et la nouvelle loi de bioéthique », *La Revue Sage-Femme*, 2013, vol. 12, n° 5, p. 204-13.

altération de l'état général), des indications psychosociales (polytoxicomanies et situations irrégulières ou grande précarité), des pathologies psychiatriques (risques suicidaires, psychoses chroniques, retards mentaux, troubles dépressifs et traitement neuroleptique lourd), des pathologies obstétricales (essentiellement prééclampsies, mais aussi métrorragies sévères et risques de rupture utérine) et des viols, la plupart sur mineures. Dans une partie des cas, plusieurs de ces indications étaient combinées. Les conclusions de l'étude soulignaient l'absence d'IVG « camouflées » dans les centres étudiés. Ainsi, si certains veulent faire passer le motif de détresse psychique ou sociale dans le champ des indications d'une IMG pour raison maternelle[44], situant finalement celle-ci dans le continuum de l'IVG quand le terme est dépassé, la réalité du terrain montre, à l'inverse, que les professionnels tendent à interpréter très strictement la notion de péril grave pour la santé avant d'interrompre une grossesse[45].

De 2001 à 2011, la procédure d'IMG était simplifiée et permettait à une femme d'accéder à une demande d'IMG dans n'importe quel service de gynécologie-obstétrique du territoire. La seule limite était une limite technique : maîtriser parfaitement la technique du geste d'arrêt de vie fœtal (GAF) *in utero*. Au vu de la littérature, la technique de GAF alliant au mieux efficacité, sécurité et considérations éthiques est celle d'un abord cordonal écho-guidé avec injection première d'un analgésique, puis injection létale de lidocaïne. L'utilisation de la voie d'abord intra-amniotique présente un intérêt certain en termes d'organisation, étant donné la facilité technique de ce geste. Cependant, l'incertitude quant au délai d'obtention de l'asystolie, ainsi que les effets secondaires maternels potentiels de la digoxine ne permettent pas à l'heure actuelle d'envisager cette technique de GAF en routine[46]. Étant donné les connaissances actuelles concernant le risque de douleur fœtale et de survie des grands prématurés, il semble qu'un GAF doit être proposé à partir de 20-22 SA[47]. Or ce geste technique très spécifique n'est pas exigible dans la formation de tous les gynécologues obstétriciens ; il est essentiellement pratiqué et enseigné dans les CPDPN. La réalisation régulière de la technique de ponction cordonale permet également aux équipes de médecine

44. Israël Nisand, « L'IMG psychosociale : une réelle nécessité », https://syngof.fr/wp-content/uploads/2020/10/IMG-Psycho-sociale_Israel-Nisand.pdf.

45. La notion de « détresse psychosociale » comme motif du péril indiquant une IMG a été introduite par l'Assemblée nationale dans les débats relatifs à loi bioéthique de 2021, mais elle a été supprimée, ensuite par le Sénat (v. : https://www.senat.fr/encommission/2019-2020/686/Amdt_COM-5.html).

46. Lorsqu'on utilise la ponction intra-amniotique et non plus cordonale, le produit létal n'est plus la lidocaïne mais la digoxine.

47. Lucie Guilbaud *et al.*, « Geste d'arrêt de vie fœtale : techniques pour les interruptions médicales de grossesse du deuxième et troisième trimestre », *Gynécologie Obstétrique Fertilité & Sénologie*, 2020, vol. 48, n° 9, p. 687-692.

fœtale la pratique de ponctions de sang fœtal, dont les indications dans le cadre du diagnostic prénatal sont limitées mais dont la maîtrise demeure indispensable, notamment pour la réalisation de transfusions fœtales. Ainsi, la collaboration avec un médecin d'un CPDPN était indispensable lorsqu'il s'agissait d'interrompre une grossesse au-delà de 20-22 SA pour réaliser le GAF. Comme il n'était pas prévu par la loi que le médecin du CPDPN fasse partie de la commission décisionnelle qui statue sur la demande d'IMG, celui-ci pouvait se retrouver dans le rôle de « prestataire de service » (en l'occurrence de la réalisation du GAF), ce qui n'était pas très bien accepté.

### *Le rôle accru des CPDPN sur la décision des IMG pour motif maternel entre 2011 et aujourd'hui*

Ce fonctionnement de l'IMG a, depuis, connu de nouvelles modifications. En 2011, la révision de la loi bioéthique[48] a réintégré les CPDPN dans le processus décisionnel lorsque l'interruption est pratiquée pour motif maternel, en exigeant la présence non pas d'un simple gynécologue obstétricien mais d'un gynécologue obstétricien inscrit auprès d'un CPDPN. On peut s'interroger sur les motifs ayant poussé le législateur à réintroduire, dans la commission multidisciplinaire, un gynécologue spécialiste de pathologie fœtale lorsqu'il s'agit d'interrompre la grossesse d'une femme en péril grave, mais porteuse d'un fœtus sain. Le seul argument mis en avant lors des débats parlementaires pour justifier une telle mesure tient au fait que « l'expertise et l'expérience acquises par les CPDPN pourront être précieuses dans l'analyse des différents éléments pouvant conduire à la décision ou non de permettre une IMG[49] ». Le rapport de la commission des affaires sociales du Sénat présidée par Alain Milon reconnaissait toutefois que dans les faits, « ces IMG sont peu nombreuses par rapport à celles qui sont liées au très fort risque pour l'enfant à naître d'être atteint d'une affection particulièrement grave et incurable[50] ». L'argument de l'utilité de l'intervention d'un spécialiste de médecine fœtale dans le cadre des IMG pour motif maternel est contestable. Ces spécialistes sont des généticiens, des pédiatres, des spécialistes en échographie fœtale, des obstétriciens spécialistes des malformations *in utero* ; contrairement aux médecins impliqués dans l'IVG, ils sont bien éloignés, par leur pratique quotidienne, des femmes qui expriment leur détresse psychique, sociale ou économique face à une grossesse non prévue. Pourquoi devraient-ils,

48. Loi n° 2011-814 du 7 juillet 2011 relative à la bioéthique.
49. Projet de loi relatif à la bioéthique. Rapport n° 388 (2010-2011), déposé le 30 mars 2011. https://www.senat.fr/rap/l10-388/l10-38829.html
50. Sénat, Rapport n° 388 au nom de la commission des affaires sociales, 30 mars 2011, p. 67.

dans ce cas, être les incontournables décisionnaires ? L'esprit du texte de loi de 2001 n'était-il pas, précisément, d'exclure ces spécialistes de médecine fœtale du processus décisionnel des IMG pour motif maternel ?

Aujourd'hui, l'implication d'un médecin inscrit auprès d'un CPDPN est exigée par la loi quel que soit le terme de la grossesse, même si la loi ne prévoit pas que le dossier soit discuté au sein du CPDPN. Néanmoins, l'arrêté de bonnes pratiques précise que la décision doit être transmise au CPDPN[51]. Or, les CPDPN n'existent que dans les grandes villes de chaque région. Par exemple, en Bretagne, seuls les hôpitaux de Brest, Rennes et Saint-Brieuc sont dotés d'un CPDPN ; en Bourgogne-Franche-Comté, les CPDPN n'existent qu'à Dijon et Besançon ; à Nancy, Reims et Strasbourg pour la région Grand Est, etc. Le cadre juridique impose pourtant désormais, y compris lorsque le GAF n'est pas nécessaire (soit avant 20 SA), que les femmes effectuent des déplacements de plusieurs dizaines de kilomètres afin de pouvoir rencontrer un médecin spécialiste des affections fœtales afin qu'il donne son avis[52]. Cette exigence paraît d'autant plus lourde que la réalisation de ces IMG pour raisons maternelles ne nécessite pas de connaissances particulières (puisqu'il ne s'agit nullement d'évaluer ici « l'état » du fœtus), en dehors de celles liées à la réalisation du GAF. C'est d'autant moins utile qu'une expertise technique n'est pas requise puisque au-delà de 14 SA, la méthode d'interruption de grossesse est essentiellement médicamenteuse, la méthode instrumentale de la D&E n'étant quasiment plus utilisée dans les CPDPN pour les IMG. Or, cette technique médicamenteuse se pratique dans n'importe quel service d'obstétrique, et ne nécessite pas de compétences médicales spécifiques. La preuve en est que le suivi de ces IMG est en règle générale réalisé par les sages-femmes de la salle de naissance, en parallèle des accouchements.

### *Une nouvelle organisation possible de l'accès à une IMG pour motif maternel*

Il est particulièrement intéressant d'examiner les conditions d'accueil et de prise en charge, dans ces centres de médecine fœtale, des IMG demandées pour motifs psychiques et/ou socio-économiques – une forme d'IMG parfois improprement

51. Arrêté du 1er juin 2015 déterminant les recommandations de bonnes pratiques relatives aux modalités d'accès, de prise en charge des femmes enceintes et des couples, d'organisation et de fonctionnement des centres pluridisciplinaires de diagnostic prénatal en matière de diagnostic prénatal et de diagnostic préimplantatoire. https://www.legifrance.gouv.fr/jorf/id/JORFTEXT000030707965
52. Sauf si le médecin inscrit auprès d'un CPDPN régional veut donner son avis sur dossier sans rencontrer la femme, ou si par chance il exerce dans un hôpital départemental proche du lieu de résidence de cette dernière.

qualifiée d'IMG pour « détresse psycho sociale[53] ». C'est qu'en effet le refus catégorique d'une femme d'avoir un enfant peut engendrer pour elle des troubles psychiques tels qu'ils sont susceptibles de mettre sa santé (voire sa vie s'il y a, par exemple, un risque de suicide) gravement en danger. Pour le sociologue Raphaël Perrin, les professionnels qui prennent en charge ces femmes se font alors juges de la légitimité des demandes d'avortement, dessinant en creux leur conception des parentalités déviantes, que l'on peut ou doit empêcher[54]. Cependant, si des jugements négatifs portés sur l'incapacité parentale de la femme enceinte et/ou sur les (mauvaises) conditions de vie potentielles de l'enfant qui naîtrait pourraient les conduire à admettre l'IMG, il demeure difficile pour ces professionnels de médecine fœtale d'accepter d'interrompre une grossesse lorsque le fœtus ne présente pas de malformation. Plusieurs éléments peuvent, malgré tout, les conduire à admettre une IMG pour motif maternel. Le terme de la grossesse, bien que n'apparaissant pas dans la loi comme un facteur limitant, est, en pratique, un élément central dans l'acceptation ou le rejet des demandes d'interruption. Ainsi l'âge gestationnel moyen est plus élevé pour les refus que pour les acceptations ; et, au-delà d'un certain terme, les médecins n'acceptent plus de pratiquer des avortements pour motif maternel, sauf dans les cas rarissimes de mise en danger immédiate de la vie de la mère. Raphaël Perrin montre également que la propension des professionnel·les à accepter les demandes est liée à leur socialisation professionnelle. Il met ainsi en évidence le fait qu'une large part du travail des obstétriciens et des sages-femmes est centrée sur l'humanisation des fœtus. Les médecins spécialistes de l'IVG, à l'inverse, tendent à valoriser l'autonomie des femmes dans la décision procréative. Il en va de même pour les psychiatres, psychologues et assistantes sociales qui mettent la femme au centre de leurs préoccupations. Or, lorsqu'un conflit apparaît entre les professionnels quant à la réponse à apporter à la demande d'IMG formulée par une femme dont le terme de grossesse est à plus de 20 SA, ce sont les obstétriciens du service de médecine fœtale qui ont le dernier mot, car ce sont eux qui devront pratiquer le geste d'arrêt de vie fœtale puis induire l'expulsion du fœtus. Les soignants concernés, interrogés lors d'une enquête par Jean-Christophe Weber, vivent le geste d'arrêt de vie fœtale comme une transgression à la limite du tolérable[55]. Pour se tenir

53. Le terme de « détresse psychosociale » n'existe ni dans la loi française, ni dans aucune législation étrangère sur l'interruption de grossesse.
54. Raphaël Perrin, « Au tribunal des femmes enceintes. Enquête sur les pratiques d'interruption médicale de grossesse pour détresse psychosociale », *Revue française des affaires sociales*, 2023, n° 2, p. 107-129.
55. Jean-Christophe Weber, Dominique Memmi, Thierry Rusterholtz, Catherine Allamel-Raffin, « Le fœticide, une administration impensable de la mort ? », *Sociétés contemporaines*, 2009, vol. 3, n° 75, p. 17-35.

à distance de ce qui peut être vécu comme un infanticide tout en légitimant un acte pourtant perçu comme une mort infligée, il faut donc faire appel à un autre registre permettant, au-delà de la traduction subjective de l'acte, de le justifier en raison[56]. Le praticien qui pratique le GAF sur un fœtus sain doit ainsi être convaincu qu'il agit au nom d'un bénéfice subjectif supposé pour la mère en vue de lui éviter des souffrances ultérieures et/ou au bénéfice de l'enfant qui viendrait au monde dans des conditions particulièrement défavorables en raison d'un contexte maternel défaillant. Comme le montre également Raphael Perrin, au-delà de la médicalisation de la misère et des critères de classe définissant l'accès légitime au « métier de mère », les personnes ayant un rapport jugé déviant à la santé (handicap, addictions, accident récent), à la justice (incarcération présente ou passée de la femme enceinte ou du géniteur), au corps et à la sexualité (exhibitionnisme, prostitution), au couple et à la famille (conjoint violent, relation incestueuse, enfants placés), tendent à être jugées inaptes à la parentalité et à voir leur demande d'interruption de grossesse acceptée[57]. En revanche, pour les femmes qui ne présentent pas ces caractéristiques, la demande d'IMG risque d'être rejetée, particulièrement si le terme de la grossesse est avancé. On peut donc dire que la subjectivité règne en maître dans les CPDPN lorsqu'il s'agit de permettre à une femme d'interrompre sa grossesse au-delà du délai légal d'IVG.

Pour faciliter et élargir l'accès à l'IMG pour raison maternelle, il serait pourtant tout à fait envisageable de mettre en place une autre organisation. Les demandes d'IMG pour raison maternelle pourraient en effet être reçues jusqu'à 20 SA dans les centres d'IVG, et à partir de 20 SA dans les (ou avec le concours d'un) CPDPN – du fait de la nécessité, alors, de réaliser le geste d'arrêt de vie fœtal. Idéalement, la loi devrait donc être à nouveau modifiée. Alternativement, il serait possible d'envisager un assouplissement de ses conditions d'application : il pourrait en effet être demandé aux agences régionales de santé (ARS) d'inscrire dans la composition des CPDPN un ou plusieurs médecins ou sages-femmes exerçant dans les centres d'IVG de la région[58]. Cela permettrait à des praticiens orthogénistes de s'occuper localement, et le plus vite possible, avant 20 SA, des femmes consultant pour une interruption de grossesse au-delà du délai légal, avec une acceptation plus large des motifs légaux nécessaires grâce à un respect accru de la capacité d'une femme à être juge de la gravité du péril qu'induirait sur sa santé la poursuite de la grossesse. Accélérer le processus décisionnel permettrait, en outre, de gagner du temps pour éviter de dépasser les 20 semaines et devoir ainsi

56. *Ibid.*
57. *Ibid.*
58. Depuis la loi de bioéthique de 2011, c'est l'Agence Régionale de Santé qui évalue la compétence des praticiens en vue de l'inscription dans un CPDPN.

pratiquer de geste d'arrêt de vie fœtale ; or il en va là d'un élément fondamental pour octroyer aux femmes une plus grande place dans le processus décisionnel d'IMG, tout en déchargeant le praticien du poids d'être celui qui donne la mort au fœtus – et de la nécessaire recherche corollaire, plus ou moins objective, de « bonnes raisons » de le faire.

## L'influence ambivalente de l'encadrement juridique sur les réductions embryonnaires

La réduction embryonnaire, ou arrêt sélectif de grossesse, est une procédure développée dans les années 1980 visant à éviter les grossesses multiples. Elle peut être pratiquée dans trois types de cas : lorsque celles-ci présentent un danger pour la santé de la femme enceinte, pour le développement des fœtus, ou encore lorsqu'il s'agit de supprimer un embryon atteint d'une pathologie grave tout en laissant se poursuivre la grossesse du ou des autres. En l'absence de pathologie fœtale, la réduction embryonnaire est habituellement proposée aux couples à partir d'une grossesse triple, souvent dans le cadre d'une procédure d'assistance médicale à la procréation (AMP). Elle est généralement réalisée à la fin du premier trimestre, par voie transabdominale sous guidage échographique, *via* une injection intracardiaque de lidocaïne ou de chlorure de potassium. L'obtention d'une grossesse gémellaire après réduction est la situation la plus communément admise. Avant 2021, la réduction embryonnaire n'avait jamais été abordée par le législateur. En pratique, elle pouvait donc répondre à la simple demande d'une femme enceinte de ne pas poursuivre une grossesse multiple, auquel cas elle entrait simplement dans le cadre de l'IVG, sous réserve du respect du délai légal applicable. Depuis la loi bioéthique de 2021, le législateur soumet désormais la réduction embryonnaire à des conditions d'ordre médical[59]. L'article L. 2213-1 du Code de la santé publique prévoit dorénavant que celle-ci ne peut être pratiquée que lorsque la poursuite de la grossesse multiple « met en péril la santé de la femme, des embryons ou des fœtus ». La loi n'établit pas de seuil : l'article ne précise pas le nombre d'embryons nécessaires à la réalisation d'une réduction embryonnaire. Ce faisant, il la rend envisageable en cas de grossesse gémellaire, et non uniquement en cas de grossesse multiple de haut rang (comme c'était auparavant le cas dans la pratique médicale). La procédure d'acceptation ou de refus de l'interruption sélective de grossesse est alignée sur celle des demandes d'IMG. Les conditions en sont un peu plus souples, puisque la loi n'exige pas ici que le « péril » que représente la grossesse pour la santé de la mère ou des embryons

59. Voir l'article L. 2213-1, II° CSP, tel que modifié par la loi n° 2021-1017 du 2 août 2021.

ou fœtus, soit « grave ». Dès lors, un péril « simple » – comme l'absence de prise de poids d'un embryon ou d'un fœtus, ou plus généralement l'altération de son développement, ou encore toute complication de l'état de santé de la mère – est ainsi susceptible de justifier l'interruption partielle de grossesse afin de favoriser la naissance d'au moins un enfant vivant et viable[60]. Une réduction embryonnaire ne peut être pratiquée que jusqu'à 14 SA, contrairement à l'IMG classique qui peut intervenir à tout moment de la grossesse. Le texte précise également qu'« aucun critère relatif aux caractéristiques des embryons ou des fœtus, y compris leur sexe, ne peut être pris en compte ». L'équipe pluridisciplinaire chargée d'examiner la demande de la femme est celle d'un CPDPN ayant requis, si besoin, l'avis d'un médecin qualifié en psychiatrie ou, à défaut, d'un psychologue. Contrairement à la procédure classique de l'IMG, l'intervention d'un psychiatre n'est ici plus obligatoire, laissant toutes les marges de manœuvre à l'équipe du CPDPN.

Il résulte de ces dispositions qu'une femme enceinte de moins de 14 SA qui souhaite interrompre totalement sa grossesse, quel que soit le nombre d'embryons, peut le faire sans aucune justification, alors que celle qui souhaite, en cas de grossesse multiple, n'éliminer que certains de ces embryons se voit contrainte de le justifier au regard, soit de son état de santé, soit des difficultés de développement que pourraient rencontrer les fœtus. La combinaison des textes relatifs à l'IVG et à la réduction embryonnaire dessine donc une situation éminemment paradoxale : une femme en situation de grossesse multiple qui ne souhaiterait pas la poursuivre pour des raisons extra-médicales (telles que des problèmes financiers, des difficultés sociales ou simplement l'absence de désir de concevoir plusieurs enfants à ce stade de sa vie), est en effet contrainte de devoir avorter totalement, alors même qu'elle pourrait souhaiter poursuivre la gestation d'un ou deux fœtus[61]. Une enquête par envoi d'un questionnaire a été réalisée en 2022 auprès des 48 CPDPN français pour connaître leur position face à des demandes de réduction embryonnaire de femmes porteuses de grossesses gémellaires[62]. Il en ressort que seuls 29,6 % des 28 centres ayant répondu ont déjà accepté de pratiquer une réduction embryonnaire sans pathologie fœtale, ni pathologie maternelle, ni situation à risque ni détresse psychosociale. Les principaux arguments avancés par ces centres, qui adoptent donc une position favorable à cette pratique, sont les suivants : la réduction permet d'éviter une IVG de toute la grossesse ; elle

60. Sophie Paricard, « Loi de bioéthique l'interruption médicale de grossesse évolue », *Dalloz Actualité*, 14 septembre 2021.

61. Lisa Carayon, « Réduction embryonnaire, réduction du droit des femmes », *Dalloz Actualité*, 8 septembre 2021.

62. Cécile Pasteau, *Pratique de la réduction embryonnaire pour demande maternelle en cas de grossesse gémellaire : Enquête nationale auprès des CPDPN français*, Thèse pour le doctorat en Médecine, Université de Strasbourg, 2022.

équivaut finalement à une IVG partielle ; elle répond au droit des femmes ; elle exprime l'idée que la santé mentale fait partie intégrante de la santé de la femme. À l'inverse, les principaux arguments avancés par les centres plutôt défavorables à cette pratique mettent en avant le fait qu'une grossesse gémellaire n'est pas une pathologie, ou que la réduction embryonnaire expose au risque d'arrêt de toute la grossesse. Au-delà, ils déplorent également le sentiment d'être pris en otage (l'alternative à un refus de réduction embryonnaire étant l'IVG de toute la grossesse), et mettent en avant le fait que la pratique n'est pas assez encadrée par la loi.

La justification de l'intervention d'un CPDPN dans le cadre de la réduction embryonnaire pourrait tenir dans la spécificité du geste technique d'arrêt sélectif de grossesse – un geste que ne maîtrisent pas les praticiens de l'IVG, contrairement aux praticiens de médecine fœtale. Cependant, on constate que l'acceptation ou le refus de pratiquer la réduction embryonnaire pour demande maternelle varie selon le centre consulté sur le territoire, car les questionnements éthiques autour de ce geste n'ont pas été résolus parmi les professionnels des CPDPN. Les femmes ne sont donc pas traitées de manière égale face à ce geste. Il est pourtant possible de considérer, avec Radhika Rao[63], que malgré leur appellation différente, la réduction embryonnaire sélective et l'avortement sont des actes essentiellement équivalents, pouvant être réalisés à l'aide de technologies médicales distinctes et dans des circonstances différentes afin d'atteindre une grande variété d'objectifs. En tant que tels, ils constituent dans cette perspective des points d'un continuum, la réduction embryonnaire se situant au carrefour entre l'avortement (dont elle partage le cadre moral et légal) et l'aide médicale à la procréation (dont elle partage le cadre médical). C'est la raison pour laquelle il importe de se battre pour que les femmes puissent avoir la liberté garantie de recourir à une réduction embryonnaire en cas de grossesse gémellaire. Dans l'hypothèse où la loi ne serait pas changée, un premier axe d'amélioration serait d'impliquer les médecins orthogénistes dans le processus décisionnel d'IMG, voire de former certains de ces professionnels au geste d'arrêt sélectif de grossesse.

*

Sur ces différentes situations documentées dans ce chapitre, des ajustements du cadre juridique apparaissent nécessaires pour que soit facilité l'accès à l'interruption de grossesse : refus de pratiquer une IVG jusqu'au terme légal, imposition de la technique médicamenteuse jusqu'à 14 SA au détriment de la technique instrumentale, obligation légale d'obtenir l'accord de spécialistes de médecine

63. Radhika Rao, « Selective Reduction: "A Soft Cover for Hard Choices" or Another Name for Abortion ? », *Journal of Law and Medical Ethics*, 2015, vol. 43, n° 2, p. 196-205.

fœtale pour interrompre une grossesse au-delà du terme légal, recul de l'autonomie décisionnelle des femmes pour poursuivre ou non une grossesse multiple. En particulier, il paraît nécessaire de permettre aux praticiens orthogénistes de prendre en charge les femmes de façon autonome dans le respect de la loi jusqu'à 20 SA, sans avoir besoin de solliciter l'accord des praticiens de médecine fœtale. L'accès à une réduction embryonnaire en cas de grossesse multiple avant 14 SA devrait également impliquer des praticiens orthogénistes dans le processus décisionnel voire dans le geste d'interruption sélective de grossesse. Enfin, après avoir été dénigrée sans preuves scientifiques par certaines personnalités et certaines sociétés savantes, la technique de dilatation et évacuation doit être diffusée et enseignée sur l'ensemble du territoire pour permettre aux femmes d'avoir accès à l'IVG jusqu'au terme légal et selon la méthode qu'elles auront choisie. La maîtrise de ce geste simple par les jeunes générations de médecins et de sages-femmes est en toute hypothèse un préalable souhaitable à l'extension du terme légal maximal de l'IVG à 22-24 SA, peut-être un jour prochain envisagée en France, et ce, afin que les femmes ne soient pas contraintes à expulser par voie basse un fœtus.

# Des droits sans débiteurs ?

## Les droits reproductifs face aux mécanismes de réparation du dommage corporel

*Lisa Carayon*

Les débats sur la constitutionnalisation de l'accès à l'avortement en France ont donné lieu à d'importantes discussions sur les termes qu'il conviendrait d'utiliser dans le texte constitutionnel. En particulier, l'avortement devait-il être un « droit » ou une « liberté »[1] ? Il a été souligné à cette occasion que, sur le plan de la protection constitutionnelle, le choix de l'une ou l'autre des formulations était relativement indifférent[2] : qu'il existait dans le champ constitutionnel des « libertés » très protégées – telle que la liberté de conscience – et des « droits » sans grande consistance – comme le droit à l'emploi[3]. De fait, la revendication d'un « droit à » l'avortement a déjà pu, par le passé, être lue comme la simple formulation militante de la revendication d'une *liberté* d'avorter[4].

Si, au plan constitutionnel, la distinction peut donc être tenue pour mineure (voire artificielle), il n'en va pas de même au plan du droit civil, où la qualification de « droit » renvoie aussi à la notion de « droit subjectif », dont la signification diffère de la notion de *liberté* et dont la portée revêt une importance particulière. D'une part, les droits subjectifs confèrent, à la différence des libertés, un pouvoir d'exiger d'autrui – ou des pouvoirs publics – une action positive ou une abstention volontaire qui permet d'en assurer l'exercice effectif. D'autre part, ils suggèrent un « intérêt juridiquement protégé[5] » dont la méconnaissance doit en principe être

1. Voir dans ce volume le chapitre de Laurie Marguet, « De l'existence d'un droit à l'IVG en France », p. 17.
2. C'est en tout cas la position explicite du Conseil d'État dans son avis du 12 déc. 2023 *sur un projet de loi constitutionnelle relatif à la liberté de recourir à l'interruption volontaire de grossesse*, pt 13.
3. Sur la portée de ce droit v. cependant par ex. Michel Boghetto, « Emploi (droit à l') », dans Dominique Chagnollaud, Guillaume Drago (dir.), *Dictionnaire des droits fondamentaux*, Dalloz, 2010.
4. Marc Pichard, *Le droit à. Étude de législation française*, Economica, 2006, n° 86 et s.
5. Sur cette notion en particulier v. Marie Dugué, *L'intérêt protégé en droit de la responsabilité civile*, LGDJ, 2019.

réparée lorsqu'elle cause un dommage à son titulaire[6]. Ainsi, pour avoir un droit, il importe que le juge condamne les atteintes qui lui sont portées et indemnise la victime de celles-ci[7]. C'est précisément sur cette question de la réparation que s'arrête le présent chapitre. Plus précisément, il s'agira de voir si les violations des « droits » à l'avortement et à la contraception sont sanctionnées. De ce fait, cette étude entend s'intéresser à l'intrication du droit de la responsabilité et des « droits » des femmes afin d'analyser la réalité juridique concrète de l'accès aux droits reproductifs.

La question spécifique du préjudice résultant de l'échec d'une IVG a déjà fait l'objet d'études par le passé[8] ; mais, malgré les rejets obstinés de la jurisprudence, les requérantes continuent de poser au juge cette question aiguë : « Est-ce que je ne subis pas un préjudice spécifique lorsque je mets au monde un enfant dont je ne voulais pas, parce qu'un professionnel de santé n'a pas correctement fait son travail ? » Le fait que le contentieux ne se tarisse pas montre que cette situation demeure un problème vivant pour les femmes. De fait, on compte chaque année plusieurs milliers d'échecs d'avortement – environ 3 % des cas d'interruption de grossesse seraient concernés[9]. Or, si tous ces échecs ne sont évidemment pas dus à des fautes médicales, ces chiffres suggèrent que des cas d'échecs fautifs existent – alors même que le nombre de décision de justice sur cette question est très faible. Le nombre de femmes concernées par la question est donc vraisemblablement beaucoup plus élevé que le nombre de celles qui agissent par voie contentieuse.

Il nous appartient donc, en tant qu'observatrice, de rendre compte de ces actions en continuant à jeter un regard critique sur les réponses apportées par les juges. L'objectif de la présente contribution sera donc de rappeler l'histoire, et d'analyser l'actualité, du contentieux de la réparation des échecs d'avortement – mais aussi des échecs de contraception. Au-delà de la seule question

6. Comme le remarquait déjà Marcela Iacub en 2002 précisément à propos de l'accès à l'avortement : « c'est par cette notion d'"intérêt juridiquement protégé" que certains des plus grands juristes (en particulier Ihering) définissent traditionnellement ce que veut dire un droit », dans *Penser les droits de la naissance*, PUF, 2002.

7. Voir, de nouveau, le chapitre de Laurie Marguet dans ce volume, « De l'existence d'un droit à l'IVG en France », p. 17.

8. Spécifiquement sur cette question v. Marcela Iacub, *op. cit.* ; Lisa Carayon, « IVG et contraception : quel accès à une liberté génésique ? », dans Stéphanie Hennette-Vauchez, Marc Pichard, Diane Roman (dir.), *La loi et le genre. Études critiques de droit français*, CNRS Éditions, 2014, p. 107-126 ; Laurie Marguet, « Les lois sur l'avortement (1975-2013) : une autonomie procréative en trompe-l'œil ? », *La Revue des droits de l'homme*, 2014 [En ligne].

9. Depuis 2020, l'INSEE diffuse le nombre d'IVG consistant en des « reprises », c'est-à-dire à des IVG pratiquées suite à un premier échec. En 2021 on compte 6 500 reprises, en 2021 7 542 et en 2022 8 744 soit une prévalence de 2,9 %, 3,4 % et 3,6 % par rapport au nombre total d'IVG : Annick Vilain et Jeanne Fresson, « Le nombre d'interruption de grossesse augmente en 2022 », *Études et résultats*, n° 2181, Dress, septembre 2023.

du préjudice *d'avoir un enfant non désiré*, on élargira le spectre de l'étude à la question de la prise en compte du *libre choix* des personnes dans le contrôle de leur reproduction : là où la loi affirme explicitement, depuis 2016[10], un droit de choisir, en étant informé·e, sa méthode de contraception[11], les personnes concernées obtiennent-elles pour autant réparation lorsque ce droit est violé ?

## Précisions sur le cadre juridique

Engager la responsabilité médicale d'un·e professionnel·le de santé ou d'un établissement de santé nécessite, en droit, que trois éléments soient réunis.

Premièrement, la faute de la personne dont on recherche la responsabilité. Cette notion comprend, en particulier, la faute dite « technique » dans laquelle la patiente n'a pas été soignée dans les règles de l'art et conformément aux données acquises de la science. Mais un comportement fautif peut aussi résulter, plus largement, d'un défaut de respect du cadre légal d'un acte (ne pas recueillir le consentement éclairé de la personne, ne pas lui délivrer une information loyale, etc.). C'est par principe à la victime de prouver la faute, même si le droit médical connaît certaines exceptions : en particulier, c'est aux professionnel·les de santé de prouver qu'ielles ont informé leur patient·e sur les conséquences d'une intervention médicale.

Deuxièmement, il faut que la victime ait subi un préjudice c'est-à-dire une conséquence néfaste de la faute. Le principe du droit français est la réparation intégrale du préjudice c'est-à-dire que les dommages et intérêts alloués à la victime doivent – théoriquement – venir compenser la totalité des conséquences subies du fait de la faute. Cette réparation concerne aussi bien les conséquences pécuniaires de l'atteinte corporelle (qu'on nomme « préjudices patrimoniaux » : pertes de salaire, frais médicaux etc.) que ses conséquences « morales » (nommées « préjudices extrapatrimoniaux »). C'est cette seconde catégorie qui est évidemment la plus difficile à chiffrer puisque la « réparation » ne sera en réalité qu'une tentative de *compensation.* À titre d'illustration, le prix de la souffrance est, bien sûr, impossible à fixer, mais l'idée est que la somme allouée peut permettre à la personne, par exemple, de prendre des cours de méditation ou de partir en vacances, à sa guise puisque l'utilisation des sommes reçues est parfaitement libre pour la victime.

Pour tenter de préciser le cadre de l'indemnisation, les juridictions – et les justiciables – raisonnent par « postes » de préjudices : il s'agit de la liste de toutes les conséquences possibles d'un dommage. Pour les préjudices extrapatrimoniaux on trouve par exemple les préjudices d'agrément (ne plus pouvoir exercer les loisirs pratiqués auparavant...), d'affection (avoir perdu un être cher), d'établissement (ne plus pouvoir se mettre en couple et fonder une famille), esthétique (avoir une cicatrice, boiter, etc.), sexuel (ne plus

10. Loi n° 2016-41 du 26 janvier 2016 de modernisation de notre système de santé. On arguera volontiers que ce droit à l'information et au libre choix relevait déjà des principes généraux des droits des patients.

11. Art. L. 5134-1 Code de la santé publique.

pouvoir atteindre l'orgasme, être stérile...) etc. Les juridictions peuvent faire émerger de nouveaux postes de préjudices si cela leur semble pertinent au regard de la situation de la victime. C'est ainsi, par exemple, qu'est apparu dans le droit de la responsabilité médicale un préjudice *d'impréparation* lorsqu'une personne n'a pas été informée des conséquences possibles d'une intervention médicale mais que ce risque se réalise.

En plus de l'*existence* du préjudice, celui-ci, pour faire l'objet d'une réparation, doit revêtir trois caractéristiques. Tout d'abord, il doit être jugé *personnel* (on ne peut être indemnisé du préjudice subi par quelqu'un d'autre). Ensuite, il doit être jugé *légitime*. La notion est bien imprécise renvoyant notamment au fait que le préjudice doit être licite : ainsi il n'y a, par exemple, pas d'indemnisation pour la perte d'un revenu tiré d'activités délictueuses. Enfin, il doit être considéré comme *moral*. La notion est infiniment délicate à caractériser. Ainsi, pendant un temps, par exemple, la concubine ne pouvait recevoir d'indemnisation du fait de la mort de son partenaire hors mariage. C'est, par principe, à la victime de prouver l'existence de son préjudice et d'en proposer un chiffrage qui lui semble à même de le compenser. Face à cette affirmation, l'auteur de la faute peut contester l'existence même du préjudice ou le montant auquel il est évalué.

Troisièmement, enfin, il doit exister un lien de causalité entre la faute et le préjudice allégué. Cette notion, qui est parfois très simple à établir, recèle aussi de nombreuses difficultés lorsqu'un préjudice découle, par exemple, d'un enchaînement de faits : par exemple, lorsque plusieurs fautes s'enchaînent, à qui rattacher le préjudice final ? Une difficulté particulière existe lorsque la *victime* elle-même a également commis une faute (par exemple, en traversant une rue sans regarder, en négligeant de faire telle ou telle analyse médicale etc.). Dans ce cas, la faute de la victime peut conduire à rompre ou à diviser le lien de causalité entre faute et préjudice. L'indemnisation de la victime peut alors, suivant la gravité de sa faute – être supprimée ou réduite.

C'est l'ensemble de ces conditions (et sous-conditions) qui doivent être remplies pour que la responsabilité de l'auteur de la faute soit engagée et la victime indemnisée des préjudices découlant de son atteinte corporelle. Que l'une d'entre elles fasse défaut et l'indemnisation ne sera pas accordée.

Il s'agira ici de montrer que les droits reproductifs constituent une question particulière pour le droit de la responsabilité, enfermé dans une vision finalement assez moralisatrice de la réparation du préjudice. On tentera de montrer qu'en matière de droits reproductifs, les notions classiques qui structurent le droit de la responsabilité médicale – faute, préjudice, lien de causalité entre les deux – sont souvent « malaxées[12] » par les juridictions. Enfin, dans une démarche prospective

12. Dire que les notions seraient « tordues » par les juridictions supposerait que ces concepts existent en eux-mêmes dans une forme fixe. Ce n'est pas le cas, notamment en raison du fait que ces notions ne sont pas clairement définies par le droit civil et font donc l'objet d'une redéfinition permanente par la jurisprudence. Il ne s'agit pas non plus de dire que ces notions seraient beaucoup plus « altérées » dans ce domaine que dans d'autres, mais juste de constater que, sur la question qui nous intéresse, il

reposant sur une conception large des droits reproductifs[13], on élargira la réflexion à la question de la réparation des préjudices strictement liés à l'accouchement.

Notre étude ne portera donc pas sur l'ensemble des questions de responsabilité civile en matière procréative, mais uniquement sur celles pour lesquelles il existe encore d'importants débats sur la *possibilité* ou les *modalités* de réparation d'un préjudice. Seront ainsi exclues les situations dans lesquelles des manœuvres d'avortement auraient échoué à interrompre la grossesse mais auraient, en elles-mêmes, causé des préjudices chez l'enfant qui naîtrait finalement[14] ou d'un accouchement mal réalisé. De la même façon, on n'étudiera pas la situation dans laquelle les actions d'avortement, de contraception ou d'accouchement, parce qu'elles n'auraient pas été faites dans les règles de l'art, auraient causé un dommage corporel direct chez la femme[15]. En effet, dans ces situations, il n'existe aucun obstacle théorique à une mise en œuvre mécanique de la responsabilité médicale et donc à une indemnisation totale du préjudice. Pour autant, le choix d'exclure ces hypothèses ne signifie pas qu'elles ne soulèvent aucune interrogation ; en particulier, il serait intéressant d'analyser les montants alloués au titre de dommages et intérêts dans ces cas d'avortements mal réalisés ou d'accouchement fautif, afin de les comparer avec ceux qui sont versés dans d'autres cas de responsabilité médicale. Mais une telle enquête, qui supposerait l'analyse de corpus volumineux de décisions de justice, va au-delà de ce qui est proposé ici.

Le présent chapitre s'attache donc à introduire une perspective féministe dans l'analyse des principes fondamentaux de la réparation du dommage corporel en cas d'atteinte à l'exercice d'un droit reproductif. On analysera un corpus de décisions systématiquement recensées par mots-clefs[16] qui se décompose

---

est extrêmement courant de voir que l'un de ces éléments, pas toujours le même, est balayé par les juges au titre d'un raisonnement défavorable aux femmes.

13. Sur la notion de justice reproductive v. par ex. Rebecca J. Cook, Bernard M. Dickens, « From reproductive choice to reproductive justice », *International Journal of Gynecology and Obstetrics*, 2009, vol. 106, n° 2, p. 106-109 ; Meghan Daniel, « The social movement for reproductive justice : Emergence, intersectional strategies, and theory building », *Sociology Compass*, 2021, vol. 15, n° 8, p. 1-13 ; Mounia El Kotni, Louise Virole, « Justice Reproductive », *Dictionnaire du Genre en Traduction*, 2021, URL : https://worldgender.cnrs.fr/notices/justice-reproductive/.

14. Voir par ex. CE, 27 sept. 1989, n° 76105, *Mme K... c/ Cpam de la Marne*, n° 76105.

15. Voir par ex. CAA Lyon, 9 juill. 2015, n° 14LY01483.

16. Les décisions ont été recensées sur diverses bases de données (Papper Justice, Dalloz, Lexis-Nexis, Lextenso) avec les mots-clefs « stérilisation », « ligatures des trompes », « avortement », « interruption volontaire de grossesse », « IVG », « interruption médicale de grossesse », « IMG », « accouchement ». Les items « stérilisation » et « vasectomie » n'ont donné aucun résultat de décision de responsabilité civile concernant des échecs contraceptifs pour des hommes. Nous avons parfois eu accès à plusieurs décisions (première instance/appel/cassation) concernant une même affaire, et parfois nous savons que d'autres décisions existent mais, notamment pour les décisions du premier degré, elles ne sont pas immédiatement disponibles.

comme suit : on compte, depuis les années 1970, quinze décisions portant sur des échecs fautifs d'avortements – suite auquel un enfant est né alors que la femme ne le souhaitait pas –, douze décisions relatives à l'échec fautif d'une stérilisation, cinq pour un autre mode de contraception (dans ces deux dernières hypothèses il y a parfois eu naissance mais pas nécessairement, les femmes ayant pu choisir de ne pas avorter) et seize décisions sur des stérilisations non consenties ou pour lesquelles le consentement n'a pas été recueilli dans les conditions prévues par la loi.

Il importe enfin de souligner que toute analyse de décisions portant sur la réparation du dommage corporel se heurte nécessairement à d'importantes limites. Tout d'abord, la juridiction saisie ne peut accorder la réparation d'un préjudice qui n'aurait pas été demandé par la victime, ni accorder une réparation d'un montant supérieur à celui qui aurait été formulé. Or il n'est pas toujours possible, dans les décisions disponibles, de savoir exactement ce qui était demandé par les plaignant·es, ni en termes de type de préjudice, ni en termes de montant – pas plus d'ailleurs que ne sont accessibles les pièces produites pour démontrer leur préjudice. En outre, les demandes présentées peuvent être surdéterminées par la classe, la race, le genre des plaignantes – au regard de ce qu'elles pensent être leur préjudice, de l'évaluation de la « valeur » qu'elles attribuent à ce préjudice, de la qualité de leur représentation par avocat·e, de leur relation avec les expert·es, etc.[17]. Or, ces éléments de contexte sont presque imperceptibles à la seule lecture des décisions de justice, anonymisées, qui, seules, constituent le matériau sur lequel s'appuie ce chapitre.

Il s'agira donc de rendre visible l'impact possible de ces différents éléments (et singulièrement, du genre) dans les décisions étudiées plutôt que d'en démontrer définitivement l'influence. Nous espérons cependant, notamment en soulignant l'importance des écarts faits ici par le juge aux principes généraux de la réparation du préjudice corporel, convaincre de la pertinence du genre comme outil d'analyse.

17. Sur les difficultés méthodologiques inhérentes à cette discipline et sur les apports possibles d'une approche de genre : Lisa Carayon, Marie Dugué, Julie Mattiussi, « Réflexions autour du préjudice sexuel. Analyse de jurisprudence sous l'angle du genre », *Recueil Dalloz*, 2017, p. 2257.

## Du préjudice d'avoir un enfant quand on ne le veut pas

### *Délimitation du champ*

En préalable de ce premier temps de la réflexion, un cas doit être évoqué pour être immédiatement écarté : celui des situations de type « Perruche », du nom de la célèbre affaire qui défraya la chronique au début des années 2000[18]. Il s'agit des situations dans lesquelles l'action fautive d'un·e professionnel·le de santé a empêché la *détection* d'une grave pathologie et a ainsi privé la femme de faire le choix de l'avortement. À strictement parler, il s'agit bien ici, du point de vue de la femme enceinte, d'un cas d'atteinte à ses droits reproductifs. À cet égard, le choix fait par le pouvoir législatif d'écarter en ce cas toute indemnisation du préjudice patrimonial lié à l'entretien et à l'éducation d'un enfant handicapé[19] pourrait légitimement être inclus dans ce travail. De fait, le choix du législateur de remplacer cette indemnisation par l'octroi de prestations sociales est particulièrement défavorable aux femmes, statistiquement les plus concernées par l'éducation des enfants, notamment lorsqu'ils sont atteints de graves pathologies ou en situation de handicap[20]. Les montants accordés à ce titre sont en outre évidemment infiniment moins importants que ne le serait une réelle indemnisation[21] ; et par ailleurs, le fait que ces sommes soient issues de prestations sociales exclut mécaniquement de leur bénéfice les parents étrangers qui ne remplissent pas les conditions d'attribution de ces prestations ainsi que les familles, françaises ou étrangères, qui feraient le choix de ne pas résider en France[22]. Pour autant, cette question sera ici mise de côté car l'indemnisation de ce type de situation soulève une infinité d'autres difficultés théoriques (au regard notamment de la perception du handicap)[23].

---

18. Cour de cassation, AP, 17 nov. 2000, n° 99-13.701.

19. Ce choix législatif a été opéré en réponse à l'affaire Perruche, le législateur s'emparant du slogan du refus d'indemnisation du préjudice « du seul fait d'être né » (v. Catherine Labrusse Riou, Bertrand Mathieu, « La vie humaine comme préjudice ? », *Le Monde*, 24 novembre 2000) : v. Loi n° 2002-303 du 4 mars 2002 relative aux droits des malades et à la qualité du système de santé, art. 1er.

20. Voir par ex. Zoé Rollin, Lucas Sivilotti, « Être mère d'un·e adolescent·e suivi·e pour un cancer : un travail de *care* genré et socialement différencié », *Anthropologie & Santé*, 2021, n° 23 [En ligne].

21. Le montant de base de l'allocation d'éducation de l'enfant handicapé est en 2024 de 149,26 euros mensuels. Le montant maximal, pour un enfant nécessitant un soin permanent et pour un parent isolé est de 1 914,96 euros. Ce montant peut être cumulé avec certaines prestations matérielles de compensation du handicap.

22. Le versement de ces prestations est en effet lié à des conditions de régularité de séjour et de résidence en France. En outre, les parents peuvent se voir contraints de suivre des préconisations de prise en charge du handicap : art. L. 541-2 Code de la sécurité sociale.

23. Sur cette affaire, v. not. Marcela Iacub, *Penser les droits de la naissance*, *op. cit.* ; et Olivier Cayla, Yan Thomas, *Du droit de ne pas naître. À propos de l'affaire Perruche*, Gallimard, 2002, coll. « Le Débat ».

Concentrons-nous donc sur les situations dans lesquelles une femme a souhaité ne pas avoir d'enfants – que ce soit par le biais d'une contraception ou d'un avortement – et n'a pas pu y parvenir en raison de la *faute* d'un·e professionnel·le de santé. L'état actuel de la jurisprudence sur cette question semble fortement défavorable aux femmes et les juridictions jouent sur les trois aspects de la responsabilité pour écarter la réparation – ou du moins une réparation intégrale.

## *Le difficile constat de la faute*

C'est, tout d'abord, la *faute* qui est parfois difficile à caractériser pour les personnes concernées. Il a pu arriver, par exemple, qu'un tribunal refuse de considérer comme fautif le fait que le professionnel n'ait pas vérifié, notamment par échographie, que l'avortement avait bien conduit à l'expulsion de l'embryon, dès lors qu'il avait signifié à la patiente qu'elle devait vérifier que la grossesse ne se poursuivait pas[24]. Cette interprétation jurisprudentielle est ancienne, et a été, depuis, démentie par la Cour de cassation[25] comme par le Conseil d'État[26] ; mais elle risque de resurgir à l'avenir. En effet, un décret d'avril 2021[27] a supprimé le caractère obligatoire de la consultation post-avortement lorsque celui-ci est pratiqué par voie instrumentale : celle-ci n'est désormais faite qu'à la *demande* de la patiente, qui supporte donc la responsabilité d'un échec non détecté si elle n'effectue pas cette démarche. Reste cependant la situation dans laquelle la personne n'a pas été informée du risque de poursuite de grossesse puisque cette obligation d'information continue *a priori* de peser sur les professionnel·les de santé[28].

Il convient ici de noter une absence : l'étude de la jurisprudence ne fait apparaître presque aucun cas dans lesquels le dépassement du délai légal d'avortement est dû à des refus fautifs de prise en charge. Il serait tentant d'en tirer la conclusion que les femmes ne sont jamais privées d'un accès à l'avortement par des professionnel·les faisant un usage abusif – car dilatoire – de leur clause de conscience. Tant les études de terrain[29] qu'une affaire devant la Cour administrative d'appel de Bordeaux prouvent le contraire. La Cour administrative d'appel de Bordeaux a ainsi eu à connaître de la demande

---

24. Tribunal de grande instance de Bobigny, 9 fév. 1983, *La Gazette du Palais*, 1983, I, somm. p. 200.
25. Cour de cassation, 1re ch. civile, 26 mars 1996, n° 94-13.145.
26. Conseil d'État, 27 septembre 1989, *Mme K... c/ Cpam de la Marne*, n° 76105.
27. Décret n° 2021-454 du 15 avril 2021 relatif aux conditions de réalisation des interruptions volontaires de grossesse instrumentales en centre de santé.
28. Cour d'Appel de Paris, 29 novembre 2001, n° 2000/10826.
29. Voir sur ce point dans le présent volume le chapitre de Philippe Faucher, « Les techniques d'interruption de grossesse », p. 277 et celui de Véronique Sehier, « De la désobéissance civile à la Constitution », p. 431.

d'une femme qui alléguait avoir dû partir en Espagne à la suite d'un refus de prise en charge dans son centre hospitalier[30]. Elle réclamait à ce titre le remboursement des frais qu'elle avait eu à exposer ainsi que l'indemnisation des « troubles dans ses conditions d'existence », c'est-à-dire du dérangement global de sa vie lié à cette situation. La Cour a rejeté sa demande en refusant de constater la faute de l'établissement de santé, car le praticien qui l'avait reçue contestait formellement avoir opposé un « refus » catégorique à sa demande d'avortement. Cependant, le médecin concédait avoir « tenté de la sensibiliser aux risques accrus d'infertilité auxquels l'exposait une seconde interruption volontaire de grossesse ». Cette affaire est particulièrement intéressante dans le cadre d'une analyse féministe : on pourrait utilement considérer qu'il y a dans cette décision une forme de renversement de la culpabilité. En effet, la fausse affirmation du médecin, qui contrevient aux positions et recommandations des sociétés savantes sur cette question[31], n'est pas qualifiée de faute ni même de simple indélicatesse, quand bien même la victime avait « indiqué avoir quitté la consultation "désorientée, avec le sentiment de ne pas être aidée" ». Dans cette situation, le médecin ne fait certes pas explicitement usage de sa clause de conscience[32], ce qui ne serait pas fautif mais l'obligerait à réorienter immédiatement sa patiente vers un lieu pouvant la prendre en charge. Mais son attitude a, *in fine*, le même effet qu'un refus total de prise en charge. On comprend dès lors combien il est facile aux professionnel·les de santé *a minima* peu favorables à l'avortement d'échapper à toute responsabilité, quand bien même, en pratique, leur attitude découragerait les femmes d'y avoir recours.

Mais la juridiction ne s'arrête pas là. Dans une sorte de retournement de la responsabilité, la Cour affirme en effet que si l'indemnisation n'est pas due, c'est que les préjudices de la victime trouvent leur origine, non pas dans l'attitude du médecin mais dans le fait qu'elle n'ait pas immédiatement sollicité un second rendez-vous à la sortie de ce premier entretien et qu'elle se soit spontanément orientée vers un avortement « hors délai » en Espagne. En l'occurrence, il était parfaitement inutile à la juridiction de se pencher sur ces « vraies causes » du préjudice, dès lors qu'elle avait d'ores et déjà jugé qu'aucune faute n'avait été commise par le médecin – et qu'il ne pouvait donc y avoir responsabilité de l'établissement. Mais la Cour se sent malgré tout autorisée à

30. Cour Administrative d'Appel de Bordeaux, 29 décembre 2016, n° 15BX00873.

31. V. not. Agence Nationale d'Accréditation et d'Évaluation de la Santé (ANAES), *Prise en charge de l'interruption volontaire de grossesse jusqu'à 14 semaines*, mars 2001, p. 53 ; Collège National des Gynécologues et Obstétriciens (CNGOF), *Recommandation pour la pratique clinique. Interruption volontaire de grossesse*, 2016, p. 582.

32. Voir dans ce volume le chapitre de Laurine Thizy, « L'avortement, "toujours un drame" ? », p. 215.

aller plus loin et, *via* une argumentation sur la causalité, à porter implicitement un jugement sur le comportement de la patiente, renvoyée au fait qu'elle est seule à l'origine de son préjudice. Une attitude des juridictions qui n'est pas isolée dans notre corpus.

## *La causalité à front renversé*

Cette première décision est à rapprocher d'une autre affaire dans laquelle une femme avait été stérilisée sans son consentement car le médecin avait jugé qu'une nouvelle grossesse serait dangereuse eu égard aux risques de rupture utérine. Cette stérilisation avait cependant été mal faite, ce dont elle n'avait pas été informée, et elle était retombée enceinte. Elle choisissait alors d'avorter. La Cour d'appel de Versailles rejette sa demande d'indemnisation des préjudices liés à l'avortement car « Mme X a décidé d'avoir recours à une interruption volontaire de grossesse médicamenteuse sans avoir recueilli préalablement un avis médical qui l'aurait éclairée sur la persistance de risques de nature à la dissuader de mener sa grossesse à terme ou, au contraire, sur la possibilité de poursuivre celle-ci, l'intéressée n'est [donc] pas fondée à soutenir qu'elle s'est trouvée dans l'obligation d'interrompre sa grossesse pour des motifs thérapeutiques[33] ». Gare aux femmes qui, maltraitées par le corps médical, ne sont pas pour autant parfaitement diligentes dans leur parcours de santé…

On l'aura compris, jouer sur la causalité est l'une des façons, pour les juridictions, d'écarter l'indemnisation des atteintes aux droits reproductifs. Il y a ici une forme de « causalité à front renversé ». En droit commun de la responsabilité, la causalité est en effet souvent conçue largement au profit des victimes au sens où les juridictions adhèrent à des conceptions variables de la causalité, plus ou moins rigides, en fonction de ce qui est favorable à la réparation[34]. En revanche, on constate qu'en matière de droits reproductifs, la notion est régulièrement utilisée contre les victimes. Plus précisément, elle est souvent la rhétorique la plus ancienne puisque, dans les toutes premières décisions sur la question, les juridictions considéraient qu'en cas d'échec d'avortement, la « cause » du préjudice constitué par la naissance d'un enfant n'était pas la faute professionnelle à l'origine de l'échec de l'avortement[35] ou de la stérili-

---

33. Cour Administrative de Versailles, 15 septembre 2009, n° 08VE00461.

34. Pour une réflexion de la notion de causalité en contexte d'incertitude scientifique v. par ex. Laurène Mazeau, « L'imputation de la responsabilité civile en contexte d'incertitude scientifique et technologique », *Cahiers Droit, Sciences & Technologies*, 4 | 2014, 145-158.

35. TGI Bobigny, 15 décembre 1976, *Recueil Dalloz*, 1977, p. 254, note Philippe Le Tourneau ; TGI Le Mans, 22 nov. 1983, *La Gazette du Palais*, 1984, p. 121.

sation[36], mais « l'acte de chair » à l'origine de la grossesse – position qui avait été approuvée par certains membres de la doctrine juridique[37]. Cette position caricaturale ne semble plus reprise aujourd'hui[38], pas plus que celle consistant à dire que la femme ne saurait se plaindre d'être obligée de poursuivre une grossesse non désirée, dès lors qu'elle conserve la faculté d'accoucher sous X et d'échapper, ainsi, aux charges de la maternité[39].

Cependant, le discours des juges continue de faire place à des jugements de valeurs sur les comportements des femmes. Ainsi, dans une décision rendue en 2013, la Cour d'appel de Metz[40] oppose à une femme, tombée enceinte à la suite d'un échec de contraception par stérilet, le fait que le couple s'est opposé « à l'interruption volontaire qui était pourtant à la date à laquelle elle leur a été suggérée juridiquement et techniquement réalisable ». Là encore, le terme de « faute » de la victime n'est pas utilisé mais la décision sous-entend que le couple aurait pu minimiser son dommage en acceptant un avortement. Une affirmation, d'une part, parfaitement inutile dans le cas d'espèce (puisqu'il n'y avait de toute façon pas de faute dans la pose du stérilet) et, d'autre part, tout à fait en contradiction avec les positions de la Cour de cassation qui refuse en général de retenir à la charge des victimes une obligation de minimiser leur propre préjudice, en particulier lorsque cela impliquerait pour elles d'accepter une atteinte à leur intégrité physique[41].

Un principe qui n'a pas empêché la Cour administrative d'appel de Marseille de rejeter de la même façon une demande d'indemnisation d'échec d'IVG au

36. TGI Le Mans, 22 nov. 1983, *La Gazette du Palais*, 1984, p. 121. Noter également que dans une affaire où le préjudice d'avoir eu un enfant suite à un échec de stérilisation est indemnisé partiellement, la personne ayant pu avoir recours à un autre moyen de contraception, le juge tient un raisonnement à la limite entre l'idée d'une faute de la victime et celle d'une division des causalités : Cour de cassation, 1re ch. civile, 9 mai 1983, n° 82-12227.

37. Philippe Le Tourneau, *Recueil Dalloz*, 1991, p. 566 ; Jean Penneau, *Recueil Dalloz*, 1981, jurisp., p. 185.

38. On note cependant le jugement du Tribunal administratif de Châlons-en-Champagne, 1 mars 2024, n° 2201142 : suite à un échec fautif de stérilisation, une femme était retombée enceinte et, suite à une fausse couche, avait dû subir un curetage. La juridiction considère que ces préjudices sont sans lien avec la faute mais sans qu'il soit explicitement précisé si leur cause est dans la fausse couche ou dans la relation sexuelle à l'origine de la nouvelle grossesse.

39. Cour d'Appel de Riom, 6 juillet 1989, *Recueil Dalloz*, 1990, p. 284, note Philippe Le Tourneau. Cet arrêt a été cassé par Cour de cassation, 1re ch. civile, 25 juin 1991, n° 89-18617 ; *Revue Trimestrielle de Droit Civil*, 1991, p. 753, note Patrice Jourdain ; *Recueil Dalloz*, 1991, p. 566, note Philippe Le Tourneau ; *Recueil Dalloz*, 1992, II, p. 21784, note Jean-François Barbieri.

40. Cour d'Appel de Metz, 19 février 2013, n° 11/01192.

41. Voir not. Cour de cassation, 2e ch. civile, 19 juin 2003, n° 01-13.289 ; et Cour de cassation, 2e ch. civile, 19 juin 2003, n° 00-22.302 : *Revue Trimestrielle de Droit Civil*, 2003, p. 716, note Patrice Jourdain.

motif que « compte tenu de la date à laquelle [la consultation de contrôle] a eu lieu, [la victime] n'établit pas avoir perdu une chance de pouvoir demander que soit pratiquée une nouvelle interruption de grossesse dans le délai [légal][42] ». Cette affirmation apparaît factuellement erronée (puisque l'avortement raté avait été réalisé le 23 novembre 2010 et que la poursuite de la grossesse avait été constatée le 31 janvier 2011, il semble presque impossible que la personne ait encore été dans les temps pour réaliser une nouvelle IVG), mais ce n'est pas le problème le plus prégnant de cette incise introduite par la juridiction dans son raisonnement. En effet, la question du délai est normalement indifférente dans ce cas : puisque le droit français ne connaît normalement pas d'obligation de minimiser son dommage lorsque cela implique une intervention corporelle, le fait que la victime d'un échec fautif d'avortement ne souhaite pas réitérer l'acte ne retire théoriquement rien à son droit à indemnisation. Dans un raisonnement proche, le Conseil d'État, dans une affaire où un établissement de santé n'avait pas posé l'implant contraceptif demandé et où la découverte tardive de la grossesse avait conduit la victime à avorter en Espagne par césarienne, la juridiction accueille une partie des demandes d'indemnisation[43] mais refuse le remboursement des préjudices spécifiques à la césarienne, considérant que ceux-ci découlaient du seul choix de la patiente – et faisant donc fi de son *droit* de choisir ses modalités d'avortement[44].

Cette série de décisions, fort contestables donc au regard des principes généraux de la réparation, fait apparaître la forte charge morale qui pèse sur les femmes qui font valoir les obstacles qu'elles rencontrent dans le contrôle de leur reproduction. Un jugement moral plus visible encore dans l'appréciation portée sur leur préjudice.

## *Les refus stéréotypés des préjudices liés à la naissance*

Outre des mécanismes étudiés jusqu'ici, le rejet de l'indemnisation des grossesses non désirées passe essentiellement par la disqualification des *préjudices* allégués par les femmes. Sur ce point, deux affaires sont fondatrices. Dans un enchaînement de décisions rendues dans les années 1980, les juridictions, jusqu'au Conseil d'État et à la Cour de cassation, refusent d'engager la responsabilité des

42. Cour Administrative d'Appel de Marseille, 29 mars 2018, n° 16MA00924.
43. Il convient de noter qu'ici, la légitimité du préjudice d'avortement « hors délai » à l'étranger n'est pas discutée alors que cette action est « illégale » au regard du droit français. Voir aussi TGI Évreux, 21 décembre 1979, *Recueil Dalloz*, 1981, p. 185, note Jean Penneau ; *Revue de Droit Sanitaire et Social*, 1981, p. 246, chron. Louis Dubouis.
44. Art. L. 2212-1 Code de la santé publique.

médecins ou établissements de santé à l'origine de poursuites de grossesses non désirées, considérant que la naissance d'un enfant sain ne peut, par principe, être considérée comme un préjudice réparable. La Cour d'appel de Riom affirme même à l'époque, et la Cour de cassation ne démentira pas, que « la naissance d'un enfant ne peut constituer par elle-même, au plan moral, un dommage [...]. La naissance, [...] ne peut être présumée causer à la mère qui a mis l'enfant au monde une profonde affliction dont le retentissement se poursuivra longtemps[45] ». Cette formulation extrêmement stéréotypée dans sa conception de la maternité (alors qu'en France, c'est plus d'une grossesse sur cinq qui se termine par une IVG[46] !) n'est pas reprise par les décisions postérieures ; mais l'idée selon laquelle la naissance d'un enfant « normal » n'est pas génératrice d'un préjudice semble, quant à elle, considérée comme acquise par les juridictions qui l'énoncent régulièrement comme un principe[47] – sous entendant ainsi, même si ce point n'est jamais explicité, qu'un tel préjudice serait *illégitime*.

On peut éventuellement comprendre pourquoi les juridictions, pour des questions éthiques, se refuseraient à accorder la réparation du préjudice moral lié uniquement au fait d'avoir un enfant non désiré, sorte d'anti-préjudice d'affection[48]. Sans être en accord avec cette position, on comprend ce qu'il peut y avoir de socialement dérangeant à affirmer que la naissance d'un enfant est un préjudice affectif pour ses parents. Mais, au regard du principe de réparation intégrale, rien ne justifie que l'exclusion d'un poste de préjudice spécifique conduise à l'exclusion, *par principe*, de l'*ensemble* des préjudices liés à la naissance de l'enfant. En particulier, on comprend mal les motifs qui permettent d'exclure *a priori* les préjudices matériels qui sont, d'une part, objectivables et, d'autre part, sans connotation morale. Ainsi, les frais liés à l'éducation de l'enfant, à d'éventuels

45. Cour d'Appel de Riom, 6 juillet 1989, *Recueil Dalloz*, 1990, p. 284, note Philippe Le Tourneau, suivi de Cour de cassation, 1re ch. civile, 25 juin 1991, n° 89-18617 ; *Revue Trimestrielle de Droit Civil*, 1991, p. 753, note Philippe Jourdain ; *Recueil Dalloz*, 1991, p. 566, note Philippe Le Tourneau ; *Recueil Dalloz*, 1992, II, p. 21784, note Jean-François Barbieri ; CE 2 juill. 1982, n° 23141.

46. Aux derniers chiffres, en 2022, la France compte environ 734 000 naissances pour 232 000 interruptions de grossesse : Annick Vilain et Jeanne Fresson, « Le nombre d'interruption de grossesse augmente en 2022 », *Études et résultats*, n° 2181, Dress, septembre 2023 ; Sylvain Papon, « En 2022, des naissances au plus bas depuis la fin de la Seconde Guerre mondiale », *Insee focus*, n° 307, septembre 2023.

47. Voir Cour d'Appel de Nancy, 1re Chambre, 30 septembre 1993, n° 92NC00655 ; TA Strasbourg, 21 avril 1994, n° 912471 ; Cour d'Appel de Metz 19 fév. 2013, n° 11/01192, préc. ; Cour Administrative de Marseille, 29 mars 2018, n° 16MA00924 ; Cour Administrative de Nantes, 4 octobre 2019, n° 18NT00006 ; TA Orléans, 26 octobre 2023, n° 2300476 ; Cour Administrative d'Appel de Nancy, 30 avril 1997, n° 94NC00922 ; TA Melun, 2 avril 2024, n° 2210796.

48. De fait, l'idée même de préjudice d'affection rencontre parfois l'hostilité de la doctrine, il est vrai souvent hostile à l'idée même de préjudice moral. Voir par ex. Jacques Flour, Jean-Luc Aubert, Eric Savaux, Lionel Andreu, *Les obligations, le fait juridique*, 15e édition, 2023, Lefebvre Dalloz, n° 181.

frais de garde, de déménagement, de changement de voiture etc., puisqu'ils existent, devraient, aux regards des règles communes de la responsabilité civile, être réparés par principe. C'est d'ailleurs sans doute pour éviter ce reproche de violation du principe de réparation intégrale que le Conseil d'État a, d'emblée, laissé la porte ouverte à une indemnisation en cas de « circonstances ou d'une situation particulières[49] ». Malgré cette petite ouverture, le fait que ce soit donc à la femme (ou au couple), de rapporter la preuve du caractère *particulier* du préjudice reste cependant une position d'exception par rapport au principe selon lequel il suffit que le préjudice soit certain, personnel et légitime pour qu'il soit réparable.

Mais quelles sont donc ces « circonstances particulières » qui permettraient une réparation de certains préjudices liés à la naissance d'un enfant ? On comprend au fil des décisions que les juridictions admettent parfois l'idée d'un préjudice moral pour les parents mais que les conséquences *financières* de la naissance sont, en réalité, systématiquement écartées. Une position possiblement liée au fait que les – réels – préjudices matériels liés à la naissance d'un enfant sont en réalité les plus coûteux... et donc aussi les moins acceptables pour les assurances médicales.

### *Admission à la marge des préjudices moraux*

On trouve régulièrement, en cas d'échec fautif d'avortement ou de contraception ou encore dans le cas où le risque de subsistance de la fertilité suite à une stérilisation n'avait pas été indiqué à la patiente, des décisions qui admettent l'existence d'un certain préjudice *moral* liée à la naissance[50]. Mais celui-ci est limité aux souffrances psychiques vécues par les femmes dans la stricte période périnatale et en lien avec la découverte d'une grossesse non désirée ; là où est écarté tout préjudice moral lié à la présence de l'enfant en soi. De plus, il revient aux femmes de démontrer l'intensité du trouble liée à la grossesse, qui n'est non seulement pas présumé mais scruté de près.

Ainsi, la Cour d'appel de Paris a admis la réparation du « trouble, voire [du] désarroi » de la patiente « considérant que le préjudice, pour la mère, consiste en la révélation tardive dont rien ne démontre le caractère artificiel, d'une grossesse jusque-là méconnue ; qu'une telle révélation, [...] alors que l'enfant est né seu-

49. Conseil d'État 2 juill. 1982, n° 23141 ; cette formule est également utilisée pour dénier l'existence d'un préjudice en cas d'échec de contraception : v. par ex. Cour d'Appel de Metz, 19 fév. 2013, n° 11/01192, préc.

50. Sur le principe même de l'admission d'un tel préjudice : Cour de cassation, 1re ch. civile, 9 mai 1983, n° 82-12227.

lement deux mois et trois jours plus tard constitue en elle-même un événement bouleversant, dans un cas où la femme avait découvert très tardivement que la grossesse s'était poursuivie », évaluant ce préjudice à 120 000 francs[51]. De la même façon, la Cour administrative d'appel de Nantes a évalué à 12 000 euros (alors que 50 000 euros étaient demandés) le préjudice d'une femme qui avait « souffert, à l'annonce de la poursuite de sa grossesse, d'un syndrome anxieux sévère pour lequel elle a d'ailleurs bénéficié de plusieurs arrêts de travail, en raison notamment de sa difficulté à envisager une relation maternelle avec son futur enfant et de la culpabilité qu'elle a ressentie envers celui-ci[52] ». Pour autant, la simple allégation de trouble anxieux n'est pas suffisante pour en obtenir la réparation : une affaire ayant donné lieu à deux décisions l'illustre parfaitement, puisqu'à deux reprises les juridictions ont considéré que : « si [la femme faisait] état de troubles psychologiques occasionnés par cette 5e naissance, lesquels, s'ils révélaient un traumatisme d'une particulière gravité, seraient susceptibles d'ouvrir droit à réparation, le certificat médical produit au dossier, par lequel un médecin généraliste indique qu'il a été amené à [la soigner] après la naissance de [son enfant] pour un syndrome dépressif réactionnel important, ne peut, à lui seul, établir la persistance de troubles graves soufferts par l'intéressée et consécutifs à la découverte de son état de grossesse[53] ». Être « simplement » dépressive suite à une naissance non désirée n'est donc pas suffisant pour être indemnisée – manifestation d'une vision extrêmement stéréotypée de la maternité, qui serait si couramment affectée par un léger « baby blues ».

De la même façon, la Cour d'appel de Versailles refuse l'indemnisation du préjudice de séparation de la femme avec son partenaire suite à la naissance d'un enfant supplémentaire non désiré, affirmant que la séparation est le « résultat d'une décision [...] personnelle ». Pourtant, de façon générale, il n'est pas rare de voir des décisions reconnaissant ce type de préjudice (dits préjudice d'établissement) lorsque les ruptures font suite à des accidents par exemple, alors même que, par hypothèse, une séparation, qu'elle qu'en soit la cause, est évidemment toujours une « décision personnelle ». La même juridiction refuse à la victime la reconnaissance d'un préjudice d'agrément (de perte de loisirs) car celle-ci « avait déjà plusieurs enfants requérant sa disponibilité ». Rien de réparable donc dans tous ces événements que la plaignante relie à cette naissance non désirée : elle est une femme normalement en crise conjugale et normalement surchargée. Cette décision est cependant l'une des rares qui reconnaît par ailleurs l'existence d'un

---

51. Cour d'Appel de Paris, 29 nov. 2001, n° 2000/10826.

52. Cour administrative d'appel de Nantes, 3e chambre, 4 octobre 2019, 18NT00006, Inédit au recueil Lebon.

53. Tribunal administratif de Strasbourg, 21 avril 1994, n° 912-471 puis CAA Nancy, 3e chambre, 30 avr. 1997, n° 94NC00922.

préjudice lié aux souffrances de l'accouchement qui, intervenu très rapidement, n'avait pu donner lieu à péridurale – préjudice évalué à hauteur de 2 000 euros (contre les 5 000 demandés)[54].

On trouve toutefois moins de considérations relatives aux comportements des victimes dans les cas d'échec de contraception – peut-être parce que ces femmes ont fait la preuve qu'elles « prenaient leurs responsabilités » dans la contraception, contrairement à celles qui subissent des échecs d'IVG. De fait, les motivations des juges ayant à connaître de telles affaires insistent davantage sur les éléments qui montrent que les victimes ne voulaient vraiment pas d'enfants, même si les indemnisations accordées restent en dessous des demandes. Ainsi, par exemple, dans des décisions récentes, les juridictions notent que « dans les circonstances de l'espèce, compte tenu notamment de ce que la pose du stérilet en litige faisait suite à deux grossesses intervenues sous contraceptifs oraux, à une fausse couche, de ce qu'il résulte de l'instruction que le couple ne souhaitait plus avoir un nouvel enfant et que la grossesse en cause a bouleversé la réalisation du projet professionnel alors envisagé, il sera fait une juste appréciation du préjudice moral et des troubles dans les conditions d'existence subis par Mme F... et M. A... en allouant à la première la somme de 15 000 euros et au second la somme de 10 000 euros[55] » (contre 50 000 et 25 000 demandés), ou encore que « Mme X est fondée à demander réparation au titre du préjudice moral qui a résulté pour elle de la découverte tardive d'une grossesse non désirée alors qu'elle avait émis clairement le souhait de ne pas avoir de sixième enfant et de ce qu'elle n'a pas reçu l'information requise par la loi quant aux conséquences de l'intervention qu'elle a subie » (12 000 euros contre 50 000 demandés)[56].

### *Rejet de principe des préjudices matériels*

Il est symptomatique que, dans cette dernière affaire, l'abandon par le *père* d'un projet professionnel soit réparé par la somme de 3 000 euros (contre 10 000 demandés) alors que « les préjudices matériels, à savoir des frais de déplacement en lien avec le suivi de la grossesse, une perte de revenus de [la femme], au demeurant non justifiée [et son] changement d'affectation [...] résultent de la naissance de leur enfant et ne relèvent pas de circonstances ou d'une situation particulière », n'ouvrent donc droit à aucune réparation pour la mère. De la même façon, dans une décision de 2018, la Cour administrative

54. Cour d'appel de Versailles, 5 avr. 2012, n° 10/06362.
55. Cour Administrative d'Appel de Nantes, 9 février 2024, n° 23NT00094.
56. Tribunal administratif de Melun, 2 avril 2024, n° 2210796.

d'appel de Marseille affirme que le fait que la femme « se borne à faire valoir les difficultés rencontrées dans sa vie familiale et qu'elle n'a pu être recrutée sur un emploi stable, sans toutefois établir la réalité de ses allégations, et à faire état, en termes généraux, des charges matérielles induites par la naissance d'un troisième enfant [...] ne justifie pas de l'existence de circonstances ou d'une situation particulière de nature à lui ouvrir droit à réparation ». Outre la résistance de principe à la réparation des préjudices matériels des femmes – qui sont pourtant les premières à les supporter – on pressent ici la difficulté spécifique de la preuve de ces préjudices, étant donné que les charges spécifiques liées à la maternité et leurs conséquences sur la carrière professionnelle des femmes, sont souvent difficiles à établir à l'échelle individuelle quoique largement documentées à l'échelle collective[57].

Pour autant, même les difficultés professionnelles les plus documentées ne sont pas réparées puisque les juridictions balaient généralement en bloc ce type de demandes. Il en va ainsi, par exemple de cette décision de la Cour d'appel de Versailles où les conjoints documentaient précisément le montant de leurs pertes professionnelles dues notamment à la garde de leur enfant, mais où la juridiction affirme pour l'ensemble « qu'il ne peut être mis à la charge [du professionnel fautif] les incidences matérielles pour les parents inhérentes à la naissance d'un enfant ; que monsieur et madame A... seront déboutés de toutes leurs prétentions à ce titre (pertes de salaire ou revenus diminués ou absence de revenus, frais d'entretien de l'enfant, frais d'achat de véhicule)[58] ».

En ce qui concerne spécifiquement les cas d'échec de stérilisation dans lesquels la femme n'avait pas été informée du risque résiduel de fécondité, il est notable qu'en acceptant uniquement l'indemnisation des préjudices *moraux* liés à la découverte d'une grossesse, les juridictions, sans le dire explicitement, traitent ce défaut d'information comme un défaut d'information *sur les risques* d'une opération. En effet, lorsqu'une personne a mal été informée sur les conséquences possibles d'une intervention et que celles-ci se réalisent, ce préjudice spécifique est habituellement réparé uniquement par un préjudice moral dit d'impréparation. Pour autant, cette notion d'impréparation n'est pas non plus utilisée. De fait, passer par cette notion serait un peu plus favorable aux femmes car ce préjudice spécifique est souvent considéré comme présumé car, en réalité,

57. Louis-Alexandre Erb, Tom Olivia, Thomas Breda, Maxime Tô, « Après la naissance d'un enfant, les conditions de travail diffèrent entre les pères et les mères », *Emploi, chômage, revenus du travail*, INSEE, 2022, p. 75.

58. Cour d'Appel de Versailles, 5 avril 2012, n° 10/06362 ; v. aussi Cour d'Appel de Metz 19 février 2013, n° 11/01192 : « la naissance d'un enfant [...] n'est pas, par elle-même, génératrice d'un préjudice de nature à ouvrir un droit à réparation, sauf préjudice particulier [...] distinct des frais d'entretien et d'éducation de l'enfant qui sont normalement à la charge des parents ».

improuvable[59], là où, on l'a vu, on réclame des femmes qu'elles prouvent la détresse que leur provoque la découverte d'une grossesse qu'elles avaient pourtant manifestement cherché à éviter.

On pourrait avancer cependant que le fait que les femmes n'ont pas été informées du risque résiduel de fécondité n'est pas un simple défaut d'information sur les conséquences de l'intervention mais un défaut d'information *sur les précautions ou traitements postopératoires* (en l'occurrence, continuer d'utiliser un autre moyen de contraception si l'on souhaite absolument éviter une grossesse ou surveiller la survenance d'une telle grossesse) – qui pourrait s'analyser en une faute conduisant non à un seul préjudice moral d'impréparation mais à un préjudice corporel spécifique de perte de chance d'éviter une grossesse.

Mais l'intégrité du consentement des femmes n'est pas la préoccupation première des juges, aux termes de la jurisprudence étudiée.

## Du préjudice de ne pas choisir en conscience

Au-delà de la question de la réparation du fait d'avoir un enfant non désiré, la jurisprudence étudiée interroge sur les modalités de réparation des atteintes à l'intégrité du consentement des femmes dans le champ reproductif. Deux aspects doivent ici être étudiés : les cas de stérilisations non consenties, et les situations dans lesquelles les modalités légales du consentement n'ont pas été respectées.

### *Stérilisation non consentie : l'introuvable pénalisation*

Symbole historique des violences validistes, racistes et classistes sur les femmes[60], les cas de stérilisations non consenties sont peu nombreux dans notre corpus ; mais on trouve malgré tout neuf décisions[61] sur ce thème depuis la fin des années 1980. À titre préliminaire, il convient ici de remarquer que, pour quatre

59. Voir par ex. Cour Administrative d'Appel de Lyon, 10 novembre 2022, n° 21LY00379.

60. Pour la France, v. not. Françoise Vergès, *Le ventre des femmes*, Albin Michel, 2021. De façon plus contemporaine, la Cour européenne des droits de l'Homme se prononce encore régulièrement sur des questions de stérilisation non consenties ou pratiquées sous contrainte : v. par ex. Cour européenne des droits de l'Homme, 16 février 2016, *Soares de Melo c. Portugal*, n° 72850/14 ; 13 janvier 2015, *Elberte c. Lettonie*, n° 61243/08 ; 12 juin 2012, *NB c/ Slovaquie*, n° 29518/10 ; 8 novembre 2011, *VC c. Slovaquie*, n° 18968/07.

61. Au titre des décisions peu exploitables sur le plan de la réparation : Cour de cassation, 1re ch. civile, 24 janvier 2006, n° 04-15.369 (sur le fait que la responsabilité de la clinique ne peut être engagée du fait d'un médecin intervenant en libéral dans ses locaux).

d'entre elles au moins, il est possible de penser que les femmes concernées aient été des femmes racisées[62], ce qui n'est pas surprenant au regard de l'histoire de cette pratique[63].

Premier constat ici : la faiblesse du droit pénal ! Pour le montrer, deux décisions doivent être analysées. La première concerne deux femmes qu'un chirurgien avait stérilisées durant leurs césariennes au cours des années 1990. Agissant contre celui-ci en 2000, elles se heurtent à un refus de poursuite pour prescription, position confirmée par la Cour de cassation qui affirme que ces stérilisations ne peuvent être qualifiées de mutilations parce que, d'une part, les victimes ne sont « ni mutilées ni infirmes permanentes, au sens de l'article 222-9 du Code pénal » et, d'autre part, leur stérilité est « réversible ». Puisque les atteintes aux corps ne sont pas considérées comme « mutilantes », l'opération n'est pas qualifiée de crime mais de simple délit. Par conséquent, ce n'est donc pas la prescription criminelle (de vingt ans) mais la prescription délictuelle (de trois ans) qui s'applique. Puisque les victimes avaient découvert leur stérilité au-delà de délai de trois ans, aucune poursuite pénale n'était possible contre le médecin[64]. La Cour relève en outre ici l'absence d'intentionnalité de l'acte, écartant ainsi toute idée de violence : selon les juridictions le médecin n'avait pas ici l'*intention* de violenter les patientes, rendant de toute façon toute poursuite impossible sur ce fondement. Ce point avait, de fait, déjà été tranché dans une décision rendue en 2001[65], dans lequel la Cour avait cassé une condamnation pour violences prononcée à l'égard d'un chirurgien ayant stérilisé une patiente sans s'enquérir de son consentement explicite, considérant que l'intentionnalité ne pouvait être démontrée.

Sur la qualification de mutilation, le raisonnement du juge peut être interrogé au regard d'autres décisions pénales, certes plus anciennes, dans lesquelles la mutilation avait été reconnue alors même que l'organe atteint n'avait qu'une fonction non essentielle au fonctionnement corporel (la rate[66] ou le pavillon de

62. En raison du lieu des faits : *Cour de cassation*, 1re ch. civile, 24 janv. 2006, n° 04-15.369 (Basse-Terre), ou du prénom des personnes concernées : Cour Administrative d'Appel de Lyon, 8 juillet 2008, n° 05LY01377 (Soraya) ; Cour Administrative d'Appel de Douai, 19 juin 2007, n° 06DA00660 (Ratiba) ; Cour de cassation, ch. criminelle, 19 janvier 2005, n° 03-87.210 (Fatoumata et Goundoba).

63. Voir par ex. : sur la Réunion, Françoise Vergès, *Le ventre des femmes, Capitalisme, racialisation, féminisme*, Albin Michel, 2017 ; sur le Pérou, Lissell Quiroz, « La maternité au croisement des oppressions », *20 & 21, Revue d'histoire*, n° 146, 2, 2020, p. 69.

64. Sur ce point, la position de la Cour pourrait cependant évoluer au regard ses dernières positions sur la question de la computation des délais en l'absence de conscience de la personne : Cour de cassation, ch. criminelle, 21 juin 2023, n° 23-80.106.

65. Cour de cassation, ch. criminelle, 6 février 2001, n° 00-82.434.

66. Cour de cassation, ch. criminelle, 18 décembre 1962, n° 92.125/62 : *Bull crim.* n° 375 ; *Recueil Dalloz*, 1963, p. 189 ; *La Gazette du Pal*ais, 1963, 1, p. 267 (la rate a une fonction non vitale même si elle participe du fonctionnement du système immunitaire).

l'oreille[67]). De la même façon, les juridictions ont pu, légitimement, qualifier de mutilation les atteintes à des organes alors même que ces derniers pouvaient, théoriquement, faire l'objet d'une « réparation » (et que, partant, l'atteinte était réversible) comme l'ablation du clitoris par exemple[68]. Le refus de caractériser l'intentionnalité de l'atteinte à l'intégrité corporelle est, lui aussi, contestable dans la mesure où, si l'on peut admettre que les chirurgiens en cause « ne voulaient pas faire de mal », il faut rappeler que l'acte par lequel les médecins interviennent sur le corps de leurs patient·es est toujours exorbitant, c'est-à-dire exceptionnel par rapport au principe juridique selon lequel nul ne peut porter atteinte à l'intégrité du corps d'autrui, même avec son consentement. C'est parce que la loi les autorise explicitement à pratiquer ces interventions que les profesionnel·les de santé sont protégés contre toute accusation de violences ou de mutilations. Mais cette protection ne vaut qu'à la condition que *l'intervention soit faite en accord avec les principes du droit médical* et, en particulier, au regard de l'article 16-3 du Code civil, que l'intervention poursuive une nécessité médicale pour la personne. C'est d'ailleurs le sens du célèbre arrêt *Mongerot* du 13 août 1813[69] par lequel la chambre criminelle de la Cour de cassation avait affirmé que, même consentie, l'ablation, par un médecin, du pouce d'un patient à la seule fin de faire échapper celui-ci à l'enrôlement militaire est une violence volontaire (dès lors qu'elle ne poursuit aucune nécessité médicale). N'est-ce pas précisément l'apport des droits des patients tel qu'il s'est développé depuis le milieu du XX^e^ siècle que de considérer précisément que ce n'est pas « parce qu'il pense bien faire » que l'action d'un médecin est légalement justifiée ? Dans le même ordre d'idées, il serait possible d'interroger la qualification pénale des situations dans lesquelles les femmes ont, formellement, *consenti* à la stérilisation mais où les modalités de leur consentement, notamment en termes de délai de réflexion[70], n'ont pas été respectées : si le législateur estime que ce délai est indispensable à la formation d'un *véritable* consentement, ne pourrait-on pas considérer l'action comme relevant du champ pénal ? Il semble pourtant que ce n'est pas la voie choisie par les juridictions qui écartent apparemment toute poursuite notamment au regard de l'absence d'intention malveillante des professionnel·les.

---

67. Cour de cassation, ch. criminelle, 8 mars 1912 : *Bull. crim.* n° 138. Dans cette affaire, il était constaté que l'arrachement du pavillon entraînait une légère baisse de l'acuité auditive mais la Cour de cassation note bien que l'arrachement est, en lui-même, une mutilation, la baisse de l'acuité auditive subséquente étant par ailleurs une infirmité permanente, surabondante par rapport à la qualification.
68. Cour de cassation, ch. criminelle, 9 mai 1990, *Coulibaly Sory*, publié dans Revue *Droit pénal*, 1990, p. 291.
69. *Bull. crim.*, n° 178, *Recueil Sirey*, 1812-1814, p. 417.
70. L'article L. 2123-1 du Code de la santé publique impose un délai de réflexion de quatre mois à toute demande de stérilisation. Le consentement doit en outre être exprimé par écrit.

On comprend alors toute l'importance du droit de la responsabilité dans la prise en charge des femmes. Puisque la voie pénale semble difficile à emprunter, il ne reste que la voie civile. En effet, la reconnaissance du statut de victime semble être plus facile à obtenir dans le champ de la réparation de leur préjudice corporel. Pour autant, cette voie n'est pas sans embûches.

### *Stérilisation mal consentie : la difficile réparation*

Les cas de demandes de réparation des stérilisations *non consenties* ne semblent pas particulièrement poser difficultés en termes de réparation. Il n'est pas débattu que le fait de ne pas avoir du tout sollicité le consentement d'une personne avant de la stériliser est une faute, et que cette stérilisation est en elle-même constitutive d'un préjudice[71]. La situation est cependant plus complexe lorsque la stérilisation a été consentie mais sans que les modalités légales de ce consentement (délai de réflexion, consentement par écrit notamment) n'aient été respectées.

### *Sur la faute*

Une première question posée aux juridictions est celle de la caractérisation de la faute en cas de non-respect des modalités légales de consentement, qu'est notamment le fait de consentir à la stérilisation par écrit suite à un délai de réflexion de quatre mois. La Cour administrative d'appel de Bordeaux[72] a ainsi pu considérer qu'il n'y avait pas de faute à pratiquer la stérilisation deux mois et demi seulement après la première consultation, dès lors que le non-respect du délai de réflexion s'expliquait, ici, par la volonté de pratiquer la stérilisation à l'occasion d'une césarienne. La Cour de cassation a récemment considéré l'inverse dans un cas similaire mais où le délai de réflexion n'avait été que d'une semaine[73].

Théoriquement, ce sont ici deux visions du délai de réflexion qui s'affrontent. D'un côté ce délai est vu comme un *droit* de la personne, qui vient renforcer son droit au consentement éclairé, auquel elle ne peut renoncer, et dont le non-respect est nécessairement une faute. De l'autre, se dessine l'idée que le respect du délai de réflexion est une *obligation* des soignant·es, composante de l'obligation l'information, dont le respect pourrait non seulement être soumis

71. Cour de cassation, 1re ch. civile, 11 octobre 1988, n° 86-12.832 ; Cour Administrative d'Appel de Douai, 19 juin 2007, n° 06DA00660 ; Cour Administrative d'Appel de Lyon, 8 juillet 2008, n° 05LY01377 ; Cour Administrative d'Appel de Versailles, 5 septembre 2009, n° 08VE00461 ; TA Nancy, 6 juillet 2023, n° 2101033.

72. Cour Administrative d'appel de Bordeaux, 6 oct. 2015, n° 13BX03265.

73. Cour de cassation, 1re ch. civile, 13 septembre 2023, n° 22-18.676.

à une appréciation au cas par cas mais qui, de plus, devrait être conciliée avec les autres obligations des soignant·es, au premier rang desquelles la minimisation des risques pour les patient·es[74]. La formulation de l'article L. 2123-1 du Code de la santé publique permet cependant de se passer de ce détour théorique, puisqu'il dispose qu'« *il ne peut être procédé* à l'intervention qu'à l'issue d'un délai de réflexion de quatre mois[75] » posant ainsi une interdiction spéciale. En cas de non-respect de ce délai, la faute apparaît donc difficilement contestable. Un parallèle peut ainsi être opéré avec les quelques affaires dans lesquelles des médecins n'avaient pas respecté les délais de réflexion autrefois imposés dans les procédures d'interruption de grossesse et dans lesquelles les juridictions ont pu admettre que la violation du délai était une faute susceptible de conduire à la réparation d'un préjudice moral chez la patiente, si celle-ci en démontrait formellement l'existence[76].

Outre la caractérisation de la faute elle-même, c'est la question du préjudice qui est ici en cause. Dans le cadre de stérilisation non consentie, les juridictions semblent nécessairement admettre le préjudice, même si l'indemnisation est parfois limitée du fait de l'âge de la personne ou du fait qu'elle ait déjà plusieurs enfants[77]. Ces limitations ne sont pas en contradiction avec les principes généraux

74. Not. Art. L. 1110-5 Code de la santé publique.

75. Nous soulignons.

76. Cour de cassation, 1re ch. civile, 26 mai 2011, n° 10-15.550 (préjudice lié à « des difficultés d'ordre psychologique, résultant de ce qu'elle avait accepté d'engager [...] le processus d'interruption de grossesse, sous le coup de l'émotion de la découverte d'une grossesse non désirée, et en perdant la chance de prendre sa décision dans la sérénité après l'avoir mûrie ») (patiente de Nice). À l'inverse v. Cour Administrative d'Appel de Bordeaux, 4e chambre, 17 mars 2005, n° 01BX01480, décision dans laquelle la faute est établie mais tout préjudice moral écarté car la plaignante « ne fournit aucun élément permettant d'établir que sa décision aurait été différente si cette formalité avait été respectée » (patiente de la Réunion).

77. Cour d'Appel de Montpellier, 29 janv. 1988, n° 65135 : « que si la gravité des troubles dans les conditions d'existence de l'intéressée provoquée par sa stérilisation est atténuée par les circonstances qu'il pouvait être mis fin à sa stérilité au moyen d'une intervention chirurgicale et que l'intéressée est mère de cinq enfants, l'importance de ces troubles est en revanche accrue en raison de l'âge de Mme X... au moment de l'intervention litigieuse » (26 ans) ; TA Nancy, 6 juillet 2023, n° 2101033 : « la ligature des trompes réalisée sans consentement a entraîné une infécondité irréversible et a constitué une atteinte à l'intégrité de Mme F. Toutefois, la requérante était âgée de presque 39 ans au moment des faits, était déjà mère d'un enfant et ne semble pas avoir évoqué de désir de grossesse avant une consultation au CHRU de Nancy en 2015 alors qu'elle était âgée de 43 ans. Dès lors, il sera fait une juste appréciation de son préjudice d'établissement en l'évaluant à un montant de 3 000 euros » (demande non connue pour ce poste) ; Cour Administrative d'Appel de Douai, 19 juin 2007, n° 06DA00660 : « si les chances pour Mme Y, mère de cinq enfants, d'avoir un nouvel enfant étaient extrêmement limitées compte tenu de cette multiparité, de son âge et de ses trois précédentes césariennes, elles n'étaient pas nulles, même si devaient être également pris en compte les risques distincts de pathologie maternelle ou de malformation fœtale qu'une éventuelle grossesse aurait entraînés ».

de la réparation intégrale puisque le préjudice est alors classiquement considéré comme moins important (il est socialement moins grave d'être stérile à 40 ans qu'à 20 ; plus grave de ne pas avoir d'enfant du tout que de ne pas en avoir un troisième etc.). Mais dans le cadre de stérilisation « mal » consentie, la question est plus délicate.

### *Sur le préjudice*

De façon assez classique, c'est la perte de chance de refuser l'intervention qui est mobilisée par les juridictions dans les cas de mauvais recueil de consentement (absence de délai de réflexion, consentement purement oral, etc.). Mais, dès lors, la réparation des conséquences de la stérilisation ne se fera qu'à la hauteur de la probabilité établie que la personne aurait renoncé à l'opération si elle avait disposé de plus de temps, la seule atteinte à son droit à la réflexion n'étant pas, en elle-même, constitutive d'un préjudice. La difficulté est alors que lorsque, pour diverses raisons, il apparaît que la personne aurait de toute façon probablement demandé une stérilisation, la réparation se réduit à peau de chagrin. On trouve ainsi quelques décisions qui diminuent, voire refusent, toute indemnisation à des femmes ainsi « mal consenties ».

La Cour d'appel de Montpellier écrit ainsi : « La victime réclame [...] une somme de 10 000 €, au motif du défaut d'information en matière de ligature des trompes, et de l'absence de respect du délai légal de réflexion, en relevant une perte de confiance dans son médecin, et une somme supplémentaire de 10 000 € au motif d'une perte de chance d'avoir pu employer un autre moyen contraceptif moins générateur de risques opératoires. Cependant, la cour observe comme le premier juge que l'expert judiciaire a considéré que le respect de la législation n'aurait pas modifié l'indication opératoire, et que Marie-Christine X... n'avait jamais remis en cause devant l'expert l'indication de la stérilisation tubaire, de sorte qu'il ne peut pas être retenu un préjudice résultant d'une perte de chance de ne pas avoir eu recours à ces interventions[78]. » De même, la Cour administrative d'appel de Bordeaux énonce que « dans les circonstances de l'espèce, eu égard à l'âge de la patiente [35 ans] et à la circonstance qu'elle était déjà mère de six enfants, la fraction du préjudice indemnisable doit être fixée, comme l'ont estimé justement les premiers juges, à deux tiers[79] ». Plus récemment, la Cour d'appel de Paris a jugé que « le choix de Mme A..., à qui une nouvelle

78. Cour d'Appel de Montpellier, 13 septembre 2016, n° 12/044077. La victime obtient cependant 5. 000 € en réparation de son préjudice moral du fait que l'opération n'a pas été faite dans les règles de l'art.
79. Cour Administrative d'Appel de Bordeaux, 8 janvier 2013, n° 11BX02884.

grossesse potentiellement dangereuse en l'état de fragilité de son utérus avait été médicalement déconseillée, s'était arrêté sur cette méthode depuis plusieurs années de sorte que si une information conforme et exhaustive lui avait été formellement délivrée, elle n'aurait pas renoncé à cette intervention, aucun lien de causalité entre ce manquement et le dommage ne pouvant dès lors être caractérisé, fusse une perte de chance de renoncer à l'opération » (la demande était de 20 000 €).

La jurisprudence semble donc, en la matière, analyser le défaut de réflexion comme un simple problème *d'information*, qui aurait privé la personne de la possibilité de choisir un autre mode de contraception. Mais pour autant, elle demeure sur une analyse ancienne du défaut d'information qui a disparu dans la jurisprudence plus contemporaine. En effet, dans un premier temps, face à des cas dans lesquels l'information délivrée aux patientes n'avait pas été complète, les juridictions analysaient ce préjudice comme une simple perte de chance d'échapper au risque[80]. L'idée était que si la personne avait connu les risques encourus, elle n'aurait pas nécessairement consenti à l'intervention. Était alors réparée la « fraction » du préjudice correspondant au pourcentage de chance que la personne ait refusé « si elle avait su ». Or, les limites de ce raisonnement ont été soulignées de longue date[81] : si seule la *perte de chance de refuser l'intervention* est indemnisée, alors la violation de l'obligation d'information n'est jamais réparée lorsque l'intervention était indispensable ! C'est d'ailleurs pour cette raison que la Cour de cassation a consacré, dans le droit médical général, un préjudice spécifique *d'impréparation*[82], uniquement lié au fait que, faute d'information complète, la personne n'a pas pu se préparer, psychiquement, matériellement, au fait qu'elle risquait des conséquences négatives ; quand bien même il est certain qu'elle aurait accepté l'intervention si elle les avait connues.

C'est ici tout le paradoxe de la question du délai de réflexion en matière de droits reproductifs qui apparaît : historiquement, ces délais ont plutôt été conçus comme des outils visant à *décourager* les patients – et en particulier les patientes[83]. Le renforcement historique de l'idée que l'accès à la maîtrise de sa reproduction n'est plus seulement une exigence de santé publique mais une manifestation

---

80. Cour de cassation, 1re ch. civile, 7 février 1990, n° 88-14.797, *Recueil Dalloz*, 1991, p. 183, obs. Jean Penneau ; *Revue Trimestrielle de Droit Civil*, 1992, p. 109, obs. Patrice Jourdain.

81. Voir par ex. Jean Penneau, *La responsabilité du médecin*, Dalloz, 2004, p. 35.

82. Cour de cassation, 1re ch. civile, 3 juin 2010, n° 09-13.591 ; *Actualité Juridique Droit Administratif*, 2010, p. 2169, note Caroline Lantero ; *Revue de Droit Sanitaire et Social*, 2010, p. 898, note Farida Arhab-Girardin ; *La Semaine Juridique*, 2010, n° 78, note Stéphanie Porchy-Simon ; *Revue Générale de Droit Médical*, 2010, n° 36, p. 233, note Stéphane Prieur.

83. V. par ex. Anne-Marie Devreux, « De la dissuasion à la normalisation. Le rôle des conseillères dans l'entretien pré-IVG », *Revue française de sociologie*, 1982, vol. 23, n° 3, p. 470.

de la *liberté individuelle* conduit à une remise en cause de la pertinence de ces délais, qui ont d'ailleurs disparu du régime de l'avortement[84]. Mais les femmes ne peuvent pas perdre sur tous les tableaux en même temps : tant que le pouvoir législatif jugera bon de conserver des délais de réflexion dans ce domaine – ce qui, de fait, entrave leur liberté reproductive – leur respect doit être impératif, non seulement au regard de l'appréciation de la faute (délictuelle), mais aussi au regard de la réparation du préjudice spécifique de ne pas avoir disposé d'un délai de réflexion. Il serait ainsi possible, *a minima*, d'analyser la situation de violation du délai de réflexion comme une atteinte nécessairement préjudiciable de l'ordre du préjudice d'impréparation[85] ; voire – en particulier lorsque le délai de réflexion a été presque inexistant – comme un défaut de consentement, ouvrant la voie à une réparation totale du préjudice corporel[86]. La difficulté étant que, étonnamment, la stérilisation ne semble pas toujours être analysée comme une atteinte corporelle.

On trouve en effet à ce sujet quelques décisions surprenantes. La Cour d'appel de Douai peut ainsi affirmer qu'une stérilisation non consentie « n'a causé aucun préjudice physique » à la victime, au sens où celle-ci n'aurait de toute façon probablement plus eu d'enfant[87]. Mais en statuant ainsi, la Cour confond préjudice physique et préjudice sexuel, comme si l'atteinte au corps, même sans atteinte *fonctionnelle*, n'était pas en elle-même un préjudice. Cette décision est à rapprocher d'autres qui ignorent le préjudice spécifique lié à l'absence de choix dans la méthode de stérilisation. Ainsi, dans une affaire où le chirurgien avait procédé à une ablation des trompes en lieu et place de la pose de clips qui avait été demandée, la Cour administrative d'appel de Lyon[88] n'accorde qu'un préjudice moral de 200 euros contre les 15 000 demandés, considérant que l'effet était le même (ce qui est vrai au regard de la fécondité mais procède cependant d'une intervention différente sur le corps). Confronté à une situation inverse, où la personne avait explicitement demandé à ce qu'il ne soit pas implanté de corps étrangers mais où des clips avaient, malgré tout, été posés en lieu et place d'une ligature des trompes, le Tribunal administratif de Melun reste parfaitement silencieux sur l'absence de consentement à l'acte, pourtant

84. Loi n° 2022-295 du 2 mars 2022 visant à renforcer le droit à l'avortement.

85. Or, pour un refus de réparation d'un préjudice d'impréparation en ce qu'il serait « insuffisamment démontré » : TA Nancy, 6 juillet 2023, n° 2101033.

86. Pour une analyse de l'information comme composante du consentement et inhérente à la dignité des patient·es, v. par ex. Sophie Hocquet-Berg, « Les sanctions du défaut d'information en matière médicale », *La Gazette du Palais*, 10 septembre 1998, p. 1121 ; Stéphanie Porchy, « Lien causal, préjudices réparables et non-respect de la volonté du patient », *Recueil Dalloz*, 1998, p. 379.

87. Cour Administrative d'Appel de Douai, 19 juin 2007, n° 06DA00660.

88. Cour Administrative d'Appel de Lyon, 20 avril 2021, n° 19LY03449.

invoqué par la requérante[89]. Tout se passe comme si aucun droit n'avait ici été violé, ni le principe de consentement à une intervention corporelle – alors même que la Cour de cassation, dans une décision il est vrai plus récente, a considéré que l'ablation d'un organe sain est, par principe, un préjudice[90] – ni le droit subjectif de choisir son mode de contraception, il est vrai non invoqué par les victimes. Comme si ces corps n'avaient pas de consistance en dehors de leur fonction reproductive.

## Du préjudice d'accoucher « naturellement » : des projets pour l'avenir…

Pour conclure la présente étude dans une perspective plus prospective, nous proposons d'élargir le spectre des droits reproductifs pour envisager la façon dont les préjudices corporels des femmes pourraient être davantage pris en compte dans le domaine, cette fois-ci, de l'accouchement.

Pour rappel, le droit français connaît un mécanisme spécifique de réparation collectivisée des dommages corporels liés à des accidents médicaux, même lorsqu'aucune faute n'a été commise, à condition que ceux-ci soient particulièrement graves[91]. La réparation est alors assumée par l'Office National des Accidents Médicaux (ONIAM), fonds d'indemnisation collectivisé, abondé par la sécurité sociale et les compagnies d'assurance. Ce système, particulièrement protecteur, permet de ne pas laisser sans indemnisation des personnes qui n'auraient pas été assurées contre un risque d'accident médical grave qui, n'étant dû qu'au *hasard* et non à une *faute* médicale, n'engage la responsabilité de personne. Une des conditions d'indemnisation par l'ONIAM est cependant particulièrement violente pour les femmes : l'acte à l'origine du dommage doit être un acte « de diagnostic, de prévention ou de soin ». Or, le juge exclut l'accouchement de la catégorie des « soins ».

En effet, dans une interprétation restrictive de cette notion, les juridictions considèrent que les préjudices issus d'accidents d'accouchement ne sauraient être indemnisés par la collectivité, même lorsqu'ils sont d'une particulière gravité[92]. Les dommages issus accidentellement d'*actes* en lien avec l'accouchement (péridurale, épisiotomie etc.) sont évidemment pris en charge, de même, depuis une

89. TA Melun, 2 avril 2024, n° 2210796. La stérilisation ayant été un échec, une indemnisation est cependant accordée au titre du préjudice moral de découverte tardive d'une grossesse.

90. Cour de cassation, 1re ch. civile, 6 décembre 2023, n° 22-20.786.

91. Le taux d'incapacité pour l'éligibilité à la réparation est, généralement, fixé à 26 %.

92. Voir par ex. Cour Administrative d'Appel de Bordeaux, 12 janvier 2016, n° 14BX01085.

décision de 2019, que les conséquences des simples *manœuvres* d'accouchement[93]. Mais les conséquences accidentelles de l'accouchement lui-même (hémorragie, déchirures etc.) demeurent extérieures au cadre de l'ONIAM, l'accouchement étant considéré comme un événement « naturel ».

Plusieurs arguments peuvent être opposés à ce raisonnement. Nous ne reviendrons pas ici sur l'abondante littérature de critique féministe de la notion de « nature » en général[94]. Nous ne développerons pas davantage la critique consistant à souligner que la grossesse est aujourd'hui extrêmement médicalisée, de la conception à la naissance, quasiment pour la totalité des femmes vivant en France, ce qui la prive, en tout état de cause, de son caractère naturel. Au de-là, donc, de ces légitimes arguments, il convient de souligner ce que la pensée marxiste-féministe de la notion de « travail » peut apporter à la réflexion.

En effet, si l'on accepte de penser la grossesse non pas uniquement comme un phénomène biologique mais, comme l'ont proposé certains courants féministes, comme un *travail reproductif*, au service, non pas uniquement des individus, mais plus largement de la société ; alors on perçoit mal pourquoi les femmes qui meurent ou restent gravement handicapées du fait de leur grossesse et de leur accouchement sont renvoyées à leurs propres moyens (et généralement, comme toujours, aux soins des femmes qui les entourent[95]), au lieu d'être prises en charge par la collectivité. Un bref détour par le régime des accidents du travail pourrait permettre de nous convaincre de la pertinence d'une telle réflexion.

Le droit français considère en effet que tout accident ayant eu lieu sur le temps et le lieu de travail est présumé être un accident du travail, ouvrant droit à un régime d'indemnisation spécifique. Seule la preuve apportée par l'employeur que la cause de l'accident est *totalement étrangère au travail*[96] peut l'exonérer de sa responsabilité. Il semblerait parfaitement incongru qu'un employeur allègue que l'arrêt cardiaque d'un salarié travaillant par forte chaleur n'est pas lié au travail car il est *naturel* que la hausse des températures puisse entraîner ce type d'accident – de même qu'un employeur ne saurait arguer que les engelures des travailleurs de frigo ne seraient pas liées à leur emploi, mais au froid…

93. Cour de cassation, 1re ch. civile, 19 juin 2019, n° 18-20. 883.

94. On reverra ici seulement à Colette Guillaumin, *Sexe, race et pratiques du pouvoir. L'idée de nature*, éditions iXe, rééd. 2016.

95. Pour une étude intéressante sur la prise en charge de la dépendance dans le couple v. cependant Maks Banens, « Care et genre. L'aide familiale en cas de handicap », *Populations vulnérables*, 2013, n° 1, p. 49-67.

96. Pour un refus d'exonération au regard de la faute de l'employé : v. par ex. Cour de cassation, ch. sociale, 7 mai 2019, n° 18-80-418.

Il ne s'agit pas ici de demander le rattachement des préjudices liés à la grossesse au régime spécifique des accidents du travail (sauf à réformer profondément ce régime, actuellement attaché uniquement à la situation de travail *salarié* ; mais il s'agirait d'un changement profond de paradigme qui devait alors intégrer le travail domestique ou bénévole par exemple). Cependant, dans une conception large du « médical » il serait souhaitable que l'accouchement, que certaines autrices ont pu qualifier d'« acte naturel médicalisé »[97], puisse être inclus dans la prise en charge collective de l'ONIAM[98]. Plus audacieux encore, on pourrait concevoir, en rattachant explicitement l'accouchement à une politique familiale, que les dommages afférents soient pris en charge par un fonds spécifique lié, par exemple, à la CAF. Il s'agirait ici d'un choix politique fort, comme a pu l'être le fait d'inclure explicitement dans cette prise en charge les dommages accidentels liés à la contraception et à l'avortement, précisément pour éviter toute contestation sur leur caractère d'« acte de soin »[99]. Un choix qui collectiviserait les risques que seules les femmes supportent pour le bénéfice commun. Un choix qui participerait à reconnaître juridiquement, enfin, la place majeure des corps des femmes dans le contrôle de la reproduction collective et dans l'émancipation de la sexualité. Un choix qui contribuerait à offrir aux femmes non seulement des *droits* mais surtout des *débiteurs*[100].

97. Gisèle Mor, Laurence Clerc-Renaud, *Réparation du préjudice corporel*, 3e éd., Encyclopédie Delmas, 2021/2022, n° 053.51.

98. Regrettant, sur ce fondement, l'exclusion de l'accouchement de l'ONIAM, v. Farida Arhab-Girardin, « Les conditions de l'indemnisation de l'accident médical non fautif : une interprétation restrictive ? », *Revue de Droit Sanitaire et Social*, 2019, p. 1007 : « il est regrettable que la femme doive […] assumer [les dommages issus de l'accouchement]alors qu'il s'agit d'un acte naturel si particulier qui est celui de donner la vie » ; Caroline Lantero, « Le contentieux de la solidarité », *Actualité Juridique Droit Administratif*, 2016, p. 368 ; Stéphanie Porchy-Simon, « Inclusion des actes préparatoires et des actes de chirurgie esthétique dans le champ de l'article L. 1142-1 du Code de la santé publique », *Recueil Dalloz*, 2014 p. 697.

99. Loi du 26 janvier 2016 de modernisation de notre système de santé. Le terme de « sécurisation » est explicitement utilisé dans les très brefs débats parlementaires sur ce point : Assemblée nationale, compte rendu intégral, 2e séance du 10 avr. 2015, discussions sur les amendements 2011 et 2010. En parallèle, le pouvoir législatif avait exclu de toute indemnisation les dommages liés à des interventions esthétiques, choix qui frappe évidemment davantage les femmes que les hommes.

100. Voir dans ce volume le chapitre de Laurie Marguet, « De l'existence d'un droit à l'IVG en France », p. 17.

Sixième partie

# Garantir l'accès à l'avortement

# Du droit à l'avortement à la justice reproductive

## Perspectives intersectionnelles

*Stéphanie Hennette-Vauchez*

« Pièce maîtresse de l'oppression des femmes », selon Simone de Beauvoir[1], la réglementation étatique de l'avortement – et, plus largement, de l'ensemble des questions reproductives, de la contraception hier à l'accès à l'assistance médicale à la procréation aujourd'hui – n'a jamais pesé de manière égale sur toutes les femmes. Si elle plonge ses racines dans des considérations théologiques, puis médicales, elle devient à partir du XIXe siècle une « question politique sécularisée », focalisée d'ailleurs « davantage sur la "question sociale" que sur la "question des femmes" »[2] – comme l'ensemble de la législation et de la politique pénales alors largement articulées à l'association « classes laborieuses, classes dangereuses ». C'est que la répression de l'avortement est toujours, simultanément, un discours sur la sexualité ; en tant que tel, elle véhicule certaines figures socialement construites de la déviance sexuelle et s'accommode, ce faisant, d'inégalités sociales manifestes dans son application.

On peut ainsi lire, sous la plume de Jean-Yves Le Naour et Catherine Valenti que « sous le Second Empire, sur dix jeunes femmes poursuivies par la cour d'assises de la Haute-Garonne entre 1851 et 1857, quatre sont domestiques, deux journalières, deux ménagères, une blanchisseuse et une fille publique. Toutes

1. Simone de Beauvoir, « Préface », dans *Avortement : une loi en procès. Sténotypie intégrale des débats du tribunal de Bobigny*, Gallimard, 1973, p. 12.

2. Mona Claro, « Contraception et Avortement », dans Juliette Rennes (dir.), *Encyclopédie critique du genre*, La Découverte, 2021, p. 159-172, p. 163-164 : « C'est surtout au cours du XIXe siècle que la limitation volontaire des naissances devient, au-delà des domaines médical et religieux, une question politique sécularisée. Les discours qui émergent à cette époque en faveur d'une telle limitation se focalisent davantage sur la "question sociale" que sur la "question des femmes" ». V. aussi : Rachel Fuchs, *Poor and Pregnant in Paris. Strategies of Survival in the 19th Century*, Rutgers University Press, 1992.

sont analphabètes[3] ». Et « L'article 317 [du Code pénal] ne frappe donc que des malchanceuses, et presque toujours des ouvrières, des bonnes, de petites paysannes. La bourgeoise, selon les néo-malthusiens, pourrait se soustraire aux dénonciations par de longs voyages, par le recours à des médecins avorteurs qui travaillent proprement, ce qui n'est pas toujours le cas des matrones, et surtout par la pratique de la régulation menstruelle au moindre retard des règles, qui n'est rien d'autre qu'un avortement très précoce. Les Anglaises fortunées, pour leur part, font le voyage à Paris pour obtenir un avortement discret dans une clinique de la capitale où l'article 317 est superbement ignoré : "Les Anglaises sont les principales clientes de nos fameuses institutions privées d'accouchement", écrit le docteur Galliot en 1884. "De l'aveu même des étrangers, les maisons d'avortement de notre capitale jouissent chez eux d'une certaine renommée". Les affaires sont à ce point organisées que le séjour ne dure pas plus d'un week-end, du samedi au lundi, selon le docteur Blondel. Dans cette situation où l'avortement est devenu un fait social, le maintien de la répression est injuste, voire dangereux[4] ».

L'imposition de grossesses non désirées qui résulte de la répression de l'avortement est largement perçue et présentée comme une des formes de la « juste sanction » de toutes les formes non socialement approuvées de la sexualité et, notamment, de la sexualité hors mariage – et elle frappe selon une logique de classe, comme l'illustre encore la marquante tribune publiée par la militante socialiste, pacifiste et féministe Louise Bodin en 1920, au lendemain de l'adoption de la loi réprimant la propagande anticonceptionnelle qu'elle dénonce comme « la loi de répression la plus scélérate du monde » :

> « Comme il n'est pas un de ces messieurs aristocrates, grands bourgeois, mercantis des affaires ou de la presse qui ne la pratique [la propagande néo-malthusienne exprimée par la loi] conjugalement ou extra-conjugalement, [cette loi] ne peut viser ni atteindre les compagnes de leurs plaisirs. Et c'est bien en effet la femme du peuple qu'on veut atteindre. Celle-là restera dans l'ignorance et dans l'impossibilité de limiter le nombre de ses enfants. Les cabarets sont ouverts pour son homme, mais les cabinets médicaux sont fermés. Elle croupira dans des taudis sans air, sans lumière et sans eau : qu'importe, elle aura des gosses. Elle sera exténuée par les travaux de l'atelier, de la fabrique et du ménage : qu'importe, elle aura des gosses. Elle ira laver à la rivière des charges de linge à tomber sous le poids ; elle montera à son sixième des seaux d'eaux à lui arracher les bras : qu'importe, elle aura des gosses. Ils mourront tuberculeux, de syphilis héréditaire, dans leurs clapiers et dans des hôpitaux infâmes : qu'importe, elle aura des gosses. On les

3. Jean-Yves Le Naour, Catherine Valenti, *Histoire de l'avortement, XIX<sup>e</sup>-XX<sup>e</sup> siècles*, Le Seuil, 2003, p. 81.
4. Jean-Yves Le Naour, Catherine Valenti, *Histoire de l'avortement, XIX<sup>e</sup>-XX<sup>e</sup> siècles*, Le Seuil, 2003, not. p. 56-57.

tuera par millions, pour le Droit et la Civilisation ; on les laissera mourir au bagne s'ils se révoltent et s'ils deviennent conscients : qu'importe, elle aura des gosses. Si elle en perd six, elle en aura douze. Elle y crèvera : mais elle aura des gosses[5] ! »

Cette logique de classe qui meut la législation pénale s'accompagne, en outre, d'une grande inégalité dans l'application effective de la loi, puisque c'est encore elle qui permet aux femmes les plus aisées et les plus dotées en ressources sociales diverses (accès à des médecins arrangeants, connexions et protection dans le monde judiciaire…) de contourner les interdictions et de naviguer la réglementation dans un sens favorable. La prise de conscience de ce que l'avortement concerne, en réalité, tous les milieux sociaux – y compris les classes bourgeoises – n'est d'ailleurs pas pour rien dans certains mouvements qui auront, de manière incrémentale, mené à l'assouplissement de la législation.

Intersectant avec la question sociale, la question raciale constitue également une clef de lecture cruciale de la législation relative aux droits reproductifs. Le *Black Feminism*[6] a amené à penser au pluriel la catégorie de « femmes » et attiré l'attention sur la manière dont nombre de causes féministes ont en fait résulté de processus de cadrage marqués par l'expérience sociale des femmes blanches de la classe moyenne en capacité de construire la mobilisation. En témoigne le geste fondateur de Sojourner Truth dans son discours « Ain't I a woman ? », prononcé au Congrès de femmes réuni à Akron (Ohio) en 1851 : « Ce petit homme en noir, là-bas, dit qu'une femme a besoin qu'on l'aide à monter en voiture, et qu'il faut la soulever pour sauter les flaques, et qu'il faut lui offrir la meilleure place partout. Personne ne m'aide jamais en voiture ou à sauter les flaques, et personne ne m'offre jamais une quelconque meilleure place ; et ne suis-je pas une femme ? Regardez-moi ! Regardez mon bras. J'ai labouré et planté et mis en gerbes dans des granges, et aucun homme ne pouvait me surpasser – et ne suis-je pas une femme ? Je pouvais travailler autant et manger autant qu'un homme (quand on m'en donnait l'occasion) et supporter aussi bien le fouet – et ne suis-je pas une femme ? J'ai porté treize enfants et j'ai vu la plupart vendus en esclavage, et quand j'ai pleuré d'une douleur de mère, personne à part Jésus ne m'a entendue – et ne suis-je pas une femme[7] ? »

De nombreux travaux s'inscrivent dans ce sillage, et jettent une lumière crue sur le fait qu'en divers espaces géographiques et politiques, les femmes de couleur ont été traitées de manière différente, voire inverse, des femmes blanches par

5. Louise Bodin, « La justice des hommes », *L'Humanité*, 9 août 1920, p. 1.

6. Elsa Dorlin (dir.), *Black Feminism. Anthologie du féminisme africain-américain, 1975-2000*, L'Harmattan, 2008.

7. Sojourner Truth, *Et ne suis-je pas une femme ? And ain't I a woman ?*, Payot, 2021, trad. Françoise Bouillot, préf. Pap Ndiaye, p. 49-50.

les lois et politiques reproductives. Voilà pourquoi ce sont des mouvements de femmes noires qui ont, voici vingt ans, forgé le concept de justice reproductive. On procède ici à un bref rappel des éléments saillants de cette histoire globale, avant de proposer un zoom sur certains aspects de l'ouvrage de Myriam Paris intitulé *Nous qui versons la vie goutte à goutte* qui y font écho par l'attention prêtée à la centralité des questions reproductives dans le pouvoir colonial dont elle analyse le joug qu'il exerce et la résistance qu'y oppose, notamment, l'Union des femmes de la Réunion (UFR)[8].

## Justice v. Droits reproductifs : l'apport du féminisme noir

L'institution de l'esclavage, qui a joué un rôle fondamental dans la construction d'un ordre racial[9], repose sur un modèle extractiviste qui fait du corps des femmes une ressource de premier ordre[10], notamment aux époques et dans les lieux où le propriétaire d'esclaves est aussi, *ipso facto*, le propriétaire des enfants auxquels ses esclaves femmes donnent naissance. Ce type de règles a en effet mené à la fois à ce que les femmes esclaves soient acquises pour cette capacité propre qu'elles avaient à faire croître et multiplier le capital humain détenu par le propriétaire et à la pratique généralisée du viol de femmes esclaves[11]. Aux États-Unis par exemple, en 1662, l'État de Virginie fut le premier à rejeter la règle héritée de la *common law* britannique selon laquelle le statut de l'enfant suit celui de son père. *A contrario*, la règle suivante fut adoptée : « Les enfants engendrés par un Anglais sur une femme nègre seront esclaves ou libres selon la condition de la mère[12]. » Par ailleurs, lorsque l'importation d'esclaves devint

8. Myriam Paris, *Nous qui versons la vie goutte à goutte. Féminismes, économie reproductive et pouvoir colonial à la Réunion*, Dalloz, 2020.

9. Aurélia Michel, *Un monde en nègre et blanc. Enquête historique sur l'ordre racial*, Seuil, 2020, coll. « Points » ; v. aussi Paulin Ismard, Benedetta Rossi, Cecile Vidal (dir.), *Les mondes de l'esclavage. Une histoire comparée*, Seuil, 2024.

10. Françoise Vergès, *Le ventre des femmes. Capitalisme, Racialisation, Féminisme*, Albin Michel, 2017.

11. Sur la centralité de la question de la reproduction au cœur du système esclavagiste : Jennifer Morgan, *Laboring Women : Reproduction and Gender in New World Slavery*, 2004.

12. Voir le texte original : https://encyclopediavirginia.org/primary-documents/negro-womens-children-to-serve-according-to-the-condition-of-the-mother-1662/. Sur cette règle, v. Jennifer Morgan, « Partus sequitur ventrem : Law, Race, and Reproduction in Colonial Slavery », https://blogs.law.columbia.edu/abolition1313/files/2020/08/Morgan-Partus-1.pdf. Voir aussi, de manière générale, sur la lecture du concept juridique de propriété au prisme de la race : Cheryl I. Harris, « Whiteness as Property », *Harvard Law Review*, 1993, vol. 106, p. 1709, 1719 (1993) : « The cruel tension between property and humanity was also reflected in the law's legitimation of the use of Black women's bodies as a means of increasing property ».

illégale à partir de 1808, toute expansion de la force de travail en vint à reposer sur sa reproduction – ce qui encouragea plus avant le viol d'esclaves[13], conforté par ailleurs par le fait que, alors même que le mariage interracial est demeuré interdit dans de nombreux États jusqu'aux années 1960[14], la fornication interraciale ne rencontrait pas le même interdit. En 1855, dans le Missouri, l'esclave Celia, âgée de 19 ans, qui était routinièrement violée par son propriétaire et avait déjà donné naissance, de ce fait, à deux enfants, fut poursuivie en justice pour l'avoir tué alors qu'il cherchait une nouvelle fois à lui imposer une relation sexuelle. Elle se prévalait pour sa défense de la loi pénale qui protégeait « toute femme » contre des « tentatives de ravissement, de viol ou de défloration »[15]. Mais la cour jugea qu'elle était une esclave et non une « femme » au sens de ce texte, et la condamna à mort[16]. Les témoignages de violences sexuelles infligées aux femmes esclaves abondent[17] ; et elles se perpétuèrent au-delà de la guerre de Sécession et de l'abolition de l'esclavage. Du 1er au 3 mai 1866, le massacre de Memphis fut causé par l'attaque de policiers irlando-américains mus par le refus de la défaite sur une communauté d'Africains-américains, causant des dizaines de morts, ainsi que la destruction par le feu de nombreuses maisons, églises et écoles. Cinq femmes furent violées : Lucy Tibbs, Harriet Armour, Lucy Smith, Frances Thompson, Elivra Walker and Rebecca Ann Bloom ; leur témoignage devant le Congrès fédéral par la suite est d'ailleurs généralement considéré, non seulement comme l'une des premières traces avérées de témoignage public et officiel de femmes victimes de violence sexuelle[18] mais aussi, comme l'un des événements qui contribua à l'adoption du 14e amendement à la Constitution

13. Melissa Murray, « Race-ing Roe : Reproductive Justice, Racial Justice, and the Battle for Roe v. Wade », *Harvard Law* Review, 2021, vol. 134, p. 2025-2102, p. 2034.

14. C'est par son arrêt *Loving v. Virginia*, 388 U.S. 1 (1967) que la Cour suprême mit (tardivement) fin à cette interdiction des mariages interraciaux, jugés inconstitutionnels ; v. Kevin Noble Maillard, Rose Cuison Villazor (dir.), *Loving v. Virginia in a Post-Racial World. Rethinking Race, Sex and Marriage*, Cambridge University Press, 2012.

15. Halley Townsend, « Second Middle Passage : How Anti-abortion Laws Perpetuate Structures of Slavery and the Case for Reproductive Justice », *Journal of Constitutional Law*, 2023, vol. 25, p. 185-232 ; et Melton McLaurin, *Celia, A Slave*, William Morrow Paperbacks, 1999. Voir aussi les documents judiciaires liés à cette affaire, mis en ligne par Douglas Linder, professeur de droit à l'Université de Missouri : https://www.famous-trials.com/celia.

16. *Ibid.*

17. Voir par exemple les documents historiques rassemblés à propos de l'État de Virginie : https://encyclopediavirginia.org/entries/sexual-exploitation-of-the-enslaved/ Voir aussi Jeffrey Pokorak, « Rape As A Badge Of Slavery : The Legal History Of, And Remedies For, Prosecutorial Race-Of-Victim Charging Disparities », *Nevada Law Journal*, 2006, vol. 7, p. 1-54, p. 8.

18. Voir notamment l'audition de Lucy Tibbs devant la Chambre des Représentants : https://books.google.fr/books?id=GQJVAAAAcAAJ&lpg=PA387&dq=rape+of+lucy+tibbs&pg=PA160&redir_esc=y#v=onepage&q&f=false.

fédérale américaine qui, suite à l'abolition de l'esclavage, vient garantir la citoyenneté à toute personne née aux États-Unis ainsi que l'égale protection des lois à tous ceux qui se trouvent sur son territoire. Aujourd'hui encore, de nombreux travaux mettent en évidence les liens qu'entretiennent les formes contemporaines de violence et d'inégalité endurées par les africains-américains avec l'esclavage[19].

Comme l'a montré dans un important ouvrage la juriste Dorothy Roberts, l'abolition de l'esclavage et l'émancipation des anciens esclaves menèrent à un basculement au sujet de la reproduction des corps Noirs : ne pouvant plus être contrôlée ou mise à profit par les propriétaires blancs, elle devint une menace ou un fléau à endiguer[20]. À ce titre, les femmes noires furent exposées à nombre de traitements illégaux et discriminatoires, au premier rang desquels la stérilisation forcée. Portées par le mouvement eugéniste qui connut un fort développement aux États-Unis au XIX^e^ siècle et jusqu'au cœur du XX^e^ siècle[21], de nombreuses législations étatiques prévoyaient en effet la stérilisation des « simples d'esprit » ou des personnes présentant un retard de développement mental[22]. Or ces catégories ont été massivement utilisées contre les populations marginalisées et singulièrement, contre les femmes noires – y compris contre leur gré ou sans qu'elles soient informées. Ainsi, l'activiste des droits civiques Fanie Lou Hamer a débuté son militantisme au sujet des stérilisations forcées après avoir elle-même subi une hystérectomie sans information ou consentement préalable, à l'occasion d'une intervention chirurgicale destinée à lui retirer un fibrome. Réalisant alors que sa condition, loin d'être isolée, était celle de 60 % des femmes noires de sa communauté du Mississippi, elle se lança dans la bataille pour dénoncer le « Mississippi Appendectomy » et le fait que « le corps des femmes noires n'est jamais seulement le leur » (*Black woman's body is never hers alone*). De fait, les chiffres sont établis : « Par exemple, pendant les années 1930 et 1940, la Commission eugéniste de Caroline du Nord stérilisa environ 8 000 personnes, dont 5 000 étaient africaines-américaines et dont l'écrasante majorité étaient

19. L'ouvrage très remarqué de Michelle Alexander, *The New Jim Crow. Mass Incarceration in the Age of Colorblindness*, The New Press, 2012, analyse les biais raciaux qui structurent le système pénal et carcéral américain contemporain comme une nouvelle forme de ségrégation raciale à l'heure de l'égalité constitutionnelle. Sur la violence sexuelle de manière spécifique : Caroline Bailey, « (Un)safe Spaces : The Relationship Between Slavery and Sexual Victimization of Black Women », *Journal of Interpersonal Violence*, 2024, vol. 39, n° 7-8, p. 1543-1570.

20. Dorothy Roberts, *Killing the Black Body : Race, Reproduction and the Meaning of Liberty*, Random House/Pantheon, 1997.

21. Rebecca Kluchin, *Fit To Be Tied : Sterilization And Reproductive Rights In America, 1950–1980*, Rutgers University Press, 2009.

22. La Cour suprême américaine ne vit rien à redire à ce type de législation, justifiée, selon le mot du juge Oliver Wendell Holmes, par l'idée éminemment néo-malthusienne et eugéniste selon laquelle « three generations of imbeciles are enough », *Buck v. Bell*, 74 U.S. 200 (1927), 207.

des femmes âgées de moins de vingt ans », et, « aujourd'hui, l'État continue de promouvoir la stérilisation involontaire des femmes Noires. Par exemple, entre 2006 et 2010, deux prisons de l'État de Californie ont stérilisé 148 femmes détenues sans qu'elles soient informées et aient consenti, la plupart d'entre elles étant Noires ou Latinas ; plus généralement, près de 1 400 stérilisations ont été pratiquées sur des femmes détenues entre 1993 et 2013 »[23]. Les politiques sociales ont, par ailleurs, souvent été mises au service d'objectifs de contrôle des naissances à propos des femmes de couleur. L'historienne Rickie Solinger a documenté la manière dont les politiques publiques ont dessiné une catégorie de la mère méritante (*deserving mother*) seule éligible à divers dispositifs – Medicaid, crédits d'impôts, traitements contre l'infertilité, adoptions internationales, aide aux grossesses adolescentes, etc. – dont précisément les femmes de couleur se sont trouvées massivement exclues. Pire, elles ont souvent vu les aides sociales auxquelles elles demeuraient éligibles conditionnées à l'engagement de contrôler leur fertilité – parfois même en « consentant » à la stérilisation[24].

Ces expériences, ainsi que les travaux qui ont contribué à les mettre en lumière, ont mené à l'émergence de nouveaux paradigmes pour penser les questions reproductives. Aux États-Unis, dès les années 1970 et 1980, le paradigme de la « justice reproductive » (par opposition à celui des « droits reproductifs ») commença à être porté, notamment par des organisations de femmes de couleur[25]. En 1994, en marge de la conférence internationale sur la population et le développement du Caire qui fit des droits reproductifs un enjeu central du développement[26], un collectif de douze femmes africaines-américaines[27], qui se constitua par la suite sous l'appellation Women of African Descent for Reproductive Justice (WADRJ), forgèrent le terme et l'agenda de la « justice reproductive » (*Reproductive Justice*)[28]. Elles définirent la notion comme « le droit humain de

23. Source : University of Illinois, Women's Leadership and Resource Center, « Reproductive Oppression Against Black Women », https://wlrc.uic.edu/reproductive-oppression-against-black-women/. Voir aussi l'ouvrage classique de Angela Davis, *Femmes, Race, Classe* [1981], Des femmes, 1983 évoque aussi la question.

24. Rickie Solinger, *Beggars and Choosers. How the Politics of Choice Shapes Adoption, Abortion, and Welfare in the United States*, Macmillan, 2002.

25. Mary Ziegler, « From Reproductive Rights to Reproductive Justice : Abortion in Constitutional Law and Politics », dans Deborah Brake, Martha Chamallas, Verna Williams dir., *The Oxford Handbook of Feminism and Law in the United States*, Oxford University Press, 2021.

26. Joan Chrisler, Cynthia Garrett, « Women's Reproductive Rights : An International Perspective », dans Michele Paludi (dir.), *Feminism And Women's Rights Worldwide*, tome 3, p. 129, Praeger, 2010.

27. Il s'agissait de Toni M. Bond Leonard, Reverend Alma Crawford, Evelyn S. Field, Terri James, Bisola Marignay, Cassandra McConnell, Cynthia Newbille, Lorretta Ross, Elizabeth Terry, « Able » Mable Thomas, Winnette P. Willis et Kim Youngblood.

28. Elles firent notamment publier toute une page dans le Washington Post en août 1994, reproduite ici : https://bwrj.wordpress.com/category/wadrj-on-health-care-reform/

conserver son autonomie corporelle, d'avoir des enfants, de ne pas en avoir et d'élever les enfants dans des communautés sûres et durables[29] ». Plus encore, le mouvement se singularise par la mise de côté des paradigmes « classiques » du « choix » et des « droits » reproductifs, du fait de leur incapacité à faire justice, précisément, de l'expérience des femmes de couleur, ni le premier ni les seconds ne leur étant accessibles du fait de leur situation économique et sociale comme de leur assujettissement à des politiques spécifiques. Elles soulignaient ainsi la spécificité de leur positionnement face aux questions reproductives, engagées qu'elles étaient non seulement dans la lutte pour le droit de ne pas avoir d'enfants (enjeu de l'avortement) mais aussi dans celle pour le droit d'en avoir (enjeu de la stérilisation et du contrôle de leurs capacités reproductives). Pour ce collectif, la notion de justice reproductive permet de mettre en avant le fait que la santé reproductive est largement surdéterminée non pas par des enjeux de « droit au respect de la vie privée » ou d'autonomie, mais bien plutôt par un vaste ensemble de facteurs politiques et sociaux – que met en lumière la prise en compte de l'expérience des communautés marginalisées, au premier rang desquelles les personnes de couleur, les pauvres et les minorités de genre. Elle poursuit l'objectif de mettre la notion d'accès (et notamment, d'égal accès) au centre du paradigme des droits reproductifs, en lieu et place de la notion de « choix » sur lesquels les mouvements féministes avaient largement jusque-là mis l'accent, dans une posture qui traduit l'ignorance et l'invisibilisation de la dimension raciale. Comme l'explique Dorothy Roberts, dont le travail capital porte tout entier sur l'intersection entre les questions raciales et les questions reproductives, « pendant trop longtemps, la rhétorique du "choix" a privilégié de manière prédominante les femmes blanches de la classe moyenne qui ont la capacité de choisir des options reproductives qui sont indisponibles aux femmes pauvres et des classes inférieures, spécialement les femmes de couleur. Le *mainstream* du mouvement en faveur des droits reproductifs a centré son attention sur la revendication presque exclusive du droit à l'avortement, ne cessant de mettre à distance de son agenda les intérêts des femmes qui ont été victimes de stérilisations forcées liées à la dévaluation de leur droit à avoir des enfants[30] ».

Sans nier l'enjeu spécifique de la réglementation de l'avortement – notamment, aux États-Unis, depuis l'arrêt *Dobbs* par lequel la Cour suprême américaine a jugé que la constitution fédérale était silencieuse sur le sujet, renvoyant alors à chaque État le soin d'adopter la réglementation qu'il souhaite[31] –, le concept de

29. https://www.sistersong.net/reproductive-justice

30. Dorothy Roberts, « Reproductive Justice, not just Rights », *Dissent*, 2015 [en ligne].

31. De fait, l'histoire passée et, désormais, présente, de la répression de l'avortement aux États-Unis est aussi une histoire profondément marquée par le racisme : v., de nouveau, Melissa Murray, « Race-ing Roe : Reproductive Justice, Racial Justice, and the Battle for Roe v. Wade », *op. cit.*

justice reproductive élargit la focale et visibilise d'autres formes de contrôle sur la sexualité et la reproduction des femmes ainsi que la question de l'accès aux soins, à l'éducation sexuelle et aux services reproductifs[32]. Si la rhétorique du choix est mise à distance, c'est qu'elle ne correspond pas à l'expérience de toutes les femmes – une fois que celle, spécifique, des femmes racisées est prise en compte. Cette rhétorique présuppose, en effet « que toutes les femmes peuvent décider et décident pour elles-mêmes si et quand avoir des enfants. Elle présuppose aussi que toutes les femmes ont les ressources pour obtenir et payer les services médicaux et de conseil dont elles ont besoin afin de pouvoir effectivement suivre leur planification familiale. Encore plus fondamentalement, elle présuppose que les femmes ont leur corps – qu'elles le possèdent et le contrôlent, qu'elles font leurs propres choix relativement à leur corps, leur santé et leurs relations[33] ». Or l'histoire longue du traitement des femmes de couleur par les politiques publiques en matière de reproduction, et les règles juridiques dans lesquelles elles se sont incarnées, a été celle d'une dépossession.

Les mécanismes de cette dépossession sont connus. Nombre d'études ont déjà montré les enjeux politiques et géopolitiques de l'analyse des écarts démographiques et de natalité à l'échelle du monde et du traitement qui en a été fait. L'imposition de l'idée de la nécessité de la lutte contre la « surpopulation » au Sud a contrasté avec la valorisation, au Nord, d'abord de politiques répressives en matière abortive puis, plus tard, de choix procréatifs responsables au service de la cellule familiale[34]. Peu de travaux se sont, en revanche, intéressés à la dimension raciale de ce cadrage ; et c'est notamment ce à quoi s'attelle le travail passionnant de Myriam Paris consacré à l'Union des femmes réunionnaises, dont des segments importants s'attachent à analyser la centralité des questions reproductives au cœur du pouvoir et de l'économie coloniales.

32. Voir notamment : Joan Chrisler, Cynthia Garrett, « Women's Reproductive Rights : An International Perspective », dans Michele Paludi (dir.), *Feminism And Women's Rights Worldwide*, vol. 3, p. 129, Praeger, 2010.

33. Joan Chrisler, « What is Reproductive Justice ? », dans Joan Chrisler (dir.), *Reproductive Justice : A Global Concern*, Praeger, 2012, p. 1.

34. Bibia Pavard, *Si je veux, quand je veux. Contraception et avortement dans la société française (1956-1979)*, Presses universitaires de Rennes, 2012.

## Autour de l'ouvrage de Myriam Paris : des politiques publiques en matière reproductive marquées au sceau de l'inégalité raciale

L'originalité de la démarche de Myriam Paris apparaît d'emblée : elle entend « analyser *par le bas* le pouvoir colonial, ses dimensions genrées, [et] la manière dont il s'appuie sur le travail maternel[35] ». Si elle parle de « pouvoir colonial » à propos de la Réunion, c'est en prenant notamment appui sur un argument juridique : celui de la spécificité des règles juridiques qui s'y appliquent, différentes en bien des points – et notamment, pour ce qui l'intéresse, en matière reproductive – de la législation métropolitaine. Elle n'est pas, ce faisant, la première à faire l'argument. Comme elle le rappelle d'ailleurs, des figures politiques de premier plan, tels Aimé Césaire, Raymond Vergès, ou Gaston Monnerville, tous trois députés à l'Assemblée constituante qui allait donner naissance à la IVᵉ République, avaient eux aussi rapidement fait le constat que la loi d'assimilation de 1946 qui faisait de la Réunion un département d'outre-mer ne faisait pas disparaître « le colonialisme », entendu comme « régime d'exception qui persistait et faisait que nombre de lois en vigueur en France, en particulier les lois sociales, ne s'appliquaient pas ou s'appliquaient partiellement aux citoyens qu'ils représentaient[36] ». Et si elle parle de « travail maternel », c'est pour appliquer un prisme large aux questions reproductives, qui inclut non seulement le travail procréatif lui-même (celui qui implique le corps gestant et le travail nourricier du corps allaitant[37]) mais aussi tout le travail du soin qui s'ensuit, et qui est nécessaire au maintien en vie[38]. Plus encore, elle s'intéresse à la manière dont des revendications en lien avec la maternité ont été l'une des expressions du féminisme des femmes réunionnaises – à rebours de la manière dont l'affranchissement ou l'émancipation vis-à-vis de ce rôle a pu paraître nécessaire aux mouvements féministes en métropole. En proposant une analyse large des questions reproductives, et en

35. Myriam Paris, *Nous qui versons la vie goutte à goutte. Féminismes, économie reproductive et pouvoir colonial à la Réunion*, Dalloz, 2020, p. 2.

36. *Ibid.*, p. 17.

37. Le chapitre 7 de l'ouvrage, consacré au « lait Debré » au prisme du « *welfare colonialism* » mérite tout particulièrement d'être mentionné. On prolongera utilement la lecture de l'ouvrage de Myriam Paris par le mémoire d'habilitation à diriger des recherches de Mathilde Cohen, *Le lait de la mère appartient à l'enfant. Une histoire du droit du lait humain en France entre technologie, genre et colonialisme (1910-2024)*, Université Paris Nanterre, 2024.

38. Ce faisant, Myriam Paris prend appui sur les travaux d'autrices comme Adrienne Rich (*Of Woman Born : Motherhood as Experience and Institution*, Norton, 1976) ou Paola Tabet (« Fertilité naturelle, reproduction forcée », dans Paola Tabet, *La construction sociale de l'inégalité des sexes : des outils et des corps* [1985], L'Harmattan, 1998, p. 84).

y intégrant d'emblée la perspective des femmes racisées de la Réunion, Myriam Paris s'inscrit dans le sillage des travaux de Evelyn Nakano Glenn ou Patricia Hills Collins sur le rapport différencié des féminismes à la maternité[39] pour montrer que « pour ces femmes, valoriser la maternité, accomplir le travail maternel (c'est-à-dire faire naître, nourrir, élever, prendre soin et socialiser les enfants) est une manière de défier les politiques qui, en les assignant au travail reproductif pour le groupe dominant, précarisent et fragilisent leurs propres communautés[40] ». C'est donc sur ces bases qu'elle entreprend l'analyse de ces politiques publiques qui, à la Réunion, ont cherché à augmenter la fécondité et réduire la mortalité infantile.

L'ouvrage, assurément, a une portée bien plus large que ce qu'on en restitue ici. Prenant l'histoire de l'organisation de l'Union des femmes de la Réunion comme clef d'entrée et point d'observation structurante, il s'intéresse en effet d'abord à l'héritage et aux traces de l'esclavage[41] ainsi qu'aux ambivalences des premières mesures sociales revendiquées au nom de l'assimilation[42], et analyse les conditions de naissance d'un mouvement féministe réunionnais[43] dans le contexte plus large du choix de la revendication de l'autodétermination politique de l'île[44]. Il offre également une remise en perspective des politiques de migration organisées par le BUMIDOM et les formes de travail (domestiques, surtout) auxquelles elles ont mené[45]. L'ensemble de l'ouvrage est traversé par la question des formes féministes de la résistance à une domination (post) coloniale.

Or, précisément, cette résistance féministe naît en partie de « la centralité d'une économie reproductive dans leur expérience[46] ». Cette économie reproductive, elle l'étudie notamment au travers de la gestion et de la mise en circulation du lait, et de l'organisation du travail d'allaitement. Ce faisant, son travail est encore

39. Not. Evelyn Nakano Glenn, « Social Constructions of Mothering : A Thematic Overview », dans Evelyn Nakano Glenn, Grace Chang, Linda Forcey (dir.), *Mothering : Ideology, Experience and Agency*, Routledge, 1994, p. 7 ; Patricia Hill Collins, « Shifting the Center : Race, Class and Feminist Theorizing about Motherhood », dans Evelyn Nakano Glenn, Grace Chang, Linda Forcey (dir.), *Mothering : Ideology, Experience and Agency*, *Ibid.*, p. 45-65.

40. Myriam Paris, *Nous qui versons la vie goutte à goutte*, *op. cit.*, p. 13.

41. *Ibid.*, p. 68 : à la Réunion, le Code Noir qui s'applique à compter de 1723 reproduit la règle selon laquelle le statut de l'enfant suit celui de la mère (*partus sequitur ventrem*), procédant ainsi à l'intégration du « corps reproductif exproprié » dans « les circuits marchands de l'accumulation primitive capitaliste ».

42. *Ibid.*, p. 151 : « le *welfare* réclamé au nom de l'assimilation politique se traduit concrètement, dans sa mise en œuvre, par l'encadrement et le contrôle du travail maternel des mères réunionnaises pauvres et racisées ».

43. *Ibid.*, not. Chap. 3.

44. *Ibid.*, not. Chap. 4.

45. *Ibid.*, not. Chap. 6.

46. *Ibid.*, p. 471.

marqué par une grande originalité qui consiste à opter pour une focale large dans l'appréhension des questions de reproduction, qui va bien au-delà des seules questions procréatives. Pour autant, certains segments de l'ouvrage sont précisément centrés sur ces dernières – et constituent le cœur de ce qui fait écho au présent ouvrage. Il s'agit des portions de l'analyse qui caractérisent, selon les mots de l'autrice, une « économie reproductive développementaliste », et notamment l'apparition d'une politique de contrôle de naissances à la Réunion. Myriam Paris établit de manière remarquable la manière dont cette politique contraste avec celle qui est concomitamment mise en œuvre en métropole. Car c'est en effet une véritable politique antinataliste qui se déploie à la Réunion, enracinée sur l'idée d'un nécessaire combat contre « une démographie galopante » dont elle souligne la dimension racialiste[47] et fondée sur des incitations fortes à la contraception, qui vont même aller jusqu'à des pratiques de stérilisations forcées. La sexualité réunionnaise est « qualifiée de "prolifique" et érigée en problème public » ; de là, le contrôle démographique débute par « une campagne discrète » mais, à mesure que « les espoirs gouvernementaux s'amenuisent peu à peu quant à une limitation spontanée des naissances », « les dispositifs de contrôle des naissances s'avèrent de plus en plus coercitifs »[48].

Dès les années 1960, note ainsi Myriam Paris, « les préservatifs sont en vente libre et de nombreux médecins délivrent des progestatifs à usage contraceptif – pilules – à leurs patientes avec l'aval des autorités, bien que la contraception ne soit pas légalement autorisée[49] » – la loi Neuwirth ne sera en effet adoptée qu'en 1967, et il faudra en réalité attendre 1974 pour que la contraception soit réellement libéralisée (par l'« autre » loi Veil[50]), via une prise en charge par la Sécurité sociale et la suppression de l'autorisation parentale des mineures. Et encore faut-il rappeler qu'elle contient en toute hypothèse une disposition aux termes de laquelle « toute propagande antinataliste est interdite ».

La politique de disponibilité des contraceptifs déployée à la Réunion a, assurément, rencontré contestations et des résistances – en particulier chez un certain nombre d'acteurs catholiques prônant l'éducation aux « méthodes naturelles » de

47. *Ibid.*, not. p. 300 et suivantes : dans la littérature internationale qui construit cet enjeu de démographie mondiale, les tendances démographiques sont immédiatement présentées en termes de race, à travers des expressions telles que le « *rising tide of color* », « *White Supremacy* », « *overcrowded colored homelands* », etc.

48. *Ibid.*, p. 314.

49. *Ibid.*

50. Loi n° 74-1206 du 4 décembre 1974 portant diverses dispositions relatives à la régulation des naissances ; v. Bibia Pavard, Florence Rochefort, Michelle Zancarini-Fournel, *Les lois Veil. Un siècle d'histoire* [2012], rééd. La Découverte, 2024, not. p. 173-200. Voir aussi Sophie Chauveau, « Les espoirs déçus de la loi Neuwirth », *Clio. Femmes, Genre, Histoire*, 2003, n° 18, p. 223-239.

contrôle des naissances. Mais un ralliement pragmatique aux difficultés qu'elles posent « dans un département tropical » ou il faut compter, selon les mots du député Michel Debré, avec « le manque naturel de souci des Créoles en matière de sexualité[51] », l'a, *de facto*, emporté – d'autant plus que, à la différence du PCF, le parti communiste réunionnais, exprime lui aussi une position favorable à la contraception, tout en rejetant l'idée que la misère du peuple réunionnais proviendrait de causes démographiques[52]. Plus encore, « à partir de 1965, les pouvoirs publics s'organisent pour instituer à la Réunion des centres dits "d'orientation familiale" dont l'objectif est de placer les Réunionnaises sous "couverture contraceptive"[53] ». Un rapport réalisé à la demande du préfet sur l'accessibilité des contraceptifs via le Mouvement pour le planning familial souligne que « des lois bonnes pour un pays sous-peuplé ne peuvent être valables pour un autre surpeuplé[54] » et plaide, de fait, pour un régime dérogatoire à la Réunion. Peu après, l'Association réunionnaise pour l'orientation familiale (AROF) sera créée à la Réunion avec le plein soutien des pouvoirs publics – contrairement à ce qu'expérimente en métropole le mouvement français pour le planning familial. Une loi du 31 juillet 1963 vient même mettre en place un circuit de financement de la « solution contraceptive » *via* la création du Fonds d'action sociale obligatoire (FASO), alimenté par ponctions sur les allocations familiales des salarié·es des DOM. Des dispensaires sont ouverts dès 1967, qui distribuent stérilets et pilules – ainsi que, bientôt, le contraceptif hormonal Depo-Provera[55]. Une propagande intensive est mise en place pour inciter les Réunionnaises à s'y rendre – la Gazette de l'Île de la Réunion publiant en 1969 une affichette frappée au slogan « Famille peu nombreuse, famille heureuse[56] ».

Les politiques publiques menées à la Réunion en matière reproductive ne sont pas seulement opposées à celles qui sont en vigueur en métropole ; elles ciblent, en outre, spécifiquement les femmes non blanches, comme en témoignent les tableaux statistiques de la répartition ethnique des femmes consultant les centres et dispensaires gérés par l'AROF[57]. À cela, vient s'ajouter le scandale de la clinique

51. Cité dans Myriam Paris, *Nous qui versons la vie goutte à goutte*, *op. cit.*, p. 325.
52. *Ibid.*, p. 325-326.
53. *Ibid.*, p. 327.
54. Cité *ibid.*, p. 330.
55. *Ibid.*, p. 340 : le Depo-Provera est administré massivement aux femmes réunionnaises alors même qu'il ne bénéficie pas alors du visa ministériel permettant sa mise sur le marché. De manière générale, le Depo-Provera a été massivement utilisé, à titre expérimental, dans les pays du tiers-monde. À partir de 1974, ce produit sera dénoncé comme expérimental et potentiellement dangereux aux États-Unis par des mouvements féministes. Sur l'ensemble, et notamment sur les ambiguïtés et mensonges des pouvoirs publics français à ce propos : *Ibid.*, p. 344-349.
56. *Ibid.*, p. 331-335.
57. *Ibid.*, p. 338.

du Dr Moreau, à Saint-Benoît, déjà étudié par Françoise Vergès[58]. Des milliers de femmes réunionnaises y ont subi des avortements et des stérilisations forcées entre 1967 et 1970. Lors du procès mettant en cause un infirmier et six médecins, les prévenus insistent, pour leur défense, sur « l'encouragement qu'ils avaient reçu des pouvoirs publics[59] ». De fait, lesdites opérations étaient largement financées par la Sécurité sociale – ici encore, dans un contraste spectaculaire avec ce qui se joue, à la même époque, en métropole. La grande majorité des patientes de la clinique relevaient en effet, selon Myriam Paris, de l'Assistance médicale gratuite ; et c'est d'ailleurs cette dimension de financement par des fonds publics qui explique que la CGT de la Réunion ainsi que la Caisse générale de sécurité sociale se soient associées aux victimes lors du procès en portant plainte pour « dilapidation des fonds publics et escroquerie à la sécurité sociale[60] ».

On aura souhaité ici faire écho à certaines analyses proposées par Myriam Paris en tant qu'elles constituent l'une des très rares enquêtes en sciences sociales menées en langue française[61] qui fait écho à la dimension racialisée des politiques publiques en matière reproductive à partir de cette analyse de l'imbrication entre économie reproductive et pouvoir colonial à La Réunion. Si l'apport de l'ouvrage va bien au-delà de cette question, cette part spécifique de son riche contenu méritait d'être isolée dans le présent volume, tant elle fait écho de manière concrète à cette importante évolution, au prisme de l'intersectionnalité et de la prise en compte de la question raciale, du paradigme des droits reproductifs en paradigme de la justice reproductive.

58. Françoise Vergès, *Le ventre des femmes*, *op. cit.*

59. *Ibid.*, p. 351.

60. *Ibid.*

61. Voir toutefois Arlette Gautier, « Les politiques familiales et démographiques des départements français outre-mer depuis 1946 », *Cahiers de sciences humaines*, 1988, vol. 24, n° 3, p. 389-402 ; Michelle Zancarini-Fournel, « Contraception et avortement dans les Antilles françaises », *Clio. Femmes, Genre, Histoire*, 2019, vol. 50 [en ligne].

# L'avortement à quel prix ?

## Les dispositifs juridiques de prise en charge financière du recours à l'IVG

*Marie Mesnil*

Tout va très bien, ils vont faire un curetage,
Pas de « Karman », ils connaissent pas,
Anesthésie, plus deux jours d'hôpital,
Ça coûtera soixante mille balles.
Et c'est pas cher, au prix qu'est l'beurre,
Moitié du SMIC, un vrai bonheur !
Et la Sécu ? C'est fait pour les braves gens,
Pas les salopes, évidemment…

*Chanson sur l'air de « Tout va très bien, madame la marquise »*
*Dans Elles chantent (s. d., publication après le 1er mai 1976)*
*Citée par Bibia Pavard, Florence Rochefort, Michelle Zancarini-Fournel, Les lois Veil. Contraception 1974, IVG 1975, Armand Colin, 2012, p. 148-149*

« Avortement libre et gratuit » : tel était l'un des slogans en faveur de la dépénalisation de l'interruption volontaire de grossesse (IVG) dans les années 1968[1]. Il met en lumière deux revendications centrales en matière d'avortement : d'une part, reconnaître la possibilité pour les femmes d'interrompre leur grossesse si elles le souhaitent et d'autre part, assurer que le recours à l'IVG soit entièrement gratuit. Autrement dit, il s'agit de permettre à toutes les femmes de choisir librement d'avorter en supprimant d'un côté, les obstacles juridiques et de l'autre, les obstacles financiers. La gratuité peut même être présentée comme une condition de la liberté d'avorter ainsi que de l'égalité d'accès à l'avortement.

1. L'expression « années 1968 » sert à caractériser la séquence historique, voir en ce sens not. Geneviève Dreyfus-Armand, Robert Frank, Marie-Françoise Lévy, Michelle Zancarini-Fournel (dir.), *Les années 68 : le temps de la contestation*, Paris-Bruxelles, Complexe, 2000.

Le programme politique derrière ce slogan emblématique n'a pas été réalisé dès 1975 lorsque la loi Veil a été adoptée ; et les revendications sur lesquelles il repose demeurent d'actualité, même s'il y a eu de nombreuses évolutions – comme l'ont montré les débats qui ont précédé la constitutionnalisation de l'IVG. La loi constitutionnelle n° 2024-200 du 8 mars 2024 relative à la liberté de recourir à l'interruption volontaire de grossesse a inscrit dans la Constitution que « la loi détermine les conditions dans lesquelles s'exerce la liberté garantie à la femme d'avoir recours à une interruption volontaire de grossesse ». Dès lors que la prise en charge financière de l'IVG et de ses conséquences compte parmi les « conditions d'exercice » de cette liberté reconnue aux femmes d'interrompre volontairement leur grossesse, il revient au législateur d'en déterminer la teneur. Dans la continuité des combats en faveur d'un avortement libre et gratuit, il avait pu être proposé non seulement de « garantir un véritable droit à l'avortement autonome » mais de « reconnaître aussi la dimension économique et sociale du droit à l'avortement (et, au-delà, des questions reproductives) »[2] en inscrivant dans la Constitution : « La loi garantit le respect de l'autonomie personnelle, les droits procréatifs et l'accès aux soins et services de santé. Toute personne a droit à une contraception adaptée et gratuite ainsi que de recourir librement et gratuitement à l'interruption volontaire de grossesse, dans un délai garanti par la loi d'au moins quatorze semaines de grossesse. » Cette proposition, formulée par Stéphanie Hennette-Vauchez, Diane Roman et Serge Slama, aurait ainsi permis, comme cela est d'ailleurs mis en avant dans leur article, « de hisser au niveau constitutionnel, pour les rendre, si ce n'est intangible, du moins mieux protégées contre d'éventuels revers politiques, les dispositions actuellement inscrites au Code de la santé publique, tout en faisant simultanément œuvre pionnière par l'émergence d'un discours normatif constitutionnel sur ces questions et les enjeux de citoyenneté qu'il emporte[3] ». Toutefois, compte tenu de la formulation finalement retenue par la majorité présidentielle, il n'existe actuellement aucune garantie constitutionnelle relative à la prise en charge financière de l'IVG : la Constitution ne garantit ni sa gratuité, ni une mutualisation des coûts qu'elle engendre pour les femmes.

Dépassant la question de la constitutionnalisation, les débats relatifs à la manière dont doit être garanti le libre accès à l'IVG, constants des années 1968 à aujourd'hui, mettent en exergue les dimensions économiques et sociales de l'IVG. Au-delà de l'avortement, c'est la gestion de tous les aspects de la procréation qui représente un coût important pour les femmes : un coût psy-

2. Stéphanie Hennette-Vauchez, Diane Roman and Serge Slama, « Pourquoi et comment constitutionnaliser le droit à l'avortement », *La Revue des droits de l'homme*, juillet 2022 [en ligne].
3. *Ibid.*

chologique (charge mentale et culpabilisation) mais aussi financier, avec de nombreux frais – allant de l'achat des produits hygiéniques aux dépassements d'honoraires des médecins gynécologues – en passant par le manque à gagner résultant des rendez-vous médicaux et des arrêts de travail consécutifs liés au travail procréatif (que ces arrêts soient appréhendés au prisme de la maladie ou de la maternité). L'ensemble des actes médicaux qui peuvent être rattachés à la liberté procréative – contraception, avortement et stérilisation, pour le volet négatif de cette liberté qui correspond au fait de ne pas souhaiter avoir un enfant, et assistance médicale à la procréation, pour son volet positif qui consiste à vouloir avoir un enfant – ne fait pas l'objet d'un régime unifié en droit de la Sécurité sociale, qu'il s'agisse de la prise en charge des frais de santé afférents ou du régime d'indemnisation en cas d'incapacité de travail. Certains événements, comme les menstruations[4], la ménopause ou le recours à l'IVG, ne font l'objet d'aucune disposition particulière ; leurs spécificités sont ignorées par le droit de la Sécurité sociale. Autrement dit, la gestion de la fertilité n'est pas considérée comme un risque social à part entière en droit de la protection sociale et la procréation n'est appréhendée que de manière parcellaire, à travers les risques liés à la maladie ou à la maternité.

Cette contribution ambitionne de montrer, à travers l'exemple de l'IVG, la manière dont l'autonomie procréative reconnue aux femmes fait indirectement peser sur elles une charge financière. Il s'agit en effet de se poser la question du coût, psychologique mais surtout financier, que représente, pour les femmes, la gestion de la procréation. Qu'elles choisissent d'avoir des enfants ou de mettre fin à leur grossesse, les femmes en payent le prix et doivent supporter les coûts liés à la procréation. Ce chapitre s'intéresse aux deux principales dimensions de cette question. Au sujet des coûts directs, il analyse la manière dont la prise en charge des frais de santé liés à une IVG a été améliorée au fil du temps de manière à assurer une prise en charge à 100 % sans avance de frais. Au sujet des coûts indirects, il démontre qu'en revanche les salariées perdent de l'argent lorsqu'elles doivent se rendre aux rendez-vous médicaux sur leur temps de travail ou qu'elles se trouvent dans l'incapacité de travailler à la suite des actes médicaux indispensables à la mise en œuvre de leurs droits procréatifs. Ces deux aspects du sujet – prise en charge des frais de santé par la Sécurité sociale et régime des congés prévu par le Code du travail ou, le cas échéant, des indemnités journalières versées par la Sécurité sociale – seront traités en mettant la focale sur l'IVG, qui constituera le fil directeur de cette contribution ; les autres actes médicaux procréatifs, qu'ils soient thérapeutiques ou non, serviront d'éléments de comparaison.

4. Marie Mesnil, « Améliorer la prise en charge des frais de santé menstruelle : les règles comme risque social », *Journal de Droit de la Santé et de l'Assurance Maladie*, 2023, n° 37, p. 104-110.

Que dit la prise en charge financière de l'IVG, à savoir les coûts associés à l'acte médical et ses conséquences sur la vie professionnelle des femmes, de la légitimité de son recours ? Les modalités de la prise en charge financière de l'IVG témoignent de la singularité de cet acte médical en comparaison avec les autres actes intervenant en matière procréative. Dans le volet prise en charge des frais de santé associés à l'IVG, les évolutions, importantes, témoignent de l'acceptabilité progressive de l'acte médical et de sa consécration, encore timide mais néanmoins certaine, comme une composante de la liberté procréative des femmes. En revanche, l'incidence du recours à l'IVG sur le travail des femmes salariées reste peu prise en considération, que ce soit du côté de la Sécurité sociale ou du droit du travail ; l'IVG y fait figure de choix personnel dont les salariées devraient seules assumer les conséquences financières.

## Les frais mutualisés de la réalisation de l'IVG

Depuis 1975, la prise en charge des frais médicaux liés à l'IVG s'est fortement améliorée, témoignant des changements intervenus plus généralement dans le régime de cet acte médical. Si, dans un premier temps, il s'agissait seulement d'en permettre la légalisation, il est ensuite devenu un acte médical comme un autre, partiellement remboursé par la Sécurité sociale. Ce n'est que dans un troisième temps, que l'IVG a été traitée comme un droit fondamental pris en charge à 100 % avec tiers payant obligatoire.

### *La loi Veil : un acte médical légalisé mais non remboursé*

Alors que l'avortement libre et gratuit était revendiqué, la loi n° 75-17 du 17 janvier 1975 relative à l'interruption volontaire de la grossesse ne prévoit pas de prise en charge des frais relatifs à l'IVG par la Sécurité sociale. Cette absence de remboursement, pourtant prévue initialement dans les premières versions du projet de loi, est justifiée par Simone Veil dans son discours du 26 novembre 1974 par les principes généraux de la Sécurité sociale et le caractère non thérapeutique de l'acte : « Lorsque l'on sait que les soins dentaires, les vaccinations non obligatoires, les verres correcteurs ne sont pas ou sont encore très incomplètement remboursés par la Sécurité sociale, comment faire comprendre que l'interruption, de grossesse, soit, elle, remboursée ? [Mouvements divers.] Si l'on s'en tient aux principes généraux de la Sécurité sociale, l'interruption de grossesse, lorsqu'elle n'est pas thérapeutique, n'a pas à être prise en charge ? Faut-il faire exception à ce principe[5] ? » Elle explique alors le choix de l'absence de remboursement de l'IVG : « il nous a paru nécessaire de souligner la gravité d'un acte qui doit rester exceptionnel, même s'il entraîne dans certains cas une charge financière pour les femmes[6]. » En revanche, considérant que l'absence de ressources ne doit pas empêcher une femme d'avorter, l'aide médicale s'applique aux femmes les plus démunies. Cette décision de ne pas rendre l'IVG éligible au remboursement par la Sécurité sociale intervient alors que l'autre loi Veil – celle de 1974 – vient d'autoriser le remboursement de la contraception pour les mineures – qui n'ont plus besoin d'autorisation parentale pour y recourir[7]. Une différence de régime qui doit, pour Simone Veil, permettre de distinguer « entre la contraception qui, lorsque les femmes ne désirent pas un enfant, doit être encouragée par tous les moyens et dont le remboursement par la Sécurité sociale vient d'être décidé, et l'avortement que la société tolère mais qu'elle ne saurait ni prendre en charge ni encourager[8] ». Bien que jugé trop peu ambitieux, le projet de loi relatif à l'IVG est soutenu par les parlementaires de gauche qui proposent toutefois de nombreux amendements visant notamment à assurer le remboursement par la Sécurité sociale. Dans le même sens, Gisèle Halimi appelle à défendre le texte qui, même s'il est imparfait, doit permettre aux femmes les plus pauvres d'avorter, en France, dans des conditions sanitaires convenables : même payant, le recours à l'IVG est moins coûteux en France qu'à l'étranger[9].

La loi Veil finalement adoptée en janvier 1975 représente une première victoire pour les droits procréatifs des femmes ; mais le régime juridique de l'IVG est jugé insatisfaisant. En ce sens, le Mouvement français pour le Planning familial adopte une motion d'orientation lors de son congrès réuni en mai 1975 : « Si les lois sur la contraception et l'interruption volontaire de grossesse obtenues grâce à la mobilisation populaire constituent une amélioration de la condition des hommes et des femmes, elles restent largement insuffisantes : non-remboursement par la Sécurité sociale, pratiques médicales employées, conditions de culpabilisation maintenues, difficultés pour les mineures et les femmes étrangères[10]. » La prise en charge financière figure donc parmi les éléments qui peuvent contribuer à libéraliser encore davantage le recours à l'IVG et pour lesquels il convient de

5. Simone Veil, *« Elles sont 300 000 chaque année », Discours de la ministre Simone Veil pour le droit à l'avortement devant l'Assemblée nationale, 26 novembre 1974*, Points, coll. « Points féministe », 2023, p. 31.

6. *Ibid.*

7. Loi n° 74-1026 du 4 décembre 1974 portant diverses propositions relatives à la régulation des naissances.

8. Simone Veil, *« Elles sont 300 000 chaque année »*, *op. cit.*, p. 32.

9. Gisèle Halimi, « Injustice et désordre », *Le Monde*, 26 novembre 1974.

10. Cité par Bibia Pavard, Florence Rochefort, Michelle Zancarini-Fournel, *Les lois Veil. Contraception 1974, IVG 1975*, Armand Colin, 2012.

poursuivre la mobilisation, notamment à gauche. Peu après, les propositions de campagne de François Mitterrand mentionnent d'ailleurs que « les conditions d'obtention de l'IVG seront revisitées ».

## *La loi Roudy : un acte médical remboursé, mais qui reste contesté*

Après l'élection de François Mitterrand[11], Yvette Roudy est nommée ministre des Droits de la femme en 1981. Elle mène alors le combat pour le remboursement de l'IVG, déclarant notamment dans le magazine *Elle* que « la loi actuelle sur l'avortement est une loi bourgeoise[12] » ou encore, dans les colonnes du journal *Le Monde*, que « le remboursement de l'IVG est une question de dignité humaine et de justice sociale[13] ». Après des blocages et des tergiversations, y compris au sein du gouvernement et de la part du nouveau président de la République, la loi n° 82-1172 du 31 décembre 1982 relative à la couverture des frais afférents à l'interruption volontaire de grossesse non thérapeutique et aux modalités de financement de cette mesure est finalement adoptée. Cette loi, appelée loi Roudy, constitue une avancée très importante : l'IVG est dans une certaine mesure « considérée comme un acte médical ordinaire puisque le remboursement est acté, mais les fonds seront prélevés sur le budget général et non sur celui de la Sécurité sociale[14] ». L'article 5 prévoyait en effet que, chaque année, « l'État rembourse aux organismes gérant un régime légal de Sécurité sociale les dépenses qu'ils supportent au titre de la part garantie des frais exposés par les assurés sociaux à l'occasion des interruptions volontaires de grossesse ». Autrement dit, ce n'est qu'en apparence que l'IVG est prise en charge par la Sécurité sociale au même titre que tous les autres actes médicaux. En réalité, son financement, spécifique, relève du budget de l'État, avec une prise en charge par les impôts au titre de la solidarité nationale et non par les cotisations au titre de la solidarité professionnelle. Cette subtilité budgétaire n'entraîne certes aucune conséquence pour la prise en charge des frais de santé des femmes qui avortent, mais elle vise à ne pas entièrement traiter l'IVG comme n'importe quel autre acte médical[15]. Elle peut

11. Mouvement français pour le Planning familial, « Chap 13. L'arrivée de la gauche au pouvoir donne un nouvel élan au MFPF » dans *Liberté, sexualités, féminisme. 50 ans de combat du Planning pour les droits des femmes*, La Découverte, 2006, p. 165-175.

12. *Ibid.*, p. 165-175 citant *Elle*, 12 octobre 1981.

13. *Ibid.*, citant *Le Monde*, 19 avril 1982.

14. Bibia Pavard, Florence Rochefort, Michelle Zancarini-Fournel, *Les lois Veil. Contraception 1974, IVG 1975*, *op. cit.*, p. 183.

15. Mouvement français pour le Planning familial, « Chap 13. L'arrivée de la gauche au pouvoir donne un nouvel élan au MFPF », *op. cit.*

par ailleurs contribuer à expliquer que les coûts indirects de l'IVG ne sont pas bien pris en charge par la Sécurité sociale, comme nous le verrons par la suite.

Au-delà de la stigmatisation qu'il révèle, ce mode de financement est d'autant moins anecdotique qu'il a fait l'objet de contestations importantes, en particulier par le biais d'une grève de l'impôt. Réunis au sein d'une association dénommée « Association pour l'objection de conscience à toute participation à l'avortement », des militants appelèrent les contribuables à déduire de leur impôt sur le revenu la part affectée au financement de l'IVG[16]. À la suite de ce mouvement, plusieurs contentieux furent portés devant les juridictions administratives[17]. Le Conseil d'État, dans un arrêt le 13 mai 1987, mit fin à la contestation en jugeant que « les conditions dans lesquelles le produit des impôts est utilisé sont sans influence sur la régularité et le bien-fondé des impositions et ne peuvent être utilement contestées devant le juge de l'impôt[18] ».

Lorsque la loi n° 87-588 du 30 juillet 1987 portant diverses mesures d'ordre social mit fin à cette spécificité du financement de l'IVG par l'État en procédant à son intégration au sein du panier de soins remboursés par la Sécurité sociale, un nouveau mouvement de contestation vit le jour, qui visait cette fois le caractère obligatoire des cotisations de Sécurité sociale compte tenu de la liberté de conscience des salariés. Saisie, la Cour de cassation estimait que « le recouvrement des cotisations de Sécurité sociale légalement dues ne pouvant en aucun cas constituer une atteinte aux convictions personnelles, à la liberté de pensée et de conscience des assujettis, ceux-ci sont tenus de les acquitter quelle que soit l'affectation qui leur est donnée[19] ». Les oppositions à l'IVG se sont donc exprimées de différentes manières, y compris par le biais de la contestation de sa prise en charge financière ; et de telles stratégies perdurent, comme en témoigne, en Suisse, l'initiative populaire « Financer l'avortement est une affaire privée – Alléger l'assurance maladie en radiant les coûts de l'interruption de grossesse de l'assurance de base » qui a finalement été rejetée, le 9 janvier 2014[20].

Il est aujourd'hui admis que la prise en charge financière de l'IVG par la Sécurité sociale permet d'assurer l'effectivité de cette liberté procréative dont la mise en œuvre s'est fortement diversifiée au fil du temps : IVG instrumentale,

16. Isabelle Engeli, *Les politiques de la reproduction, Les politiques d'avortement et de procréation médicalement assistée en France et en Suisse*, L'Harmattan, 2010, p. 126.
17. Voir not. CAA Bordeaux, 18 octobre 1990, n° 89BX01733 ; CAA Bordeaux, 11 avril 1989, n° 89BX00181 ; CAA Bordeaux, 25 avril 1989, n° 89BX00177 ; CAA Lyon, 30 novembre 1989, n° 89LY01654 ; CAA Nancy, 11 juillet 1989, n° 89NC00128.
18. CE, 13 mai 1987, n° 68890.
19. Cass. Soc. 13 décembre 1990, n° 89-11713.
20. Marie Mesnil, « Réaffirmation de la prise en charge de l'IVG par l'assurance-maladie obligatoire en Suisse », *La Revue des droits de l'homme*, mars 2014 [En ligne].

sous anesthésie générale ou locale, ou médicamenteuse, en établissement de santé ou en ville, mise en œuvre par des médecins ou des sages-femmes[21]. Il est d'ailleurs reconnu que le choix de la méthode abortive est un droit pour les femmes[22] allant au-delà des droits des usagers du système de santé, et en particulier de la codécision médicale, reconnus par la loi du 4 mars 2002.

### *Un acte médical mettant en œuvre un droit fondamental*

Au regard de cette liberté de choix dans les méthodes abortives mais aussi de ses conditions de prise en charge financière, il est possible d'affirmer que l'IVG n'est pas un acte médical comme un autre : il se distingue désormais positivement des autres actes médicaux avec un régime juridique plus favorable en ce qu'il met en œuvre une liberté fondamentale. Du côté de la prise en charge des frais de santé, l'IVG est mieux prise en charge par la Sécurité sociale que les actes médicaux relevant du régime de la maladie non professionnelle ou de la maternité. L'IVG, ainsi que l'ensemble des consultations médicales préalables, analyses de biologie médicale et échographies pré- et post-IVG, sont en effet aujourd'hui prises en charge à 100 % avec une généralisation du tiers payant. Cette évolution s'est faite par étapes successives. Dans un premier temps, la loi de financement de la Sécurité sociale pour 2013 a acté la prise en charge à 100 % des frais liés à une interruption volontaire de grossesse. Cette dispense du ticket modérateur s'explique par le fait que le forfait de l'IVG a été en parallèle revalorisé de 50 %, de manière à rendre l'activité moins déficitaire pour les établissements publics de santé : il s'agissait de ne pas augmenter le reste à charge des assurées à la suite de cette hausse du tarif du forfait IVG. À partir du 31 mars 2013, l'IVG a été prise en charge à 100 % par l'assurance maladie et à partir du 1er avril 2016, cette prise en charge à 100 % a été étendue à l'ensemble des consultations médicales préalables, analyses de biologie médicale et échographies pré et post-IVG : les femmes ne doivent rencontrer aucun obstacle financier si elles souhaitent recourir à l'avortement. Pour garantir ce point, un tiers payant obligatoire a été mis en place par la loi de financement de la Sécurité sociale pour 2021. Cette dispense totale d'avance des frais doit permettre aux femmes, majeures ou mineures, disposant de peu de ressources d'accéder à l'IVG. La prise en charge intégrale des coûts de l'IVG par l'assu-

21. Lisa Carayon, « Modification du décret sur la pratique des IVG par les sages-femmes : premier effet indirect de la constitutionnalisation de l'accès à l'avortement ? Note sous Décret n° 2024-367 du 23 avril 2024 modifiant les conditions d'exercice par les sages-femmes de la pratique des interruptions volontaires de grossesse instrumentales en établissement de santé », Dalloz Actualités, 6 mai 2024.
22. Art. L. 2212-1 al. 2 Code de la Santé Publique.

rance maladie obligatoire, la mise en œuvre systématisée du tiers payant ainsi que l'absence de mention sur le décompte des remboursements permettent ensemble d'assurer le secret[23] du recours à cet acte médical aussi bien pour les femmes majeures que mineures.

Compte tenu de ces évolutions récentes, les frais médicaux de l'IVG, qu'elle soit pratiquée en structure hospitalière ou en ville, ne pèsent désormais plus sur les femmes qui décident d'avorter : il s'agit donc d'un régime qui tranche nettement avec celui, moins favorable, de la maladie non professionnelle (pour lequel il existe un reste à charge important) et, dans une moindre mesure, avec celui de la maternité (pour lequel la prise en charge à 100 % et le tiers payant sont limités à certains examens et à une période donnée). Si les frais de santé en lien avec l'IVG font l'objet d'une prise en charge intégrale par la Sécurité sociale, il n'existe en revanche aucune disposition spécifique concernant les absences au travail possiblement causées par l'IVG. Autrement dit, les incidences de l'avortement sur l'activité professionnelle des femmes restent à l'heure actuelle un impensé du droit social français comme si l'IVG, qui relève d'une décision individuelle, n'appartenait qu'à la sphère privée et n'entraînait aucune conséquence, y compris financière, par ailleurs.

## Les coûts cachés du recours à l'IVG

Si l'effectivité de l'accès à l'IVG justifie une prise en charge à 100 % des frais de santé liés à l'acte médical, aucun dispositif spécifique n'a été mis en place en droit de la Sécurité sociale ou en droit du travail afin de permettre aux femmes salariées de se rendre aux rendez-vous médicaux, d'abord, et de compenser la perte de revenus liés à une incapacité de travail, ensuite. C'est uniquement par le biais de l'arrêt de travail que les femmes salariées peuvent prétendre à des indemnités journalières : l'application du régime de la maladie vise uniquement les suites de l'IVG lorsqu'elles conduisent à une incapacité temporaire de travail (comme pour toute maladie non professionnelle) et ne permet pas de s'absenter pour se rendre aux rendez-vous médicaux et réaliser les examens préalables. Par ailleurs, le régime de base de l'assurance maladie prévoit trois jours de carence avant le versement des indemnités journalières. Sur chacun de ces deux aspects du droit social, l'absence de prise en compte des spécificités de l'IVG tranche nettement avec les dispositifs qui ont été parallèlement mis en place de manière, d'une part, à permettre le bon déroulement d'une grossesse (et en particulier son suivi

23. Au demeurant garanti par la loi n° 2019-774 du 24 juillet 2019 relative à l'organisation et à la transformation du système de santé.

médical) ou, d'autre part, à indemniser, sans jour de carence, les couples victimes d'une fausse couche, désignée en droit comme une interruption spontanée de grossesse, ou confrontés à une interruption médicale de grossesse.

### *Le prix du travail procréatif : un régime légal d'absence limité à la production d'enfants*

Le féminisme matérialiste propose d'appréhender la procréation comme un travail, et ce notamment, à l'aide du concept de division sexuée du travail : les hommes sont assignés prioritairement à la sphère publique dans laquelle ils exécutent un travail productif, reconnu et rémunéré, tandis que les femmes restent cantonnées à la sphère privée dans laquelle elles réalisent un ensemble de tâches peu valorisées de prise en charge du foyer et que l'on peut désigner sous le terme de travail domestique[24]. Le fait d'avoir des enfants, d'en prendre soin et de les élever, autrement dit l'activité de production d'enfants[25], peut également être analysé en termes de travail procréatif : les femmes, salariées, se retrouvent ainsi à devoir assumer en parallèle de leur prestation de travail rémunéré un travail, invisible et gratuit, de mères de famille. Pour les aider à concilier ces deux – voire trois journées de travail, si l'on considère que le suivi sanitaire et médical de la grossesse en tant que tel compte comme un travail à part entière[26] –, des autorisations d'absence ont été mises en place au profit des salariées pour qu'elles puissent se rendre aux examens de santé lorsqu'elles sont enceintes ou qu'elles rencontrent des difficultés à le devenir et décident de recourir aux services de la médecine de la reproduction. Ces dispositifs visent uniquement les femmes salariées, enceintes ou en parcours d'assistance médicale à la procréation (AMP), et il n'existe aucun dispositif comparable lorsqu'il s'agit pour une femme de recourir à une IVG. Autrement dit, le travail procréatif des femmes n'est pris en compte que dans son volet positif, lorsqu'il s'agit de produire un enfant, et non dans son volet négatif, lorsqu'il s'agit de gérer la charge contraceptive et abortive. Si le fait d'interrompre une grossesse non souhaitée fait partie intégrante du travail procréatif de planification des naissances, cet événement n'est pourtant pas appréhendé en droit social comme tel. Les dispositifs de conciliation de la vie professionnelle et personnelle des salariées ne s'appliquent qu'au fait

24. Danièle Kergoat, *Se battre, disent-elles...*, La Dispute, 2012, coll. « Le genre du monde ».
25. Voir not. en ce sens le numéro intitulé « La production d'enfants », *Nouvelles Questions Féministes*, 2011, n° 1, vol. 30.
26. Elsa Boulet, « La triple journée des femmes enceintes : l'encadrement des grossesses en France, entre droits des femmes et devoirs des mères », *Enfances Familles Générations* [En ligne], 2021, n° 38, mis en ligne le 15 octobre 2021, consulté le 17 juillet 2024. URL : http://journals.openedition.org/efg/11799.

d'avoir des enfants et non à la gestion des actes permettant de programmer les naissances et d'en choisir à la fois leur nombre et espacement voire de ne pas avoir d'enfants du tout[27].

De manière générale, il est possible de définir les congés en droit du travail comme le droit reconnu aux personnes salariées de s'absenter. Ces congés peuvent être prévus par le Code du travail (régime légal) ou par des conventions ou accords collectifs, avec des objets, des modes de financement et des durées variables. Leur seul point commun tient à l'effet produit, à savoir une suspension momentanée du contrat de travail : les personnes ne sont plus tenues de réaliser la prestation de travail. Un tel droit à l'absence est reconnu, dans le Code du travail, au profit des salariées enceintes ou en parcours d'AMP. Aux termes de l'article L. 1225-16 alinéa 1er du Code du travail, « la salariée bénéficie d'une autorisation d'absence pour se rendre aux examens médicaux obligatoires prévus par l'article L. 2122-1 du Code de la santé publique dans le cadre de la surveillance médicale de la grossesse et des suites de l'accouchement ». Cette autorisation d'absence a, d'abord, été étendue au bénéfice du conjoint salarié de la femme enceinte par la loi n° 2014-873 du 4 août 2014 pour l'égalité réelle entre les femmes et les hommes, puis au bénéfice des femmes, salariées, et de leur conjoint en parcours d'AMP. Deux observations peuvent toutefois être faites. Premièrement, si la femme enceinte peut se rendre, sur son temps de travail, à l'ensemble des examens obligatoires, son ou sa partenaire (qu'ils soient en union libre, mariés ou pacsés) ne peut, pour sa part, se rendre qu'à trois d'entre eux. Cette différence de traitement renforce indubitablement la division sexuée du travail. Deuxièmement, s'il existe une liste des examens obligatoires dans le cadre de la surveillance médicale de la grossesse et des suites de l'accouchement, les actes médicaux nécessaires pour chaque protocole d'insémination ou de fécondation *in vitro* dans un parcours d'AMP ne sont, quant à eux, pas limitativement définis par les textes réglementaires et les services en médecine de la reproduction peuvent être très éloignés du domicile des personnes, nécessitant un temps de trajet important en plus du temps de consultation médicale.

Quant au régime de ces autorisations d'absence, il est précisé à l'alinéa 4 de l'article L. 1225-16 du Code du travail que « ces absences n'entraînent aucune diminution de la rémunération et sont assimilées à une période de travail effectif pour la détermination de la durée des congés payés ainsi que pour les droits légaux ou conventionnels acquis par la salariée au titre de son ancienneté dans l'entreprise ». Autrement dit, la réalisation de ces examens

27. Charlotte Debest, « Carrières déviantes. Stratégies et conséquences du choix d'une vie sans enfant », *Mouvements*, vol. 82, n° 2, 2015, p. 116-122.

obligatoires sur le temps de travail salarié n'entraîne pas de perte de salaire pour la femme enceinte qui est rémunérée par son employeur comme si elle travaillait effectivement. Néanmoins, pour pouvoir bénéficier de ces autorisations d'absence, la salariée doit faire une demande auprès de son employeur et justifier du bénéfice de ces dispositions. Elle doit par conséquent révéler son état de grossesse ou sa volonté de l'être. Or, la protection contre le licenciement dont bénéficie la salariée enceinte en vertu du Code du travail[28] n'est pas étendue à la salariée engagée dans un parcours d'AMP ni au niveau national, ni à celui de l'Union européenne. À ce propos, la Cour de justice de l'Union européenne a eu l'occasion de répondre à la question de savoir si une femme en attente d'un transfert d'embryon devait être protégée au même titre qu'une femme enceinte par la législation européenne relative à la protection des salariées pendant leur grossesse[29]. Les juges européens ont clairement refusé de considérer la salariée en parcours d'AMP comme étant « enceinte » ; ils ont en effet exclu, au nom du principe de sécurité juridique, d'étendre la protection dont bénéficient les femmes travailleuses enceintes aux femmes en attente d'un transfert d'embryon dans la mesure où les parcours d'AMP peuvent être très longs et les embryons conservés de nombreuses années avant d'être transférés. Face à l'impossibilité d'appliquer dans ce cas les règles relatives à la protection des travailleuses enceintes, la Cour de justice de l'Union européenne a toutefois considéré que le licenciement d'une salariée en parcours d'AMP était constitutif d'une « discrimination directe fondée sur le sexe[30] ». Comme le souligne Camille Kouchner, « en choisissant le terrain de la non-discrimination, le droit communautaire offre ainsi une protection particulière aux femmes en attente de transfert d'embryons[31] ». Par le biais de l'interdiction des discriminations fondées sur le sexe, le droit de l'Union européenne procure aux femmes en parcours d'AMP une certaine protection contre le licenciement. En droit français, la nullité d'un tel licenciement serait certainement prononcée en tant qu'il constituerait une discrimination fondée sur l'état de santé de la salariée[32], son orientation sexuelle ou sa situation de

28. Art. L. 1215-1 Code du travail.

29. Cour de Justice de l'Union européenne, 26 février 2008, Sabine Mayr c. Bäckerei und Konditorei Gerhard Flöckner OHG, aff. C-506-06. La législation européenne en question était la Directive 92/85/CEE du Conseil du 19 octobre 1992 concernant la mise en œuvre de mesures visant à promouvoir l'amélioration de la sécurité et de la santé des travailleuses enceintes, accouchées ou allaitantes au travail.

30. CJCE 26 février 2008, Sabine Mayr c. Bäckerei und Konditorei Gerhard Flöckner OH*G*, préc., pt 50.

31. Camille Kouchner, « La protection de la salariée enceinte s'applique-t-elle dès la fécondation des ovules *in vitro* ? », *Revue de droit du travail*, 2008, p. 313.

32. Christophe Radé, « Du caractère discriminatoire du licenciement d'une femme en raison d'une fécondation *in vitro* », *La lettre juridique*, mars 2008 [en ligne].

famille[33]. Cependant, ces éléments révèlent que le droit ne traite pas exactement de la même manière la grossesse d'une travailleuse et l'inscription de cette dernière dans un parcours d'AMP. Par ailleurs, la protection dont bénéficient les femmes enceintes ou accouchées en droit de l'Union européenne repose sur une certaine vision de la maternité, biologisante et motivée par une perspective nataliste – ce qui explique en partie l'absence de dispositif similaire en matière d'IVG. En ce sens, Sophia Ayada a mis en lumière « l'idéologie de la maternité promue par la Cour de justice de l'Union européenne qui réduit l'avortement à un risque duquel les femmes doivent être protégées[34] » : selon elle, c'est pour éviter que les travailleuses soient incitées à interrompre volontairement leur grossesse[35] ou encore que les fortes contraintes physiques liées au travail entraînent une fausse couche[36] que les États membres sont incités à mieux protéger les salariées enceintes.

Au contraire des examens obligatoires dans le cadre du suivi médical de la grossesse ou des actes médicaux nécessaires à la mise en œuvre d'une AMP, le Code du travail français ne prévoit aucune autorisation d'absence en cas de recours par une salariée à l'IVG. L'expression « interruption volontaire de grossesse » est d'ailleurs, de manière assez éloquente, absente du Code du travail : il est prévu que les salariées puissent être enceintes, allaitantes ou en parcours d'AMP, et il est même prévu, on le verra, qu'elles soient confrontées à une interruption spontanée de grossesse – mais pas qu'elles puissent avorter. Ce sont plus précisément les incidences professionnelles du recours à l'IVG qui ne sont pas prises en compte par le droit du travail. Comment expliquer cette différence de traitement entre les examens médicaux obligatoires lors du suivi de la grossesse, les actes médicaux nécessaires à la réalisation de l'AMP et ceux indispensables à la mise en œuvre d'une IVG ? La principale cause d'explication réside très certainement dans la finalité de l'IVG, qui vise à interrompre une grossesse, tandis que dans les deux autres cas, il s'agit de permettre la procréation et d'assurer un suivi médical satisfaisant de la grossesse. Cette préférence diffuse des politiques publiques à l'égard du choix de la grossesse passe également par les dispositifs de conciliation de la vie professionnelle et

33. La loi du 2 août 2021 relative à la bioéthique ayant ouvert l'accès à l'AMP avec tiers donneur aux couples de femmes et aux femmes seules non mariées, les salariées ayant recours aux services de médecine de la reproduction en France ne souffrent pas nécessairement d'une infertilité pathologique.
34. Sophia Ayada, « Les lois européennes du travail procréatif : entre biologisation de la maternité et euphémisation des normes de genre », *Enfances Familles Générations*, 2018, n° 38 [en ligne].
35. Elle cite pour illustrer son propos les décisions rendues dans les affaires Webb, Brown, et Jiménez Melgar.
36. Elle cite alors l'exemple de l'arrêt rendu dans le cadre d'un recours en manquement, voir Commission c. Autriche, para. 47.

de la vie familiale : les obligations professionnelles des salariées ne doivent pas les priver – ainsi que leur enfant à naître – d'un suivi médical, ni de la possibilité de s'inscrire dans un parcours d'AMP. Comme la sociologue Irène-Lucile Hertzog l'a mis en avant, « les femmes salariées se retrouvent seules au cœur d'une imbrication de rapports de pouvoir, face au corps médical et face à leur employeur[37] ». Elle démontre ainsi que « la prise en charge médicale de l'infertilité de leur couple rend, paradoxalement, ces femmes doublement productives tout en accroissant leur vulnérabilité sur le marché du travail[38] ». Cette vulnérabilité découle notamment de la lourdeur du parcours d'AMP, qui s'inscrit dans la durée. Les examens médicaux sont nombreux, et parfois même quotidiens pendant la période de stimulation ovarienne ; ils sont réalisés en fonction du cycle menstruel de la patiente mais aussi de l'organisation des services de médecine de la reproduction. Les conséquences sur la vie professionnelle des femmes salariées qui endurent ces traitements sont donc considérables pendant des mois voire des années, dans la limite de la prise en charge par la Sécurité sociale de 6 inséminations et 4 cycles de fécondations *in vitro*. Mais, même si c'est dans une moindre mesure, le recours, isolé ou même répété, à l'IVG nécessite lui aussi un certain nombre d'examens médicaux. Comme l'explique la sociologue Laurine Thizy, « la première consultation, préliminaire à l'avortement, est suivie d'une deuxième consultation pour la réalisation de l'avortement en lui-même, et d'une troisième consultation de contrôle trois semaines plus tard. En amont de l'IVG, l'échographie de datation de la grossesse et la prise de sang, obligatoires, sont la plupart du temps effectuées dans d'autres services, voire dans d'autres lieux. En cas d'avortement sous anesthésie générale, il faut ajouter un rendez-vous avec l'anesthésiste. Pour une IVG médicamenteuse, les avortantes sont amenées à venir deux fois d'affilée, à deux jours d'intervalle, sur le lieu de prise en charge – à moins que les équipes soignantes ne tolèrent que les premiers comprimés soient pris à domicile. Il ne s'agit là que du parcours le plus court, en l'absence d'orientation fallacieuse par des médecins anti-avortement, de refus de soin, de saturation des services et / ou de déserts médicaux qui imposent des temps de transports conséquents[39] ». Dans son étude, elle qualifie l'obtention de ces différents rendez-vous comme un travail en soi – auquel s'ajoute ensuite le travail lié à la réalisation de l'acte d'IVG. Au regard de l'ensemble ces éléments, il semble légitime que les femmes puissent, au même titre que pour leur suivi de grossesse ou pour

37. Irène-Lucile Hertzog, « Les coûts de l'assistance médicale à la procréation pour les femmes salariées », *Cahiers du Genre*, vol. 56, n° 1, 2014, p. 87-104.

38. *Ibid.*

39. Laurine Thizy, « Esquiver le stigmate lié à l'avortement : le "travail d'invisibilisation" comme renforcement du travail procréatif », *Enfances Familles Générations* [En ligne], 2021, n° 38 [en ligne].

l'AMP, bénéficier d'une autorisation d'absence pour avorter. Nous pensons que les salariées ne devraient pas assumer seules les conséquences financières du recours à l'IVG et, au contraire, que les employeurs devraient aider leurs salariées confrontées à un avortement.

Cette dernière position est en l'occurrence celle adoptée par un petit nombre d'entreprises, comme en témoigne l'analyse des conventions collectives que nous avons réalisée à propos du congé IVG. Il s'agissait plus particulièrement de déterminer la manière dont l'IVG est appréhendée par les partenaires sociaux. Pour cela, nous avons réalisé une recherche à partir de l'expression « interruption volontaire de grossesse » sur le site Légifrance qui recense tous les textes juridiques français – y compris les conventions collectives[40]. L'expression apparaît dans 25 résultats et, plus précisément, dans une convention collective de branche – qui s'applique à toutes les entreprises de la branche professionnelle concernée – et dans 24 accords d'entreprise – dont la portée est limitée à l'entreprise. Avant de présenter plus en détail le contenu de ces accords collectifs, il est d'ores et déjà possible de constater, compte tenu de ce faible nombre de résultats, que l'IVG n'est pas un sujet émergeant en matière de négociation collective – au contraire du congé menstruel comme en témoignent les 244 résultats obtenus à partir du mot-clef « menstruel » ou même de la « ménopause » qui apparaît dans 41 accords collectifs.

La seule convention collective de branche qui mentionne l'IVG est celle des cabinets ou entreprises d'expertises en automobile. Depuis une modification intervenue en mars 2023[41], elle prévoit que les salariées confrontées à une interruption spontanée de grossesse (c'est-à-dire une fausse couche) ou à une interruption volontaire de grossesse (IVG) bénéficient « d'une autorisation d'absence exceptionnelle de 2 jours, non déductibles des congés et n'entraînant pas de réduction de salaire. Cette absence peut être accolée à un arrêt de travail pour maladie éventuellement prescrit ». La·le conjoint·e, concubin·e ou partenaire de Pacs d'une femme subissant une fausse couche (avant 22 semaines d'aménorrhée), une IVG (avant la fin de la 14<sup>e</sup> semaine de grossesse concernant l'IVG chirurgicale et avant la fin de la 7<sup>e</sup> semaine concernant l'IVG médicamenteuse), bénéficie également « d'une absence exceptionnelle de 2 jours, non déductible des congés et n'entraînant pas de réduction de salaire ». Pour prétendre à ces deux jours de congés rémunérés, il convient toutefois de fournir un certificat

40. La recherche a été réalisée, le 13 juillet 2024, à partir du mot-clef « interruption volontaire de grossesse » sur le site de Légifrance et seuls les résultats relevant de la catégorie des « Accords de branches et conventions collectives » et « Accords d'entreprise » ont été pris en compte.

41. Avenant n° 87 du 14 mars 2023 relatif à l'interruption spontanée de grossesse et à l'interruption volontaire de grossesse (IVG) à la convention collective nationale des cabinets ou entreprises d'expertises en automobile du 20 novembre 1996.

médical dans les 15 jours suivant l'événement. Le préambule de l'avenant débute sur une présentation des chiffres des fausses couches et de l'IVG en insistant sur les conséquences de chacun de ces deux événements : il est précisé, d'un côté, que « subir une interruption spontanée de grossesse est un événement qui peut entraîner des conséquences aussi bien physiques que psychologiques » et de l'autre, que « subir une interruption volontaire de grossesse (IVG) est aussi un événement traumatisant psychologiquement ». Ces éléments d'explication – que l'on ne retrouve pas dans les autres accords dont l'objet principal n'est pas, comme dans cet avenant, l'IVG – sont intéressants car ils font un parallèle entre la fausse couche et l'IVG pour justifier la mise en place de congés spécifiques ; ils s'appuient toutefois sur une représentation négative de l'IVG constituant pour les femmes qui doivent y recourir un drame.

Du côté des accords d'entreprise, sur les 24 mentionnant l'expression « interruption volontaire de grossesse », seuls 19 visent directement la prise en compte des salariées interrompant volontairement leur grossesse en leur octroyant 1 à 5 jours de congés supplémentaires (assimilés à du temps de travail effectif)[42]. Dans ces 19 accords étudiés, le nombre de jours de congés reconnus aux salariées peut être identique en cas de fausse couche et dans, au moins un accord, on note une différence notable de traitement, puisque seuls 3 jours sont accordés en cas d'IVG contre 5 en cas de fausse couche. Au-delà de leur contenu, il est intéressant de souligner que tous ces accords d'entreprises ont été conclus récemment (en 2023 ou en 2024) avec parfois une évolution entre les deux années. Ainsi, au sein de l'entreprise Relais Colis SAS, il est décidé « dans une volonté innovante, [en 2023,] de faire bénéficier d'un jour d'absence autorisée rémunérée, aux femmes faisant face à une fausse couche ou à une interruption volontaire de grossesse (sur présentation d'un courrier médical) » puis, en 2024, d'étendre cette durée à 2 jours. Les accords d'entreprise dans lesquels se trouvent ces mesures sont soit relatifs au temps de travail soit à l'égalité professionnelle entre les femmes et les hommes – ce qui démontre que cette mesure s'inscrit effectivement à la frontière de ces deux thématiques. Il s'agit bien de permettre aux femmes de recourir librement à l'IVG, y compris sur leur temps de travail, sans avoir à subir de ce fait une perte de salaire : une mesure visant à la conciliation de la vie professionnelle et de la vie familiale des femmes salariées (la vie familiale incluant également le volet négatif de la liberté reproductive).

---

42. Parmi les 24 accords d'entreprise, trois sont relatifs à la prise en charge des frais de santé, un mentionne l'IVG dans un rappel des évolutions des droits des femmes et un autre mentionne l'interruption volontaire de grossesse alors que les dispositions sont en fait applicables à l'interruption spontanée de grossesse.

En dehors de ces quelques entreprises, progressistes, qui ont choisi de faire bénéficier leurs salariées de jours de congés, sans perte de revenus, lorsqu'elles recourent à une IVG, la grande majorité des femmes salariées doivent soit réaliser l'ensemble des examens médicaux en dehors de leur temps de travail, soit prendre des jours de congés à cette fin. Dans cette dernière situation, elles assument seules les conséquences de leur IVG sur leur vie professionnelle : comme nous l'avons vu, il n'existe en effet aucun dispositif comparable à ceux prévus en matière d'AMP ou de suivi médical de la grossesse. Le caractère volontaire de l'interruption de la grossesse prive par ailleurs les salariées du bénéfice d'indemnités journalières sans délai de carence dans le cas où elles seraient en incapacité de travailler à la suite de l'IVG.

### *Le prix du choix d'arrêter la grossesse : la carence dans les indemnités journalières*

Comme cela est nettement ressorti des débats ayant présidé à l'adoption de la loi du 7 juillet 2023 qui prévoit un accompagnement spécifique en cas de fausse couche[43], différentes modalités de suspension du contrat de travail sans perte de salaire sont envisageables. Il est ainsi possible de prévoir un congé dans le Code du travail, indemnisé par la Sécurité sociale ou rémunéré par l'employeur, ou encore le versement d'indemnités journalières à la suite de la reconnaissance par un médecin de l'incapacité temporaire de travail de la salariée.

En matière de fausse couche, la création d'un congé dans le Code du travail a notamment été écartée pour des raisons liées à la confidentialité. En effet, pour bénéficier de ces jours de congés prévus en droit social, il convient de justifier de l'événement en question, qu'il s'agisse d'une fausse couche ou, comme on l'envisage ici, d'une IVG. Or, comme l'a montré la sociologue Laurine Thizy, les femmes salariées cherchent généralement à cacher l'IVG dans la sphère professionnelle en réalisant ce qu'elle nomme un « travail d'invisibilisation du recours à l'IVG ». Elles justifient leur absence en évoquant « fréquemment un vague "problème de santé" ou "une opération" : le plus souvent, et sur recommandation des professionnel·les de santé, elles invoquent un "kyste aux ovaires", moins stigmatisant qu'une IVG, mais supposant une intervention au niveau génital, réalisée en chirurgie ambulatoire. Cette stratégie est d'autant plus prisée que les feuilles d'arrêt maladie sont souvent marquées par le nom du service : un "service de gynécologie" reste relativement généraliste, mais certains en-têtes ("Hôpital Mère Enfant", "Centre d'Orthogénie") laissent peu de doute sur la

43. Loi n° 2023-567du 7 juillet 2023 visant à favoriser l'accompagnement des couples confrontés à une interruption spontanée de grossesse dite fausse couche.

cause de "l'arrêt maladie"[44] ». Compte tenu du tabou qui entoure encore une fausse couche, l'idée d'un congé dont le bénéfice est automatique n'a pas été retenue par les parlementaires qui ont préféré supprimer le délai de carence dans le versement des indemnités journalières.

Quant aux indemnités journalières, elles sont en principe versées par la Sécurité sociale au titre de l'assurance maladie dès lors qu'il est attesté, par un certificat médical, que la personne salariée n'est pas en mesure de travailler. Le versement intervient après un délai de carence de 3 jours, ce qui signifie que ce n'est qu'à partir du 4e jour que les personnes en arrêt maladie touchent une indemnité journalière de la part de la Sécurité sociale, à hauteur de 50 % du salaire de référence (dans la limite de 52,28 € euros en 2024). Le délai de carence constitue une (dés)incitation financière : son but est d'éviter les arrêts de travail de courte durée, que l'on peut aussi qualifier de « petits risques », en dissuadant les salariés d'en bénéficier (même si, dans les faits, l'effet dissuasif ne fonctionne pas pleinement puisque cela conduit plutôt les salariés à être en arrêts sur de plus longue durée[45]).

C'est d'ailleurs au regard de cette situation aussi injuste qu'inique qu'il a été décidé de supprimer le délai de carence pour les arrêts maladies faisant suite à une fausse couche. La loi du 7 juillet 2023 prévoit ainsi que « par dérogation au premier alinéa de l'article L. 323-1, en cas de constat d'une incapacité de travail faisant suite à une interruption spontanée de grossesse ayant eu lieu avant la vingt-deuxième semaine d'aménorrhée, l'indemnité journalière prévue à l'article L. 321-1 est accordée sans délai[46] ». Toutes les femmes victimes d'une fausse couche, dès lors qu'elles bénéficient d'un arrêt maladie, sont donc désormais bénéficiaires d'indemnités journalières ; le coût de la perte de la grossesse est ainsi mutualisé par le biais de la Sécurité sociale et ne repose pas uniquement sur la femme victime de la fausse couche[47]. Ce dispositif a été étendu, à l'occasion de l'adoption de la loi de financement de la sécurité sociale pour 2024, aux interruptions de grossesse pratiquées pour un motif médical[48].

44. Laurine Thizy, « Esquiver le stigmate lié à l'avortement : le "travail d'invisibilisation" comme renforcement du travail procréatif », *op. cit.*

45. Catherine Pollak, « L'effet du délai de carence sur le recours aux arrêts maladie des salariés du secteur privé », *Solidarité santé*, 2015, n° 58.

46. Art. L. 323-1-2 Code de la Sécurité Sociale.

47. Marie Mesnil, « Accompagnement des couples victimes d'interruption spontanée de grossesse : entre faux-semblants et bonnes intentions », *Dalloz Actualités*, 14 septembre 2023.

48. L'article 64 de la loi n° 2023-1250 du 26 décembre 2023 de financement de la sécurité sociale pour 2024 étend le versement des indemnités journalières sans jour de carence aux arrêts de travail prescrits à la suite d'une interruption de grossesse pratiquée pour motif médical avant 22 semaines d'aménorrhées ; les femmes bénéficiant après ce délai des dispositions relatives à la maternité.

Lors des débats parlementaires ayant précédé l'adoption de la loi du 7 juillet 2023, l'opportunité d'étendre le bénéfice de ces dispositions à l'IVG a été discutée. De nombreux points communs existent en effet entre une fausse couche et une IVG. D'abord, ces événements sont presque aussi fréquents et peuvent dès lors être jugés relativement ordinaires dans la vie des femmes. Ensuite, ils ont également en commun de mettre fin à une grossesse. Mais c'est sur ce point que la comparaison s'arrête. En effet, dans un cas, l'interruption est volontaire, dans la mesure où la grossesse n'est pas désirée et dans l'autre, elle est involontaire et peut advenir alors que la naissance de l'enfant était souhaitée. Lors des débats parlementaires, la fausse couche a en effet été présentée comme un « événement naturel et involontaire », « un incident imprévisible et non voulu [qui] peut arriver à toutes » et qui ne devrait dès lors « pas peser sur les familles, ni psychologiquement ni financièrement ». La fausse couche est donc clairement distinguée, par une partie des parlementaires, de l'IVG qui ne devrait, quant à elle, pas répondre du même régime.

La suppression du délai de carence en cas d'arrêt de travail consécutif à une fausse couche s'accompagne, au demeurant, de la consécration formelle, dans les textes juridiques[49] de l'expression « interruption spontanée de grossesse ». Cette évolution récente, limitée uniquement aux fausses couches dans un premier temps, puis étendue dans un second temps aux interruptions médicales de grossesse précoces, s'inscrit dans une perspective compassionnelle à l'égard de la perte involontaire d'une grossesse présentée comme « l'événement le plus traumatisant de [la] vie [de beaucoup de femmes] » – perspective que l'on retrouve également à propos des deuils périnataux avec par exemple la création de l'acte d'enfant sans vie[50]. Certains députés ont certes proposé lors de ces mêmes débats de réfléchir à « l'harmonisation et l'extension du dispositif de levée du délai de carence proposé par la Première ministre à tous les cas d'interruption de grossesse, spontanée, comme volontaire ou médicale », soulignant que « le jour de carence est une punition pour les personnes en arrêt de travail pour incapacité à la suite d'une interruption de grossesse », qu'elle soit spontanée, médicale ou volontaire ; mais ils n'ont pas été entendus sur ce dernier point : seules les interruptions involontaires de grossesse, spontanées ou médicales, font l'objet d'une indemnisation par la Sécurité sociale dès le premier jour d'arrêt de travail.

La pertinence du délai de carence en cas d'arrêt de travail faisant suite à une IVG est en effet discutable. Il est difficile d'imaginer que, dans ce cas, le délai

49. Et plus précisément dans le Code de la santé publique, le Code de la sécurité sociale, le Code du travail et le Code rural et de la pêche maritime.

50. Rébecca Demoule, « De l'émotion comme fondement du droit à l'émotion comme outil d'analyse du droit : l'exemple de l'acte d'enfant sans vie », *Revue juridique de la Sorbonne/Sorbonne Law Review*, 2021, n° 4, p. 45-61.

de carence puisse remplir sa fonction de dissuasion vis-à-vis d'un arrêt de travail de courte durée. Par conséquent, les femmes salariées qui seront en incapacité de travail à la suite d'une IVG, pour une courte durée d'un à trois jours, ne bénéficieront d'aucune indemnité journalière de la Sécurité sociale. Elles pourraient toutefois être couvertes, comme deux tiers des salariés actuellement en France, par le biais de la prévoyance d'entreprise – au titre des mécanismes assurantiels qui assurent une couverture partielle ou totale de ces trois jours. Il n'en demeure pas moins que les femmes salariées qui recourent à une IVG font l'objet d'un traitement différencié en fonction du régime de protection sociale dont elles bénéficient dans leur entreprise : certaines n'ont pas à assumer de perte de salaire, tandis que d'autres se voient priver d'un à trois jours de revenus.

*

Il pourrait être intéressant de penser l'IVG non pas comme un acte isolé, mettant fin à une grossesse en particulier, mais comme un épisode rentrant dans le champ du travail procréatif des femmes : faire des enfants, au bon moment et dans les bonnes conditions, implique ainsi de devoir parfois, y compris à contrecœur, avorter. Se pose alors la question de la prise en charge financière des conséquences, notamment professionnelles, de tous ces événements relevant du travail procréatif. Les femmes salariées doivent-elles supporter seules les coûts de l'IVG – qui n'est que rarement un renoncement définitif à toute grossesse mais bien souvent un outil permettant la planification de celles-ci –, alors qu'il est admis qu'elles ne doivent pas supporter le coût de la grossesse ?

De quelle(s) manière(s) faudrait-il procéder afin de mutualiser pleinement les coûts, y compris indirects, du recours par des femmes salariées à l'IVG ? La création d'un congé spécifique permettrait aux salariées de se rendre aux consultations médicales sur leur temps de travail tandis que la suppression du délai de carence leur offrirait des indemnités journalières dès le premier jour de leur arrêt de travail en cas d'incapacité temporaire consécutive à l'avortement : les deux mécanismes sont non seulement complémentaires mais ils permettent en outre aux femmes de choisir de révéler le recours à l'IVG à leur employeur (pour bénéficier du congé) ou de préserver le secret (en cas d'arrêt maladie). Ces évolutions sont indispensables afin que les coûts du recours à l'IVG cessent de reposer uniquement sur les femmes salariées : il est temps de penser un régime d'absence et d'indemnisation des salariées qui avortent, en reconnaissant qu'il s'agit d'un risque social au même titre que la maternité. « Un enfant, si je veux, quand je veux ».

# Généalogie d'une loi féministe

## La loi Neiertz de délit d'entrave à l'IVG (1993) et ses prolongements

*Florence Rochefort*

En 1993, la France innove en matière de défense des droits des femmes et de libre disposition de leur corps avec la promulgation le 27 janvier 1993[1] de la « Loi Neiertz », du nom de la secrétaire d'État chargée des droits des femmes qui l'a portée. Cette loi ajoute le « délit d'entrave à l'IVG » au Code de la santé publique[2] ; est ainsi puni « d'un emprisonnement de deux mois à deux ans et d'une amende de 2 000 F à 30 000 F ou de l'une de ces deux peines seulement le fait d'empêcher ou de tenter d'empêcher une interruption volontaire de grossesse [...] soit en perturbant l'accès aux établissements visés [...] ou la libre circulation des personnes à l'intérieur de ces établissements ; soit en exerçant des menaces ou tout acte d'intimidation à l'encontre des personnels médicaux et non médicaux travaillant dans ces établissements ou des femmes venues y subir une interruption volontaire de grossesse ». Cette invention juridique est une réponse législative, féministe et juridique, aux attaques des commandos anti-IVG qui sévissent depuis 1987[3].

Comment en est-on arrivé à une telle mesure, révélatrice à la fois du pouvoir de nuisance des actions spectaculaires et fanatiques d'une petite poignée d'activistes pro-vie et de l'importante mobilisation féministe pour les contrer ? L'actualité si inquiétante des régressions du droit à l'IVG aux États-Unis en 2022 nous incite à reprendre la généalogie de cette loi pour nous éclairer sur les

1. Loi n° 93-121 du 27 janvier 1993 portant diverses mesures d'ordre social, *JORF*. n° 25 du 30 janvier 1993, art. 37 précise les ajouts dans le Code de santé publique des articles L. 162-15 et Art. L. 162-15-1.

2. Voir aujourd'hui l'article L. 2223-2 du même Code.

3. Cette recherche s'appuie en grande partie sur le dépouillement d'archives et dossiers de presse du Mouvement français pour le Planning familial à Paris et les dossiers documentaires de la Bibliothèque Marguerite Durand.

rapports de forces qu'un simple rappel chronologique ne suffirait pas à restituer. Comment la question du droit à l'IVG, toujours prioritaire pour les féministes, devient-elle un marqueur de la gauche ? Comment s'élabore une synergie entre militantes, féminisme institutionnel et action parlementaire ? Pour saisir cette originalité législative dans une perspective de sociohistoire des féminismes, on rappellera les limites de la loi Veil et la radicalisation à la fin des années 1980 des anti-IVG qui inaugurent de nouvelles stratégies sous forme de commandos. Puis on retracera l'action de Véronique Neiertz en lien étroit avec les mobilisations féministes avant de questionner les effets et les prolongements du délit d'entrave à l'IVG.

## Limites de la loi Veil et radicalisation des anti-IVG

Depuis la loi Veil de janvier 1975, adoptée définitivement en décembre 1979, qui autorise l'IVG avec un encadrement médical et juridique strict, quelques avancées sont à noter[4] bien qu'elles ne répondent pas, loin de là, aux souhaits des féministes d'étendre les délais, de simplifier les démarches et de multiplier les centres d'interruption de grossesse et de contraception organisés depuis 1979 en association nationale (ANCIC)[5], en leur donnant des budgets plus importants et des postes statutaires. Si la loi Veil a été obtenue et confirmée cinq ans plus tard sous un gouvernement de droite libérale, les décennies suivantes mettent plus fortement en lumière une opposition droite / gauche sur la question de l'avortement. La victoire du socialiste François Mitterrand aux présidentielles en 1981 et la nomination d'Yvette Roudy à la tête du premier ministère des droits de la femme ouvrent une ère plus favorable aux revendications égalitaires et au développement d'un dialogue entre un féminisme institutionnel jusqu'alors peu développé et les associations militantes. Quelques-unes des revendications féministes s'inscrivent ainsi à l'agenda politique gouvernemental, notamment sur l'égalité au travail, et malgré des réticences, sur la question des droits reproductifs.

Ainsi, en 1982, le remboursement partiel des IVG est voté[6]. Le projet, plus ambitieux, de dépénaliser l'avortement et de l'assimiler à tout autre acte médial, avec une prise en charge à 100 %, défendu ardemment par les militantes et relayé par Yvette Roudy, échoue face à l'hostilité du chef de l'État et d'une partie des

4. Bibia Pavard, Florence Rochefort, Michelle Zancarini-Fournel, *Les lois Veil un siècle d'histoire*, Paris, La Découverte Poche, 2024 [rééd. augmentée, 2012].

5. Association nationale des Centres d'interruption de grossesse et de contraception (ANCIC).

6. Voir dans ce volume le chapitre de Marie Mesnil, « L'avortement, à quel prix ? », p. 347.

ministres qui craignent une banalisation de l'avortement[7]. Son remboursement partiel est cependant salué comme une victoire féministe. La première cohabitation entre le président Mitterrand et le Premier ministre de droite Jacques Chirac (de mars 1986 à mai 1988) stoppe l'action du féminisme institutionnel sur cette question. La réélection du président socialiste en 1988 relance les possibilités de synergie entre militantisme féministe – aussi bien hors que dans les partis et les syndicats –, les initiatives parlementaires et le secrétariat d'État aux droits des femmes ; cette tâche est confiée, sous le gouvernement Rocard, à Michèle André, puis à Véronique Neiertz dans le gouvernement d'Edith Cresson et le gouvernement Bérégovoy (15 mai 1991-29 mars 1993). Les manœuvres du Vatican et des groupes anti-IVG pour empêcher la mise sur le marché de la pilule du lendemain mise au point par le professeur Leroy-Beaulieu se heurtent ainsi à la volonté politique de garantir un libre accès à ce nouveau moyen d'éviter une grossesse. Après l'intervention du ministère de la Santé, le RU 486 est finalement autorisé à la vente en 1988, même s'il ne reste, dans un premier temps, accessible que dans les hôpitaux.

Les divers opposants au droit de choisir d'interrompre une grossesse n'ont en fait jamais désarmé depuis la fondation de l'association Laissez-les-vivre du professeur Lejeune en 1971, comme l'a bien montré Fiametta Venner[8]. Plusieurs associations, catholiques pour la plupart, comme Renaissance catholique, consacrent toute leur énergie à faire reconnaître l'embryon comme une personne et un sujet de droit à protéger. Soutenues par divers regroupements catholiques de médecins[9], d'infirmières ou de juristes, elles sont aussi encouragées par les positions du pape Jean-Paul II, de plus en plus radical sur le sujet quand il reprend les éléments de langage assimilant l'avortement au génocide, à l'holocauste et parle d'« enfant non né ». Outre la diffusion d'une propagande auprès de la population et du corps médical sous forme de manifestations, de tracts, et de pétitions, les anti-IVG poussent les médecins à faire valoir concrètement la clause de conscience inscrite dans la loi et tentent d'obtenir son élargissement à tout personnel médical ou administratif participant de près ou de loin à la mise en œuvre des IVG. L'Association pour l'objection de conscience à toute participation à l'avortement (AOCPA, qui se renommera ensuite « Choisir la

7. Jane Jenson et Mariette Sineau, *Mitterrand et les Françaises*, Paris, Presses de Sciences-Po, 1995 ; Françoise Thébaud, « Promouvoir les droits des femmes : ambitions, difficultés et résultats », dans Serge Berstein, Pierre Milza, Jean-Louis Bianco, *François Mitterrand. Les années du changement 1981-1984*, Paris, Perrin, 2001, p. 567-600.

8. Fiametta Venner, *L'opposition à l'avortement du lobby au commando*, Paris, Berg International Éditeurs, 1999.

9. Voir aussi, dans ce volume, le chapitre de Céline Béraud et Séverine Mathieu, « L'activisme catholique contre l'avortement », p. 143.

vie ») prône notamment une retenue symbolique sur le paiement de l'impôt des contribuables qui ne veulent pas participer au remboursement de l'avortement. Les stratégies juridiques déployées visent à faire reconnaître l'incompatibilité de la loi Veil avec les textes internationaux de défense des droits de l'homme au nom de la protection de la vie, et à déposer pour ce faire des recours au Conseil constitutionnel et au Conseil d'État. Les décisions de ces deux instances garantes de l'État de droit rejettent ces interprétations, ce qui a pour conséquence le maintien de la loi Veil en vigueur. Une autre stratégie se développe dès 1977, celle de l'assignation en justice de militantes féministes. Des procès pour pratique illégale d'avortement sur mineure sont intentés à des militant·es du MLAC en 1977 et en 1978[10]. *F magazine*, dirigé par Claude Servan-Schreiber, est attaqué en diffamation en 1979 par l'Union syndicale des médecins respectant la vie. En 1987, des membres du Planning familial sont assignées en justice pour « publicité et provocation à l'avortement », en vertu d'un reliquat de la loi de 1920 qui n'a pas encore été modifié (il le sera en 1992 et 1994, avec l'adoption du Nouveau Code pénal, et sera finalement abrogé en 2001). Si l'un de ces procès aboutit à un non-lieu (à Metz), l'autre se solde par une inculpation (à Lyon), qui ne sera levée que par l'amnistie présidentielle en 1988.

Insatisfaits de ces résultats, des militants hostiles au droit à l'avortement se radicalisent et inaugurent une nouvelle stratégie inspirée par les exemples étatsuniens des *Rescue*, celle de commandos anti-IVG[11]. Il s'agit d'entrer dans les locaux où se pratiquent des avortements en priant, mais également en souillant les salles d'opération, en invectivant les patientes, parfois en brisant du matériel ou en brutalisant le personnel. L'accès aux salles d'opération est bloqué par les militants qui s'enchaînent les uns aux autres avec des antivols de vélo ou de solides cadenas nécessitant de longues interventions d'évacuation, militant par militant.

La première attaque se déroule à l'hôpital Tenon à Paris en 1987, à l'initiative du docteur Xavier Dor (1929-2020), un embryologiste qui a fondé, l'année précédente, l'association SOS Tout-Petits. Les quelques activistes qui le suivent se contentent alors d'obstruer le passage en priant collectivement. Leur leader déclare entreprendre ces actions comme un acte de la foi catholique romaine, persuadé de son bon droit à l'illégalité comme de son impunité. Les modes d'intervention deviennent par la suite plus violents, avec l'apparition d'un nouveau groupe qui aspire à plus de radicalité. Il s'agit des Sauveteurs,

---

10. Lucie Ruault, *Le spéculum, la canule et le miroir. Avorter au Mlac, une histoire entre féminisme et médecine*, Lyon, ENS Éditions, 2023, coll. « Perspectives genre ».

11. Fiametta Venner, *L'opposition à l'avortement du lobby au commando*, *op. cit.* Aux États-Unis, le mouvement Rescue, lancé notamment par le prêcheur évangélique Randall Terry à partir de la fin des années 1980, a développé la pratique des commandos anti-IVG dans les cliniques où se pratiquaient des avortements.

un mouvement lancé en 1988 par Claire Fontana, fervente catholique, mère de famille nombreuse, militante de Laissez-les-vivre et fondatrice de la Trêve de Dieu dont Thierry Lefèvre, membre de l'Association des protestants et évangéliques pour le respect de la vie (ACPER-vie), assume le poste de secrétaire, puis la présidence. La Trêve de Dieu est en lien direct avec des groupes étatsuniens dont certains membres sont présents et participent à des performances dans la rue, fournissent du matériel de propagande, organisent des séances de formation en prenant appui sur le film terrifiant du docteur Nathanson, et recrutent dans les milieux intégristes des personnes jeunes qui n'hésitent pas à témoigner à la télévision[12].

Leurs actions sont, dans un premier temps, si inattendues dans le paysage français qu'elles sont considérées par les observateurs comme exceptionnelles, voire excusables pour certains. Le journal l'*Express* les décrit en 1993 comme un « activisme dans le style boy-scout. Se soldant par quelques bousculades avec le personnel hospitalier, accrochages de banderoles, et un peu de casse. Rien de très sérieux[13] ». Plusieurs commentaires soulignent plutôt un acte d'opinion morale qu'une violente obstruction aux droits des femmes. Les forces de l'ordre peinent à déloger les attaquants et l'administration médicale est prise au dépourvu. À propos de la troisième attaque contre la Maternité des Lilas par SOS Tout-Petits qui a eu lieu en mai 1992, le procureur du tribunal de Bobigny s'étonne que la police soit restée sourde aux appels de la clinique et que les pouvoirs publics ne se soient pas constitués partie civile.

À ce manque de réactivité, s'ajoute le peu de plaintes déposées et la difficulté à convaincre les directeurs d'hôpitaux de s'adresser à la justice malgré les dégâts matériels coûteux. Les femmes victimes de ces commandos souhaitent quant à elles le plus souvent conserver l'anonymat, ou n'ont pas le courage d'affronter un tribunal. À plusieurs reprises, les associations féministes se voient refuser le droit de se porter partie civile, possibilité qu'elles ont pourtant acquise dans un autre domaine, à propos des discriminations en raison du sexe[14]. Tout cela laisse une large marge de manœuvre aux extrémistes anti-IVG soutenus par l'extrême droite et une partie de la hiérarchie catholique. Quand ils sont condamnés à des amendes et des peines de prison avec sursis, ils font systématiquement appel

12. Comme le montre le documentaire « Les nouveaux croisés » reportage France 2 pour Envoyé Spécial, diffusé le 17 février 1994.

13. Gérard Badou, « La deuxième croisade », *L'Express*, 8 juillet 1993.

14. La loi n° 85-772 du 25 juillet 1985 insère à l'article 2 § 6 du Code de procédure pénale un article ainsi rédigé : « Toute association régulièrement déclarée depuis au moins cinq ans à la date des faits, se proposant par ses statuts de combattre les discriminations fondées sur le sexe ou sur les mœurs, peut exercer les droits reconnus à la partie civile », *JORF* n° 172 du 26 juillet 1985.

puis vont en cassation, ce qui leur permet de poursuivre leurs exactions sans être arrêtés, le temps que leurs pourvois soient examinés.

Lors des quelques procès qui réussirent tout de même à se tenir avant la loi Neiertz, les premières condamnations ont été prononcées sur le fondement de la « violation de domicile[15] ». C'est le cas par exemple du commando contre l'hôpital de Pau de mai 1992 : seuls quatre jeunes de bonne famille sur la trentaine de « sauveteurs » sont inculpés et condamnés à quatre mois de prison avec sursis, 3 000 francs d'amende et à des dommages et intérêts dus à l'hôpital. Le commando de l'hôpital de Bordeaux, qui a également agi en mai 1992, est condamné pour dégradation de matériel et coups et blessures. Au tribunal de Bobigny, c'est l'accusation de « coup et blessures volontaires, violences et voies de faits avec préméditation » qui est retenue pour l'attaque qui a eu lieu à l'hôpital de La Salpêtrière, parce qu'une soignante a été blessée et a porté plainte. Les peines s'élèvent à un an de prison avec sursis et 20 000 francs d'amende, ramenées toutefois en appel à un mois de prison avec sursis et 5 000 francs d'amende. Mais ces chefs d'accusation sont difficiles à établir. Les agresseurs prétendent ne pas se connaître et être là par hasard, sans concertation ; ils se gardent bien de donner le moindre détail sur l'organisation de leurs actions, sauf à invoquer leur foi, la « loi de Dieu », leur visée pacifique et la supposée spontanéité de leur initiative. De même, en cas de coups et blessures volontaires, il est difficile de démêler la responsabilité précise de l'un ou l'autre des membres du groupe – ce qui fait entrave à l'application de la loi pénale.

Les militantes féministes prennent toute la mesure de ce danger pour l'accès à l'IVG, d'autant qu'elles constatent que les procès deviennent des tribunes pour les opposants à l'IVG, alors qu'elles ne peuvent, quant à elles, s'y exprimer. Il leur semble urgent de trouver des moyens efficaces de répression. Un premier regroupement nommé « Elles sont pour » s'organise et débouche en 1990 sur la création d'une coordination des associations pour le droit à l'avortement (CADAC). La CADAC regroupe des associations, syndicats et partis politiques prêts à défendre le droit à l'IVG. Elle organise d'abord en juin 1991 une rencontre nationale puis, les 18 et 19 janvier 1992, des États généraux pour le respect du droit à l'avortement et à la contraception à la Sorbonne. S'en suivent une plate-forme et une pétition de 60 000 signatures réclamant une meilleure application des lois Veil – celle de 1974 sur le remboursement de la contraception et celle de 1975 sur l'IVG ; des poursuites judiciaires, des condamnations et de réelles sanctions des

15. Florence Rochefort, « Les anti-IVG sur la scène judiciaire en France (1994-2020) : quels enjeux laïques ? », dans Xavier Delgrange, David Koussens et Claude Proeschel (dir.), *Les Juges, garants de la laïcité mais laquelle ? Une comparaison Belgique, France, Québec*, Bruxelles, Larcier, 2024, coll. « Bibliothèque de droit public », à paraître.

actions commandos anti-IVG sont également revendiquées[16]. En province, des mobilisations s'organisent dans les villes concernées, tel le Collectif bordelais pour le droit à la contraception et à l'avortement, fondé en septembre 1991 à l'initiative de militantes actives depuis les expériences des groupes femmes des années 1970 et de l'Union des Femmes Françaises (UFF). Fondée en 1945 et proche du Parti communiste, l'UFF est toujours implantée en milieu populaire et se montre très active contre les commandos comme le montre sa présence lors des procès. Le collectif de Bordeaux rassemble les forces féministes et des sections syndicales, des représentants de partis et d'organisations de gauche comme la Ligue des droits de l'homme. Ces manifestations, notamment au moment des procès, visent à alerter l'opinion sur la défense d'un accès réel à l'IVG, et à dénoncer l'impunité dont jouissent les commandos[17]. Des médecins de la région acceptent également de signer une pétition pour le respect de la loi Veil. Fortement interpellés, les pouvoirs publics ne restent pas inactifs.

## L'action de Véronique Neiertz

Véronique Neiertz, députée de la Seine-Saint-Denis depuis 1981 et secrétaire d'État chargée de la consommation depuis 1988, est nommée secrétaire d'État aux Droits des femmes par le nouveau gouvernement d'Edith Cresson en mai 1991 ; elle reste à ce poste jusqu'à la fin mars 1993, date à laquelle débute la deuxième cohabitation avec le gouvernement Balladur. Véronique Neiertz succède à Michèle André qui a dû réagir à la pression du Vatican et des associations anti-IVG ayant déployé une stratégie contentieuse active autour de l'autorisation de mise sur le marché de la pilule du lendemain surnommée le RU 486[18]. Le 8 janvier 1991, Michèle André et le ministre délégué à la Santé Bruno Durieux font une déclaration commune contre les commandos anti-IVG. Véronique Neiertz, qui se préoccupe également de faire voter la première loi contre le harcèlement sexuel au travail[19], reprend à bras-le-corps le dossier. À l'occasion du 8 mars 1992, elle annonce une série de mesures acceptées

16. Sophie Camard, « Des plaidoyers en prétoires. Premiers bilans », *Cahiers du féminisme*, 1995, n° 74, p. 7-11.
17. Anne-Marie Granger, « Bordeaux. La riposte s'organise », *Cahiers du féminisme*, n° 63-64, 1992, p. 33-34.
18. V. not. les arrêts CE, Ass., 12 déc. 1990, *Conf. nation. des assoc. fam. catho.*, n° 105743, 105810, 105811, 105812 : légalité de l'autorisation de mise sur le marché ; et CE, 25 janv. 1991, n° 103143, 107100, 107101 : illégalité de l'injonction ministérielle à Roussel Uclaf de reprendre la commercialisation du RU 486.
19. Article 222-33 de la loi 92-684 du 22 juillet 1992 portant réforme des dispositifs du Code pénal relatifs à la répression des crimes et délits contre les personnes.

par le conseil des ministres. Sont prévus : une campagne d'information sur la contraception (qui sera annulée par Pierre Bérégovoy une fois nommé Premier ministre le mois suivant), le remboursement d'une pilule de la 3e génération, et la publication d'une circulaire pour faire face à la recrudescence des actions des commandos. C'est ainsi qu'une circulaire du 27 février 1992 adressée aux préfets est publiée au journal officiel le 4 mars 1992. Elle reprend les termes de celle signée par Bruno Durieux un an auparavant ; mais, pour plus d'efficacité, Véronique Neiertz ajoute à sa signature celle du ministre de l'Intérieur et du ministre délégué à la Santé. Il s'agit d'inciter à une réaction plus offensive des hôpitaux pour que les directeurs portent plainte systématiquement, et d'encourager les forces de l'ordre à instruire les plaintes et à les transmettre au parquet[20]. Une note du ministre de la Justice du 3 mars 1992, adressée également aux procureurs généraux, les invite à tout mettre en œuvre pour que les auteurs de faits soient identifiés, que des qualifications soient trouvées et que les procédures judiciaires soient rapides[21].

Constatant que ces incitations sont insuffisantes, Véronique Neiertz rappelle qu'au moment d'un procès qui s'est tenu à Pau en mai 1992, on comptait 37 actions analogues recensées n'ayant pas donné lieu à des procès, les plaintes ayant été classées sans suite faute de qualification[22]. Elle précise également dans une interview que les ministères de tutelle ont été très peu réactifs, comme elle l'avait déjà constaté au moment où elle avait transmis un rapport qu'elle avait commandé à l'ANCIC sur l'application de la loi Veil dans le secteur public. « Je me heurtais à l'inertie des ministères de tutelle. C'est culturel, cette réticence qui frappe le sujet[23]. » Le rapport, qui pointait les importants dysfonctionnements des centres d'IVG, est resté bloqué au ministère des Affaires sociales comme au ministère de la Santé. Pourtant, de graves difficultés budgétaires se donnaient à voir, comme l'avait illustré de façon éloquente la grève de cinq mois observée au centre de l'hôpital Louis-Monier de Colombes (Hauts-de-Seine). Ce centre avait été parmi les premiers à avoir ouvert après le vote de la loi Veil, à l'initiative de

20. Circulaire du ministère de la Santé n° DH/9C/DGD/2A/91-04 du 11 janvier 1991 relative aux mesures à prendre en cas d'occupation des locaux hospitaliers où se pratiquent des IVG, et Circulaire du 27 février 1992 relative aux manifestations qui visent à paralyser le fonctionnement des centres d'interruption volontaire de grossesse de plusieurs ministères et du secrétariat aux Droits des femmes, *Journal Officiel*, 4 mars 1992, p. 3251.

21. Ministère de la Justice, *Note à l'attention des procureurs généraux*, Action Publique n° 88-1360 FC Archives du Mouvement Français pour le Planning familial.

22. « Au tribunal correctionnel de Pau », *Le Monde*, 2 octobre 1992.

23. Il s'agit du Rapport effectué par l'Association nationale des centres d'IVG et de contraception (ANCIC) ; propos rapportés par D. S., « Avortement. IVG La grève continue à Colombes », *Libération*, 20-21 mars 1993. En septembre 1992, on compte ainsi une trentaine d'actions de « sauvetage » non poursuivies.

médecins et infirmières militantes du MLAC (Mouvement pour la libération de l'avortement et de la contraception) habituées à faire des avortements avec la méthode Karman par aspiration qui a grandement simplifié la pratique[24]. Les praticiens, parmi lesquels la doctoresse Béatrice Fougeyrollas, s'insurgent contre leurs conditions de travail qui ne leur permettent pas d'offrir l'accueil souhaité aux femmes. Le déclencheur de la grève fut la réduction du nombre de vacations, qui contrastait avec l'augmentation de celui des interventions médicales demandées, à la fois en lien avec l'IVG mais aussi avec la contraception ou des soins pour des MST, dont le Sida, qui n'étaient pas comptabilisées par l'Assistance publique. Les grévistes exigeaient la nomination d'un responsable praticien ainsi qu'un contrat pour chacun des six médecins du centre d'IVG ; ils obtinrent finalement en partie gain de cause[25].

C'est dans ce contexte que Véronique Neiertz fait un certain nombre de propositions au nom du Gouvernement lors des discussions des 4 et 5 décembre 1992 à l'Assemblée nationale relatives à un projet de loi portant sur diverses mesures d'ordre social. La secrétaire d'État constate que la circulaire du 4 mars 1992 a amélioré la situation en ce qui concerne les plaintes des directeurs d'hôpitaux et les investigations des forces de police. Elle pointe cependant les paralysies judiciaires et la recrudescence d'attaques qui restent impunies. Elle cite le chiffre de quarante en trois ans, dont trois seulement ont donné lieu à un procès. Elle plaide alors pour qu'une loi instituant un « délit spécifique d'entrave à l'interruption volontaire de grossesse » soit mise à l'ordre du jour, malgré le peu d'enthousiasme des associations pour cette solution. Il semble cependant que si celles-ci privilégiaient en premier lieu le choix d'actions préventives, elles se soient finalement ralliées à la solution répressive. Si l'ANCIC était hésitante, la CADAC et le Mouvement français pour le planning familial (MFPF) avaient cependant émis plusieurs fois le souhait d'une répression plus efficace.

La proposition visait à ajouter au Code de la santé publique une peine d'emprisonnement de deux mois à deux ans assortie d'une amende de 2 000 à 30 000 francs pour sanctionner le fait d'empêcher ou de tenter d'empêcher une interruption volontaire de grossesse ou les actes préalables en perturbant l'accès aux établissements ou la libre circulation des personnes à l'intérieur, ainsi que le

24. Bibia Pavard, « Genre et militantisme dans le Mouvement pour la liberté de l'avortement et de la contraception. Pratique des avortements (1973-1979) », *Clio. Histoire, femmes et sociétés*, 2009, n° 29, p. 79-96.
25. Muriel Bastien, « Un centre d'IVG en grève pour un statut », *Libération*, 9 décembre 1992 ; Béatrice Fougeyrollas, Marie-Annick Vigan, « Grève au centre IVG de Colombes », *Cahiers du féminisme*, 1992-1993, n° 63-64, p. 37-40.

fait d'exercer des menaces ou tout acte d'intimidation à l'encontre des personnels médicaux ou des femmes venues subir une IVG.

Lors du débat à l'Assemblée nationale, le groupe socialiste et les députés communistes présents affirment leur soutien. Dans les rangs de la droite, les députés sont hostiles à la proposition d'une nouvelle loi. Ils mettent en avant le besoin d'équilibrer les « libertés réciproques » des pro- et des anti-IVG et contestent les peines d'emprisonnement prévues au nom de la liberté de réunion et de manifestation. Sans aller, comme les militants anti-IVG, jusqu'à faire référence au droit à la vie, ils partagent la conviction qu'il n'est pas nécessaire de réouvrir le fragile consensus sur la loi Veil-Pelletier qui « fait partie du patrimoine social de notre pays[26] ». Cette logique d'obstruction sera récurrente du côté des opposants dans tous les futurs débats sur les extensions de l'accès à l'IVG. Véronique Neiertz fait valoir, quant à elle, les besoins concrets d'une définition juridique précise des exactions commises pour réprimer les commandos anti-IVG qui, sinon, échappent à la justice. Elle considère qu'il est du devoir de l'État et du Gouvernement de prendre des mesures pour faire appliquer la loi Veil. Face aux attaques plus personnelles la visant au sein de l'hémicycle, elle relève le fait qu'il y a bien peu de femmes élues pour discuter de cette question, exactement comme cela était déjà le cas en 1975 et 1979.

Un autre amendement soumis à la discussion entend donner à « toute association régulièrement déclarée depuis au moins cinq ans à la date des faits, dont l'objet statutaire comporte la défense des droits des femmes à accéder à la contraception et à l'avortement », la possibilité d'« exercer les droits reconnus à la partie civile » en ce qui concerne précisément le délit d'entrave à l'IVG qu'il s'agit de créer. Cette disposition permettrait enfin aux associations féministes d'agir dans les tribunaux, aux côtés des sections syndicales hospitalières qui, elles, étaient admises à agir.

Un dernier amendement, soutenu par Véronique Neiertz, est proposé par Alfred Recours (PS) et Muguette Jacquaint (PC) ; il a pour objet d'abroger le délit d'auto-avortement qui avait été introduit subrepticement peu de temps auparavant, par la loi du 22 juillet 1992 sur la réforme du Code pénal[27]. L'amendement

---

26. Intervention de Jacques Toubon, *JO* Assemblée nationale, 3e séance du 4 décembre 1992, p. 6584.

27. Il s'agit de l'art. 223-12 Code pénal : « La femme qui pratique l'interruption de grossesse sur elle-même est punie de deux mois d'emprisonnement et de 25 000 F d'amende. Toutefois, en raison des circonstances de détresse ou de la personnalité de l'auteur, le tribunal peut décider que ces peines ne sont pas appliquées. Le fait de fournir à la femme les moyens matériels de pratiquer une interruption de grossesse sur elle-même est puni de trois ans d'emprisonnement. »

est adopté, malgré la vive opposition des députés de droite qui avaient obtenu les voix des parlementaires socialistes sur ce point, ces derniers ayant accepté cette concession pour obtenir le vote de l'ensemble de la réforme, au grand dam des associations féministes[28]. Sur ces trois volets de la loi, Véronique Neiertz obtient donc pleine satisfaction.

## Les effets de la loi Neiertz

La loi Neiertz est mise en œuvre pour la première fois au tribunal correctionnel de Tours en mars 1994. Dans un premier temps, les « sauveteurs » se félicitent de la publicité qui leur est ainsi offerte, persuadés qu'ils sont capables de pouvoir convaincre l'opinion de se rallier à leur conviction et à leur stratégie – que Claire Fontana qualifie de désobéissance civile. Leur argumentation juridique leur semble imparable. Lors du procès concernant l'attaque du centre IVG de l'hôpital Bretonneau le 18 novembre 1993, la défense des prévenus (cinq hommes et quatre femmes, donc Claire Fontana avec son nourrisson dans les bras dans le prétoire) tente de dénigrer la loi Neiertz qu'ils qualifient de « liberticide ». Selon eux, cette loi dérogerait à la liberté d'opinion et les placerait en situation de légitime défense face au « génocide » perpétré. Leurs témoins sont alors le pasteur Michel Dauty de l'Église luthérienne Saint-Jean à Paris, et l'archevêque de Tours, Mgr Jean-Honoré. Les juges, cependant, en décident autrement ; ils condamnent les prévenus à des peines avec sursis et des amendes, qui seront confirmées en appel. La « Trêve de Dieu » lance alors une « pétition de soutien à Béatrice », l'une des prévenues. Il s'agit de Béatrice du Breil, étudiante en maîtrise d'économie à l'Université Paris II Assas, qui prétend avoir agi de façon non-violente[29]. Plusieurs professeurs font connaître leur soutien, dont Jean Foyer, ancien Garde des sceaux, fervent adversaire de la loi Veil dans les années 1970.

Après ce procès inaugural, cependant, les peines généralement prononcées sur le fondement du délit d'entrave à l'IVG restent bien en deçà de ce que prévoit la loi Neiertz et ne s'avèrent pas suffisamment dissuasives. Lors de l'unique procès au cours duquel le procureur a requis une peine de prison ferme, au Puy-en-Velay en décembre 1994, il n'est pas suivi par les juges du tribunal correctionnel. Une peine de prison ferme prononcée par le tribunal correctionnel de Roanne le 27 juin 1995 est transformée en peine avec sursis par

28. Loi n° 93-121 du 27 janvier 1993 portant diverses mesures d'ordre social, *JORF* n° 25 du 30 janvier 1993, art. 38.
29. Voir le numéro spécial : « Le procès de Tours », *La Trêve de Dieu*, Printemps 1994.

la Cour d'appel de Lyon un an plus tard, le 15 mai 1996. Pendant les quatre années qui suivent la promulgation de la loi Neiertz, les activistes anti-IVG ne désarment pas, espérant toujours convaincre les juges qu'ils sont condamnés à tort et faire jurisprudence. La Cour de cassation rejettera, cependant, tous les pourvois[30].

Xavier Dor et ses suiveurs, en particulier, restent très actifs. Ils attaquent notamment le 22 mars 1995 le centre d'orthogénie de l'hôpital Antoine Béclère dirigé par la doctoresse Joëlle Brunerie-Kauffman, gynécologue pionnière du combat pour la liberté de l'IVG au sein du MFPF et du MLAC. Elle témoigne de la violence de l'attaque qui s'est déroulée dans la salle d'attente, où les militants ont distribué des tracts avec des photos choquantes, ont brutalement invectivé les femmes présentes et ont pénétré dans la salle d'opération en déstérilisant le matériel. Elle insiste sur le traumatisme subi par les femmes en salle d'attente ainsi que par l'équipe soignante[31]. La victoire de Jacques Chirac à la présidentielle de mai 1995 et la nomination de personnels ministériels clairement hostiles à la loi Veil, comme Clara Lejeune-Gaymard et Colette Codaccioni, redonnent de l'élan aux extrémistes anti-IVG. Incluant les personnes qui avaient été condamnées lors des actions de commandos, le projet de loi d'amnistie présidentielle provoque néanmoins une vive opposition ; cette disposition est finalement écartée par le gouvernement d'Alain Juppé.

Les premiers rejets des pourvois en cassation dès janvier 1996, qui sont d'ailleurs salués par la presse de gauche, mettent un frein à la plupart des actions commandos. Si Xavier Dor est encore condamné en 1998 pour entrave à l'IVG pour son offensive contre la clinique du Chesnay, il réussit toujours à échapper à la prison, notamment en raison de son âge. Une nouvelle stratégie est alors mise en pratique : organiser maintes et maintes manifestations devant les centres d'IVG – et non plus à l'intérieur. Les groupes optent ainsi pour une forme de légalité et obtiennent les autorisations préfectorales nécessaires. Les associations féministes réagissent et se rassemblent en contre-manifestations, comme elles le faisaient déjà lors des procès. Les Marie Pas Claire[32], groupe non mixte de jeunes féministes créé en 1991, participent ainsi avec plusieurs forces de gauche et d'extrême gauche aux contre-manifestations. Le 27 janvier 1996 au Chesnay, dans les Yvelines, les anti-IVG, auxquels s'est ralliée une nouvelle Ligue

30. Plus d'une vingtaine de pourvois sont rejetés entre l'arrêt du 31 janvier 1996 (95-81.319) et celui du 7 avril 1999 (97-85.978), voir base Lextenso.

31. Joëlle Brunerie Kauffmann, « En infraction à la loi républicaine : les commandos anti-IVG », *Chimères. Revue des schizoanalyses*, 1996, n° 28, p. 91-101 ; Fiametta Venner, « État des poursuites au 15 septembre 1995 », dans *L'opposition à l'avortement*..., *op. cit.*

32. Bibia Pavard, « Présentation de Marie Pas Claire », site FemEnRev, https://femenrev.persee.fr/presentation-de-marie-pas-claire.

pour la vie nouvelle proche du Front national, occupent l'enceinte de l'hôpital André Mignot. Les féministes sont soutenues par des anarchistes syndicalistes de la confédération nationale du travail (CNT), et les militants du CRC-Santé Coordonner, rassembler, construire né en 1989 d'une scission de la fédération santé de la CFDT[33]. Le groupe Ras l'Front, fondé en 1990 contre la montée du Front national, vient aussi en renfort. On constate ainsi l'ampleur des soutiens à la cause du droit à l'IVG lors de la grande manifestation du 25 novembre 1995 qui réunit 30 000 personnes.

La loi Neiertz semble bien finalement avoir stoppé les actions les plus violentes dans les hôpitaux une fois tous les recours en appel et en cassation épuisés, mais elle n'est pas utilisable pour empêcher les manifestations devant les centres. Les féministes demandent que la préfecture cesse d'autoriser les rassemblements des anti-IVG devant les cliniques ou hôpitaux et que la police intervienne. Une fois obtenue cette interdiction, les tribunaux correctionnels sont réticents à sanctionner les responsables des infractions ; ils arguent notamment du fait qu'il s'agit d'un délit politique qui n'entre pas dans leur compétence – comme par exemple en mars 1999 au tribunal correctionnel de Paris[34].

## Les extensions du délit d'entrave à l'IVG

Les anti-IVG ne cessent de renouveler leurs actions et inaugurent notamment en 2005 les marches pour la vie tandis que les manifestations devant les sites d'IVG se poursuivent. Face à ces pressions, le délit d'entrave à l'IVG est alors progressivement étendu[35]. Au moment de l'importante loi sur l'IVG de 2001 qui, notamment étend le délai légal de 10 à 12 semaines, les conditions de caractérisation du délit d'entrave sont précisées : il recouvre désormais non seulement l'entrave « physique » sous quelque forme que ce soit, la perturbation des conditions de travail, mais aussi « les pressions morales et psychologiques », « les menaces ou tout acte d'intimidation à l'encontre du personnel médical ou des femmes venues subir une IVG et leur entourage »[36]. C'est ainsi que Xavier Dor est finalement condamné (à une peine d'amende) de ce chef d'infraction par le tribunal correctionnel de Paris en 2013 pour être intervenu dans les locaux du Planning familial en priant et en distribuant des médailles de la vierge et des

33. Mouni et Sandrine, « Pourquoi nous étions à Versailles les 26 et 27 janvier derniers », *Marie pas Claire*, 1996, n° 7, p. 19.

34. AFP, « Correctionnelle. Xavier Dor Conforté », *Le Figaro*, 18 mars 1999.

35. Conseil constitutionnel, 16 mars 2017, n° 2017-747.

36. Loi n° 2001-588 du 4 juillet 2001 relative à l'interruption volontaire de grossesse et à la contraception.

chaussons de bébé à une femme venue pour avoir recours à une IVG médicamenteuse. Le jugement est confirmé en appel en 2014, la cour reconnaissant la pression psychologique, et la Cour de cassation va dans le même sens en 2015, en prenant notamment appui sur l'argument que le lieu où se sont déroulés les faits délictueux est un lieu où se pratiquent des IVG.

En 2013, les associations féministes et le Haut conseil à l'égalité entre les femmes et les hommes demandent une adaptation de la loi. Le Haut Conseil remet un rapport à la ministre du Droit des femmes de l'époque, Najat Vallaud-Belkacem, sur les enjeux de cette stratégie de la désinformation ; et il préconise une nouvelle extension du délit d'entrave à l'IVG[37]. Une première tentative est lancée en 2013 par la sénatrice Laurence Rossignol lors des débats sur la loi relative à l'égalité réelle entre les femmes et les hommes, alors même qu'une loi proposant de revenir sur le droit à l'avortement en Espagne fait grand bruit. Ainsi la loi du 4 août 2014, qui supprime par ailleurs la condition de détresse qui déterminait, depuis la loi Veil, l'accès à l'IVG[38], étend le délit d'entrave au fait d'entraver l'information relative à l'IVG.

Cette nouvelle définition du délit d'entrave a permis de sanctionner des militants intervenant dans les halls de clinique ou d'hôpitaux avec des pancartes ou banderoles revêtus de slogans hostiles, des photos de fœtus, des chants et des prières. Mais elle se révèle à nouveau insuffisante face au militantisme déployé sur les réseaux sociaux. Le développement d'internet ouvre de nouvelles potentialités de propagande aux anti-IVG afin de faire connaître leurs associations, mais également afin de détourner les femmes enceintes de leur projet d'avorter. Des sites d'informations fallacieuses sont présentés comme neutres et fiables et peuvent aboutir à des prises de contact téléphoniques pour culpabiliser les femmes, les induire en erreur et leur faire dépasser les délais légaux. Une nouvelle proposition de loi, visant plus précisément l'entrave numérique à l'IVG, est votée et promulguée en mars 2017[39], malgré la vive opposition de représentants catholiques au nom de la liberté d'opinion et de conscience. La loi condamne « le fait d'empêcher ou de tenter d'empêcher de pratiquer ou de s'informer sur une interruption volontaire de grossesse […] *par tout moyen, y compris par voie électronique ou en*

37. Haut Conseil à l'Égalité entre les femmes et les hommes, Rapport relatif à l'accès à l'IVG, n° 2013-0912-HCE-008.

38. Florence Rochefort, « Pacte de genre et laïcisation des mœurs en France : quelle laïcité invisible ? L'exemple du droit à l'avortement, 1975-2023 », dans David Koussens et Sébastien Lebel-Grenier (dir.), *La laïcité où on ne la voit pas. Regards québécois et internationaux*, Lausanne, Peter Lang, 2024, à paraître.

39. Loi n° 2017-347 du 20 mars 2017 relative à l'extension du délit d'entrave à l'interruption volontaire de grossesse. La loi trouve son origine dans une proposition déposée en 2016 par la sénatrice Laurence Rossignol avec le groupe socialiste, écologiste et républicain.

*ligne*, notamment par la diffusion ou la transmission d'allégations ou d'indications de nature à induire intentionnellement en erreur ». Le Conseil constitutionnel déclare la loi conforme à la Constitution ; mais il assortit sa décision de deux réserves qui, visant à protéger la liberté d'expression et de communication, font écho à une argumentation mise en avant par les opposants et limitent la portée espérée de la loi[40]. En particulier, le Conseil constitutionnel souligne que la seule diffusion d'informations en ligne pour un public indéterminé ne saurait constituer des pressions, menaces, ou intimidations au sens de la loi, et que le délit d'entrave, lorsqu'il est appliqué à la désinformation en ligne, ne peut être caractérisé que lorsqu'une « information » (et non une opinion) est sollicitée ; il précise encore que cette « information » doit en outre avoir été délivrée par une personne prétendant détenir une compétence en la matière. Concrètement, la décision du Conseil rend très difficile, voire quasi-impossible, de rapporter la preuve juridique que l'on a été victime d'une entrave à l'IVG par ce type de désinformation visé initialement par la loi.

*

Ces prolongements de la loi Neiertz sont à replacer dans un moment de remobilisation féministe autour des droits reproductifs, lié à l'actualité internationale de régression sur ces questions et, plus généralement, aux offensives contre les droits LGBT et la supposée « théorie du genre[41] ». Ils illustrent la nécessité, mais aussi les difficultés, d'une stratégie défensive face aux renouvellements constants des adversaires du droit à l'IVG et montrent l'importance du recours au juridique, comme c'est le cas également dans la lutte contre les violences sexistes et sexuelles. Ce volet répressif a répondu à la cible visée des stratégies de commandos, mais il n'a pas donné toute sa mesure en se diversifiant, notamment en ce qui concerne le numérique. Or ce domaine du cybersexisme est un chantier considérable qui, plus largement, rejoint celui des fake news et du racisme en ligne.

Plusieurs acquis pour élargir le droit à l'IVG sont cependant à mettre aussi au crédit des militantes et des relais institutionnels et parlementaires situés à gauche de l'échiquier politique. La récente constitutionnalisation de la « liberté garantie à la femme de recourir à l'IVG » démontre l'existence d'un consensus plus large sur le droit à l'avortement qui représente, malgré ses limites[42], une victoire symbolique importante. Celle-ci est confortée également par le mouvement #MeToo qui a relancé l'impact du féminisme. En France, néanmoins, les réelles

40. Conseil constitutionnel, 16 mars 2017, n° 2017-747 DC.
41. Roman Kuhar & David Paternotte (dir.), *Campagnes anti-genre en Europe*, Lyon, PUL, 2018.
42. Stéphanie Hennette-Vauchez, « Constitutionnalisation de l'avortement : entre *kairos* et *phronesis* », *AOC Media*, 7 mars 2024.

conditions d'accès au droit à l'IVG demeurent toujours très insuffisantes[43] dans un contexte de crise hospitalière, de régression des services publics et d'offensives électorales ultraconservatrices, tandis que les opposants s'internationalisent et que l'Église catholique reste très hostile. Tous ces acquis pourraient être annulés si un gouvernement conservateur et proche des catholiques obtenait un vote législatif reconnaissant l'embryon comme une personne et modifiait la constitution. En dépit de la complexité de sa traduction juridique, l'idée de « délit d'entrave à l'IVG » pourrait créer un précédent intéressant pour enrichir la pensée féministe du droit et trouver les moyens de contrer les adversaires d'une démocratie réellement garante du droit des femmes à disposer de leur corps.

43. Marie Mathieu et Laurine Thizy, *Sociologie de l'avortement*, Paris, La Découverte, 2023, coll. « Repères ».

Septième partie

# De l'avortement aux droits reproductifs

# Faire de la transparentalité un désordre

## ou comment récuser les droits reproductifs des personnes trans

*Laurence Hérault*

Dans les années 1970, la bataille pour la légalisation de l'avortement a été conduite, entre autres, sous le slogan « notre corps nous appartient ». Cet énoncé était moins un constat que la revendication d'un droit personnel et d'une libération collective : pouvoir décider librement de mener ou non une grossesse relève d'un droit fondamental à disposer de son propre corps et constitue une condition capitale de l'émancipation des femmes. Ce slogan, à peine remanié, est aussi celui qui soutient, depuis plusieurs décennies, les revendications des personnes trans : dans les marches des fiertés ou les manifestations qu'elles organisent, le slogan « mon corps, mon choix » est un leitmotiv qui associe aussi autonomie corporelle et émancipation de genre. Cet héritage féministe soutient en premier lieu les requêtes concernant un meilleur encadrement médical, juridique et social des transitions de genre mais il entre aussi en résonance, depuis un peu plus d'une décennie, avec la revendication de droits reproductifs, et plus particulièrement des possibilités pour les personnes trans de devenir parents.

Cette attention aux possibilités d'être parent émerge en différents lieux. Depuis le début du siècle, la parentalité a été progressivement inscrite parmi les revendications importantes des personnes trans et des associations militantes. En France, l'ExisTransInter, la marche des fiertés des personnes trans et intersexes, inscrit en 2007, dans son second volet de revendications, le « droit d'accès à la parentalité »[1]. En 2008, un rapport sur la transparentalité publié par le groupe « Homosexualités et Socialisme – Socialistes LGBT » indique que la parentalité trans « est maintenant un sujet dont on parle, et qui sort de l'ombre et de la liste des grands tabous

1. Voir https://existrans.org/

de notre société »[2] ; il témoigne aussi de la réalité de ces familles invisibilisées : « Les trans entourés de leurs enfants vivent des histoires riches, mais ignorées ; des trans en couple aspirent aussi à être parents avec les moyens de conception modernes qui sont conçus normalement pour tout le monde[3]. » En 2009 et 2011, c'est la dénonciation de la « stérilisation forcée » associée au changement d'état civil qui apparaît sur les affiches de l'ExisTransInter. En 2016 (pour les 20 ans de la marche), c'est l'accès à la PMA qui est mis en avant ; et en 2017, c'est un ensemble de droits reproductifs qui sont réclamés : « L'accès pour les personnes trans et intersexes, enfants et adultes, à la préservation de leur fertilité dans les Centres d'étude et de conservation des œufs et du sperme humain (CECOS). L'accès à la PMA et le respect des droits des parents trans et intersexes[4]. » La question des droits reproductifs des personnes trans est également reprise en 2019 dans un communiqué de presse interassociatif qui dénonce, dans le cadre de la révision des lois de bioéthique, « l'interdiction faite aux hommes trans de fonder une famille *via* une procréation médicalement assistée, alors même que nombre d'entre eux sont en capacité de porter un enfant[5] ». Parallèlement, les possibilités de faire famille émergent aussi dans les standards de soins de la World professional association for transgender health (WPATH), une association internationale créée dans les années 1970 et qui propose, depuis 2001, des recommandations concernant la santé reproductive des personnes trans. Dans la dernière version de ses standards de soins, la WPATH dédie un chapitre entier à cette question où sont abordés à la fois les effets des transitions sur la fertilité et les possibilités de sa préservation, l'accès aux techniques de reproduction assistée (TRA), les soins liés à la grossesse, à l'accouchement et à l'allaitement, ainsi que la contraception et l'avortement. Ce chapitre est introduit, en outre, par une référence aux droits reproductifs tels que portés par l'ONU : « Tous les êtres humains, y compris les personnes transgenres, ont le droit de décider d'avoir ou non des enfants[6]. »

On voit que ce qui est revendiqué ici est moins le fait de ne pas avoir d'enfants que le fait de pouvoir en faire et de constituer une famille. Comme d'autres

2. Laura Leprince, Natacha Taurisson, *Rapport de la commission sur la transparentalité*, Paris, Homosexualité Et Socialisme, 2008, p. 34.

3. *Ibid.*, p. 3.

4. Voir https://existrans.org/

5. Communiqué de presse interassociatif du 18 septembre 2019 intitulé « Projet de loi bioéthique : des petits pas mais encore beaucoup de chemin à parcourir ! » signé par l'Association française des avocats LGBT+, l'association des parents et futurs parents gays et lesbiens (APGL), le collectif BAMP, l'association Enfants d'arc-en-ciel, la Fondation Jean Jaurès, Gaylib, le Groupe d'information et d'action sur les questions procréatives et sexuelles (GIAPS), HES-socialistes LGBTI+, l'inter-LGBT, Mam'en Solo, Origines, le Planning familial et SOS Homophobie.

6. « Standards of Care for the Health of Transgender and Gender Diverse People », Version 8, *International Journal of Transgender Health*, 23, 2022, p. S156. Ma traduction.

minorités discriminées, les personnes trans ont été et sont, en effet, plus susceptibles d'être socialement renvoyées à l'illégitimité de leur désir d'enfants que les personnes cisgenres hétérosexuelles. Comprendre ce à quoi les personnes trans sont confrontées en matière de faire famille suppose donc de mobiliser la notion de justice reproductive, proposée initialement par des féministes racisées, pour penser et lutter contre la diversité des entraves aux aspirations reproductives d'un certain nombre de personnes socialement opprimées. Dans la lignée des approches intersectionnelles, il s'agissait de pointer du doigt les inégalités de traitement, non seulement en matière d'accès à la contraception et à l'avortement (droit de ne pas avoir d'enfant) mais aussi d'accès aux TRA (droit de préservation de sa fertilité et droit de procréer). Il n'est guère étonnant d'ailleurs que ce soient des féministes racisées qui aient conceptualisé cette notion, dans la mesure où elles expérimentaient souvent à leurs dépens les injonctions contradictoires associées à ces deux dimensions des droits reproductifs. En tant que femmes, leur maternité pouvait apparaître comme un devoir plutôt qu'un droit, *a fortiori* quand la contraception et l'avortement n'étaient pas librement accessibles. Par ailleurs, en tant que personnes racisées, leurs souhaits d'être mères se heurtaient souvent aux perceptions négatives de leur maternité qui oscillaient entre fécondité débordante (devant être contrôlée par la contraception ou la stérilisation) et inaptitude parentale (devant être surveillée par les services sociaux). L'assujettissement à la reproduction et l'illégitimité procréative sont bien, en ce sens, deux expressions conjointes de l'oppression et partant, indissociables dans les luttes d'émancipation – notamment de genre.

Dans l'objectif d'explorer la question des droits reproductifs au-delà du seul droit à l'avortement, ce chapitre consacré à la situation des personnes trans, s'attachera plus particulièrement au deuxième versant de la justice reproductive, à savoir la question du droit à faire des enfants. Les revendications passées et présentes des personnes trans en la matière portent, en effet, principalement sur la préservation de leurs capacités reproductives et la possibilité de les mettre en œuvre plutôt que sur la remise en question du « devoir de procréation » bien que celle-ci ne soit pas pour autant absente de leurs préoccupations. On reviendra ainsi, à l'aune d'une approche anthropologique, sur un certain nombre de lieux et de moments où les droits reproductifs des personnes trans ont été entravés médicalement et/ou juridiquement. Il s'agira notamment de saisir les représentations et les actions médicales qui ont fait/font obstacle à leurs projets parentaux, ou encore les décisions judiciaires et les « flous législatifs » qui n'ont pas permis/ne permettent pas de soutenir leurs droits à la parentalité.

## Transition et famille : une incompatibilité médicalement et juridiquement soutenue

Dans les sociétés euro-américaines, la transidentité a été historiquement appréhendée en termes pathologiques. Portée par *le syndrome du transsexualisme*, cette pathologisation a permis, au cours du XXe siècle, l'ouverture des possibilités de transition hormono-chirurgicale ; mais elle a aussi eu des impacts importants sur la marginalisation sociale des personnes trans essentiellement vues comme des malades mentaux. Pour ce qui concerne la question de la parentalité, cette conception transsexualiste a eu pour corollaire de rendre illégitimes les expériences parentales ou les projets familiaux des personnes trans. Très tôt, les spécialistes du transsexualisme ont en effet considéré que le fait d'avoir des enfants était incompatible avec la réalisation d'une transition de genre. En 1969, deux spécialistes américains, Richard Green et John Money suggèrent, par exemple, qu'il est préférable d'éloigner *définitivement* les jeunes enfants de leur parent trans, de façon à ce qu'ils ne soient pas perturbés par leur transition[7]. En 1982, l'urologue René Küss, l'un des premiers médecins français investis dans la prise en charge des personnes trans, rend compte devant l'Académie de médecine des conclusions d'un groupe de travail sur le transsexualisme pointant le caractère délétère de la parentalité trans : « Lorsque le transsexuel marié a eu des enfants avant sa transformation, pour le moins burlesque apparaît la situation qui fait que ceux-ci prendront place à la table familiale entre deux pères ou entre deux mères, situation capable assurément d'avoir un retentissement sur l'équilibre mental de ces enfants[8]. » Cette position variera peu dans les décennies suivantes et l'on verra, jusqu'au milieu des années 2000, l'une des équipes hospitalières françaises chargées des « troubles de l'identité de genre » (TIG) faire de la parentalité pré-transition un critère d'exclusion du protocole de prise en charge médicale : « La THC [transformation hormono-chirurgicale] n'est pas applicable à un patient marié (au moment de l'évaluation) ou parent d'un ou plusieurs enfants mineurs. Ces transsexualismes d'installation tardive, parfois après plusieurs années de vie conjugale, entrent dans le cadre de transsexualismes dits "secondaires"[9]. » Ces exclusions et leur justification nosogra-

7. Richard Green, John Money, *Transsexualism and Sex Reassignment*. Baltimore, John Hopkins Press, 1969.

8. René Küss R., « Transsexualisme », *Bulletin de l'académie nationale de médecine*, vol. 166, n° 6, 1982, p. 823. René Küss présente dans sa communication les réflexions et les conclusions du groupe de travail sur le transsexualisme composé de MM. Baruk, Gilbert-Dreyfus, Küss, Laroche, Vague, Bricaire, Hervet, Klotz, Mazard magistrat, Banzet.

9. Bernard Cordier, Colette Chiland, Thierry Gallarda, « Le transsexualisme, proposition d'un protocole malgré quelques divergences », *Annales Médico-psychologiques*, 159, 2001, p. 192.

phique sont intéressantes dans la mesure où elles construisent l'incompatibilité entre famille et transition dans une double direction : d'une part, la parentalité trans n'est pas socialement légitime dans la mesure où elle transgresse la norme hétéro-familiale conçue comme une garantie essentielle de la santé mentale des enfants ; et d'autre part, elle ne s'inscrit pas dans le tableau diagnostic du « vrai » transsexualisme. Dans les années 1970, le transsexualisme primaire et le transsexualisme secondaire sont deux catégories proposées par le psychiatre américain Robert Stoller qui permettent de distinguer le vrai transsexuel qui exprime très tôt son « mal-être » de genre, « n'a jamais varié dans le refus de son sexe d'assignation et n'a fait aucune concession à son sexe biologique »[10], du pseudo-transsexuel qui a reconnu tardivement son trouble et a pu mener, avant cela, une vie sociale, sexuelle, conjugale voire parentale « ordinaire ». Selon cette conception, le « transsexuel authentique » n'est guère enclin à enfanter, ce qui donne à la parentalité vécue un statut de critère diagnostic excluant : ceux et celles qui ont fondé une famille n'ont donc *a priori* pas vocation à accéder au protocole hormono-chirurgical.

Si ces considérations médicales concernent majoritairement la parentalité pré-transition, ce n'est pas que la parentalité post-transition semble plus acceptable, mais simplement qu'elle a été longtemps impossible du fait de la stérilité induite par les chirurgies génitales – notamment avant l'avènement des TRA. Pour beaucoup de médecins spécialistes, le fait de vouloir fonder une famille après sa transition était tout autant problématique comme le suggère le psychiatre français Jean Vague lors d'une discussion sur le transsexualisme à l'Académie de médecine en 1996 : « [Dans ces situations], le mariage et l'éducation des enfants ne sont pas souhaitables[11]. » Ce « risque » procréatif semblait alors réduit par la stérilité chirurgicale induite par la transition, mais encore fallait-il que celle-ci soit effective, ce qui n'était pas nécessairement assuré, dans la mesure où toutes les personnes trans ne souhaitent pas une chirurgie génitale. Deux « dispositions » ont servi ici de garantie, l'une médicale et l'autre juridique. La première tient à la définition du vrai transsexualisme, qui n'a pas seulement été associé, d'un point de vue symptomatique, à la précocité de sa déclaration mais aussi, et peut-être surtout, à la revendication d'une modification génitale. Ainsi les personnes ne souhaitant pas une chirurgie génitale étaient catégorisées comme transsexuelles secondaires et écartées, le plus souvent, des protocoles. Autrement dit, la seule transition médicalement acceptable était

10. Bernard Cordier, Colette Chiland, « Transsexualisme », *Encyclopédie Médico-chirurgicale*, Psychiatrie, 37-299-D-20, Paris, Elsevier, 2013 (2000), p. 5.

11. Pierre Banzet, Marc Revol, « L'expérience chirurgicale », *Bulletin de l'académie nationale de médecine*, vol. 180, n° 6, 1996, p. 1401. La citation de Jean Vague figure dans les commentaires qui suivent l'intervention de Banzet et Revol.

celle qui aboutissait à la stérilité. Cette conception « stérilisatrice » de la transition a longtemps été soutenue par les dispositions juridiques nécessaires au changement de la mention de sexe à l'état civil. Comme l'a montré Christine Dourlens[12], il y a eu historiquement, de ce point de vue, une collusion remarquable entre approches médicale et juridique de la transition, collusion dont la jurisprudence qui a encadré le changement d'état civil des personnes trans entre les années 1990 et 2010, a été l'un des éléments majeurs. Lorsqu'elle a défini les conditions de la modification du sexe à l'état civil en 1992, la Cour de cassation a fait de celle-ci une sorte de validation du traitement du transsexualisme, imposant des modifications corporelles irréversibles. Les personnes requérantes devaient, en effet, être diagnostiquées comme transsexuelles, avoir réalisé un traitement médico-chirurgical, ne plus avoir les caractères de leur sexe d'origine, avoir une apparence physique et un comportement social correspondant au sexe revendiqué. Dans la pratique, cette irréversibilité a généralement été associée, par les magistrat·es, aux chirurgies génitales. Les femmes trans devaient notamment prouver la réalisation d'une vaginoplastie[13], ce qui pouvait donner l'impression que la modification de l'état civil était subordonnée à la disposition de néo-organes « adéquats ». Mais l'exigence faite aux hommes trans d'avoir réalisé une hystérectomie[14] et une ovariectomie[15] plutôt qu'une phalloplastie[16] (laissée à leur libre choix) suggère que l'irréversibilité recherchée visait moins la requalification normative du corps que l'impossibilité d'engendrer selon ses capacités propres. D'où la dénonciation militante de cette procédure judiciaire pathologisante du changement d'état civil, portée par le slogan « stop à la stérilisation ».

## Transparentalité et PMA : autoriser et contrôler l'existence des familles

Au milieu des années 1990, le CECOS de l'hôpital Cochin à Paris a commencé à recevoir des demandes d'insémination avec donneur (IAD) de la part de couples hétérosexuels composés de femmes cisgenres et d'hommes transgenres. Selon une

12. Christine Dourlens, « Les médecins et le sexe de l'état civil. La coopération entre le droit et la médecine en question ? », dans Jérôme Courduriès, Christine Dourlens, Laurence Hérault, *État civil et transidentité. Anatomie d'une relation singulière*, Aix-en-Provence, PUP, 2021, p. 163-193.

13. Ou plus précisément une vulvovaginoplastie, opération permettant de créer une vulve et un vagin et qui suppose l'ablation des testicules (orchidectomie).

14. Ablation de l'utérus.

15. Ablation des ovaires.

16. Opération permettant de créer un pénis.

publication de l'équipe médicale en question, ces demandes avaient « suscité des réticences, discutées dans un comité d'éthique[17] ». Pourtant, elles n'étaient pas vraiment inédites pour les médecins du CECOS, puisqu'un premier couple avait été reçu en 1987, puis un deuxième en 1990. Leurs demandes avaient été toutes deux acceptées et avaient permis la naissance de deux filles chez le premier couple, le second s'étant séparé avant la survenue d'une grossesse. Malgré cette expérience, lorsque les demandes se sont faites plus nombreuses dans le courant des années 1990, la nécessité d'une réflexion éthique institutionnelle a semblé s'imposer pour l'équipe médicale. On comprend qu'il ne s'agissait plus seulement d'accueillir alors des *cas exceptionnels* et de les traiter dans la singularité de leur situation mais, bien plutôt, de prendre en charge une *nouvelle population* aux caractéristiques moins spécifiques que problématiques. Les réticences qui sont à l'origine de la réflexion médico-éthique renvoient, en effet, à la conception pathologique des personnes trans et à la mise en doute de leur capacité à s'inscrire de façon normative dans la parentalité : les interrogations portaient « sur la santé mentale du transman, sa capacité à être père, sur la possibilité d'un développement normal chez les enfants, en particulier sur la construction de leur identité sexuée[18] ». Ces réticences n'étaient pas propres à l'équipe de Cochin, on les retrouvait alors dans d'autres équipes, notamment le Centre de médecine reproductive de l'Université de Bristol[19] ou le Centre de médecine reproductive de Bruxelles[20].

À l'issue de cette démarche éthique, le CECOS de Cochin a mis en place un protocole particulier pour l'accueil de ces couples : « à l'entretien psychologique habituel est ajouté un deuxième entretien avec un psychiatre ayant l'expérience du transsexualisme et il est proposé aux futurs parents un suivi clinique prospectif des enfants à naître[21] » tous les deux ans. Ce suivi comprenait des entretiens avec une psychiatre spécialiste du transsexualisme, une psychologue et une psychomotricienne ainsi qu'une observation des enfants seuls et en interaction avec leurs parents lors de séances ludiques. Ce protocole était pensé comme étant expérimental, c'est-à-dire qu'il devait permettre à moyen ou long terme la mise en place d'une prise en charge éclairée, éventuellement généralisable : « Le suivi [...] des enfants [...] visait à apprécier les conséquences bénéfiques ou

17. Colette Chiland *et al.*, « Pères d'un nouveau genre et leurs enfants », *La psychiatrie de l'enfant*, n° 1, vol. 56, 2013, p. 97.
18. *Ibid.*
19. Di Brothers, W. C. L. Ford, « Gender reassignment and assisted reproduction An ethical analysis », *Human Reproduction*, 15(4), 2000, p. 737-738.
20. Baetens P., Camus M. et Devroey P., « Should requests for donor insemination on social grounds be expanded to transsexuals ? », *Reproductive BioMedicine Online*, 6(3), 2003, p. 281-286.
21. Colette Chiland *et al.*, « Pères d'un nouveau genre et leurs enfants », *op. cit.*, p. 102.

néfastes de ce programme, et soit l'étendre et convaincre nos collègues réticents d'ouvrir un tel programme dans leur CECOS si les résultats étaient favorables, soit le stopper si les résultats étaient néfastes[22]. »

L'entretien supplémentaire avec une spécialiste des troubles de l'identité de genre avait pour objectif d'établir ou de réaffirmer le diagnostic préalable de transsexualisme, et même de « vrai » transsexualisme, ce qu'on retrouve également dans le protocole mis en place par l'équipe médicale de Bruxelles : « une équipe multidisciplinaire de spécialistes devrait effectuer le diagnostic de trouble de l'identité de genre afin de s'assurer que l'insémination avec donneur est demandée par de vrais transsexuels[23]. » Cette réitération du diagnostic de trouble mental des hommes trans montre bien les effets concrets de la définition psychopathologique de la transidentité : l'intervention d'un psychiatre devient un élément clé de l'ensemble des projets de vie des personnes trans, qu'il s'agisse de réaliser une transition, de changer d'état civil ou bien encore de faire un enfant. Le TIG acquiert un statut de sésame qui donne au psychiatre spécialisé un pouvoir considérable sur les vies trans : il est, à la fois, l'allié investi (qui peut par son diagnostic et ses attestations rendre possible les projets familiaux des personnes trans) mais aussi le gardien attentif (qui a, de fait, un droit de regard sur ces mêmes projets). En outre, la référence au « vrai transsexualisme » suggère que seules certaines personnes trans apparaissent comme de bonnes candidates à la PMA, à savoir celles qui sont des transsexuelles authentiques et qui s'inscrivent, semble-t-il, dans une représentation normalisée de la sexuation : « Les hommes d'origine transsexuelle qui viennent demander un enfant ne mettent aucunement en avant une “trans-identité”, comme le font parfois les militants transgenres. [...] Ils ne rejettent pas la distinction de genre, ils n'en demandent pas la suppression, ils veulent être reconnus et traités comme appartenant à l'autre genre[24]. »

Entre 1999 et 2012, le CECOS de Cochin a reçu 86 demandes, parmi lesquelles 5 ont été refusées et 20 n'ont pas été confirmées. Pour les autres, 57 couples ont débuté une IAD, et 46 enfants sont nés dans 32 familles. Les résultats du suivi de ces familles, publiés en 2013, semblent rassurants : « Les principaux enseignements de cette étude montrent que les pères transsexuels se conduisent en “nouveaux pères” attentifs et compétents, et que les enfants se développent bien ; en particulier, ils n'ont pas de troubles de l'identité sexuée[25]. » Cette crainte d'une transmission de la « pathologie » paternelle semble orienter le suivi des enfants vers une évaluation

22. *Ibid.*, p. 103.
23. P. Baetens, M. Camus et P. Devroey, « Should requests for donor insemination on social grounds be expanded to transsexuals ? », *op. cit.*, p. 282. Ma traduction.
24. Colette Chiland *et al.*, « Pères d'un nouveau genre et leurs enfants », *op. cit.*, p. 107.
25. *Ibid.*, p. 103.

vigilante de leur inscription sexuée : vêtements portés, jouets privilégiés, inscription dans les groupes de pairs, etc. Ils ne sont cependant pas seulement soumis ici à un contrôle sexué normatif, ils sont également mis en situation d'être les garants de la normalité de genre de leur père : « En aucun cas, le père n'est une seconde mère. [...] Les jeux du père avec son enfant sont différents des jeux de la mère avec l'enfant. [...] L'enfant ne confond absolument pas père et mère[26]. »

Cette évaluation « positive », après plus d'une dizaine d'années de suivi, ne marque pas, cependant, l'arrêt du protocole expérimental ; c'est au contraire sa pérennisation qui est proposée. L'expérience accumulée n'aboutit pas à un traitement non spécifique des personnes trans ni même à l'arrêt du suivi des enfants (dont les effets sur ces derniers ne sont pas discutés) mais, bien au contraire, à l'idée d'un nécessaire et perpétuel contrôle des personnes trans en PMA. La normalité genrée des pères trans et de leurs enfants ne semble pas constituer une preuve suffisante de leur légitimité familiale. Leur compétence, pourtant reconnue, doit être continuellement soumise à vérification. En une décennie, l'objectif initial semble ainsi s'être transformé : il ne s'agit plus tant de lever des réticences multiples et de favoriser l'ouverture de la PMA aux personnes trans, mais plutôt de généraliser une prise en charge discriminante de personnes dont on dit pourtant qu'elles font famille normalement. C'est ce que l'équipe de l'hôpital de Gand en Belgique avait souhaité éviter dès le début des années 2000 en refusant d'emblée toute démarche spécifique concernant les personnes trans, et notamment tout « supplément » psychiatrique. Confrontés à des couples semblables à ceux reçus à l'hôpital Cochin, les médecins de Gand avaient pensé leur intervention sur une autre base : « Nous ne nous sommes jamais demandé si ces couples avaient ou non le droit d'être parents. Nous sommes fermement convaincus qu'ils ont le même droit fondamental à la parentalité que n'importe quel autre couple hétérosexuel ayant besoin de sperme de donneur. La consultation psychologique devrait donc, à notre avis, porter sur les mêmes questions que pour n'importe quel autre couple[27]. »

À la toute fin des années 2010, c'est aussi à cette conclusion que sont arrivés certains médecins de l'équipe de Cochin et d'autres CECOS, qui ont proposé une prise en charge non discriminante des personnes trans. Mais on peut voir dans l'épisode du suivi « renforcé », une actualisation de la notion de « bouclier thérapeutique » proposé par Karine Espineira[28] pour désigner les catégories et actions médicales visant à restreindre les possibilités d'existence des personnes

26. Chiland *et al.*, 2013, p. 109.

27. Petra De Sutter, « Donor inseminations in partners of female-to-male transsexuals : should the question be asked ? », *Reproductive BioMedicine Online*, *6*(3), 2003, p. 382.

28. Karine Espineira, « Le bouclier thérapeutique : discours et limites d'un appareil de légitimation », *Le sujet dans la cité*, 1 n°2, 2011, p. 189-201.

trans : en imposant des diagnostics et des suivis médicaux, on protège la société d'une « épidémie transidentitaire ». En bonnes sentinelles posant des limites, garantissant les normes et luttant contre les dérives sociétales, les médecins de Cochin cependant ne se sont pas contentés d'imposer un surdiagnostic et un suivi discriminant ; ils ont aussi franchi, à l'occasion, le pas de l'injonction à la stérilisation. Deux hommes trans ayant fait une demande d'IAD avec leur compagne n'avaient, en effet, pas eu à subir d'hystérectomie et d'ovariectomie pour obtenir leur changement d'état civil (comme il était pourtant habituel à l'époque). Ils n'étaient donc pas irréversiblement stériles, même si la testostérone qu'ils prenaient régulièrement entravait leurs capacités reproductives. L'équipe a semble-t-il été perturbée par leur situation au point de leur demander de réaliser une chirurgie stérilisante (ce qu'ils ont fait, nous dit-on, sans problème) avant d'entamer l'IAD de leur compagne. Cette demande de stérilisation semble même avoir acquis le statut de critère d'acceptation du projet transparental : « Le deuxième critère d'inclusion dans le protocole était lié au sens de la démarche faite par cet homme pour devenir père. Afin d'éviter toute ambiguïté ou incohérence, il nous a semblé souhaitable qu'il y ait eu une ovariectomie et une hystérectomie afin d'éviter de mener un projet de maternité similaire à celui de Thomas Beatie [transgenre américain ayant porté et accouché de ses trois enfants][29]. »

Outre le problème éthique soulevé par cette injonction à la stérilisation, il est paradoxal de voir cette dernière s'inscrire dans le cadre d'une prise en charge d'assistance à la procréation. Lorsque le bouclier thérapeutique stérilisant mis en place dans le cadre du changement d'état civil n'a pas bien joué son rôle, on voit qu'il reste toujours une possibilité de le réinstaller. La stérilité ici imposée renvoie également à la représentation pseudo-thérapeutique habituelle de la PMA : alors même que l'assistance à la reproduction est très largement palliative (loin de guérir les stérilités ou les infertilités individuelles, elle s'attache seulement à permettre la naissance d'enfants), elle a été depuis l'origine pensée comme thérapeutique, ce que la loi a d'ailleurs entériné[30]. L'injonction à la stérilisation faite aux hommes trans s'inscrit également dans une tentative de préservation de ce modèle pseudo-thérapeutique, au moment même où il était remis en question par de multiples revendications, dont certaines n'ont été que très récemment prises en considération par la loi : accès à la PMA des femmes seules, des couples de même sexe, des femmes ménopausées (qui demeurent exclues de fait par la limite d'âge à 45 ans), des veuves, etc.

29. Pierre Jouannet, « Quand les hommes transsexuels souhaitent devenir pères par don de sperme », dans Hérault L. (dir.), *La parenté transgenre*, Aix-en-Provence, PUP, 2014, p. 119.

30. Voir à ce propos Irène Théry, *Des humains comme les autres. Bioéthique, anonymat et genre du don*, Paris, Éditions de l'EHESS, 2010.

## La préservation de la fertilité des personnes trans : droit, convenance ou incohérence ?

En 2013, plusieurs femmes trans qui prenaient des hormones et/ou souhaitaient réaliser une vaginoplastie ont fait appel à des CECOS pour la conservation de leur sperme afin de préserver leur capacité reproductive pour un futur projet parental. Leur demande n'était pas tout à fait inédite : d'autres avaient déjà été adressées au CECOS de Cochin dans les années 2000[31] et en 2014, l'Académie de médecine mentionnait une quinzaine de demandes « au cours des dernières années[32] », celles-ci s'étant apparemment multipliées à partir de 2013[33]. Ces demandes avaient été systématiquement refusées mais en 2013, les femmes concernées se sont mobilisées face à ces refus. Elles ont notamment envoyé des courriers de protestation au président de la Fédération française des CECOS, aux ministres de la Santé, de la Justice, des Droits des femmes, ainsi qu'au Défenseur des droits. Elles ont été soutenues dans leurs recours par des associations militantes, ces dernières caractérisant le refus des CECOS de discrimination : « Les personnes Trans [...] souhaitant la conservation de leurs gamètes, voient leurs demandes rejetées et en tout état de cause suspendues à la délibération d'une commission. Ces personnes subissent donc un traitement différencié et défavorable pour la seule raison qu'elles sont Trans. Cela s'appelle une discrimination. De plus, cette discrimination n'étant prévue dans aucune loi, décret ou arrêté, elle est illégale[34]. » Leur interprétation se fondait sur l'article L. 2141-11 du Code de la santé publique qui disposait depuis 2008 que « toute personne dont la prise en charge médicale est susceptible d'altérer la fertilité, ou dont la fertilité risque d'être prématurément altérée, peut bénéficier du recueil et de la conservation de ses gamètes ou de ses tissus germinaux, en vue de la réalisation ultérieure, à son bénéfice, d'une assistance médicale à la procréation, ou en vue de la préservation et de la restauration de sa fertilité » ; ce qui n'excluait pas explicitement les personnes trans du bénéfice de ce dispositif.

Le Défenseur des droits (DDD) a répondu aux doléances en proposant une saisine de différentes instances médicales (le Comité consultatif national d'Éthique, l'Académie de médecine, le Conseil national de l'Ordre des Médecins et l'Agence

31. Laura Leprince, Natacha Taurisson, *Rapport de la commission sur la transparentalité*, *op. cit.*
32. Académie nationale de médecine, *Autoconservation des gamètes des personnes transsexuelles et projet parental éventuel*, Paris, Académie nationale de médecine, 2014.
33. Jean-François Guérin signalait dans une séance du comité médical et scientifique de l'Agence de la biomédecine que « les centres sont confrontés, depuis quelques mois, à une demande croissante d'autoconservation de leurs gamètes par des individus, avant leur changement de sexes », *Flash du Comité médical et scientifique. Séance du 18 juin 2013*, Paris, Agence de la biomédecine, 2013, p. 8.
34. Association *Arc en Ciel Toulouse*, lettre au président des CECOS, 2013.

de la biomédecine), considérant que « cette question [soulevait] d'autres interrogations liées à la problématique de l'assistance médicale à la procréation et aux nouvelles demandes de la société qui vont au-delà des raisons médicales prévues par les textes de loi. Sur ce dernier point, il me semble important que ces institutions mènent une réflexion approfondie sur le rôle de la médecine par rapport aux demandes de la société, quand celles-ci ne sont pas liées à une maladie[35] ». On voit dans cette réponse du DDD que la protestation de discrimination n'est pas traitée dans un registre juridique mais dans le registre de l'éthique médicale, ce qui transforme totalement la question posée et son traitement : il ne s'agit plus de savoir si le refus est légal (constitue-t-il ou non une discrimination ?) mais bien plutôt de savoir si la demande est légitime (ne s'inscrit-elle pas dans le cadre d'une médecine de convenance ?). Ainsi recadrée, la mobilisation des plus hautes instances médicales était logique et ces dernières, dans un bel ensemble[36], ont considéré que le refus des CECOS ne constituait pas une discrimination dans la mesure où la demande ne s'inscrivait pas dans un cadre thérapeutique mais était, selon les termes de l'Ordre des médecins, une « demande de nature sociale ou de convenance personnelle [...] [qui] ne saurait trouver nécessairement une réponse auprès des médecins[37] ». L'Académie de médecine et l'Agence de la biomédecine insistaient, en outre, sur l'usage futur des gamètes, jugeant les éventuels projets transfamiliaux légalement impossibles et socialement délétères[38].

Un certain nombre d'arguments ont bien évidemment été développés pour asseoir ces avis. Le premier tenait, encore une fois, à la caractérisation pathologique des personnes trans ; mais la question était ici traitée quelque peu différemment. Il s'agissait en effet de savoir si le traitement hormono-chirurgical (THC) revêtait une dimension thérapeutique, soulageant la souffrance liée au trouble de l'identité de genre, ou s'il relevait, au contraire, de la convenance, n'étant qu'une réponse médicale à un souhait personnel. Cette question hante depuis toujours la prise en charge médicale des transitions de genre, mais elle a été historiquement suspendue par la définition pathologique de la transidentité et par l'affirmation que le THC soulage la souffrance des personnes à défaut de les « guérir » de leur trouble. Cette dimension thérapeutique avait d'ailleurs été rappelée en 2009 dans un rapport de la Haute autorité de santé (HAS), et c'est bien elle qui guidait alors les équipes hospitalières spécialisées et les rendait aussi soucieuses d'établir des diagnostics. Pourquoi la question se posait-elle

35. Défenseur des droits, lettre du 23 juillet 2013.

36. À l'exception du CCNE qui n'a pas rendu d'avis.

37. Décision du conseil de l'ordre mentionnée dans Avis du Défenseur des droits MSP-2015-009, p. 4.

38. Académie nationale de médecine, *Autoconservation des gamètes des personnes transsexuelles et projet parental éventuel*, *op. cit.* ; Agence de la biomédecine, *Avis du conseil d'orientation. Autoconservation des gamètes de personnes transsexuelles souhaitant procéder à un traitement de réassignation sexuelle*, 2014.

donc à nouveau dans le cadre de l'autoconservation des gamètes ? Tout simplement parce que la qualification de « convenance » est un moyen très sûr d'écarter des demandes qu'on n'a pas l'intention de satisfaire, comme cela a aussi été le cas pour l'IVG. En PMA, « la convenance » est un outil qui a été utilisé pour refuser, entre autres, les demandes d'IAD des couples de femmes ou des femmes seules (qui ne relèvent pas d'une infertilité pathologique mais relationnelle) ou encore les demandes d'autoconservation d'ovocytes pour les femmes[39]. Cependant, cet outil peut aisément être déconstruit : s'il y a effectivement ici des choix personnels (c'est-à-dire de « convenance »), à savoir celui d'avoir des enfants ou de préserver sa capacité à en avoir, il en va de même pour l'ensemble des personnes légalement accueillies en PMA, qui sont dans la même situation : les couples hétérosexuels stables veulent aussi faire famille malgré leur incapacité à faire des enfants, tout comme les hommes infertiles qui ont autoconservé du sperme pour optimiser leurs chances d'insémination intraconjugale. Mais bien qu'elle soit fondamentalement une médecine qui répond au désir d'enfant, la PMA ne se pense pas comme telle et a tendance à exiger une situation pathologique pour intervenir.

C'est là que la définition médicale de la transidentité prend toute son importance : si le THC est une solution thérapeutique, et non une simple réponse à une demande personnelle, alors il peut être fait droit aux demandes d'autoconservation préventive ; dans le cas contraire, il est possible de les refuser. Sur ce point, l'Académie de médecine et l'Agence de la biomédecine ont des positions divergentes, bien que leurs avis respectifs soient concordants sur la réponse à apporter aux demandes d'autoconservation. La première considère, contre l'avis de la HAS et toute la clinique transsexualiste, que la prise d'hormones et la chirurgie de transition sont de simples choix visant le bien-être et le confort personnels et ne sont donc pas médicalement justifiées. La seconde pose la question de la dimension thérapeutique du THC sans se donner la peine d'y répondre, dans la mesure où elle considère que la médecine est soumise ici à deux demandes concomitantes contradictoires : celle d'une stérilisation et celle d'une autoconservation (oubliant un peu vite que la stérilité induite par les chirurgies génitales n'est pas une demande mais un effet secondaire et même une condition *sine qua non* pour obtenir un changement d'état civil). Autrement dit, la première utilise l'argument classique de la convenance personnelle pour contrecarrer les projets procréatifs des personnes trans quand la seconde, en affirmant l'incohérence de la demande, réitère l'idée d'une incompatibilité entre transition et parentalité : entre les deux, le choix s'impose.

39. Voir par exemple le rapport « Conservation des ovocytes pour convenance personnelle : point de vue de la Fédération Française des CECOS », Fédération des CECOS, 2013.

Cette incompatibilité apparaît également lorsque les arguments sortent du champ purement médical pour aborder les effets familiaux de l'usage éventuel des gamètes autoconservés. Tout d'abord, il est souligné que cet usage n'est pas autorisé par la loi qui n'accepte alors que les couples hétérosexuels pour des inséminations intraconjugales ou avec donneur. L'Académie de médecine fait, d'ailleurs, de cette impossibilité un critère d'exclusion alors même que le Code de la santé publique, comme on l'a vu, ne conditionne pas l'autoconservation à l'utilisation ultérieure des gamètes : il ne mentionne la situation des requérant·es qu'au moment de la mise en risque de leur fertilité. On peut penser que le caractère évolutif de la loi a amené le législateur à ne pas lier les conditions de préservation à celle de leur usage, nécessairement hypothétique et, qui plus est, imprévisible quant au cadre conjugal de sa réalisation. Mais l'argument essentiel justifiant la disqualification des projets familiaux trans est plus fondamental : ces derniers sont jugés socialement et anthropologiquement problématiques. On observe, en effet, que même dans le cas où les personnes trans n'ont pas besoin de la médecine reproductive, leurs projets familiaux paraissent fâcheux, comme le souligne l'Agence de la biomédecine : « En l'absence de castration chirurgicale, les personnes transsexuelles conserveraient leur capacité procréative complète [...] et elles pourraient donc éventuellement procréer dans un cadre privé sans recours à une médicalisation par l'AMP [...]. Cette situation bouleverserait les repères de la procréation et de la filiation[40]. » Le risque semble donc majeur et on pourrait presque déceler, dans cette dramatisation, le regret de l'abandon des injonctions judiciaires et médicales à la stérilisation. Quoi qu'il en soit, si les projets familiaux trans sont dangereux non seulement pour les enfants mais aussi plus globalement pour la société et l'humanité, c'est qu'ils aboliraient la différence des sexes : « La demande d'autoconservation (par la société *via* les CECOS) de leurs spermatozoïdes par des personnes qui veulent être reconnues par la même société comme femmes ou celle de leurs ovocytes par des personnes qui veulent être reconnues comme hommes ne renvoie-t-elle pas, au-delà des désirs individuels de procréation, à un autre enjeu qui serait le refus de la sexuation des êtres humains ? Sauf à considérer que les ovocytes et les spermatozoïdes ne sont pas respectivement des gamètes de femme ou d'homme mais, par exemple, de simples véhicules des gènes, revendiquer la reconnaissance de soi comme femme ayant des spermatozoïdes ou comme homme ayant des ovocytes n'est-ce pas revendiquer une oblitération de la sexuation homme / femme ?[41]. » Dans le même ordre d'idées, l'Académie de médecine interroge : « La personne qui change de sexe peut chercher à modifier son corps pour qu'il s'exprime selon

40. Agence de la biomédecine, *Avis du conseil d'orientation. Autoconservation des gamètes de personnes transsexuelles souhaitant procéder à un traitement de réassignation sexuelle*, *op. cit.*, p. 13.
41. *Ibid.*, p. 18.

sa nouvelle identité de personne mais elle ne peut modifier ses gamètes qui eux restent sexués. Il peut être avancé que procréer avec ses propres gamètes, c'est avant tout transmettre ses propres gènes à l'enfant. Mais cette contribution génétique n'est pas "déséxuée". Indépendamment du chromosome sexuel porté par le spermatozoïde, les génomes paternels et maternels transmettent un certain nombre de gènes soumis à empreinte dont l'expression différentielle est nécessaire au développement de l'individu. Il y a donc bien une identité procréative sexuée. Quelle signification donner à un projet parental qui serait initié sur la base d'une discordance entre l'identité de la personne et l'identité procréative ?[42]. »

On voit que pour expliciter ce risque majeur, les arguments développés dans les deux rapports mobilisent à la fois l'identité de genre, les gamètes et la procréation. Mais ils le font d'une manière très particulière qui mêle les registres biologiques et sociaux pour mieux les essentialiser et rendre les projets familiaux trans incohérents, néfastes et destructeurs. Parler en effet d'identité procréative et de gamètes d'homme et de femme est très symptomatique de ce procédé d'essentialisation disqualifiant. La procréation, entendue comme réunion de gamètes différemment sexués, est fondamentalement une action que les personnes sont ou non en capacité de réaliser, et de réaliser d'une certaine façon seulement. En faire une identité est saugrenu, mais cela permet d'affirmer l'incohérence des personnes trans : leur identité personnelle, leur « identité procréative » et leur identité parentale apparaissent alors discordantes et, partant, néfastes. De même, définir les spermatozoïdes comme des « gamètes d'homme » et les ovocytes comme des « gamètes de femme », plutôt que comme des gamètes mâles et femelles, c'est mêler bien allègrement les catégories sociales et biologiques et, là encore, rendre anormales les personnes trans en suggérant qu'elles disposeraient de gamètes *inadéquats*. Mais comment s'autoriser à dire qu'une personne ne dispose pas des bons gamètes ? Avoir des spermatozoïdes ou des ovocytes désigne simplement une capacité à se reproduire et une manière de s'inscrire dans une action procréative. Loin donc d'abolir la différence sexuée en matière de reproduction, les personnes trans y sont soumises comme les autres, et il n'est pas besoin de modifier notre biologie pour comprendre pourquoi les femmes trans peuvent uniquement le faire avec des spermatozoïdes et les hommes trans avec des ovocytes. La sexuation reproductive n'est en rien malmenée ici mais on comprend que ces tentatives argumentaires, où le bouleversement des repères anthropologiques est postulé avec gravité, apparaissent comme une nouvelle manière de stériliser les personnes trans en leur refusant la possibilité de préserver leurs gamètes pour fonder éventuellement une famille.

---

42. Académie nationale de médecine, *Autoconservation des gamètes des personnes transsexuelles et projet parental éventuel*, *op. cit.*, p. 12.

En 2015, le Défenseur des droits, qui n'est plus alors Dominique Baudis mais Jacques Toubon, rend un avis qui va cependant à l'encontre des rapports qui lui ont été remis l'année précédente. Replaçant la question dans le registre juridique, il affirme que « l'article L. 2141-11 du Code de la santé publique doit pouvoir être interprété comme permettant aux personnes qui s'engagent dans un parcours de transition de l'homme vers la femme, de se prévaloir de ses dispositions[43] » et balaie les arguments mobilisés par les institutions médicales pour justifier le refus des demandes. La qualification de ces dernières comme relevant d'une médecine de convenance, par exemple, n'est pas retenue car « la liaison du bénéfice de l'autoconservation des gamètes avec l'existence du traitement d'une pathologie n'est pas exprimée dans la loi. Il n'y a donc pas lieu pour l'application de la loi, de se placer sur le terrain de la recherche d'une pathologie particulière et de son traitement, sauf à ajouter au texte une condition qu'il ne prévoit pas[44] ». De même, l'argument concernant l'usage ultérieur des gamètes des personnes trans présenté comme irréalisable en l'état du droit positif, n'était pas, selon le DDD, un motif valable pour exclure la demande de préservation, puisqu'il « est impossible d'affirmer par avance que fera défaut, à terme, la condition prévue par l'article L. 2141-2 du Code de la santé publique qui réserve l'assistance médicale à la procréation à "*l'homme et la femme formant le couple*" et d'exclure du bénéfice de l'article L. 2141-11, pour ce motif, les personnes s'engageant dans un parcours de transition de l'homme vers la femme[45] ».

Cet avis a, sans conteste, influencé la pratique des CECOS et transformé l'opposition de leur Fédération pour permettre l'accueil des personnes trans en vue de préserver leur fertilité. Certains médecins et certaines équipes médicales se sont d'ailleurs montrés pionniers en la matière et ont œuvré à faire avancer les « réticent·es ». En 2018, la Fédération des CECOS « a émis un consensus pour la prise en charge des personnes entamant un parcours de transition ou en cours de transition afin de les informer sur les possibilités de préservation de leur potentiel de fertilité et de proposer en fonction du contexte la conservation de gamètes ou de tissus germinaux[46] ». En 2019, le séminaire annuel de la Fédération des CECOS a inscrit à son programme un sujet qualifié « d'actualité », sur la dysphorie de genre, où les questions de l'autoconservation des gamètes et de l'accueil des personnes trans en PMA étaient abordées. En 2020, un livret intitulé « transidentités et préservation de la fertilité » était publié sur le site de la

43. Avis du Défenseur des droits MSP-2015-009, p. 10.
44. *Ibid.*, p. 7.
45. *Ibid.*, p. 9.
46. Voir https://www.cecos.org/preserver-sa-fetilite/#lorsdunetransitiondegenre.

Fédération des CECOS[47]. Enfin la loi de bioéthique de 2021, qui a ouvert l'autoconservation des gamètes sans condition médicale, a consolidé la préservation de la fertilité des personnes trans, en ajoutant à l'article L. 2141-11 du Code de la santé publique la mention suivante : « La modification de la mention du sexe à l'état civil ne fait pas obstacle à l'application du présent article » – prenant sans doute acte d'une recommandation du DDD de 2020 qui demandait au Ministère de la Santé de « diffuser une circulaire visant à garantir le recueil, la conservation et la prise en charge financière des gamètes des personnes transgenres dans l'ensemble des CECOS du territoire[48] ». Cependant, l'égale ouverture des CECOS à la question trans et l'égal accueil des personnes trans demandant à préserver leurs gamètes ne semblent pas encore tout à fait acquis, comme le suggère une enquête réalisée en 2019-2020 auprès de 28 CECOS (sur 31)[49] et comme le relève, elle-même, la Fédération des CECOS en notant toujours sur son site que « les possibilités de conservation des gamètes [...] ne sont pas disponibles dans tous les centres, mais [qu']un réseau est présent et permettra une prise en charge de proximité[50] ». Cette mention ne figurant pas dans les pages concernant les personnes cisgenres, on peut envisager que l'indisponibilité en question ne relève pas d'(in)compétences techniques.

## Loi de bioéthique et personnes transmasculines : histoire d'un flou juridique et d'une exclusion

La loi de bioéthique de 2021, après plus de trois ans de débats tant citoyens que parlementaires, a permis un certain nombre d'avancées en matière d'accès à la PMA. Cette dernière est désormais élargie aux couples de femmes et aux femmes célibataires sans critère médical d'infertilité et l'autoconservation des gamètes est possible pour toutes et tous sans motif médical. L'interdiction de la gestation pour autrui (GPA) a cependant été réaffirmée, ce qui n'est pas sans lien avec l'accès différencié des hommes et des femmes aux TRA : dorénavant toutes les femmes peuvent prétendre à une assistance à la procréation, tandis que seuls les hommes en couple hétérosexuel peuvent le faire. Une autre technique désormais répandue en médecine de la reproduction pour les couples de femmes, la ROPA (ou réception des ovocytes de la partenaire : l'une

47. *Ibid.*
48. Défenseur des droits, décision cadre n° 2020-136 du 18 juin 2020.
49. Florence Eustache, Véronique Drouineaud, Nicolas Mendes *et al.*, « Fertility preservation and sperm donation in transgender individuals: The current situation within the French CECOS network », *Andrology*, 9(6), 2021, p. 1790-1798.
50. Voir https://www.cecos.org/preserver-sa-fetilite/#lorsdunetransitiondegenre.

donne l'ovocyte à féconder et l'autre porte l'enfant), a également été rejetée, créant une distinction entre les dons intraconjugaux hétérosexuels (possibles) et homosexuels (impossibles).

Lors des discussions parlementaires autour de cet élargissement de la PMA, la question de l'accès des personnes trans a été soulevée car, dans un certain nombre de cas, leur situation est semblable à celle des femmes lesbiennes ou célibataires. Le projet de loi restait silencieux sur la manière dont elles pouvaient être prises en considération, mais des amendements ont été déposés pour clarifier notamment l'accès à la PMA des hommes trans ayant conservé leur capacité gestationnelle : en tant qu'hommes pouvant porter et accoucher d'un enfant, devaient-ils être acceptés, ou exclus ? La plupart des amendements proposés par plusieurs groupes politiques visaient à modifier l'article L. 2141-2 de façon à ce que leur changement d'état civil ne fasse pas obstacle à leur accueil, puisque dans les nouvelles règles édictées, la capacité gestationnelle des personnes semblait bien être le critère de différenciation de traitement entre hommes et femmes. L'accès à la PMA, « inconditionnel[51] » pour les femmes et restreint pour les hommes, se fonde assez clairement sur le fait de disposer ou non de cette aptitude : les couples et les personnes célibataires sans capacité gestationnelle sont exclus du fait de l'interdiction de déléguer toute gestation à une tierce personne. Tous ces amendements en faveur de l'accueil des hommes trans en PMA ont, cependant, été rejetés.

Dans cette exclusion quelque peu illogique se révèlent des oppositions à la parentalité trans que nous avons déjà évoquées et qui sont réapparues lors des débats en commission. Les auteur·rices des amendements avaient généralement pris appui sur le principe d'égalité et de non-discrimination : « Le projet de loi tel qu'il est rédigé conduirait à introduire une discrimination fondée sur le sexe inscrit à l'état civil : un homme transgenre qui n'aurait pas fait le changement à l'état civil, aurait accès aux techniques d'AMP. Mais pas un homme transgenre qui aurait fait ce changement. Il est inconcevable qu'une loi d'égalité puisse en fait introduire des discriminations nouvelles[52]. » Les opposants, quant à eux, ont mobilisé, sans surprise, des arguments tenant au bouleversement induit par la « discordance » des rôles procréatifs et des statuts parentaux et au risque psychosocial d'une telle situation pour les enfants : « Il est quand même très difficile pour un enfant de comprendre que son père est aussi sa mère ! Il y a là quelque chose qui révolte le bon sens et qui insulte le principe de précaution qui doit présider

51. Ce caractère inconditionnel est à relativiser. Voir notamment Marc Pichard, « "Toutes les femmes" ? À propos de l'exclusion des femmes mariées de l'accès à la procréation médicalement assistée avec tiers donneur », *Recueil Dalloz*, 2019, p. 2143.

52. Amendement n° 2257 présenté par Mme Obono, Mme Autain, M. Bernalicis, M. Coquerel, M. Corbière, Mme Fiat, M. Larive, M. Mélenchon, Mme Panot, M. Prud'homme, M. Quatennens, M. Ratenon, Mme Ressiguier, Mme Rubin, M. Ruffin et Mme Taurine.

à nos décisions[53]. » Une certaine confusion relative aux situations exposées dans les amendements a même pu régner à divers moments du débat montrant une méconnaissance importante de l'expérience transparentale, et plus largement de la transidentité, chez certain·es député·es. Le gouvernement s'est également opposé aux amendements au nom de la cohérence juridique, en proposant de s'en tenir à la mention de sexe sur l'état civil des personnes : un homme à l'état civil ne peut accéder à la PMA sauf à être en couple avec une femme. Agnès Buzyn, ministre de la Santé, explique cependant en commission qu'« une femme transgenre [entendre un homme trans] mais ne devenant pas un homme à l'état civil pourra, elle, accéder à la PMA de fait. Donc nous restons sur la notion d'homme ou de femme telle que cela figure sur l'état civil[54] ». Au vu des réticences antérieures des CECOS, on peut cependant douter de cette affirmation.

Face à des hommes trans légalement femmes et souhaitant mener une grossesse, certaines équipes médicales seront sans doute prêtes à respecter la lettre de la loi, mais il est probable que beaucoup d'autres seront tentées de s'opposer à toutes les grossesses transmasculines au nom de la transgression « des repères de la procréation et de la filiation » comme l'Agence de la biomédecine il y a une décennie. La polémique de 2022 autour de l'affiche du Planning familial intitulée « au Planning on sait que des hommes aussi peuvent être enceints » confirme que les oppositions aux procréations transmasculines restent vives, y compris dans certains milieux féministes. Cet exemple montre qu'à la disqualification des projets transfamiliaux s'ajoute, assez souvent, une accusation de « dérive idéologique » visant les institutions qui tentent de promouvoir un accueil bienveillant des personnes trans et une approche inclusive en matière de droits reproductifs.

Après la promulgation de la loi de bioéthique et du décret fixant les conditions de prise en charge en PMA[55], une association de juristes féministes, le Groupe d'information et d'action sur les questions procréatives et sexuelles (GIAPS), a saisi le Conseil d'État d'un recours pour excès de pouvoir formé contre le décret. Dans ce cadre, l'association soulevait une question prioritaire de constitutionnalité (QPC) relative au nouvel article L. 2141-2 du Code de la santé publique. Le premier recours a permis la réécriture de deux articles du Code de la santé publique concernant le prélèvement et l'autoconservation des gamètes[56]. La version originelle prévoyait que, chez les femmes, le recueil d'ovocytes pourrait être pratiqué entre 29 et 37 ans, tandis que, chez les hommes, le recueil de spermatozoïdes

53. Une députée lors de la séance du 9 septembre 2019 de la Commission sur le projet de loi de bioéthique, Assemblée nationale.

54. Audition des ministres chargées du projet de loi sur la bioéthique, 9 septembre 2019, Assemblée nationale.

55. Décret n° 2021-1243 du 28 septembre 2021.

56. Articles L. 2141-36 et L. 2141-37 du Code de la santé publique.

serait possible entre 29 et 45 ans. Par sa formulation, elle excluait donc *a priori* les personnes trans du bénéfice de l'autoconservation. Suite au recours formé par le GIAPS, le terme de « personne » a été substitué aux termes « femmes » et « hommes », permettant l'inclusion des personnes trans. En revanche, l'usage des gamètes à des fins de PMA tel que prévu par l'article R. 2141-38 ne concerne toujours que « la femme, non mariée ou au sein du couple, qui a vocation à porter l'enfant ». Quant à la QPC, elle a été transmise au Conseil constitutionnel, et audiencée en juin 2022[57]. Dans sa décision rendue en juillet 2022, le Conseil a jugé que l'article L. 2141-2 était conforme à la Constitution et a donc validé l'exclusion des hommes trans de la PMA[58]. Ceux qui souhaitent faire famille et qui ont pour ce faire besoin de recourir à une PMA, se retrouvent donc à nouveau face un dilemme désormais classique : concevoir un enfant ou avoir un état civil conforme à leur identité (sauf à avoir les moyens d'une PMA à l'étranger).

Si l'exclusion des hommes trans est clairement établie, la loi de bioéthique comprend aussi des angles morts pour ce qui concerne l'accueil des femmes trans. Si elles sont légalement des femmes, leur accueil est selon la loi sans condition d'orientation sexuelle et de statut matrimonial mais celles qui sont célibataires ou en couple avec un homme cis semblent devoir être exclues du fait de leur incapacité gestationnelle. On peut penser que de telles exclusions réfèrent uniquement aux techniques offertes par les services de PMA qui proposent des inséminations, avec ou sans donneur, et des accueils d'embryon mais n'offrent pas de solutions pour les incapacités gestationnelles (greffe d'utérus par exemple). La réponse apportée dans des configurations où les conditions d'accès sont réunies et des solutions médicales existent permet cependant d'interroger ce lien : quel accueil peut être fait à un couple ayant des problèmes de fertilité (absence ou déficit de gamètes) et composé d'une femme trans (sans capacité gestationnelle et légalement femme ou homme) et d'un homme trans (avec capacité gestationnelle et légalement femme) ? Selon la loi, ces personnes devraient pouvoir accéder à la PMA ; mais les équipes médicales vont-elles toutes accepter que l'homme porte l'enfant ? Par ailleurs, la possibilité d'un don intraconjugal n'est pas non plus clairement établie pour les couples de femmes dont l'une est trans et dispose de spermatozoïdes autoconservés utilisables pour l'insémination de sa compagne cisgenre. Les médecins doivent-ils être pragmatiques et « hétérosexualiser » leur situation pour accepter une insémination intraconjugale ? Ou bien doivent-ils s'en tenir à leur statut matrimonial et exclure tout transfert interne de gamètes comme pour les lesbiennes cisgenres ? Et qu'en est-il de la compagne cis d'un homme

57. https://asso-giaps.org/2022/06/29/resume-de-laudience-de-la-qpc-n2022-1003/

58. Décision n° 2022-1003 QPC du 8 juillet 2022 https://www.conseil-constitutionnel.fr/decision/2022/20221003QPC.htm.

trans qui aurait besoin des ovocytes de son conjoint : ce couple hétérosexuel peut-il prétendre à la ROPA alors qu'elle est interdite aux lesbiennes ? Face à de telles situations qui sont loin d'être théoriques, les équipes médicales vont-elles se fonder sur le type de gamètes disponibles et / ou sur l'état civil des personnes ? On voit ici que l'écriture de la loi, dans ses atermoiements et ses résistances, n'a pas permis de sécuriser l'accès des personnes trans à la PMA, laissant aux équipes médicales la charge de la décision et ouvrant logiquement la voie à des inégalités de traitement.

Cette exploration des obstacles médicaux, légaux et judiciaires opposés depuis plusieurs décennies à la parentalité trans suggère que celle-ci est encore trop souvent envisagée en termes de désordre plutôt qu'en termes de droit(s) : elle semble toujours plus fâcheuse que légitime. Elle suscite des discours disqualifiants et des oppositions farouches qui trouvent à se renouveler dans divers temps et espaces sociaux. Dans ce chapitre, la question du droit à l'avortement des personnes transmasculines a été mise de côté, mais la constitutionnalisation récente du droit à l'IVG invite à la reprendre. Sans revenir ici sur les points centraux des différentes propositions ayant mené à la constitutionnalisation, il est possible d'observer les enjeux propres à l'écriture de la loi, qui peut être plus ou moins attentive à une approche inclusive en matière de droits reproductifs. La proposition de loi adoptée par la commission des lois de l'Assemblée nationale à l'automne 2022 était ainsi rédigée : « Nul ne peut porter atteinte au droit à l'interruption volontaire de grossesse et à la contraception. La loi garantit à toute personne qui en fait la demande l'accès libre et effectif à ces droits[59] » et la version finalement adoptée par l'Assemblée, plus épurée, disposait que « La loi garantit l'effectivité et l'égal accès au droit à l'interruption volontaire de grossesse[60] ». En revanche, la version du texte adoptée par le Sénat en janvier 2023, disposait que « la loi détermine les conditions dans lesquelles s'exerce la liberté de la femme de mettre fin à sa grossesse[61] ». D'un côté donc un droit pour toutes les personnes concernées et de l'autre, une liberté spécifiquement féminine et peu consolidée. Si la façon d'évoquer le genre des personnes peut sembler très secondaire au regard de l'enjeu de cette constitutionnalisation, on peut quand même saisir à travers ces différentes écritures parlementaires, que les droits des femmes et des personnes trans à disposer de leur propre corps vont toujours de pair, qu'on souhaite les garantir ou qu'on essaie de les minorer.

---

59. Proposition de loi constitutionnelle, texte de la commission constitutionnelle n° 488, adopté le 16 novembre 2022.
60. Proposition de loi constitutionnelle n° 34 adoptée par l'Assemblée nationale le 24 novembre 2022.
61. Proposition de loi constitutionnelle n° 48 adoptée par le Sénat le 1er février 2023.

# L'assistance médicale à la procréation ou les déclinaisons renouvelées du projet parental

*Laurence Brunet*

La dépénalisation de l'IVG peut-elle être dissociée de l'essor des techniques d'assistance médicale à la procréation (AMP) ? De toute évidence, la possibilité de recourir à l'IVG et l'ouverture de l'accès à l'AMP sont incluses dans le champ de la santé reproductive et se déclinent, sur un versant politique, en différents droits reproductifs que les femmes ont progressivement conquis[1]. Mais d'autres liens relient les deux pratiques de manière plus souterraine, dans l'entrelacs des représentations stéréotypées du corps féminin.

Comme certaines sociologues ont pu le montrer[2], le mouvement de libération sexuelle qui a culminé avec le combat pour la légalisation de l'IVG, après sa mobilisation en faveur de la contraception, a véhiculé une représentation erronée du corps féminin, celui d'un corps à la fécondité incontrôlable, pour qui le risque de grossesse serait permanent et inhérent à tout rapport sexuel. Ces représentations de la femme hyperfertile sont venues aiguiser les impatiences de celles qui avaient des difficultés à procréer ; elles ont favorisé le recours à l'AMP, dont l'offre commençait à se déployer dans les années 1980. À la croyance d'une fertilité féminine surabondante qu'il s'agirait de contrôler, s'ajoute dès cette époque la volonté bien réelle de nombre de femmes de poursuivre leurs études et de s'engager dans la vie professionnelle sans être freinées par des grossesses précoces non désirées. Le souhait d'un enfant s'en est souvent trouvé décalé dans le temps ; le phénomène des grossesses tardives devient d'ailleurs notable dans

1. Voir Alexandrine Guyard-Nedelec, Laurence Brunet, « Introduction », dans Laurence Brunet, Alexandrine Guyard-Nedelec (dir.), « *Mon Corps, mes droits !* », *L'avortement menacé, Panorama socio-juridique, France, Europe, États-Unis*, Mare et Martin, 2019.

2. Louise Vandelac, « L'embryo-économie du vivant… ou du numéraire aux embryons surnuméraires », dans Jacques Testart (dir.), *Le magasin des enfants*, Bourin, 1990, p. 127-128 ; Laurence Gavarini, *La passion de l'enfant*, Hachette Pluriel, 2004, p. 216-218.

les statistiques démographiques[3], notamment chez les femmes les mieux dotées scolairement et qui se sont fortement investies dans leur parcours professionnel[4]. La fertilité baissant avec l'âge, la première solution pour elles a alors pu être de se tourner vers les nouvelles techniques de procréation. En réalité, la plupart des techniques alors disponibles (insémination ou FIV, avec ou sans don de sperme) étaient largement impuissantes pour remédier à la baisse de fertilité liée à l'âge : seul le don des ovocytes d'une femme jeune le permettait, mais la technique de FIV avec don d'ovocytes ne se développe que dans les années 1990. Cependant la croyance contraire a longtemps prévalu, notamment aux débuts de cette révolution procréative, amorcée dans les années 1980[5]. La libéralisation de la contraception et de l'avortement pourrait donc bien, en repoussant dans le temps l'agenda procréatif des femmes, avoir stimulé la demande de recours à la procréation assistée[6].

Un ressort invisible, voire indicible, pourrait encore éclairer la trame qui relie l'IVG à l'AMP.

On peut en effet être étonné de la relative concomitance entre la décision de rembourser l'IVG et celle de prendre en charge des traitements et actes de l'AMP : la première est intervenue en 1982, soit 7 ans après la dépénalisation de l'avortement, alors que la seconde a démarré dès 1978 pour l'insémination artificielle, et s'est poursuivie en 1990 pour la FIV – donc à une époque où aucun cadre légal n'existait et où ces techniques n'étaient régulées que par des codes de bonnes conduites élaborés par les praticiens de l'AMP eux-mêmes[7] – puis en janvier 2000 pour l'ICSI[8]. Il est remarquable aussi que certains médecins qui avaient été pionniers, et même militants du Planning familial, pour défendre l'accès à la contraception et à l'avortement se soient avérés plus tard être des promoteurs reconnus de la fécondation artificielle[9] Ne serait-ce là qu'une coïncidence ? Il a

---

3. Evelyne Sullerot, « Un premier enfant de plus en plus tard », *Population & Avenir*, n° 674, sept-oct. 2005, p. 14-16.
4. Marc Bessin, Hervé Levilain, Arnaud Régnier-Loilier, « Avoir des enfants “sur le tard” », dans Cécile Lefèvre et Alexandra Filhon (dir.), *Histoires de familles, Histoires familiales*, Les résultats de l'enquête Famille de 1999, Les Cahiers de l'INED, n° 156, INED éd., 2005, spéc. p. 296 à 299 et 304.
5. Voir Evelyne Sullerot, art. cit., p. 16.
6. Henri Atlan, *L'utérus artificiel*, Seuil, 2005, p. 115 ; Marcela Iacub et Patrice Maniglier, « Les enfants de la ménopause », dans Marcela Iacub et Patrice Maniglier (dir.), *Familles en scènes*, Autrement, coll. « Mutations », mars 2003, p. 113-114.
7. Voir Claire Neirinck, « Le droit à la recherche de ses catégories », dans Claire Neirinck (dir.), *De la bioéthique au bio-droit*, LGDJ, 1994, p. 154.
8. Voir Dominique Memmi, *Faire vivre et laisser mourir, Le gouvernement contemporain de la naissance et de la mort*, éd. La découverte, 2003, p. 77.
9. C'est notamment le cas de Pierre Jouannet : voir Sandrine Garcia, « Expertise scientifique et capital militant, le rôle des médecins dans la lutte pour la légalisation de l'avortement », *Actes de la recherche en sciences sociales* 2005/3, n° 158, p. 96-115 ; Irène Jouannet, *Mes années MLAC*, éd. Le Croquant, 2020.

pu être soutenu que « le succès indéniable de la médecine de la procréation, et les efforts pour maîtriser la vie ont servi imaginairement à réparer les pratiques stérilisantes des “années avortement”[10] ». Se pourrait-il donc qu'à l'endroit des gynécologues-obstétriciens à qui la pratique des avortements a été imposée après le vote de la loi de 1975[11], les instances publiques aient cherché à procéder à des rééquilibrages, en encourageant le développement des activités d'AMP, plus valorisées aux yeux à la fois de leurs pairs et de la société, *via* leur prise en charge rapide par la sécurité sociale et la création de postes dédiés[12] ?

Quoi qu'il en soit des stratégies politiques inavouées et des reconfigurations sociales induites par le contrôle des naissances qui relient la dépénalisation de l'IVG à l'encadrement légal de l'AMP, une même logique paraît bien irriguer ces deux faces de la liberté procréative des femmes : celle de la considération pour le projet parental. En effet, on a pu montrer comment aujourd'hui dans la pratique de l'avortement, tant pour motif personnel que pour raison médicale, l'idée de projet parental avait pris de l'importance[13]. Les enquêtes sociologiques montrent ainsi que nombre de femmes avortent, par exemple, parce que le couple qu'elles forment avec leur partenaire n'est pas propice à un projet parental de bonne qualité[14] ; parallèlement, la découverte d'une maladie grave chez le fœtus peut brutalement mettre un terme à un projet parental et conduire à une interruption médicale de grossesse. Dans ce second cas, c'est précisément parce que le fœtus a été investi affectivement par un projet parental, porté pendant plusieurs mois, que l'interruption demandée est vécue comme la perte involontaire d'un enfant, de la même manière qu'en cas d'accouchement prématuré et de décès accidentel *in utero*[15]. Symétriquement, dans le champ de l'AMP, où des embryons sont

10. Laurence Gavarini, *op. cit.*, p. 226, se référant à Monette Vacquin, *Main basse sur les vivants*, Fayard, 1999.

11. Dominique Memmi rappelle que la mise en œuvre de la loi de 1975 ne s'est pas faite sans réticences de la part des médecins et que le Conseil de l'ordre a plusieurs fois désapprouvé officiellement les missions qu'il voyait confiées aux médecins : « il ne les souhaitait guère distributeurs de contraceptifs, et encore moins d'avortements » (Faire vivre et laisser mourir, *op. cit.*, p. 20).

12. Sandrine Blanchard, Les pionniers de l'IVG dénoncent la persistance des blocages culturels chez les gynécologues, *Le Monde*, 9 décembre 2004, p. 9 : à l'occasion des trente ans de la loi Veil, un médecin de l'hôpital Bichat à Paris ne peut ainsi s'empêcher cette remarque, qui en dit long sur ce mouvement de rééquilibrage : l'AMP a été largement valorisée, l'échographie prénatale aussi mais « jamais l'IVG, délaissée par les grands patrons ».

13. Marie-Angèle Hermitte, « Le droit de la bioéthique et la logique du projet parental », dans *Le Corps et la Loi*, PUMA, 2008 (http://lodel.ehess.fr/cenj/document.php?id=72), qui reprend en partie l'analyse développée par Luc Boltanski, *La condition fœtale – Une sociologie de l'engendrement et de l'avortement*, Gallimard, 2004.

14. Voir dans cet ouvrage le chapitre de Laurine Thizy, « L'avortement, “toujours un drame” ? », p. 215.

15. Laurence Brunet et Sonia Desmoulin-Canselier, « Human Embryo, Animal Embryo, Chimerical Embryo : What Legal Status in French Law ? », *Journal of Civil Law Studies*, 2008, vol. 1, p. 90 ;

souvent conçus en surnombre afin de ne pas multiplier les traitements contraignants pour les femmes[16], le sort des embryons congelés dépend de la poursuite, ou non, du projet parental par le couple ou la femme à l'origine de leur conception[17]. Si ce projet cesse, les embryons qui subsistent pourront, au choix, être donnés à la recherche, accueillis par un autre couple ou une autre femme non mariée, ou être détruits si le couple ou la femme le demande ou, à l'inverse, s'abstient de se prononcer et que les embryons sont conservés depuis plus de cinq ans[18]. En conséquence, la protection de l'embryon n'est plus déterminée, ontologiquement, par ses caractéristiques intrinsèques, mais téléologiquement, par l'usage qu'il est prévu d'en faire : « même si la congélation place l'embryon hors du temps et donc bloque son devenir, tant que le projet parental subsiste, il conserve une valeur qui en fait bien plus qu'une chose ou une collection de cellules humaines[19]. »

La présence ou l'absence de projet de parental n'est pas seulement la clef sociologique qui peut permettre d'appréhender de manière renouvelée les pratiques de l'avortement, c'est aussi un critère qui sert de guichet d'accès à l'AMP. La promotion de ce critère par le droit permet d'évaluer le degré d'ouverture de l'aide médicale à la procréation à la diversité des demandes exprimées par les femmes désireuses d'avoir un enfant. L'évolution qui a conduit, depuis les premières lois de bioéthique de juillet 1994 jusqu'à la libéralisation de l'accès à l'AMP par la loi du 2 août 2021, peut ainsi s'apprécier à travers l'extension de la définition du projet parental, qui s'affranchit désormais de toute condition tenant au statut conjugal de la femme qui souhaite porter un enfant, sous réserve qu'elle ne soit pas mariée. Cependant, si la prise en compte par le droit du projet parental est effectivement croissante et si l'ambition politique affichée au cours du vote de la loi de 2021 a incontestablement été la consécration de la diversité de tels projets

---

L. Brunet, « Le statut juridique de l'embryon et du fœtus », dans René Frydman et Myriam Szejer (dir.), *l'Encyclopédie de la naissance*, Albin Michel, 2010, p. 338-346 ; Claire Neirinck, « L'embryon congelé sous le regard d'un juriste : au-delà de la qualification », *Journal international de bioéthique*, 2017, vol. 28/4, p. 123.

16. Cette règle est posée par l'article L 2141-3 CSP.

17. Ce système a été validé par le Conseil constitutionnel dans sa décision du 27 juillet 1994, no 94-343 /344 DC : saisi après le vote des lois de 1994 à propos, notamment, des dispositions de la loi qui obligeaient à détruire, au bout d'un certain temps, les embryons surnuméraires congelés ne faisant plus l'objet d'un projet parental et n'ayant pas été donnés à un autre couple, le Conseil constitutionnel souligna que « le législateur a estimé que le principe du respect de tout être humain dès le commencement de la vie ne leur était pas applicable », et en conséquence, il ne censura pas les dispositions concernées.

18. Article L. 2141-4 CSP.

19. Comité d'éthique de l'Inserm, Groupe Embryon et développement, « La recherche sur les embryons et les modèles embryonnaires à usage scientifique (MEUS) », janvier 2019, https://inserm.hal.science/inserm-02111023.

(et donc, des façons de « faire famille » pour les femmes), les mesures finalement votées pour y parvenir, ainsi que les limites maintenues, sont loin d'avoir permis d'atteindre les objectifs affichés.

## De l'imitation de la nature à la reconnaissance croissante d'une autonomie du projet parental

Alors que la référence au projet parental est longtemps restée étalonnée sur la procréation dite « naturelle », dissimulant le souci des autorités publiques de limiter l'accès à l'AMP, la dernière révision de la loi de bioéthique, le 2 août 2021, a reconnu une véritable autonomie à cette notion.

### *La « naturalisation » de l'AMP*

Le dispositif français de l'AMP, introduit par les lois du 29 juillet 1994 et consolidé par celle du 6 août 2004, a été, à première vue, construit autour du critère du « projet parental ». En 1994, l'un des articles qui inaugurent le titre sur l'assistance médicale à la procréation dispose que « l'assistance médicale à la procréation est destinée à répondre à la demande parentale d'un couple » afin de « remédier à l'infertilité dont le caractère pathologique a été médicalement diagnostiqué ou d'éviter la transmission à l'enfant ou à un membre du couple d'une maladie d'une particulière gravité »[20] ; et à compter de la première révision de la loi de bioéthique opérée par la loi du 6 août 2004, l'expression même de « projet parental » apparaît dans l'article consacré aux embryons fécondés en surnombre, qui seront conservés « dans l'intention de réaliser ultérieurement le projet parental » du couple qui en est à l'origine[21]. Si ces formules cherchent à traduire la possibilité nouvelle de procréer en dehors d'un rapport sexuel[22], leur mise en œuvre est restée en deçà des potentialités qu'elles recelaient. L'existence d'un projet parental n'est en effet pas une condition suffisante pour accéder à l'AMP : il est exclu d'ouvrir l'accès, sans indication médicale, à des personnes dont « l'infertilité » serait liée à leur orientation sexuelle ou à des choix de vie et, partant, de légitimer le projet parental d'une femme célibataire ou d'un couple de femmes.

20. Article L. 152-2 CSP devenu, après la recodification de la partie législative de ce code le 15 juin 2000, l'article L. 2141-2.
21. Article L. 2141-3 CSP version 2004.
22. L'article L. 2141-1 CSP, dans sa version de 2004, l'énonce explicitement : entre dans le champ de l'assistance médicale à la procréation toute technique « permettant la procréation en dehors du processus naturel ».

Dès 1994, la loi a en effet précisé que l'accès à l'AMP était réservé aux couples formés d'un homme et d'une femme, vivants et en âge de procréer, mariés ou apportant la preuve d'une vie commune d'au moins deux ans. Par ces conditions, l'encadrement juridique prétend reproduire le cadre « naturel » d'une procréation charnelle. Au demeurant, la loi du 7 juillet 2011 – révisant pour la deuxième fois le cadre législatif applicable à la bioéthique – fait disparaître la formule « demande parentale » de l'article L. 2141-2 du Code de la santé publique définissant les finalités de l'AMP et insiste, en l'isolant dans une nouvelle phrase, sur l'exigence du « caractère pathologique de l'infertilité » qui doit être « médicalement diagnostiqué ». Envisagée uniquement comme une mesure palliative, l'AMP épouse ainsi le modèle de l'engendrement naturel et entretient l'illusion selon laquelle l'enfant serait le fruit d'un rapport charnel[23].

Cette reconstruction de la nature opérée par le cadre légal de l'AMP est particulièrement remarquable lorsqu'il y a recours à un don de gamètes. Un principe d'anonymat absolu, d'origine déontologique, masque en effet le recours au tiers donneur à l'origine de la conception de l'enfant. Il s'agit au départ, pour les pionniers de la procréation par don de sperme, de doter cette pratique de garanties morales. Le but est de déjouer l'assimilation, dans les représentations sociales et même médicales, du don de sperme à un acte adultérin[24]. D'autres considérations s'y sont ajoutées : d'une part, l'anonymat facilitait le recrutement des donneurs de sperme, à qui il était promis qu'ils ne joueraient jamais le rôle de pères d'appoint ; d'autre part, il aide les couples stériles à s'investir dans leur rôle parental en occultant la participation du tiers donneur. Un tel dispositif préserve, ce faisant, la liberté du couple qui peut alors, indifféremment, garder le secret sur le recours à un donneur ou décider d'en informer l'enfant et l'entourage. En 1994, le législateur reprend ce mode opératoire à son compte et l'intègre : de ligne de conduite déontologique, l'anonymat devient une règle législative impérative – étendue, d'ailleurs, à l'ensemble des produits d'origine humaine[25]. L'enjeu du principe de l'anonymat du don de gamètes est aussi lié à ses effets sur la filiation de l'enfant : le recours au don de gamètes est en effet associé à une procédure particulière devant le notaire[26], permettant de recueillir, dans des conditions

23. Laurence Brunet, « Des usages protéiformes de la nature : Essai de relecture du droit français de la filiation », dans Pierre Bonte *et al.* (dir.), *L'argument de la filiation aux fondements des sociétés européennes et méditerranéennes anciennes et actuelles*, éd. MSH, 2011, p. 285-323.

24. Laurence Brunet, « Le principe de l'anonymat du don de gamètes en France : un pilier au socle d'argile ? », dans Pierre Jouannet (dir.), *Procréation, médecine et don*, Paris, Lavoisier, 2e éd., 2016, p. 99-118.

25. Articles 16 à 16-9 du Code civil.

26. Depuis la loi n° 2019-222 du 23 mars 2019 de programmation 2018-2022 et de réforme pour la justice, le juge ne peut plus recueillir ce consentement, seul le notaire est compétent pour le faire.

garantissant le secret, le consentement du couple stérile à l'intervention d'un tiers donneur et de l'informer des conséquences de son engagement au regard de la filiation de l'enfant à naître[27]. Une telle procédure entraîne le verrouillage de la filiation à l'égard du couple bénéficiaire du don de gamètes : d'une part, aucun lien de filiation ne peut être établi entre l'auteur du don et l'enfant issu de la procréation[28] ; d'autre part, celui qui, après avoir consenti à l'AMP avec tiers donneur hors mariage, n'a pas reconnu l'enfant pourra voir sa responsabilité engagée et sa paternité établie en justice[29] ; enfin, toute contestation de la filiation par ceux qui ont consenti à une telle procréation avec tiers donneur est interdite, à moins qu'il ne soit soutenu que l'enfant n'est pas issu de ladite procréation ou que le consentement a été privé d'effet[30]. Le résultat de l'ensemble de ces dispositions était une fiction parfaite, et presque irréfragable, de naissance par engendrement naturel[31] : la figure du donneur de gamètes (sperme ou ovocytes) pouvait – au gré des parents – être totalement occultée, d'autant que l'appariement[32] entre le donneur et le membre stérile du couple était organisé par les équipes médicales dans le souci d'éviter toute discordance physique notable entre l'enfant et ses parents[33]. Quant à l'accès de l'enfant issu du don à des informations sur ses origines, et donc sur le donneur ayant permis sa conception, pour l'hypothèse où il aurait connaissance de son mode de conception, il était interdit.

La construction du droit de l'AMP autour de la notion de projet parental n'a pas été à la hauteur de tous les scénarios que la notion pouvait recouvrir. Alors que la promotion de cette notion aurait pu signifier un affranchissement vis-à-vis du modèle de la procréation dite naturelle, il n'en a rien été. Le projet parental

27. Ancien article 311-20, al. 1 du Code civil.

28. Ancien article 311-19 du Code civil.

29. Ancien article 311-20 al. 4 et 5 du Code civil. Seul le mari de la mère est automatiquement désigné comme le père de l'enfant né en mariage.

30. Ancien article 311-20 al. 2 du Code civil. Cette disposition visait notamment à prévenir les actions en contestation de paternité de la part du mari ou du compagnon de la mère dont, avant 1994, certains tribunaux avaient été saisis à la suite de la séparation du couple parental.

31. Voir Marcela Iacub, « La construction juridique de la nature dans la reproduction hors-nature : les fécondations artificielles dans les lois bioéthiques », dans Francis Ronsin, Hervé Le Bras, et Elizabeth Zucker-Rouvillois (dir.), *Démographie et politique*, 1997, Dijon, éditions universitaires, p. 161-173. ; Irène Théry, *Des humains comme les autres. Bioéthique, anonymat et genre du don*, 2010, éd. de l'EHESS, Paris.

32. L'appariement, recommandé au titre des bonnes pratiques cliniques et biologiques en AMP (voir arrêté du 11 avril 2008 NOR : SJSP0809365A) consiste à assortir au mieux les caractéristiques physiques du donneur ou de la donneuse de gamètes (taille, poids, couleur des yeux, des cheveux, de la peau) et son groupe sanguin avec ceux du couple receveur.

33. Laurence Brunet, « Procréations médicalement assistées et catégories "ethno-raciales" : l'enjeu de la ressemblance », dans Guillaume Cancelier et Sonia Desmoulins (dir.), *Les catégories ethno-raciales à l'ère des biotechnologies*, 2011, Société de législation comparée, Paris, p. 135-154.

ne pouvait être que celui de couples hétérosexuels (l'AMP n'était possible que si l'établissement d'un double lien de filiation à l'égard d'un père et d'une mère était possible), et toute trace d'un autre participant (donneur de gamètes) était effacée.

## *L'affranchissement du projet parental du modèle de l'engendrement naturel*

Les revendications en faveur d'un plus large pluralisme familial ont fini par atténuer cette « naturalisation » de l'AMP construite sur le modèle de l'engendrement naturel. La demande de reconnaissance des familles homoparentales et le vote de la loi du 17 mai 2013 ouvrant le mariage aux couples de même sexe puis, plus récemment, la revendication des femmes souhaitant pouvoir avoir un enfant même sans partenaire, sont venus progressivement miner l'édifice de l'AMP qui, depuis 1994, n'avait été retouché qu'à la marge[34]. En ouvrant le mariage aux personnes de même sexe, la loi de 2013 avait en effet, par ricochet permis aux couples de même sexe l'accès à la parenté *via* le mécanisme de l'adoption, réservée jusque-là aux seuls couples mariés. Même si l'objectif premier de la loi de 2013 était « le mariage pour tous », son second volet, capital au regard de la construction juridique de la parenté, n'était pas moins attendu : en ouvrant le mariage aux couples de personnes de même sexe, la loi de 2013 leur permettait de recourir à l'adoption, soit que le couple marié adopte conjointement un enfant, soit que l'un des conjoints adopte l'enfant de l'autre, si seule la filiation à l'égard de la mère qui avait accouché était établie[35]. C'est surtout à cette dernière option – l'adoption intrafamiliale – que le législateur de 2013 pensait pour permettre aux couples de femmes de fonder une famille. Dès lors que l'une des femmes accouchait, l'autre pouvait en théorie adopter l'enfant. Toutefois, la loi de 2013 ne modifiait en rien les règles gouvernant l'accès à l'AMP, qui demeurait fermé aux couples de femmes. Tacitement, la loi autorisait certes l'adoption par la conjointe de la mère d'un enfant né d'un don de sperme pratiqué à l'étranger (en contournement de la loi française), mais une telle possibilité n'était pas explicite[36]. S'en suivirent des blocages de la part des juges confrontés à de telles

34. La loi du 7 juillet 2011 a ainsi supprimé l'exigence de la preuve d'une vie commune d'au moins deux ans pour le couple non marié qui demande à bénéficier d'une AMP.

35. Art. 370-1-3 du Code civil.

36. Alors même que le rapporteur de la loi avait attiré l'attention sur le fait qu'une forte proportion des enfants de conjoints qui serait adoptée au sein des couples de femmes serait en réalité issue d'une démarche contournant la loi française (Rapport AN n° 628, 17 janv. 2013, par Erwann Binet, Tome 1, p. 94), le législateur a sciemment écarté tous les amendements, déposés tant devant l'Assemblée nationale que devant le Sénat, visant à interdire l'adoption de l'enfant du conjoint en cas de conception à l'étranger par don de sperme.

demandes d'adoptions intrafamiliales. La Cour de cassation, appelée à lever les doutes sur la légalité de l'adoption par la conjointe d'un enfant né d'une insémination avec donneur anonyme à l'étranger, a comblé, dans ses avis du 22 septembre 2014, les non-dits de la loi de 2013[37], en autorisant explicitement ces adoptions. Cependant, la pusillanimité du droit français n'a fait qu'accroître les revendications en faveur d'une ouverture de l'AMP aux couples de femmes : elle ne pouvait perdurer.

La loi du 2 août 2021 – emportant une troisième révision du cadre bioéthique français – est venue opérer un changement de paradigme : elle a assumé le caractère construit de l'AMP qui n'a pas à être soumis aux « lois de la nature » (et qui n'a pas, partant, à calquer le modèle de la procréation charnelle). L'accès aux techniques d'aide à la procréation est aujourd'hui autorisé à tous les couples, qu'il s'agisse de celui « formé d'un homme et d'une femme ou de deux femmes » ainsi qu'à « toute femme non mariée »[38]. Il est désormais explicitement affirmé que « l'AMP est destinée à répondre à un projet parental[39] », et non plus à remédier à l'infertilité – d'origine pathologique et médicalement diagnostiquée – d'un couple hétérosexuel. Pour consolider cette reconstruction de l'accès à l'AMP autour du projet parental, il a été ajouté que « cet accès ne peut faire l'objet d'aucune différence de traitement, notamment au regard du statut matrimonial ou de l'orientation sexuelle des demandeurs »[40]. Il s'agit donc de tenir tous les projets parentaux pour équivalents, quel que soit le statut conjugal de la femme qui le porte (du moment qu'elle n'est pas mariée), « sans distinction selon la cause pathologique ou structurelle de l'infertilité conduisant à recourir à l'AMP[41] ». Il a également été expressément prévu que les frais de traitement soient pris en charge par la sécurité sociale[42] pour tous les demandeurs et demandeuses, ce dont les couples hétérosexuels infertiles bénéficiaient déjà[43]. Pour autant, comme c'était

37. Cour de cassation (avis), 22 septembre 2014, n° 15010 et n° 15011, *AJ Famille* 2014, p. 555, note François Chénedé ; *D.* 2014, p. 2031, note Anne-Marie Leroyer ; *RDSS* 2014, p. 1145, note Laurence Brunet.

38. Les femmes mariées ont été exclues du fait de la présomption de paternité existant en mariage. Pour une analyse critique sur ce point, voir Marc Pichard, « "Toutes les femmes" ? À propos de l'exclusion des femmes mariées de l'accès à la procréation médicalement assistée avec tiers donneur », *D.* 2019, p. 2143 ; Marie Mesnil, « Les femmes non mariées et l'AMP avec tiers donneur, révélateur des reconfigurations opérées par la loi de bioéthique », *AJ Famille* 2021, p. 538.

39. Article L. 2141-2, al. 1er CSP.

40. Article L. 2141-2, al. 2 CSP.

41. Selon la formulation de la première chambre civile de la Cour de cassation, dans sa décision du 10 mai 2024, n° 24-40.001.

42. Article L. 160-14 Code de la sécurité sociale, modifié par art. 1er, II de la loi de 2021.

43. Cet enjeu a cristallisé les oppositions du Sénat qui s'opposait à la prise en charge de l'AMP par l'Assurance maladie sans indication médicale. Voir Laurence Brunet, « Les dispositions de la nouvelle

déjà le cas depuis 1994 pour les couples de sexe différent, il n'y a pas de *droit à* bénéficier d'une AMP. Non seulement des conditions d'âge bornent l'accès à la procédure[44], mais l'équipe médicale conserve le pouvoir (discrétionnaire) d'accepter (ou de refuser) la prise en charge demandée. Il est, dès lors, toujours possible pour les médecins de considérer qu'un « délai de réflexion supplémentaire est nécessaire à la femme non mariée ou au couple demandeur, dans l'intérêt de l'enfant à naître »[45].

La loi de 2021 vient aussi offrir une nouvelle option procréative, destinée tout particulièrement aux femmes[46], en les autorisant à conserver leurs ovocytes pour prévenir l'infertilité liée à l'âge. Elle rompt, ce faisant, avec le droit antérieur, qui n'ouvrait cette possibilité que lorsque la fertilité était menacée par un traitement médical ou une pathologie[47]. Il est donc désormais possible à une femme dont les ovocytes sont conservés de recourir ensuite, sur cette base, à l'AMP. Le projet parental d'une femme peut donc être pris en considération – et pris en charge pas l'assurance maladie[48] – de manière très anticipée, alors même qu'il n'est qu'une simple éventualité[49].

L'enjeu de la reconnaissance des projets parentaux des couples de femmes ne s'arrête cependant pas à l'ouverture de l'AMP ; encore fallait-il organiser l'établissement de la filiation de celle qui n'a pas accouché de l'enfant. Pour les femmes non mariées, le choix a été rapidement fait (dès l'élaboration du projet ayant abouti à la loi du 2 août 2021) : la femme qui accouche devient la mère, quelle que soit la manière dont l'enfant a été conçu ; et la vacance de l'autre branche de la filiation pourra, par la suite, soit permettre à un homme de reconnaître l'enfant, soit permettre à une autre femme d'introduire une procédure d'adoption intrafamiliale. En revanche pour les couples de femmes,

---

loi de bioéthique sur l'AMP et la filiation des enfants qui en sont issus. Splendeurs et misères du principe de non-discrimination », *AJ Famille*, 2021, n° 10, p. 522-530, spéc. p. 523.

44. Pour la femme qui a vocation à porter l'enfant, l'AMP (insémination artificielle ou transfert d'embryon) peut être réalisée jusqu'à 45 ans. L'autre membre du couple doit avoir moins de 60 ans. Toutefois, le prélèvement de gamètes doit avoir lieu avant 43 ans pour la femme et avant 60 ans pour l'homme (art. R. 2141-36. et R. 2141-37 CSP).

45. Article L. 2141-10 CSP.

46. Cette option est aussi ouverte aux hommes, même si l'âge n'affecte leurs capacités reproductives que bien plus tard que pour les femmes. En conséquence, les conditions d'âge pour bénéficier de l'autoconservation de ses gamètes ne sont pas les mêmes : pour les femmes, le prélèvement d'ovocytes peut être réalisé à partir de 29 ans et jusqu'à 37 ans ; pour les hommes, le recueil de spermatozoïdes est possible à partir de 29 ans et jusqu'à 45 ans pour les hommes (art. R. 2141-37 CSP).

47. Article L. 2141-11 CSP.

48. Sauf le coût annuel de la conservation des gamètes (environ 40 euros).

49. Article L. 2141-12 CSP.

et notamment pour l'établissement de la filiation de la mère d'intention[50] (c'est-à-dire celle qui n'a pas été gestatrice), la détermination de nouvelles règles n'a pas été simple. L'option consistant à s'en tenir à l'expédient de l'adoption intra-conjugale, ouvert par la loi du 17 mai 2013, a été unanimement balayée par les institutions consultées dans la phase préparatoire de la réforme[51] : il plaçait la mère non statutaire, obligée d'en passer par le contrôle du juge de l'adoption, dans une situation d'aléa et d'infériorité par rapport à la mère légale[52]. Il fallait donc, « pour la première fois en droit français, dissocier radicalement les fondements biologique et juridique de la filiation d'origine, en prévoyant une double filiation maternelle[53] ».

Après bien des tergiversations (sur lesquelles nous reviendrons), un mode d'établissement *ad hoc* a été spécialement introduit pour les couples de femmes[54], distinct du régime existant pour les couples de sexe différent. Pourtant, dans les deux cas, il y a semblablement recours à un don de gamètes[55]. Et de fait, dans les deux cas, les personnes doivent, préalablement à la réalisation de l'AMP, donner leur consentement à un notaire qui devra les « informer des conséquences de leur acte au regard de la filiation » et désormais, leur présenter aussi les conditions dans lesquelles l'enfant pourra, s'il le souhaite, accéder à sa majorité à des informations sur le tiers donneur[56]. Mais, pour les couples de femmes, cette formalité devant le notaire doit être associée à l'établissement d'une « reconnaissance conjointe » de maternité. Réalisée en amont de la conception de l'enfant, elle est dénommée « reconnaissance conjointe anticipée[57] ». Produite devant l'officier

50. Sur cette notion voir Marie Mesnil, « La parenté d'intention en droit français. Nouvelle figure du système de filiation ? », *Revue des politiques sociales et familiales*, 2021/2, n° 139-140, p. 99-108.

51. Conseil d'État, *Étude à la demande du Premier ministre, Révision de la loi de bioéthique : quelles options pour demain ?*, 28 juin 2018, p. 55-59 ; Commission nationale consultative des droits de l'homme, *Avis relatif à l'assistance médicale à la procréation*, 20 novembre 2018, précité, p. 12-13 ; Ass. Nat., *Rapport de la Mission d'information relative à la révision de la loi de bioéthique* (Jean-Louis Touraine, rapp.), n° 1572, 15 janvier 2019, p. 79-85.

52. Laurence Brunet, Jérôme Courduriès, Michelle Giroux et Martine Gross, *Le recours transnational à la reproduction assistée avec don. Perspective franco-québécoise et comparaison internationale*, GIP Mission de recherche Droit et Justice, juillet 2017, https://shs.hal.science/halshs-01672017v1e.

53. Conseil d'État, étude précitée, p. 59.

54. Article 342-11 du Code civil.

55. Article 342-10 du Code civil.

56. La loi du 2 août 2021 a mis fin au régime de l'anonymat absolu du tiers donneur de gamètes en organisant pour les personnes issues d'un don un accès à l'identité et à des informations non identifiantes (DNI) sur le donneur à l'origine de leur conception. Le consentement du donneur à l'accès à son identité et à ses DNI est désormais une condition préalable au don.

57. Ass. nat., Rapport fait au nom de la Commission spéciale, 1re lecture, n° 2243, 14 sept. 2019, t. 1, p. 22.

d'état civil après l'accouchement[58], cette reconnaissance permet d'établir *ab initio* la filiation maternelle de la femme qui n'a pas accouché, tandis qu'à l'égard de celle qui a porté l'enfant, la filiation résulte, selon le système traditionnel, de l'accouchement[59]. Sur l'acte de naissance, celle-ci est ainsi inscrite dans la première rubrique « mère » sur présentation du certificat d'accouchement, tandis que l'autre femme est mentionnée dans la seconde rubrique « mère » sur la foi de la reconnaissance conjointe[60].

La loi de 2 août 2021 a donc abouti à un complet renversement du fondement de l'AMP : il ne s'agit plus de singer la nature et de masquer le recours à l'artifice de la médecine en réservant l'aide à la procréation aux couples hétérosexuels, préservant ainsi l'illusion d'un possible engendrement naturel. L'objectif de la dernière révision du cadre de l'AMP est de valoriser tous les projets parentaux de manière égale, indifféremment de la situation conjugale de la femme qui sollicite l'aide de la médecine pour avoir un enfant. Il s'est aussi agi de reconnaître à tous les enfants les mêmes droits[61]. Néanmoins, du point de vue des règles de filiation, la loi est asymétrique et pose des mécanismes distincts pour les couples hétérosexuels et homosexuels. Ces asymétries méritent d'être interrogées : sont-elles réellement sans conséquences ? Une égale légitimité est-elle véritablement accordée à tous les projets parentaux ? Avoir un projet parental suffit-il à permettre l'accès à une AMP et, si un enfant en résulte, à pouvoir en être reconnu comme le parent ?

## Les limites à l'autonomie des projets parentaux

En réalité, d'importantes limites viennent borner le pluralisme des modèles familiaux dont la loi de 2021 s'est revendiquée : les unes résultent d'une forme de négligence de la part des autorités publiques, qui en ont mal pris la mesure au cours des débats parlementaires, tandis que les autres résultent d'un choix politique. Les premières sont intrinsèques au formalisme imposé aux couples de femmes pour faire établir leur filiation, les secondes sont extrinsèques et témoignent de la volonté du législateur de disqualifier certains projets parentaux.

58. La reconnaissance conjointe est indiquée dans l'acte de naissance, dans la rubrique « Événements relatifs à la filiation ».
59. Article 342-1 al. 2 du Code civil.
60. DACS, Circulaire de présentation des dispositions en matière d'assistance médicale à la procréation issues de la loi no 2021-1017 du 2 août 2021 relative à la bioéthique, JUSC2127286C, Fiche 1, Annexes, p. 8 et 9.
61. Article 6-2 du Code civil sous réserve des dispositions propres à l'adoption simple.

### *Les limites intrinsèques au régime d'établissement de la double filiation maternelle*

On l'a dit, la reconnaissance conjointe anticipée (RCA) qui permet à un couple de femmes de faire établir *ab initio*, dès la déclaration de naissance, la maternité de celle qui n'a pas accouché, doit intervenir avant même l'insémination ou le transfert d'embryon. Or, depuis l'entrée en vigueur de la loi, plusieurs associations[62] ont recensé un nombre non négligeable de situations dans lesquelles les couples de femmes ayant recours à l'AMP n'ont pas procédé à cette RCA, tant il est contre-intuitif de la réaliser *avant* l'AMP et tant elle demeure mal connue, aussi bien des notaires que des couples de femmes concernées, notamment lorsqu'elles envisagent de recourir à un don de sperme à l'étranger en raison des délais d'attente très importants pour être pris en charge en France[63]. Un tel acte est en effet une étrangeté en droit français de la filiation qui, par ailleurs, ne connaît pas d'autre forme reconnaissance antéconceptionnelle : une reconnaissance n'est en principe valable que si l'enfant qui en est l'objet peut être clairement identifié[64], ce qui implique qu'il doit être né ou, tout au moins, conçu. Or la reconnaissance conjointe anticipée prévue par le nouvel art. 342-11 du Code civil, qui doit être faite en même temps que le consentement au don, survient par définition avant même la conception de l'enfant.

On peut s'étonner que ce mécanisme, très dérogatoire aux modes d'établissement de la filiation connus en droit français, entraînant une différence de traitement entre les couples de femmes et les couples de sexe différent et, de surcroît, payant[65], n'ait pas suscité de réserves de la part de la Cour de cassation : celle-ci a en effet refusé, dans sa décision du 10 mai 2024[66], de saisir le Conseil

62. L'association des parents et futurs parents gays et lesbiens (APGL), les Enfants Arc-en-ciel (EAC) ainsi que le centre de recherches, d'information et de documentation notariales (CRIDON).

63. Proposition de loi visant à sécuriser l'établissement de la filiation pour les enfants nés par assistance médicale à la procréation au sein des couples de femmes, n° 2581, enregistrée le 2 mai 2024.

64. Circulaire du 28 oct. 2011 relative aux règles particulières à divers actes de l'état civil relatifs à la naissance et à la filiation, NOR : JUSC1119808C, § 273 ; Frédérique Granet-Lambrechts, *Dalloz Action* 2020-2021, n° 212-61, n° 212-93.

65. La RCA ne peut être reçue que par un notaire, alors que la reconnaissance de paternité peut l'être par un officier de l'état civil ou un notaire. Or tout acte notarié engendre des frais. Aux émoluments et taxes liés au recueil du consentement à une AMP avec don s'ajoutent, pour les seuls couples de femmes, ceux relatifs à la RCA (75,46 euros – Voir article A. 444-84-1 du Code du commerce) ; le droit d'enregistrement de 125 euros a été supprimé par la loi du 30 décembre 2022 de finances pour 2023 (art. 847 bis du Code général des impôts).

66. Civ. 1re, 10 mai 2024, n° 24-40.001, précité, *Dalloz Actualité*, 30 mai 2024, obs. Jean-Jacques Lemouland (https://www.dalloz-actualite.fr/flash/reconnaissance-conjointe-notariee-par-un-couple-de-femmes-pas-de-renvoi-de-qpc-devant-conseil-) ; *AJ Famille* 2024, p. 411, obs. Maïté Saulier. Sur le grief concernant l'atteinte au principe de gratuité d'établissement des actes de l'état civil qui résulterait

constitutionnel aux fins d'établir si « le mode spécifique d'établissement de la filiation vis-à-vis de la mère d'intention » portait atteinte au principe d'égalité entre les couples formés de deux femmes et ceux formés d'un homme et d'une femme. Selon la Cour, la différence de traitement est justifiée par le fait que les premiers « ne sont pas placés dans la même situation » que les seconds « au regard de la vraisemblance biologique du lien de filiation » ; elle en conclut que « la différence de traitement, qui porte sur des situations différentes, est [...] en rapport direct avec l'objet de la loi » – et donc, admissible.

En amont de cette interprétation par la Cour de cassation, on peut surtout être surpris que le mécanisme de la RCA ait été retenu par le législateur. Quels motifs l'ont mené à un tel choix ? Il faut, pour le comprendre, revenir sur la concurrence entre divers scénarios concernant la filiation au cours des travaux préparatoires de la loi de 2021, ainsi que sur l'imbrication des débats sur la filiation avec celui sur l'accès aux origines des personnes nées par don.

Un premier scénario aurait consisté à transposer aux couples de femmes, moyennant quelques adaptations, les dispositions applicables depuis 1994 aux couples hétérosexuels recourant à l'AMP avec don de gamètes : l'épouse de la femme ayant accouché serait alors devenu coparente de l'enfant par l'effet d'une présomption de (co-)maternité, et sa compagne non-mariée serait devenue mère, sur le fondement de l'attestation de consentement préalablement signée devant notaire, par reconnaissance de l'enfant (après ou avant la naissance). Ce scénario a cependant été rapidement écarté au motif qu'il aurait dénaturé la « philosophie » des modes d'établissement classique de la filiation. Dans son avis sur le projet de loi, le Conseil d'État avait analysé celle-ci comme reposant sur « la vraisemblance, le sens de la présomption et de la reconnaissance étant de refléter une vérité biologique »[67].

Un deuxième scénario visait à modifier radicalement le droit de la filiation pour tous les enfants issus d'un don de gamètes, que leurs parents soient un couple de femmes ou un couple de sexe différent, voire que le seul parent soit une femme non mariée. Le but ici aurait été de distinguer clairement entre les filiations avec ou sans fondement biologique afin d'assurer, dans ces derniers cas, la transparence sur le mode de conception et de permettre à l'enfant devenu majeur de demander des informations sur le donneur à l'origine de sa conception. Il avait ainsi été proposé de créer une nouvelle modalité d'établissement de la filiation par déclaration commune anticipée. Celle-ci aurait dû être faite conjoin-

du caractère payant de l'acte notarié de la RCA, la Cour de cassation se défausse en répondant que la question relève de la matière réglementaire et qu'elle ne peut donc être soumise au Conseil constitutionnel.

67. Conseil d'État, étude cit., p. 61 ; Mission d'information, rapport cit., p. 82.

tement par les deux parents devant le notaire. Une fois présentée, au moment de la naissance de l'enfant, à l'officier d'état civil, elle aurait permis l'établissement immédiat de la filiation des deux parents, avec mention sur l'acte de naissance du mode de conception de l'enfant. Cette option, qui s'inspirait directement du rapport Théry-Leroyer de 2014[68] et qui avait retenu l'attention du gouvernement, a toutefois été jugée trop attentatoire à la vie privée des parents ayant eu recours à un don : il faisait « prévaloir à l'égard des couples formés d'un homme et d'une femme le droit des enfants à connaître leurs origines, sur la liberté des parents de choisir ou non de révéler le mode de conception et, si oui, à quel moment[69] ».

Ce scénario a donc été écarté ; mais il a tout de même fait le lit du mécanisme de la RCA finalement adopté : à défaut d'imposer la transparence sur le mode de conception à tous les couples ayant besoin de recourir à un don de gamètes, il a été jugé opportun de l'appliquer aux seuls couples de femmes afin de rendre compte de leur projet parental, « sans le couler dans un moule de vraisemblance biologique qui ne lui correspond pas[70] ». La mesure était en apparence indolore puisque reposant sur la prémisse selon laquelle un couple de femmes ne peut de toute façon pas cacher que son enfant est né grâce à un don de sperme. Elle présentait aussi l'avantage de favoriser l'acceptation sociale de l'ouverture de l'AMP aux couples de femmes, puisqu'elle visait à rappeler, fût-ce de manière indirecte, qu'il faut toujours un spermatozoïde et un ovocyte pour faire un enfant[71]. Par ailleurs, cette mesure de publicité sur le mode de conception d'un enfant au sein d'un couple de femmes venait renforcer l'intérêt nouveau du législateur pour l'accès aux origines et aux informations qui y sont relatives. La loi de 2021 a conduit en effet à la remise en cause du principe de l'anonymat absolu des donneurs et à la reconnaissance d'un droit des personnes issues d'un don de gamètes à la communication des données (identifiantes et/ou non identifiantes) sur le donneur à l'origine de leur conception[72]. Ainsi, désormais, celui ou celle

68. Irène Théry et Anne-Marie Leroyer, *Filiation, origines, parentalité. Le droit face aux nouvelles valeurs de responsabilité générationnelle*, Rapport du groupe de travail remis à la ministre déléguée chargée de la Famille, ministère des Affaire sociales et de la Santé, Odile Jacob, Paris, 2014, p. 192-209.

69. Conseil d'État, Assemblée générale, Avis sur un projet de loi relatif à la bioéthique, n° 397.993, 18 juillet 2019, p. 15.

70. Étude d'impact, projet de loi relatif à la bioéthique, 23 juillet 2019, https://www.assemblee-nationale.fr/dyn/15/textes/l15b2187_etude-impact, p. 193. Ce fondement est encore souligné dans la décision Civ. 1re, 10 mai 2024, précitée.

71. Voir Laurence Brunet, « Les dispositions de la nouvelle loi de bioéthique sur l'AMP et la filiation des enfants qui en sont issus », article précité, p. 527 ; Marie Mesnil, « L'accès aux origines en matière d'AMP avec tiers donneur : entre droit subjectif et ordre symbolique », à paraître dans la revue *Grief*, 2024.

72. Voir Laurence Brunet et Marie Mesnil, « Accès aux origines pour les personnes issues de don – Commentaire du rapport annuel de la Commission d'accès des personnes nées d'une assistance

qui veut donner ses gamètes doit préalablement consentir à l'accès à son identité et à ses données non identifiantes[73].

*In fine*, le mécanisme choisi pour établir la maternité de la femme qui n'a pas accouché est mal commode, avec une fenêtre d'actionnement inhabituelle et limitée (avant même la conception de l'enfant). Il aurait pourtant été beaucoup simple d'ouvrir aux couples de femmes les modes d'établissement de la filiation de droit commun, à savoir : la présomption de comaternité, la reconnaissance (qui peut intervenir à tout moment après la conception) et la possession d'état. Assurément, il eût fallu alors les articuler à la présentation devant l'officier d'état civil de l'attestation notariée de consentement conjoint des deux femmes à une AMP avec don de gamètes, mais il s'agit déjà là d'une obligation posée par la loi : cette attestation doit être remise à l'équipe médicale avant la réalisation du protocole d'AMP. Le souci de rendre manifeste l'écart entre les filiations fondées sur la vraisemblance biologique et celles qui en sont détachées, en prévoyant une modalité spécifique d'établissement de la filiation pour la mère d'intention, est problématique au regard du principe d'égalité. Alors que le législateur a entendu placer sur un pied d'égalité tous les projets parentaux, pourquoi réintroduit-il des différences quand il est question d'établir la filiation des enfants issus de ces projets parentaux[74] ? Un tel régime spécial est d'autant plus incohérent qu'il est par ailleurs, en quelque sorte, dénié : en effet le législateur a choisi d'insérer les dispositions sur l'établissement de la double maternité dans le titre VII du livre I du Code civil, qui traite de la filiation dite charnelle, ou tout au moins qui en sauve l'apparence – autrement dit la filiation désignant deux parents hétérosexuels. Un titre VII bis distinct aurait pu être créé pour lutter contre cette incohérence, et souligner la singularité de la double maternité. Tel n'a pourtant pas été le cas[75].

Le nouveau mode d'établissement de la double filiation créé pour les couples de femmes a, de surcroît, abouti à des dispositifs transitoires de « rattrapage » d'application complexe. En effet, la RCA ne pouvant être faite qu'avant la concep-

---

médicale à la procréation aux données des tiers donneurs (CAPADD) du 15 septembre 2023 », *La Revue des droits de l'homme* [En ligne], *Actualités Droits-Libertés*, 2024, février, URL : http://journals.openedition.org/revdh/19438.

73. Article L. 2143-3 du Code de la santé publique. Ce nouveau régime s'applique depuis le 1er septembre 2022 (décret n° 2022-1187 du 25 août 2022). Afin de laisser le temps de reconstituer une réserve suffisante de gamètes disponibles, ce n'est qu'à compter du 1er avril 2025 que seuls les gamètes « nouveau régime » pourront être utilisés (décret n° 2022-1187 du 25 août 2022). Les stocks de gamètes recueillis antérieurement, sous l'empire du régime de l'anonymat absolu, devront alors être détruits.

74. Voir Maïté Saulier, « La malléabilité du principe d'égalité : démonstration à partir de la reconnaissance conjointe anticipée », *AJ Famille* 2024, obs. précitées.

75. Jean-Jacques Lemouland, *Dalloz Actualité*, obs. précitées.

tion de l'enfant, elle ne pouvait bénéficier qu'aux couples de femmes recourant à une AMP après la promulgation de la loi de 2021. Toutefois, le législateur, sensibilisé à la situation des mères non statutaires (c'est-à-dire dont le lien de filiation n'a pas été reconnu par le droit) d'enfants conçus ou nés avant la nouvelle loi, a introduit un dispositif transitoire[76] : pendant trois ans à compter de l'entrée en vigueur du texte – soit jusqu'au 4 août 2024 – les couples de femmes ayant eu recours à une AMP à l'étranger ont eu la possibilité de procéder à une reconnaissance conjointe *ex post* devant notaire. Après contrôle de leur régularité par le procureur de la République, ces reconnaissances devaient être inscrites sur l'acte de naissance de l'enfant et permettaient l'établissement du second lien de filiation maternelle. Mais ce dispositif supposait que les deux femmes soient d'accord pour s'engager dans une démarche de reconnaissance conjointe. Il était donc inefficace en cas de séparation conflictuelle des deux ex-compagnes. Aussi un second dispositif transitoire, subsidiaire au premier, fut-il adopté lors du vote de la loi du 21 février 2022 visant à réformer l'adoption. L'article 9 de cette loi prévoit que « lorsque, sans motif légitime, la mère inscrite dans l'acte de naissance de l'enfant refuse la reconnaissance conjointe », celle qui n'a pas accouché peut introduire seule une procédure d'adoption « forcée » afin de faire établir sa filiation maternelle. Le juge peut alors prononcer l'adoption « s'il estime que le refus de la reconnaissance conjointe est contraire à l'intérêt de l'enfant et si la protection de ce dernier l'exige ». Ce second dispositif transitoire est ouvert pendant une durée de trois ans à compter de la promulgation de la loi du 21 février 2022. Si l'intention est louable, l'assemblage de ces deux dispositifs de rattrapage constitue une planche de secours incertaine et précaire.

Tout d'abord, le dispositif de l'adoption « forcée » suscite de nombreuses interrogations sur l'appréciation par le juge, dans un contexte conflictuel entre les deux femmes séparées, de la conformité de l'adoption à l'intérêt de l'enfant. Sur ce point, les interprétations divergent entre les juges du fond[77] et la Cour de cassation vient seulement – le 23 mai 2024[78] – de proposer un mode d'emploi simplifié, de façon à prioriser, malgré les tensions entre les deux ex-compagnes, l'établissement de la seconde maternité dès lors que le projet parental n'est pas contesté[79]. Ensuite, alors même que le premier dispositif de rattrapage est arrivé

76. Article 6, IV, de la loi de 2021.

77. Comp. notamment Cour d'appel de Lyon, 29 février 024, n° 22/07427, *AJ Famille* 2024, p. 304, note Marie Mesnil et Cour d'appel de Caen, 14 décembre 2023, n° 22/01676, *Dr famille* 2024, comm. 30, note Caroline Siffrein-Blanc.

78. Civ. 1re, 23 mai 2024, n° 22-20.069.

79. Voir Laurence Brunet, « Adoption "forcée" après projet parental commun de deux femmes : la Cour de cassation délivre *in extremis* un mode d'emploi », *AJ Famille* 2024, p. 464 ; Catherine Clavin, « "L'adoption forcée" de l'enfant issu d'un projet parental commun : quid de la condition légale de

à expiration le 4 août 2024, il est probable qu'il reste des mères non statutaires qui pourraient vouloir introduire une requête en adoption. Mais la seule voie qui demeure ouverte est celle offerte par la loi du 21 février 2022, qui suppose le refus illégitime de la mère légale pour que soit enclenchée une demande d'adoption « forcée ». Le législateur aurait pu faire l'économie de ces dispositifs « gigognes » de rattrapage s'il avait ouvert les modes d'établissement de la filiation de droit commun et permis, sans délai de forclusion, à la femme qui n'a pas accouché de recourir à une reconnaissance, ou de faire établir la possession d'état, en rapportant la preuve du recours à une AMP avec tiers donneur à l'étranger dans le cadre d'un projet parental commun avec la mère statutaire de l'enfant[80].

D'autres limites, étrangères aux modalités d'établissement de la double filiation maternelle, entravent encore une pleine reconnaissance de la variété des projets parentaux. Loin, cette fois, de résulter d'une forme de compromis politique ou d'une mauvaise appréciation du législateur qui a télescopé les enjeux de filiation avec ceux liés à l'accès aux origines des enfants issus d'un don, ces limites ont été volontairement introduites.

### *Les limites liées à la disqualification de certains projets parentaux*

Trois types de barrières viennent nettement restreindre l'objectif de permettre l'accomplissement du projet parental d'une femme, quelle que soit sa situation conjugale, affiché par le nouveau cadre de l'AMP défini par la loi du 2 août 2021. Dans les développements qui suivent, faute de pouvoir analyser tous les obstacles qui peuvent entraver le projet parental d'une personne[81], la catégorie

protection ? », 2 juin 2024, https://cirpa-france.fr/adoption-sans-consentement-apres-pma/. Dans cette décision, d'une part, la haute juridiction met hors-jeu le critère de la protection de l'enfant, pourtant exigé par l'article 9 de la loi de 2021 : « démontrer concrètement que la mesure d'adoption est indispensable pour protéger l'enfant d'un danger, conduirait à limiter considérablement la possibilité d'adoption plénière » ; d'autre part, elle entend, semble-t-il, faire prévaloir auprès des juges le principe selon lequel il est de l'intérêt de l'enfant d'avoir un double lien de filiation maternelle, en dépit de « la séparation conflictuelle de ses parents et du refus consécutif de la femme inscrite dans l'acte de naissance d'établir une reconnaissance conjointe ».

80. Voir Laurence Brunet et Marie Mesnil, « D'un bricolage à l'autre : l'adoption forcée de l'enfant conçu par AMP au sein d'un couple de femmes aujourd'hui séparées », *AJ Famille* 2022, p. 190.

81. Le Conseil constitutionnel dans la décision du 8 juillet 2022 (n° 2022-1003 QPC ; *AJ Famille* 2022 p. 435, note Marie Mesnil et note Sophie Paricard) a en effet considéré que le législateur pouvait, sans porter atteinte à la Constitution, exclure de l'accès à l'AMP les hommes trans qui ont obtenu la modification de leur sexe à l'état civil tout en conservant leurs capacités gestationnelles – comme la loi du 18 novembre 2016 les y autorise ; voir après retour vers le Conseil d'État : CE 22 mars 2024, 1re – 4e chambres réunies, n° 459000, *Dalloz Actualité*, 23 avril 2021, obs. Daniel Vigneau. V. aussi sur ce point le chapitre de Laurence Hérault, « Faire de la transparentalité un désordre », p. 385.

de « femme » sera ici envisagée du seul point de vue du sexe à l'état civil, et non des capacités reproductives.

La première barrière concerne le projet parental d'une femme devenue veuve. L'insémination *post mortem* (c'est-à-dire l'insémination de la femme avec les gamètes conservés de son conjoint décédé), tout comme le transfert d'embryons *post mortem* (c'est-à-dire le transfert d'un embryon conçu au moyen des gamètes du couple avant le décès de l'homme) sont en effet demeurées interdits par la loi du 2 août 2021, malgré les tentatives réitérées des parlementaires pour renverser définitivement cette interdiction. Le gouvernement a fermement campé sur sa conviction que les veuves ne sont pas des femmes seules comme les autres, au motif qu'elles sont plus vulnérables et susceptibles d'être exposées aux pressions de la famille du défunt pour avoir un descendant. Pourtant, comment, sans contradiction, refuser à une veuve l'utilisation des gamètes de son compagnon défunt ou le transfert de leurs embryons cryoconservés, tout en lui ouvrant la possibilité de demander un don de sperme en tant que personne seule non mariée ? Cette contradiction avait été dénoncée par le Conseil d'État qui considérait, à certaines conditions, qu'il est « préférable pour l'enfant d'être issu d'une AMP *post mortem*, ce qui lui permettrait d'avoir une filiation bilinéaire et de s'inscrire dans un double lignage [...] que d'un don de gamètes anonyme ». Cette incohérence du droit français a d'ailleurs, ensuite, été épinglée par la Cour européenne des Droits de l'Homme[82]. En effet, l'interdiction de l'AMP *post mortem* implique également l'impossibilité, pour la femme, d'exporter dans un pays où cette procédure est permise les gamètes de son compagnon décédé ou les embryons cryoconservés[83]. Dans une affaire récente, deux femmes dénonçaient devant la Cour de Strasbourg le refus d'exportation vers l'Espagne, pays qui autorise la procréation *post mortem*, pour l'une, des gamètes de son mari défunt et, pour l'autre, des embryons conçus en couple avant le décès de son mari. Si la Cour, à l'unanimité, conclut à l'absence de violation du droit au respect de la vie privée des requérantes, elle prend néanmoins la peine d'alerter sur la fragilité (et l'incohérence) du droit français tel qu'il résulte de la loi de 2021 au regard des exigences européennes. En effet, « l'ouverture, depuis 2021, par le législateur de l'AMP aux couples de

82. Cour EDH, 14 septembre 2023, *Baret et Caballero c. France*, n° 22296/20 et 37138/20, *Dalloz Actualité*, 29 septembre 2023, obs. Marie Mesnil ; *AJ Famille* 2023, p. 573, obs. Maïté Saulier ; *ibid.*, p. 477, obs. Dionisi-Peyrusse ; *RTD civ.* 2023, p. 841, obs. Jean-Pierre Marguénaud.

83. Tout au moins si la veuve n'entretient aucun lien particulier avec le pays où elle souhaite que les gamètes de son conjoint décédé ou les embryons communs conservés soient transférés : CE, Ass., 31 mai 2016, aff. *Gonzalez Gomez*, n° 396848, *D.* 2016, p. 1470, obs. Marie-Christine de Montecler ; *ibid.*, p. 1472, note Hugues Fulchiron ; *RFDA* 2016, p. 740, concl. Aurélie Bretonneau ; *ibid.*, p. 754, note Pierre Delvolvé ; *RTD civ.* 2016, p. 578, obs. Pascale Deumier ; *ibid.*, p. 802, obs. Jean-Pierre Marguénaud.

femmes et aux femmes seules pose de manière renouvelée la pertinence de la justification du maintien de l'interdiction dénoncée par les requérantes ». Or, prévient la Cour, « malgré l'ample marge d'appréciation dont bénéficient les États en matière de bioéthique, le cadre juridique mis en place par ces États doit être cohérent »[84]. Il est donc probable que le droit français soit contraint, à l'occasion d'un contentieux futur sur la procréation *post mortem*, de dénouer cette incohérence, voire de revenir sur la prohibition actuelle, en permettant aux femmes, dans un délai adapté, de choisir d'utiliser à leur profit les gamètes ou les embryons conservés dans le cadre d'un projet parental commun que seule la mort de leur partenaire a interrompu.

Une autre exclusion, devenue explicite seulement récemment, empiète sur l'autonomie procréative des couples formés de deux femmes, mais aussi sur celle des couples constitués d'une femme cis et d'un homme trans. Elle concerne la réception d'ovocytes d'une femme par sa partenaire qui portera l'enfant (ROPA). Il s'agit d'un procédé qui permet à chacune des deux femmes d'un couple lesbien de contribuer biologiquement à la naissance de leur enfant : l'une entreprend une stimulation ovarienne avec ponction d'ovocytes et l'autre reçoit l'embryon, conçu par FIV avec les ovocytes prélevés sur sa partenaire et un don de sperme, et mène la grossesse[85]. Cette technique peut, par ailleurs, constituer la solution médicalement la plus adaptée pour éviter un don d'ovocytes, lorsque l'une des femmes du couple présente une contre-indication à la grossesse tandis que l'autre souffre d'une insuffisance ovarienne[86].

Lors des débats parlementaires ayant conduit au vote de la loi du 2 août 2021, le procédé a été assimilé par le gouvernement à un don dirigé qui enfreindrait le principe de l'anonymat du don entre donneur et receveur. La ROPA a aussi été critiquée par des députés conservateurs au motif qu'elle entraînerait un éclatement de la maternité, favorisant un glissement vers la gestation pour autrui, dont le maintien de l'interdiction[87] était revendiqué par le gouvernement comme un garde-fou éthique infranchissable. Le raisonnement est toutefois surprenant :

84. Cour EDH, 14 septembre 2023, *Baret et Caballero c. France*, n° 22296/20 et 37138/20, § 90.

85. Marie Mesnil, Noémie Ranisavljevic, Sophie Brouillet *et al.*, « EUGIC (Extension de l'Utilisation de Gamètes en Intra Conjugal) : les nouveaux usages des gamètes au sein du couple », *Gynécologie Obstétrique Fertilité & Sénologie*, 2023, avril, vol. 51, n° 4, p. 200-205, https://doi.org/10.1016/j.gofs.2023.01.008.

86. Même si cet article se concentre sur les projets parentaux portés par une ou deux femmes, eu égard à la seule mention de leur sexe à l'état civil, on peut noter que la méthode de la ROPA peut aussi permettre à un homme trans (assigné femme à la naissance), en couple avec une femme cis, de participer biologiquement à la conception de son enfant, s'il a conservé ses ovocytes avant sa transition, voir Marie Mesnil, Noémie Ranisavljevic *et al.*, article précité.

87. Article 16-7 du Code civil.

la ROPA ne saurait être rapprochée ni de la gestation pour autrui, ni du don dirigé, puisque ici les deux femmes (celle qui porte l'enfant ainsi que celle qui fournit ses ovocytes) ont vocation à devenir mères. Le gouvernement s'est aussi opposé aux amendements visant à autoriser la ROPA en arguant du caractère invasif des actes médicaux qu'elle implique. Pour autant, aucun amendement interdisant explicitement ce procédé n'a été voté ; la loi bioéthique de 2021 est donc en réalité restée silencieuse sur cette question. Si l'Agence de la biomédecine précisait sur son site internet que la pratique était prohibée, un doute persistait malgré tout sur ce point. Il vient d'être levé dans un arrêt du 19 juin 2024[88] rendu par le Conseil d'État. Saisi d'un recours en excès de pouvoir dirigé contre l'interprétation donnée par l'Agence de la biomédecine du cadre juridique, le juge administratif a ainsi considéré que la ROPA, même si elle n'est pas expressément interdite par la loi, n'est pas pour autant autorisée. Cette pratique contrevient bien, à ses yeux, à l'interdiction du don dirigé, qui s'oppose à ce que le donneur et le receveur se connaissent. Le principe de l'anonymat absolu n'a en effet cédé qu'à l'égard de la personne issue du don en quête de ses origines. Si le Conseil d'État a tout de même reconnu que la ROPA ne saurait être regardée comme une gestation pour le compte d'autrui, il n'en a pas moins consolidé l'exclusion du choix de deux femmes, libre ou induit par des indications médicales, de partager biologiquement la maternité.

Il reste une dernière barrière à évoquer qui peut décourager, à défaut de l'entraver, le projet parental des femmes trans. Certes, la loi permet aux femmes trans de conserver leur sperme, soit pour motif médical avant de suivre un traitement hormonal susceptible d'altérer leur fertilité[89], soit, désormais, sans motif médical[90]. Se pose néanmoins la question du devenir des gamètes conservés : une femme trans, en couple avec une femme cis, peut-elle utiliser ses spermatozoïdes conservés afin de permettre l'insémination de sa compagne ou la conception d'un embryon avec les ovocytes de cette dernière ? Incontestablement, dans une telle configuration, le couple dont il s'agit est bien un couple de femmes au sens de l'état civil (l'une est une femme cis, l'autre est une femme trans) ; en principe, donc, la loi lui ouvre l'accès à l'AMP. En effet seuls ont été explicitement exclus de l'accès à l'AMP, par le Conseil constitutionnel, les hommes trans qui ont conservé leurs anciennes capacités gestationnelles féminines[91]. Il s'agit bien par ailleurs d'une AMP « à son bénéfice », comme l'exige le Code de la santé

88. CE, 1re – 4e chambres réunies, 19 juin 2024, n° 472649.
89. Article L 2141-12 CSP.
90. Article L. 2141-11 CSP. Voir aussi le décret n° 2022-1187 du 25 août 2022 qui a levé les ambiguïtés qui persistaient dans l'ouverture de la préservation de la fertilité aux personnes trans.
91. Voir la décision précitée du Conseil constitutionnel du 8 juillet 2022 (n° 2022-1003 QPC) dont il résulte que seule une femme à l'état civil peut recourir à une AMP pour être enceinte.

publique[92], dès lors que la femme trans a vocation à devenir la (seconde) mère de l'enfant à naître. Rien ne semble donc interdire aux couples formés d'une femme cis et d'une femme trans d'utiliser à leur bénéfice les spermatozoïdes conservés par cette dernière, plutôt que de recourir à un don de gamètes. Au demeurant, on pourrait se demander quel aurait été, sinon, l'intérêt d'autoriser une personne en transition à préserver ses gamètes.

La situation soulève toutefois des difficultés juridiques lorsqu'il s'agit d'établir la filiation à l'égard de la femme trans. Pour établir la maternité de la femme trans il faudrait que le couple de femmes ait pu faire une RCA. Or ce mode d'établissement d'une double filiation maternelle suppose d'avoir eu recours à un don de sperme[93], ce qui, dans la configuration envisagée, n'est pas le cas : les deux femmes procréent avec leurs propres gamètes, en utilisant les spermatozoïdes de la femme trans et les ovocytes de la femme cis. Il ne semble donc pas possible de faire une RCA sauf par un usage détourné, ce qui, au demeurant, semble *de facto* assez facile puisque ni le notaire qui reçoit la RCA, ni l'officier d'état civil à qui cet acte est présenté à la naissance n'ont à vérifier les conditions de la conception de l'enfant. À défaut d'une RCA, il ne restera, pour faire établir le second lien de maternité que deux possibilités. D'une part, le prononcé d'une adoption mais elle serait en contradiction avec le fait que l'enfant est biologiquement celui de ses deux mères ; d'autre part, la voie hasardeuse qui consiste à saisir un juge d'une action en déclaration de maternité : certes, de manière exceptionnelle, des juges se sont en effet résolus à user de leur pouvoir de reconnaissance judiciaire de la filiation pour établir la maternité d'une femme trans qui avait procréé spontanément un enfant avec son épouse[94]. Les incertitudes importantes qui affectent l'établissement de la filiation à l'égard de la femme trans pourraient ainsi décourager les couples de femmes dont l'une est trans de s'engager dans un projet parental avec usage intraconjugal des spermatozoïdes[95].

*

92. Article L 2141-12 CSP.

93. Voir *supra.*

94. CA Toulouse, 9 février 2022, n° 20/03128, *JCP G* 2022, n° 581, p. 919, note Laurence Brunet et Philippe Reigné ; *AJ Famille* 2022, p. 222, note Marie Mesnil. Dans cette affaire, avant renvoi devant la Cour d'appel de Toulouse, la Cour de cassation avait pourtant retenu que seuls les modes d'établissement de la paternité pouvaient être utilisés (Civ. 1re, 16 sept. 2020, n° 18-50.080, *JCP G* 2020, n° 43-44, p. 1164, note Laurence Brunet et Philippe Reigné ; *D.* 2020, p. 2096, note Sophie Paricard ; *AJ Famille* 2020, p. 534, obs. Guillaume Kessler).

95. Pour approfondir, voir Marie Mesnil, Laurence Brunet, Célia Ravel *et al.*, « Extension de l'Utilisation de Gamètes en Intra Conjugal (EUGIC) : quel usage des spermatozoïdes d'une femme trans ? », Revue *Gynécologie Obstétrique Fertilité & Sénologie*, 2024, in press, https://doi.org/10.1016/j.gofs.2024.08.002.

Les droits procréatifs des femmes se cristallisent autour du respect de leur projet parental, qui recouvre aujourd'hui le choix de poursuivre ou non une grossesse spontanée comme celui de fonder une famille, avec l'aide de la médecine si nécessaire, et ce, quelle que soit leur situation conjugale. La volonté politique de (re)construire explicitement l'AMP autour de la demande parentale, en s'affranchissant plus largement des « lois de la nature », a permis de démultiplier pour les femmes, en couple ou seules, les façons de « faire famille » en toute sécurité, en bénéficiant d'une protection rapide et forte du lien de filiation maternelle (qu'il soit simple ou double). Néanmoins, le tremplin que constitue le projet parental n'a pas encore permis de dépasser tous les obstacles : les aléas inhérents aux modalités d'établissement de la maternité de la femme qui n'a pas accouché – qu'elle soit cis ou trans – ainsi que les blocages pour ouvrir l'AMP *post mortem* ou le partage de maternité *via* la ROPA, continuent à être source de discriminations.

Conclusion

# De la désobéissance civile à la Constitution

## Un choix, un droit, une liberté, et toujours une histoire de lutte !

*Véronique Sehier*

2024 marquera l'entrée de l'IVG dans la Constitution française. Même si la formulation retenue, qui consacre une « liberté garantie à la femme » et non un « droit », a déçu nombre de féministes, cette constitutionnalisation scelle la défaite de tous les mouvements d'opposition anti-IVG qui ont déployé beaucoup d'énergie pour mettre en échec ce projet. « Pas besoin de toucher à la constitution, l'IVG n'est pas en danger en France[1] », a-t-on abondamment entendu, et pas seulement de la part d'acteurs anti-avortement pour qui le *statu quo* suffisait ! Le vote très majoritaire du Congrès a toutefois scellé la victoire des pro-choix, militant·es féministes et parlementaires allié·es pour ce combat soutenu par la très grande majorité des Françaises et des Français. Cette victoire donne aussi espoir à de nombreuses femmes du monde entier : d'après le *Center for Reproductive Rights*[2], en mars 2024, plus de 40 % des femmes en âge de procréer vivent dans un État où la législation empêche ou limite fortement le droit d'interrompre une grossesse. C'est pourquoi de nombreux pays nous regardaient, en Europe, bien sûr, et en premier lieu la Pologne (où l'espoir est vif qu'avec le changement de gouvernement, un projet de loi aboutisse enfin pour dépénaliser l'avortement et le rendre accessible, sûr et gratuit), Malte, et l'Italie. Les États-Unis également, où, si 14 États ont interdit l'avortement et 6 l'ont fortement restreint depuis l'arrêt

1. Parmi de nombreuses tribunes et articles en ce sens, v. par exemple : Anne Levade, « Inscrire le droit à l'avortement dans notre Constitution, une proposition ni justifiée ni pertinente », *Blog du Club des Juristes*, 27 juin 2022 [en ligne] ; Elisabeth Crépin-Leblond, « IVG : "La Constitution n'est pas là pour faire des coups d'éclat symboliques" », *Le Figaro*, 29 juin 2022 ; Anne-Marie Le Pourhiet, « Inscrire l'IVG dans la Constitution est inutile et insensé », *Marianne*, 27 juin 2022 ; Clotilde Brunetti-Pons, « La constitutionnalisation de l'IVG remettrait en question l'équilibre de la loi Veil », *La Croix*, 28 novembre 2022…

2. https://reproductiverights.org/wp-content/uploads/2024/03/WALM-Poster_3-1-2024.pdf

*Dobbs* rendu par la Cour suprême en juin 2022[3], le mouvement pro-choix a été galvanisé et influence les votes. Les pays d'Amérique latine ne sont pas en reste, à l'instar, en particulier, de l'Argentine où le combat pour le droit à l'avortement continue, alors que le nouveau président a indiqué dans son programme vouloir revenir sur la loi obtenue en décembre 2020 après de nombreuses années de lutte. Certes, l'inscription de l'avortement dans la Constitution ne signifie pas en France la fin du combat, loin de là. Mais c'est un signe fort, un immense espoir partagé au niveau international, malgré les menaces qui pèsent toujours sur ce droit, ici et ailleurs. Si, dans de nombreuses régions du monde, ce droit est encore fragile, voire très restrictivement encadré ou même interdit, plus de 50 pays ont modifié leur législation ces dernières années pour faciliter l'accès à l'avortement, dans des conditions différentes, en reconnaissant parfois son rôle essentiel pour la protection de la vie, de la santé et des droits fondamentaux des femmes, des filles et de toutes les personnes concernées.

## L'avortement est au cœur des combats féministes

Les avancées du droit à l'avortement ont toujours été rendues possibles par les longues luttes d'organisations féministes et de la société civile au niveau national et international – et, bien souvent aussi, grâce à la pratique illégale d'avortements. Chaque progrès de ce droit dans un pays facilite la tâche pour les militantes et militants des pays en lutte, comme toute régression a un effet mobilisateur dans les pays où ce droit semble acquis pour toujours.

La question de l'avortement a toujours été une question politique et controversée. En France, l'avortement clandestin a été pratiqué pendant de longues années ; à la fois par des « faiseuses d'ange », avec souvent des conséquences tragiques pour les femmes enceintes, et par quelques médecins qui le pratiquaient illégalement dans leur cabinet. Les femmes qui en avaient les moyens allaient interrompre leur grossesse à l'étranger, là où l'avortement était autorisé (en Angleterre, en Suisse, en Hollande, par exemple) ; et les autres devaient malheureusement « se débrouiller ». En effet, on sait que la légalité de la pratique des avortements n'influence que très peu le nombre de femmes qui décident d'y recourir : que l'avortement soit légal ou non, les femmes avortent donc quasiment dans les mêmes proportions. Mais une différence de taille réside dans les risques qu'elles font peser sur leur vie et leur santé lorsqu'elles avortent dans un pays où l'IVG

3. https://www.supremecourt.gov/opinions/21pdf/19-1392_6j37.pdf

n'est pas autorisée. C'est toujours vrai aujourd'hui : les IVG clandestines et non sécurisées sont la troisième cause de mortalité maternelle[4] dans le monde.

À Paris, une grande manifestation a lieu le 20 novembre 1971 intitulée « Marche internationale des femmes pour une maternité libre, pour le droit à la contraception et à l'avortement » avec comme slogan : « Nous sommes toutes des avortées ! ». Un mouvement de désobéissance civile s'organisait alors pour faire sortir l'avortement de la clandestinité et exiger sa légalisation. La parution en 1971 dans le *Nouvel Observateur* du manifeste de 343 femmes, célèbres (actrices, avocates, écrivaines, artistes, militantes…) ou non, affirmant publiquement qu'elles avaient avorté, a précédé le procès de Bobigny utilisé par Gisèle Halimi en tribune médiatique et politique : Marie-Claire, la jeune femme ayant avorté sera relaxée, et les trois femmes qui l'avaient aidée, dont sa mère, n'ont finalement été condamnées qu'à des peines légères, en deçà de ce qu'elles encouraient. En 1973, des médecins du Groupe Information Santé (GIS) qui s'étaient formés à la méthode Karman[5], méthode d'avortement par aspiration du contenu utérin, revendiquèrent la pratique d'avortements illégaux dans une tribune rassemblant 331 signatures – dont celles de Pierre Jouannet, Joelle Brunerie, Annie Bureau[6]. C'est en février 1973 que le MLAC, Mouvement pour la libération de l'avortement et de la contraception, fut créé, à l'initiative de Monique Antoine, avocate féministe, de Simone Iff, présidente du Planning familial, et de Jeannette Laot, syndicaliste à la CFDT. L'organisation se donnait comme objectifs « la diffusion d'une information sexuelle, la liberté de la contraception et la liberté de l'avortement[7] ». Militantes et médecins agissaient ensemble dans l'illégalité pour pratiquer des avortements en toute sécurité, dans des lieux privés, avec du matériel léger, selon la méthode Karman. Ils étaient mus par la conviction de mener un combat légitime face à une loi absurde. Il s'agissait pour eux de montrer à la fois l'injustice réelle que constituait l'interdiction de mettre fin à une grossesse non voulue, et les inégalités qu'elle générait entre les femmes selon qu'elles disposaient, ou non, des ressources pour y échapper. Le MLAC forgeait et scandait le slogan « On ne mendie pas un juste droit, on se bat pour lui ! ». Très vite débordés par les demandes qui ne pouvaient être satisfaites, le MLAC et le Planning familial organisaient également à cette période des voyages en bus pour permettre à celles qui ne pouvaient être prises en charge sur place de se rendre à l'étranger. Près de 170 groupes MLAC s'étaient créés dès

4. https://www.amnesty.fr/dossiers/avortement-dans-le-monde-droit-fragile
5. Béatrice Kammerer, « La méthode Karman, une histoire oubliée de l'avortement en France », *Slate*, 31 mai 2017.
6. Ils étaient tous trois membres du GIS, Groupe Information Santé : https://ccfr.bnf.fr/portailccfr/ark:/16871/007Fonds_6054.
7. Extrait de la charte du MLAC signée en 1973.

la fin de l'année 1973. La solidarité s'organisait au grand jour. « Voilà la bataille à laquelle je participe : que les femmes ne soient plus seules à se débattre pour trouver quelqu'un pour les avorter, et que leur avortement se déroule dans les meilleures conditions possibles, tant du point de vue médical que de celui de l'accompagnement et de la chaleur humaine[8] », dit la militante Annie Chemla. La sortie en septembre 1973 du film *Histoire d'A*, de Charles Belmont et Marielle Issartel, qui montre un avortement réalisé selon la méthode Karman, participa à ce mouvement qui prenait de l'ampleur : aussitôt censuré, interdit à la diffusion publique et privée, il fut pourtant projeté à travers la France grâce aux différents groupes du MLAC, ainsi que dans une salle de projection au Sénat en 1974, à l'initiative des groupes parlementaires socialistes.

Cette intense mobilisation aboutit à ce que Simone Veil, nouvelle ministre de la Santé nommée par Valéry Giscard d'Estaing, soit missionnée pour soumettre à l'Assemblée nationale un projet de loi sur l'avortement. Sa feuille de route était claire : il lui revenait de modifier la loi qui interdisait l'avortement, mais aussi toute propagande anticonceptionnelle[9]. Le MLAC et le Planning familial bafouaient tous les jours cette loi à travers l'organisation de ces avortements illégaux mais pas clandestins : il était donc difficile de sanctionner la désobéissance civile alors que la majorité de la population soutenait ce mouvement de libéralisation de l'avortement. La loi fut âprement discutée au Parlement, dans un contexte où les oppositions se cristallisaient et se renforçaient. La ministre fit courageusement face à un déchaînement de propos haineux, de pressions en tous genres, voire de menaces de mort, notamment de la part de mouvements anti-avortement, de catholiques intégristes, de personnages politiques de droite et d'extrême droite, au nom, soi-disant, de la défense de la vie. La loi mettant fin à l'interdiction de l'avortement fut promulguée le 17 janvier 1975 ; c'était une loi de santé publique. C'était aussi une loi provisoire, votée pour 5 ans, à titre expérimental, comme s'il fallait tester la capacité des femmes à être responsables de leur corps, et vérifier qu'elle n'entraînerait pas une chute de la natalité en France ! Résultat d'un compromis, notamment avec l'Église catholique et l'ordre des médecins, et bien en deçà des attentes des féministes, elle sera reconduite

8. Annie Chemla, *Nous l'avons fait. Récit d'une libération féministe*, Éditions du détour, 2024.

9. Une loi de 1920 interdisait la propagande anticonceptionnelle et une loi de 1923 avait correctionnalisé l'avortement, en faisant non plus un crime mais un délit ; cette loi ne poursuivait pas pour autant un objectif de libéralisation mais, bien plutôt, visait à écarter les jurys criminels populaires, réputés rendre des verdicts empreints d'une trop grande mansuétude, au profit de magistrats professionnels plus rigoureux dans l'application de la loi. Au total, l'article 317 du Code pénal (celui qui sera suspendu par la loi Veil de 1975) disposait : « sera punie d'un emprisonnement de six mois à deux ans et d'une amende de 360 F à 20 000 F la femme qui se sera procuré l'avortement à elle-même ou aura tenté de se le procurer, ou qui aura consenti à faire usage des moyens à elle indiqués ou administrés à cet effet. »

définitivement par la loi n° 79-1204 du 31 décembre 1979, dite loi Pelletier. Elle définit de nombreuses restrictions à l'acte d'avorter. D'abord, elle prévoit que les femmes ne peuvent accéder à l'avortement que lorsque la grossesse les place dans une situation de « détresse » – bien qu'elles soient les seules juges de cette situation. Le délai légal de l'avortement volontaire est limité à 10 semaines, incluant une période de réflexion d'une semaine suite à un entretien préalable obligatoire avec un médecin et une conseillère conjugale et familiale. La femme doit par ailleurs être majeure, française, et acquitter en totalité les frais de réalisation de l'acte. La loi instaure également pour le médecin une clause de conscience spécifique à l'IVG, qui vient s'ajouter à la clause de conscience générale déjà existante pour tous les actes médicaux ; mais le médecin qui l'actionne doit informer l'intéressée de son refus, « au plus tard lors de la première visite[10] ».

## Améliorer la loi : la politique des petits pas

Exiger la prise en charge financière de l'IVG était une question de justice sociale. C'est Yvette Roudy, alors ministre des Droits de la femme, qui fera passer la loi du 31 décembre 1982 sur le remboursement partiel de l'IVG par la sécurité sociale, après des débats houleux à l'Assemblée nationale et au Sénat. Cette avancée a fait l'objet de critiques et remises en cause incessantes de la part des opposants à l'IVG. À plusieurs reprises, des amendements visant à mettre fin à ce remboursement furent déposés à l'Assemblée nationale, comme en 1986[11] et en 1988[12]. En 2012, la loi de financement de la sécurité sociale prévoit enfin le remboursement total de l'acte d'IVG[13], mais c'est seulement le 1er avril 2016, à l'occasion du 60e anniversaire du Planning familial à Grenoble, que Marisol Touraine, ministre de la Santé de François Hollande, annonce la prise en charge totale de l'IVG, intégrant enfin les actes qui lui sont associés (échographies, analyses, consultations médicales…)[14]. Un autre point de revendication est l'allongement des délais, voire leur abrogation : la loi Aubry de 2001 modernise le texte sans toucher aux équilibres voulus dans la loi Veil : elle allonge le délai maximal de 10 à 12 semaines

10. Loi n° 79-1204 du 31 décembre 1979 relative à l'interruption volontaire de grossesse.

11. Voir la proposition de loi n° 604 tendant à définir les personnes pouvant pratiquer une cessation volontaire de grossesse, déposée le 19 décembre 1986 par M. Michel de Rostolan *et al.* ; v. aussi : https://www.lemonde.fr/archives/article/1986/05/30/le-remboursement-de-l-ivg-rediscute-par-le-parlement_2936865_1819218.html.

12. Voir la proposition de loi n° 17 visant à supprimer toute possibilité de remboursement des frais afférents à une cessation volontaire de grossesse à caractère non thérapeutique, déposée le 28 juin 1988 par Mme Christine Boutin *et al.*

13. Loi n° 2012-1404 du 17 décembre 2012 de financement de la sécurité sociale pour 2013.

14. Voir Arrêté du 26 février 2016 relatif aux forfaits afférents à l'interruption volontaire de grossesse.

de grossesse et supprime l'obligation d'une consultation psychosociale pour les femmes majeures ; mais elle ne supprime ni la clause de conscience spécifique, ni la notion de détresse[15]. Cette dernière disparaîtra finalement en 2014, dans le cadre de la loi égalité portée par Najat Vallaud Belkacem, ministre des Droits des femmes et de l'Égalité[16]. En revanche, la « double » clause de conscience spécifique perdure, malgré de nombreuses demandes visant à sa suppression.

## La loi ne suffit pas

Sans volonté politique, sans moyens, sans professionnel·les, la loi peut être ineffective. Il n'est pas nécessaire d'y toucher pour restreindre le droit à l'avortement : parmi nos voisins proches, l'Italie en est le mauvais exemple. Près de 65 % des médecins italiens opposent leur clause de conscience pour refuser de faire des avortements, et ces chiffres atteignent plus de 80 % du corps médical dans les régions du centre et du Sud. C'est donc dans un réel combat que sont engagés des médecins et des associations féministes pour l'accès à l'IVG et à la pilule abortive dans un pays sous influence historiquement forte du Vatican et, aujourd'hui, de l'extrême droite.

En France aussi, des menaces continuent de peser sur le droit à l'avortement ; elles sont de plusieurs ordres. En premier lieu, l'effectivité de ce droit humain fondamental est loin d'être garantie de façon égale selon les territoires, selon la situation sociale ou économique des personnes, leur statut, et leur degré d'information. L'avortement demeure un droit à part plus qu'un droit à part entière ; et la lutte pour qu'il s'applique de la même façon pour toutes les personnes concernées se poursuit – non seulement pour qu'il soit effectivement accessible sur l'ensemble du territoire national (France métropolitaine et DROM), mais aussi pour qu'il fasse authentiquement partie de l'ensemble des politiques publiques en termes d'information et d'organisation des soins. Il existe un réel écart entre les lois votées et leur application par les instances régionales ou départementales chargées de leur mise en œuvre, avec toutes les conséquences que cela engendre. Les difficultés réelles dans l'application de la loi génèrent des inégalités d'accès territoriales et sociales à l'IVG. Elles se doublent, en outre, d'inégalités d'accès à l'information : la loi de 2001 sur l'éducation à la sexualité[17] est encore aujourd'hui loin d'être

15. Loi n° 2001-588 du 4 juillet 2001 relative à l'interruption volontaire de grossesse et à la contraception.
16. Loi n° 2014-873 du 4 août 2014 pour l'égalité réelle entre les femmes et les hommes.
17. La loi Aubry de 2001 a inséré au Code de l'Éducation l'article L. 312-16 qui dispose : « Une information et une éducation à la sexualité sont dispensées dans les écoles, les collèges et les lycées à raison d'au moins trois séances annuelles et par groupes d'âge homogène ».

appliquée. Trois associations (Le Planning familial, Sidaction et SOS homophobie) ont d'ailleurs attaqué l'État en mars 2023 pour « défaut de mise en œuvre de la loi[18] ». En second lieu, les menaces sont idéologiques. Les opposants à l'avortement n'ont jamais désarmé et tentent toujours aujourd'hui d'empêcher la loi de consolider l'accès à l'avortement et ce, par tous les moyens. Ils font du lobbying dans les instances consultatives ou législatives – on l'a vu récemment au moment des débats sur l'allongement des délais[19] ou sur la constitutionnalisation de l'IVG[20]. Ils diffusent de fausses informations[21] sur l'IVG et ses conséquences pour dissuader les personnes d'accéder à ce droit, ou les culpabiliser à travers les lignes d'écoute ou les sites internet qu'ils gèrent. D'où l'importance qui s'attachait à l'inscription de ce droit au plus haut niveau normatif, et qui continue de s'attacher à la mise en œuvre d'actions quotidiennes au service de l'effectivité réelle de ce droit pour toutes les personnes concernées, de façon égalitaire, sans discrimination ni exclusion.

## De réelles inégalités d'accès

Les inégalités d'accès à l'IVG reflètent assurément les disparités territoriales qui existent, plus largement, dans l'accès aux soins. S'y ajoute une difficile reconnaissance de ce droit à l'IVG comme un droit fondamental et comme un soin. Par exemple, quand une maternité ferme, le fait que le centre IVG qui y est, le cas échéant, lié, ferme aussi est généralement passé sous silence. La fermeture de maternités – qui a concerné près de 33 % de ces établissements entre 2001 et 2021 – ainsi que les restructurations hospitalières, ont en effet mené à la fermeture de nombreux centres IVG : dans un rapport de 2010, l'IGAS mentionnait la fermeture de 130 centres pratiquant les IVG sur les dix dernières années[22]. En France métropolitaine, d'après le comité de défense des hôpitaux et maternités de proximité, le nombre de maternités est passé de 1 369 en 1975 à 814 en 1996, 756 en 1998, 618 en 2003, 535 en 2010, 497 en 2016, 471 en 2018 puis 456 en 2021, hors service de santé des armées (SSA). Leur nombre continue

18. Sylvie Lecherbonnier, « Éducation à la sexualité : trois associations attaquent l'État pour "défaut de mise en œuvre de la loi" », *Le Monde*, 2 mars 2023.
19. Voir les débats autour de la loi n° 2022-295 du 2 mars 2022 visant à renforcer le droit à l'avortement : alors que la suppression de la double clause de conscience était envisagée, elle a finalement été maintenue.
20. Voir les débats autour de la loi constitutionnelle n° 2024-200 du 8 mars 2024 relative à la liberté de recourir à l'interruption volontaire de grossesse.
21. Voir également dans cet ouvrage le chapitre de Laurie Marguet, « De l'existence d'un droit à l'IVG en France », p. 17.
22. IGAS, *La prise en charge de l'interruption volontaire de grossesse*, Rapport n° RM2009-098A, 2009 [en ligne].

à diminuer, mais plus faiblement, avec une distribution non significativement différente entre 2016 et 2021. On estime ainsi que 188 centres IVG ont fermé entre 2000 et 2018. Le problème de l'accès à l'IVG s'inscrit clairement dans les difficultés globales de l'accès des femmes à la santé et aux soins liés à la grossesse et à l'accouchement ; et celles-ci ne sont pas cantonnées aux territoires ruraux, comme le révèlent les résultats de l'Enquête nationale confidentielle sur les Morts maternelles (ENCCM) réalisée en continu depuis 1996 sous la responsabilité scientifique de l'Inserm sur l'ensemble des décès maternels en France[23].

Aujourd'hui en France, si les deux tiers des IVG sont réalisées en établissements de santé, la part des IVG en dehors de ces centres progresse depuis 2020 ; elle atteint 38 % en 2022[24]. La méthode médicamenteuse est désormais la plus utilisée, y compris en établissement de santé : elle représente 78 % de l'ensemble des IVG pratiquées, et 62 % de celles qui sont réalisées en établissement de santé. La grande plus partie des IVG a lieu avant dix semaines d'aménorrhée (SA) : 55 %, à moins de huit SA et 76 %, à moins de dix SA. Les données révèlent également que 17,2 % des IVG sont réalisées hors du département de résidence des femmes. Les conditions d'accès à l'IVG ont certes été élargies par la loi du 2 mars 2022, qui a notamment allongé de dix à douze semaines de grossesse (14 SA) le délai légal pour les IVG réalisées en établissement de santé ; mais cela ne représente qu'une part infime – inférieure à 1,5 % – de l'ensemble des IVG réalisées en France[25].

D'après le rapport parlementaire réalisé en 2020 sur l'IVG par les députées Marie-Noëlle Battistel et Cécile Muschiotti[26], peu de professionnel·les de santé sont mobilisé·es sur la pratique de l'IVG. En ville, seuls 2,9 % des généralistes et gynécologues et 3,5 % des sages-femmes réalisent des IVG. L'activité d'orthogénie est peu considérée et peu attractive. Il y a à la fois une dévalorisation de l'orthogénie comme spécialité médicale, et de l'IVG comme pratique médicale. Peu valorisé, l'acte d'IVG est peu enseigné dans les études médicales[27]. Les débats sur l'allongement des délais au moment de la loi Gaillot de mars 2022 ont d'ailleurs

23. INSERM, *Enquête nationale confidentielle sur les morts maternelles* : https://www.santepublique-france.fr/etudes-et-enquetes/enquete-nationale-confidentielle-sur-les-morts-maternelles : cette enquête est menée régulièrement par Santé publique France *via* le CNEMM (Comité national d'experts sur la mortalité maternelle) et mise en œuvre de manière opérationnelle par l'équipe de recherche en épidémiologie Périnatale, Obstétricale et Pédiatrique (EPOPé) de l'Unité Inserm U1153.

24. DREES, « Le nombre des interruptions volontaires de grossesse augmente en 2022 », *Études et Résultats*, septembre 2023, n° 1281 [en ligne].

25. *Ibid.*

26. Assemblée nationale, Rapport d'information n° 3343 au nom de la Délégation aux droits des femmes et à l'égalité des chances entre les hommes et les femmes sur l'accès à l'IVG.

27. Voir dans ce volume le chapitre de Philippe Faucher, « Les techniques d'interruption de grossesse », p. 277.

réactivé des résistances fortes au sein de la profession : un groupe de médecins avait adressé en 2020 une lettre aux députés menaçant de ne plus faire d'IVG instrumentales si le projet de loi allongeant le délai légal d'IVG et supprimant la clause de conscience spécifique était adopté. Pour refuser d'appliquer la loi, de nombreux professionnel·les ont invoqué le fait de ne pas être formé·es aux nouvelles techniques, ou de ne pas avoir le matériel adapté, en termes de canules par exemple. Dans les Hauts-de-France, selon une enquête faite par les associations du Planning familial en février 2023, moins de la moitié des 31 centres d'IVG appliquaient la loi de 2022. À la même période, aucun établissement n'appliquait encore les nouveaux délais dans six des treize départements de la région Occitanie. Cette lenteur, voire réticence, à rendre effective la loi peut en outre s'accompagner du refus de prendre en charge des femmes qui n'habitent pas dans la zone de proximité. Cette non-application de la loi s'apparente parfois à du refus de soin : au-delà d'un frein à l'accès aux soins, elle crée en effet une double peine pour les femmes qui vivent dans des zones sous-équipées en structures médicales ainsi que pour les femmes les moins mobiles, les plus précaires ou les plus vulnérables.

## Une absence d'information et de choix

Dans nombre d'établissements, la question se pose de savoir si les femmes sont réellement mises en situation de choisir leur méthode abortive – alors même que, là encore, il en va d'un droit consacré par le législateur[28]. En effet, lorsque plus de 90 % des IVG pratiquées dans un établissement se font par voie médicamenteuse, il est difficile d'imaginer qu'il s'agit là d'un véritable choix exercé par les femmes. C'est souvent, bien plutôt, un choix d'organisation des services, possiblement dicté par le manque de professionnel·les formés à pratiquer des IVG instrumentales, ou volontaires vis-à-vis de cet acte. En outre, les personnes concernées ne disposent pas toujours de l'information nécessaire pour faire un choix éclairé sur la méthode, ni de l'information relative au déroulement de l'IVG selon la méthode choisie (importance des saignements et des douleurs possibles, par exemple) ou sur les suites de l'avortement. Les témoignages en ce sens ne sont pas rares, à l'instar de celui-ci, recueilli par le Planning Familial des Hauts-de-France lors de son enquête en 2023 : « on m'avait dit que ce serait comme des règles, mais un peu plus abondantes, mais j'ai vraiment eu peur, et j'ai eu mal. » Certains services en établissements hospitaliers ne réalisent les

28. Voir art. L. 2212-1 du Code de la Santé publique : « Toute personne doit être informée sur les méthodes abortives et a le droit d'en choisir une librement. »

IVG instrumentales que sous anesthésie générale, même en deçà des 14 semaines d'aménorrhée ; c'est surtout par manque de formation que peu de services pratiquent encore à ce jour l'IVG sous anesthésie locale[29]. Même si aucune contrainte n'est imposée dans la loi sur les méthodes, l'article L. 2212-1 du Code de la Santé publique cité précédemment est clair sur l'importance de pouvoir choisir librement la méthode d'IVG. Parmi ceux qui pratiquent les IVG entre 14 et 16 semaines d'aménorrhée conformément à la loi du 2 mars 2022, certains ne pratiquent que la méthode médicamenteuse, ce qui non seulement peut obliger les femmes à passer une nuit à l'hôpital dans un service de maternité, non dédié à l'IVG, mais encore va à l'encontre des préconisations de la Haute Autorité de Santé (HAS), selon laquelle les IVG doivent être réalisées par voie instrumentale à partir de la 10e semaine d'aménorrhée[30]. Les IVG peuvent être réalisées en ville, dans le cadre d'une consultation chez un·e médecin ou un·e sage-femme, jusque 9 SA, ou dans un centre de santé ou centre de santé sexuelle, ou encore dans un établissement de santé public ou privé. Des pratiques très différentes existent d'un établissement de santé à l'autre tant en termes de démarches à réaliser que dans la mise en œuvre de l'IVG. Certains obligent à des rendez-vous multiples, proposant par exemple un rendez-vous spécifique pour l'échographie, tandis que d'autres exigent qu'elle soit réalisée en amont, dans un cabinet de radiologie. D'autres imposent des exigences qui vont au-delà de celles prescrites par la loi. Par exemple, le service IVG d'un hôpital du Nord de la France peut exiger un certificat médical du centre de santé sexuelle avant de donner un premier rendez-vous pour une IVG. Toutes ces démarches supplémentaires compliquent le parcours des femmes, alors même que le discours officiel recommande qu'elles soient simplifiées. Lorsque des femmes se voient prescrire des examens et des rendez-vous inutiles qui leur font perdre du temps, on peut s'interroger sur le point de savoir s'il ne faut pas y lire une tentative de les décourager d'avorter[31] ?

À ce jour, il n'y a pas de visibilité sur l'utilisation de la clause de conscience spécifique à l'IVG qui, depuis la loi Veil, n'a jamais pu être supprimée. Lors d'une enquête menée auprès de professionnel·les en 2020 par l'Association régionale d'Orthogénie dans les Hauts-de-France à propos de la suppression de la clause de conscience spécifique à l'IVG, il est apparu que « 71,6 % des professionnels n'y sont pas favorables, la majorité estimant qu'obliger les soignants à pratiquer

---

29. L'article R2210-2 CSP précise que les IVG instrumentales pratiquées hors des établissements de santé doivent être pratiquées sous anesthésie locale jusqu'à la douzième semaine de grossesse.
30. Haute autorité de santé, *Cahier des charges pour la réalisation des interruptions volontaires de grossesse par méthode instrumentale dans les centres de santé*, mars 2016 [en ligne].
31. Voir notamment, dans cet ouvrage, le chapitre de Laurine Thizy, « L'avortement, "toujours un drame" ? », p. 215.

des IVG pourrait nuire à la qualité de prise charge des femmes[32] ». De nombreux professionnel·les considèrent qu'elle est de toute façon très peu utilisée, mais l'accès à des données précises fait défaut. Le rapport du Haut Conseil à l'égalité relatif à l'accès à l'IVG de 2013 le soulignait déjà[33]. Lorsqu'elle était ministre de la Santé, le Planning familial avait demandé des chiffres à Agnès Buzyn ; mais ils n'ont jamais été fournis par ses services et ne sont toujours pas disponibles. Il semble que, de surcroît, cette clause de conscience soit utilisée à géométrie variable : certains médecins décident de faire des IVG jusqu'à 8 semaines de grossesse, d'autres 10 semaines[34]. Il semble que tout ceci relève en réalité de leur décision personnelle, détachée de toute notion d'exigence ou de contrainte en lien avec un service rendu aux femmes qui en ont besoin (et qui y ont droit), même dans un service public de santé : « ça, c'est la loi, après les médecins font ce qu'ils veulent[35]. » En théorie, la loi oblige le médecin qui active sa clause de conscience à réorienter les femmes vers des professionnel·les ou des structures qui pourront répondre à leur demande ; mais là encore, il n'y a aucune visibilité sur les pratiques effectives, et peu de contrôle de la part des autorités régionales de santé (ARS) dans ce domaine.

En deçà de la clause de conscience, le manque de professionnel·les mobilisé·es sur l'IVG pose problème – et peut aboutir au même résultat. En effet, si majoritairement, les médecins en général, et notamment les médecins spécialistes que sont les gynécologues obstétricien·nes, ne remettent pas en cause le droit à l'IVG, il n'en demeure pas moins des ambivalences. Car quand bien même ils ou elles acceptent de considérer l'avortement comme un droit, ils ou elles peuvent simultanément considérer que l'IVG n'est pas un acte intéressant et tendre à en déléguer la réalisation à des internes, plus ou moins volontaires, à des médecins généralistes, ou encore, éventuellement, à des sages-femmes. En ce cas, sans que quelque clause de conscience que ce soit ait été activée, les femmes vivant sur un territoire peu pourvu en praticien·nes de santé ou loin d'un centre IVG, peuvent alors être contraintes à la mobilité pour pouvoir avorter.

Ces réticences sont parfois encore plus explicites. Des femmes témoignent, au moment de l'accueil, de remarques culpabilisantes – soit sur l'échec de contraception (« vous auriez pu faire attention »), soit sur des IVG tardives ou multiples, soit, plus généralement, sur des attitudes critiques de professionnel·les[36]. Lors

32. Extrait du courrier adressé par l'Association régionale d'Orthogénie en novembre 2021 aux député·es dans le cadre de l'examen de la loi Gaillot, après enquête dans les Hauts-de-France.

33. Haut Conseil à l'Égalité entre les femmes et les hommes, Rapport n° 2012-1104-SAN relatif à l'IVG, volet 2, novembre 2013 [en ligne].

34. Voir le reportage : « IVG, un parcours de combattantes », France Info, mars 2019.

35. *Ibid.*

36. Voir encore le chapitre Laurine Thizy, « L'avortement, "toujours un drame" ? », p. 215.

de la présentation au CESER de son enquête sur l'accès à l'IVG dans les Hauts-de-France, le Planning Familial de cette région avait recueilli cité les propos de cette femme originaire de l'Oise : « Avant l'IVG on m'a informée des risques de la procédure mais on m'a aussi fait un sermon, alors que j'avais 40 ans et deux enfants[37]. » Elles rapportent diverses pratiques problématiques, comme par exemple le fait de leur montrer l'écran de l'échographie, de leur faire entendre les « bruits du cœur » ; elles rapportent aussi des attitudes maltraitantes, comme la réalisation de touchers vaginaux ou la pose non annoncée d'un spéculum.

L'inégalité dans l'accès à l'IVG tient parfois encore au statut des personnes et ce, en contrariété à la loi. En particulier, des femmes migrantes se voient refuser l'accès à l'IVG alors même qu'il s'agit d'un soin urgent[38], et des mineures ont parfois des difficultés à préserver leur anonymat – alors même que la confidentialité inscrite dans la loi pour les mineures est essentielle pour garantir non seulement leur accès à l'IVG, mais aussi la possibilité pour elles d'effectuer leurs démarches en toute autonomie vers les lieux ressources tels que les Espaces vie affective, relationnelle et sexuelle (EVARS), les Centres de santé sexuelle (CSS), les infirmeries scolaires[39], les Centres d'interruptions volontaires de grossesse (CIVG), etc. Le fait qu'elles puissent, dans tous ces lieux, rencontrer des professionnel·les à l'écoute (conseiller·ères conjugal·es familiaux·les, infirmier·ères) est capital, notamment dans l'hypothèse de violences intrafamiliales. Même si le taux de recours à l'IVG chez les mineures continue à baisser, les résistances sont encore fortes sur la sexualité des jeunes, ce qui freine l'accès à une information fiable et au recours à ce droit.

## Un acte médical encore stigmatisé

L'IVG demeure un acte stigmatisé. En 2015, la première et unique campagne nationale d'information[40] menée sur « l'IVG et le droit des femmes à disposer de leur corps » a eu lieu dans le cadre de la journée mondiale de l'avortement. Cette date avait été choisie pour lancer le numéro national et gratuit qui, depuis, répond aux demandes d'information, de conseil, de soutien et d'orientation en matière d'IVG, mais aussi de sexualité et de contraception. « Pas de jugement,

37. https://ceser.hautsdefrance.fr/rapports/article/note-dalerte-sur-la-situation-de-l-ivg-en-hauts-de-france-859
38. Caisse nationale d'assurance maladie, Référentiel réglementaire : Prise en charge des soins urgents aux étrangers en situation irrégulière, octobre 2014 [en ligne].
39. Le cadre éthique mis en œuvre au sein de l'éducation nationale, permet que l'absence liée à une IVG ne soit pas signalée aux parents.
40. Ministère de la Santé, *Améliorer l'accès à l'IVG. Plan national d'action*, janvier 2015 [en ligne].

pas de pression, pas de désinformation… Je veux que les femmes se sentent pleinement libres de leur choix », affirmait Marisol Touraine[41]. Intitulée « IVG : mon corps, mon choix, mon droit », l'objectif de cette campagne était de contrer la désinformation menée par les mouvements anti-IVG à travers leurs sites internet et leurs lignes d'écoute bien référencés sur le web. Elle lançait un plan IVG comportant trois axes à mettre en œuvre : mieux informer les femmes sur leurs droits, simplifier et améliorer le parcours des femmes qui souhaitent avorter, garantir une offre diversifiée sur l'ensemble du territoire, avec la formalisation par les ARS d'un plan régional d'accès à l'IVG, la possibilité pour les centres de santé de faire des IVG instrumentales, la volonté affichée de faciliter le recrutement de praticien·nes contractuel·les, et la mise en place d'une commission sur les données et la connaissance de l'IVG. Cependant, l'élan donné par cette campagne n'a pas été suivi d'un travail d'évaluation de ce plan : le rapport d'information sur l'IVG réalisé au nom de la délégation Droits des femmes de l'Assemblée nationale en 2020 par Marie-Noëlle Battistel et Cécile Muschiotti souligne « la persistance de fortes inégalités territoriales » et une offre de soins « à géométrie variable »[42].

Sept ans plus tard, la loi Gaillot de mars 2022 a de nouveau prévu la création d'un « répertoire recensant les professionnels et structures pratiquant l'IVG », destiné à être publié par les agences régionales de santé et à être « librement accessible ». Début 2024, soit près d'un an après le vote de la loi, ces répertoires n'étaient cependant toujours pas accessibles dans toutes les régions. La loi Gaillot prévoyait également que le gouvernement devait « dresser le bilan du dispositif d'accès des femmes à l'IVG » ; là encore, en mars 2024, ce bilan est toujours en attente. La loi créait enfin, dans le but de renforcer l'offre d'IVG sur les territoires, la possibilité pour les sages-femmes de faire des IVG instrumentales à l'hôpital. Mais le décret d'application du 16 décembre 2023[43] posait des conditions telles, notamment en termes d'encadrement obligatoire par quatre médecins, que peu d'établissements hospitaliers, en dehors des grands centres, auraient pu remplir les conditions nécessaires. Il a donc été nécessaire de procéder à sa réécriture. Si le nouveau décret a considérablement allégé les conditions de réalisation d'une IVG instrumentale par les sages-femmes[44], il n'en demeure pas moins qu'il aura

41. Ministère de la Santé, Communiqué de presse du 28 septembre 2015 : https://sante.gouv.fr/IMG/pdf/280915_-_cp_-_campagne_ivg__2_.pdf

42. Assemblée nationale, Rapport d'information n° 3343 au nom de la Délégation aux droits des femmes et à l'égalité des chances entre les hommes et les femmes sur l'accès à l'IVG, précité.

43. Décret n° 2023-1194 du 16 décembre 2023 relatif à la pratique des interruptions volontaires de grossesse instrumentales par des sages-femmes en établissement de santé.

44. Voir Décret n° 2024-367 du 23 avril 2024 modifiant les conditions d'exercice par les sages-femmes de la pratique des interruptions volontaires de grossesse instrumentales en établissement de santé.

fallu un nouveau texte réglementaire pour permettre à la loi Gaillot de s'appliquer sans imposer des contraintes démesurées aux sages-femmes. La nécessité d'une telle réécriture met en lumière des réticences à donner toute leur place aux sages-femmes et à reconnaître leurs compétences en matière d'IVG, qu'elle soit médicamenteuse ou instrumentale. Comment justifier qu'on leur fasse alors confiance pour réaliser des accouchements, qui sont pourtant bien plus à risque que l'IVG ? Qu'est-ce qui se joue ? Lors d'une audition au Sénat sur la place des sages-femmes en matière d'IVG à laquelle étaient invitées plusieurs organisations, les deux gynécologues obstétricen·nes présent·es ont exprimé leur désaccord pour qu'elles soient habilitées à réaliser des IVG, affirmant que « leur rôle est de bien accompagner les femmes qui accouchent ». Il existe 24 000 sages-femmes en France. Leurs compétences sont largement reconnues en matière de santé sexuelle, leur formation leur permet d'assurer un accès à la santé des femmes dans une approche globale qui inclut la contraception ainsi que, depuis 2016, l'IVG médicamenteuse[45]. D'après la DREES, 3,5 % des sages-femmes libérales sont conventionnées avec un établissement de santé pour pratiquer les IVG médicamenteuses, ce qui représente un peu plus de 200 sages-femmes ; elles témoignent volontiers des difficultés rencontrées pour être conventionnées. Elles réalisent pourtant 34 % des IVG en cabinet de ville, un taux à rapprocher de ceux qui concernent les médecins : 32 % pour les généralistes et 34 ‰ pour les gynécologues[46]. De nombreux obstacles à la reconnaissance de la place des sages-femmes dans l'IVG demeurent – singulièrement pour ce qui est de l'IVG instrumentale – alors même qu'elles sont des personnes-ressources pour renforcer l'offre d'IVG. Le corporatisme et le patriarcat médical ont encore de beaux jours devant eux.

## En l'absence de législation européenne, des écarts extrêmes entre règles nationales

Si aujourd'hui, plus de 95 % des femmes européennes vivent dans des pays autorisant l'avortement[47], les conditions pour y avoir accès sont à géométrie très variable : elles créent des inégalités entre les femmes européennes et incitent celles qui le peuvent à aller avorter dans un autre pays. C'est parce que les droits sexuels et reproductifs relèvent de la compétence des États membres qu'il n'existe pas de législation européenne spécifique sur l'avortement au niveau de

45. Décret nº 2016-743 du 2 juin 2016 relatif aux compétences des sages-femmes en matière d'interruption volontaire de grossesse par voie médicamenteuse et en matière de vaccination.
46. DREES, « Le nombre des interruptions volontaires de grossesse augmente en 2022 », *op. cit.*
47. Toute l'Europe, « Le droit à l'avortement dans l'Union européenne », 7 mars 2024.

l'Union européenne. La marge de manœuvre de l'Union européenne est donc très limitée. Ces droits sont pourtant la clef de voûte de l'égalité, qui, elle, est bien inscrite dans la Charte européenne des droits fondamentaux. Mais chaque État peut décider de limiter l'autonomie corporelle, l'accès aux droits et à la santé sexuelle et, ainsi, de garder le contrôle sur le corps des femmes. Cela concerne également la contraception, l'éducation à la sexualité et les droits des personnes LGBTQIA, avec toutes les inégalités que cela engendre entre les femmes et toutes les personnes européennes, enfants, jeunes et adultes, en matière d'accès à ces droits.

En l'absence d'harmonisation européenne des règles relatives à l'avortement, des écarts extrêmes entre législations nationales coexistent au cœur de l'Europe. Certes, depuis que Malte a enfin adopté, en 2023, une loi autorisant l'IVG sous des conditions très restrictives (si la grossesse met en danger la vie de la femme ou si le fœtus n'est pas viable), il est possible de considérer que l'avortement est désormais légal dans tous les pays de l'Union. Depuis mars 2018, en Irlande et à Chypre – deux autres États où elle est longtemps demeurée interdite – l'IVG est désormais autorisée jusqu'à 12 semaines de grossesse, sans qu'il soit nécessaire pour les femmes d'avoir à justifier d'un risque pour leur santé. La Slovénie a inscrit depuis 1991 à l'article 55 de sa Constitution que « La décision d'avoir des enfants est libre. L'État garantit les possibilités de réalisation de cette liberté et crée les conditions qui permettent aux parents de décider de la naissance de leurs enfants ». Mais on observe aussi des mouvements contraires.

En Pologne, la loi a ainsi connu plusieurs restrictions successives depuis 1993, aggravées encore par une décision du tribunal constitutionnel de 2020 déclarant inconstitutionnelles les dispositions législatives permettant l'avortement en cas de graves malformations fœtales – une indication législative qui recouvrait 98 % des IVG réalisées[48]. Bien que l'avortement demeure possible en cas de danger pour la vie de la femme, au moins six femmes sont mortes depuis cette décision dans des hôpitaux polonais après le refus des médecins de pratiquer un avortement thérapeutique au motif que le cœur du fœtus battait encore[49]. D'autres femmes ont été forcées de poursuivre leur grossesse malgré de graves malformations fœtales, voire dans des cas de non-viabilité hautement probable du fœtus à la naissance. De telles situations s'apparentent à des refus de soin. Le slogan « Sauver les deux vies », régulièrement scandé

48. Jakub Iwaniuk, « En Pologne, l'avortement devient quasiment illégal après une décision de justice », *Le Monde*, 22 octobre 2020.

49. https://www.rts.ch/info/monde/14132533-colere-en-pologne-devenue-lenfer-des-femmes-apres-les-restrictions-sur-lavortement.html

par les mouvements qui se disent « pro-vie », conduit en réalité souvent à la mise en danger, voire à la mort des femmes concernées, ce qui conduit nombre de Polonaises à avoir peur d'être enceintes : « Nous avons déjà été contactés par des femmes qui aimeraient fonder une famille, mais ne se sentent pas en sécurité dans leur propre pays », disait Kamila Ferenc, directrice adjointe de la Fondation polonaise pour les femmes et pour la planification familiale (Federa) en janvier 2023[50]. Et en Hongrie, pays dont le président se présente comme le défenseur de la famille traditionnelle, la loi fondamentale a été révisée en 2011 pour, d'une part, faire référence à Dieu et au christianisme et, d'autre part, intégrer des dispositions aux termes desquelles « la vie du fœtus doit être protégée dès la conception » et « l'institution du mariage en tant qu'union pour la vie en commun d'un homme et d'une femme établie par une décision délibérée, ainsi que la famille en tant que fondement de la vie de la nation », sont protégées. En outre, depuis septembre 2022, de nouvelles règles imposent aux médecins de faire entendre les battements du cœur du fœtus à toute femme qui souhaite avorter.

## Droits des femmes et démocratie sont indissociables

Ces réformes font apparaître l'importance du lien entre démocratie, égalité et droits des femmes : les droits sexuels et reproductifs sont en effet l'un des révélateurs de l'état de santé d'une démocratie. En Europe, des femmes continuent de voir ces droits bafoués ou restreints en raison de lois, de politiques et de pratiques qui reflètent la persistance de stéréotypes et d'inégalités de genre : « même dans des pays européens ayant légalisé l'avortement à la demande de la femme, les femmes se heurtent encore à des obstacles dans l'accès à un avortement légal et sûr, en raison de l'incapacité de l'État à garantir aux femmes l'accès effectif à des services d'avortement lorsque les professionnels de la santé refusent de pratiquer cet acte pour des motifs de conscience ou de religion. En outre, des obstacles procéduraux existent dans certains pays, comme les « conseils et les délais d'attente obligatoires », soulignait le Commissaire aux droits de l'homme du Conseil de l'Europe en 2017[51]. Ainsi, en Italie, malgré la loi n° 194 de 1978 dépénalisant l'avortement, l'accès à l'avortement est rendu difficile par le fait que près de 70 %

50. Hélène Bienvenu, « En Pologne, les ravages des restrictions d'accès à l'IVG », *Le Monde*, 8 janvier 2023.

51. Conseil de l'Europe, Commissaire aux droits de l'Homme, *Document thématique : Santé et droits sexuels et reproductifs des femmes en Europe*, 2017, p. 22.

des médecins opposent leur clause de conscience. La situation est encore plus compliquée depuis l'arrivée au pouvoir d'une coalition unie contre les droits sexuels et reproductifs qui a accepté toutes les demandes du mouvement *Pro Vita* qui se mobilise « contre le genre » et « contre l'avortement », et autorise aujourd'hui l'intervention d'associations anti-IVG dans les structures organisant l'accès à l'avortement. « Une proposition de loi qui prévoit de reconnaître la qualité juridique de l'être humain dès la fécondation a été déposée », dit un conseiller régional[52].

Face à ces évolutions et pratiques restrictives, de nombreux acteurs politiques se mobilisent – notamment, au Parlement européen. Le député européen socialiste polonais Robert Biedron s'insurge : « Pour moi, c'est incompréhensible : nous avons en Europe des normes pour les bananes et les carottes, et même une norme pour un chargeur universel. Mais pas pour les droits des femmes ! [...] Pourquoi une femme polonaise, maltaise ou italienne, ne pourrait-elle pas disposer des mêmes droits qu'une Française, une Belge ou une Espagnole[53] ? » Dans son premier discours inaugurant la présidence française de l'Union européenne début 2022, le président de la République indiquait qu'il souhaitait inscrire l'avortement dans la Charte européenne des droits fondamentaux ; Emmanuel Macron renouvelait cet appel lors de la cérémonie du scellement de l'IVG dans la Constitution française le 8 mars 2024. La promesse est ambitieuse – et même, considèrent certains, irréaliste en raison de la règle de majorité requise pour toute modification de la Charte. Plusieurs textes importants ont cependant été adoptés par les instances de l'Union européenne – ainsi, d'ailleurs, que du Conseil de l'Europe[54] – en faveur du droit à l'avortement. Ainsi, en 2011, le Parlement européen adoptait deux résolutions. La première, relative à la réduction des inégalités de santé au sein de l'Union européenne, appelait « l'Union européenne et les États Membres [à] garantir aux femmes un accès aisé aux moyens de contraception ainsi que le droit à un avortement sûr[55] ». La seconde, portant sur l'égalité entre les femmes et les hommes, insiste sur le fait « que les femmes doivent avoir le contrôle de leurs droits sexuels et reproductifs, notamment grâce à un accès aisé à

52. https://www.marieclaire.fr/reportage-italie-ombrie-ivg-avortement-menaces, 1444444.asp ; et « Aborto, FdI propone una legge per i diritti del concepito », *La Repubblica*, 18 janvier 2023.

53. https://www.rfi.fr/fr/europe/20230619-droits-%C3%A0-l-ivg-l-union-europ%C3%A9enne-impuissante-face-aux-tentatives-de-retour-en-arri%C3%A8re

54. L'Assemblée parlementaire du Conseil a par exemple voté en 2008 une résolution demandant aux États membres de dépénaliser l'avortement et de garantir aux femmes l'accès à un avortement sans risque et légal, appelant à lever les restrictions qui entravent en fait ou en droit l'accès à l'avortement, à assurer l'accès à la contraception et à instituer l'éducation sexuelle obligatoire des jeunes : Résolution 1607 (2008), Accès à un avortement sans risque et légal en Europe.

55. Résolution du Parlement européen du 8 mars 2011 sur la réduction des inégalités de santé dans l'Union européenne (2010/2089 (INI)), § 25.

la contraception et à l'avortement[56] ». En juin 2021, une nouvelle résolution votée suite au rapport du député socialiste croate Fred Matic sur la situation concernant la santé et les droits génésiques et sexuels dans l'Union[57], intègre un chapitre sur la nécessité d'un accès « sûr et légal à l'avortement fondé sur la santé et les droits des femmes ». La résolution réaffirme que « l'avortement doit toujours être une décision volontaire fondée sur une demande formulée par une personne de son plein gré, et [qu'il] doit se conformer à des normes médicales et se fonder sur les lignes directrices de l'OMS, à savoir la disponibilité, l'accessibilité, le caractère abordable et la sécurité, et invite les États membres à garantir l'accès universel à un avortement sûr et légal, ainsi que le respect du droit à la liberté, à la vie privée et aux meilleurs soins de santé possibles[58] ». Le 7 juillet 2022, dans le contexte du recul des droits des femmes aux États-Unis causé par le retentissant arrêt *Dobbs v. Jackson Women's Health* rendu par la Cour suprême, les députés européens se sont prononcés en faveur d'une modification de l'article 7 de la Charte des droits fondamentaux, afin d'y ajouter que « toute personne a droit à un avortement sûr et légal[59] ». Ils demandent aussi aux États membres de « dépénaliser l'avortement et supprimer et combattre les obstacles juridiques, financiers, sociaux et pratiques qui l'entravent encore dans certains États membres[60] ». En parallèle, les députés se sont inquiétés des possibles augmentations « des financements à destination de groupes anti-genre et anti-choix dans le monde, y compris en Europe[61] ». En dernier lieu, dans une résolution adoptée le 11 avril 2024, le Parlement européen appelle tous les États membres à dépénaliser complètement l'avortement, à supprimer les différents obstacles (pratiques, désinformation…) qui continuent de l'entraver et à garantir l'accès universel aux droits sexuels et reproductifs[62].

56. Résolution du Parlement européen du 8 mars 2011 sur l'égalité entre les femmes et les hommes dans l'Union européenne – 2010 (2010/2138 (INI)), § 64.

57. Parlement européen, Rapport – A9-0169/2021 sur la situation concernant la santé et les droits génésiques et sexuels dans l'Union, dans le cadre de la santé des femmes, 21 mai 2021, (2020/2215 (INI)).

58. Résolution du Parlement européen du 24 juin 2021 sur la situation concernant la santé et les droits génésiques et sexuels dans l'Union, dans le cadre de la santé des femmes (2020/2215 (INI)), § 33.

59. Résolution du Parlement européen du 9 juin 2022 sur les menaces contre le droit à l'avortement dans le monde : l'éventuelle remise en cause du droit à l'avortement aux États-Unis par la Cour suprême (2022/2665 (RSP)), § 24.

60. *Ibid.*, § 29.

61. Toute l'Europe, Adrien Palluet, « Les députés européens veulent que le droit à l'avortement soit inscrit dans la Charte des droits fondamentaux de l'UE », 7 juillet 2022 : https://www.touteleurope.eu/societe/les-deputes-europeens-veulent-que-le-droit-a-l-avortement-soit-inscrit-dans-la-charte-des-droits-fondamentaux-de-l-ue/.

62. Résolution du Parlement européen du 11 avril 2024 sur l'inscription du droit à l'avortement dans la charte des droits fondamentaux de l'Union européenne (2024/2655 (RSP)).

Le Parlement demande également instamment à l'Union européenne de veiller à ce qu'aucun financement européen ne soit versé à des organisations anti-droits et anti-choix[63]. Si ces textes sont fondamentaux d'un point de vue politique, ils n'ont malheureusement aucune portée contraignante.

## Les mouvements anti-choix en Europe

En Europe comme ailleurs, il existe un projet concerté de forces conservatrices et religieuses, qui s'opposent depuis toujours à l'avortement et aux droits sexuels, pour les remettre en cause. Ces mouvements refusent de considérer l'avortement comme un droit humain ; ils luttent également contre un projet de société égalitaire et inclusif et se rejoignent autour de l'idée d'une sexualité dont le but exclusif serait la procréation et le retour à un « ordre naturel[64] » régissant les rapports entre les femmes et les hommes. Souvent liés à des groupes religieux et d'extrême droite, ils s'opposent, pêle-mêle, à l'ensemble des droits sexuels et reproductifs, aux droits des personnes LGBTQIA, et au féminisme. Ces mouvements, organisés de façon transnationale, forment une alliance contre les droits des femmes en général, et contre la reconnaissance de l'avortement comme un droit humain en particulier – sous couvert de protection de la famille et de l'enfant. Ils bénéficient de soutiens importants, provenant notamment des États-Unis ou de la Russie, et cherchent à interférer dans les politiques des pays et les politiques européennes pour limiter l'accès à ces droits[65]. Parmi leurs axes de plaidoyer, l'« idéologie du genre » figure en bonne place. Ils y voient un perturbateur de l'ordre naturel du monde, articulé autour d'une vision traditionnelle de la famille hétéronormée et de l'assimilation de l'avortement à un crime. Ces mouvements mettent volontiers en avant le principe de « dignité humaine », qu'ils déclinent sous trois aspects[66] : un aspect de défense de la vie « de la conception jusqu'à la mort naturelle » qui fonde l'opposition à plusieurs formes de contraception, à

63. Résolution du Parlement européen du 11 avril 2024 sur l'inscription du droit à l'avortement dans la charte des droits fondamentaux de l'Union européenne (2024/2655 (RSP)), § 5 : « s'inquiète de la forte augmentation du financement des groupes anti-genre et anti-choix dans le monde, y compris dans l'Union ; invite la Commission à utiliser tous les leviers mis à sa disposition pour garantir que les organisations qui luttent contre l'égalité entre les hommes et les femmes et les droits des femmes, y compris les droits en matière de reproduction, ne reçoivent pas de financement de l'Union. »
64. European Parliamentary Forum on Population and Development, *Restaurer l'ordre naturel : La vision des extrémistes religieux pour mobiliser les sociétés européennes contre les droits humains en matière de sexualité et de reproduction*, avril 2018 [en ligne].
65. Solène Cordier, « Neil Datta, spécialiste des mouvements anti-IVG : "La constitutionnalisation de l'IVG serait une avancée fondamentale au plan juridique et symbolique" », *Le Monde*, 28 février 2024.
66. European Parliamentary Forum on Population and Development, *Restaurer l'ordre naturel*, *op. cit.*

l'avortement et à l'euthanasie ; un aspect de défense de la « famille » entendue dans une acception patriarcale et traditionnelle ; un aspect de liberté religieuse au nom de laquelle des exemptions ou dérogations à certaines règles juridiques doivent être permises, au nom des croyances. Bien organisés et connectés au moyen de réseaux transnationaux, ces mouvements agissent à tous les niveaux – local, national et international. La « Déclaration de consensus de Genève sur la promotion de la santé de la femme et le renforcement de la famille[67] », en est une illustration emblématique : cette coalition internationale d'États contre l'avortement, réunis en marge en marge de l'Assemblée mondiale de la santé à Genève (OMS) en 2020, affirme, entre autres, que le droit à la vie est inhérent à la personne humaine, que l'enfant a besoin d'une protection spéciale avant sa naissance, et que « l'avortement ne devrait, en aucun cas, être promu comme méthode de planification familiale ». Rédigée à l'initiative du président états-unien Donald Trump avec le soutien du chef de l'État brésilien Jair Bolsonaro, ce texte publié le 22 octobre 2020 a réuni les signatures de 34 pays dont la Pologne et la Hongrie, mais aussi le Koweït ou le Soudan[68].

L'agenda « anti-genre » qui sous-tend largement ces mouvements et cette initiative entretient des liens avec d'autres agendas – climatosceptique, anti-démocratie, et anti-immigration. Ainsi, les premières décisions prises par Donald Trump lorsqu'il a accédé à la présidence furent non seulement de rétablir le *Global Gag Rule*, ou « règle du bâillon », qui interdit le financement par les États-Unis d'organisations internationales qui proposent des services d'avortement légal et délivrent une information complète en matière de santé sexuelle et reproductive, mais aussi de se retirer de l'accord de Paris[69]. « Auparavant rassemblés sous l'organisation *Agenda Europe*, née en même temps que La Manif pour tous, les mouvements anti-choix se multiplient en Europe. Dans la ligne de mire de cette galaxie chrétienne conservatrice, le droit à l'avortement et les personnes LGBT+ », écrit Rozenn Le Carboulec dans une enquête sur ces mouvements en juin 2024[70]. Parmi leurs modes de communication et de mobilisation communs au service de la bataille idéologique qu'ils mènent, figure en premier lieu la mobilisation du vocabulaire des droits humains, s'appropriant pour ce faire les termes utilisés dans les conventions internationales relatives aux droits humains, aux droits des femmes, aux droits des enfants ainsi que la sémantique utilisée lors de grandes Conférences internationales onusiennes telles que la CSW (Commission de la

67. https://documents.un.org/doc/undoc/gen/n20/344/31/pdf/n2034431.pdf?token=pYNnDOH-HO5i1ZU4QcQ&fe=true

68. Les États-Unis se sont retirés de cet accord au moment du changement de présidence.

69. Même si le président Biden a abrogé ces deux décisions dès son entrée en fonctions en 2020.

70. Rozenn Le Carboulec, « Comment l'extrémisme religieux chrétien se fédère en Europe pour "restaurer l'ordre naturel" », *Mediapart*, 9 juin 2024.

condition de la femme) ou l'ICPD (Conférence internationale sur la population et le développement). Ils mettent ainsi par exemple en exergue un « droit à la vie pour l'enfant à naître », un « droit des pères à prévenir l'avortement de leur enfant », ou encore l'assimilation de la clause de conscience des personnels médicaux à un droit humain. Ils agissent aussi sur le terrain juridique, en soutenant notamment des recours formés devant les juridictions nationales ou européennes, comme dans les affaires portées par une sage-femme auprès de la CEDH contre la Suède[71], parce qu'elle ne leur reconnaît pas le droit à l'objection de conscience en cas d'avortement, ou en intentant des actions contre des organisations ou militant·es pro-choix. C'est ainsi par exemple que Danielle Gaudry, gynécologue membre du Planning Familial, a été attaquée en justice pour diffamation par la fondation Jérôme Lejeune à la suite d'un entretien qu'elle avait consenti à une journaliste de France Info à propos d'un manuel de bioéthique que la fondation distribuait dans des établissements scolaires, au cours duquel elle avait dénoncé le fait que ce manuel contenait des « contre-vérités scientifiques ». La Fondation a toutefois perdu ce procès en première instance et en appel : le juge a considéré qu'il n'y avait pas eu de diffamation[72].

Ces mouvements bénéficient par ailleurs d'importants soutiens financiers internationaux. « Les organisations anti-genres sont de plus en plus nombreuses, de plus en plus riches, et c'est principalement le résultat de l'argent européen »[73], soulignait Neil Datta en juin 2024. En 2020, le média en ligne OpenDemocracy a publié une enquête révélant que 280 millions de dollars avaient été dépensés entre 2008 et 2017 dans le monde par douze organisations américaines de la droite chrétienne pour financer des campagnes « anti-genre » et anti-LGBTQIA. Les liens de ces mouvements avec l'extrême droite et leurs financements ont fait l'objet de plusieurs études[74] et publications[75]. La Fondation Jérôme Lejeune serait le premier « bailleur de fonds anti-genre en Europe selon les dépenses cumulées » d'après le directeur exécutif du Forum parlementaire européen sur la population et le développement (EPF)[76].

71. Cour européenne des droits de l'Homme, 11 février 2020, déc., *Grimmark v. Suède*, n° 43726/17.
72. https://www.50-50magazine.fr/2020/12/14/dr-gaudry-relaxee-la-fondation-lejeune-echoue-a-museler-le-planning-familial/
73. Rozen Le Carboulec, « Conservatisme dur, initiatives anti-IVG : comment l'argent public finance des fonds anti-droits », *Mediapart*, 7 juin 2024.
74. European Parliamentary Forum on Population and Development, La partie Émergée de l'iceberg. Des financements issus de l'extrémisme religieux visent à faire reculer les droits humains en matière de santé sexuelle et reproductive en Europe 2009-2018, 2021 [en ligne].
75. Sian Norris, *Bodies Under Siege. How the Far-Right Attack on Reproductive Rights Went Global*, Verso Books, 2023.
76. Rozen Le Carboulec, « Conservatisme dur, initiatives anti-IVG : comment l'argent public finance des fonds anti-droits », précité.

À travers les outils numériques et les réseaux sociaux, ces mouvements multiplient fake news et désinformation, sous couvert d'information sur l'IVG et, plus généralement, les questions de sexualité. De nombreux sites internet relaient les positions de ces mouvements, le plus souvent sous des apparences modernes et soignées véhiculant des images de neutralité et de caractère apolitique. Ils recourent aussi à des stratégies de remise en cause, ou de blocage, de la recherche scientifique. En mars 2024, la Fondation Jérôme Lejeune, membre de la Marche pour la vie, a ainsi remporté une victoire judiciaire en faisant suspendre, via un jugement du Tribunal Administratif de Montreuil, un programme de recherche visant à éviter l'implantation d'embryons non viables à des femmes en parcours de PMA[77]. Le mois précédent, la Cour suprême de l'Alabama, aux États-Unis, qualifiait les embryons congelés d'« enfants extra-utérins » jouissant à ce titre de la protection offerte par la Constitution[78], ouvrant la voie à de nombreux bouleversements juridiques, y compris la possibilité de poursuites judiciaires pour meurtre en cas de destruction. De cette décision, il ressort que l'objectif ultime de ces mouvements est d'obtenir la reconnaissance de la personnalité juridique de l'embryon au nom du respect absolu de la vie humaine dès la conception[79].

Dans un mouvement éminemment populiste qui consiste à opposer la démocratie directe et l'État de droit, ils mobilisent même assez systématiquement les instruments de la démocratie participative pour faire pression sur les pouvoirs publics. C'est vrai aux États-Unis, où la Cour suprême a précisément justifié son arrêt *Dobbs* par la nécessité de reprendre la question de l'avortement aux juges pour la remettre aux législateurs souverains des États[80] ; et c'est vrai aussi en Europe, où ces mouvements avaient porté la première initiative citoyenne européenne intitulée *One of us*, qui visait à empêcher le financement d'actions entraînant la destruction d'embryons humains.

En deçà du lobbying politique et du plaidoyer, ces mouvements n'hésitent pas à recourir à des actions choc, à l'instar du Centre européen pour la Loi et la Justice (ECLJ) basé à Strasbourg qui, en novembre 2022, a adressé à chacun des députés français une lettre qualifiant l'avortement d'« acte sanglant mettant fin à la vie d'un être humain » accompagnée d'autant de fœtus miniatures en plastique pour

77. TA Montreuil, 8e ch., 5 janv. 2024, n° 2203760. Ce jugement ne fournit qu'un exemple des nombreuses batailles judiciaires menées par la fondation Jérôme Lejeune qui attaque souvent la légalité de protocoles de recherche, notamment en médecine embryonnaire.

78. Cour suprême de l'Alabama, 20 février 2024, *LePage, v. Center for Reproductive Medicine*, SC-2022-0515.

79. Voir Stéphanie Hennette-Vauchez, « Dobbs, l'avortement et la Constitution », *Délibérée*, 2023/2, n° 19, p. 71-78.

80. Julie Suk, « L'avortement comme question constitutionnelle », *Intersections. Revue semestrielle genre et droit*, 2024, n° 1 [en ligne].

leur enjoindre de voter contre la constitutionnalisation de l'IVG. Ils recourent aussi massivement à la désinformation, avec par exemple la diffusion d'une vidéo en mars 2024 dans laquelle des femmes témoignent du « traumatisme » vécu lors de l'avortement qu'elles ont « subi ». À travers des sites internet trompeurs, mais bien référencés, et des lignes d'écoute qui se présentent comme des lignes officielles, ils dramatisent à tort l'avortement et ses conséquences (dépression, risques suicidaires, absence de choix…) – tout en s'attaquant aussi aux droits des personnes LGBTQIA et particulièrement des personnes trans. Ils forment au plaidoyer des générations de jeunes qui se disent « pro-vie » et prennent la parole dans les médias et dans des instances de plaidoyer nationales et internationales, comme à l'ONU, pour faire obstruction à toute tentative de progrès en faveur des droits sexuels et reproductifs et des droits des femmes. En France, une nébuleuse d'organisations, au sein de laquelle on trouve La Manif pour Tous (qui s'est renommée en 2023 *Syndicat de la Famille*, appellation plus neutre, plus moderne et surtout moins connotée d'homophobie), la Marche pour la vie, Alliance Vita, la fondation Lejeune, les Survivants… et d'autres encore, réagit à chaque progrès qui se dessine. Ainsi, au moment des débats sur la constitutionnalisation de l'IVG en 2023 et en 2024, ces mouvements ont attaqué les locaux d'associations du Planning Familial à Bordeaux et à Strasbourg (lors du vote au Congrès de République), ou encore à Lille (le jour de la cérémonie du scellement). Des autocollants anti-avortement avaient été collés en une nuit sur de nombreux Velib à Paris le 25 mai 2023. Pourtant, aujourd'hui en France, seul un faible segment de la population remet en cause le droit à l'avortement ; de fait, les débats ayant présidé à la constitutionnalisation de l'IVG ont montré que les anti-choix avaient perdu du terrain – et, peut-être même, une part de la bataille idéologique : nombre de parlementaires se sont en effet mis à les qualifier d'« anti-choix » (plutôt que « pro-vie »), ce qui marque une évolution notable.

« Nous ne reculerons pas ! » : ce slogan qui a été porté par le Planning familial et par les organisations féministes aux États-Unis a désormais pris une dimension internationale. Face aux menaces et aux reculs, la mobilisation est en effet aujourd'hui nationale, internationale, intergénérationnelle et intersectionnelle. Là où l'avortement est interdit, la solidarité se met en marche pour qu'il soit accessible malgré tout, les femmes s'organisent, reprennent le pouvoir sur leur avortement et sur leur corps par des actions de désobéissance civile et en contournant les lois. Au cours des années récentes, la lutte exemplaire des Polonaises n'a jamais faibli, malgré les lois restrictives et les attaques contre les personnes défendant le droit à l'avortement. Des organisations comme Avortement sans frontières, Federa, et d'autres encore, organisent la solidarité internationale pour permettre aux femmes d'accéder à des pilules abortives ou d'aller avorter dans un pays voisin, avec l'accompagnement humain nécessaire, sans mise en danger

– même si le risque n'est jamais nul, comme l'atteste l'exemple de la militante polonaise Justyna Wydrzyńska, membre de Aborcyjny Dream Team, qui a été déclarée coupable d'avoir aidé une femme qui se trouvait dans une relation violente à accéder à un avortement sécurisé. C'est d'ailleurs largement sur le thème de l'avortement que le PiS a perdu les élections en Pologne fin 2023, avec une forte mobilisation des femmes et des jeunes dans ce pays sous influence notable de l'église catholique. Malgré plusieurs projets de lois visant à décriminaliser l'avortement déposés au Parlement polonais en 2024, le président Andrzej Duda, membre de la majorité conservatrice précédente, a déclaré qu'il ne promulguerait aucun texte en faveur de ce droit : « Je suis un homme qui défend la vie. Pour moi, l'avortement est la privation de la vie d'un petit être humain qui se trouve dans le ventre de sa mère. Si quelqu'un demande l'avortement, alors pour moi il demande le droit de tuer[81]. » Il a, de fait, opposé son veto à la législation sur la contraception d'urgence en mars 2024, pour « respecter les droits constitutionnels et les normes de protection de la santé des enfants[82] ». Les élections présidentielles de 2025 seront déterminantes. Au niveau de l'Union européenne, l'Initiative citoyenne européenne (ICE) *My Voice, My Choice : For Safe And Accessible Abortion* a été enregistrée le 10 avril 2024. Initiée en Slovénie, cette ICE a mobilisé les organisations de plusieurs pays, et espère récolter un maximum de signatures dans le contexte des élections européennes[83]. Son but est de faire admettre l'idée que l'Union européenne finance l'avortement de quiconque n'y aurait pas accès au sein de l'Union européenne. L'avortement a aussi été au cœur de la campagne présidentielle aux États-Unis, où la solidarité s'organise entre différents États afin de permettre aux femmes qui ne peuvent accéder à l'avortement là où elles résident de se déplacer afin d'y accéder – de nombreuses femmes mexicaines venant aujourd'hui en aide aux Américaines[84].

## Une mobilisation internationale

Au regard de ce contexte international, la constitutionnalisation de l'IVG en France n'est pas seulement symbolique ; bien au-delà, elle fait écho à un large mouvement international qui défend ce droit, le promeut, et montre que les

81. https://tvn24.pl/polska/prezydent-andrzej-duda-jesli-ktos-zada-aborcji-to-dla-mnie-zada-prawa-do-zabijania-st7818270
82. https://www.france24.com/fr/info-en-continu/20240411-pologne-ouverture-du-d%C3%A9bat-parlementaire-sur-l-acc%C3%A8s-%C3%A0-l-avortement
83. À la date du 11 juillet 2024, l'ICE avait recueilli 525 206 signatures.
84. « Sororité. Las Libres, ces Mexicaines qui viennent en aide aux Américaines pour avorter », *Courrier International*, 20 juillet 2022.

femmes y accèdent, même dans les pays où il est interdit. C'est un signal fort, en France comme à l'étranger, pour « déstigmatiser » l'IVG. La constitutionnalisation ne rendra toutefois pas le droit à l'avortement plus effectif. Seules de véritables politiques de santé intégrant la santé sexuelle et l'IVG peuvent contribuer à cet objectif. L'Organisation Mondiale de la Santé (OMS) a rappelé en 2022, au travers de ses lignes directrices pour un avortement sans risque[85], que 25 millions d'avortements non sécurisés ont lieu chaque année, causant environ 39 000 décès parmi les personnes les plus vulnérables. Dès lors, comme l'indique le directeur du département de Santé sexuelle et reproductive de l'OMS, « près de l'ensemble des décès et des traumatismes résultant d'un avortement non sécurisé sont entièrement évitables », de sorte que « le fait de pouvoir bénéficier d'un avortement sécurisé constitue un élément crucial des soins de santé[86] ». Ses propos font écho à ceux du Commissaire aux droits de l'Homme du Conseil de l'Europe Niels Muižnieks : « la santé et les droits sexuels et reproductifs sont fondamentalement liés à la jouissance de nombreux autres droits de l'homme ; [...] l'accès aux droits sexuels et reproductifs est une condition préalable indispensable[87] ».

De ce point de vue, la légalisation de l'avortement est assurément un élément crucial et nécessaire, mais ne saurait suffire. L'histoire nous enseigne qu'il existe de nombreuses façons de faire obstacle à la pleine effectivité du droit à l'avortement sans toucher à la loi. C'est pourquoi la sauvegarde du droit d'avorter demeure une histoire de lutte : lutte pour obtenir le droit, pour le rendre effectif, pour faire progresser la loi, pour qu'elle ne régresse pas ; lutte contre la stigmatisation de l'avortement, pour qu'il devienne un droit à part entière. « On ne mendie pas un juste droit, on se bat pour lui » disait le MLAC. « Donnons aux femmes le pouvoir d'avorter par elles-mêmes » dit aujourd'hui Rebecca Gomperts, fondatrice et directrice de *Women on web*[88]. Le mouvement ne s'arrête pas !

---

85. Organisation mondiale de la santé, *Lignes directrices sur les soins liés à l'avortement*, 2022 [en ligne].
86. Organisation mondiale de la santé, Communiqué de presse, 9 mars 2022 : https://www.who.int/fr/news/item/09-03-2022-access-to-safe-abortion-critical-for-health-of-women-and-girls.
87. Conseil de l'Europe, Commissaire aux droits de l'Homme, *Document thématique : Santé et droits sexuels et reproductifs des femmes en Europe*, 2017, p. 22 et communiqué de presse : https://www.coe.int/fr/web/commissioner/-/progress-needed-to-ensure-women-s-sexual-and-reproductive-health-and-rights-in-europe.
88. https://www.womenonweb.org/fr/

# Annexes

# L'avortement en chiffres

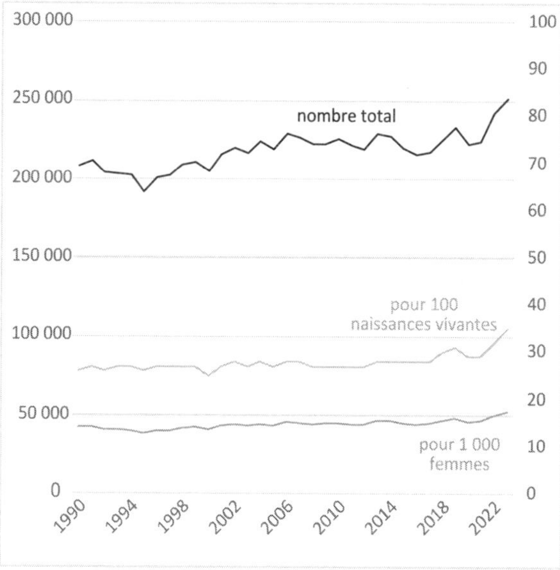


**Avortements en France, 1990-2023** : nombre total, taux pour 100 naissances vivantes, taux pour 1 000 femmes. On note une nette augmentation du taux de recours depuis 2021. Si la crise sanitaire l'a fait chuter, le niveau post-Covid est néanmoins supérieur au taux précédent. On explique cette hausse pour moitié par l'allongement du délai (14 semaines depuis 2022), mais, plus généralement, par les changements de comportements autour de la maternité (Vilain A. et Fresson J., 2023). Source Dress 2024.

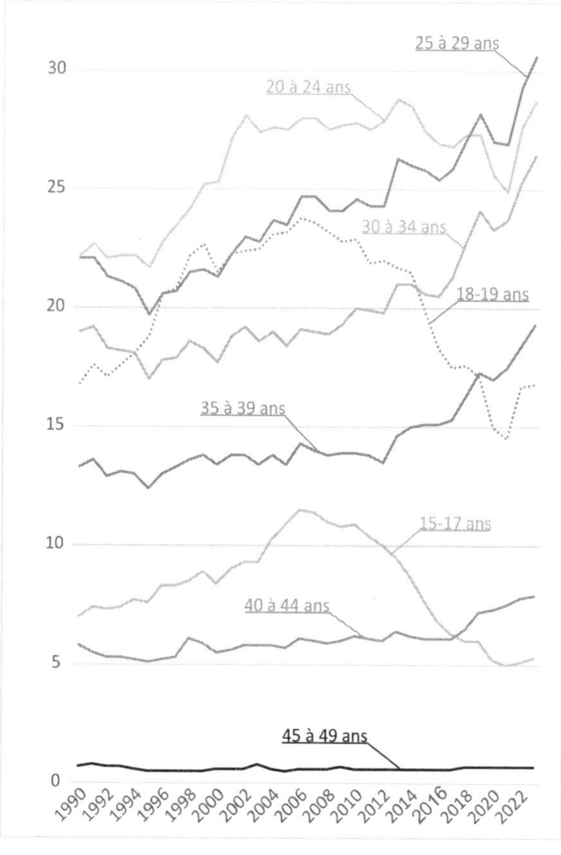


**Évolution du taux de recours selon l'âge (pour 1 000 femmes).** Le taux de recours des adolescentes et des jeunes femmes a chuté spectaculairement depuis 2005, ce que l'on peut expliquer par un recours accru à la contraception, un meilleur usage des méthodes contraceptives et peut-être une utilisation croissante de la contraception d'urgence (Breton *et al.*, 2020). La hausse du recours à l'IVG pour les 25-29 ans pourrait, elle, s'expliquer par des conditions socio-économiques dégradées, poussant les femmes à reculer l'âge de la maternité (Breton *et al.*, 2023). Enfin, pour toutes les tranches d'âge, la chute brutale du taux de recours en 2020 est due à l'épidémie de Covid et aux confinements successifs. Source Dress 2024.

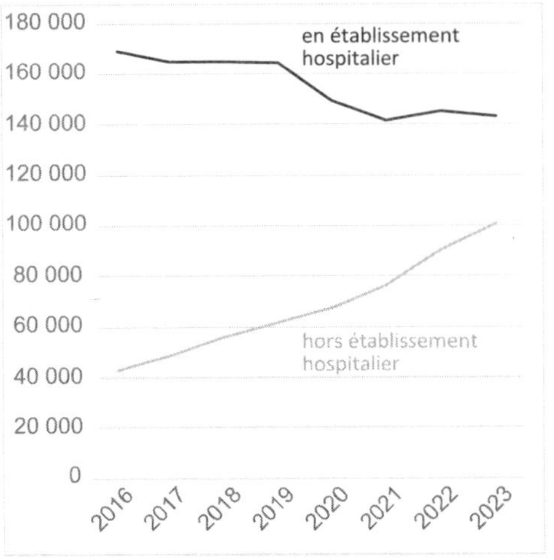


**Nombre d'IVG selon le lieu de réalisation.** Source Dress 2024.

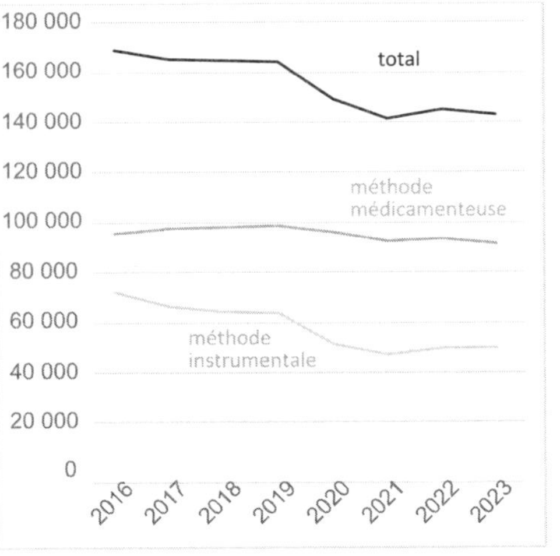


**Méthodes utilisées en établissements hospitaliers.** Source Dress 2024.

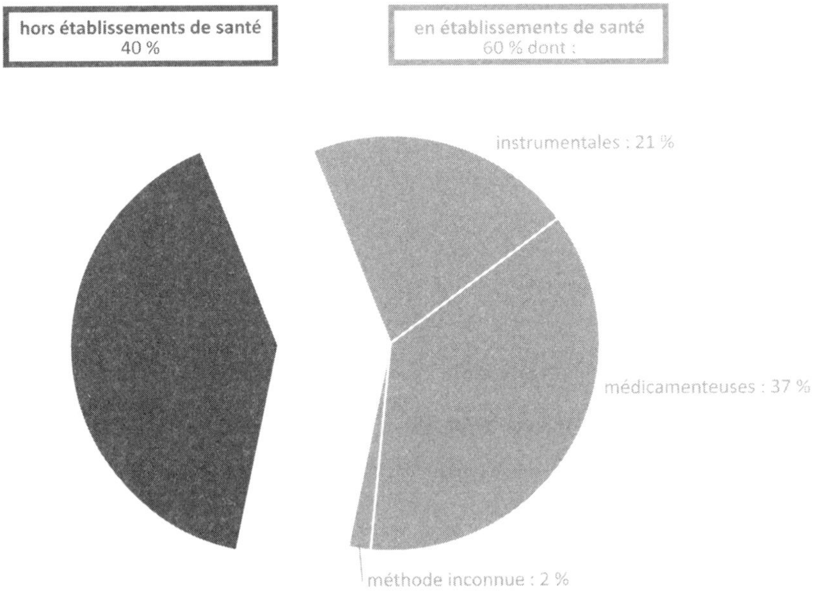


**Part d'IVG en 2023 selon les lieux et les méthodes.** Source Dress 2024.

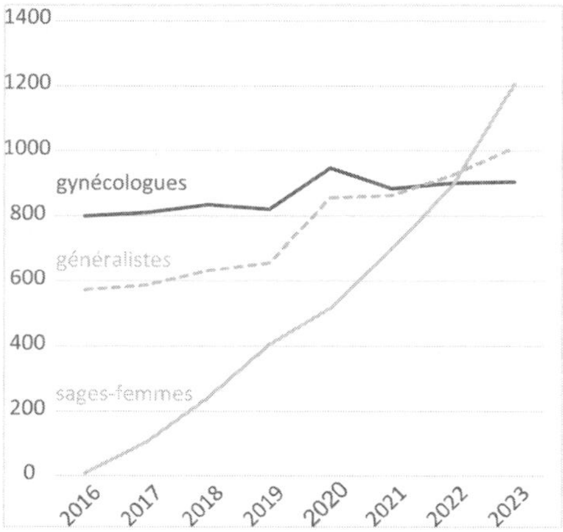


**Nombre de praticiens exerçant en cabinet libéral et ayant réalisé au moins une IVG dans l'année.** Depuis la loi Vallaud-Belkacem de 2014, les sages-femmes peuvent pratiquer des IVG médicamenteuses, et sont désormais plebiscitées par les patientes. Source Dress 2024.

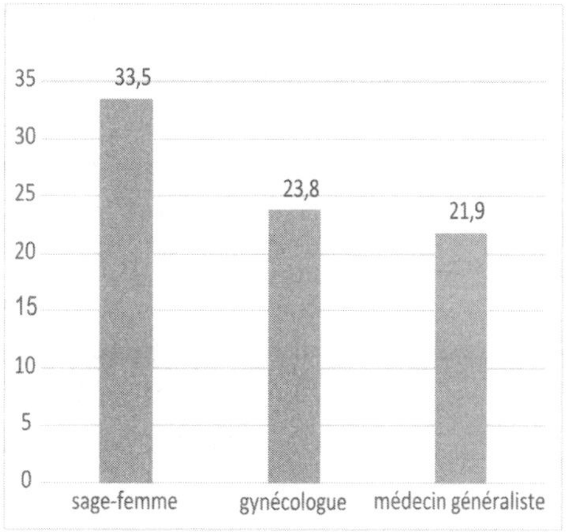


**Nombre moyen d'IVG pratiquées pour un praticien en 2023.** Source Dress.

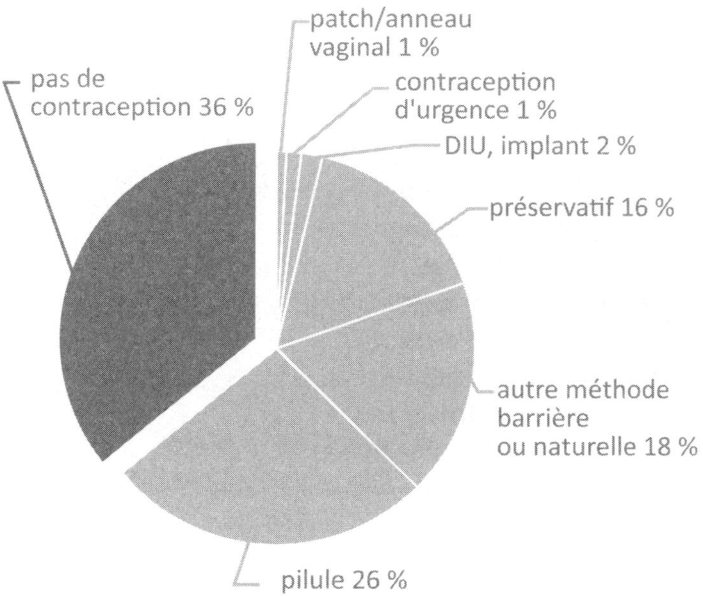

## Évolution de l'opinion française entre 1974 et 2014

Source : Ifop.

*"Entre ces différentes situations, quelle est celle qui vous paraît le mieux adaptée à notre époque ?"*

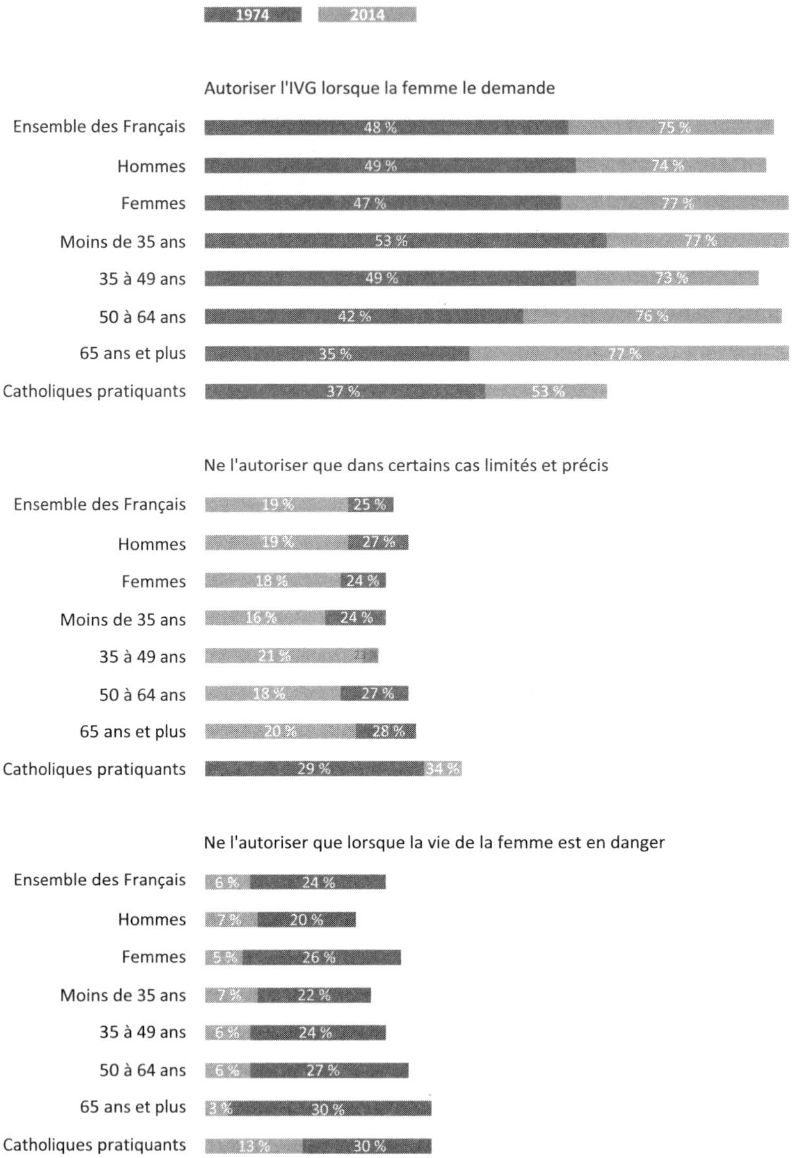

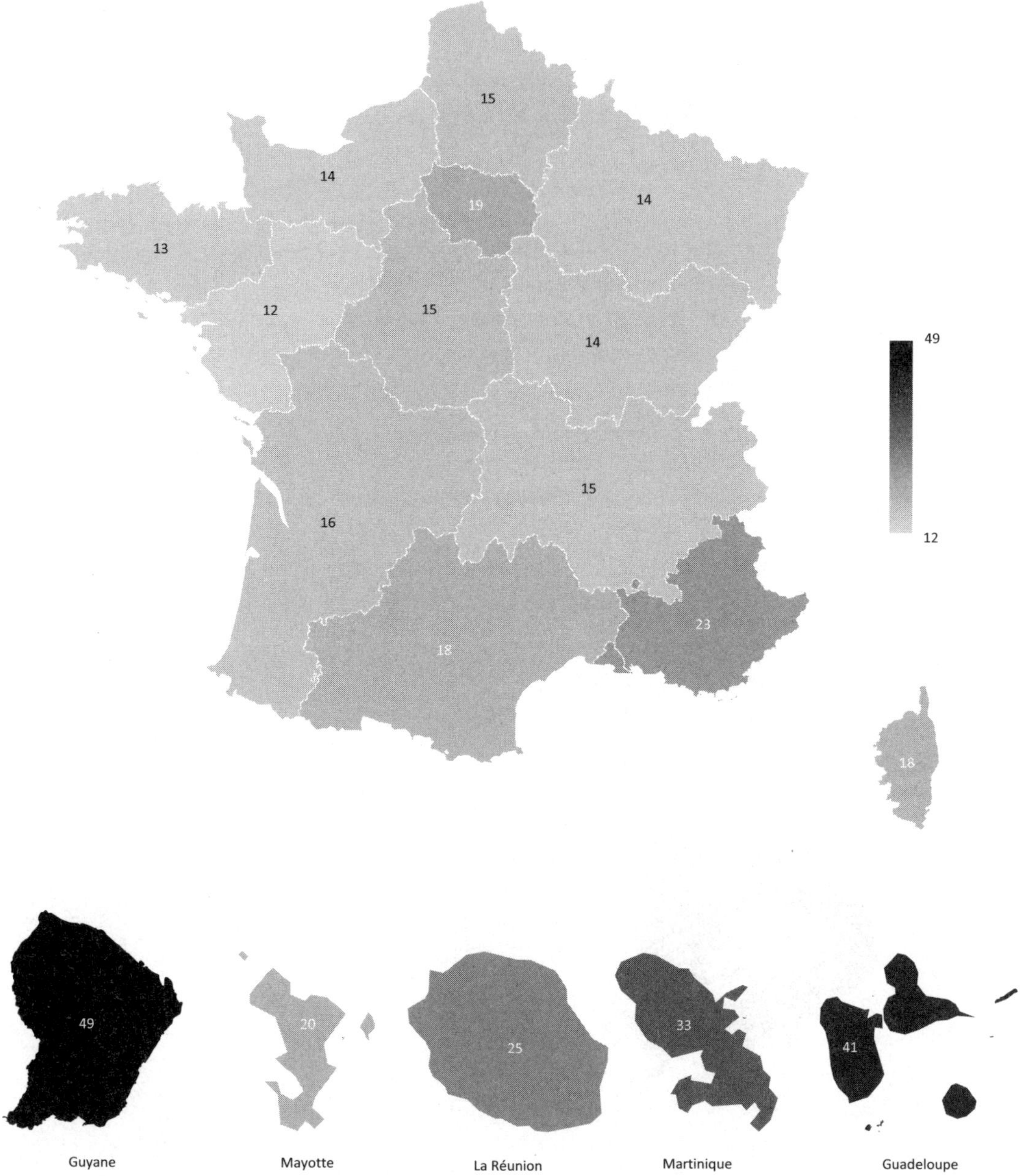


**Taux de recours à l'IVG pour 1 000 femmes de 15 à 49 ans en 2023.** Source DREES 2024.
Toutes les cartes sont réalisées avec Bing, © GeoNames, Microsoft, TomTom.

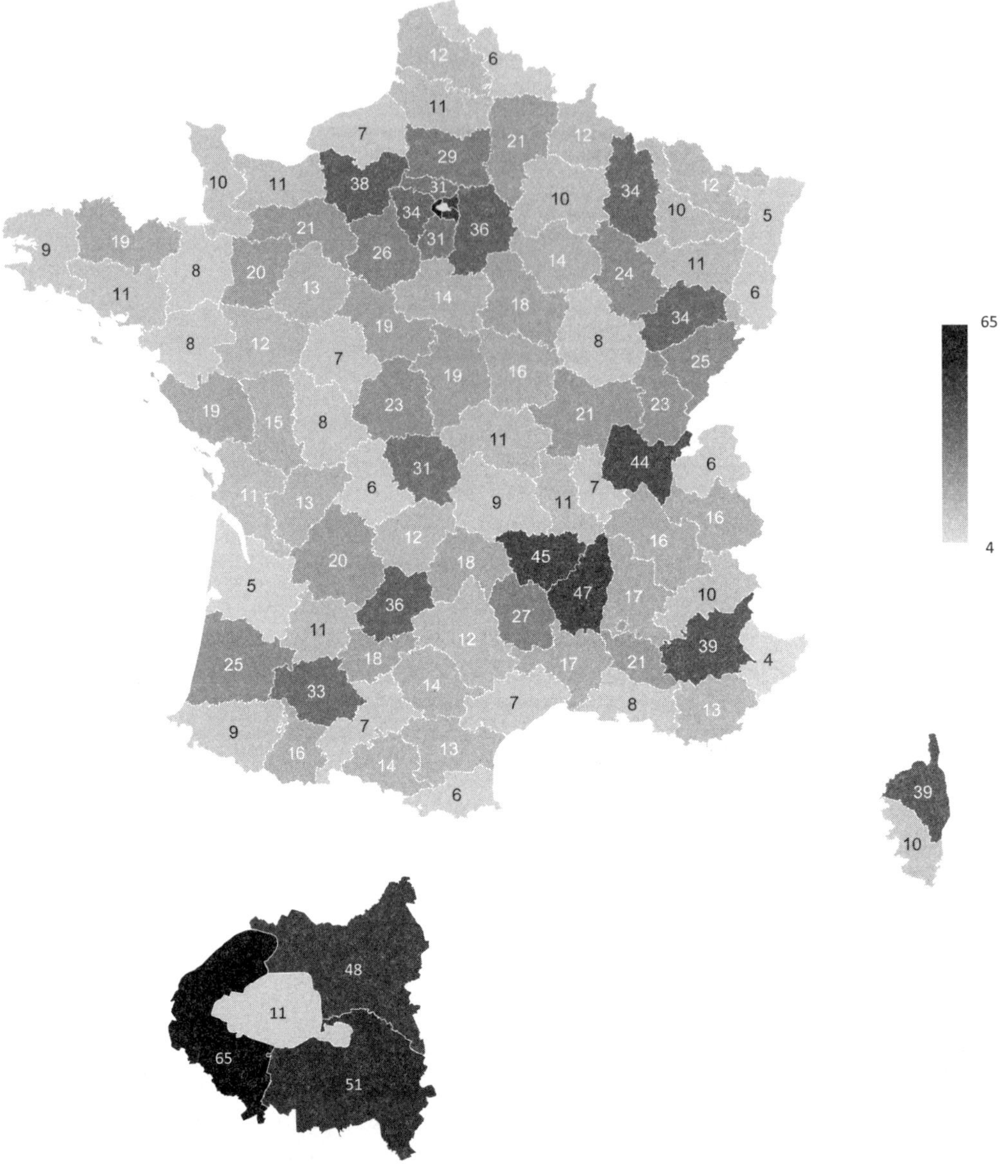


Paris et petite couronne

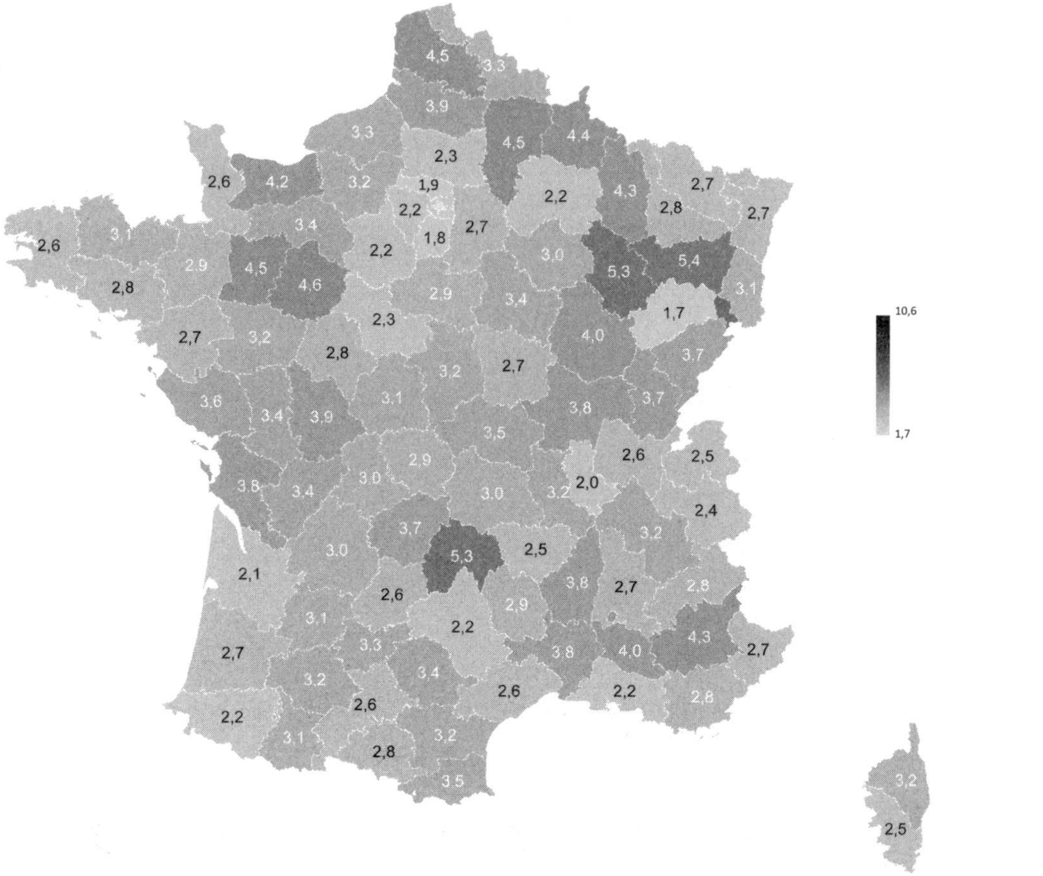


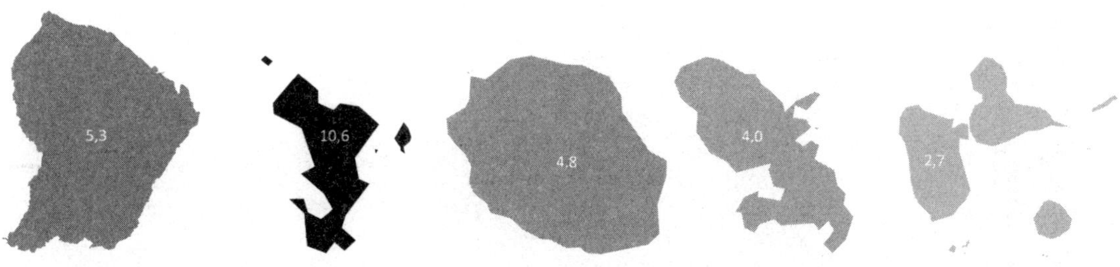


Guyane Mayotte La Réunion Martinique Guadeloupe

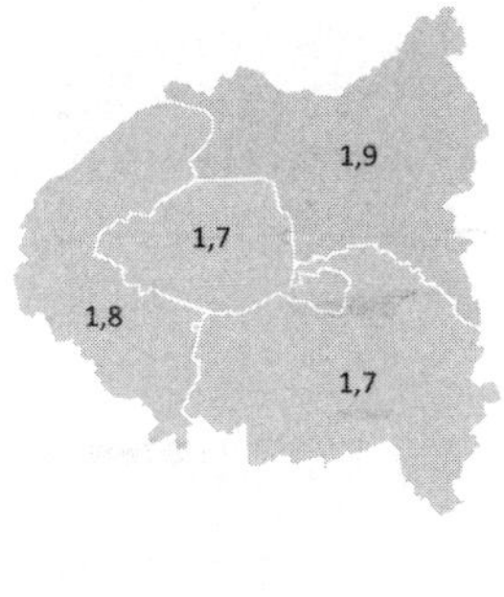


Paris et petite couronne

**Part d'IVG réalisées par des mineures en 2023 (en %).** Source DREES 2024.

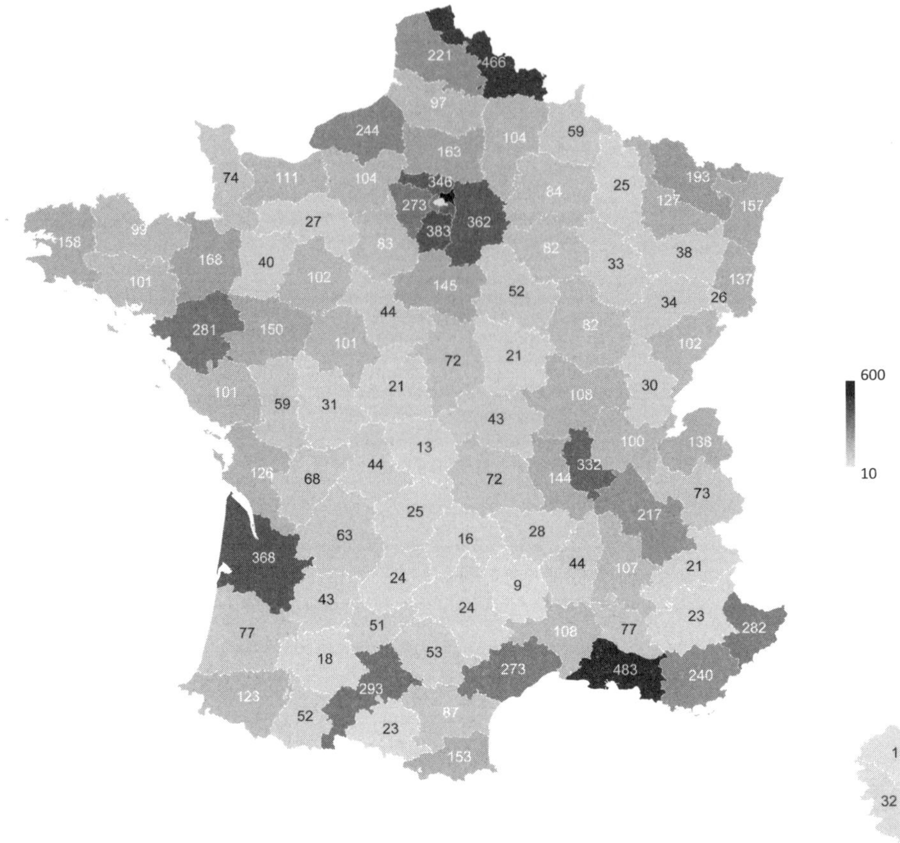

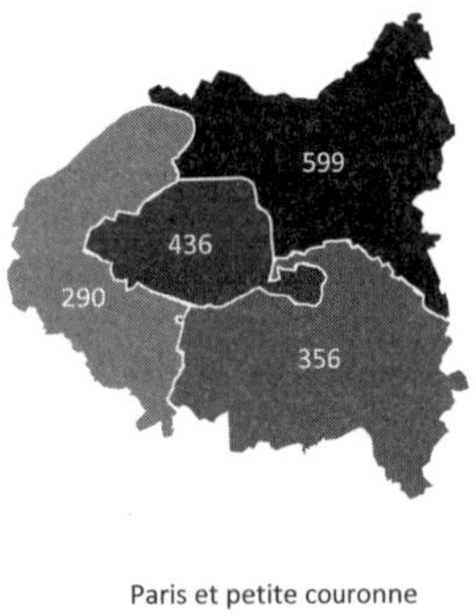


**Nombre d'IVG tardives (entre 12 et 14 semaines) en 2023.** Source DREES 2024.

# Bibliographie

« La production d'enfants », *Nouvelles Questions Féministes*, 2011, vol. 30, n° 1.

Adjiman Maurice, « Les problèmes éthiques des procréations médicalement assistées », Thèse de doctorat en philosophie, Paris X Nanterre, 2006.

Alexander Michelle, *The New Jim Crow. Mass Incarceration in the Age of Colorblindness*, The New Press, 2012.

Ancian Julie, *Les violences inaudibles : récits d'infanticides*, Paris, Éditions du Seuil, coll. « La couleur des Idées », 2022.

Arhab-Girardin Farida, « Les conditions de l'indemnisation de l'accident médical non fautif : une interprétation restrictive ? », *Revue de Droit Sanitaire et Social*, 2019, p. 1007.

Association Choisir, Beauvoir Simone de, *Avortement : une loi en procès. Sténotypie intégrale des débats du tribunal de Bobigny*, Paris, Gallimard, 1973.

Atlan Henri, *L'utérus artificiel*, Seuil, 2005.

Aubert Nicole, *Le Culte de l'urgence. La société malade du temps*, Paris, Flammarion, 2003.

Aubert Nicole (dir.), *L'individu hypermoderne*, Toulouse, Érès, 2004.

Audiard Catherine, *Qu'est-ce que le libéralisme ? Éthique, politique, société*, Paris, Gallimard, 2009.

Audibert Nastassia, *« Violence obstétricale », Émergence d'un problème public en France*, mémoire pour l'obtention du grade de master, Science Po Paris, 2016.

Avanza Martina, « Plea for an Emic Approach Towards 'Ugly Movements' : Lessons from the Divisions within the Italian Pro-Life Movement », *Politics and Governance*, 2018, vol. 6, n° 3, p. 112-125.

Avanza Martina, « Using a feminist Paradigm (Intersectionality) to study Conservative Women : The Case of Pro-life Activists in Italy », *Politics & Gender*, 2020, vol. 16, n° 2, p. 552-580.

Avarguez Sophie et Harlé Aude, « Entre "elles" et "nous" : phénomène prostitutionnel et logiques de distinction/déterritorialisation à la Jonquera », *Les Cahiers du CEDREF*, 2014, n° 21, p. 207-235.

Avarguez Sophie et Harlé Aude, « "Consommer" à la frontière : usages et perceptions en territoire catalan », *Territoire en mouvement. Revue de géographie et aménagement*, 2016, n° 29, p. 133-145.

Ayada Sophia, « Les lois européennes du travail procréatif : entre biologisation de la maternité et euphémisation des normes de genre », *Enfances Familles Générations*, 2018, n° 38.

Baetens Patricia, Camus Michel et Devroey Paul, « Should requests for donor insemination on social grounds be expanded to transsexuals ? », *Reproductive biomedicine online*, 2003, vol. 6, n° 3.

Bailey Caroline, « (Un)safe Spaces : The Relationship Between Slavery and Sexual Victimization of Black Women », *Journal of Interpersonal Violence*, 2024, vol. 39, n° 7-8, p. 1543-1570.

Baines Beverley, Barak-Erez Daphne et Kahana Tsvi (dir.), *Feminist Constitutionalism : Global Perspectives*, Cambridge University Press, 2012.

Baines Beverley et Rubio Marín Ruth (dir.), *The Gender of Constitutional Jurisprudence*, Cambridge University Press, 2005.

Bajos Nathalie, « L'IVG et la recomposition de la norme procréative », *Sociétés contemporaines*, 2006, vol. 61, n° 1, p. 91-117.

Bajos Nathalie, « De l'interdiction au contrôle : les enjeux contemporains de la légalisation de l'avortement », *Revue française d'affaires sociales*, 2011, vol. 1, n° 1, p. 42-60.

Bajos Nathalie *et al.*, « L'interruption volontaire de grossesse et la recomposition de la norme procréative », *Sociétés contemporaines*, 2006, vol. 1, n° 61, p. 91-117.

Bajos Nathalie et Ferrand Michèle, « Contraception et avortement », in *Femmes, genre et sociétés*, Paris, La Découverte, 2005.

Bajos Nathalie, Ferrand Michèle et l'équipe Giné, *De la contraception à l'avortement. Sociologie des grossesses non prévues*, Paris, Inserm, 2002.

Bajos Nathalie, Le Guen Mireille, Bohet Aline, Panjo Henri et Moreau Caroline, « Effectiveness of Family Planning Policies : The Abortion Paradox », *PLOS ONE*, 2014, vol. 9, n° 3.

Bajos Nathalie, Leridon Henri, Goulard Hélène, Oustry Pascale, Job-Spira Nadine, et The COCON Group, « Contraception : from accessibility to efficiency », *Human Reproduction*, 2003, vol. 18, n° 5, p. 994-999.

Balas Marie et Tricou Josselin, « Nous, maintenant, on veut poursuivre cette occupation de la rue » : les catholiques attestataires entre contre-culture, mission et défense patrimoniale », *Social Compass*, 2019, vol. 66, n° 1, p. 62-74.

Banens Maks, « Care et genre. L'aide familiale en cas de handicap », *Populations vulnérables*, 2013, n° 1, p. 49-67.

Banzet Pierre et Revol Marc, « L'expérience chirurgicale », *Bulletin de l'académie nationale de médecine*, 1996, vol. 180, n° 6.

Barberger Cécile, « Introduction », *Droit pénal*, La Découverte, 1997, coll. « Repères », p. 3-16.

Bard Christine, *Le Planning Familial : histoire et mémoire*, Rennes, PUR, 2006.

Bastien Danielle, « J'ai tué mon enfant… Pour penser la clinique de l'IVG », *Cahiers de psychologie clinique*, 2011, vol. 37, n° 2, p. 149-163.

Bateman Simone, « De la neutralité axiologique face à une pratique moralement controversée », *Travail, Genre et Sociétés*, 2006, vol. 15, n° 1, p. 169-175.

Bateman Simone, *L'embryon, le fœtus, l'enfant : Assistance médicale à la procréation (AMP) et lois de bioéthique*, Paris, Éditions ESKA, 2009.

Beauvoir Simone de, *Le Deuxième sexe* [1949], Paris, Gallimard, 1976, coll. « Folio ».

Beccaria Cesare, « Prima redazione », dans *Edizione Nazionale delle opere di Cesare Beccaria*, vol. I, *Dei delitti e delle pene*, éd. Gianni Francioni, Milan, Mediobanca, 1984, p. 177-182.

Begon René et Delépine Anne, « Désobéissance civile et féminisme. Lutter contre les dominations et les lois injustes », Étude pour le Collectif contre les violences familiales et l'exclusion, 2022.

Belfrage Madeleine, Ortíz Ramírez Olivia et Sorhaindo Annik, « Story Circles and abortion stigma in Mexico : a mixed-methods evaluation of a new intervention for reducing individual level abortion stigma », *Culture, Health & Sexuality*, 2020, vol. 22, n° 1, p. 96-111.

Bennafla Karine et Peraldi Michel, « Introduction. Frontières et logiques de passage : l'ordinaire des transgressions », *Cultures & Conflits*, 2008, n° 72, p. 7-12.

Béraud Céline, *La bataille du genre. Du mariage pour tous à la PMA*, Paris, Fayard, 2021.

Béraud Céline, *Le catholicisme français à l'épreuve des scandales sexuels*, Paris, Le Seuil, 2021, coll. « La République des Idées ».

Béraud Céline et Portier Philippe, *Métamorphoses catholiques. Acteurs, enjeux et mobilisations depuis le mariage pour tous*, Éditions de la Maison des sciences de l'homme, 2015.

Bergonzoni Alice et Simon Marion, « La part des femmes en âge de procréer résidant à plus de 45 minutes d'une maternité augmente entre 2000 et 2017 », *Études et Résultats*, DREES, 2021, n° 1201.

Bergström Marie, Courtel Françoise et Vivier Géraldine, « La vie hors couple, une vie hors norme ? Expériences du célibat dans la France contemporaine », *Population*, 2019, vol. 74, n° 1-2, p. 103-130.

Bessin Marc, Levilain Hervé, Régnier-Loilier Arnaud, « Avoir des enfants "sur le tard" », *in* Cécile Lefèvre et Alexandra Filhon (dir.), *Histoires de familles, Histoires familiales*, Les résultats de l'enquête Famille de 1999, Les Cahiers de l'INED, 2005, n° 156.

Bidart Claire, « Les temps de la vie et les cheminements vers l'âge adulte », *Lien social et Politiques*, 2005, n° 54, p. 51-63.

Biggs Antonia M., Rowland Brenly, McCulloch Charles E. et Green Foster Diana, « Does abortion increase women's risk for post-traumatic stress ? Findings from a prospective longitudinal cohort study », *BMJ Open*, 2016, vol. 6, n° 2.

Bigot Régis, « Le logement pèse de plus en plus dans le budget des ménages européens », *Informations sociales*, 2009, vol. 155, n° 5, p. 14-23.

Bobbio Norberto, « La fonction promotionnelle du droit » in *De la structure à la fonction*, Dalloz, 2012, coll. « Rivages du droit ».

Boghetto Michel, « Emploi (droit à l') », *in* Dominique Chagnollaud, Guillaume Drago (dir.), *Dictionnaire des droits fondamentaux*, Dalloz, 2010.

Boisgontier Audrey, « "Il suffira d'une crise"... : la restriction du droit à l'avortement en Pologne, symptôme du déclin de l'État de droit », *La Revue des droits de l'homme*, Actualités Droits-Libertés, 21 décembre 2020 [en ligne].

Boltanski Luc, *La condition fœtale. Une sociologie de l'engendrement et de l'avortement*, Paris, Gallimard, 2004.

Bonnemère Pascale, « Une perspective anthropologique sur l'infanticide : la notion de personne en Nouvelle-Guinée », *Enfances & PSY*, 2009, vol. 3, n° 44, p. 29-41.

Bougard Stéphanie *et al.*, « L'avortement du XVI^e^ siècle à Nos Jours », *Les Délits de Nature Corporelle et Sexuelle En France et En Europe, Du XVI^e^ Siècle à Nos Jours*, Actes des séminaires d'histoire du droit pénal, 1997, n° 2.

Boulet Elsa, « La triple journée des femmes enceintes : l'encadrement des grossesses en France, entre droits des femmes et devoirs des mères », *Enfances Familles Générations*, 2021, n° 38.

Breton Didier, Barbieri Magali, Belliot Nicolas, D'Albis Hippolyte et Mazuy Magali, « L'évolution démographique récente de la France : situations et comportements des mineurs », *Population*, 2020, Vol. 75, n° 4, 467-526.

Breton Didier, Belliot Nicolas, Barbieri Magali, d'Albis Hippolyte et Mazuy Magali, « L'évolution démographique récente de la France. En région comme au niveau national, des comportements démographiques encore marqués par la Covid-19 », *Population*, 77, n° 4, Paris, Ined Éditions, 2022, p. 535-614.

Breton Didier, Belliot Nicolas, Barbieri Magali, Chaput Justine et D'Albis Hippolyte, « L'évolution démographique récente de la France. Les comportements des femmes et des hommes sont-ils si différents ? », *Population*, 2023, vol. 78, n° 3, 363-430.

Brossat Alain, *Les Femmes tondues, un carnaval moche*, Paris, Manya, 1992.

Brothers Di, et Ford, W. C. L., « Gender reassignment and assisted reproduction. An ethical analysis », *Human Reproduction*, 2000, vol. 15, n° 4.

Brunerie Kauffmann Joëlle, « En infraction à la loi républicaine : les commandos anti-IVG », *Chimères. Revue des schizoanalyses*, 1996, n° 28, p. 91-101.

Brunet Laurence, « Le statut juridique de l'embryon et du fœtus », *in* René Frydman et Myriam Szejer (dir.), *l'Encyclopédie de la naissance*, Albin Michel, 2010, p. 338-346.

Brunet Laurence, « Procréations médicalement assistées et catégories "ethno-raciales" : l'enjeu de la ressemblance », *in* Guillaume Cancelier et Sonia Desmoulins (dir.), *Les catégories ethno-raciales à l'ère des biotechnologies*, 2011, Société de législation comparée, Paris, p. 135-154.

Brunet Laurence, « Des usages protéiformes de la nature : Essai de relecture du droit français de la filiation », *in* Pierre Bonte *et al.* (dir.), *L'argument de la filiation aux fondements des sociétés européennes et méditerranéennes anciennes et actuelles*, Éditions de la Maison des Sciences de l'Homme, 2011, p. 285-323.

Brunet Laurence, « Le principe de l'anonymat du don de gamètes en France : un pilier au socle d'argile ? » *in* Pierre Jouannet (dir.), *Procréation, médecine et don*, Paris, Lavoisier, 2e éd., 2016, p. 99-118.

Brunet Laurence, « Les dispositions de la nouvelle loi de bioéthique sur l'AMP et la filiation des enfants qui en sont issus. Splendeurs et misères du principe de non-discrimination », *Actualités Juridiques Famille*, 2021, n° 10, p. 522-530.

Brunet Laurence, « Adoption "forcée" après projet parental commun de deux femmes : la Cour de cassation délivre *in extremis* un mode d'emploi », *Actualités Juridiques Famille*, 2024, p. 464.

Brunet Laurence, Courduriès Jérôme, Giroux Michelle et Gross Martine, *Le recours transnational à la reproduction assistée avec don. Perspective franco-québécoise et comparaison internationale*, GIP Mission de recherche Droit et Justice, juillet 2017.

Brunet Laurence et Desmoulin-Canselier Sonia, « Human Embryo, Animal Embryo, Chimerical Embryo : What Legal Status in French Law ? », *Journal of Civil Law Studies*, 2008, vol. 1, p. 79-106.

Brunet Laurence et Mesnil Marie, « D'un bricolage à l'autre : l'adoption forcée de l'enfant conçu par AMP au sein d'un couple de femmes aujourd'hui séparées », *Actualités Juridiques Famille*, 2022, p. 190.

Brunet Laurence et Mesnil Marie, « Accès aux origines pour les personnes issues de don – Commentaire du rapport annuel de la Commission d'accès des personnes nées d'une assistance médicale à la procréation aux données des tiers donneurs (CAPADD) du 15 septembre 2023 », *La Revue des droits de l'homme, Actualités Droits-Libertés*, 2024 [en ligne].

Bruno Céline *et al.*, « Survey Of 243 ART Patients Having Made A Final Disposition Decision About Their Suprlus Cryopreserved Embryos : The Crucial Role Of Symbolic Embryo Representation », *Human Reproduction*, 2016, vol. 31, n° 7, p. 1508-1514.

Burch Noël et Sellier Geneviève, *La Drôle de guerre des sexes du cinéma français 1930-1956* [1996], Paris, L'Harmattan, 2019.

Butler Judith, *Troubles dans le genre. Le féminisme et la subversion de l'identité* [1990], Éric Fassin et Cynthia Kraus (trad.), Paris, La Découverte, 2006.

Butler Judith, *Le Pouvoir des mots. Discours de haine et politique du performatif*, Paris, Éditions Amsterdam, 2004, p. 201-252.

Butler Judith, *Défaire le genre*, Paris, Éditions Amsterdam, 2006.

Bydlowski Monique, « Étude psychologique de l'infertilité féminine », *Le Carnet PSY*, 2019, vol. 1, n° 222, p. 24-34.

Cahen Fabrice, « De l'"efficacité" des politiques publiques : la lutte contre l'avortement "criminel" en France, 1890-1950 », *Revue d'histoire moderne contemporaine*, vol. 58, n° 3, 2011, p. 90-117.

Cahen Fabrice, *Gouverner les mœurs : la lutte contre l'avortement en France, 1890-1950*, Paris, INED éditions, 2016.

Calkin Sydney, « Transnational abortion pill flows and the political geography of abortion in Ireland », *Territory, Politics, Governance*, 2020, vol. 2, n° 9, p. 163–179.

Calkin Sydney, Freeman Cordelia, Moore Francesca, « The geography of abortion : discourse, spatiality and mobility », *Progress in Human Geography*, 2022, vol. 46, n° 6, p. 1413-1430.

Camard Sophie, « Des plaidoyers en prétoires. Premiers bilans », *Cahiers du féminisme*, 1995, n° 74, p. 7-11.

Carayon Lisa, « IVG et contraception : quel accès à une liberté génésique ? », *in* Stéphanie Hennette-Vauchez, Marc Pichard, Diane Roman (dir.), *La loi et le genre. Études critiques de droit français*, CNRS Éditions, 2014, p. 107-126.

Carayon Lisa, *La catégorisation des corps. Étude sur l'humain avant la naissance et après la mort*, Thèse de doctorat en droit privé, Université Paris 1 – Panthéon-Sorbonne, 2016.

Carayon Lisa, Dugué Marie et Mattiussi Julie, « Réflexions autour du préjudice sexuel. Analyse de jurisprudence sous l'angle du genre », *Recueil Dalloz*, 2017, p. 2257.

Case Mary Anne, « Perfectionism And Fundamentalism In The Application Of The German Abortion Laws », *in* Susan Williams (dir.), *Constituting Equality. Gender Equality and Comparative Constitutional Law*, Cambridge University Press, 2009, p. 93-106.

Casper Monica J., *The Making of the Unborn Patient : A Social Anatomy of Fœtal Surgery*, Rutgers University Press, 1998.

Castel Robert, *L'insécurité sociale. Qu'est-ce qu'être protégé ?*, Paris, Seuil, 2003.

Castel Robert, Enriquez Eugène et Stevens Hélène, « D'où vient la psychologisation des rapports sociaux ? », *Sociologies pratiques*, 2008, vol. 17, n° 2, p. 15-27.

Cayla Olivier, Thomas Yan, *Du droit de ne pas naître. À propos de l'affaire Perruche*, Paris, Gallimard, 2002, coll. « Le Débat ».

Center for reproductive rights, *A Decade of Existence : Tracking Implementation of Article 26(4) of the Constitution, Revealing Progress, Reversals, and Betrayal of a National Compromise*, Nairobi, 2020.

Chalon Jean, *Chère Natalie Barney*, Paris, Flammarion, 1976.

Champeil Desplats Véronique, Lochak Danièle (dir.), *À la recherche de l'effectivité des droits de l'homme*, Presses universitaires de Nanterre, 2008.

Champeil Desplats Véronique, *Théorie générale des droits et libertés*, LGDJ, 2019.

Chaput Justine, Becquet Valentine, Bithorel Pierre-Louis, Baril Elodie, De La Rochebrochard Elise, Mazuy Magali, « Medication abortion during the COVID-19 pandemic in France : A research based on the French national health insurance database », *PLOS ONE*, éd. Raphael Mendonça Guimaraes, 19, n° 2, février 2024.

Chauveau Sophie, « Les espoirs déçus de la loi Neuwirth », *Clio. Femmes, Genre, Histoire*, 2003, n° 18, p. 223-239.

Chemla Annie, *Nous l'avons fait. Récit d'une libération féministe*, Bordeaux, Éditions du détour, 2024.

Cheynel Constance, « Une contre-révolution sexuelle : la défense de l'embryon et de l'ordre familial », *in* Florian Michel et Yann Raison du Cleuziou, (dir.), *À la droite du Père. Les catholiques et les droites de 1945 à nos jours*, Paris, Seuil, 2022.

Chiland Colette *et al.*, « Pères d'un nouveau genre et leurs enfants », *La psychiatrie de l'enfant*, 2013, vol. 56, n° 1, p. 97-125.
Chrisler Joan (dir.), *Reproductive Justice : A Global Concern*, Praeger, 2012.
Chrisler Joan et Garrett Cynthia, « Women's Reproductive Rights : An International Perspective », *in* Michele Paludi (dir.), *Feminism And Women's Rights Worldwide*, Westport, Praeger, 2010.
Clair Isabelle, *Les choses sérieuses : enquête sur les amours adolescentes*, Paris, Le Seuil, 2023.
Claro Mona, « Contraception et Avortement », *in* Juliette Rennes (dir.), *Encyclopédie critique du genre*, La Découverte, 2021, p. 159-172.
Clavin Catherine, « "L'adoption forcée" de l'enfant issu d'un projet parental commun : quid de la condition légale de protection ? », 2 juin 2024.
Coëffin-Driol Christine, « L'infertilité et le recours à la PMA. La grossesse non prévue et le recours à l'IVG : Approche conjointe des expériences féminines », *Spirale*, 2004, vol. 4, n° 32, p. 101-122.
Cohen Mathilde, *Le lait de la mère appartient à l'enfant. Une histoire du droit du lait humain en France entre technologie, genre et colonialisme (1910-2024)*, Université Paris Nanterre, 2024.
Coleman Eli, Radix Asa E., Bouman Walter P. *et al.*, « Standards of Care for the Health of Transgender and Gender Diverse People, Version 8 », *International Journal of Transgender Health*, vol. 23, 2022.
Collectif Notre Corps, *Notre corps, nous-mêmes*, Hors d'Atteinte, coll. « Faits et Idées », 2020 [the Boston Women's Health Book Collective, *Our Bodies, Ourselves*, 1971].
Collins Patricia Hill, « Shifting the Center : Race, Class and Feminist Theorizing about Motherhood », *in* Evelyn Nakano Glenn, Grace Chang et Linda Forcey (dir.), *Mothering : Ideology, Experience and Agency*, Routledge, 1994, p. 45-65.
Commission épiscopale de la famille, « Note doctrinale sur l'avortement », *La Documentation catholique*, n° 1582, 21 mars 1971, p. 285-290.
Congrégation pour la Doctrine de la foi, *Déclaration* Questio De Abortu *sur l'avortement provoqué*, 1974.
Conklin Beth A., Morgan Lynn M., « Babies, Bodies and the Production of Personhood in North America and a Native Amazonian Society », *Ethos*, 1996, vol. 24, n° 4, p. 657-694.
Conseil pontifical pour la famille, *Lexique des termes ambigus et controversés sur la famille, la vie et les questions éthiques* [2003], Pierre Téqui éditeur, 2005.
Cook Rebecca J. et Dickens Bernard M., « From reproductive choice to reproductive justice », *International Journal of Gynaecology and Obstetrics*, 2009, vol. 106, n° 2, p. 106-109.
Cook Rebecca, Erdman Joanna, Dickens Bernard (dir.), *Abortion Law in Transnational Perspective*, University of Pennsylvania Press, 2014.
Cordier Bernard et Chiland Colette, « Transsexualisme », *Encyclopédie Médico-chirurgicale* [2000], 2013, Paris, Elsevier.
Cordier Bernard, Chiland Colette et Gallarda Thierry, « Le transsexualisme, proposition d'un protocole malgré quelques divergences », *Annales Médico-psychologiques*, 2001, vol. 159.
Cott Nancy, *The Grounding of Modern Feminism*, New Haven, Yale University Press, 1987.
Coulas Marjorie, *Les refus de la maternité : l'avortement, la contraception et les filles-mères à l'épreuve du droit canonique et du droit séculier* (XII^e^-XIX^e^ siècle), thèse Paris 10, 2021.
Cova Anne, « De la libre maternité à la désagrégation de la famille », *in* Christine Bard (dir.), *Madeleine Pelletier 1874-1939. Logique et infortune d'un combat pour l'égalité*, Paris, Éditions Côté Femme, 1992, p. 73-89.

Cova Anne, « La maternité, un enjeu dans le premier xx^e^ siècle », *in* Éliane Gubin *et al.* (dir.), *Le Siècle des féminismes*, Paris, Éditions de l'Atelier, 2004.

Crenshaw Kimberlé W., « Cartographies des marges : intersectionnalité, politique de l'identité et violences contre les femmes de couleur », *Cahiers du Genre*, 2005, vol. 39, n° 2, p. 51-82.

Crossetti Anne-Marie, « 'Génération pro-vie'. Lutter contre l'avortement après les lois de dépénalisation », *La Revue Nouvelle*, 2022, vol. 7, n° 7, p. 15-20.

Crossetti Anne-Sophie, « À la maison ou dans la rue. La place des femmes dans les générations "pro-vie" en Belgique (1968-2023) », *Clio. Femmes, genre et histoire,* 2023, 2, n° 58.

Daniel Meghan, « The social movement for reproductive justice : Emergence, intersectional strategies, and theory building », *Sociology Compass*, 2021, vol. 15, n° 8, p. 1-13.

Darmon Muriel, *La socialisation*, Paris, Nathan, 2016.

Davie Emma et Mazuy Magali, « Fécondité et niveau d'études des femmes en France à partir des enquêtes annuelles de recensement », *Population*, vol. 65, n° 3, 2010, p. 475-511.

Davis Angela, *Femmes, Race, Classe* [1981], Des femmes, 1983.

Davis Dena (dir.), *The Oxford Handbook of Religious Perspectives on Reproductive Ethics*, Oxford University Press, 2024.

De Gaulejac Vincent, *Les sources de la honte*, Paris, Desclée de Brouwer, 1996.

De Gaulejac Vincent, *La société malade de la gestion*, Paris, Seuil, 2005.

De Gaulejac Vincent, *Qui est je ? Sociologie clinique du sujet*, Paris, Seuil, 2009.

De Gaulejac Vincent, Coquelle Claude, *La part de social en nous. Sociologie clinique et psychothérapies*, Toulouse, Érès, 2017.

De Larminat Aliette, « L'entretien social d'IVG. », *Gestalt*, 2013, vol. 1, n° 43, p. 119-130.

De Singly François, *Séparée : vivre l'expérience de la rupture*, Paris, Armand Colin, coll. « Individu et société », 2011.

De Sutter Petra, « Donor inseminations in partners of female-to-male transsexuals : should the question be asked ? », *Reproductive BioMedicine Online*, 2003, vol. 6, n° 3.

Debest Charlotte, « Carrières déviantes. Stratégies et conséquences du choix d'une vie sans enfant », *Mouvements*, vol. 82, n° 2, 2015, p. 116-122.

Delabaere Amélie *et al.*, « Epidémiologie des pertes de grossesse », *Journal de Gynécologie Obstétrique et Biologie de la Reproduction*, 2014, vol. 43, n° 10, p. 764-775.

Delannoy Jean-Pierre, *Les Religions au Parlement français du général de Gaulle (1958) à Valéry Giscard d'Estaing (1975)*, Paris, Cerf-Histoire, 2005.

Della Sudda Magali, « Par-delà le bien et le mal, la morale sexuelle en question chez les femmes catholiques », *Nouvelles Questions Féministes*, 2016, vol. 35, n° 1, 2016, p. 82-101.

Della Sudda Magali, *Les nouvelles femmes de droite*, Marseille, Hors d'atteinte, 2022.

Delphy Christine, *L'Ennemi principal* [1977], Paris, Syllepses, I, *L'Économie politique du patriarcat*, 1998.

Demoule Rébecca, « De l'émotion comme fondement du droit à l'émotion comme outil d'analyse du droit : l'exemple de l'acte d'enfant sans vie », *Revue juridique de la Sorbonne / Sorbonne Law Review*, 2021, n° 4, p. 45-61.

Desan Susan, *The Family on Trial in Revolutionary France*, Berkeley, University of California Press, 2004.

Descombes Vincent, « Individuation et individualisation », *Revue européenne des sciences sociales*, 2003, n° XLI-127, p. 17-35.

Deutsch Hélène, *Psychologie des femmes* [1945], Hubert Benoît (trad.), Paris, PUF, 1964.

Devreux Anne-Marie, « De la dissuasion à la normalisation. Le rôle des conseillères dans l'entretien pré-IVG », *Revue française de sociologie*, vol. 23, n° 3, 1982, p. 455-471.

Divay Sophie, « L'avortement : une déviance légale », *Déviance et société*, 2004, vol. 28, n° 2, p. 195-209.

Doerr Edd, Prescott James W., *Abortion and Fetal « Personhood »*, 1989, Centerlines Press.

Dolbeau Samuel, *Construire et légitimer une modalité d'appartenance et de militance au sein de l'Église catholique : sociohistoire de l'institutionnalisation de la Communauté de l'Emmanuel en Europe francophone (1972-2022)*, Thèse de sociologie, sous la direction de Céline Béraud et Jean-Pascal Gay, EHESS/UCLouvain, 2023.

Dolto Françoise, *Sexualité féminine, Libido, Érotisme, frigidité*, Paris, Éditions Scarabée et compagnie, 1982.

Doran Frances, Nancarrow Susan, « Barriers and facilitators of access to first-trimester abortion services for women in the developed world : a systematic review », *Journal of Family Planning and Reproductive Health Care*, 2015, vol. 41, n° 3, p. 170-180.

Dorlin Elsa (dir.), *Black Feminism. Anthologie du féminisme africain-américain, 1975-2000*, Paris, L'Harmattan, 2008.

Dourlens Christine, « Les médecins et le sexe de l'état civil. La coopération entre le droit et la médecine en question ? » *in* Jérôme Courduriès, Christine Dourlens, Laurence Hérault, *Etat civil et transidentité. Anatomie d'une relation singulière*, 2021, Aix-en-Provence, PUP, p. 163-193.

Doyon Julie, « Des "coupables absolus" ? Les parricides dans le système judiciaire parisien (vers 1680-vers 1760) », dans Benoît Garnot (dir.), *Normes juridiques et pratiques judiciaires du Moyen Âge à la fin de l'époque contemporaine*, Dijon, EUD, 2007, p. 191-202.

Dreyfus-Armand Geneviève, Frank Robert, Lévy Marie-Françoise et Zancarini-Fournel Michelle (dir.), *Les années 68 : le temps de la contestation*, Paris/Bruxelles, Complexe, 2000.

Duchêne Laurence, *et al.*, « L'IVG, quarante ans après », *Vacarme*, 2014, vol. 2, n° 67, p. 1-23.

Duden Barbara, *L'invention du fœtus*, 1996, Éditions Descartes & Cie.

Dugué Marie, *L'intérêt protégé en droit de la responsabilité civile*, LGDJ, 2019.

Dumas André, *Le contrôle des naissances. Opinions protestantes*, Les bergers et les mages, 1965.

Dumont Louis, *Essais sur l'individualisme. Une perspective anthropologique sur l'idéologie moderne*, Le Seuil, 1983.

Dumortier Thomas, « La loi IVG : l'effectivité de quel droit », *in* Véronique Champeil Despalts, Danièle Lochak, *A la recherche de l'effectivité des droits de l'homme*, Presse universitaire de Paris 10, 2008, p. 119-134.

Ecohard René, Bayle Benoît, « Enjeux psychologiques de l'interruption volontaire de grossesse », *in* Benoît Bayle (dir.), *Aide-Mémoire – Psychiatrie et psychopathologie périnatales*, 2017, Dunod, p. 131-139.

Ehrenberg Alain, *Le culte de la performance*, Paris, Calmann-Lévy, 1991.

Ehrenberg Alain, *L'individu incertain*, Paris, Fayard, 1999.

El Kotni Mounia, Virole Louise, « Justice Reproductive », *Dictionnaire du Genre en Traduction*, 2021.

Eloit Ilana, « Trouble dans le féminisme. Du "Nous, les femmes" au "Nous, les lesbiennes" : genèse du sujet politique lesbien en France (1970-1980) », *20 & 21. Revue d'histoire*, 2020, vol. 4, n° 148, p. 129-145.

Elshtain Jean B., *Public Man, Private Woman. Woman in Social and Political Thought* [1981], Princeton, Princeton University Press, 1992.

Engeli Isabelle, *Les politiques de la reproduction : les politiques d'avortement et de procréation médicalement assistée en France et en Suisse*, Paris, L'Harmattan, 2010.

Epelboin Alain, « Projet d'enfant et interdits kílà chez les Pygmées aka : l'avortement provoqué de Mambi », *L'Autre*, 2002, vol. 2, n° 3, p. 227-245.

Erb Louis-Alexandre, Olivia Tom, Breda Thomas et Tô Maxime, « Après la naissance d'un enfant, les conditions de travail diffèrent entre les pères et les mères », *Emploi, chômage, revenus du travail*, INSEE, 2022.

Ernaux Annie, *L'événement*, Paris, Gallimard, 2000.

Espineira Karine, « Le bouclier thérapeutique : discours et limites d'un appareil de légitimation », *Le sujet dans la cité*, 2011, vol. 1, n° 2, p. 189-201.

Euriat Violaine, « Don de gamètes et don d'embryons : état des lieux avant l'établissement des lois », 2004, *Spirale*, vol. 32, n° 4, p. 55-75.

Eustache Florence, Drouineaud Véronique, Mendes Nicolas *et al.*, « Fertility preservation and sperm donation in transgender individuals : The current situation within the French CECOS network », *Andrology*, 2021, vol. 9, n° 6.

Fassin Didier, Richard Rechtman, *L'empire du traumatisme. Enquête sur la condition de victime*, Paris, Flammarion, 2007.

Faucher Philippe, Gaudu Sophie, « How do I do to perform an abortion by instrumental method between 14 and 16 weeks of amenorrhea ? », *Gynécologie, obstétrique, fertilité & sénologie*, 2022, vol. 50, n° 7-8, p. 559-562.

Faucher Philippe, Linet Teddy, « Interruption volontaire de grossesse instrumentale du premier et du deuxième trimestre (hors complications) », *Encyclopédie Médico Chirurgicale – Gynécologie*, 2024, Article 738-A-40.

Feinberg Joel, *The Problem of Abortion*, Wadsworth publishing, 1984.

Ferrand Michèle, *Féminin-Masculin*, Paris, La Découverte, 2004, coll. « Repères ».

Ferrand Michèle, Gaspard Maryse, *L'interruption volontaire de grossesse*, PUF, 1987.

Ferrarese Estelle, « Vivre à la merci : le *care* et les trois figures de la vulnérabilité dans les théories politiques contemporaines », *Multitudes*, 2009, n° 37-38, p. 132-141.

Ferrière Claude-Joseph de, *Dictionnaire de droit et de pratique*, t. 1, Paris, 1771.

Feuillet-Liger Brigitte, Portier Philippe, « Religion et bio-droit en France. Vers une post-sécularité juridique ? », *in* Brigitte Feuillet-Liger et Philippe Portier (dir.), *Droit, éthique et religion : de l'âge théologique à l'âge bioéthique*, Bruxelles, Bruylant, 2012.

Fillieule Olivier, Leclercq Catherine, Lefebvre Rémi, « Introduction. Les tribulations de l'engagement. Contribution à une sociologie des affects », *in* Olivier Fillieule, Catherine Leclercq et Rémi Lefebvre, *Le malheur militant*, De Boeck Supérieur, 2022, p. 7-31.

Fineman Martha, *The Autonomy Myth. A Theory of Dependency*, The New Press, 2004.

Flour Jacques, Aubert Jean-Luc, Savaux Eric, Andreu Lionel, *Les obligations, le fait juridique*, 15e édition, 2023, Lefebvre Dalloz, n° 81.

Fondimare Elsa, *Le principe d'égalité dans ses rapports à la différence des sexes*, Thèse pour le doctorat en droit, Université Paris Nanterre, 2018.

Foucault Michel, *Surveiller et punir*, Paris, Gallimard, 1975.

Foucault Michel, *La Volonté de savoir*, Paris, Gallimard, 1976.

Foucault Michel, « Le pouvoir, une bête magnifique » [1977], in *Dits et écrits II*, Paris, Gallimard, 2001, coll. « Quarto », p. 373-374.

Foucault Michel, *L'usage des plaisirs*, Paris, Gallimard, 1984.

Foucher Michel, *L'obsession des frontières*, Paris, Éditions Perrin, 2012.

Fougeyrollas Béatrice, Vigan Marie-Annick, « Grève au centre IVG de Colombes », *Cahiers du féminisme*, 1992-1993, n° 63-64, p. 37-40.

Fouque Antoinette, *Il y a deux sexes. Essais de féminologie 1989-1995*, Paris, Gallimard, 2004.

Franklin Sarah, « Fœtal Fascinations : New dimensions to the medical-scientific construction of fœtal personhood », *in* Sarah Franklin, Celia Lury, Jackie Stacey, *Off-Centre : Feminism and Cultural Studies*, 1991, Londres, Harper Collins Academic, p. 190-205.

Franklin Sarah, « Making représentations : the Parliamentary debate on the Human and Fertilisation and Embriology Act », *in* Jeannette Edwards *et al.* (dir.), *Technologies of procreation : kinship in the age of assisted conception*, 1999, Manchester University Press, p. 96-131.

Fredman Sandra, « Care as a Constitutional Value », *International Journal of Constitutional Law*, 2024, p. 1-31.

Freud Sigmund, *L'Interprétation des rêves [1900]*, Paris, PUF, 1967.

Freud Sigmund, « À propos d'un type particulier de choix d'objet chez l'homme », dans *Psychologie de la vie amoureuse* [1910], Paris, Payot, 2010.

Froidevaux-Metterie Camille, *La révolution du féminin* [2015], Paris, Folio, 2021.

Froidevaux-Metterie Camille, *Le corps des femmes. La bataille de l'intime* [2018], Paris, Points, 2021.

Froidevaux-Metterie Camille, *Un corps à soi.* Paris, Seuil, 2021.

Fuchs Rachel, *Poor and Pregnant in Paris. Strategies of Survival in the 19th Century*, Rutgers University Press, 1992.

Fukuyama Francis, *La fin de l'homme : les conséquences de la révolution biotechnique*, Éditions La Table Ronde, 2002.

Gaide Aden, « Être mère et étudiante en France », *Agora debats / jeunesses*, vol. 79, n° 2, 2018, p. 23-36.

Gaide Aden, *Les étudiant-e-s parents : enquête sur la norme de jeunesse dans l'enseignement supérieur français*, Thèse de doctorat en sociologie, 2020.

Garcia Sandrine, « Expertise scientifique et capital militant, le rôle des médecins dans la lutte pour la légalisation de l'avortement », *Actes de la recherche en sciences sociales*, 2005, vol. 3, n° 158, p. 96-115.

Gauthier Xavière, *Avortées clandestines*, Paris, Mauconduit, 2015.

Gautier Arlette, « Les politiques familiales et démographiques des départements français outre-mer depuis 1946 », *Cahiers de sciences humaines*, 1988, vol. 24, n° 3, p. 389-402.

Gavarini Laurence, *La passion de l'enfant*, Paris, Hachette Pluriel, 2004, p. 216-218.

Geay Bertrand et Humeau Pierig, « Devenir parents. Les appropriations différenciées de l'impératif de procréation », *Actes de la recherche en sciences sociales*, vol. 214, n° 4, 2016.

Gennep Arnold Van, *Les rites de passage : étude systématique des rites de la porte et du seuil, de l'hospitalité, de l'adoption, de la grossesse et de l'accouchement, de la naissance, de l'enfance, de la puberté, de l'initiation, de l'ordination, du couronnement, des fiançailles et du mariage, des funérailles, des saisons, etc*, Paris, Picard, 1881, réimpr. de l'éd. de 1909, augm. en 1969.

Ginsburg Faye, *Contested Lives : The Abortion Debate in an American Community*, University of California Press, 1989.

Ginsburg Faye, Rapp Rayna, « The Politics of Reproduction », *Annual Review of Anthropology*, 1991, vol. 20, p. 311-343.

Giraud Anne-Sophie, *Les statuts de l'être anténatal : un processus d'humanisation « relationnel ». Assistance médicale à la procréation et mort périnatale*, Thèse de doctorat d'anthropologie sociale et ethnologie, 2015, Paris, EHESS.

Giraud Anne-Sophie, « Le statut liminal du fœtus mort en France : du “déchet anatomique” à “l'enfant” », *Techniques & Culture. Revue semestrielle d'anthropologie des techniques*, 2016, n° 65-66.

Giraud Anne-Sophie, « Avoir le choix (?) Les statuts de l'embryon in vitro et du fœtus mort en France », *Ethnologie Française*, 2020, vol. 50, n° 2, p. 403-417.

Giraud Anne-Sophie, *L'être anténatal. Dynamiques parentales, médicales et juridiques*, 2024, Éditions de la Maison des Sciences de l'Homme, coll. « Ethnologie de la France et des mondes contemporains ».

Giroux Michèle, Courduriès Jérôme (dir.), *Le recours transnational à la reproduction assistée avec don. Perspective franco-québécoise et comparaison internationale*, Note de Synthèse. Mission de Recherche Droit et Justice, juillet 2017.

Glenn Evelyn Nakano, Chang Grace, Forcey Linda (dir.), *Mothering : Ideology, Experience and Agency*, Routledge, 1994.

Goffman Erving, *Stigmate. Les usages sociaux des handicaps*, Paris, Éditions de Minuit, 1975.

Golse Bernard, « À propos des interruptions de grossesse deuil (du fœtus) ou mélancolie », *Le Carnet PSY*, 2002, vol. 5, n° 73, p. 24-25.

Gouret Gladys, Faucher Philippe *et al.*, « Induced abortion between 14 and 16th : Clinical context and complications », *Gynécologie, obstétrique, fertilité & sénologie*, 2023, vol. 51, n° 9, p. 415-419.

Granger Anne-Marie, « Bordeaux. La riposte s'organise », *Cahiers du féminisme*, n° 63-64, 1992, p. 33-34.

Green Richard, Money John, *Transsexualism and Sex Reassignment*. Baltimore, John Hopkins Press, 1969.

Guilbaud Lucie *et al.*, « Geste d'arrêt de vie fœtale : techniques pour les interruptions médicales de grossesse du deuxième et troisième trimestre », *Gynécologie Obstétrique Fertilité & Sénologie*, 2020, vol. 48, n° 9.

Guillaume Agnès, Rossier Clémentine, « L'avortement dans le monde. État des lieux des législations, mesures, tendances et conséquences », *Population*, 2018, vol. 73, n° 2, p. 225-322.

Guillaumin Colette, *Sexe, Race et Pratique du pouvoir. L'idée de Nature*, Paris, Côté-femmes, 1992.

Guillemain Hervé, « Les débuts de la médecine catholique en France. La Société médicale Saint-Luc, Saint-Côme et Saint-Damien (1884-1914) », *Revue d'histoire du XIX<sup>e</sup> siècle*, 2003, n° 26/27, p. 10.

Guyard-Nedelec Alexandrine, Brunet Laurence, « Introduction », *in* Laurence Brunet, Alexandrine Guyard-Nedelec (dir.), « *Mon Corps, mes droits !* », *L'avortement menacé, Panorama socio-juridique, France, Europe, États-Unis*, Mare et Martin, 2019.

Haraway Donna J., *Modest_Witness@Second_Millenium. FemaleMan(c)_Meets_OncoMouseTM. Feminism and Technoscience*, Routledge, 1997.

Harmange Pauline, *Avortée, une histoire intime de l'IVG*, Villejuif, Éditions Daronnes, 2022.

Haroche Claudine, « Se gouverner, gouverner les autres », *Communications*, 1993, n° 56, p. 51-68.

Harris Cheryl I., « Whiteness as Property », *Harvard Law Review*, 1993, vol. 106, n° 8, p. 1707-1791.

Heisen Laura Louise *et al.*, « Orchestrating moral bearability in the clinical management of second-trimester selective abortion », *Social Science & Medicine*, 2023, vol. 338.

Hennette-Vauchez Stéphanie, « Vademecum à l'usage de la Cour européenne des droits de l'homme. La théorie féministe du droit au secours d'une juridiction menacée de “splendide isolement” », *Recueil Dalloz*, 2011, p. 1360.

Hennette-Vauchez Stéphanie, « Le droit européen et les libertés de circulation comme nouveaux horizons du droit de la bioéthique ? », *Cahiers Droit, Sciences et Technologies*, Chronique Bioéthique (avec Florence Belllivier), 2015, n° 5 [en ligne].

Hennette-Vauchez Stéphanie, « L'urgence (pas) pour tou(te)s », *La Revue des droits de l'homme*, 2 avril 2020 [en ligne].

Hennette-Vauchez Stéphanie, « Bioéthique en Europe : Paradigme circulatoire et backlash », *Revue de l'Union Européenne*, 2022, p. 133-140.

Hennette-Vauchez Stéphanie, « Dobbs, l'avortement et la Constitution », *Délibérée*, 2023, vol. 2, n° 19, p. 71-78.

Hennette-Vauchez Stéphanie, « Raison et déraison dans l'interprétation de la Constitution », *Blog Jus Politicum*, 14 mars 2023 [en ligne].

Hennette-Vauchez Stéphanie, Hochmann Thomas, *La loi Veil. De la dépénalisation à la constitutionnalisation*, Dalloz, 2025, Coll. À Savoir.

Hennette-Vauchez Stéphanie, Roman Diane, Slama Serge, « Pourquoi et comment constitutionnaliser l'avortement ? », *La Revue des Droits de l'Homme*, 2022 [en ligne].

Hennette-Vauchez Stéphanie, Rubio Marín Ruth (dir.), *The Cambridge Companion to Gender and the Law*, Cambridge University Press, 2022, p. 336-365.

Hérault Laurence (dir.), *La parenté transgenre*, 2014, Aix-en-Provence, PUP.

Hérault Laurence, Théry Irène (Groupe EnCoRe), « Parenté, personne et genre : pour une approche relationnelle des marges », *Emulations – Revue de sciences sociales*, 2019, n° 32, p. 91-106.

Hermitte Marie-Angèle, « Le droit de la bioéthique et la logique du projet parental », in *Le Corps et la Loi*, PUMA, 2008, p. 55.

Herring Jonathan, *Caring and the Law*, Bloomsbury, 2013.

Herring Jonathan, « Ethics of Care and the Public Good of Abortion », *University of Oxford Human Rights Hub Journal*, 2019, vol. 1, p. 1-24.

Hertzog Irène-Lucile, « Les coûts de l'assistance médicale à la procréation pour les femmes salariées », *Cahiers du Genre*, vol. 56, n° 1, 2014, p. 87-104.

Hervey Tamara, « Mapping the Contours of European Union Health Law and Policy », *European Public Law*, 2002, vol. 8, p. 69-105.

Heuer Jennifer, *The Family and the Nation : Gender and Citizenship in Revolutionary France 1789-1830*, Cornell University Press, 2005.

Heuer Jennifer, Verjus Anne, « L'invention de la sphère domestique au sortir de la Révolution », *Annales historiques de la Révolution française*, 2002, vol. 1, p. 1-28.

Hord Charlotte *et al.*, « Reproductive health in Romania : Reversing the Ceausescu legacy », *Studies in Family Planning*, 1991, vol. 22, n° 4, p. 231-240.

Hugon Anne, Plumauzille Clyde et Rossigneux-Méheust Mathilde (dir.), « Le travail de care », *Clio. Femmes, Genre, Histoire*, 2019, n° 49.

Iacub Marcela, « La construction juridique de la nature dans la reproduction hors-nature : les fécondations artificielles dans les lois bioéthiques », *in* Francis Ronsin, Hervé Le Bras, et Elizabeth Zucker-Rouvillois (dir.), *Démographie et politique*, 1997, Dijon, éditions universitaires, p. 161-173.

Iacub Marcela, *Penser les droits de la naissance*, Paris, PUF, 2002.

Iacub Marcela et Maniglier Patrice, « Les enfants de la ménopause », *in* Marcela Iacub et Patrice Maniglier (dir.), *Familles en scènes*, Autrement, coll. « Mutations », mars 2003, p. 113-114.

Ibos Caroline, « Mierle Laderman Ukeles et l'art comme laboratoire du care. "Lundi matin, après la révolution, qui s'occupera des poubelles ?" », *Cahiers du genre*, 2019, vol. 1, n° 66, p. 157-179.

Illouz Eva, *Pourquoi l'amour fait mal. L'expérience amoureuse dans la modernité*, Paris, Le Seuil, 2012.

Ingham Roger, Lee Ellie, Clements Steve J. et Stone Nicole, « Reasons for Second Trimester Abortions in England and Wales », *Reproductive Health Matters*, 16, n° sup31, janvier 2008, p. 18-29.

Ippolito Dario, Camille Noûs, « Prohibitions pénales et laïcité du droit. Adultère, homosexualité et infanticide chez Beccaria », *Dix-huitième siècle*, 2021, vol. 1, n° 53, p. 673-698.

Irving Helen, *Gender and the Constitution : Equity and Agency in Comparative Constitutional Design*, Cambridge University Press, 2008.

Irving Helen, « Drafting, Design and Gender », *in* Tom Ginsburg, Rosalind Dixon (dir.), *Comparative Constitutional Law*, Edward Elgar, 2011, p. 21.

Irving Helen (dir.), *Research Handbook Series : Constitutions and Gender*, Cambridge University Press, 2017.

Irving Helen, Rubio Marín Ruth (dir.), *Women as Constitution Makers : Case Studies From the New Democratic Era*, Cambridge University Press, 2019.

Isaacson Nicole, « The "Fetus-Infant" : changing classifications of "in utero" development in medical texts », *Sociological forum*, 1996, vol. 11, n° 3, p. 457-480.

Isambert François-André, « Une sociologie de l'avortement est-elle possible ? », *Revue française de sociologie*, 1982, vol. 23, n° 2, p. 359-381.

Ismard Paulin, Rossi Benedetta, Vidal Cecile (dir.), *Les mondes de l'esclavage. Une histoire comparée*, Paris, Seuil, 2024.

Jaramillo Isabel, « The New Colombian Law of Abortion », *International Journal of Gynecology and Obstetrics*, 2023, vol. 160, p. 345-350.

Jarvis Thompson Judith, « A Defense of Abortion », *Philosophy and Public Affairs*, 1971, vol. 1, n° 1, p. 47-66.

Jean Jean-Paul, *La mise en œuvre de la politique criminelle. Le système pénal*, La Découverte, 2008, p. 31-46.

Jenson Jane et Sineau Mariette, *Mitterrand et les Françaises*, Paris, Presses de Sciences-Po, 1995.

Jouannet Irène, *Mes années MLAC.*, éd. Le Croquant, 2029.

Jouannet Pierre, Paley-Vincent Catherine (dir.), *L'embryon, le fœtus, l'enfant. Assistance médicale à la procréation (AMP) et lois de bioéthique*, Éditions Eska, 2009.

Kalogirou Maria, *La règlementation de la GPA en France et en Grèce : étude d'une pratique sous le prisme des libertés européennes de circulation*, Thèse pour le doctorat en droit, Université Paris Nanterre, 2024.

Kelly Kimberly, « The spread of "Post Abortion Syndrome" as social diagnosis », *Social Science & Medicine*, vol. 102, 2014, p. 18-25.

Kelsen Hans, *Théorie pure du droit, Les droits subjectifs*, LGDJ, 1999.

Kergoat Danièle, *Se battre, disent-elles…*, La Dispute, 2012, coll. « Le genre du monde ».

Kluchin Rebecca, *Fit To Be Tied : Sterilization And Reproductive Rights In America, 1950-1980*, Rutgers University Press, 2009.

Knibiehler Yvonne, *Histoire des mères et de la maternité*, PUF, 2000.

Kolou Dassa Simwila, Kpanake Lonzozou, Welbeck Rose, Gualbert Ahyi René, « Représentation et vécu de l'interruption volontaire de grossesse chez les femmes à Lomé (Togo) », *Perspectives Psy*, 2009, vol. 4, n° 48, p. 326-332.

Koskas Martin *et al.*, « Operative termination of pregnancy between 12 and 14 weeks' gestation : influence of the operator's experience », *Journal de Gynécologie Obstétrique et Biologie de la Reproduction*, 2005, vol. 34, n° 4.

Kouchner Camille, « La protection de la salariée enceinte s'applique-t-elle dès la fécondation des ovules *in vitro* ? », *Revue de droit du travail*, 2008, p. 313.

Krafft-Ebing Richard von, *Psychopathia sexualis. Avec recherches spéciales sur l'inversion sexuelle*, traduit pour la 8e édition allemande par Émile Laurent et Sigismond Csapo, Paris, Georges Carré Éditeurs, 1895.

Kristeva Julia, *Seule une femme*, La Tour-d'Aigues, Éditions de l'Aube, 2007.

Kuhar Roman, Paternotte David (dir.), *Campagnes anti-genre en Europe*, Lyon, PUL, 2018.

Küss R. René, « Transsexualisme », *Bulletin de l'académie nationale de médecine*, vol. 166, n° 6, 1982.

Labrusse-Riou Catherine, Bellivier Florence, « Les droits de l'embryon et du fœtus en droit privé », *Revue internationale de droit comparé*, 2002, vol. 54, n° 2, p. 581-582.

Lacroix Bernard, « Les fonctions symboliques des constitutions : bilan et perspectives », *in* Jean-Louis Seurin (dir.), *Le Constitutionnalisme aujourd'hui*, Economica, 1984, p. 194.

Ladrière Paul, « Religion, Morale et Politique : Le Débat Sur l'avortement », *Revue Française de Sociologie*, vol. 23, n° 3, 1982, p. 417-454.

Lafarge Isabelle, Rozenberg Muriel, « "Il suffit d'écouter les femmes". Une écoute psychanalytique de l'IVG », *Revue Belge de Psychanalyse*, 2021, vol. 2, n° 79, p. 195-220.

Langlois Claude, *On savait mais quoi ? La pédophilie dans l'Église de la Révolution à nos jours*, Seuil, 2019.

Lascoumes Pierre, « Le verso oublié du 'catéchisme révolutionnaire' : le code pénal du 6 octobre 1791 », *Cahiers de recherche sociologique*, 1989, vol. 13, p. 31-51.

Laugier Sandra, Vallaud-Belkacem Najat, *La société des vulnérables. Leçons féministes d'une crise*, Paris, Gallimard, 2020, coll. « Tracts ».

Launois Jeanne, Creutz-Leroy Margaux, « L'accès à l'interruption volontaire de grossesse dans la région Grand Est en 2023 », *Santé Publique*, vol. 35, n° 6, 2023.

Le Cour Grandmaison Olivier, « Les non-citoyens dans la Révolution », *L'Homme et la société*, 1989, n° 94, p. 19-32.

Le Cour Grandmaison Olivier, *Les citoyennetés en révolution (1789-1794)*, PUF, 1992.

Le Guen Mireille, Roux Alexandra, Rouzaud-Cornabas Mylène, Fonquerne Leslie et Ventola Cécile, « Cinquante ans de contraception légale en France : diffusion, médicalisation, féminisation », *Population & Sociétés*, n° 549, novembre 2017.

Le Naour Jean-Yves et Valenti Catherine, *Histoire de l'avortement. XIXe-XXe siècle*, Paris, Le Seuil, coll. « L'Univers Historique », 2003.

Leduc Violette, *Ravages*. Édition augmentée par Alexandre Antolin, Brioude Mireille et Anaïs Frantz, Paris, Gallimard, 2023.

Lee Ellie, « Psychologizing Abortion : Women's 'Mental Health' and the Regulation of Abortion in Britain », in *Well Women. The Gendered Nature of Health Care Provision*, 2018, p. 61-78.

Lefebvre-Teillard Anne, *Autour de l'enfant. Du droit canonique et romain médiéval au Code civil de 1804*, Brill, 2008

Léon Marie, « Un enfant si je veux, quand je veux… Mythes et réalités de la contraception et de l'I.V.G. », *Gestalt*, 2013, vol. 1, n° 43, p. 104-118.

Léonard Thierry, *Conflits entre droits subjectifs, libertés civiles et intérêts légitimes*, Larcier, 2005.
Lépine Estelle, *Accueillir les exclues de l'IVG. Écoute et orientation des femmes en délai dépassé*, Mémoire de Conseillère Conjugale et Familiale, Mouvement Français pour le Planning Familial, Association Départementale 75, 2019.
Leprince Laura, Taurisson Natacha, *Rapport de la commission sur la transparentalité*. Paris, Homosexualité Et Socialisme, 2008.
Lévesque Sylvie, Bergeron Manon, Fontaine Lorraine et Rousseau Catherine, « La violence obstétricale dans les soins de santé : une analyse conceptuelle », *Recherches féministes*, vol. 31, n° 1, 2018, p. 219-238.
Levy Marie-Françoise, « Le Mouvement français pour le planning familial et les jeunes », *Vingtième Siècle. Revue d'histoire*, 2002, vol. 75, n° 3, p. 75-84.
Lewis Sinclair, *It Can't Happen Here*, Doubleday, 1935.
Lochak Danièle, *Les usages sociaux du droit*, Paris, PUF, 1989.
Lowe Pam, Page Sarah-Jane, « Rights-based Claims Made by UK Anti-abortion Activists », *Health and human rights* vol. 21, n° 2, 2019.
Lowe Pam, Page Sarah-Jane, *Anti-Abortion Activism in the UK : Ultra-sacrificial Motherhood, Religion and Reproductive Rights in the Public Sphere*, Bingley, Emerald, 2022 [en ligne].
Löwy Ilana, « L'âge limite de la maternité : corps, biomédecine, et politique », *Mouvements*, n° 59, 2009, p. 102-112.
Luker Kristin, *Abortion and the Politics of Motherhood*, University of California Press, 1984.
*Lumière et Vie*, 1972, n° 109, numéro spécial : « L'avortement », 1972.
Lutpon Deborah, *The Social Worlds of the Unborn*, Palgrave Macmillan, 2013.
Magnon Xavier, « La question prioritaire de constitutionnalité, un instrument de défense des libertés locales ? », *Le droit constitutionnel des collectivités territoriales. Études comparées*, 2015.
Mahiou Claire, *Interruption médicale de grossesse pour motif psychosocial : analyse rétrospective des demandes dans un centre de diagnostic prénatal à Marseille entre 2007 et 2021*, Faculté des sciences médicales et paramédicales de Marseille, 2022.
Marguet Laurie, « Les lois sur l'avortement (1975-2013) : une autonomie procréative en trompe-l'œil ? », *La Revue des droits de l'homme*, 2014 [en ligne].
Marguet Laurie, *Le droit de la procréation en France et en Allemagne. Étude sur la normalisation de la vie*, Paris, L'Harmattan, 2021.
Marguet Laurie, « La loi n° 2022-295 du 2 mars 2022 visant à renforcer le droit à l'avortement : un renforcement en demi-teinte », *La Revue des Droits de l'Homme*, 2022 [en ligne].
Martínez Coral Catalina, Amaya Monroy Nicole, « La construction de la protection constitutionnelle de l'avortement par la Cour constitutionnelle colombienne », *Intersections. Revue semestrielle genre et droit*, 2024, n° 1.
Maruani Margaret, Meron Monique, *Un siècle de travail des femmes en France, 1901-2011*, Paris, La Découverte, 2012.
Maruani Margaret, *Travail et emploi des femmes*, Paris, La Découverte, 2017, coll. « Repères ».
Mason Carol, « Opposing Abortion to Protect Women : Transnational Strategy Since the 1990s », *Signs : Journal of Women in Culture and Society*, 2019, vol. 44, n° 3, p. 665-692.
Masoni Alice, « L'avortement : une crise révélatrice du fonctionnement familial », *Le Journal des Psychologues*, 2019, vol. 7, n° 369, p. 22-27.
Mathieu Lilian, « Les croisades morales chrétiennes », *in* Isabelle Sommier, Xavier Crettiez (dir.), *La France rebelle*, Paris, Michalon, 2006, p. 557-570.

Mathieu Marie, *Derrière l'avortement, les cadres sociaux de l'autonomie des femmes. Refus de maternité, sexualités et vies des femmes sous contrôle. Une comparaison France – Québec*, Université Paris 8 Vincennes Saint-Denis / Université du Québec à Montréal, 2016.

Mathieu Marie, Avarguez Sophie, « Les avortements en délai dépassé. Derrière le stigmate, le travail abortif des femmes », *Sociétés Contemporaines*, 2023, n° 130, p. 69-100.

Mathieu Marie, Perrin Raphaël et Thizy Laurine, « La psychologisation de l'avortement en France », *Recherches féministes*, vol. 36, n° 1, 2023, p. 89-108.

Mathieu Marie, Ruault Lucile, « Prise en charge et stigmatisation des avortantes dans l'institution médicale : la classe des femmes sous surveillance », *Politix*, 2014, n° 107, p. 33-59.

Mathieu Marie, Thizy Laurine, *Sociologie de l'avortement*, Paris, La Découverte, 2023, coll. « Repères ».

Mathieu Nicole-Claude, « Homme-culture et femme-nature ? », *L'Homme*, vol. 13, n° 3, 1973.

Mathieu Nicole-Claude, *L'anatomie politique* [1991], Donnemarie-Dontilly, Éditions IXE, 2013.

Mathieu Séverine, *L'enfant des possibles. Assistance médicale à la procréation. Éthique, religion et filiation.* Paris, Éditions de l'Atelier, 2013.

Mathieu Séverine, « Donner et recevoir des embryons en France », *Ethnologie française*, 2017, vol. 167, n° 3, p. 499-508.

Mathieu Séverine, *Faire famille aujourd'hui. PMA, bioéthique et religions*, Paris, Le Cavalier bleu, 2020.

Mazeau Laurène, « L'imputation de la responsabilité civile en contexte d'incertitude scientifique et technologique », *Cahiers Droit, Sciences & Technologies*, n° 4, 2014, p. 145-158.

Mazuy Magali, *Être prêt-e, être prêts ensemble ? : entrée en parentalité des hommes et des femmes en France*, Thèse de doctorat, Paris 1, 2006.

Mazuy Magali, « Avoir un enfant : être prêts ensemble », *Revue des sciences sociales*, n° 41, 2009.

Mazuy Magali, Toulemon Laurent et Baril Élodie, « Le nombre d'IVG est stable, mais moins de femmes y ont recours », *Population*, vol. 69, n° 3, 2014.

McBride Stetson Dorothy, *Abortion Politics, Women's Movements and the democratic state*, Oxford University Press, 2001.

McKinnon Catharine, « Reflections on Sex Equality Under Law », *Yale Law Journal*, 1991, vol. 100, p. 1281-1328.

McKinnon Catharine (dir.), *Gender in Constitutional Law*, 2018.

Melton McLaurin Celia, *A Slave*, William Morrow Paperbacks, 1999.

Memmi Dominique, « La fabrication d'un sujet qui "opine" : l'interruption médicale de grossesse », *TAP/Politique et société*, La Découverte, 2003, p. 163-187.

Memmi Dominique, *Faire vivre et laisser mourir. Le gouvernement contemporain de la naissance et de la mort*, La Découverte, 2003.

Memmi Dominique, *La seconde vie des bébés morts*, Paris, Éditions de l'EHESS, coll. « Cas de figure », 2011.

Meron Monique et Widmer Isabelle, « Les femmes au chômage retardent l'arrivée du premier enfant », *Population*, vol. 57, n° 2, 2002, p. 327-357.

Mesnil Marie, « Réaffirmation de la prise en charge de l'IVG par l'assurance-maladie obligatoire en Suisse », *La Revue des droits de l'homme*, mars 2014 [en ligne].

Mesnil Marie, « La parenté d'intention en droit français. Nouvelle figure du système de filiation ? », *Revue des politiques sociales et familiales*, 2021, vol. 2, n° 139-140, p. 99-108.

Mesnil Marie, « Les femmes non mariées et l'AMP avec tiers donneur, révélateur des reconfigurations opérées par la loi de bioéthique », *Actualités Juridiques Famille*, 2021, p. 538.

Mesnil Marie, « Améliorer la prise en charge des frais de santé menstruelle : les règles comme risque social », *Journal de Droit de la Santé et de l'Assurance Maladie*, 2023, n° 37, p. 104-110.

Mesnil Marie, « L'accès aux origines en matière d'AMP avec tiers donneur : entre droit subjectif et ordre symbolique », à paraître dans la revue *Grief*, 2024.

Mesnil Marie, Brunet Laurence, Ravel Célia *et al.*, « Extension de l'Utilisation de Gamètes en Intra Conjugal (EUGIC) : quel usage des spermatozoïdes d'une femme trans ? », *Gynécologie Obstétrique Fertilité & Sénologie*, 2024.

Mesnil Marie, Ranisavljevic Noémie, Brouillet Sophie *et al.*, « EUGIC (Extension de l'Utilisation de Gamètes en Intra Conjugal) : les nouveaux usages des gamètes au sein du couple », *Gynécologie Obstétrique Fertilité & Sénologie*, avril 2023, vol. 51, n° 4, p. 200-205.

Michel Aurélia, *Un monde en nègre et blanc. Enquête historique sur l'ordre racial*, Seuil, 2020, coll. « Points ».

Mills Charles, *The Racial Contract*, Cornell University Press, 1997.

Miodrag Jovicic, « La nouvelle Constitution yougoslave de 1974. Ses particularités et caractéristiques en tant qu'acte juridique général suprême », *Revue internationale de droit comparé*, 1974, vol. 26, n° 4, p. 787-805.

Monacelli Martine, « Femmes et citoyenneté dans la Grande-Bretagne du XIXe siècle : reconnaissance de l'égalité ou différence des sexes ? », *Revue d'histoire du* XIXe *siècle*, 2009, n° 39.

Montagu Ashley, *Coming into Being Among the Australian Aborigines : A Study of the Procreative Beliefs of the Native Tribes of Australia*, Routledge, 2004.

Moreau Caroline, Desfrères Julie et Bajos Nathalie, « Circonstances des échecs et prescription contraceptive post-IVG : analyse des trajectoires contraceptives autour de l'IVG », *Revue française des affaires sociales*, n° 1, DREES Ministère de la santé, 2011, p. 148-161.

Morgan Jennifer, *Laboring Women : Reproduction and Gender in New World Slavery*, 2004.

Morgan Jennifer, « Partus sequitur ventrem : Law, Race, and Reproduction in Colonial Slavery » *in* Jennifer Morgan, *Small Axe : A Caribbean Journal of Criticism*, 2018, vol. 22, n° 1, p. 1-17.

Morgan Lynn M., « Embryo Tales », *in* Sarah Franklin, Margaret Lock (dir.), *Remaking Life & Death. Toward an Anthropology of the Biosciences*, School of American Research Press, 2003, p. 261-291.

Morgan Lynn M., *Icons of life : A cultural history of human embryos*, University of California Press, 2009.

Morgan Lynn M., Michaels Meredith W., *Foetal subjects, feminist positions*, University of Pennsylvania Press, 1999.

Morvan Anne, « Carole Pateman : The Sexual Contract », *in* Raphaël Chappé, Pierre Crétois (dir.), *L'homme présupposé*, Presses universitaires de Provence, 2014, p. 247-254.

Mossuz-Lavau Janine, *Les lois de l'amour. Les politiques de la sexualité en France de 1950 à nos jours*, Payot, 1991.

Mouvement français pour le planning familial (dir.), *Liberté, sexualités, féminisme. 50 ans de combat du Planning pour les droits des femmes*, La Découverte, 2006.

Murat Pierre, « La réforme de l'inscription à l'état civil de l'enfant prématurément perdu : entre progrès et occasion manquée », *Études sur la mort*, 2001, n° 119, p. 183-192.

Murray Melissa, « Race-ing Roe : Reproductive Justice, Racial Justice, and the Battle for Roe v. Wade », *Harvard Law Review*, 2021, vol. 134, p. 2025-2102.

Mytnik Brigitte, *IVG, fécondité et inconscient. L'absence de la chair*, Paris, Erès, 2007.

Nachtigall Robert D., Gay Becker, Friese Carrie, Butler Anneliese, MacDougall Kirstin, « How couples who have undergone in vitro fertilization decide what to do with surplus frozen embryo », *Fertility and Sterility*, 2009, vol. 92, p. 2094-2096.

Neirinck Claire, « Le droit à la recherche de ses catégories », *in* Claire Neirinck (dir.), *De la bioéthique au bio-droit*, LGDJ, 1994.

Neirinck Claire, « L'embryon congelé sous le regard d'un juriste : au-delà de la qualification », *Journal international de bioéthique*, 2017, vol. 28, n° 4, p. 111-124.

Neo Jaclyn, « Constitutionalizing care : How can we expand our constitutional imaginary after Covid-19 ? », *International Journal of Constitutional Law*, 2022, vol. 20, n° 3, p. 1307-1325.

Neuwirth Lucien, *Que la vie soit !*, Paris, Grasset, 1979.

Ní Bhrolcháin Máire et Beaujouan Éva, « En France comme en Grande-Bretagne, l'allongement des études retarde les maternités », *Population & Sociétés*, vol. 495, n° 11, 2012, p. 1-4.

Nisand Israël, Araujo-Attali Luisa, Shillinger-Decker Anne-Laure, *L'IVG*, 2012, Paris, PUF, coll. « Que sais-je ? ».

Pascau Maryse, « Le conseiller conjugal et familial dans les entretiens autour de l'IVG ». *Dialogue*, 2008, vol. 4, n° 182, p. 115-126.

Olier Lucile, « Présentation du dossier. La prise en charge de l'IVG en France : évolutions du droit et réalités d'aujourd'hui », *Revue française des affaires sociales*, n° 1, 2011, p. 5-15.

Olivier Cyril, « Du "crime contre la race". L'avortement dans la France de la Révolution Nationale », *in* Christine Bard, Frédéric Chauvaud, Michelle Perrot, Jacques-Guy Petit (dir.), *Femmes et justice pénale, XIX^e^-XX^e^ siècles,* Presses universitaires de Rennes, 2002, p. 253-264.

Ollivier Stéphanie, *L'assistance médicale à la procréation (AMP) en France, soins de reproduction transfrontaliers : état des lieux en Europe*, Thèse en vue du diplôme d'État de docteur en pharmacie, Université de Rennes 1, 2021.

Paperman Patricia, Laugier Sandra (dir.), *Le souci des autres : éthique et politique du care*, Éditions de l'EHESS, 2011.

Papin Line, *Une vie possible*, Paris, Stock, 2022.

Papon Sylvain, « En 2022, des naissances au plus bas depuis la fin de la Seconde Guerre mondiale », Insee focus n° 307, septembre 2023.

Paris Myriam, *Nous qui versons la vie goutte à goutte. Féminismes, économie reproductive et pouvoir colonial à la Réunion*, Dalloz, 2022.

Pasteau Cécile, *Pratique de la réduction embryonnaire pour demande maternelle en cas de grossesse gémellaire : Enquête nationale auprès des CPDPN français*, Thèse pour le doctorat en Médecine, Université de Strasbourg, 2022.

Pateman Carole, « Feminist Critiques of the Public / Private Dichotomy », *in* Stanley I. Benn, Gerald F. Gaus (dir.), *Public and Private in Social Life*, Palgrave Macmillan, 1983, p. 281.

Pateman Carole, *The Sexual Contract*, Polity Press, 1988 [trad. fr. *Le contrat sexuel*, La découverte, 2012].

Pateman Carole, Mills Charles, *Contract and Domination*, Wiley, 2013.

Pavard Bibia, « Genre et militantisme dans le Mouvement pour la liberté de l'avortement et de la contraception. Pratique des avortements (1973-1979) », *Clio. Histoire, femmes et sociétés*, 2009, n° 29, p. 79-96.

Pavard Bibia, *Si je veux quand je veux. Contraception et avortement dans la société française (1956-1979)*, PUR, 2012.

Pavard Bibia, « Faire naître et mourir les vagues : comment s'écrit l'histoire des féminismes », *Itinéraires*, 2018, n° 2 [en ligne].

Pavard Bibia, Rochefort Florence, Zancarini-Fournel Michelle, *Les lois Veil. Contraception 1974, IVG 1975*, Armand Colin, 2012.

Pavard Bibia, Rochefort Florence, Zancarini-Fournel Michelle, *Ne nous libérez pas, on s'en charge. Une histoire des féminismes de 1789 à nos jours*, La Découverte, 2020.

Pavard Bibia, Rochefort Florence, Zancarini-Fournel Michelle, *Les lois Veil. Un siècle d'histoire* [2012], La Découverte Poche, 2024.

Pelizzari Mélanie, *et al.*, « Interruptions volontaires de grossesse et violences : étude qualitative auprès de médecins généralistes d'Île-de-France ». *Cliniques méditerranéennes*, 2013, vol. 2, n° 88, p. 69-78.

Pelletier Denis, *La crise catholique. Religion, société, politique en France (1965-1978)*, Paris, Payot, 2002.

Pelletier Denis, « Les évêques de France et la République de l'intime (1968-2005) », *in* Céline Béraud, Frédéric Gugelot, Isabelle Saint-Martin (dir.), *Catholicisme en tension*, Éditions de l'EHESS, 2012, p. 179-190.

Pelletier Madeleine, « L'Amour et la maternité », *La Brochure mensuelle*, Paris, décembre 1923.

Pelletier Madeleine, *L'Émancipation sexuelle de la femme*, Paris, Éditions Hachette BNF/Gallica, 1911.

Pelletier Madeleine, *La femme vierge* [1933], Paris, Indigo & côté-femmes, 1996.

Pelletier Madeleine, *Les femmes peuvent-elles avoir du génie ?*, Paris, Sinope Éditions, 2022.

Pelletier Madeleine, *Mémoires d'une féministe intégrale*, Paris, Gallimard, 2024.

Penneau Jean, *La responsabilité du médecin*, Dalloz, 2004.

Périvier Helène, « Réduire les inégalités professionnelles en réformant le congé paternité », *Policy brief*, n° 11, 2017.

Perrin Raphaël, *La clause qui cache la forêt. Enquête sur les réticences des gynécologues face à l'IVG*, Mémoire de Master 2, ENS/EHESS, 2021.

Perrin Raphaël, « Au tribunal des femmes enceintes. Enquête sur les pratiques d'interruption médicale de grossesse pour détresse psychosociale », *Revue française des affaires sociales*, 2023, n° 2, p. 107-129.

Peyret Claude, *Avortement, pour une loi humaine*, Paris, Calmann-Lévy, 1974.

Pichard Marc, *Le droit à. Étude de législation française*, Economica, 2006.

Pichard Marc, « "Toutes les femmes" ? À propos de l'exclusion des femmes mariées de l'accès à la procréation médicalement assistée avec tiers donneur », 2019, *Recueil Dalloz*, p. 2143.

Piel Bruno, Azria Elie, Oury Jean-François, Carbillon Lionel, Mandelbrot Laurent, « Interruptions médicales de grossesse pour motifs maternels : étude rétrospective multicentrique des indications dans la période entre la loi sur l'interruption de grossesse de 2001 et la nouvelle loi de bioéthique », *La Revue Sage-Femme*, 2013, vol. 12, n° 5.

Pokorak Jeffrey, « Rape As A Badge Of Slavery : The Legal History Of, And Remedies For, Prosecutorial Race-Of-Victim Charging Disparities », *Nevada Law Journal*, 2006, vol. 7, p. 1-54.

Pollak Catherine, « L'effet du délai de carence sur le recours aux arrêts maladie des salariés du secteur privé », *Solidarité santé*, 2015, n° 58.

Poncela Pierrette et Pierre Lascoumes, *Réformer le Code pénal. Où est passé l'architecte ?*, PUF, 1998, coll. « Les voies du droit ».

Porchy Stéphanie, « Lien causal, préjudices réparables et non-respect de la volonté du patient », *Recueil Dalloz*. 1998, p. 379.

Porchy-Simon Stéphanie, « Inclusion des actes préparatoires et des actes de chirurgie esthétique dans le champ de l'article L. 1142-1 du code de la santé publique », *Recueil Dalloz*, 2014, p. 697.

Porqueres i Gené Enric, « Personne et parenté », *L'Homme*, 2014, vol. 2, n° 210, p. 17-42.

Porquet Olivia, « Accompagnement haptosynésique dans la prise en charge des interruptions volontaires de grossesse (IVG) », *Présence haptonomique*, 2016, vol. 1, n° 12, p. 133-136.

Prearo Massimo, *L'hypothèse néocatholique. Politiques, mouvements et mobilisations anti-genre en Italie*, Bruxelles, Éditions de l'ULB, 2023.

Pullman Bertrand, *Mille et une façons de faire des enfants. La révolution des méthodes de contraception*, Paris, Calmann-Lévy, 2010.

Quiroz Lissell, « La maternité au croisement des oppressions », *20 & 21, Revue d'histoire*, vol. 146, n° 2, 2020, p. 69.

Radé Christophe, « Du caractère discriminatoire du licenciement d'une femme en raison d'une fécondation in vitro », *La lettre juridique*, mars 2008.

Raison du Cleuziou Yann, *Une contre-révolution catholique. Aux origines de la Manif pour tous*, Paris, Seuil, 2019.

Rao Radhika, « Selective Reduction : 'A Soft Cover for Hard Choices' or Another Name for Abortion ? », *Journal of Law and Medical Ethics*, 2015, vol. 43, n° 2, p. 196-205.

Régnier-Loilier Arnaud et Pailhé Ariane, « Le chômage retarde l'arrivée du premier enfant en France », *Population & Sociétés*, n° 528, 2015.

Rémy Catherine, Winance Myriam, « Pour une sociologie des "frontières d'humanité" », *Politix*, 2010, vol. 90, n° 2, p. 7-19.

Rennes Juliette, *Le Mérite et la Nature. Une controverse républicaine : l'accès des femmes aux professions de prestige (1880-1940)*, Paris, Fayard, 2007, coll. « L'espace du politique ».

Revue Isabelle, *L'avortement et le droit en France et en Allemagne, du siècle des Lumières à nos jours*, thèse Paris 12, 1998.

Reynaud Manon, *Engagement militant des jeunes catholiques opposé·e·s à la révision des lois bioéthiques en France. L'exemple de Alliance VITA et des VITA Jeunes*, mémoire de Master 2 Genre, politique et sexualité, Éditions de l'EHESS, 2020.

Rich Adrienne, *Of Woman Born : Motherhood as Experience and Institution*, Norton, 1976.

Rivereau Christine, « L'avortement et l'interruption médicale de grossesse », in *Guide sanitaire pour les professionnels de l'enfance*, 2012, Érès, p. 278-282, coll. « Trames ».

Rivero Jean, *Les libertés publiques*, t. 1, *Les droits de l'homme*, PUF, Thémis, 1995.

Roberts Dorothy, *Killing the Black Body : Race, Reproduction and the Meaning of Liberty*, Random House / Pantheon, 1997.

Roberts Dorothy, « Reproductive Justice, not just Rights », *Dissent*, 2015 [en ligne].

Roberts Elizabeth F. S., « Extra Embryos : The Ethics of Cryopreservation in Ecuador and Elsewhere », *American Ethnologist*, 2007, vol. 34, n° 1, p. 181-199.

Rochefort Florence, « Les anti-IVG sur la scène judiciaire en France (1994-2020) : quels enjeux laïques ? », *in* Xavier Delgrange, David Koussens et Claude Proeschel (dir.), *Les Juges, garants de la laïcité mais laquelle ? Une comparaison Belgique, France, Québec*, Bruxelles, Larcier, 2024, coll. « Bibliothèque de droit public », à paraître.

Rochefort Florence, « Pacte de genre et laïcisation des mœurs en France : quelle laïcité invisible ? L'exemple du droit à l'avortement, 1975-2023 », *in* David Koussens et Sébastien Lebel-Grenier (dir.), *La laïcité où on ne la voit pas. Regards québécois et internationaux*, Lausanne, Peter Lang, 2024, à paraître.

Roegiers Luc, « Avortement : Droit de cité à l'embryon implanté ? », in *La Grossesse Incertaine*, 2003, Paris, PUF, coll. « Le fil rouge ».

Rolland Patrice, *La liberté morale et l'Ordre public*, Collection Thèses françaises, Université de Paris, 1976.

Rollin Zoé, Sivilotti Lucas, « Être mère d'un·e adolescent·e suivi·e pour un cancer : un travail de *care* genré et socialement différencié », *Anthropologie & Santé*, 2021, n° 23 [en ligne].

Romerio Alice, « L'endométriose au travail : les conséquences d'une maladie chronique féminine mal reconnue sur la vie professionnelle », *Connaissance de l'emploi*, n° 165, 2020.

Rondot-Mattauer Bernadette, *Interruption volontaire de grossesse : la dynamique du sens. Un autre regard sur l'accompagnement psychologique*, 2003, Érès, p. 139-175, coll. « Enfance & Parentalité ».

Rosanvallon Pierre, *Le sacre du citoyen : histoire du suffrage universel en France*, Paris, Gallimard, 1992.

Roumeau Elise, « L'embryon comme objet d'expérimentation de retour devant le juge constitutionnel », *La Revue des droits de l'homme*, 2021 [en ligne].

Rozée Virginie, de La Rochebrochard Élise, « L'aide à la procréation en dehors du cadre légal et médical français : quels enjeux aujourd'hui ? », *Population & Sociétés*, 2021, vol. 9, n° 593, 2021.

Ruault Lucile, *Le spéculum, la canule et le miroir. Avorter au MLAC, une histoire entre féminisme et médecine*, Lyon, ENS éditions, 2023, coll. « Perspectives genre ».

Rubio Marín Ruth, « The (Dis)Establishment of Gender : Care and Gender Roles in the Family as a Constitutional Matter », *International Journal of Constitutional Law*, 2015, vol. 13, p. 787-818.

Rubio Marín Ruth, *Global Gender Constitutionalism and Women's Citizenship*, Cambridge University Press, 2022.

Santelli Emmanuelle, « De la jeunesse sexuelle à la sexualité conjugale, des femmes en retrait. L'expérience de jeunes couples », *Genre, sexualité & société*, n° 20, 2018 [en ligne].

Saulier Maïté, « La malléabilité du principe d'égalité : démonstration à partir de la reconnaissance conjointe anticipée », *Actualités Juridiques Famille*, 2024, n° 7-8, p. 411.

Sauvage François, « L'acte d'enfant sans vie discrètement réglementé », *Actualité juridique. Famille*, octobre 2008.

Savage Mark, « The Law of Abortion in the Union of Soviet Socialist Republics and the People's Republic of China : Women's Rights in Two Socialist Countries », *Stanford Law Review*, 1988, vol. 40, p. 1027.

Schneck Colombe, *Dix-sept ans*, Paris, Grasset, 2015.

Schneider Monique, *Maternité et aliénation*, *L'Homme & la Société*, 2011, vol. 1, n° 179-180, p. 157-170.

Scott Joan W., Keates Debra (dir.), *Going Public. Feminism and the Shifting Boundaries of the Private Sphere*, University of Illinois Press, 2004.

Sellier Geneviève, *La Nouvelle Vague. Un cinéma au masculin singulier*, CNRS Éditions, 2005.

Sellier Geneviève, *Le Culte de l'auteur. Les dérives du cinéma français*. La Fabrique, 2024.

Serverin Evelyne, « De l'avortement à l'IVG : histoire d'une requalification sociale », *Déviance et société*, 1980, vol. 4, n° 1, p. 1-17.

Sethna Christabelle, Gayle Davis (dir.), *Abortion across Borders : Transnational Travel and Access to Abortion Services*, Johns Hopkins University Press, 2019.

Sevegrand Martine, *Les enfants du Bon Dieu, les catholiques français et la procréation au XX^e siècle*, Albin Michel, 1995.

Sevegrand Martine, *L'Affaire Humanae vitae : l'Église catholique et la contraception*, Paris, Karthala, 2008.

Sevegrand Martine, « Avortement, retour sur le débat catholique (1970-1979) », *Revue d'éthique et de théologie morale*, vol. 285, n° 3, 2015, p. 35-47.

Shaw Dorothy et Norman Wendy V., « When there are no abortion laws : A case study of Canada », *Best Practice & Research. Clinical Obstetrics & Gynaecology*, vol. 62, janvier 2020, p. 49-62.

Sheldon Sally, *Beyond Control. Medical Power and Abortion Law*, Pluto, 1997.
Shulz Jessica, Mericot Marie-Emmanuelle, « Quand la vie reprend ses droits ? Une grossesse après une perte prénatale », *Le Carnet PSY*, 2014, vol. 9, n° 185, p. 31-35.
Sian Norris, *Bodies Under Siege. How the Far-Right Attack on Reproductive Rights Went Global*, Verso Books, 2023.
Siegel Reva, « Reasoning From the Body : A Historical Perspective on Abortion Regulation and Questions of Equal Protection », *Stanford Law Review*, 1992, vol. 44, p. 261-381.
Siegel Reva, « Sex Equality Arguments for Reproductive Rights : Their Critical Basis and Evolving Constitutional Expression », *Emory Law Journal*, 2007, vol. 56, p. 815-856.
Sihvo Sinikka, Bajos Nathalie, Ducot Béatrice et Kaminski Michael, « Women's life cycle and abortion decision in unintended pregnancies », *Journal of Epidemiology and Community Health*, 57, n° 8, août 2003, p. 601-605.
Solinger Rickie, *Beggars and Choosers. How the Politics of Choice Shapes Adoption, Abortion and Welfare in the United States*, Hill & Wang, 2002.
Soubieux Marie-José, « Les bébés des limbes : Réflexions sur le deuil périnatal », *Le Carnet PSY*, 2011, vol. 5, n° 154, p. 42-46.
Soubieux Marie-José, Soule Michel, « L'interruption médicale de grossesse (IMG) », in *La Psychiatrie fœtale*, 2009, Paris, PUF, p. 65-81, coll. « Que sais-je ? ».
Sousa Costa Annette, « État et Église en France et en Allemagne face au problème de l'avortement », dans Sylvie Le Grand (dir.), *La laïcité en question*, Paris, Presses universitaires du Septentrion, p. 195-206.
Squier Susan M., *Liminal Lives : Imagining the human at the frontiers of biomedicine*, Duke University Press, 2004.
Steinbock Bonnie, *Life Before Birth. The Moral and Legal Status of Embryos and Fetuses*, Oxford University Press, 2011.
Stopler Gila, « The personal is political : The feminist critique of liberalism and the challenge of right-wing populism », *International Journal of Constitutional Law*, 2021, vol. 19, p. 393–402.
Suk Julie, « An Equal Rights Amendment for the Twenty-First Century : Bringing Global Constitutionalism Home », *Yale Journal of Law and Feminism*, 2017, vol. 28, p. 381-444.
Suk Julie, « Gender Equality and the Protection of Motherhood in Global Constitutionalism », *Law and Ethics of Human Rights*, 2018, vol. 12, p. 151-185.
Suk Julie, « A World Without Roe. The Constitutional Future of Unwanted Pregnancy », *William & Mary Law Review*, 2022, vol. 64, p. 443-524.
Suk Julie, *After Misogyny. How the Law Fails Women and What to Do About it*, University of California Press, 2023.
Suk Julie, « L'avortement comme question constitutionnelle », *Intersections. Revue semestrielle genre et droit*, 2024, n° 1 [en ligne].
Sullerot Evelyne, « Un premier enfant de plus en plus tard », *Population & Avenir*, n° 674, septembre-octobre 2005, p. 14-16.
Suteu Silvia, *Eternity Clauses in Democratic Constitutionalism*, Oxford University Press, 2021.
Tabet Paola, *La construction sociale de l'inégalité des sexes : des outils et des corps* [1985], Paris, L'Harmattan, 1998.
Tala Mariela M., *Gérer l'incertitude face aux grossesses non prévues : Accompagnement des femmes enceintes au Planning familial et dans les associations « pro-vie »*, mémoire de Master 2, EHESS, 2019.

Tarrius Alain, « Des transmigrants en France. Un cosmopolitisme migratoire original », *Multitudes*, 2012, vol. 49, n° 2, p. 42-52.

Tatoueix Laura, *Défaire son fruit. Une histoire sociale de l'avortement en France à l'époque moderne*, Éditions de l'EHESS, 2024.

Taylor-Alexander Samuel *et al.*, « Beyond Regulatory Compression : Confronting the Liminal Spaces of Health Research Regulation », *Law, Innovation and Technology*, 2016, vol. 8, n° 2, p. 149-176.

Teboul Michel, « Pourquoi l'IVG dans la vie des femmes ? », *in* Jacques Besson et Mireille Galtier, *Que sont parents et bébé devenus ?*, 2010, Érès, p. 91-96, coll. « Les Dossiers de Spirale ».

Thébaud Françoise, « Promouvoir les droits des femmes : ambitions, difficultés et résultats », *in* Serge Berstein, Pierre Milza, Jean-Louis Bianco, *François Mitterrand. Les années du changement 1981-1984*, Paris, Perrin, 2001, p. 567-600.

Théry Irène, « Avortement, engendrement et singularisation des êtres humains », *Annales. Histoire, Sciences Sociales*, 2006, vol. 2, p. 483-503.

Théry Irène, *Des humains comme les autres. Bioéthique, anonymat et genre du don*, Paris, Éditions de l'EHESS, 2010.

Théry Irène et Leroyer Anne-Marie, « Filiation, origines, parentalité. Le droit face aux nouvelles valeurs de responsabilité générationnelle », rapport du groupe de travail remis à la ministre déléguée chargée de la Famille, ministère des Affaire sociales et de la Santé, Paris, Odile Jacob, 2014, p. 192-209.

Thizy Laurine, « Esquiver le stigmate lié à l'avortement : le "travail d'invisibilisation" comme renforcement du travail procréatif », *Enfances Familles Générations*, 2021, n° 38 [en ligne].

Thizy Laurine, « Des mères de famille au chevet des avortantes : une stigmatisation renouvelée dans les centres d'interruption volontaire de grossesse », *Travail, genre et sociétés*, n° 49, 2023, p. 141-160.

Thizy Laurine, *Irresponsable, salope, égoïste, meurtrière ? La stigmatisation de l'avortement en France : formes contemporaines et résistances*, Thèse de doctorat en sociologie, Université Paris 8, 2023, p. 201-240.

Townsend Halley, « Second Middle Passage : How Anti-abortion Laws Perpetuate Structures of Slavery and the Case for Reproductive Justice », *Journal of Constitutional Law*, 2023, vol. 25, p. 185-232.

Tronto Joan, *Un monde vulnérable. Pour une politique du care*, La Découverte, 2009.

Tronto Joan, Fisher Berenice, « Toward a feminist theory of caring », *in* Emily K. Abel, Margaret K. Nelson (dir.), *Circles of care : work and identity in women's lives*, SUNY Press, 1990, p. 36-54.

Truth Sojourner, *Et ne suis-je pas une femme ? And ain't I a woman ?*, Payot, 2021, trad. Françoise Bouillot, préf. Pap Ndiaye.

Tuppin Philippe, J. Rudant, P. Constantinou *et al.*, « Value of a national administrative database to guide public decisions : From the système national d'information interrégimes de l'Assurance Maladie (SNIIRAM) to the système national des données de santé (SNDS) in France », *Revue d'Épidémiologie et de Santé Publique*, vol. 65, octobre 2017.

Turner Victor W., *Le Phénomène Rituel : Structure et Contre-Structure*, Paris, PUF, 1990.

Vacquin Monette, *Main basse sur les vivants*, Paris, Fayard, 1999.

Van del Velde Cécile, *Devenir adulte : sociologie comparée de la jeunesse en Europe*, Paris, PUF, 2008.

Vandelac Louise, « L'embryo-économie du vivant… ou du numéraire aux embryons surnuméraires », *in* Jacques Testart (dir.), *Le magasin des enfants*, Bourin, 1990, p. 127-128.

Vanderpelen-Diagre Cécile, Brébant Émilie, « Pourquoi le ventre des femmes est-il sacré ? Quand les catholiques belges s'engagent contre l'IVG (de 1990 à aujourd'hui) » *in* David Paternotte, Sophie Van der Dussen et Valérie Piette (dir.), *Sextant. Revue de la structure de recherche interdisciplinaire sur le genre, l'égalité et la sexualité (STRIGES)*, Dossier « Habemus Gender ! Déconstruction d'une riposte religieuse », 2015, n° 31, p. 223-238.

Veil Simone, *« Elles sont 300 000 chaque année ». Discours de la Ministre Simone Veil pour le droit à l'avortement devant l'Assemblée nationale. 26 novembre 1974*, Points, 2023, coll. « Points féministe ».

Venner Fiametta, *L'opposition à l'avortement du lobby au commando*, Paris, Berg International Éditeurs, 1999.

Vergès Françoise, *Le ventre des femmes. Capitalisme, Racialisation, Féminisme*, Albin Michel, 2017.

Verjus Anne, *Le cens de la famille : les femmes et le vote 1789–1848*, Belin, 2002.

Vialle Manon, « L'"horloge biologique" des femmes : un modèle naturaliste en question », *Enfances Familles Générations*, n° 21, 2014, p. 1-23.

Viennot Éliane, *Et la modernité fut masculine : la France, les femmes et le pouvoir 1789–1804*, Perrin, 2016.

Viguerie Jean de, « Quelques Précisions Sur l'histoire de l'avortement En France sous l'Ancien Régime, la Révolution et l'Empire », *Revue Historique de Droit Français et Étranger*, 2013, n° 3, p. 523-531.

Vilain Annick, « Les femmes ayant recours à l'IVG : diversité des profils des femmes et des modalités de prise en charge », *Revue française des affaires sociales*, 2011, vol. 1, p. 116-147.

Vilain Annick et Fresson Jeanne, « Le nombre d'interruption de grossesse augmente en 2022 », *Études et résultats*, n° 2181, Dress, septembre 2023.

Villazor Rose C., Maillard Kevin N. (dir.), *Loving v. Virginia in a Post-Racial World. Rethinking Race, Sex and Marriage*, Cambridge University Press, 2012.

Virgili Fabrice, *La France "virile". Des femmes tondues à la Libération*, Paris, Payot, 2000.

Weber Jean-Christophe, Memmi Dominique, Rusterholtz Thierry, Allamel-Raffin Catherine, « Le fœticide, une administration impensable de la mort ? », *Sociétés contemporaines*, 2009, vol. 3, n° 75, p. 17-35.

Willaime Jean-Paul, « Entre éthique de responsabilité et éthique de conviction : l'éthique sexuelle en débat dans le protestantisme français des années 1970-2000 », *in* Jacques Maître, Guy Michelat (dir.), *Religion et sexualité*, Paris, L'Harmattan, 2002, coll. « Religion et sciences humaines ».

Wittig Monique, *Les Guérillères*, Paris, Les Éditions de Minuit, 1969.

Wittig Monique, *La Pensée straight* [1976], Paris, Balland, 2001.

Yvert Emmanuelle, « Bioéthique et technique de reproduction », *in* Juliette Rennes (dir.), *Dictionnaire critique du genre*, La Découverte, 2016, p. 96-105.

Zancarini-Fournel Michelle, « Contraception et avortement dans les Antilles françaises », *Clio. Femmes, Genre, Histoire*, 2019, vol. 50.

Zeller Justine, « Le droit à l'avortement comme cheval de bataille », *La grande histoire du féminisme. La force d'une idée*, in *Les Grands Dossier des Sciences Humaines*, 2021, vol. 6, n° 63.

Ziegler Mary, « From Reproductive Rights to Reproductive Justice : Abortion in Constitutional Law and Politics », *in* Deborah Brake, Martha Chamallas, Verna Williams (dir.), *The Oxford Handbook of Feminism and Law in the United States*, Oxford University Press, 2021.

Zwang Gérard, « Répercussions de l'avortement sur la fonction érotique », in *La Fonction érotique*, 1977, Robert Laffont, coll. « Sexologie ».

# Les auteurices

**Sophie Avarguez** est maîtresse de conférences en sociologie à l'Université Via Domitia de Perpignan, membre du Centre de Recherches sur les Sociétés et Environnements en Méditerranées (CRESEM – EA 7397). Nombre de ses travaux prennent appui sur des enquêtes de terrain sur les effets de la frontière franco-espagnole – à l'instar d'études sur les clients français de la prostitution en Espagne. Sur l'avortement, elle a notamment publié :

- (avec Marie Mathieu), « Les avortements en délai dépassé. Derrière le stigmate, le travail abortif des femmes », *Sociétés Contemporaines*, 2023, vol. 2, n° 130, p. 69-100.
- (avec Aude Harlé), « "Je préfère ne pas en parler" : le tabou des avortements en dépassement de délais », *The Conversation,* 19 janvier 2024, [en ligne].

**Céline Béraud** est sociologue, directrice d'études à l'EHESS, membre du Centre d'études en sciences sociales du religieux. Ses travaux s'intéressent aux questions de genre et de sexualité dans le catholicisme. Elle a notamment publié :

- avec Philippe Portier, *Métamorphoses catholiques. Acteurs, enjeux et mobilisations depuis le mariage pour tous*, Paris, Éd. de la MSH, 2015.
- *La bataille du genre. Du mariage pour tous à la PMA,* Paris, Fayard, 2021.
- « Les résistances chrétiennes aux reconfigurations des normes sexuelles », dans Anne Guillard et Lucie Sharkey (dir.), *Dieu.e. Christianisme, sexualité et féminisme*, Paris, Éd. de l'Atelier, 2022, pp. 27-41.
- « Catholicisme, une sexualité sous contrôle ? », dans Baptiste Coulmont et Marion Maudet (dir.), *L'ordinaire de la sexualité*, Paris, PUF, 2024, pp. 39-47.

**Laurence Brunet** est juriste, chercheuse associée à l'Institut des sciences juridique et philosophique de la Sorbonne (UMR 8103), Université Paris 1 Panthéon-Sorbonne, ainsi qu'à l'Institut national d'Études démographiques – INED (UR14). Spécialiste des questions de bioéthique, elle a notamment publié :

- (avec Marie Mesnil), « Autoconservation de gamètes et accès à l'AMP pour les personnes trans : état des lieux juridique », *Médecine de la reproduction,* à paraître.
- « Les dispositions de la nouvelle loi de bioéthique sur l'AMP et la filiation des enfants qui en sont issus, Splendeurs et misères du principe de non-discrimination », *Actualité Juridique Famille,* 2021, pp. 523-534.
- (avec Alexandrine Guyard-Nedelec), *« Mon corps, mes droits ! » L'avortement menacé ?,* Mare et Martin, 2018.
- « Le statut juridique de l'embryon et du fœtus », in René Frydman et Myriam Szejer (dir.), *l'Encyclopédie de la naissance*, Albin Michel, 2010, pp. 338-346.

**Lisa Carayon** est maîtresse de conférences en droit à l'Université Sorbonne Paris Nord, chercheuse à l'Institut de recherche interdisciplinaire sur les enjeux sociaux (IRIS – UMR 8156). Ses recherches portent sur le droit de la santé, des familles et des migrations, dans une perspective de genre. Elle a notamment publié :

- « Réduction embryonnaire, réduction des droits des femmes », *Dalloz actualité*, 8 septembre 2021.
- « Avortement en temps d'état d'urgence sanitaire : silence sur le droit des femmes », *Dalloz actualité*, 12 mai 2020.
- « Penser les droits reproductifs comme un tout : avortement, contraception et accouchement sous X en droit français », dans Laurence Brunet, Alexandrine Guyard-Nedelec (dir.), *Mon corps, mes droits ! L'avortement menacé ?*, Mare et Martin, 2019.
- « IVG et contraception : quel accès à une liberté génésique ? », dans Stéphanie Hennette-Vauchez, Diane Roman, Marc Pichard – REGINE (dir.), *La loi et le genre,* Ed. du CNRS, 2014, p. 107-126.

**Justine Chaput** est doctorante en démographie à l'Institut national d'études démographiques (Ined) et au Centre de recherche de l'Institut de démographie de l'Université Paris 1 Panthéon-Sorbonne (Cridup). Elle a notamment publié :

- (avec Elodie Baril et Magali Mazuy), « L'avortement 50 ans après la loi Veil : un recours et des méthodes qui varient sur le territoire », *Population et Sociétés*, 2024, n° 627.
- (avec Didier Breton, Nicolas Belliot, Magali Barbieri, et Hippolyte d'Albis, « L'évolution démographique récente de la France. Les comportements des femmes et des hommes sont-ils si différents ? », *Population*, 2023, vol. 78, n° 3, p. 363-430.
- (avec Valentine Becquet, Pierre-Louis Bithorel, Elodie Baril, Elise de La Rochebrochard, Magali Mazuy), « Medication abortion during the COVID-19 pandemic in France : A research based on the French national health insurance database », *PLOS ONE,* 2024, vol. 19, n° 2.

**Prune Decoux** est juriste, docteure en histoire du droit, membre du Centre Droit, Ethique et Procédures (CDEP) de l'Université d'Artois. Ses recherches portent principalement sur le genre en histoire du droit et les humanités numériques. Parmi ses derniers travaux :

- (avec Margot Giacinto), « L'esprit sans la lettre : Quand la pratique judiciaire dépasse le cadre légal de l'excuse d'adultère », *Raison présente*, 2023, vol. 3, n° 227, pp. 31-42.
- (avec Hélène Duffuler-Vialle), *Sous l'Universel, le genre. Analyse des discours juridiques au prisme du genre*, à paraître, 2025.

**Hélène Duffuler-Vialle** est maîtresse de conférences en histoire du droit, membre du Centre Droit, Ethique et Procédures (CDEP) de l'Université d'Artois. Ses recherches portent principalement sur le genre en histoire du droit. Elle coordonne avec Prune Decoux le projet de recherche ANR HLJPGenre. Elle a notamment publié :

- (avec Loraine Chappuis, Marie Houllemare, Florence Renucci et Todd Shepard), « Expérimenter le genre en histoire du droit », *Clio@Themis*, 2023, n° 25 [En ligne],
- « Le féminicide excusé par le discours juridique. L'excuse d'adultère-article 324 du Code pénal napoléonien (1810-1975) », *Raison présente*, 2023, vol. 3, n° 227, pp. 21-30.

– *L'évolution de la réglementation de la prostitution durant l'entre-deux guerres,* Mare et Martin, Paris, 2018.

**Philippe Faucher** est gynécologue obstétricien et praticien hospitalier à l'Hôpital Armand Trousseau (APHP) à Paris. Co-fondateur du Réseau entre la ville et l'hôpital pour l'orthogénie (REVHO), il a notamment publié :

- *Une sur trois*, Robert Laffont, 2021.
- « Complications de l'avortement chirurgical légal », *EMC Gynécologie*, 2024, vol. 39, n° 2, pp. 1-11.
- (avec Teddy Linet), « Interruption volontaire de grossesse instrumentale du premier et du deuxième trimestre (hors complications) », *EMC Gynécologie*, 2024, vol. 39, n° 3, pp. 1-13.
- (avec Danielle Hassoun), Interruption Volontaire de Grossesse Médicamenteuse, 4[e]édition, Vuibert, 2024.

**Camille Froidevaux-Metterie** est philosophe, professeure à l'Université de Reims Champagne-Ardenne. Ses travaux portent sur le traitement de la condition féminine dans la théorie politique, dans une perspective qui s'attache notamment à mettre en évidence la centralité du corps. Elle a notamment publié :

- *La révolution du féminin*, Gallimard, 2015 ; Folio, 2020.
- *Un corps à soi*, Seuil, 2021 ; Points 2023.
- *Seins. En quête d'une libération,* Anamosa, 2018 ; Points 2022.
- *Un si gros ventre. Expériences vécues du corps enceint*, Stock, 2023.

**Anne-Sophie Giraud** est anthropologue, chargée de recherche au CNRS, au Centre d'Anthropologie Sociale (LISST-CAS, UMR 5193). Ses recherches portent sur l'anthropologie de la personne, du corps et de la parenté, ainsi que les techniques de procréation assistée. Elle assure la coordination scientifique du projet ANR NorPro (Normes Procréatives) et travaille sur les diagnostics anténataux (diagnostic préimplantatoire et diagnostic prénatal) ainsi que sur la transmission intrafamiliale de l'information génétique. Elle a notamment publié :

- *Devenir personne. Embryon et fœtus aux confins de la conception et de la naissance*, Éditions de la MSH, Paris, 2024, collection « ethnologie de la France ».
- « Sous le régime de l'exception : entrée en parentalité par le DPI en France », *Revue Française des Affaires Sociales*, 2023, n° 2, pp. 281-299.
- « (Not) wanting to choose : outside agencies at work in assisted reproductive technologies », *Reproductive Biomedicine and Society*, 2020, vol. 11, pp. 89-95.

**Aude Harlé** est maîtresse de conférences en sociologie à l'Université Via Domitia de Perpignan, membre du Centre de Recherches sur les Sociétés et Environnements en Méditerranées (CRESEM – EA 7397). Après avoir travaillé sur le phénomène prostitutionnel à la frontière franco-espagnole, elle a mené une enquête de terrain sur l'avortement transfrontalier. Elle a notamment publié :

- (avec Sophie Avarguez), « "Je préfère ne pas en parler" : le tabou des avortements en dépassement de délais », *The Conversation,* 19 janvier 2024, [en ligne].

– (avec Sophie Avarguez), « Les clubs de prostitution catalans : une instance de socialisation masculine », *Terrains & travaux*, 2015 / 2, n° 27, pp. 133-145.

**Stéphanie Hennette-Vauchez** est professeure de droit public à l'Université Paris Nanterre, membre de l'Institut universitaire de France et chercheuse au Centre de théorie et analyse du droit (UMR 7074 Nanterre / CNRS / ENS), au sein de l'équipe CREDOF (Centre de recherches et Études sur les Droits Fondamentaux). Spécialiste des questions de genre (elle a assuré, avec Marc Pichard et Diane Roman, la coordination scientifique du projet REGINE – Recherches et Études sur le Genre et les Inégalités dans les Normes en Europe – et a créé en 2024, avec Marc Pichard et Lisa Carayon, *Intersections. Revue semestrielle genre et droit* [en ligne]), elle s'intéresse notamment aux questions de laïcité et de non-discrimination et de bioéthique. Sur des thématiques proches de l'avortement, elle a notamment publié :

– « *SPUC v. Grogan* : Re-reading the case, retelling the story of reproductive rights in Europe », dans Fernanda Nicola, Bill Davies, *EU Law Stories. Contextual and Critical Stories of European Jurisprudence,* Cambridge University Press, 2017, p. 393-417.
– « Bioéthique en Europe : paradigme circulatoire et *backlash* », Revue de l'Union Européenne, 2022, p. 133.
– (avec Thomas Hochmann), *La loi Veil sur l'avortement : de la dépénalisation à la constitutionnalisation.,* Dalloz, 2025, Coll. A Savoir

**Laurence Hérault** est professeure d'anthropologie à l'Université Aix Marseille, et chercheuse à l'UMR 7307 IDEAS (Institut d'Ethnologie et d'Anthropologie Sociales). Ses travaux portent la transidentité, la parenté transgenre et sur l'approche médicale et juridique de la transidentité. Elle a notamment publié :

– (avec Jérôme Corduriès et Christine Dourlens), *Etat civil et transidentité. Anatomie d'une relation singulière. Genre, identité, filiation*, Presses Universitaires de Provence, 2021.
– « 'Transparent' : transition et coming out en famille », in Nicolas Adell, Jérôme Courduriès, Agnès Martial, Sylvie Mouysset, Sylvie Sagnes (dir), *Fiction : itinéraire conseillé*, Presses Universitaires du Midi, 2020.
– « La gestion médicale de la parenté trans en France », *Enfances, Familles, Générations*, 2016, n° 23, pp. 165-184.
– « Transparentalités contemporaines », *Mouvements*, 2015, n° 82, pp. 102-111.
– « Procréer à la manière des femmes, engendrer en tant qu'homme », in Laurence Hérault (dir.) *La parenté transgenre*, Presses universitaires de Provence, 2014.

**Laurie Laufer** est psychanalyste et professeure au département d'Études psychanalytiques de l'Université Paris Cité. Elle est directrice de l'UFR Institut des Humanités Sciences et Sociétés. Ses recherches portent sur les questions de normes, psychanalyse et genre et sur la psychanalyse et la littérature. Elle a notamment publié :

– (avec Florence Rochefort), *Qu'est-ce que le genre ?*, Payot, 2014
– (avec Sandra Boehringer), *Après les aveux de la chair. Généalogie du sujet chez Michel Foucault*, EPEL, 2020
– *Vers une psychanalyse émancipée. Renouer avec la subversion,* Ed. La Découverte, 2022
– *L'inconscient. Deux ou trois choses que l'on entend de lui,* Éd. Les Liens qui Libèrent & France Inter, 2024.

**Laurie Marguet** est juriste, maîtresse de conférences en droit public à l'Université Paris Est Créteil et chercheuse au laboratoire Marché, institutions et libertés (MIL). Spécialiste des questions de bioéthique et, plus largement, des libertés fondamentales, elle a notamment publié :

- « Les lois sur l'avortement (1975-2013) : une autonomie procréative en trompe-l'œil ? », *La Revue des droits de l'homme*, 2014, n° 5 [En ligne].
- *Le droit de la procréation en France et en Allemagne. Étude sur la normalisation de la vie*, L'Harmattan, 2021.
- « La constitutionnalisation de l'avortement », *Blog Juspoliticum,* 5 décembre 2002 ; et « La constitutionnalisation de l'avortement : deuxième Round », *Blog juspoliticum,* 9 février 2024 [en ligne].
- « La loi n° 2022-295 du 2 mars 2022 visant à renforcer le droit à l'avortement : un renforcement en demi-teinte », *La Revue des droits de l'homme*, 2022.

**Séverine Mathieu** est sociologue, directrice d'études à l'École pratique des hautes études (PSL). Ses recherches portent sur les enjeux éthiques des biotechnologies de la reproduction, notamment en contexte de sécularisation. Elle a notamment publié :
– *Faire famille aujourd'hui. PMA, bioéthique et religions*, Paris, Le Cavalier bleu, 2020.
– « Des normes procréatives sécularisées ? L'opposition catholique française à l'ouverture de la PMA aux couples de femmes et aux femmes seules », *Enfances, Familles, Générations*, 2021 [en ligne]

**Marie Mesnil** est maîtresse de conférences en droit privé à l'Université Paris-Saclay et chercheuse à l'Institut Droit Éthique et Patrimoine (IDEP). Ses travaux de recherche portent sur le droit de la bioéthique, de la famille et des personnes. Elle a notamment publié :

- « Améliorer la prise en charge des frais de santé menstruelle : les règles comme risque social », *Journal de droit de la santé et de l'assurance maladie,* 2023, n° 37, pp. 104-110.
- « L'autoconservation de gamètes : nouvelle donne ou nouveaux dons ? », *Bulletin de l'Académie nationale de médecine*, 2022, vol. 206, n° 3, pp. 399-404.
- « La parenté d'intention en droit français. Nouvelle figure du système de filiation ? », *Revue des politiques sociales et familiales*, 2021, vol. 139-140, n° 2-3, pp. 99-108.
- *Repenser le droit de la reproduction au prisme du projet parental,* Helbing Lichtenhahn, 2018.

**Florence Rochefort** est chercheuse au CNRS au sein du GSRL (Groupe Sociétés Religions Laïcités EPHE/CRNS). Historienne des féminismes, elle a notamment publié :

- *Histoire mondiale des féminismes*, 2e édition, PUF, 2022, Coll. Que Sais-Je ?
- (avec Bibia Pavard et Michelle Zancarini-Fournel), *Ne nous libérez pas on s'en charge Une histoire des féminismes de 1789 à nos jours*, La Découverte, 2020
- (avec Bibia Pavard et Michelle Zancarini-Fournel), *Les lois Veil. Un siècle d'histoire*, La Découverte, Poche, 2024 (réédition augmentée).

**Véronique Sehier** est depuis de nombreuses années militante du Planning familial, mouvement féministe et d'éducation populaire qui agit pour l'égalité de genre et l'accès aux droits sexuels et reproductifs pour toutes et tous. Elle en a été la coprésidente de 2013 à 2020.

Elle est toujours mobilisée sur la solidarité internationale féministe et la lutte pour la reconnaissance des droits sexuels et droits des personnes LGBTQIA+ comme droits humains fondamentaux en France et en Europe.
Elle a été membre du Haut conseil à l'égalité (HCEFH) de 2013 à 2015, où elle a contribué aux rapports sur l'IVG (2013) et sur l'éducation à la sexualité (2016). Elle a été conseillère au CESE (Conseil Économique, Social et Environnemental) de 2015 à 2021, où elle a notamment été la rapporteure du rapport « Droits sexuels et reproductifs en Europe : entre menaces et progrès » adopté en 2019, qui propose des pistes pour rendre ces droits effectifs et met en évidence le projet politique inégalitaire, antigenre, et rétrograde des mouvements antichoix.

**Geneviève Sellier** est professeure émérite en études cinématographiques à l'Université Bordeaux Montaigne, membre de l'unité de recherche ARTES. Elle est spécialiste de l'étude des représentations des rapports sociaux de sexe et des identités de sexe au cinéma et à la télévision. Elle a notamment publié :

- (avec Noëlle Burch), *Le cinéma au prisme des rapports de sexe*, Vrin, 2009.
- *La Nouvelle Vague, un cinéma au masculin singulier,* Ed. du CNRS, 2005 (rééd. En poche, Ed. Amsterdam, 2025)
- (avec Noëlle Burch, préface Michelle Perrot), *La Drôle de guerre des sexes du cinéma français 1930-1956*, Ed. Nathan, 1996 (rééd. Armand Colin 2005 ; rééd. L'Harmattan, 2019).

**Laurine Thizy** est post-doctorante en sociologie à l'Université Grenoble Alpes (Laboratoire Pacte) et chercheuse associée au CRESPPA – CSU (UMR 7217, CNRS / Université Paris 8). Ses travaux portent sur la sociologie du genre, du corps et de la sexualité et, plus généralement, de la santé. Elle a notamment publié :

- « Esquiver le stigmate lié à l'avortement : le "travail d'invisibilisation" comme renforcement du travail procréatif », *Enfances Familles Générations. Revue interdisciplinaire sur la famille contemporaine,* 2021, n° 38.
- « Des mères de famille au chevet des avortantes : une stigmatisation renouvelée dans les centres d'interruption volontaire de grossesse », *Travail, genre et sociétés*, 2023, n° 49, pp. 141-160.
- Marie Mathieu, Laurine Thizy, *Sociologie de l'avortement*, 2023, La Découverte.
- Marie Mathieu, Raphaël Perrin, Laurine Thizy, « La psychologisation de l'avortement en France », Recherches féministes, 2023, n° 36, 1, pp. 89-108.

# Table des matières

## *Quatrième partie*
## L'avortement : drame, déviance, stigmate

## *Cinquième partie*
## L'avortement, un acte médical (pas) comme les autres

## *Sixième partie*
## Garantir l'accès à l'avortement



## *Septième partie*
## De l'avortement aux droits reproductifs

## Annexes

*Composition et mise en pages*
*Nord Compo à Villeneuve-d'Ascq*

L'éditeur de cet ouvrage s'engage dans une démarche éco-responsable
en utilisant des papiers issus de forêts gérées durablement
www.cnrseditions.fr

Cet ouvrage est imprimé sur papiers certifiés PEFC,
Bouffant Munken Print White 80g/m$^2$ pour l'intérieur
et Carte couchée 1 face Prime 210g/m$^2$ pour la couverture

Achevé d'imprimer en décembre 2024
sur les presses de la Nouvelle Imprimerie Laballery
58500 Clamecy
Dépôt légal : janvier 2025
N° d'impression : 412086

*Imprimé en France*